Arithmetica Universalis

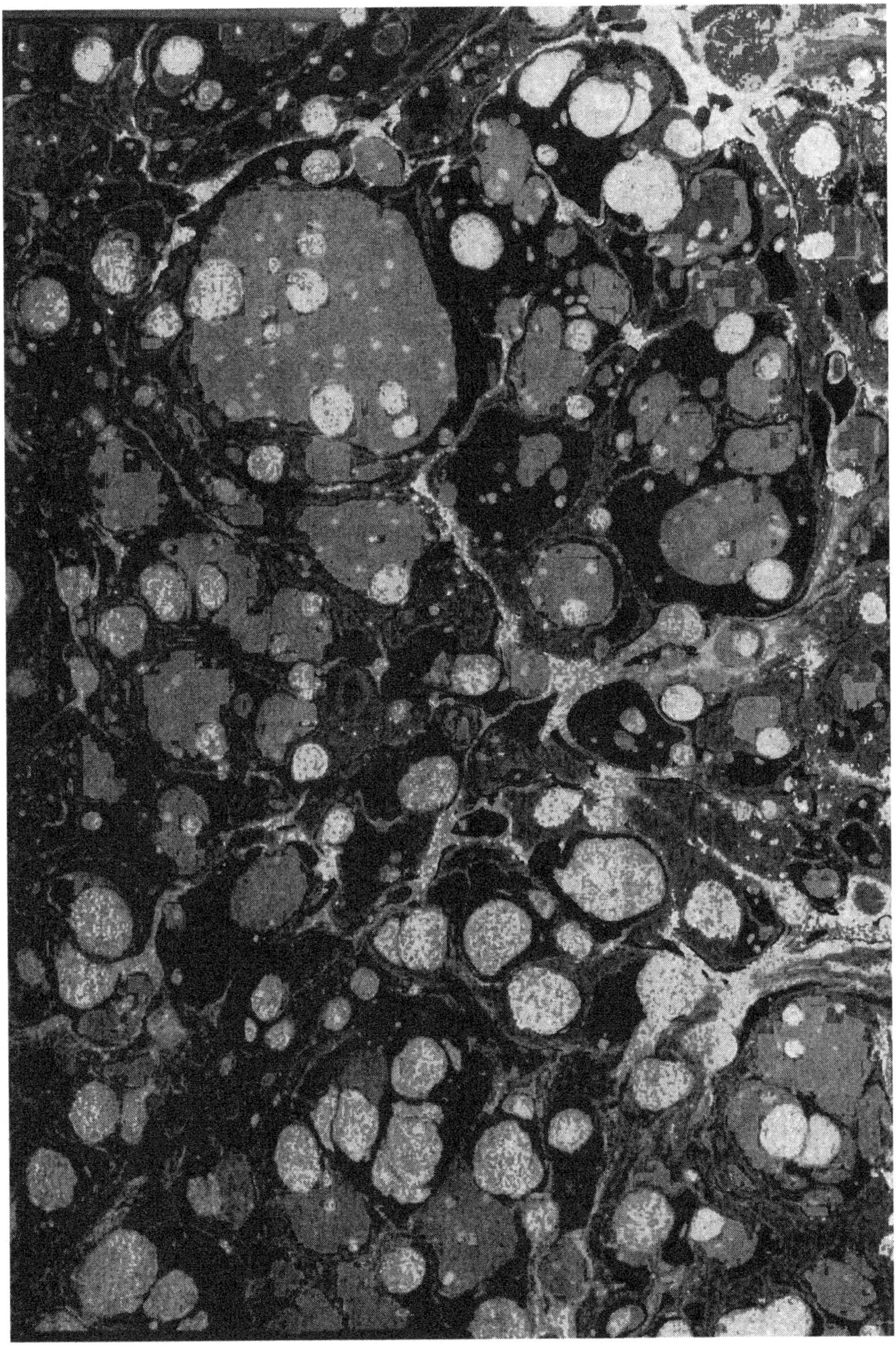

£41-10s

2 v

CD|-|-

37 plates

ARITHMETICA

UNIVERSALIS.

ARITHMETICA
UNIVERSALIS;
SIVE DE
COMPOSITIONE
ET
RESOLUTIONE
ARITHMETICA.

Auctore IS. NEWTON, Eq. Aur.

Cum Commentario

JOHANNIS CASTILLIONEI,

in almo Lycæo Trajectino Philosophiæ, Matheseos & Astronomiæ Professoris Ordinarii &c.

TOMUS PRIMUS.

AMSTELODAMI,
Apud MARCUM MICHAELEM REY.
MDCCLXI.

ILLUSTRIBUS AC PRÆPOTENTIBUS
POPULI TRAJECTINI ORDINIBUS
E L E C T I S
E Q U I T I B U S
M A G I S T R A T I B U S
PATRIÆ PATRIBUS
A T Q U E A M P L I S S I M I S
C O N S U L I B U S
E T
S E N A T O R I B U S
A C A D E M I Æ
CURATORIBUS
QUOD BONIS LITTERIS ENIXE FAVEANT
ET PRÆSERTIM
QUOD MATHEMATICAS DISCIPLINAS COLENDI
OTIUM SIBI FECERINT
ET PUBLICE DOCENDI CURAM DEMANDAVERINT
D. D. D.
JO. CASTILLIONEUS.

MONITUM

PRIMÆ EDITIONI PRÆMISSUM.

AD

LECTOREM.

CUM, poſt haud paucos doctorum Virorum in Arte analytica tradenda labores, liber aliquis, materia plenus, mole parvus, in regulis neceſſariis brevis, in exemplis certo conſilio electis longus, & primis tyronum conatibus accommodatus, etiamnum deſiderari videretur; interque κειμήλια noſtra academica hujuſmodi tractatus M. S. publicas Profeſſoris mathematici tunc temporis celeberrimi prælectiones, triginta fere abhinc annis in ſcholis habitas, continens, mihi ſtatim occurreret; dedi operam ut libellus iſte, imperfectus licet, & currente calamo pro officii urgentis ratione compoſitus, nec prælo ullatenus deſtinatus, tamen in uſum ſtudioſæ juventutis nunc in publicum prodiret. In quo quidem quæſtiones haud paucæ e variis Scientiis adductæ multiplicem Arithmeticæ uſum ſatis oſtendunt. Animadvertendum tamen, conſtructiones illas (five geometricas, five mechanicas, prope finem adpofitas,) inveniendis folum duabus tribufve radicum figuris prioribus, uti fuo loco dicitur, infervire: opus enim Cl. Autor ad umbilicum nunquam perduxit; cubicarum Æquationum conftructionem hic loci tradidiffe contentus; dum interea in animo habuerit biquadraticarum aliarumque fuperiorum poteftatum conftructionem methodo generali exponendam adjicere, & qua ratione reliquæ radicum figuræ effent extrahendæ figillatim docere. Cum autem fummo Viro hifce minutiis poftmodo vacare minime placuerit, defectum hunc aliunde fupplere volui; atque eum in finem generalem planeque egregiam Cl. Halleii æquationum radices extrahendi methodum ex Actis noftris Philofophicis, exorata prius utrobique venia, huc transferendam judicavi. Vale Lector, & conatibus noftris fave.

G. W.

Dabam Cantabrigiæ III. Kal. Mai
An. D. MDCCVII.

PREFA-

PRÆFATIO

A

G. J. s'GRAVESANDE

Præmissa editioni quæ Lugduni Batavorum prodiit Anno 1732.

LIber hicce prima vice, inscio Auctore, & ipso hoc ægre ferente, editus fuit Cantabrigiæ anno 1707.

Secunda vice in lucem prodiit Londini 1722.; *sed in statu perfectiore, ut quis facile percipiat, non omnino fœtum abdicasse virum celeberrimum; ordo propositionum non tantum mutatus est, sed in ipsis solutionibus & demonstrationibus correctiones multæ reperiuntur, non nisi ipsi Auctori tribuendæ.*

Secundam hanc editionem secuti fuimus, adjecto tamen monito primæ editioni præposito, & in secunda suppresso. Singulasque scedas totius operis, ab alio jam correctas, ipsi, antequam prælo subjicerentur, examinavimus & legimus.

Nihil in laudem operis dicam, nomen Auctoris in titulo legitur, & hoc quidem satis est. Non ego editionem dirigere suscepissem, nisi librum magni facerem. Jam etiam quid de ipso sentiam explicavi satis in præfatione ad specimen commentarii in hunc ipsum; quod specimen habetur ad calcem libelli nostri, cui titulus Matheseos Universalis Elementa.

Cum Newtoni Arithmetica primum in lucem prodiret, adjecerat Editor, propter convenientiam materiæ, Halleii methodum extrahendi radices æquationum, desumtam ex Transactionibus Philosophicis Societatis Regiæ Londinensis; Nos hoc exemplum secuti, non tantum hocce Halleii scriptum, sed omnia adjecimus, quæ in dictis Transactionibus reperiuntur, & quæ nobis ad Newtoni librum illustrandum utilia visa sunt. Quæ anglico sermone conscripta erant, latine reddidit vir Rev. Joh. Petr. BERNARD, *viri Celeberrimi* Jacobi BERNARD, *in hac nostra Academia Batava Professoris Philosophiæ & Mathes. dignissimi & Collegæ nostri dum viveret, conjunctissimi, filius.*

JOH. CASTILLIONEUS

LECTORI, S.

ISAACI NEWTONI, ſummi viri, *ARITHMETICAM UNIVERSALEM* explicandam ſuſcepiſſe me, novum in Mathematicorum Republica hominem, certe miraberis. Quis es tu, jure quidem dices, qui provinciam illam ultro tibi ſumas, quam doctiſſimus s' GRAVESANDE ad primi ordinis Mathematicos, hoc ſeculo vigentes, amandavit? Tune librum illum totum explicabis, cujus duo tantum loca vir ingenioſiſſimus expoſuit & quæ non eſſe *inter difficillima* modeſte profeſſus eſt?

Vera profecto ſunt iſta: &, ideo quia vera ſunt, ſcias oportet, quomodo mihi opus hoc exciderit. Non enim conſilio mihi onus, quod humeri ferre recuſabant, impoſui, ſed illud, fato quoddam in me conjectum, quouſque potui, portavi. Viginti anni jam ſunt elapſi, ex quo eximius & optimæ ſpei Adoleſcens, (cujus immaturum interitum adhuc lugeo) *Stephanus* SEIGNORETTUS *Anglus* rogavit ut ei *Arithmeticam univerſalem* NEWTONI prælegerem, voluitque ut non ea dumtaxat afferrem, quæ ad Auctoris mentem aſſequendam erant neceſſaria, ſed quæcunque ad pleniorem ſcientiam facerent, & ea præſertim, quibus vis ingenii (quo multum ſane pollebat) creſcere poſſet. Quamobrem ego librum hunc ſumma cum animi contentione legere; quæ pro tenuitate mea poteram, adnotare; atque, ut curtam ſuppellectilem augerem, optimum quemque hujus argumenti ſcriptorem diligenter pervolvere; & quæ ad rem facere videbantur, undique corradere. Celerrimo gradu me ſequebatur præſtantiſſimus Diſcipulus, ſeu potius ſtudiorum comes; quin & multa ipſe commentabatur, & mihi plura, quæ ſine eo non animadvertiſſem, commentandi præbebat occaſionem. Sic pauliſpſer, me imprudente, crevit *Commentarius hic*; quem, cum perſpicerem in juſti voluminis formam excreviſſe, &, cum nonnulli, qui illum legerant, a me poſcerent ut eum publici juris facerem, ad immortalis memoriæ virum G. s'GRAVESANDE, operis *Newtoniani* fautorem, scripsi quid præstare conatus fuissem, quibus auxiliis usus, ea demum quæ quid facere instituissem plane quidem, quomodo autem id perfecissem quoad licuit, docere possent (*). Meis litteris humanissime, ut solebat, ille respondit, quid in melius mutandum esset indicavit, & sua cura Typographum libro meo paratum esse significavit. Majores animos hinc ego collegi, atque opus totum revolvere, emendare, augere alacriter cœpi. Interea vita functus est egregius ille vir, cui ego, ac totus litteratus Orbis lacrymis parentavimus. Tunc ego commentarios hos ad perpetuas tenebras damnatos existimans, manum ab eis removi, & operam meam ad *Newtoniana Opuscula*, suadente *Marco Michaele* BOUSQUET, Bibliopola notissimo, colligenda, vertenda, edenda transtuli.

Tandem post multos casus, quos narrare longum & supervacaneum esset; M. M. REY, diligens Bibliola, & amicus conjunctissimus, hæc qualiacunque fuerint, edere voluit.

En quo pacto librum hunc, id non cogitans, inchoaverim, atque aliorum potius auctoritate quam voluntate mea ductus, perfecerim, atque ediderim. Pauca nunc de ipsa NEWTONI *Arithmetica Universali* & de consilio meo dicenda supersunt.

Si *ex locis omnibus, in quibus honesti natura & vis continetur, primus* (ut ait CICERO (*a*) *ille est, qui in veri cognitione consistit, & maxime attingit naturam humanam*, quanti facienda est ars veritatem investigandi? Quam a quo potius ediscamus quam a NEWTONO, summo inventore, non video, nisi quis forte poeticen a CHERILO vel BAVIO quam a VIRGILIO aut HORATIO, militaremque scientiam ab ipso HORATIO qui

.... *celerem fugam*
Sensit *relicta non bene parmula* (*b*)

quam ab ALEXANDRO aut CÆSARE discere malit. Neque se minor est NEWTONUS in *Arithmetica universali*, quamquam eam imperfectam reliquerit. Nam, Dii Boni! quæ præceptorum vis, quæ con-

(*) Harum epistolarum una edita nunc est in 2°. tomo Dictionarii scripti gallice a Prospeto Marchand, articulo *s' Gravesande*.

(*a*) De Off. l. 1. 6. (*b*) Hor. Od. l. II. 7.

concinnitas ordinis, quæ exemplorum copia! Quam hæc omnia ſunt apte ſelecta!

Ordinis autem & præceptorum utilitatem, ſi olim laudaſſem, certe riſu exceptus illud vulgatum audiviſſem, *quis vituperat?* Nunc autem horum neceſſitatem propugnare cogor, poſtquam viri, (quod magis doleas, alioquin docti & acuti,) ſeculi levitati adſentantes, præcepta & ordinem, tamquam perfidos duces in devia trahentes, traducere ſunt auſi, & ideo tempus, quod in pulcherrimis & novis excogitandis recte poterant inſumere, in iis, quæ veteres recte tradiderant, corrumpendis perdendum cenſuerunt. Apage, inquiunt, has definitionum, poſtulatorum, atque axiomatum inſulſas congeries; apage hæc abſtracta Theoremata. Quis enim hæc leget? Melius veritatem, nullo ordine, ſed ut neceſſitas poſtulabit, requirens, ſectaberis illorum veſtigia, qui prima ſcientiarum fundamenta poſuerunt. Sic illos confirmabis, quos horrida, qua vulgo Matheſin deformant, perſona deterret. Quin & hinc fiet ut adoleſcentium animi ad veritatem e Democriti puteo hauriendam aptiores evadant.

At ego putabam utiliſſimam quidem eſſe Matheſin in hoc tamen maxime utilitatem ejus elucere, quod mentis facultates exornando, acuendo, augendo, nos a brutorum natura remotiores, divinæ propiores efficiat; quo nomine Diſciplinæ hujus ſtudium cunctis eſſe commendandum fatentur omnes. Mens vero (quod ad veri cognitionem attinet) aut prius ignota percipit, aut jam nota reminiſcitur; quorum neutrum fieri poteſt ſine contentione quadam, quam attentionem nuncupamus. Intelligere vero eſt non opinari, non dubiis & incertis ſe permittere, ſed certis & indubiis adhærere, qualia Matheſis præcipue complectitur. Unde fiat oportet, ut qui huic Diſciplinæ ſedulam navant operam, ita cum evidentia & certa cognitione conſueſcant, ut primo intuitu vera ſtatim a falſis diſcernant atque diſtinguant. In quo maxime intellectus perfectio verſatur, quæ Matheſi debetur. Neque minus hæc ſcientia ad memoriam atque attentionem conducit; quandoquidem de propoſitionis alicujus veritate certus eſſe non poteſt qui totam demonſtrationem, uno conſpectu non cernit, (quod qui facere ſatagit, mire attentionem auget,) & qui præterea non habet ad manum principia neceſſaria, aut illa firmiſſima eſſe non ſentit; quod qui diligenter curat maxime memoriam exercet. Quæ omnia commoda tollit iſtorum facilitas, & eo rem adducit ut neque

que nova discere, neque quæ jam didicimus, recolere nisi fortuito possimus. Etenim aliquid, (sive proprio ingenio, sive alio præeunte,) discere, si quid aliud est quam notiones, quas habemus, aut evolvere & penitus dignoscere, aut inter se comparare, isti doceant. Si autem res ita se habet, ut reor; quomodo, obsecro, notiones, quas nec ipsi bene novimus, comparabimus? Quomodo in quibus conveniant, in quibus differant, dispiciemus? Igitur *in omnibus, quæ ratione docentur & via, primum constituendum est quid quidque sit,.... atque involutæ rei notitia definiendo aperienda* (*a*). Siquidem definitio est prima & simplicissima notionis evolutio. Nunc, si quid ex ipsa definitione discimus, illud negligemus, an considerabimus? Certe considerabimus, quandoquidem rem non evolvit ille, qui non dispicit diligenter omnia, quæ res complectitur, & stultum esset ea negligere, quæ sponte se obviam faciunt, deinde requirenda: neque a montis radice ad verticem uno impetu possumus advolare. Igitur nova discere nequit, qui a *definitionibus* non incipit, illisque subjicit *axiomata* & *postulata*, veritates nempe, seu ad aliquid cognoscendum, seu ad faciendum pertinentes & a definitionibus sponte fluentes. Utrum autem quæ sic discimus, ut isti volunt, recolere possimus, infra dispiciemus. Nunc videamus quæ sunt illa abstracta Theoremata, quibus fatigati Tirones Mathesin, tanquam nimis aridam, fastidiunt atque refugiunt. Ea sunt (ipsis fatentibus) generales quædam propositiones, quibus notiones a sensibus alienæ continentur, & quarum connexio cum praxi difficile perspicitur. Num autem ita molesta sunt hæc Theoremata, quia generalia sunt? At, cui gratius esset peculiares propositiones addiscere, quæ sæpe levi, aut nulla mutatione, forent repetendæ? In ipso ortu scientiarum peculiares veritates sectandæ fuerunt, tum quia generales invenire difficillimum erat, tum quia recta methodus ignorabatur. Tunc decebat, necessitate magistra, nunc has nunc illas propositiones indagare. At nunc, *quæ est hominum tanta perversitas, ut inventis frugibus, glande vescamur* (*b*)?

Quis non intelligit eo magis scientias perfici, quo magis universalia Theoremata reperiuntur? Præsertim, cum tanta jam sit methodorum & propositionum copia, quæ tamen quotidie augetur, ut nemo omnia discere & retinere queat, nisi in pauca genera-

(*a*) Cic. Orator. 33. (*b*) Cic. Orator. 9.

neralia Theoremata coarctentur. Verumtamen fortasse creant hanc molestiam notiones quas considerant Geometræ, ideo quia sunt a sensibus alienæ. Qui sic sentit, a mente excolenda prorsus abstineat, necesse est; mentis enim regnum est a corpore omnino separatum. Neque melius sentiunt cum dicunt, difficili cum praxi connexione fastidium creari. Prius enim instrumenta quæ sint, est intelligendum, quam modum iis utendi doceamur. Ex me tu quæris quo valeant, qualem præbeant usum tot de triangulis, de parallelis, de circulis propositiones? Quid responderes puerulo quærenti quo valeant elementa prima? Nonne patet melius illum figuras adhibiturum, qui melius quæ sint cognoverit? Testis sit NEWTONUS, qui ut sectiones conicas Astronomiæ aptaret, novas earum proprietates detegere, idest earum naturam penitius introspicere, debuit. Testis HUGENIUS, qui horologia perficere non potuit, nisi cycloidis natura diligentius investigata. Testis BERNOULLIUS, testis LEIBNITIUS, quorum alter plenissime, alter minus perfecte curvam celerrimi descensus determinavit, quia ille ipsam cycloidem accuratissime cognoverat, quam hic negligentius consideraverat. Testes denique omnes recentiorum libri, referti inventis simplicibus, elegantibus, utilibus, ubi Auctores rerum, quas tractabant, naturam optime intelligebant, ubi secus, perplexis, inelegantibus, atque ideo inutilibus.

Prætereo, quod non ut artificia perficiantur, sed ut

Concretam tollat labem, purumque relinquat
Æthereum sensum atque aurai simplicis ignem (a)

nata est Mathesis; quod ita pro certo habebant veteres illi (velis nolis) præceptores nostri, ut quidquid a manibus penderet, hac scientia judicarent indignum. Errabant illi quidem, sed magis errat, qui sublimem hanc disciplinam, quæ sola valet mirabilia DEI opera quadantenus explicare atque hominis naturam exornare, putat placere non posse, nisi fabrilibus artibus inquinetur.

Quod vero dicunt, hac incondita Mathesin tradendi via fieri ad veritatem detegendam aptiores Adolescentes, profecto jocantur. Sic discent quod nemo nescit, scilicet quod ubi propositione aliqua opus habes, illa tibi est investiganda. Sed quomodo illud

(a) Virg. Æn. l. VI. v. 716.

illud Theorema tibi necessarium recte quæres? Quomodo quæstiones enodabis? Nisi fortasse putas, cum neque scyphus neque scamnum sine præceptis efformari possit, gravissimam atque difficillimam inveniendi artem præceptis non egere. Sed esto; impetu quodam ingenii unum aut alterum, vel etiam singula problemata solves. At; *rem universam tribuere in partes, latentem explicare definiendo, obscuram explanare interpretando, ambigua primum videre, deinde distinguere* (*a*), quomodo disces?

Tamen, ajunt, supervacaneum est accurate demonstrare illa, quorum veritatem quivis levi animi contentione potest dispicere. Experientia docet eos, qui ad Mathesin addiscendam apti nati sunt, ingenium suum libenter exercere, & demonstrationibus quasi inutilibus fatigari. Demonstret Euclides duos circulos se mutuo secantes idem centrum non habere; nemo mirabitur. Illi res erat cum Sophistis pertinacibus, qui laudi apponebant propositiones vel evidentissimas rejicere; quapropter Mathesis, ut Logica, instructa esse debebat Syllogismis, quibus cavillantium os posset occludere. Nunc autem superflua sunt ratiocinia, quibus confirmare conamur id quod bona mens ostendit; *perspicuitas enim*, (ut ait Cicero) (*b*) *argumentatione elevatur.*

Utinam Philosophi, Medici, Jurisconsulti, Theologi, in supervacaneis istis demonstrationibus, tempus, ut dicitur, trivissent! Quot & quantis quæstionibus circa verba, aut circa res quæ intelligi nequeunt, versantibus, quibus tandiu detinemur, quot falsis, aut saltem incertis opinionibus, quibus obruimur, caruissemus? An putas, si parcius huic sensus communis imagini se credidissent, si accuratius prima principia probassent civilis & pontificii juris Scriptores, Philosophi, Theologi, non vulgares tantum sed & Grotius, Hobbesius, Pufendorfius, Democritus, Aristoteles, Plato, Cartesius, Athanasius, Hieronymus, Augustinus, Lutherus, Calvinus, tot scripti fuissent de jure libri, ut vel ad titulos legendos, vel ad errores, quibus scatent, non dicam refellendos sed detegendos, vix humana vita, quantumvis longa, sufficiat; tot & tantis disputationibus de rerum principiis, de mundi systemate, de finibus boni & mali, de Trinitate, de gratia, de commercio animæ & corporis, scholæ strepuissent & adhuc streperent sine ullo scientiarum incremento; inqui-

(*a*) Cic. Orator. 41.

(*b*) De nat. Deor. l. III. 4.

quisitionem sensisset GALILÆUS, per totam vitam timuisset CARTESIUS; tot & tam cruentis persequutionibus inquinata fuisset sanctissima CHRISTI Religio, summa pacis conciliatrix? Sed, ut ad rem propius accedam, *quis ignorat ii, qui Mathematici vocantur, quanta in obscuritate rerum, & quam recondita in arte & multiplici subtilique versentur. Quo tamen in genere ita multi perfecti homines extiterunt, ut nemo fere studuisse ei scientiæ vehementius videatur, quin, quod voluerit, consequutus sit* (a). Quare? nisi quia claras & distinctas notiones quisque, dummodo non omnino plumbeus sit, percipit; quæ hinc sponte perficiuntur, intelligit; quæque ex his definitionibus & axiomatis pedetentim deducuntur, sectatur & assequitur, quod vix facere possunt acutiores, ubi non gradatim proceditur, sed per saltus, ut in aliis fere scientiis, discurritur. Fieri autem nequit ut claras & distinctas habeat notiones, & ut gradatim procedat ille qui non singula certissimis demonstrationibus confirmat, sed levi quodam judicio nixus evidentia pronuntiat, cum ratio clamet VERULAMII verbis; (b) ut *prima quæque, quæ se offerunt animo eique arrident, pro suspectis habeantur.* Omnium enim, quæ per se patere existimantur, notiones confusæ sint, necesse est, quæ quam sæpe fallant omnes norunt, & quam sæpe logomachiis viam aperiant, disputationes nuper in Mathesim invectæ testantur; ut prætercam periculosum esse notionibus his confusis assuescere. Ideo WOLFIUM (c) audiat, non istos, *qui intellectus perficiendi gratia Mathesi operam navat*, monentem quod *is a rigore demonstrandi ne latum quidem unguem recedere tenetur, ne methodi confusæ notiones & de eadem concepta præjudicia noceant extra Mathesim.*

Præterea, si quis in scientiis profectus sibi proponit non pœnitendos, is ita debet prima principia tenere, ut illa sponte menti sese offerant, quod numquam obtinebit, nisi qui ea sæpius & attente consideraverit; cui rei quantum demonstratio, quin & plures diversæ demonstrationes conducant, cuivis judicandum relinquo. Præcipue qui nova detegere cogitant, male prima principia negligunt. Respice per quam longum & sinuosum iter plerumque maximi Mathematici ad veritatem perveniant, ad quam facile pervenire poterant, si prima principia recte perpendissent. Audi NEW-

(a) Cic. de Orat. l. 1. 3. (b) Bac. de augm. Scient. l. 1.
(c) Elem. Math. Tom. V. Cap. IV. 178. in fine.

Newtonum, qui jam grandævus & summum scientiæ apicem adeptus dolebat, quod non Euclidis elementa, qua decebat diligentia, juvenis perlegisset. Ille certe, quamvis Matheseos aptissimus, tunc has demonstrationes molestas & graves non arbitrabatur, neque supervacanea & solum contra sophistas utilia censebat ratiocinia, quibus bonæ mentis judicia confirmare veteres conati sunt. Cæterum, non desunt alia, quibus Tironum ipsorum ingenia bene possint exerceri, & plurimum in scientiis valet vulgatum illud *festina lente*.

Huc accedit, quod si in ipsis principiis docemur negligentiam atque oscitantiam, quando attentio & diligentia disci possit, non video. Num in sublimioribus scientiæ partibus? Sed tunc recurret illud axioma, naturæ humanæ laborem aversanti commodissimum, *frustra quis demonstrat quæ bona mens ostendit*; argumenta probabilia se se pro certis demonstrationibus obtrudent, & obrepent paralogismi, a quibus immunes sunt veteres omnes, qui artem severam amabant, & a quibus vix recentiorum unus & alter (qui quidem veterum fuerunt imitatores) potuit abstinere.

Denique frustra homines discere, quæ statim obliviscantur, nemo negabit. Certum autem est nos vix rerum meminisse, quas nullus ordo revocat ad mentem; hinc fit ut facilius, quam soluta oratio, carmina retineantur. Id senserunt gentes omnes, vel barbaræ, quæ carminibus historiam & Philosophiam descripserunt, antequam litterarum usus invaluit.

...... *Tantum series juncturaque pollet* (a)

Hæc de ordine, nunc de præceptis, quæ si mentem aliquantisper tardam redderent, ut nonnulli putant, nihil tamen progressibus obessent, quandoquidem testudo in via citius ad metam pertingit quam Achilles extra viam. Sed ne regulæ & præcepta mentem opprimant & tarditatem inducant, verendum non est. Nam ingenium totum (quantum est) circa duo versatur, ut scilicet connexionem aut repugnantiam notionum deprehendat, quam præcepta nullo modo, sed quomodo ad propositam metam brevissima via pervenias, ostendunt. Et revera, quis unquam Theorematis demonstrationem aut problematis solutionem quæsivit, qui notionum

(a) Hor. Ar. Poet. v. 242.

num mediarum defectu aut copia non laboravit. Si desunt, unde & quomodo extundendæ? Si redundant, quæ seligendæ? Ubi frustra quæro principia, quæ me deficiunt, experior quod nec *manus nuda nec intellectus sibi permissus multum valet. Instrumentis & auxiliis res perficitur, quibus opus est non minus ad intellectum quam ad manum* (*a*). Ubi vero me nimia copia reddit inopem,

quo me cunque rapit tempestas, deferor hospes (*b*)

& sentio, quod *hominum intellectui non plumæ addendæ, sed plumbum potius & pondera, ut cohibeant omnem saltum atque volatum* (*c*) unde patet unicam omnino restare salutem *ut mens ab ipso principio nullo modo sibi permittatur, sed perpetuo regatur, & res, veluti per machinas, conficiatur* (*d*). Cum præceptis ita consuescant, qui *spiritus proprios, ut sibi oracula exhibeant*, (*e*) solent invocare, ut vel inviti ab iis regantur, & tunc videbunt quanti sint æstimanda: quod si facere respuunt, quæ ignorant saltem non vituperent, neque vocibus suis alios a recta via deterreant; &, dum scribunt, caveant ne populo, cui scribere sunt censendi, faciant injuriam, populum illum quasi levem artisque severæ impatientem traducentes: *omnes enim qui probari volunt, voluntatem eorum qui audiunt, intuentur* (*f*). Et nemo ideo scribit ut improbetur. Et isti delicatuli Discipuli, siquid sapiant, Varronem audiant. Hæc *ait ille* (*g*) *aut omnino non discimus, aut prius desistimus quam intelligamus cur discenda sint. Voluptas autem vel utilitas talium disciplinarum in post-principiis existit, cum perfectæ absolutæque sunt: in principiis vero ipsis, ineptæ & insuaves videntur.* Cui sententiæ si non adsentiunt, relinquant, suadeo, graves has disciplinas, quibus nati non sunt.

Sed fortasse minus lucidus aut concinnus est ordo a Newtono servatus, aut recto talo non stant ejus præcepta. Meliora igitur profer; & optime mereberis de prudentioribus, qui omnes adhuc imperfectam esse artem inveniendi fatentur. Ordinem vero *Newtonianum* breviter exponam, verbum nec amplius addam; verendum

(*a*) Bac. Nov. Org. Scient. Aph. II.
(*b*) Hor. Ep. l. 1. Ep. 1. v. 15.
(*c*) Bac. Nov. Org. Scient. Aph. CIV.
(*d*) Bac. Nov. Org. Scient. Præf.
(*e*) Bac. ibidem.
(*f*) Cic. Orator. 8.
(*g*) Apud Aul. Gel. l. XVI. Cap. 18.

dum enim eſt ne peculiare quoddam ſtudium, quo ſemper in hunc ſummum virum latus ſum, me fallat.

Sibi propoſuerat NEWTONUS ſcribere *de compoſitione & reſolutione arithmetica*. Quapropter ſtatim tradit quomodo rationes ſubducendæ ſint per numeros & per ſymbolos. Cum autem hæ regulæ futuræ nullius uſus fuiſſent, niſi ad quæſtiones enodandas inſervirent, primo docet, quo pacto æquatio reddatur ſimplicior, & incognita exterminetur; deinde qua via problemata ad æquationem deducenda ſint; quod haud raro facere non poteſt, qui incognitarum eliminationem ignorat. Præterea, hanc problematum ad æquationem deductionem, utpote difficultate & utilitate inſignem, pluribus exemplis illuſtrat. Supereſt ut æquationum radices invenire diſcat qui cetera callet; cui rei viam aperiturus Auctor noſter, plura notanda profert de æquationum natura, radicibus, & transformatione, & libro colophonem imponit appendice de æquationum conſtructione lineari. Quæ omnia multis & ſelectis exemplis cumulavit, quibus præcepta explanantur, & ſæpius ad lectorum mentem revocantur. Nec alioquin inutilia ſunt hæc exempla, ſed utilium ſcientiarum fontes plerunque aperiunt.

Nunc pauca de conſilio meo ſunt dicenda. Quid dixerit s'GRAVESANDE de hoc libro explicando non repetam. Sed Ill. WOLFFII verba referam, quia meum propoſitum fere complectuntur. *Utilem* (ait ille de Arithmetica univerſali NEWTONI, (*a*) *tironibus operam ſumeret qui* eandem *commentario illuſtraret. Multa enim occurrunt difficilia, quorum rationes non facile aſſequi licet, etiam exercitatioribus. Deſunt etiam conſtructiones geometricæ problematum, quorum tantummodo dantur ſolutiones per calculum.* Quare

Primo, cum *Arithmetica univerſalis* ab Auctore perfecta non fuerit, arbitratus ſum mihi onus incumbere, illam pro viribus talem reddendi, qualem ſcriptorem ipſum redditurum putabam, ſi ultimam manum impoſuiſſet. Idcirco, titulum ab NEWTONO adſcriptum conſiderans, judicavi eum ſibi propoſuiſſe omnia tradere quæ ad æquationes ex problematum legibus deducendas, & earum radices, ſive numeris ſive lineis exhibendas, pertinerent. Hinc factum eſt, ut *Newtonianum* de Polynomio ad poteſtatem quamlibet evehendo Theorema fuſius tradiderim & demonſtraverim; nonnulla de problematum & æquationum natura ſim commen-

(*a*) Elem. Math. univ. Tom. V. Cap. IV. 12. de ſcriptis Anal.

mentatus; generales pro constructionibus problematum canones docuerim, & alia hujus generis. Fateor nonnulla esse fortasse in alium locum rejicienda, utpote paullo difficiliora, aut non statim usu ventura; quæ tamen ideo collegi, quia quæ ad idem argumentum pertinent melius collecta, quam sparsa, discuntur atque retinentur. Præsertim cum Auctor meus, omnia, quibus opus se habiturum videt, ordine locare soleat, necessitatem, quæ ad illa afferenda cogat, non expectans.

Præterea, memor NEWTONUM sibi persuasum habuisse analyticis solutionibus syntheticas demonstrationes esse substituendas, ut, *omisso, quatenus fieri potest, calculo algebraico, Theorema fiat concinnum & elegans, ac publicum lumen sustinere valeat*, (a) atque sæpius doluisse, quod geometrica algebraicis rationibus tractasset, geometricas demonstrationes & analyses addidi, quando ab algebraicis diversas invenire potui. Et sane, ubi detegenda sunt ignota, subsidium Algebram præbere fatendum est; & ad hoc est excogitata, ut paucis principiis multa possint (b) inveniri. Sed meminerint tyrones eam nihil esse quam supplementum, quo adjutatur imbecillitas humani intellectus, ut de *seriebus* ait FONTENELLIUS (c). Ideo, quo magis quisque pollet ingenio, eo minus his auxiliis uti debet, ita ut, qui semper rationes subducunt, se parvi ingenii damnent, nisi forte nova & difficilia detegant. His enim summæ gratiæ sunt habendæ, quod humanarum scientiarum pomœria proferant; & rogandi sunt ut, quomodo solent, nova & bona dent, quamcunque tandem methodum adhibeant. Ceteri vero firmiter veterum analysi adhæreant, eam enim talem *non esse, qua, algebra inventa, carere possimus, haud difficulter ostenditur. Etenim, antequam problemata geometrica vel alia in Mathesi mista ad Geometriam puram reducta, per algebram solvantur, reducenda sunt ad æquationes. Hæc vero reductio non modo supponit præparationem, methodo veterum inveniendam, verum etiam ipsamet per eandem methodum est eruenda. Accedit subinde, occurrere problemata etiam in altioribus, quæ methodo veterum multo brevius & elegantius solvuntur, quam per calculum algebraicum*, qui haud *raro admodum perplexus & nimis longus est. Accedit, quod, absque omni theoria, calculo algebraico minime sit locus. Hinc, qui proble-*

(a) Newt. Opusc. T. I. pag. 170.
(b) Vide Wolf. Elem. Math. Un. T. V. Cap. IV. 143. de medio Algebræ.
(c) Act. Scient. Paris. An. 1727. Elog. Newt.

blemata physico-mathematica, vel etiam mechanico-physica solvunt; quædam, tamquam cognita, sumere tenentur. Contingit autem haud raro, ut sumant nondum satis explorata, vel, si ea demonstrare voluerint, quæ certa sunt, & methodo veterum rigide demonstrari poterant, in dubitationem adducant, ut adeo, quæ per calculum ex assumtis eruuntur, vel incertitudini obnoxia fiant, vel suspecta reddantur acutioribus rigori veterum assuetis. Imo, nullum est dubium, quin plura irrepserint a veritate aliena, ita ut inventa recentiorum Mathematicorum revisione quadam indigerent, & haud pauca firmiori fundamento superstrui mererentur. Nec alia ratio est cur inter recentiores Mathematicos agitentur controversiæ, quales veteribus erant ignotæ. Optime igitur sibi consulunt, qui methodum veterum cum algebraica recentiorum conjungunt. Et merito dolemus cum NEWTONO *quod, illa neglecta, cito nimis pede ad hanc properent, qui inter Mathematicos eminere volunt.* (*a*) *Si* vero *existimaveris demonstrationes syntheticas dari posse si, vestigiis calculi insistens, verbis enuncies quæ per eum patent, & in reddendis rationibus ad leges calculi confugias, totus falleris* (*b*). *Si autem studium Matheseos intellectum perficere debet, necesse est ut in demonstrando sis assiduus. Intelliguntur vero hic demonstrationes syntheticæ, quales sunt* EUCLIDIS *& Geometrarum veterum* (*c*). Quæ clarissimi WOLFFII verbis exponere & auctoritate confirmare volui, nequis me pravo quodam studio a communi sententia dissentire putaret.

Denique geometricas effectiones addidi, principio quidem omnes; deinde, cum arbitratus sum generales constructionum canones satis esse notos, illas quæ aliquid habere visæ sunt observatione dignum & a canonibus alienum. Nam plerumque canones effectionem præbent minus elegantem; elegantiorem autem judico quæ simplicior & factu facilior est.

Ceterum, in his omnibus ad EUCLIDIS *Elementa* sæpius appellavi, ut ea tiro cogatur accurate repetere, nec sero dolere possit se negligenter ea pervolvisse; atque ne laudanda veterum diligentia prorsus obsolescat, in determinationibus, quam potui, maximam curam adhibui.

Et hæc putavi facturum fuisse NEWTONUM, si librum suum perficere voluisset. Sed illum præterea mihi ad Tironum captum accomo-

(*a*) Wolff Elem. Math. un. T. V. C. IV. 146. de studio Alg.
(*b*) Wolff. Elem. Math. un. T. V. C. IV. 178. de studio Alg.
(*c*) Ibid. 99. & 100.

commendandum esse sum arbitratus. Quapropter, omnia, pro viribus diligenter & simpliciter demonstravi; rationes ab Auctore omissas subduxi, principio quidem omnes, deinde gradatim difficiliores; problemata nonnulla pluribus modis solvi; principia, sine quibus solutiones nullo pacto poterant intelligi, breviter explanavi; & corollaria, siqua præclara se obtulerunt, sum persecutus.

Nunc grates mihi sunt agendæ celeberrimi viris *Nicolao* & *Danieli* Bernoulliis, quorum alter demonstrationem regulæ de inveniendis Divisoribus surdis, adhuc ineditam atque huic operi inserendam humanissime communicavit; *Daniel* vero me regula de inveniendis divisionibus rationalibus a se demonstrata cumulavit, & prudentissimis monitis juvit: quo nomine multum etiam me debere fateor *Joh. Ludovico* Calandrino & *Gabrieli* Cramero, quibus merito se jactat *Geneva*; Quos omnes & alios, qui mihi opem ferre dignati sunt, obsecro atque obtestor ut æqui bonique ducant hoc tenue grati animi testimonium. Illi qui non laudati sua inventa in hac opella legent, ne plagii crimine me accusent, precor. Quisque sibi vindicet, quod sibi debitum putat. Etsi multa ipse excogitavi, tamen nihil, præter eligendi difficultatem, transcribendi laborem, & voluntatem faciendi rem tironibus utilem, mihi tribuo.

Ceterum statueram antiquam notationem a Newtono usurpatam, ubique servare. Sed confestim victus Typothetarum conviciis de ejus difficultate querentium, notationem pro multiplicatione & potestatibus a Leibnitio repertam adhibere coactus fui.

Fateor, quæ Newtonus facere potuisset, tentare temerarium esse, perficere difficillimum, & Tironibus scribere fortasse difficilius. Nam primo omnia perspicue quidem & enucleate tractanda sunt, ita tamen ut satietatem non pariant; deinde *diligentissime hoc est eis, qui instituunt aliquos atque erudiunt, videndum quo sua quemque natura maxime ferre videatur* (*a*). Quod vix facere potest ille, qui Discipulos audientes & interrogantes docet; quomodo autem facere queat ille, qui litteris aliquid mandat, non video. Quapropter uni aut alteri satisfaciens, vereor ne pluribus displiceam, & inveniar scripsisse quæ nec indocti intelligerent nec docti legere curarent. Siquid igitur peccatum est, ignoscas, ob-

(*a*) Cic. de Off. l. III. 9.

obſecro, benigne Lector; Quinimo *Horatianum* QUINTILIUM imiteris, qui

. . . . Corrige, ſodes,
Hoc, aiebat, & hoc . . . . . . (*b*)

Et me non eum invenies

qui defendere delictum, quam vertere, malit. (*c*)

(*b*) Hor. Art. Poet. v. 438. 439.

(*c*) Ibid. v. 442.

ARITHMETICA
UNIVERSALIS;
SIVE
DE COMPOSITIONE ET RESOLUTIONE
ARITHMETICA
LIBER.

SECTIO I.

CAPUT PRIMUM.

I. COMPUTATIO vel fit per *Numeros*, ut in vulgari Arithmetica, vel per *Species*, ut Analystis mos est. Utraque iisdem innititur fundamentis, & ad eandem metam collimat: *Arithmetica* quidem definite & particulariter, *Algebraica* autem indefinite & universaliter; ita ut enuntiata fere omnia, quæ in hac computatione habentur, & præsertim conclusiones, *Theoremata* dici possint. Verum Algebra maxime præcellit, quod cum in Arithmetica quæstiones tantum resolvantur progrediendo a datis ad quæsitas quantitates, hæc a quæsitis tanquam datis ad datas tanquam quæsitas quantitates plerumque regreditur, ut ad conclusionem aliquam, seu Æquationem, quocumque demum modo perveniatur, ex qua quantitatem quæsitam elicere liceat. Eoque pacto conficiuntur difficillima Problemata, quorum resolutiones ex Arithmetica sola frustra peterentur. Arithmetica tamen Algebræ in omnibus ejus operationibus ita subservit, ut non nisi unicam perfectam *computandi Scientiam* constituere videantur; & utramque propterea conjunctim explicabo.

II. Quisquis hanc Scientiam aggreditur, inprimis vocum & notarum signi-

fica-

ficationes intelligat, & fundamentales addiscat operationes, *Additionem* nempe, *Subductionem*, *Multiplicationem*, *Divisionem*, *Extractionem* radicum, *Reductiones* fractionum & radicalium quantitatum, & modos ordinandi terminos Æquationum, ac incognitas quantitates (ubi plures sunt) exterminandi. Deinde has operationes, reducendo problemata ad æquationes, exerceat; & ultimo naturam & resolutionem æquationum contempletur.

CAPUT II.

De vocum quarundam & notarum significatione.

III. PER *numerum* non tam multitudinem unitatum, quam abstractam quantitatis cujusvis ad aliam ejusdem generis quantitatem, quæ pro unitate (*a*) habetur, rationem intelligimus (*b*). Estque triplex; integer, fractus & surdus: *Integer*, quem unitas metitur: *Fractus*, quem unitatis pars submultiplex metitur: & *Surdus*, cui unitas est incommensurabilis (*d*).

IV. *Integrorum* numerorum notas (0, 1, 2, 3, 4, 5, 6, 7, 8, 9,) & notarum, ubi plures inter se nectuntur, valores nemo non intelligit (*e*). Quemadmodum vero numeri in primo loco ante unitatem, sive ad sinistram, scripti denotant denas unitates, in secundo centenas, in tertio millenas, *&c.* sic numeri in primo loco post unitatem scripti denotant decimas partes unitatis, in secundo centesimas, in tertio millesimas, *&c.* Hos autem dicimus Fractos *Decimales*, quod in ratione decimali perpetuo decrescant (*f*). Et ad distin-

(*a*) 1. Unitas hæc est *respectiva*, cum enim partes habeat, licet eam considerare ut aggregatum ex suis partibus, & quamlibet ejus partem pro unitate sumere.

Quæ sit unitas ABSOLUTA, *& an detur in rerum natura, disputandum non censeo. Semper enim agemus de respectiva.*

(*b*) 2. Sic, si in tempore hora sumatur pro unitate, ratio, quæ est inter horam, & horæ minutum, aut diem, aut mensem &c., dicitur *numerus*. In Lineis, si AC sit unitas linearis, ratio, quæ est inter AC, & CB, aut AB, est numerus &c.

TAB. I. Fig. 1.

(*d*) 3. Numerus integer est eadem quantitas, quam EUCL. *def.* 2. V. & *def.* 5. VII. vocat *multiplicem*, ubi quantitas minor, cujus major multiplex est, sumitur pro unitate. Fractus autem, dicitur ab EUCL. *def.* 1. V. & *def.* 3. VII. *pars.* aut *def.* 4. VII. *partes*, si modo major numerus, quem minor metitur, pro unitate capiatur. Surdus vero ab eodem, *def.* 2. X. *incommensurabilis* appellatur; sumendo tantum pro unitate magnitudinem, cui illa est incommensurabilis.

(*e*) 4. Numeri primi *a dextra unitates* exprimunt; secundi *decades*; tertii *centena*, id est, decadum decades, vel decies decem unitates; quarti *millia*, vel decies centum, vel decies decies decem unitates &c: ita ut in unitatum Serie 1111 &c. hi numeri sint *deinceps* proportionales [EUCL. *def.* 20. VII.] vel efficiant *progressionem geometricam*, quia scilicet prima unitas a dextris decies continetur in secunda, secunda decies in tertia, sic *deinceps*.

(*f*) 5. *Cum nec arabes, nec alia* qua-

distinguendum integros a decimalibus interjici solet comma, vel punctum, vel etiam lineola. Sic numerus 732' 569, denotat septingentas triginta duas unitates, una cum quinque decimis, sex centesimis, & novem millesimis partibus unitatis. Qui & sic 732, 569, vel etiam sic 732 | 569, nonnunquam scribitur. Atque ita numerus 57104, 2083, denotat quinquaginta septem mille, centum & quatuor unitates, una cum duabus decimis, octo millesimis, & tribus decimis millesimis partibus unitatis. Et numerus 0'064 denotat sex centesimas & quatuor millesimas partes. Surdorum & aliorum fractorum notæ in sequentibus habentur.

V. *Cum rei alicujus quantitas ignota est, vel indeterminate spectatur, ita ut per* numeros *non liceat exprimere, solemus per* Speciem *aliquam seu litteram designare.*

Et, si quando cognitas quantitates tanquam indeterminatas spectemus, discriminis causa designamus initialibus Alphabeti literis *a*, *b*, *c*, *d*, & incognitas finalibus *z*, *y*, *x*, &c. Alii pro cognitis substituunt consonantes vel majusculas literas, & vocales vel minusculas pro incognitis (*g*).

VI. *Quantitates vel* Affirmativæ *sunt seu majores nihilo, vel* Negativæ *seu nihilo minores.*

Sic

quævis numerorum notæ sua natura, & necessario numeros exprimant, sed negotium hoc ab hominum institutione & arbitrio prorsus pendeat; liquet quod notæ unitatem, aut unitatum collectionem infra decem exponentes, possint ad libitum collocari, vel in dextra, vel in sinistra ordinis *parte, vel in aliqua ex mediis.*

6. Si unitates ponuntur in ultima sede versus scribentis, aut legentis dextram, habent valorem explicatum N°. 4. Hoc accidit in *vulgari* Arithmetica.

7. Si unitates ponuntur in *lineæ* aut *ordinis* principio, id est ad scribentis sinistram, numeri eas immediate ad dextram sequentes, denotant *decimas unitatis partes*, aut si mavis, unitates a primis diversas, & quarum decem primam unitatem constituunt. Hæc computandi ratio dicetur Arithmetica *decimalis*.

8. Quod si unitates in medio ponuntur, numeri *ab unitate versus sinistram erunt* ex Arithmetica *vulgari*, ab *eadem versus dextram* ex *decimali*. Hæc appellari potest *mista*.

9. Arithmetica *decimalis*, & *mista* facile ad vulgarem revocantur sumendo pro unitate, quæ numeros omnes conficit, unitatem, quæ ad dextram locatur. Sic 732, 569, qui numerus est ex Arithmetica mista & significat septingentas triginta duas unitates, quinque decimas unitatis partes, & sex centesimas cum novem millesimis; si unitas, ad quam omnia referuntur, in medio locetur; si vero posita concipiatur in lineæ finem ad dextram, est ex Arithmetica vulgari, & significat septingenta triginta duo millia unitatum cum quingentis sexaginta novem ex iisdem unitatibus. Hoc pacto aliquas difficultates, quibus Arithmetica decimalis est obnoxia, effugies; memento tamen has unitates non esse easdem, ac illas, quas haberes, si numerum eundem juxta mistæ Arithmeticæ regulas explicares.

(*g*) 10. Hoc omnino obsolevit: apud omnes recentiores primæ Alphabeti literæ cognitas, ultimæ incognitas designant. Animadverte autem, quod æquales quantitates per eandem *Speciem*, inæquales vero per diversas exponuntur; siqua notanda præterea sunt, ea suis locis invenies.

(*h*) 15.

Sic in rebus humanis possessiones dici possunt bona affirmativa, debita vero bona negativa. Inque motu locali progressus dici potest motus affirmativus, & regressus motus negativus, quia prior auget & posterior diminuit iter confectum. Et ad eundem modum in Geometria, si linea versus plagam quamvis ducta pro affirmativa habeatur, negativa erit quæ versus plagam oppositam ducitur. Veluti si AB dextrorsum ducatur, & BC sinistrorsum, ac AB statuatur affirmativa; tunc BC pro negativa habebitur, eo quod inter ducendum diminuit AB, redigitque vel ad breviorem AC, vel ad nullam, si forte C inciderit in ipsum A, vel ad minorem nulla, si BC longior fuerit quam AB, de qua aufertur.

TAB. I. Fig. 1.

Negativæ quantitati designandæ signum —, *Affirmativæ* signum + præfigi solet. Signum ∓ incertum est, & signum ± etiam incertum sed priori contrarium.

VII. *In aggregato quantitatum nota + significat quantitatem suffixam esse ceteris* addendam *& nota — esse* subducendam.

Et has notas vocabulis *plus* & *minus* exprimere solemus (*h*). Sic $2+3$, sive 2 plus 3, valet summam numerorum 2 & 3, hoc est 5. Et $5-3$, sive 5 minus 3, valet differentiam quæ oritur subducendo 3 a 5, hoc est 2. Et $-5+3$ valet differentiam quæ oritur subducendo 5 a 3, hoc est -2. Et $6-1+3$ valet 8. Item $a+b$ valet summam quantitatum a & b. Et $a-b$ valet differentiam, quæ oritur subducendo b ab a. Et $a-b+c$ valet summam istius differentiæ & quantitatis c. Puta si a sit 5, b 2, & c 8; tum $a+b$ valebit 7; & $a-b$ 3; & $a-b+c$ 11. Item $2a+3a$ valet $5a$. Et $3b-2a-b+3a$ valet $2b+a$; nam $3b-b$ valet $2b$ & $-2a+3a$ valet a, quorum aggregatum est $2b+a$. Et sic in aliis.

Hæ autem notæ + & — dicuntur *Signa*. Et ubi neutrum initiali quantitati præfigitur, signum + subintelligi debet.

VIII

1°. Additio *solum*, & subtractio, *sive singulæ*, *sive ambæ simul* (*ut in* $a+b+c$, *ubi solum est additio*, *aut* — $a-b-c$, *ubi sola subductio*, *aut denique* $a+b-3c-4f-5e$ *&c*, ubi *subductio*, *& additio simul habentur*) *efficiunt quantitates complexas. Ceteræ operationes* (*quæcunque demum eæ sint*) *quantitates relinquunt* simplices *aut* incomplexas.

2°. *Quantitates simplices vocantur etiam* TERMINI.

TAB. A. Fig. 1.

(*h*) 11. Hinc explicari potest quod assertum est *Art.* VI. de contrariis plagis, ad quas in Geometria tendunt lineæ positivæ, & affirmativæ. Signum + additionem, signum — subtractionem significat; sed, ut lineæ CE ad punctum E addatur recta EB, describendus est radio EB centro E arcus versus B, & recta CE ad peripheriam producenda, ut patet: ut autem ex CE ad punctum E subducatur EA, arcus centro E radio EA versus A describendus est; ergo lineæ additæ & subductæ, sive positivæ ac negativæ, tendunt ad partes contrarias.

12. *Aggregatum*, aut *differentia* ex pluribus quantitatibus [ut $a+b-e$ &c.] dicitur quantitas *composita*, vel *complexa*.

(*i*) De-

VIII. Multiplicatio proprie dicitur quæ fit per numeros integros, utpote quærendo novam quantitatem toties *majorem* quantitate multiplicanda quoties numerus multiplicans fit *major* unitate (*i*). Sed aptioris vocabuli defectu multiplicatio etiam dici solet quæ fit per fractos aut surdos numeros, quærendo novam quantitatem in *quacunque ratione* ad quantitatem multiplicandam quam habet multiplicator ad unitatem (*k*). Neque tantum fit per abstractos numeros, sed etiam per concretas quantitates, ut per lineas, superficies, motum localem, pondera &c., quatenus hæ ad aliquam sui generis notam quantitatem tanquam unitatem relatæ, rationes numerorum exprimere possunt & vices supplere. Quemadmodum si quantitas A multiplicanda sit per lineam duodecim pedum, posito quod linea bipedalis sit unitas, producentur per istam multiplicationem 6 A, sive sexies A, perinde ac si A multiplicaretur per abstractum numerum 6, siquidem 6 A sit in ea ratione ad A quam habet linea duodecim pedum ad unitatem bipedalem (*l*). Atque ita si duas quasvis lineas A C & A D per se multiplicare oportet, capiatur AB unitas, & agatur BC eique parallela DE, & AE productum erit hujus multiplicationis; quod sit ad A D ut A C ad unitatem A B (*m*). Quin etiam mos obtinuit ut Tab. Fig. 3

(*i*) *Definitio* Newtoni *in hanc recidit.*

13. Quantitatem aliquam sibimet aliquoties addere, dicitur eam *multiplicare*, & hæc repetita additio vocatur *multiplicatio.*

Sic 4. sibimetipsi ter addere dicitur multiplicare numerum 4 per 3.

14. Ut multiplicatio fiat duo requiruntur; *quantitas* sibimet addenda, & *numerus* exprimens quoties *quantitas* sibi addi debet. Facta autem multiplicatione obtinetur altera *quantitas*, quæ repetita additione conficitur.

15. Quantitas sibimet aliquoties addenda dicitur *multiplicandum.*

16. Numerus indicans *quoties* quantitas sibi debet addi, *multiplicator.*

17. *Productum* vero *quantitas* multiplicatione genita.

18. *Multiplicandum* potest esse *quantitas* quævis.

19. *Multiplicator* semper esse debet *numerus.*

20. *Productum* toties *multiplicandum* continet, quoties *multiplicator* continet unitatem, aut hæ quantitates sunt proportionales.

21. Quævis quantitas potest concipi tanquam productum ex se ipsa in unitatem.

(*k*) 22. Definitio *Auctoris* & nostra explicatio dant productum *multiplex multiplicandi*; ast fracti non unitatem, sed unitatis partes continent; unitas vero surdis est incommensurabilis (*supra* N°. 3.); quare in neutris inveniri potest nova quantitas multiplex multiplicandi, seu toties *major* quantitate multiplicanda, quoties numerus multiplicans est *major* unitate. Tunc igitur nulla fit multiplicatio proprie dicta.

(*l*) 23. Faber murarius *ex gr.* pro duobus muri pedibus tulit tres sestertios, quæritur quot sestertii huic debeantur pro duodecim pedibus. Hic tres sestertii locum tenent quantitatis A, & ad inveniendum quod petitur, non tres sestertii multiplicandi sunt per sex pedes, quod esset absurdum; sed quærenda est sestertiorum quantitas toties ternario sestertiorum numero major, quoties abstractus *duodenarius* numerus abstracto *binario* major est, id est ternarii sextuplex: ubi quantitates concretæ, duo, & duodecim pedes non considerantur, sed numeri 2; 6; earum rationem exprimentes abstracte sumuntur.

(*m*) 24. Hoc semper intelligendum in hypothesi notæ cujusdam lineæ, quæ pro unitate sumitur. Quod si nulla detur unitas, ad arbitrium ea sumi potest: tunc autem productum inve-

ut genesis seu descriptio superficiei per lineam super alia lineam ad rectos angulos moventem dicatur multiplicatio illarum linearum. Nam quamvis linea utcunque multiplicata non possit evadere superficies *(n)*, adeoque hæc superficiei e lineis generatio longe alia sit a multiplicatione, in hoc tamen conveniunt quod numerus unitatum in alterutra linea multiplicatus per numerum unitatum in altera, producat abstractum numerum unitatum in superficie lineis istis comprehensa, si modo unitas superficialis definiatur, ut solet, Quadratum cujus latera sunt unitates lineares. Quemadmodum si recta AB constet quatuor unitatibus & AC tribus, tum rectangulum AD constabit quater tribus seu duodecim unitatibus quadratis, ut inspicienti Schema patebit *(o)*. Estque similis analogia solidi & ejus quod continua trium quantitatum multiplicatione producitur. Et hinc vicissim evenit quod vocabula *ducere*, *contentum*, *rectangulum*, *quadratum*, *cubus*, *dimensio*, *latus*, & similia, quæ ad Geometriam spectant, arithmeticis tribuantur operationibus. Nam per *quadratum*, vel *rectangulum*, vel *quantitatem duarum dimensionum* non semper intelligimus superficiem, sed ut plurimum quantitatem alterius cujuscunque generis quæ multiplicatione aliarum duarum quantitatum producitur, & sæpissime lineam quæ producitur multiplicatione aliarum duarum linearum. Atque ita dicimus *cubum* vel *parallelipipedum*, vel *quantitatem trium dimensionum* pro eo quod binis multiplicationibus producitur *(p)*, *latus* pro radice, *ducere* pro multiplicare, & sic in aliis.

Tab. I. Fig. 2.

IX. *Numerus speciei alicui immediate præfixus denotat speciem illam toties sumendam esse (q).*

Sic $2a$ denotat duo a, $3b$ tria b, $15x$ quindecim x.

X. *Duæ*

invenitur *hypothetice*, id est posito quod unitas sit illa ipsa linea, quæ pro unitate sumitur, nam unitate mutata, mutatur & productum, ut liquet. Sæpe sæpius autem unitas ex problematis solvendi legibus innotescit.

(*n*) 25. Siquidem productum ex linea in lineam est linea.

(*o*) 26. Negotium facessere tironibus posset, quod hic unitas superficialis per analogiam comparata videtur cum linea, contra Eucl. *def.* 3. V. Sed duæ faciendæ sunt analogiæ; id est, ut unitas linearis ad lineam tripedalem, sic quadripedalis ad duodecim pedum lineam, & ut unitas linearis ad lineam duodecim pedum, sic unitas superficialis, ad superficiem continentem duodecim unitates superficiales.

Tab. A. Fig. 2.

(*p*) 27. Si recta AE, quam supra invenimus, diceretur quantitas *duarum dimensionum*, (est enim productum ex rectis AC, AD), & rursus quæratur quarta AF post, AB (unitatem), quamvis rectam AG, & AE; hæc quarta AF diceretur quantitas trium dimensionum, cum sit productum ex quantitate duarum dimensionum in lineam. Hoc probe notandum, ne quid molestiæ faciant in Geometria sublimiore quantitates quatuor, quinque &c. dimensionum; cum in rerum natura nulla detur quantitas habens plures, quam tres dimensiones, id est solidum. Sed hic vox *dimensio* improprie usurpatur.

(*q*) 28. Hic numerus speciei alicui immediate præfixus vocatur *coefficiens*.

29. Nota quod terminus, aut quantitas simplex, proprie loquendo, habet unitatem pro coefficiente, itaque $3a$ non est unus terminus sed tres: aliquando tamen improprie quævis quantitas quovis coefficiente prædita dicitur *terminus*.

(*) *Nos*

X. Species vel plures species immediate connexæ designant factum, seu quantitatem, quæ fit per multiplicationem omnium in se invicem.

Sic *a b* denotat quantitatem quæ fit multiplicando *a* per *b*. Et *a b x* denotat quantitatem quæ fit multiplicando *a* per *b*, & factum illud per *x*. Puta si *a* sit 2, & *b* sit 3, & *x* sit 5, tum *a b* erit 6; *a b x* 30.

XI. Inter quantitates sese multiplicantes, nota X, vel vocabulum *in* ad factum designandum nonnunquam interscribitur (*). Sic 3 X 5 vel 3 in 5 denotat 15. Sed usus harum notarum præcipuus est, ubi compositæ quantitates sese multiplicant. Veluti si $y - 2b$ multiplicet $y + b$, terminos utriusque multiplicatoris lineola super imposita connectimus & scribimus $\overline{y-2b}$ in $\overline{y+b}$, vel $\overline{y-2b} \times \overline{y+b}$. (**)

XII. Divisio proprie est quæ fit per numeros integros quærendo novam quantitatem toties minorem quantitate dividenda quoties unitas sit *minor* divisore. Sed ob analogiam hæc vox etiam usurpari solet cum nova quantitas *in ratione quacunque* ad quantitatem dividendam quæritur, quam habet unitas ad divisorem; sive divisor ille sit fractus aut surdus numerus aut alia cujusvis generis quantitas (*). Sic ad dividendam lineam A E per lineam A C, existente A B unitate, agenda est E D parallela B C, & erit A D quotiens. Imo & divisio propter similitudinem quandam dicitur cum rectangulum ad datam lineam tanquam basem applicatur ut inde noscatur altitudo (*). Tab. I. Fig. 3.

XIII.

(*) Nos aliorum exemplum secuti punctum sæpe interjicimus.

(**) *Quantitates compositæ sese multiplicantes etiam uncis includuntur sic*, [y — 2b] [y + b], *quod commodius est.*

(30) Quæ Art. VIII. monuimus, facile huc transferri possunt & debent, positis tantum his definitionibus.

31. Quærere quænam quantitas sibimet aliquoties addita efficiat quantitatem datam, dicitur *hanc dividere.*

32. Quantitas, quæ dividitur, dicitur *dividendum.*

33. *Divisor* autem numerus exprimens, quoties aliqua quantitas sibimet addita fuerit, ut dividendum efficeretur.

34. *Quotiens* appellatur quantitas, quæ toties repetita quoties unitas est in numero, quem diximus divisorem, dividendum componit. Sic si 12 est dividendum, & 3 divisor, 4 est quotiens.

35 Tantum notabo, quod quantitas per seipsam divisa dat *unitatem*, quia quantitas quævis *semel* sumi debet, ut seipsam æquet.

(*) 36. Quæritur *ex. gr.* altitudo rectanguli A F rectæ E G, tanquam basi applicati, sive, data recta E G, quæritur G B, ita ut rectangulum ex E G in G B æquet datum rectangulum AF. Hæc applicatio dicitur minus proprie divisio, & solum ob quandam *similitudinem*, quæ in hoc sita est. Ut habeatur G B, quærenda est quarta post E G, A D, D F; (Eucl. 16. VI.): at si pro lineis capiuntur numeri, hæc quarta reperitur invicem ducendo medias & productum hoc per extremam dividendo (ut facile Tab. I. Fig. 3.

pro-

XIII. *Quantitas infra quantitatem cum lineola interjecta denotat quotum, seu quantitatem quae oritur ex divisione superioris quantitatis per inferiorem.*

Sic $\frac{4}{2}$ denot quantitatem quæ oritur dividendo 4 per 2, hoc est 2: & $\frac{5}{8}$ quantitatem quæ oritur dividendo 5 per 8, hoc est octavam partem numeri 5: & $\frac{a}{b}$ denotat quantitatem quæ oritur dividendo a per b; puta si a sit 15 & b 3, tum $\frac{a}{b}$ denotat 5 (t). Et sic $\frac{ab-bb}{a+x}$ denotat quantitatem quæ oritur dividendo $ab-bb$ per $a+x$. Atque ita in aliis.

Hujusmodi quantitates *fractiones* dicuntur, parsque superior *Numerator*, ac inferior *Denominator*.

XIV. Aliquando divisor quantitati divisæ, interjecto arcu, præfigitur.

Sic ad designandum quantitatem quæ oritur ex divisione $\frac{axx}{a+b}$ per $a-b$, scribi potest $\overline{a-b)}\ \frac{axx}{a+b}$ (*).

XV. Etsi multiplicatio per immediatam quantitatum conjunctionem denotari solet, tamen numerus integer ante numerum fractum denotat summam utriusque. Sic $3\frac{1}{2}$ denotat tria cum semisse.

XVI. *Si quantitas seipsam multiplicet, numerus factorum, compendii gratia, suffigi solet.*

Sic pro aaa scribimus a^3, pro $aaaa$ scribimus a^4, pro $aaaaa$ scribimus a^5, & pro $aaabb$ scribimus a^3bb vel a^3b^2. Puta si a sit 5 & b sit 2, tum a^3 erit 5 . 5 . 5 sive 125, & a^4 erit 5 . 5 . 5 . 5 sive 625, atque a^3b^2 erit 5 . 5 . 5 . 2 . 2 sive 500 (u).

Ubi

probatur ex EUCL. 19. VII.) atqui ex hypoth. factum mediarum, id est rectangulum. AF. datum est; ergo facienda restat sola quasi divisio; quarta autem proportionalis post tres datas invenitur per EUCL. 12. VI. Applicatio parallelogrammi ad datam rectam perficitur etiam per EUCL. 44. I.

TAB. I. Fig. 3. (t) 42. Si AE sit a, AC b, AB 1, erit AD $\frac{a}{b}$. Secundum exemplum infra explicabitur.

(*) *Solet etiam quantitas dividenda prior scribi uncis inclusa, huic adnecti duo puncta, & hinc adjici Divisor uncis inclusus, si est compositus. Hac pacto* $[ab-bb]:[a+x]$; *sed cum hæc duo puncta facile oculos fallant, ab hac scribendi ratione abstinemus, optantes ut aliquis aptius divisionis signum excogitet.*

(u) 43. Si a sit linea quævis, erit a^2 tertia proportionalis post 1 & a; sed a^3 quarta post 1, a, & a^2, & quarta ex continue proportionalibus post 1, a, a^2, Siquidem 1 ad a, ut a ad a^2; & a ad a^2, ut a^2 ad a^3; At a^4 est tertia post 1, & a^2, aut quarta post 1, a, & a^3, aut quinta continue proportionalis post 1, a, a^2, a^3, nam 1 ad a, ut a ad a^2; a ad a^2,

ut

Ubi nota quod numerus inter duas species immediate scriptus, ad priorem semper pertinet. Sic 3 in quantitate a^3bb non denotat bb ter capiendum esse, sed a in se bis ducendum.

Nota etiam quod hæ quantitates tot *dimensionum* vel *potestatum* vel *dignitatum* esse dicuntur quot factoribus seu quantitatibus se multiplicantibus constant, & numerus suffixus vocatur *Index* (*) potestatum vel dimensionum. Sic aa est duarum dimensionum vel potestatum, & a^3 trium, ut indicat suffixus numerus 3. (*x*).

Dicitur etiam aa quadratum, a^3 cubus, a^4 quadrato-quadratum, a^5 quadrato-cubus, a^6 cubo-cubus, a^7 quadrato-quadrato-cubus, & sic porro. Et quantitas a, ex cujus in se multiplicatione hæ potestates generantur, dicitur earum *Radix*, nempe radix quadratica quadrati aa, cubica cubi a^3, &c.

XVII. Cum autem radix per seipsam multiplicata producat quadratum, & quadratum illud iterum per radicem multiplicatum producat cubum, *&c.* erit (ex definitione multiplicationis,) ut unitas ad radicem, ita radix ad quadratum, & quadratum ad cubum, *&c.* Adeoque quantitatis cujuscunque *radix quadratica* erit medium proportionale inter unitatem & quantitatem illam, & *radix cubica* primum e duobus medie proportionalibus, & *radix quadrato-quadratica* primum e tribus, & sic præterea. Duplici igitur affectione radices innotescunt, tum quod seipsas multiplicando producant superiores potestates, tum quod sint e mediis proportionalibus inter istas potestates & unitatem. Sic numeri 64 radicem quadraticam esse 8 & cubicam 4, vel ex eo patet quod 8 . 8 & 4 . 4 . 4 valeant 64, vel quod sit 1 ad

ut a^2 ad a^3, a^2 ad a^3, ut a^3, ad a^4. (Eucl. 17. VIII.) quæ proportionales reperiendæ sunt per Eucl. 11. VI. Ut autem habeatur a^3b^2, reperiatur quarta continue proportionalis post 1 & a, id est a^3: hinc fiat, ut 1 ad a^3, sic b ad quartam a^3b; & rursus, ut 1 ad a^3b, sic b ad quartam a^3b^2 quæsitam: seu brevius sic; fiat, 1 ad a, ut b ad quartam ab, & rursus 1 ad ab, ad quartam a^2b^2, & denique 1 ad a, ut a^2b^2 ad quartam a^3b^2 quæsitam.

(*) Seu [illegible].

44. (*x*) Quantitas, quæ non producta est ex duabus, aut pluribus aliis multiplicatis invicem, dicitur *unius dimensionis*: Sic a, b, &c. sunt quantitates unius dimensionis, & index subintelligitur *unitas*.

45. Si duæ quantitates, quæ singulæ sunt unius dimensionis, ut a, & b in se invicem ducantur, factum, ut ab, dicitur *duarum dimensionum*.

46. Ubi plures quantitates, quarum singulæ sunt unius pluriumve dimensionum, ut a^2, b^2c, f, in se invicem ducuntur, factum tot est dimensionum, quot unitates sunt in summa omnium indicum; ita factum a^2b^2cf est sex dimensionum. Si vero quantitas est complexa, dicitur tot dimensionum, quot habet terminus altissimus. Sic quantitas $a^6 + b^5 - c^3 + 1$ dicitur sex dimensionum. Quod si adsit incognita, ejus altissimus terminus dimensionem quantitatis determinat; sic $x^4 - bx^3 + bcx^2 - bcex + bceh$ est quatuor dimensionum.

47. Ut ergo quantitas quædam ad potestatem datam elevetur, ei suffigendus est datus index: Sic tertia potestas ipsius a, est a^3; & ad evehendam b ad potestatem indeterminatam, cujus index est m, scribatur b^m &c.

1. ad 8 ut 8 ad 64, & 1 ad 4 ut 4 ad 16 & 16 ad 64. Et hinc si lineæ alicujus
4. A B radix quadratica extrahenda est, produc eam ad C ut sit B C unitas, dein super A C describe semicirculum, & ad B erige perpendiculum huic circulo occurrens in D, eritque B D radix, quia media proportionalis est inter A B & unitatem B C.

XVIII. *Ad designandam* radicem *alicujus quantitatis præfigi solet nota* $\surd$, *si radix sit quadratica*, & $\surd 3$: *Si sit cubica*, & $\surd 4$: *Si quadrato-quadratica*, &c. (*y*).

Sic $\surd 64$ denotat 8; & $\surd 3:64$ denotat 4; & $\surd aa$ denotat a; & $\surd ax$ denotat radicem quadraticam ex ax, (*z*) & $\surd 3:4axx$ radicem cubicam ex $4axx$. Ut si a sit 3, & x 12; tum $\surd ax$ erit $\surd 36$, seu 6; & $\surd 3:4axx$ erit $\surd 3:1728$, seu 12. Et hæ radices, ubi non licet extrahere, dicuntur *surdæ quantitates*, ut $\surd ax$; vel *surdi numeri* ut $\surd 12$.

XIX. Nonnulli pro designanda quadratica potestate usurpant q, pro cubica c, pro quadrato-quadratica qq, pro quadrato-cubica qc, &c. Et ad hunc modum pro quadrato, cubo, & quadrato-quadrato ipsius A, scribitur Aq, Ac, Aqq, &c. Et pro radice cubica ex $abb - x^3$ scribitur $\surd c: abb - x^3$. Alii alias notas adhibent, sed quæ jam fere exoleverunt.

XX. *Nota* $=$ *designat quantitates hinc inde* æquales *esse*.

Sic $x = b$ designat x æqualem esse b.

XXI. *Nota* :: *significat quantitates hinc inde* proportionales *esse*.

Sic $a.\ b :: c.\ d$, significat esse a ad b ut c ad d. Et $a.\ b.\ e :: c.\ d.\ f$ esse a, b, & e inter se ut c, d, & f inter se respective, vel esse a ad c, b ad d & e ad f in eadem ratione.

XXII. Denique notarum, quæ ex his componuntur, interpretatio per analogiam facile innotescit Sic enim $\frac{3}{4}a^3bb$ denotat tres quartas partes ipsius

(*y*) 48. Sæpius tamen *index* aut *exponens* radicis ponitur intra crura ipsius signi radicalis $\surd$, sic $\surd b$, aut $\sqrt[2]{b}$ significat radicem quadratam ipsius b, aut mediam proportionalem inter 1 & b; sed $\sqrt[3]{ab^2}$, & $\sqrt[4]{ab^3}$ significat radicem cubicam, & quadrato-quadraticam ipsarum ab^2, ab^3, aut primam ex duabus mediis proportionalibus 1 & ab^2; ex tribus autem, inter 1 & ab^3. Patet autem, quod radix m ipsius a^m, est a, quæ invenitur deleto indice.

(*z*) 49. Si quantitas expressa per ax sit recta, hæc erit quarta proportionalis post 1, a, & x (*art.* VIII.) & tunc habebitur $\surd ax$ quærendo mediam proportionalem inter unitatem linearem, & lineam quæ exponitur per ax, ut in *art.* præcedente.

50. Si vero quantitas ax sit rectangulum ex recta expressa per a, in rectam expositam per x, tunc $\surd ax$ invenietur per EUCL. 14. II., aut quæsita media proportionali inter a & x per EUCL. 13. VI.

ipsius a^3bb, & $3\frac{a}{c}$ ter $\frac{a}{c}$, & $7\sqrt{ax}$ septies $\sqrt{ax}$. Item $\frac{a}{b}x$ denotat id quod fit multiplicando x per $\frac{a}{b}$, & $\frac{5ee}{4a+9e}Z^3$ id quod fit multiplicando Z^3 per $\frac{5ee}{4a+9e}$, hoc est per quotum exortum divisione $5ee$ per $4a+9e$; & $\frac{2a^3}{9c}\sqrt{ax}$ id quod fit multiplicando $\sqrt{ax}$ per $\frac{2a^3}{9c}$; & $\frac{7\sqrt{ax}}{c}$ quotum exortum divisione $7\sqrt{ax}$ per c; & $\frac{8a\sqrt{ax}}{2a+\sqrt{cx}}$ quotum exortum divisione $8a\sqrt{cx}$ per summam quantitatum $2a+\sqrt{cx}$. Et sic $\frac{3axx-x^3}{a+x}$ denotat quotum exortum divisione differentiæ $3axx-x^3$ per summam $a+x$, & $\sqrt{\frac{3axx-x^3}{a+x}}$ radicem ejus quoti, & $2a+3c\sqrt{\frac{3axx-x^3}{a+x}}$ id quod fit multiplicando radicem illam per summam $2a+3c$. Sic etiam $\sqrt{\frac{1}{4}aa+bb}$ denotat radicem summæ quantitatum $\frac{1}{4}aa$ & bb & $\sqrt{\frac{1}{2}a+\sqrt{\frac{1}{4}aa+bb}}$ radicem summæ quantitatum $\frac{1}{2}a$ & $\sqrt{\frac{1}{4}aa+bb}$, & $\frac{2a^3}{aa-zz}\sqrt{\frac{1}{2}a+\sqrt{\frac{1}{4}aa+bb}}$ radicem illam multiplicatam per $\frac{2a^3}{aa-zz}$. Et sic in aliis.

XXIII. Cæterum nota quod in hujusmodi complexis quantitatibus non opus est ad significationem singularum literarum semper attendere; sed sufficit in genere tantum intelligere, *e. g.* quod $\sqrt{\frac{1}{2}a+\sqrt{\frac{1}{4}aa+bb}}$ significat radicem $\frac{1}{2}a+\sqrt{\frac{1}{4}aa+bb}$; quodcunque tandem prodeat illud aggregatum cum numeri vel lineæ pro litteris substituuntur. Atque ita quod $\frac{\sqrt{\frac{1}{2}a+\sqrt{\frac{1}{4}aa+bb}}}{a-\sqrt{ab}}$ significat quotum exortum divisione quantitatis $\sqrt{\frac{1}{2}a+\sqrt{\frac{1}{4}aa+bb}}$ per quantitatem $a-\sqrt{ab}$, perinde ac si quantitates illæ simplices essent & cognitæ, etsi quænam sint impræsentiarum prorsus ignoretur, & ad singularum partium constitutionem seu significationem neutiquam attendatur. Id quod monendum esse duxi ne complexione terminorum Tyrones quasi conterriti in limine hæreant.

CAPUT TERTIUM
DE ADDITIONE.

XXIV. NUMERORUM, ubi *non ſunt admodum compoſiti*, additio per ſe manifeſta eſt. Sic quod 7 & 9 ſeu 7 + 9 faciunt 16, & quod 11 + 15 faciunt 26 prima fronte patet.

At in *magis compoſitis* opus peragitur *ſcribendo numeros ſerie deſcendente & ſummas columnarum ſigillatim colligendo.*

Quemadmodum ſi numeri 1357 & 172 addendi ſunt, ſcribe alterutrum 172 infra alterum 1357 ita ut hujus unitates 2 alterius unitatibus 7 ſubjiciantur, ceterique numeri numeris correſpondentibus, nempe deni 7 denis 5, & centenus 1 centenis 3 (*a*).

$$\begin{array}{r} 1357 \\ 172 \\ \hline 1529 \end{array}$$

Tum incipiendo ad dextram, dic 2 & 7 faciunt 9, quem ſcribe infra. Item 7 & 5 faciunt 12, cujus poſteriorem numerum 2 ſcribe infra, priorem vero 1 aſſerva proximis numeris 1 & 3 adjiciendum (*b*). Dic itaque præterea 1 & 1 faciunt 2, cui 3 adjectus facit 5, & ſcribe 5 infra, & manebit tantum 1 prima figura ſuperioris numeri, quæ etiam infra ſcribenda eſt, & ſic habebitur ſumma 1529.

XXV. Sic numeros 87899 + 13403 + 885 + 1920, quo in unam ſummam redigantur, ſcribe in ſerie deſcendente ita ut unitates unam columnam, deni numeri aliam, centeni tertiam, milleni quartam conſtituant, & ſic præterea.

87899

(*a*) 51. NUMERI ſedes diverſas occupantes in eadem linea conſtant unitatibus diverſis, & diverſi generis (N°. 4.) ergo ſimul addi nequeunt, ita ut unam ſummam unius nominis efficiant; ſic novem decades cum duabus unitatibus non efficiunt certe undecim unitates, quamvis novem unitates cum duabus unitatibus undecim conflent, ergo homogenei numeri homogeneis addendi ſunt, quod facilius efficitur alios aliis ſupponendo.

(*b*) 52. Hic 12 eſt duodecim decades, aut unum centenarium cum duabus decadibus; ſed locus centenis affectus eſt tertius, ergo hoc centenarium in tertium locum ſervandum eſt, quæ demonſtratio de ceteris intelligenda eſt.

$$\begin{array}{r} 87899 \\ 13403 \\ 1920 \\ 885 \\ \hline 104107 \end{array}$$

Deinde dic 5 + 3 valent 8, & 8 + 9 valent 17, ſcribeque 7 infra, & 1 adjice proximis numeris dicendo 1 + 8 valent 9, 9 + 2 valent 11, ac 11 + 9 valent 20; ſubſcriptoque 0, dic iterum ut ante 2 + 8 valent 10, 10 + 9 valent 19, 19 + 4 valent 23, & 23 + 8 valent 31, adeoque, aſſervato 3, ſubſcribe 1 ut ante; & iterum dic 3 + 1 valent 4, 4 + 3 valent 7, & 7 + 7 valent 14. Quare ſubſcribe 4, denuoque dic 1 + 1 valent 2, & 2 + 8 valent 10, quem ultimo ſubſcribe, & omnium ſummam habebis 104107.

XXVI. Ad eundem modum numeri decimales adduntur ut in annexo paradigmate videre eſt (c)

$$\begin{array}{r} 630'953 \\ 51'0807 \\ 305'37 \\ \hline 987'4037 \end{array}$$

XXVII. *In terminis algebraicis* additio *fit connectendo quantitates addendas cum ſignis propriis, & inſuper uniendo quæ poſſunt uniri.*

Sic a & b faciunt $a + b$; a & $-b$ faciunt $a - b$; $-a$ & $-b$ faciunt $-a - b$; $7a$ & $9a$ faciunt $7a + 9a$; $-a\sqrt{ac}$ & $b\sqrt{ac}$ faciunt $-a\sqrt{ac} + b\sqrt{ac}$ vel $b\sqrt{ac} - a\sqrt{ac}$, nam perinde eſt quo ordine ſcribantur.

XXVIII. *Quantitates affirmativæ quæ ex parte ſpecierum conveniunt*, uniuntur addendo numeros præfixos quibus ſpecies multiplicantur.

Sic $7a + 9a$ faciunt $16a$.
Et $11bc + 15bc$ faciunt $26bc$.

Item $3\frac{a}{c} + 5\frac{a}{c}$ faciunt $8\frac{a}{c}$,

& $2\sqrt{ac} + 7\sqrt{ac}$ faciunt $9\sqrt{ac}$,

&

$6\sqrt{ab - xx} + 7\sqrt{ab - xx}$ faciunt $13\sqrt{ab - xx}$.

Et ad eundem modum $6\sqrt{3} + 7\sqrt{3}$ faciunt $13\sqrt{3}$.

Quinetiam $a\sqrt{ac} + b\sqrt{ac}$ faciunt $\overline{a + b}\sqrt{ac}$, additis nempe a & b tanquam ſi eſſent numeri multiplicantes $\sqrt{ac}$.

Et

(c) 53. Reduc numeros decimales ad vulgares (No. 9.) & unitatibus unitates ſubſcribe, ac perge juxta regulam ſuperiorem: aut unitates integras integris unitatibus ſuppone, cetera vero ſuis locis pone, & tunc homogenea addes homogeneis.

Et sic

$$\overline{2a+3c}\sqrt{\frac{3axx-x^3}{a+x}}+3a\sqrt{\frac{3axx-x^3}{a+x}}$$

faciunt $\overline{5a+3c}\sqrt{\frac{3axx-x^3}{a+x}}$ eo quod $2a+3c$ & $3a$ faciant $5a+3c$.

XXIX. *Fractiones affirmativæ quarum idem est denominator*, uniuntur addendo numeratores (*d*).

Sic $\frac{1}{5}+\frac{2}{5}$ faciunt $\frac{3}{5}$,

&

$\frac{2ax}{b}+\frac{3ax}{b}$ faciunt $\frac{5ax}{b}$

&

$\frac{8a\sqrt{cx}}{2a+\sqrt{cx}}+\frac{17a\sqrt{cx}}{2a+\sqrt{cx}}$ faciunt $\frac{25a\sqrt{cx}}{2a+\sqrt{cx}}$,

&

$\frac{aa}{c}+\frac{bx}{c}$ faciunt $\frac{aa+bx}{c}$.

XXX. *Negativæ quantitates* eodem modo adduntur ac affirmativæ.

Sic -2 & -3 faciunt -5;

$-\frac{4ax}{b}$ & $-\frac{11ax}{b}$ faciunt $-\frac{15ax}{b}$

$-a\sqrt{ax}$ & $-b\sqrt{ax}$ faciunt $\overline{-a-b}\sqrt{ax}$.

Ubi vero *negativa quantitas affirmativæ adjicienda est*, oportet affirmativam negativa diminuere.

Sic 3 & -2 faciunt 1;

$-\frac{11ax}{b}$ & $\frac{4ax}{b}$ faciunt $-\frac{7ax}{b}$,

ac

$2\sqrt{ac}$ & $-7\sqrt{ac}$ faciunt $-5\sqrt{ac}$. (*e*).

XXXI. In additione aut plurium aut magis compositarum quantitatum,

(*d*) 54. Nam hæ fractiones sunt quantitates ejusdem generis: siquidem ex. gratia, $\frac{1}{5}$ est unitas quæ quinquies sumpta valet unitates vulgares, & $\frac{2}{5}$ æquivalet duabus ex his unitatibus.

(*e*) 55. Hæc omnia clare pateat ex art. VII. hujus, nam cum signum $-$ subductionem denotet, $a-b$ idem, erit, ac id quod restat postquam quantitas a quantitate b minuta fuerit, ergo (litteras quasvis quantitates significantibus) $11-4=8$; $AB-BC=AC$ Tab. Fig. &c. Sed si e quantitate aliqua aliam illi æqualem demas, restat 0; si vero illa majorem, minus quam 0, & quantitates nihilo minores, (Art. VI. hujus) signo $-$ afficiuntur, ergo si majus e minore subtrahas, quantitas negativa remanebit.

tum, convenit observare formam operationis supra in additione numerorum expositam. Quemadmodum si

$17ax - 14a + 3$, & $4a + 2 - 8ax$, & $7a - 9ax$

addendæ sunt, dispono eas in serie descendente, ita scilicet ut termini maxime affines stent in iisdem columnis. Nempe numeri 3 & 2 in una columna, species $-14a$ & $4a$ & $7a$ in alia columna, atque species $17ax$ & $-8ax$ & $-9ax$ in tertia.

$$\begin{array}{rrr} 17ax & -14a & +3 \\ -8ax & +4a & +2 \\ -9ax & +7a & \\ \hline * & -3a & +5 \end{array}$$

Dein terminos cujusque columnæ sigillatim addo dicendo 2 & 3 faciunt 5 quod subscribo, dein $7a$ & $4a$ faciunt $11a$ & insuper $-14a$ facit $-3a$ quod iterum subscribo, denique $-9ax$ & $-8ax$ faciunt $-17ax$ & insuper $17ax$ facit 0. Adeoque prodit summa $-2a+5$.

Eadem methodo res in sequentibus exemplis absolvitur.

$12x + 7a$	$11bc - 7\sqrt{ac}$	$-\frac{4ax}{b} + 6\sqrt{3+\frac{3}{7}}$	$-6xx + \frac{1}{7}x$
$7x + 9a$	$15bc + 2\sqrt{ac}$	$+\frac{11ax}{b} - 7\sqrt{3+\frac{3}{7}}$	$5x^3 \; * \; +\frac{5}{7}x$
$19x + 16a$	$26bc - 5\sqrt{ac}$	$\frac{7ax}{b} - \sqrt{3+\frac{3}{7}}$	$5x^3 - 6x^2 + \frac{3}{7}x$

$$\begin{array}{rrrrr} & & aay & +2a^3 & -\frac{a^4}{2y} \\ & -2ayy & -4aay & +a^3 & \\ y^3 & +2ayy & -\frac{1}{3}aay & & \\ \hline y^3 & * & -3\frac{1}{3}aay & +3a^3 & -\frac{a^4}{2y} \end{array}$$

S

$$
\begin{array}{rrrl}
 & 5x^4 & +\ 2ax^3 & \\
 & -\ 3x^4 & -\ 2ax^3 & +\ 8\tfrac{1}{4}a^3\sqrt{aa+xx} \\
 & -\ 2x^4 & +\ 5bx^3 & -\ 20a^3\sqrt{aa-xx} \\
 & & -\ 4bx^3 & -\ 7\tfrac{1}{4}a^3\sqrt{aa+xx} \\
\hline
 & * & +\ bx^3 & +\ a^3\sqrt{aa+xx} \\
 & & & -\ 20a^3\sqrt{aa-xx}.
\end{array}
$$

CAPUT QUARTUM.

DE SUBDUCTIONE.

XXXII. NUMERORUM *non nimis compoſitorum* inventio etiam differentiæ per ſe patet. Quemadmodum quod 9 de 17 relinquat 8.

At in *magis compoſitis* ſubductio fieri ſolet *ſubſcribendo numerum ablativum & ſigillatim auferendo figuras inferiores de ſuperioribus* (*f*).

Sic ad auferendum 63543 de 782579, ſubſcripto 63543,

$$
\begin{array}{r}
782579 \\
63543 \\
\hline
719036
\end{array}
$$

dic 3 de 9 relinquit 6, quod ſcribe infra: dein 4 de 7 relinquit 3 quod pariter ſcribe infra: tum 5 de 5 relinquit 0 quod itidem ſubſcribe: poſtea 3 de 2 auferendum eſt, ſed cum 3 ſit majus, figura 1 a proxima figura 8 mutuo ſumi debet, quæ una cum 2 faciat 12, a quo auferri poteſt 3, & reſtat 9, quod inſuper ſubſcribe. Ad hæc cum præter 6 etiam 1 de 8 auferendum ſit, adde 1 ad 6, & ſumma 7 de 8 relinquet 1, quod etiam ſubſcribe. Denique cum in inferiori numero nihil reſtet auferendum de ſuperiori 7, ſubſcribe etiam 7, & ſic tandem habes differentiam 719036.

XXXIII. *Ceterum omnino cavendum eſt ut figuræ numeri ablativi ſubſcribantur in locis homogeneis.*

Nem-

(*f*) 56. Nam ſic primus numerus a dextra ſubtrahitur, ergo totus e toto. e primo numero, ſecundus e ſecundo &c.

Nempe unitates infra alterius numeri unitates, deni numeri infra denos, decimæ partes infra decimas, *&c.*, ſicut in additione dictum eſt. Sic ad auferendum decimalem 0'63 ab integro 547, non diſpones numeros hoc modo.

	ſed ſic
547	547
0'63	0'63
	546'37

Ita nempe ut circulus, qui locum unitatum in decimali occupat, ſubjiciatur unitatibus alterius numeri. Tum circulis in locis vacuis ſuperioris numeri ſubintellectis, dic 3 de 0 auferendum eſſe; ſed cum nequeat, debet 1 de loco anteriori mutuo ſumi, ut 0 evadat 10 a quo 3 auferri poteſt, & dabit 7, quod infra ſcribe. Dein illud 1 quod mutuo ſumitur, adjectum 6 facit 7, & hoc de ſuperiore 0 auferendum eſt; ſed cum nequeat, debet iterum 1 de loco anteriori ſumi ut 0 evadat 10, & 7 de 10 relinquet 3, quod ſimiliter infra ſcribendum eſt. Tum illud 1 adjectum 0 facit 1, & hoc 1 de 7 relinquit 6, quod itidem ſubſcribe. Denique figuras etiam 54, ſiquidem de illis nihil amplius auferendum reſtat, ſubſcribe, & habebis reſiduum 546'37.

Exercitationis gratia plura tum in integris tum in decimalibus numeris exempla ſubjecimus.

1673	1673	458074	35'72	46,5003	208,7
1541	1580	9205	14'32	3,078	25,74
132	93	448869	21'4	43,4223	182,96

XXXIV. *Siquando major numerus de minori auferendus eſt, oportet minorem de majore auferre, & reſiduo præfigere negativum ſignum.* Veluti ſi auferendum ſit 1673 de 1541, e contra aufero 1541 de 1673, & reſiduo 132 præfigo ſignum —.

XXXV. *In terminis algebraïcis* ſubductio *fit connectendo quantitates cum ſignis omnibus quantitatis ſubducendæ mutatis, & inſuper uniendo quæ poſſunt uniri* (g) perinde ut in additione factum eſt.

Sic

(g) 57. In ſubductione duo conſideranda ſunt, quantitas *auferenda* & ea, *a qua aliquid aufertur*. Quantitas, *a qua altera demitur*, nullam aliam patitur mutationem, quam eam, quæ ex alterius ablatione oritur, quare illa talis, qualis eſt, reſtat, atque ſcribenda eſt nulla ſignorum mutatione facta.

Pro quantitate *ſubducenda*, patet unicuique ſimplici poſitivæ quantitati adſcribendum ſignum ſubtractionis, ergo ſigna poſitiva in negativa ſunt mutanda.

Quod ſi quantitas *auferenda* ſit compoſita ex quantitatibus poſitivis & negativis (puta *b*—*c*)

Sic $+7a$ de $+9a$ relinquit $+9a-7a$ ſive $2a$;
$-7a$ de $+9a$ relinquit $+9a+7a$ ſive $16a$;
$+7a$ de $-9a$ relinquit $-9a-7a$ ſive $-16a$;
& $-7a$ de $-9a$ relinquit $-9a+7a$ ſive $-2a$.

Sic $3\frac{a}{c}$ de $5\frac{a}{c}$ relinquit $2\frac{a}{c}$;
$7\sqrt{ac}$ de $2\sqrt{ac}$ relinquit $-5\sqrt{ac}$;
$\frac{2}{5}$ de $\frac{3}{5}$ relinquit $\frac{1}{5}$;
$-\frac{4}{7}$ de $\frac{3}{7}$ relinquit $\frac{7}{7}$;
$-\frac{2ax}{b}$ de $\frac{3ax}{b}$ relinquit $\frac{5ax}{b}$;
$\frac{8a\sqrt{cx}}{2a+\sqrt{cx}}$ de $\frac{-17a\sqrt{cx}}{2a+\sqrt{cx}}$ relinquit $\frac{-25a\sqrt{cx}}{2a+\sqrt{cx}}$;
$\frac{aa}{c}$ de $\frac{bx}{c}$ relinquit $\frac{bx-aa}{c}$;
$a-b$ de $2a+b$ relinquit $2a+b-\overline{a+b}$ ſive $a+2b$;
$3az-zz+ac$ de $3az$ relinquit $3az-3az+zz-ac$ ſive $zz-ac$;
$\frac{2aa-ab}{c}$ de $\frac{aa+ab}{c}$ relinquit $\frac{aa+ab-2aa+ab}{c}$
ſive $-\frac{aa+2ab}{c}$.
Et $\overline{a-x}\sqrt{ax}$ de $\overline{a+x}\sqrt{ax}$ relinquit $\overline{a+x-a+x}\sqrt{ax}$ ſive $2x\sqrt{ax}$. Et ſic in aliis

XXXVI. Ceterum ubi quantitates pluribus terminis conſtant, operatio perinde ac in numeris inſtitui poteſt. Id quod in ſequentibus exemplis videre eſt.

$12x+7a$	$15bc+2\sqrt{ac}$	$5x^3 * +\frac{1}{7}x$
$7x+9a$	$-11bc+7\sqrt{ac}$	$6xx-\frac{1}{7}x$
$5x-2a$	$26bc-5\sqrt{ac}$	$5x^3-6xx+\frac{2}{7}x$

$\frac{11ax}{b}$

$b-c$) conſtat quod poſtquam ex a ex. gr. abſtuli b, nimis abſtuli, nam auferre debebam tantum differentiam inter b & c, & hoc nimis ablatum eſt ipſa quantitas c, ut liquet, quo circa ea reddenda eſt, aut reſiduo invento addenda; quare ſigna negativa in poſitiva ſunt mutanda.

TAB. A. Fig. I. 58. Ubi litteræ rectas exprimunt, res nihilo difficilior eſt: Exprimant a rectam AE; b rectam CB, & c rectam BE, & ex a ſubducenda ſit $b-c$, ſeu differentia rectarum CB, BE. Facta ſubductione algebraïca, reliquum exprimitur per $a+c-b$; quarum quantitatum duæ, a & c, additæ ſunt, tertia b ſubtracta: Adde ergo ſimul rectas expreſſas per a & c (N°. 11.), unde habebis AB, ex qua deme BC, reſidua AC, erit, ut liquet, recta expreſſa per $a+c-b$.

$$\frac{11ax}{b} - 7\sqrt{3} + \frac{1}{7}$$

$$\frac{4ax}{b} - 6\sqrt{3} - \frac{1}{7}: \qquad (b)$$

$$\frac{7ax}{b} - \sqrt{3} + \frac{2}{7}$$

(*b*) 59. *Subtractio, qua datarum quantitatum differentia quaeritur, monet, ut hic adnectam aliqua usu-ventura theoremata de quantitatibus aeque differentibus.*

60. Relatio aut habitudo, quæ est inter quantitates consideratas quoad differentiam, dicitur *ratio Arithmetica*: Vel *ratio Arithmetica* est relatio, quæ invenitur inter duas quantitates, cum quæritur quanam quantitate differant.

61. Ut inveniatur ratio arithmetica, quæ est inter quasvis duas quantitates a, & b, (quarum a ponitur major) quærenda est earum differentia $a - b$.

62. Major terminus rationis arithmeticæ par est aggregato ex minori & differentia; minor autem differentiæ, quæ est inter majorem terminum & amborum differentiam: Ex gratia: Sit $a - b = d$, erit (addendo æqualia æqualibus) a, major terminus, $= b + d$, aggregato ex minori & differentia; quia vero $a = b + d$, erit (ex qualibus æqualia demendo) $a - d$, differentia quæ est inter majorem terminum, & amborum differentiam, æqualis b minori termino.

63. Quatuor quantitates, quarum duæ sunt aliis duabus æquidifferentes, vocantur *arithmetice proportionales*: tales *ex. gr.* erunt a, b, c, f, si inter a & b sit eadem differentia, ac inter c, & f.

64. *Si quatuor quantitates sint* arithmetice *proportionales, extremarum & mediarum summæ sunt aquales.*

Sint arithmetice a ad b, ut c ad f, & sit a major quam b, & ideo c major quam f; ac differentia inter a & b, sit d: erit $b + d = a$, (No. 62.) sed & differentia, inter c & f, est pariter d (No. 63.) ergo etiam $c = f + d$, quare summa extremarum est $b + d + f$, ut & summa mediarum, igitur &c. Q. E. D.

65. Si duo medii termini sint æquales inter se, erit summa extremorum æqualis alteri ex mediis bis sumpto.

66. Tunc etiam maximus terminus æquabit summam ex minimo, & duplo differentiæ, quæ est inter maximum & medium, aut inter medium & minimum; minimus autem differentiam, quæ est inter maximum & differentiam maximi a medio, vel medii a minimo bis sumtam: *Ex. gr.* sit a arithmetice ad b, ut b ad c, & differentia inter a & b sit d, quæ debet quoque esse differentia ipsius b a c (No. 63.); erit $a = b + d$, & $b = c + d$ (No. 62.) ergo $a = c + 2d$: & (æqualibus ex æqualibus demptis) $a - 2d = c$.

67. Ubi secundus proportionis terminus æquat tertium, *proportio* dicitur *continua*, ac duo termini æquales pro uno repetito habentur, qui vocatur *medius*.

68. Plures quantitates, quæ sunt in continua proportione arithmetica, dicuntur constituere *progressionem arithmeticam*.

69. Progressio, cujus primus terminus est omnium minimus, vocatur *ascendens*; *descendens* vero, cujus primus terminus est omnium maximus.

70. *Datis primo termino, & differentia terminorum, invenire singulos progressionis terminos.*

Si progressio debet esse ascendens, adde termino primo, qui datur, datam differentiam; & habebis terminum secundum, huic adde rursus differentiam, unde orietur tertius terminus &c.: res per se ipsa patet, nec demonstrationis eget.

Si vero progressio debet esse descendens, e primo termino deme differentiam, & habebis secundum, e secundo deme iterum differentiam, hinc exsurget tertius, atque ita porro Q. E. F.

CAPUT V.

DE MULTIPLICATIONE.

XXXVII. Numeri, qui ex multiplicatione duorum quorumvis numerorum non majorum quam 9, oriuntur, memoriter addiſcendi ſunt. Veluti quod 5 in 7, facit 35, quodque 8 in 9 facit 72, &c. Deinde majorum numerorum multiplicatio ad horum exemplorum normam inſtituetur.

XXXVIII. Si 795 per 4 multiplicare oportet, ſubſcribe 4, ut vides. Dein dic, 4 in 5 facit 20, cujus poſteriorem figuram 0 ſcribe infra 4, priorem vero 2 reſerva in proximam operationem. Dic itaque præter-

$$\begin{array}{r} 795 \\ 4 \\ \hline 3180 \end{array}$$

ea 4 in 9 facit 36, cui adde præfatum 2 & fit 38, poſteriorem figuram 8, ut ante ſubſcribe, & priorem 3 reſerva. Denique dic 4 in 7 facit 28, cui adde prædictum 3 & fit 31; eoque pariter ſubſcripto habebitur 3180 numerus qui prodit multiplicando totum 795 per 4.

XXXIX. Porro ſi 9043 multiplicandus eſt per 2305, ſcribe alterutrum 2305 infra alterum 9043 an ante,

$$\begin{array}{r} 9043 \\ 2305 \\ \hline 45215 \\ 0000 \\ 27129 \\ 18086 \\ \hline 20844115 \end{array}$$

& multiplica ſuperiorem 9034 primo per 5 pro more oſtenſo, & emerget 45215, dein per 0, & emerget 0000, tertio per 3 & emerget 27129, denique per 2 & emerget 18086. Hosque ſic emergentes numeros in ſerie deſcendente ita ſcribe, ut cujusque inferioris ultima figura ſit uno loco propior ſiniſtræ quam ultima ſuperioris. Tandem hos omnes adde & orietur

71. In progreſſione aſcendente quivis terminus æquat aggregatum ex primo termino, & differentia toties ſumpta, quot ſunt termini ante quæſitum: *Ex. gr.* quintus terminus æquat primum cum differentia quater ſumpta. Si vero progreſſio ſit deſcendens, quivis terminus æquat differentiam primi termini, a progreſſionis differentia toties repetita, quot termini quæſitum præcedunt, in ſextus terminus æqualis eſt primo mulctato progreſſionis differentia quinquies ſumpta.

rictur 20844115, numerus qui fit multiplicando totum 9043 per totum 2305 (*i*).

XL. *Decimales numeri* per integros vel per alios decimales perinde multiplicantur, ut vides in his exemplis.

72,4	50,18	3,9025
29	2,75	0,0132
6516	25090	78050
1448	35126	117075
	10036	39025
2099,6	137,9950	0,05151300

XLI. Sed nota quod *in prodeunte numero tot ſemper figuræ ad dextram pro decimalibus abſcindi debent, quot ſunt figuræ decimales in utroque numero multiplicante.* Et ſi forte non ſint tot figuræ in prodeunte numero, deficientes loci circulis adimplendi ſunt, ut hic fit in exemplo tertio (*k*).

XLII. *Simplices termini algebraici multiplicantur ducendo numeros in numeros & ſpecies in ſpecies ac ſtatuendo factum* affirmativum *ſi ambo factores ſint affirmativi* (*l*), *aut ambo negativi* (*m*), & negativum *ſi ſecus.* (*n*).

Sic

(*i*) 72. Ut multiplicationis regula demonſtretur, ſufficit oſtendere, *quod ſi duæ quantitates ſecentur in quotcunque partes, idem conficitur totum in totum, ac partes in partes ducendo.* Sit $a = c + f$, & $b = g + h$, erit (Eucl. 1. II.) $ab = bc + bf$, ſed $bc = cg + ch$, & $bf = fg + fh$, ergo $ab = cg + ch + fg + fh$. Quod ſi c, f, g, h, ſecentur in quolibet partes eadem demonſtratio repetetur, quare conſtat propoſitum.

73. Si ergo, f, g, h &c. denotant quoſvis numeros, ut hi invicem ducantur, omnes partes unius ducendæ ſunt in omnes partes alterius, quod manifeſte fit per Auctoris regulam.

74. Notandum tamen ab unitatibus incipiendum eſſe, quia aliquot unitates ductæ in aliquot unitates (ut in ſubjecto exemplo 3 × 5) poſſunt conficere decades, quarum ſedes eſt ſecunda a ſiniſtra, ubi ſic facile locari poſſunt, quia cum 4 decades ducuntur in 5 unitates (quod certe dabit non unitates ſed decades, quæ ſcilicet aliquoties ſumuntur) jam notum eſt quot decades huic producto addendæ ſint, quod aliter fieri nequiret.

75. Productum totius ſuperioris numeri per ſecundam figuram inferioris ita ponendum eſt, ut ejus ultima figura ſit *uno loco propior ſiniſtra, quam ultima ſuperioris* id eſt, ut eandem obtineat ſedem, ac in numeris datis decades, quia ſecunda figura cujuſvis numeri eſt decas, quæ aliquoties ſumpta decades conficiet, quare decadum loco ponenda eſt, & ſic de ceteris.

(*k*) Vide infra (N°. 89.) de Fractionum multiplicatione.

(*l*) 76. Quantitas affirmativa eſt quantitas nihilo addita, ſi ergo talis quantitas ſibimet ipſa aliquoties addatur, factum hinc exſurgens certe nihilo additum erit, id eſt, poſitivum.

Sic ſuperficies poſitiva ea erit, quæ ductu lineæ poſitivæ in poſitivam conflatur. Tab. Fig.

Ita ſi FB, FE ſint lineæ poſitivæ, erit FG ſuperficies poſitiva.

(*m*) Vide infra (N°. 79.)

(*n*) 77. Quantitatem poſitivam negative, aut negativam poſitive aliquoties accipere, nihil aliud ſignificat, quam, aut quantitatem poſitivam aliquoties a ſemet ſubducere, aut negativam aliquoties ſumere prout eſt, id eſt, negative;

Sic $2a$ in $3b$, vel $-2a$ in $-3b$ facit $6ab$, vel $6ba$; nihil enim refert quo ordine ponantur (*). Sic etiam $2a$ in $-3b$, vel $-2a$ in $3b$ facit $-6ab$. Et sic $2ac$ in $8bcc$ facit $16abccc$ sive $16abc^3$; & $7axx$ in $-12aaxx$ facit $-84a^3x^4$; & $-16cy$ in $31ay^3$ facit $-496acy^4$; & $-4z$ in $-3\sqrt{az}$ facit $12z\sqrt{az}$. Atque ita 3 in -4 facit -12 & -3 in -4 facit 12.

XLIII.

tive; primum patet ex terminis, quia negative sumere quantitatem est eam subducere: secundum probatur, quia quantitatem positive sumere est eam nihilo aut alicui quantitati addere, sed quantitatem negativam addere est eam subducere, (XXVII hujus) ergo &c.

Vel sic: $+a$ ducenda sit in $o-c$; sit $o-c=f$, igitur $af=a(o-c)$ atqui $o=c+f$, (Eucl. Ax. 2.) quamobrem $ao=ac+af$. (Eucl. 1. II.) ergo $ao-ac=af$ [Eucl. Ax. 3.] $=a(o-c)$ $=a\times o+a\times -c$, sed $ao=a\times o$, ergo, subductis æqualibus, $-ac=a\times -c$.

78. Sed superficies negativa ea est quæ positivæ opponitur, & gignitur ductu lineæ negativæ in positivam, aut positivæ in negativam; quare cum jam positivas rectas B F, FE posuerimus, erit F C negativa (VI. hujus), quæ si ducatur in F B positivam, au si F B ducatur in F C negativam, gignetur superficies F C H B, quæ (art. VI.) negativa est.

Tab. A. Fig. 3.

Idem eveniet si recta FE positiva ducatur in FD negativam, aut contra.

79. Quantitatem negativam in negativam ducere est eam aliquoties negative sumere, sed quantitas negativa positive sumpta dat factum negativum, ergo negative, id est ratione positivæ contraria, dabit factum positivum.

Hinc regula quantitatibus ducendis proposita: *Signa similia* (sive ambo negativa, sive ambo positiva) *dant factum positivum, signa dissimilia negativum.*

* (Eucl. 16. VII.)

Tab. A. Fig. 3.

Ita quoque, cum superficies F C H B aut F E I D sint negativæ (N°. 69), & ambabus opposita sit F C A D, ea erit positiva (Art. VI.) quæ tamen gignitur rectis DF, FC, ambabus negativis.

80. Si index n est par, potestas erit positiva, licet ejus radix sit negativa; nam, quia n est numerus par, fac $n=2c$, radix sit $\pm a$, habebis ergo $\pm a^c \cdot \pm a^c = a^n$.

81. Omnis potestas, cujus index m est impar, negativæ radicis $-a$, est negativa; nam tot sunt quantitates invicem multiplicandæ, quos unitates in indice (Art. XVI.) Quævis quantitas habet signum $-$; ergo signa negativa tot sunt, quot unitates in indice; quare, unitate dempta, signorum numerus erit par; ergo $-a$ evecta ad potestatem $m-1$, $=a^{m-1}$ que ducta in $-a$ dat, $-a^m$.

82. Item si ab evehatur ad potestatem m, habebitur $a^m b^m$, & si invicem ducantur a^m, & b^m idem habebitur, ergo $(ab)^m = a^m \cdot b^m$.

83. *Si unitas & potestates prima, secunda, tertia, quarta &c. alicujus quantitatis ita disponantur ut sint in proportione* geometrica *continua* (ut monitum est Art XVII.) *erunt exponentes potestatum in proportione* arithmetica *continua.*

Quantitas sit a; unitas, & potestates ipsius a disponendæ sunt per hypothesin hoc pacto;

$1, a, a^2, a^3, a^4, a^5, a^6, a^7, \ldots\ldots a^{m-1}, a^m.$

Jam exponentes indicant numerum factorum æqualium, quibus constat quivis terminus (Art. XVI.) At quivis terminus, per hypothesin, constat tot factoribus quot præcedens & uno insuper; ergo exponentes differunt unitate, & habent eandem differentiam, quare sunt in proportione arithmetica continua.

84. Differentia exponentium m, $m-1$; . . . . . . 7. 6, &c. est unitas, & esse debet ex rei natura. Sed $2-1=1$; ergo exponens ipsius radicis debet esse unitas. Quod vel hinc probatur, quod radix constat ex unico factore.

Item $1-1=0$; quare exponens unitatis debet esse o, vel $1=a^0$; & reipsa nullus factor a unitatem constituit.

85. *Si ex Serie præcedente excerpas quotvis terminos, tot terminos omittens inter primum & secun-*

cun-

XLIII. *Fractiones* multiplicantur ducendo numeratores in numeratores ac denominatores in denominatores (*o*).

Sic $\frac{2}{3}$ in $\frac{3}{7}$ facit $\frac{6}{21}$; & $\frac{a}{b}$ in $\frac{c}{d}$ facit $\frac{ac}{bd}$; & $2\frac{a}{b}$ in $3\frac{c}{d}$ facit $6 \times \frac{a}{b} \times \frac{c}{d}$ seu $6\frac{ac}{bd}$; & $\frac{3acy}{2bb}$ in $-\frac{7cyy}{4b^3}$ facit $-\frac{21accy^3}{8b^5}$; & $-\frac{4z}{c}$ in $-\frac{3\sqrt{az}}{c}$ facit $\frac{12z\sqrt{az}}{cc}$; & $\frac{a}{b}x$ in $\frac{c}{d}xx$ facit $\frac{ac}{bd}x^3$.

Item 3 in $\frac{2}{7}$ facit $\frac{6}{7}$, ut patet si 3 reducatur ad formam fractionis $\frac{3}{1}$ adhibendo unitatem pro denominatore.

Et sic $\frac{15aaz}{cc}$ in $2a$ facit $\frac{30a^3z}{cc}$. Unde nota obiter quod $\frac{ab}{c}$ & $\frac{a}{c}b$ idem valent; ut & $\frac{abx}{c}$, $\frac{ab}{c}x$ & $\frac{a}{c}bx$ nec non $\frac{\overline{a+b}\sqrt{cx}}{a}$ & $\frac{\overline{a+b}}{a}\sqrt{cx}$, & sic in aliis (*q*).

XLIV.

cundum excerptorum, quot inter tertium, & quartum, ubicunque incipias, termini excerpti erunt quidem in proportione geometrica *sed eorum exponentes in* arithmetica.

Quoniam omnes termini sunt in proportione geometrica continua, semper ratio primi (quemcunque primum statuas) ad tertium erit duplicata; ad quartum triplicata, ad $m+1\ldots$ mum, $m\ldots$ plicata rationis primi ad secundum, (EUCL. *def.* 11. V.). Sed, si inter x & y omittas totidem terminos quot inter z & u, ratio ipsius x ad y & z ad u &c. componetur quævis ex totidem rationibus æqualibus. Ergo hæ quantitates x, y, z, u, &c., erunt in proportione geometrica. Quod erat primum.

Quilibet exponens præcedentem superat unitate; ergo, si omittas m terminos, exponens secundi superabit exponentem primi $m+1$ unitatibus (N° 71.), sed & exponens quarti superabit exponentem tertii $m+1$ unitatibus. Ergo exponentes erunt in proportione arithmetica. Quod erat alterum.

86. Si totidem omissi fuissent termini inter primum & secundum; inter secundum & tertium; inter tertium & quartum &c. erunt hi termini in proportione continua geometrica, & exponentes in proportione continua arithmetica.

87. Si igitur multiplicanda sit quantitas a^m per a^n scribendum est a^{m+n}. Nam esse debet ut unitas ad a^m ita a^n ad productum (Art. VIII.) quare hæ quantitates sunt in proportione geometrica. Sed productum debet esse aliqua e potestatibus ipsius a, nulla enim alia quantitas est neque in multiplicatore neque in multiplicando, ergo exponentes debent esse in proportione arithmetica. Est autem arithmetice o ad m ut n ad $m+n$. Ergo &c.

88. Est si potestas a^m evehenda est ad potestatem n, scribendum est a^{mn}. Nam index erit $m+m+m$ &c. (Art. XVI.) donec numerus eorum sit n; id est mn.

(*o*) 89. Ponatur $\frac{a}{b} \cdot \frac{c}{f} = x$, dico $x = \frac{ac}{bf}$.

Ut $\frac{a}{b}$ ducatur in $\frac{c}{f}$ faciendum est $1 . \frac{a}{b} :: \frac{c}{f} . x$; quare $b . a :: c . fx$ (EUCL. 17. VII.), ergo $bfx = ac$ (EUCL. 14. VI. & 19. VII.) & $x = \frac{ac}{bf}$. (EUCL. *Ax.* 7.)

Si $b = 1$, id est, si $\frac{a}{b}$ sit quantitas integra, ea ducenda erit in numeratorem fractionis, per cujus denominatorem si productum dividatur, habebitur factum ex integro in fractionem, quia tunc $x = \frac{ac}{bf}$ fieret $\frac{ac}{1f} = \frac{ac}{f}$.

(*p*) 90. Siquidem $\frac{a}{c}b$, *ex. gr.* est $\frac{a}{c} . b = \frac{ab}{c}$,

ut

XLIV. *Quantitates radicales ejusdem denominationis*, (hoc est, si sint ambæ radices quadraticæ, aut ambæ cubicæ, aut ambæ quadrato-quadraticæ, &c.) multiplicantur ducendo terminos in se invicem sub eodem signo radicali (*q*).

Sic $\sqrt{3}$ in $\sqrt{5}$ facit $\sqrt{15}$, & $\sqrt{ab}$ in $\sqrt{cd}$ facit $\sqrt{abcd}$.

Et $\sqrt[3]{5ayy}$ in $\sqrt[3]{7ayz}$ facit $\sqrt[3]{35aay^3z}$.

Et $\sqrt{\frac{a^3}{c}}$ in $\sqrt{\frac{abb}{c}}$ facit $\sqrt{\frac{a^4bb}{cc}}$ hoc est * $\frac{aab}{c}$.

Et $2a\sqrt{az}$ in $3b\sqrt{az}$ facit $6ab\sqrt{aazz}$ hoc est * $6aabz$.

Et $\frac{3xx}{\sqrt{ac}}$ in $\frac{-2x}{\sqrt{ac}}$ facit $\frac{-6x^3}{\sqrt{aacc}}$ hoc est * $-\frac{6x^3}{ac}$.

Et $-\frac{4d\sqrt{ab}}{7a}$ in $-\frac{3d\sqrt{5cx}}{10cc}$ facit $\frac{12dd\sqrt{5abcx}}{70acc}$.

XLV. *Quantitates pluribus partibus constantes* multiplicantur ducendo singulas unius partes in singulas alterius, perinde ut in multiplicatione numerorum ostensum est (*r*).

Sic

ut supra probavimus.

Hinc si decimales invicem ducendæ sunt, reducantur ad unitates homogeneas & earum numeratores ac dominatores invicem ducantur (Art. XLIII.) & post fractio exprimatur more decimali, sic $72,4 = \frac{724}{10}$; $29 = \frac{290}{10}$, ergo $\frac{724}{10} \cdot \frac{290}{10} = \frac{209960}{100} = 2099,60 = 2099,6$; & sic de ceteris.

(*q*) 91. Invicem ducendæ sint $\sqrt[n]{a}$ & $\sqrt[n]{b}$ (ubi *n* denotat quemvis numerum, *ex. gr.* 2, si radices sint quadratæ; 3, si cubicæ; 4, si quadrato quadraticæ, &c.) dico factum $= \sqrt[n]{ab}$. Ponatur $\sqrt[n]{a} = x$, & $\sqrt[n]{b} = y$; ergo elevando ad potestatem *n* (puta secundam, tertiam, quartam &c.) $a = x^n$, & $b = y^n$ quare $ab = x^n y^n$; & extracta radice *n*, (puta secunda, tertia, &c.) $\sqrt[n]{ab} = x$ [illegible] $\sqrt[n]{a}.\sqrt[n]{b}$.

Hinc sequitur quod $1. \sqrt[n]{a} :: \sqrt[n]{b}. \sqrt[n]{ab}$. (Art. VIII.)

(*) (XVIII. hujus).

(*r*) Hujus demonstrationem vide supra (N°. 72.)

92. In omni facto numerus terminorum æquat factum numeri terminorum, qui sunt in multiplicando, per numerum terminorum, qui sunt in multiplicatore.

Sic si trinomium $a+b+c$ ducatur in binomium $f+g$ numerus terminorum in facto erit $= 2 \cdot 3 = 6$, quia totum trinomium ductum in primum binomii terminum dat tres terminos, & totidem habentur ducendo totum trinomium in secundum binomii terminum, &c.

93. Si aggregatum ex indicibus omnium quantitatum, quæ simul multiplicatæ efficiunt aliquam quantitatem, sit æquale aggregato ex indicibus omnium aliarum quantitatum, quæ pariter invicem ductæ efficiunt aliquam; hæc duo facta dicentur *homogenea*.

Sit

Sic $c - x$ in a facit $ac - ax$, & $aa + 2ac - bc$ in $a - b$ facit $a^3 + 2aac - aab - 3abc + bbc$.

Nam $aa + 2ac - bc$ in $-b$ facit $-aab - 2abc + bbc$, & in a facit $a^3 + 2aac - abc$, quorum summa est $a^3 + 2aac - aab - 3abc + bbc$.

Hujus multiplicationis specimen una cum aliis consimilibus exemplis subjectum habes.

$$\begin{array}{r} aa + 2ac - bc \\ a - b \\ \hline -aab - 2abc + bbc \\ a^3 + 2aac \quad * \quad -abc \\ \hline a^3 + 2aac - aab - 3abc + bbc \end{array} \qquad \begin{array}{r} a + b \\ a + b \\ \hline ab + bb \\ aa + ab \\ \hline aa + 2ab + bb \end{array}$$

$$\begin{array}{r} a + b \\ a - b \\ \hline -ab - bb \\ aa + ab \\ \hline aa \quad * \quad - bb \end{array} \qquad \begin{array}{r} yy + 2ay - \frac{1}{2}aa \\ yy - 2ay + aa \\ \hline aayy + 2a^3y - \frac{1}{2}a^4 \\ -2ay^3 - 4aayy + a^3y \\ y^4 + 2ay^3 - \frac{1}{2}aayy \\ \hline y^4 \quad * \quad - 3\frac{1}{2}aayy + 3a^3y - \frac{1}{2}a^4 \end{array}$$

$$\begin{array}{r} \frac{2ax}{c} - \sqrt{\frac{a^3}{c}} \\ 3a + \sqrt{\frac{abb}{c}} \\ \hline \frac{2ax}{c}\sqrt{\frac{abb}{c}} - \frac{aab}{c} \\ \frac{6aax}{c} - 3a\sqrt{\frac{a^3}{c}} \\ \hline \frac{6aax}{c} - 3a\sqrt{\frac{a^3}{c}} + \frac{2ax}{c}\sqrt{\frac{abb}{c}}, - \frac{aab}{c} \end{array}$$ (s).

CAPUT

Sit quantitas a^3b^2c, & alia quævis b^4c^2: Factores primæ quantitatis sunt a^3, b^2, c; secundæ vero b^4, c^2. Summa indicum primorum (3, 2, 1) est 6, ut & summa indicum secundorum (4, 2): hæ duæ quantitates a^3b^2c, b^4c^2 dicuntur homogeneæ.

Hinc si termini multiplicatoris alicujus complexi sint homogenei inter se, ut & termini multiplicandi cujusvis, licet termini ex multiplicatore non sint homogenei terminis ex multiplicando, termini in producto erunt homogenei inter se.

Sit multiplicator $a^2b - c^3$, multiplicandum vero $a + f$, termini qui sunt in facto $a^3b - ac^3 + a^2bf - c^3f$ sunt homogenei (Eucl. Ax. 2).

(s) 94. Hic diligenter consideranda est multiplicatio *Binomiorum*, ex qua multa utilia sequuntur.

Sint binomia multiplicanda $A+a$, $B+b$, $C+c$, $D+d$ &c. ad numerum m.

95. *Primos* Factores vocabo quantitates designatas litteris majoribus A, B, C, D, &c, & *secundos* Factores quantitates expositas litteris minoribus a, b, c, d, &c. Nam, ordinis gratia, binomium $A+a$ primo multiplicabitur per B, deinde per b; & factum hinc ortum statim per C, postea per c, & sic semper. Duos autem Factores A & a, B & b, &c. alterum e *primis*, alterum e *secundis*, pertinentes ad idem binomium, atque ideo expressos eadem littera, majore & minore, appellabo *Factores cognomines*.

96. Termini, quibus constat productum, disponentur secundum numerum *primorum Factorum*: ita ut primo loco ponatur ille qui plurimos continet *primos Factores*, secundo qui numerum proxime minorem *primorum Factorum*, tertio qui eorundem numerum adhuc proxime minorem &c.

97. Si plures termini simplices habent eundem numerum *Factorum primorum*, omnes hi termini simplices ponentur constituere unum terminum complexum. In posterum dicentes *unum terminum*, intelligemus vel *simplicem* vel *complexum*.

98. Si in polynomiis sese invicem multiplicantibus, numeri *Factorum primorum* qui sunt in singulis terminis, constituant progressionem arithmeticam

$$p,\ p-q,\ p-2q,\ p-3q,\ p-4q \text{ \&c.}$$

pro uno; &

$$r,\ r-q,\ r-2q,\ r-3q,\ r-4q \text{ \&c,}$$

pro altero; eandem autem habeat differentiam utraque progressio; etiam numeri *Factorum primorum*, qui sunt in singulis terminis facti, constituent progressionem arithmeticam cujus eadem erit differentia.

Nam ubi polynomia multiplicantur, debet totum multiplicandum duci ordine in primum, secundum, tertium &c. terminum multiplicatoris (Art. XLV.) Id est numero *primorum Factorum* qui sunt in primo, secundo, tertio &c. termino multiplicandi, addi debet numerus *primorum Factorum* qui sunt in primo termino multiplicatoris; deinde illorum qui sunt in secundo &c. (Art. X.) Ex prima additione, nempe addendo numeros r; $r-q$; $r-2q$; &c. ordine, ipsi numero p, orientur numeri

$$p+r,\ p+r-q,\ p+r-2q,\ p+r-3q,\ p+r-4q \text{ \&c.}$$

E secunda, nempe addendo numeros r; $r-q$, $r-2q$; &c, numero $p-q$, oriuntur

$$p+r-q,\ p+r-q-q=p+r-2q,\ p+r-q-2q=p+r-3q \text{ \&c.}$$

E tertia, nempe addendo numeros r; $r-q$; $r-2q$; &c. numero $p-2q$, oriuntur

$$p+r-2q,\ p-q+r-2q=p+r-3q,\ p-2q+r-2q=p+r-4q \text{ \&c.}$$

Cum autem omnes hi numeri conficiantur ex eadem quantitate ordine addita terminis progressionis arithmeticæ, manebit progressio & differentia in singulis additionibus. Præterea prima additio auxit quantitate r quantitates

$$p,\ p-q,\ p-2q,\ p-3q \text{ \&c.}$$

Secunda easdem auxit quantitate $r-q$. Tertia quantitate $r-2q$ &c. Unde primi termini singularum additionum conficient progressionem arithmeticam, cujus maximus terminus est $p+r$; differentia q. Sed etiam ex prima additione habuimus progressionem arithmeticam, cujus maximus terminus est $p+r$ & differentia q; Ergo primus terminus secundæ progressionis coincidit cum secundo primæ; primus tertiæ cum tertio primæ &c.

99. In binomiis $A+a$, $B+b$, $C+c$ &c. primi termini habent *Factorem primum* unum: secundi nullum. Ergo differentia harum progressionum ortarum ex binomiorum multiplicatione est unitas. Quare unitas etiam erit differentia progressionum ortarum ex binomiorum multiplicatione.

100. Sed ubi multiplicantur binomia numero m, primus terminus producti continet m *Factores primos*. Ergo erit progressio

$$m,\ m-1,\ m-2,\ m-3,\ m-4,\ \cdots\ 0$$

101. Habet autem hæc progressio terminos numero $m+1$; Sunt enim tot termini quot differentiæ, & unus insuper. Sed quoniam $0=m-m$, differentiæ sunt numero m; & numerus terminorum est $m+1$.

102. Terminus $n\ldots$*mus* producti habet *Factores primos* numero $m-n+1$. Nam quivis terminus tot habet *Factores primos*, quot sunt unitates in respondente termino progressionis $m,\ m-1,\ m-2,\ m-3,\ m-4,\ m-5$, &c. in hac progressione tot sunt differentiæ in singulis terminis, quot termini eum præcedunt, vel quot sunt termini progressionis a primo ad illum inclusive, unitate dempta; sunt ergo $n-1$ differentiæ. Quapropter ipsius termini differentia est $1.(n-1)=n-1$; & terminus ipse est $m-n+1$.

Sed

Sed termini sunt homogenei in producto (N°. 93.); erit ergo numerus *secundorum Factorum* $n-1$.

103. Si in producto sumantur termini æque distantes a primo & ab ultimo; quot *Factores primos* habet terminus unus, tot *Factores secundos* habebit alter. Sit terminus alter $n\ldots$*mus* a primo; alter qui est pariter $n\ldots$*mus* ab ultimo, erit $m-n+2\ldots$*mus* a primo. Sed terminus $n\ldots$*mus* a primo habet *Factores primos* $m-n+1$; & terminus $m-n+2,\ldots$*mus* a primo habet $m-m+n-1=n-1$ *Factores primos*; habet ergo *Factores secundos* $m-n+1$.

104. Hinc ergo facile multiplicabuntur quotvis binomia. Jungantur tum omnes *primi Factores*, tum omnes *secundi*: Sic habebitur primus & ultimus producti terminus.

Ex gr. binomia multiplicanda sint quatuor $A+a$, $B+b$, $C+c$, $D+d$; erit ABCD primus, & *abcd* ultimus producti terminus.

105. In primo termino mutentur ordine singuli *primi* Factores in *secundos* cognomines; & in ultimo singuli *secundi* in *primos*; habebuntur termini secundus & penultimus complexi.

Sic $aBCD+bACD+cABD+dABC$, erit secundus terminus complexus. Et $bcdA+acdB+abdC+abcD$ erit penultimus.

106. In secundo termino mutentur ordine singuli *Factores primi* in *secundos*, dummodo jam mutati non fuerint; & in penultimo singuli *secundi* in *primos*, orientur termini tertius & ante-penultimus.

Ita $abCD+acBD+adBC+bcAD+bdAC+dcAB$, erit tertius terminus, & $cdAB+bdAC+bcAD+adBC+acBD+abCD$ erit ante-penultimus.

Eodem modo procedendum est ad finem usque.

107. Complexus terminus occupans sedem $n\ldots$*mam* indicabitur symbolo α; statim præcedens symbolo β; hunc statim præcedens symbolo γ, & sic de reliquis.

108. In genere invenientur omnes termini simplices constituentes ipsum α; si in singulis terminis simplicibus componentibus terminum β mutentur ordine *primi Factores* singuli in *secundos* cognomines, & omittantur termini simplices hinc orti, qui alicui jam invento sunt æquales.

Prima pars hujus regulæ patet ex his principiis. Binomia multiplicantia omnia inter se ducenda sunt. Hinc primus terminus primi multiplicabitur per primum & per secundum terminum secundi; unde orientur duo termini alter constans ex duobus *primis Factoribus*, alter ex *primo* & *secundo*. Deinde secundus terminus primi binomii ducendus est in primum & in secundum secundi; unde emergent duo termini, alter constans ex *primo Factore* & *secundo*, alter ex duobus *secundis*. Multiplicatio continuatur iisdem legibus. Quare factum habebit, dummodo ordine disponantur termini, primum terminum constantem ex *primis* & ultimum e *secundis*, medios autem ex aliquot *primis* & ex aliquot *secundis*.

Factores *cognomines* esse non possunt in eodem termino simplici facti, quia *primus Factor* in *secundum* ejusdem binomii non ducitur. Sed quia omnia binomia inter se multiplicantur, Factores *non cognomines* juncti debent esse quot modis potest: ea tamen lege ut si terminus β habet *Factores primos* numero $m-n+2$, terminus α habeat numero $m-n+1$. Sed hæc omnia fiunt ex prima parte regulæ, quæ ideo recte se habet.

Verumtamen binomia quæ jam in multiplicatione fuerant adhibita, rursus non adhibentur; & omnia binomia diversas habent litteras: ergo idem factum semel occurret. Sic si multiplicata ponantur binomia $A+a$, $B+b$, orietur factum $AB+aB+bA+ab$. Hoc si multiplicetur per $C+c$, idem terminus *ex gr.* aBC non invenietur repetitus in facto, quia ille oriri potest tantum vel ex a in BC; vel ex B in aC, vel ex C in aC. Sed terminus BC fit ex $(B+b).(C+c)$; terminus aC ex $(A+a).(C+c)$. Oporteret ergo ut bis facta fuisset multiplicatio per $C+c$; quod est contra multiplicationis regulam.

109. Nunc dico quod terminus α occupans in facto sedem $n\ldots$*mam*, constat ex terminis simplicibus numero

$$\frac{m.\,m-1.\,m-2.\,m-3.\,m-4.\ldots\ldots m-n+2}{1.\ 2.\ 3.\ 4.\ 5.\ldots\ldots n-1}$$

Nam primo, ut habeatur terminus complexus α, mutandi sunt in termino aliquo simplici termini complexi β, unus post alium, singuli *Factores primi* in *secundos cognomines*: & singulæ

singulæ mutationes dabunt terminos simplices ipsum α constituentes. Ideo hi tot erunt quot sunt *Factores primi* mutandi. Sunt autem in termino β, sedem $n-1$ . . . *mam* occupante, *Factores primi* numero $m-n+2$. Ergo unus terminus simplex ipsius β producet $m-n+2$ terminos simplices pro α. Atqui eadem mutatio fieri debet in omnibus terminis simplicibus ipsius β. Quare in α toties erit terminorum simplicium numerus $m-n+2$, quot terminos simplices habet complexus β. Habeat p. Ergo α habebit terminos simplices omnino $p.\overline{m-n+2}$. Sed ex his rejiciendi sunt qui pluries repetuntur; id est tot, quot *Factores secundi* sunt in termino α. Nam *ex gr.* terminus *abcd* E nascitur ex *bcd* AE, mutata A; ex *acd* BE, mutata B; ex *abd* CE, mutata C; & ex *abc* DE, mutata D. Sunt autem in termino α *Factores secundi* $n-1$. Toties ergo verti debet in unitatem numerus $n-1$, quoties continetur in $p.\ \overline{m-n+2}$. Qui numerus cum contineat numerum $n-1$, per illum est dividendus. Et tandem fiet $\frac{p.\ \overline{m-n+2}}{n-1}$ numerus terminorum simplicium componentium complexum α.

Hinc reliqua facile deducuntur. Habeat terminus γ terminos simplices numero q. Singuli continent *Factores primos* numero $m-n+3$, & terminus β *Factores secundos* numero $n-2$. Quare $p = \frac{q.\ \overline{m-n+3}}{n-2}$; &

$$\frac{p.\ \overline{m-n+2}}{n-1} = \frac{q.\ \overline{m-n+3}}{n-2} . \frac{\overline{m-n+2}}{n-1}.$$

Nam ex terminis simplicibus ipsius γ conficiuntur termini simplices ipsius β, quemadmodum ex terminis simplicibus ipsius β conficiuntur termini simplices ipsius α. Eodem ratiocinio erit

$$q = \frac{r\ \overline{m-n+4}}{n-3}, \ \& \ \frac{q\ \overline{m-n+3}.\ \overline{m-n+2}}{n-2.\ n-1}$$

$$= \frac{r.\ \overline{m-n+4}.\ \overline{m-n+3}.\ \overline{m-n+2}.}{n-3.\ n-2.\ n-1.}$$

Pariter $r = \frac{s.\ \overline{m-n+5}}{n-4}$, &

$$\frac{r.\ \overline{m-n+4}.\ \overline{m-n+3}.\ \overline{m-n+2}}{n-3.\ n-2.\ n-1} =$$

$$\frac{s.\ \overline{m-n+5}.\ \overline{m-n+4}.\ \overline{m-n+3}.\ \overline{m-n+2}}{n-4.\ n-3.\ n-2.\ n-1};$$

Et sic de reliquis, ad terminum secundum usque, qui constat ex m, terminis simplicibus; quia primus est simplex & continet m *Factores primos*, qui singuli mutandi sunt in *secundos cognomines*. Quare progressio constituens numeratorem hujus fractionis erit

$m\ \overline{m-1}.\ \overline{m-2}\ .\ .\ .\ .\ .\ \overline{m-n+5}.\ \overline{m-n+4}.\ \overline{m-n+3}.\ \overline{m-n+2}.$

Et progressio constituens denominatorem ejusdem fractionis erit

$1.\ 2.\ 3\ .\ .\ .\ .\ .\ \overline{n-4}.\ \overline{n-3}.\ \overline{n-2}.\ \overline{n-1}.$

110. Idem profecto erit productum ex iisdem binomiis, seu multiplicatio incipiatur a *primis*, seu a *secundis Factoribus*. In prima hypothesi terminus sequens a sinistra in dextram invenitur mutando *primos Factores* præcedentis in *secundos cognomines*. In altera hypothesi terminus præcedens invenitur mutando *secundos Factores* sequentis in *primos cognomines* (106. hujus). Hæ mutationes determinant numerum terminorum simplicium constituentium singulos terminos complexos, (106. & 108. hujus); & quot sunt *Factores primi* in termino n . . . *mo* a primo tot sunt *Factores secundi* in termino æque distante ab ultimo (103. hujus).

111. Si nunc omnes *Factores primi* exprimantur eadem littera x, facta ex aliquot *Factoribus primis* mutabuntur in potestates ipsius x, & potestas x^{m-n+1} erit in termino occupante n . . . *mam* sedem.

112. Qua de caussa factum ex binomiis $x+a$; $x+b$; $x+c$; $x+d$; &c. ad numerum m usque, continebit, pro *Factoribus primis*, potestates.

x^{m}; x^{m-1}; x^{m-2}; x^{m-3}; x^{m-4}; . . . . x^{o}.

113. Quando *Factores primi* exponuntur eadem littera, facta ex *Factoribus secundis*, quæ cum singulis potestatibus *Factoris primi* juncta sunt, dici solent *coefficientes*.

114. Ergo coefficiens secundi termini constabit ex aggregato omnium *Factorum secundorum*; coefficiens tertii termini ex aggregato omnium productorum ex binis *Factoribus secundis*; quarti ex aggregato productorum omnium ex ternis *Factoribus secundis*; n . . . *mi* ex aggregato productorum omnium ex $n-1$ *Factoribus secundis*.

115. Si etiam *Factores secundi* exponuntur eadem littera a, orietur binomii $x+a$ potestas, cujus exponens est m, numerus binomiorum eorundem se multiplicantium; id est $(x+a)^{m}$.

116. Quare facta ex *Factoribus secundis*, fient potestates

potestates ipsius a, & præter x^{m}; x^{m-1}; x^{m-2}; x^{m-3}; x^{m-4}; .... x^{1}, erunt in facto potestates a^{0}; a^{1}; a^{2}; a^{3}; a^{4}; .... a^{m}; & ipse terminus $n\ldots mus$, quod pertinet ad *Factores* tum *primos* tum *secundos*, erit $a^{n-1}x^{m-n+1}$.

117. Sed terminus $n\ldots mus$ continebant terminos simplices numero

$$\frac{m.\,m-1.\,m-2.\,m-3\ldots m-n+2}{1.\;2.\;3.\;4\ldots n-1}$$

(109. hujus). Hæc facta sunt eadem, quapropter unienda sunt, & numeris exprimi debet, quot fuerint unita (Art. XXVIII. hujus). Igitur præmittendæ sunt progressiones inventæ ad hunc numerum determinandum.

118. Ideo totus terminus $n\ldots mus$ erit

$$\frac{m.\,m-1.\,m-2.\,m-3.\,m-4\ldots m-n+2.}{1.\;2.\;3.\;4.\;5\ldots n-1}\,a^{n-1}x^{m-n+1}.$$

119. Terminus generalibus expressionibus ita conceptus, ut, illis diversimode determinatis, præbeat omnes terminos iisdem legibus formatos, dicitur *terminus generalis*.

120. Fractio constans ex duabus progressionibus arithmeticis; & definiens numerum productorum æqualium, quæ unita fuerant in potestate binomii (117. hujus), dicitur *coefficiens numericus* potestatis.

Coefficiens numericus *potestatis confundi non debet cum* coefficiente *producti ex pluribus binomiis* primum terminum *communem*, *&* secundos *diversos habentibus, qui descriptus fuit* N°. 113. *hujus*.

Terminus allatus N°. 117. hujus, est *terminus generalis* ipsius $(x+a)^{m}$, & in eo *coefficiens numericus* est

$$\frac{m.\,m-1.\,m-2.\,m-3.\,m-4.\,m-5\ldots\ldots m-n+2}{1.\;2.\;3.\;4.\;5.\;6.\ldots\ldots n-1}.$$

121. Hic terminus hactenus definitus fuit a numero locorum; sed potest & solet definiri ab exponente ipsius a. Hoc facile fiet si ponatur $n-1=p$. Tunc habebitur

$$\frac{m.\,m-1.\,m-2.\,m-3.\,m-4.\,m-5.\,m-6\ldots\ldots m-p+1}{1.\;2.\;3.\;4.\;5.\;6.\;7.\ldots\ldots p}\,a^{p}x^{m-p};$$

ubi series 1; 2; 3; 4; 5; 6; 7; .... p, eadem est ac series p; $p-1$; $p-2$; $p-3$; $p-4$ .... 1 in qua erunt termini $p-q+2$; $p-q+1$; $p-q$; $p-q-1$; $p-q-2$ &c., (dummodo q sit numerus integer numero p minor,) quia hujus seriei termini decrescunt per unitates.

122. Quare terminus generalis N° 117. sic scribi potest

$$\frac{m.\,m-1.\,m-2.\,m-3.\,m-4.\,m-5.\;\;m-6.\,m-7\ldots m-p+1}{p.\,p-1.\,p-2.\,p-3\;\ldots\ldots\;p-q+1.\,p-q.\,p-q-1\ldots.\,1.}\,a^{p}x^{m-p}.$$

123. Hinc facile ad datam potestatem elevabitur datum binomium, ponendo pro m datum exponentem datæ potestatis, & pro p exponentem, quem habet *Factor secundus* in termino quæsito. Semper autem simul inveniuntur duo termini æquidistantes a primo & ab ultimo (N°. 110.): atque ideo sufficit operationem producere ad dimidiatum terminorum numerum.

Exemplum I. *Elevandum sit binomium* a + b *ad quartam potestatem.* Hic est $m=4$; quare primus terminus $=a^{4}$; & ultimus $=b^{4}$; coefficiens secundi $=4$; secundus ipse $=a^{3}b$, quia nempe $m-1=3$; coefficiens tertii $\frac{m.\,m-1}{2.}=\frac{4.3}{2}=6$, tertius $=a^{2}b^{2}$, coefficiens quarti

$$\frac{m.\,m-1.\,m-2}{2.\,3}=\frac{4.3.2}{2.\,3}=4;$$

quartus $=ab^{3}$; coefficiens quinti

$$\frac{m.\,m-1.\,m-2.\,m-3}{2.\,3.\,4.}\;\frac{4.3.2.1}{2.3.4}=1.$$

quintus ipse b^{4}, quem supra invenimus esse ultimum; unde tota potestas est

$$a^{4}+4a^{3}b+6a^{2}b^{2}+4ab^{3}+b^{4}.$$

Exemplum II. *Elevandum sit binomium* a − b *ad quintam potestatem.*

Quia petitur quinta potestas, erit

$m=5$; $m-1=4$; $m-2=3$; $m-3=2$; $m-4=1$; $m-5=0$

qui sunt exponentes ipsius a. Exponentes autem ipsius b sunt

1; 2; 3; 4; 5;

(N°. 116 hujus). Erunt ergo Termini

$+a^{5}$; $-a^{4}b$; $+a^{3}b^{2}$; $-a^{2}b^{3}$; $+ab^{4}$; $-b^{5}$

& Coefficientes (N°. 117. hujus)

$m=5$;

$$\frac{m.\,m-1}{2}=\frac{5.4}{2}=5.2=10;$$

$$\frac{m.\,m-1.\,n-2}{2.\,3}=\frac{5.4.3}{2.\,3}=5.2=10;$$

$$\frac{m.\overline{m-1}.\overline{m-2}.\overline{m-3}}{2.\ 3.\ 4} = \frac{5.4.3.2}{2.3.4} = 5$$

quare poteſtas ipſa erit

$$a^5 - 5a^4b + 10a^3b^2 - 10a^2b^3 + 5ab^4 - b^5.$$

EXEMPLUM III. *Evehendum ſit ad ſextam poteſtatem binomium* $3bc - \frac{ff}{2}$.

Erit

$$m = 6:\ m-1 = 5;\ m-2 = 4;\ m-3 = 3;\ m-4 = 2;\ m-5 = 1$$

idcirco Termini

$$+729b^6c^6;\ -\frac{243b^5c^5ff}{2};\ +\frac{81b^4c^4f^4}{4};\ -\frac{27b^3c^3f^6}{8};\ +\frac{9b^2c^2f^8}{16},\ -\frac{3bcf^{10}}{32} + \frac{f^{12}}{64}$$

Et Coefficientes

$$m = 6.$$

$$\frac{m\ .\ \overline{m-1}}{2} = \frac{6\ .\ 5}{2} = 3\ .\ 5 = 15$$

$$\frac{m.\overline{m-1}.\overline{m-2}}{2.\ 3} = \frac{6.5.4}{2.3} = 5\ .\ 4 = 20$$

Quare tota poteſtas

$$729b^6c^6 - 729b^5c^5ff + \frac{1215b^4c^4f^4}{4} - \frac{135b^3c^3f^6}{2} + \frac{135b^2c^2f^8}{16} - \frac{9bcf^{10}}{16} + \frac{f^{12}}{64}.$$

EXEMPLUM IV. *Quaeratur binomii* $\frac{ab}{c} - cff$ *quarta poteſtas*

Erit

$$m = 4;\ m-1 = 3;\ m-2 = 2;\ m-3 = 1$$

Unde Termini

$$+\frac{a^4b^4}{c^4};\ -\frac{a^3b^3ff}{c^2};\ +a^2b^2f^4;\ -abc^2f^6;\ +c^4f^8$$

& Coefficientes

4; 6; 4

atque poteſtas

$$\frac{a^4b^4}{c^4} - \frac{4a^3b^3ff}{c^2} + 6a^2b^2f^4 - 4abc^2f^6 + c^4f^8.$$

EXEMPLUM V. *Poſcatur tertia poteſtas binomii* $a\sqrt{bc} - c\sqrt{ab}$.

Erit

$$m = 3;\ m-1 = 2;\ m-2 = 1$$

Hinc Termini

$$+a^3bc\sqrt{bc};\ -a^2bc^2\sqrt{ab};\ +a^2bc^2\sqrt{bc};\ -abc^3\sqrt{ab}$$

Et Coefficientes

3; 3;

Totas Poteſtas

$$a^3bc\sqrt{bc} - 3a^2bc^2\sqrt{ab} + 3a^2bc^2\sqrt{bc} - abc^3\sqrt{ab}$$

123. Polynomium conſtans ex indefinito terminorum numero, dici ſolet *Infinitinomium*.

124. Sit infinitinomium $x + a + b + c + d + e + f + g +$ &c, evehendum ad poteſtatem, cujus index eſt m; & termini diſponendi ſint ſecundum dimenſiones ipſius x. Ponatur $A = a + b + c + d + e + f + g + h +$ &c; infinitinomium propoſitum exponetur per $x + A$.

Terminus generalis ipſius $(x+A)^m$ eſt (N°.121. hujus)

$$\text{I. } \frac{m}{p}\cdot\frac{\overline{m-1}.\overline{m-2}.\overline{m-3}.\overline{m-4}.\overline{m-5}.\overline{m-6}.}{\overline{p-1}.\overline{p-2}.\overline{p-3}.\overline{p-4}.\overline{p-5}.\overline{p-6}.}\ \frac{\overline{m-7}\ldots\overline{m-p+1}}{\overline{p-7}\ldots 1}\ x^{m-p}A^p.$$

Ponatur $B = b + c + d + e + f + g + h + i +$ &c, erit $A = a + B$, & $A^p = (a+B)^p$, cujus terminus generalis eſt

$$\frac{p.\overline{p-1}.\overline{p-2}.\overline{p-3}.\overline{p-4}.\overline{p-5}.\overline{p-6}.}{q.\overline{q-1}.\overline{q-2}.\overline{q-3}.\overline{q-4}.\overline{q-5}.\overline{q-6}.}\ \frac{\overline{p-7}\ldots\ldots\overline{p-q+1}}{\overline{q-7}\ldots\ldots 1}\ a^{p-q}B^q.$$

Hic ſubſtituatur pro A^p in termino generali I., hic fiet

$$\frac{m.\overline{m-1}.\overline{m-2}.\overline{m-3}\ldots\overline{m-p+1}.p.\overline{p-1}.\overline{p-2}.\overline{p-3}\ldots\overline{p-q+1}}{p.\overline{p-1}.\overline{p-2}.\overline{p-3}\ldots\overline{p-q+1}.\overline{p-q}\ldots 1.q.\overline{q-1}.\overline{q-2}.\overline{q-1}\ldots 1}\ x^{m-p}a^{p-q}B^q.$$

Et, quia numeri $p;\ p-1;\ p-2;\ p-3\ \ldots p-q+1$, qui ſunt tum in numeratore tum in denominatore hujus coefficientis numerici, dant unitatem pro quoto, terminus generalis I; manebit

$$\text{II. } \frac{m.\overline{m-1}.\overline{m-2}.\overline{m-3}.\overline{m-4}.\overline{m-5}.\overline{m-6}.\overline{m-7}\ldots\overline{m-p+1}}{p-q.\ p-q-1.\ p-q-2.\ p-q-5\ \ldots 1.\ q.\ q-1.\ q-2.\ q-3\ldots q-r+1.\ q-r\ldots 1}\ x^{m-p}a^{p-q}B^q.$$

Ponatur $C = c + d + e + f + g + h + i + k +$ &c, erit $B = b + C$, & $B^q = (b+C)^q$, cujus terminus generalis eſt

$q\ q-1.$

$$\frac{q.\ q-1.\ q-2.\ q-3.\ q-4.\ q-5.\ q-6.}{r.\ r-1.\ r-2.\ r-3.\ r-4.\ r-5.\ r-6.}\ \frac{q-7\ldots\ldots q-r+1}{r-7\ldots\ldots 1}\ b^{q-r}\ C^{r}$$

Hic substituatur pro B^q in termino generali II., ille, ob numeros a q ad $q-r+1$, qui erunt tum in numeratore, tum in denominatore sui coefficientis numerici, fiet

$$\frac{m.\ m-1.\ m-2.\ m-3.\ m-4.\ m-5.}{p-q.\ p-q-1.\ p-q-2\ldots1.\ q-r.\ q-r-1.}\ \frac{m-6.\ m-7\ldots\ldots m-p+1}{q-r-2\ldots1.\ r.\ r-1.\ r-2\ldots r-s+1.\ r-s\ldots1.}\ x^{m-p}\ a^{p-q}\ b^{q-r}\ C^{r}.$$

Eodem pacto, ponatur $D = d+e+f+g+h+i+k+l+$ &c; id est $C^r = (c+D)^r$; & $C^r = (c+D)^r$; deinde $E = e+f+g+h+i+k+l+m+$ &c; id est $D = d+E$, & $D^s = (d+E)^s$, & sic de reliquis. Potestatum $(c+D)^r$: $(d+E)^s$ &c, quærantur termini generales, & substituantur: invenietur terminus generalis infinitinomii evecti ad potestatem, cujus index est m,

125. $$\frac{m.\ m-1.\ m-2.\ m-3.\ m-4.}{p-q.\ p-q-1.\ p-q-2\ldots1\ q-r.\ q-r-1.}\ \frac{m-5.\ m-6.\ldots\ldots m-p+1}{q-r-2\ldots1.\ r-s.\ r-s-1.\ r-s-2\ldots1.\ s-t.\ s-t-1\ldots1\ \&c.}\ x^{m-p}\ a^{p-q}\ b^{q-r}\ c^{r-s}\ d^{s-t}\ \&c.$$

Ubi semper in primo termino erit unus *Factor*; in secundo erunt duo *Factores* diversi; in tertio vel duo vel tres; in quarto vel duo, vel tres, vel quatuor, in $p+1\ldots$mo a 2 ad $p+1$. Numerator coefficientis numerici est idem, quem invenimus No. 100., ejus vero denominator constat ex tot seriebus ab exponente secundi *Factoris* ad unitatem; ab exponente tertii *Factoris* ad unitatem, &c., quot sunt *Factores* præter primum.

Statim utile est hoc theorema ad inveniendas potestates polynomiorum, quod exemplis illustrabimus.

Exemplum I. *Sit trinomium* a+b+c *evehendum ad quartam potestatem.*

Quia polynomium propositum tres habet terminos, tres, ut plurimum, esse possunt *Factores* in termino generali. Is ergo fit

$$\frac{m.\ m-1.\ m-2\ldots m-p+1}{1.\ 2.\ 3\ldots p-q.\ 1.\ 2.\ 3\ldots q}\ a^{m-p}\ b^{p-q}\ c^{q}.$$

Statim $m = 4$, & primus terminus est a^4.

In secundo est $p = 1$; $m-p+1 = m-1+1 = m = 4.$, & numerator coefficientis est 4. Sed aut $q = 0$, aut $q = 1$.

Sit $q = 0$; erit $a^{m-p}\ b^{p-q}\ c^{q} = a^3b^1c^0 = a^3b$; & quia $p-q = 1$ & $q = 0$, denominator coefficientis fit 1; & secundi termini prima pars cum coefficiente est $4a^3b$.

Sit $q = 1$; erit $p-q = 1-1 = 0$; & $a^{m-p}\ b^{p-q}\ c^{q} = a^3b^0c^1 = a^3c$; & quia $p-q = 0$; $q = 1$, denominator coefficientis fit 1; secunda pars secundi termini est $4a^3c$, & totus terminus $4a^3(b+c)$.

In tertio termino est $p = 2$; & $m-p = 4-2 = 2$; & $a^{m-p} = a^2$. Item $m-p+1 = 3$; & $m-1\ldots m-p+1 = 4.\ 3.$ Sed aut $q = 0$; aut $q = 1$, aut $q = 2$.

Sit $q = 0$, erit $p-q = p = 2$; & $a^{m-p}\ b^{p-q}\ c^{q} = a^2b4$, & $1.\ 2\ldots p-q = 1.2.$ Quare prima pars tertii termini est $\frac{4.\ 3}{1.2.}\ a^2b = 6a^2b^2$.

Sit $q = 1$; erit $p-q = 2-1 = 1$; & $a^{m-p}\ b^{p-q}\ c^{q} = a^2bc$, atque $1.\ 2\ldots p-q.\ 1.\ 2\ldots q = 1$. Ideo secunda pars tertii termini est $4.\ 3\ a^2bc = 12\ a^2bc$.

Sit $q = 2$; erit $p-q = 2-2 = 0$; & $a^{m-p}\ b^{p-q}\ c^{q} = a^2b^0c^2 = a^2c^2$, atque $1.\ 2\ldots p-q.\ 1.\ 2\ldots q = 1.\ 2$; & tertia pars tertii termini $\frac{4.\ 3}{1.\ 2.}\ a^2c^2 = 6a^2c^2$, & totus tertius terminus $6a^2(b^2+2bc+c^2)$.

In quarto termino est $p = 3$; $m-p = 4-3 = 1$; & $a^{m-p} = a$. Item $m-p+1 = 2$; & $m.\ m-1\ldots m-p+1 = 4.\ 3.\ 2.$ Sed aut $q = 0$; aut $q = 1$, aut $q = 2$, aut $q = 3$. Sit $q = 0$, erit $p-q = p = 3$; & $ab^{p-q}c^{q} = ab^3$. Item $1.\ 2\ldots p-q = 1.2.3.$ &c.

& prima pars quarti termini $\frac{4.\ 3.\ 2}{1.\ 2.\ 3} ab^3 = 4ab^3$

Sit $q = 1$, erit $p - q = 3 - 1 = 2$, & $ab^{p-q} c^q = ab^2c$. Item $1.\ 2 \ldots p - q = 1.2.$, & secunda pars quarti termini $\frac{4.\ 3.\ 2}{1.\ 2.} ab^2c = 12\ ab^2c$.

Sit $q = 2$, erit $p - q = 3 - 2 = 1$; & $ab^{p-q} c^q = abc^2$. Item $1.\ 2 \ldots p - q. = 1.\ 2 \ldots q = 1.2$; & tertia pars quarti termini $12\ abc^2$.

Sit $q = 3$; erit $p - q = 3 - 3 = 0$, & $ab^{p-q} c^q = ac^3$. Item $1.\ 2 \ldots p - q. = 1.\ 2 \ldots q = 1.2.3$. & quarta pars quarti termini $\frac{4\ 3.2}{1.2.3} ac^3$, & totus quartus terminus $4a\ (b^3 + 3\ b^2c + 3\ bc^2 + c^3)$.

In quinto termino est $p = 4$; $m - p = 4 - 4 = 0$, & $a^{m-p} = a^0 = 1$. Sed $m - p + 1 = 1$, & $m.\ m - 1.\ m - 2 \ldots m - p + 1 = 4.\ 3.\ 2.\ 1$. Jam aut $q = 0$, aut $q = 1$; aut $q = 2$; aut $q = 3$; aut $q = 4$.

Sit $q = 0$; erit $p - q = 4$; & $b^{p-q} c^q = b^4$, $1.\ 2.\ 3 \ldots p - q = 1.\ 2.\ 3.\ 4$, & prima pars quinti termini est b^4.

Reliquæ partes erunt, ut patet, reliqui termini ipsius $(b + c)^4$.

EXEMPLUM. II. *Infinitinomii* a + b + c &c. *ad quartam potestatem elevandi quæruntur terminorum* a^3g: a^2bf; & $abcf$; *coefficientes.*

Jam m, exponens potestatis, est 4. Quapropter pro termino a^3g debet esse $m - p = 3$; (exponenti primi factoris a;) & est $m = 4$, ergo $4 - p = 3$, & $p = 1$. Iterum $p - q = 1$ & $q = 1$, exponenti alterius factoris b;) & est $p = 1$; quare

$1 - q = 1$ & $q = 0 = r = s$ &c.

Erit ergo $m - p + 1 = 4 - 1 + 1 = 4 = m$

Quocirca terminus generalis vertitur in $4a^3q$.

Pro termino a^2bf debet esse

$4 - p = 2$ (exponenti primi factoris a;) ergo $p = 2$.

Item $p - q = 1$, (exponenti secundi factoris b;) aut $2 - q = 1$; & $q = 1$.

Pariter $q - r = 1$, (exponenti tertii factoris f;) vel $1 - r = 1$, & $r = 0 = s$; &c. Quocirca

$m - p + 1 = 4 - 2 + 1 = 3$;
$p - q = 2 - 1 = 1$; $q - r = 1$.

Et terminus generalis fit

$4.\ 3.\ a^2bf = 12\ a^2bf$.

Denique pro termino $abcf$ debet esse $4 - p = 1$, (exponenti primi factoris a;) igitur $p = 3$

Pariter $3 - q = 1$, (exponenti secundi factoris b;) unde $q = 2$.

Haud aliter $2 - r = 1$, (exponenti tertii factoris c;) quare $r = 1$.

Denique $1 - s = 1$, (exponenti quarti factoris f;) & ideo $s = 0 = t$ &c.

Est igitur

$m - p + 1 = 4 - 3 + 1 = 2$;
$p - q = 1$; $q - r = 1$;

& terminus generalis $4.\ 3.\ 2.\ abcf = 24\ abcf$.

EXEMPLUM III. *In eodem infinitinomio ad sextam potestatem elato petuntur terminorum*

a^4cf; a^3f^2g; $a^2b^2c^2$; a^2b^2cd; & a^2bcde; coefficientes.

Quoniam $m = 6$, pro termino a^4cf debet esse

$6 - p = 4$; & $p = 2$; item $p - q = 1 = 2 - q$; & $q = 1$ pariter $q - r = 1 = 1 - r$, & $r = 0$.

Quam ob rem erit $m - p + 1 = 6 - 2 + 1 = 5$;

& terminus generalis fiet $6.\ 5.\ a^4cf = 30a^4cf$.

Sed pro termino a^3f^2g debet esse

$6 - p = 3$; & $p = 3$; eodem pacto $p - r = 2 = 3 - r$; & $r = 1$; $r - s = 1 = 1 - s$; & $s = 0$ &c.

Erit igitur $m - p + 1 = 6 - 3 + 1 = 4$; & terminus generalis convertetur in $\frac{6.\ 5.\ 4.}{1.\ 2} a^3f^2g = 60\ a^3f^2g$

Haud secus pro termino $a^2b^2c^2$ debet esse

$6 - p = 2$; & $p = 4$; item $p - q = 2 = 4 - q$; & $q = 2$; pariter $q - r = 2 = 2 - r$; & $r = 0$.

Et ideo habebitur $m - p + 1 = 6 - 4 + 1 = 3$; & terminus generalis determinabitur $\frac{6.\ 5.\ 4.\ 3}{1.\ 2.\ 2} a^2b^2c^2 = 90a^2b^2c^2$.

Pariter pro termino a^2b^2cd debet esse

$6 - p = 2$; & $p = 4$; atque $p - q = 2$ & $q = 2$;

Sed

Sed.

$q - t = 1 = 2 - r$; & $r = 1$; atque $r - s = 1$; & $s = 0$.

Quapropter iterum erit $m - p + 1 = 3$; & terminus generalis dabit $\frac{6 \,.\, 5 \,.\, 4 \,.\, 3}{1 \,.\, 2 \,.}$ $a^{\cdot} b^2 cd = 180 a^{\cdot} b^2 cd$.

Demum pro termino $a^2 bcde$ debet esse

$p = 4$; $4 - q = 1$; & $q = 3$; $q - r = 1 = 3 - r$ & $r = 2$; $r - s = 1$; & $s = 1$; $s - t = 1$; & $t = 0$.

Terminus generalis ergo præbebit $6 \,.\, 5 \,.\, 4 \,.\, 3$ $a^2 bcde = 360\, a^2 bcde$.

126. *Si in singulis infinitinomii terminis est alicujus simboli* q *potestas, cujus exponentes crescant ut numeri naturales* 0; 1; 2; 3; 4; &c, *&* *potestates istæ pro coefficientibus ordinentur, dico quod in infinitinomii potestate* r *terminus quilibet ex uno pluribusque radicis terminis conflatur tot modis quot* s *exponens, quem* q *habet in potestate, formari potest additione numerorum* 0; 1; 2; 3; &c... s; *quorum aliquot possunt* s... *ies repeti.*

Sit infinitinomium ad potestatem r evehendum

$a + bq + cq^2 + dq^3 + eq^4 + fq^5 + gq^6 + hq^7 +$ &c.

Quoniam hoc infinitinomium in se aliquoties ducendum est, ut habeatur potestas r, quisque ejus terminus & per se & per singulos alios multiplicabitur, id est terminorum exponentes invicem addentur. Sed $s = 0 + s = s - 1 + 1 = s - 2 + 2 = s - 2 + 1 + 1 = s - 3 + 3 = s - 3 + 2 + 1 = s - 3 + 1 + 1 + 1 =$ &c. & omnes numeri 0; 1; 2; 3; 4; &c...s sunt in infinitinomio ad potestatem r extollendo. Ergo exponens s conficietur additione numerorum &c.

127. Quando numeri componentes exponentem s sunt diversi, puta 2; 3; 4; &c., quantitates q^2; q^3; q^4; &c.; habendæ sunt pro diversis factoribus in investigatione coefficientis; tales enim sunt, etsi forte simbolum q semper idem sit. Sed quando idem numerus reperitur, puta 2; 2; 2; &c., tunc q^2 evehitur ad potestatem, cujus exponens est numerus exponentium æqualium, & pro uno factore ad illam potestatem elato consideranda est quantitas illa. Semper autem adesse intelligitur primus terminus a evectus ad potestatem $r - n$, posito n exponente litteræ, per quam multiplicatur potestas ipsius q.

128. Facile igitur invenietur terminus s hujusmodi infinitinomii ad potestatem r provecti. Nam in illo termino quantitas q habebit exponentem $s - 1$, ut facile deducitur ex N°. 120. hujus. Quære, per Nm. 127. quot modis hic exponens additione numerorum 0; 1; 2; 3; &c.; conjici possit, ac tandem pro singulis modis detege coefficientem, ut monstratum est, N°. 124. hujus;) probe observans quæ monita sunt N°. 127. hujus.

Exemplum I. *Quæritur infinitinomii evecti ad potestatem* r *terminus secundus.*

Erit exponens ipsius q in hoc termino $2 - 1 = 1$; quare unico modo formari potest; (nempe ex 0+1;) eritque terminus $a^{\overline{r-1}}\, bq$, & cum duo tantum sint factores, coefficiens erit vulgaris r.

Exemplum II. Si quæreretur terminus tertius, esset $s - 1 = 3 - 1 = 2$; est autem $2 = 0 + 2 = 1 + 1$; igitur hic terminus fiet ex primo radicis ducto in tertium, aut ex secundo elevato ad secundam potestatem. In prima hypothesi terminus erit $a^{\overline{r-1}}\, cq^2$; & exponens r. In secunda autem terminus erit $a^{\overline{r-2}}\, b^2 q^2$; & coefficiens determinabitur ex vulgari potestatum genesi, quia duo tantum sunt factores, eritque $\frac{r \,.\, \overline{r-1}}{1 \,.\, 2 \,.}$.

Exemplum III. Petatur nunc quartus terminus, atque erit $s - 1 = 4 - 1 = 3$. Atqui est $3 = 0 + 3 = 1 + 2 = 1 + 1 + 1$; ergo terminus petitus fiet.

Primo ex primo termino radicis ducto in quartum, & erit $a^{\overline{r-1}}\, dq^3$, & ejus coefficiens erit r,

Secundo, ex secundo termino radicis ducto in tertium, eritque $a^{\overline{r-2}}\, bcq^3 = a^{\overline{r-2}} \times bq \times cq^2$.

Nunc, ut determinetur hujus coefficiens; erit

$r - s = r - 2$; & $s = 2$; $s - m = 2 - m = 1$; & $m - n = 1$; & $n = 0$.

Quare

Quare $r - s + 1 = r - 2 + 1 = r - 1$; & coefficiens $= r . r - 1$.

Tertio terminus quæſitus conſlabitur ex ſecundo evecto ad tertiam poteſtatem, eritque $a^{r-3} b^3 q^3$, cujus coefficiens eſt vulgaris.

Exemplum IV. Demum, ſi poſtularetur terminus ſeptimus, eſſet $s - 1 = 6$. Sed $6 = 0 + 6 = 1 + 5 = 2 + 4 = 3 + 3 = 1 + 1 + 4 = 1 + 2 + 3 = 2 + 2 + 2 = 1 + 1 + 1 + 3 = 1 + 1 + 2 + 2 = 1 + 1 + 1 + 1 + 2 = 1 + 1 + 1 + 1 + 1 + 1$. Igitur terminus ſeptimus conſlatur.

Primo, ex ſeptimo radicis termino, eritque $a^{r-1} g q^6$, & r ejus coefficiens.

Secundo, ex radicis termino ſecundo ducto in ſextum, & erit $a^{r-2} \times b q \times f q^5$; atque illius coefficiens $r . r - 1$.

Tertio, ex tertio termino radicis ducto in quintum, & erit $a^{r-2} \times c q^2 \times e q^4$, cujus coefficiens reperietur $r . r - 1$ ut ſupra.

Quarto, ex termino radicis quarto, ad ſecundam poteſtatem elato; atque erit $a^{r-2} d^2 q^6$, qui pro coefficiente habebit $\frac{r . r - 1}{2}$.

Quinto, ex ſecundo radicis termino ad ſecundam poteſtatem evecto & in quintum ducto, ac reperietur $a^{r-3} \times b^2 q^2 \times e q^4$; cui tribuendus eſt coefficiens $\frac{r . r - 1 . r - 2}{2}$.

Sexto, ex facto terminorum ſecundi, tertii, & quarti, eritque $a^{r-3} \times b q \times c q^2 \times d q^3$ qui ſibi vindicat coefficientem $r . r - 1 . r - 2$.

Septimo, ex tertia poteſtate tertii termini, quæ dat $a^{r-3} c^3 q^6$, cui debetur coefficiens $\frac{r . r - 1 . r - 2}{1 . 2 . 3}$.

Octavo, ex tertia poteſtate ſecundi ducta in quartum, unde oritur $a^{r-4} \times b^3 q^3 \times d q^3$, atque hujus coefficiens $\frac{r . r - 1 . r - 2 . r - 3}{1 . 2 . 3}$.

Nono, ex ſecunda ſecundi termini poteſtate ducta in ſecundam tertii, unde exſurgit $a^{r-4} \times b^2 q^2 \times c^2 q^4$, qui poſtulat coefficientem $\frac{r . r - 1 . r - 2 . r - 3}{1 . 2 . 1 . 2}$.

Decimo, ex quarta poteſtate ſecundi termini ducta in tertium, eritque $a^{r-5} \times b^4 q^4 \times c q^2$, cui convenit coefficiens $\frac{r . r - 1 r - 2 . r - 2 . r - 3 . r - 4}{1 . 2 . 3 . 4}$.

Undecimo tandem ex ſexta ſecundi termini poteſtate, quæ dat terminum $a^{r-6} b^6 q^6$ & coefficientem $\frac{r . r - 1 . r - 2 . r - 3 . r - 4 . r - 5 . r - 6}{1 . 2 . 3 . 4 . 5 . 6}$.

129. Cum quantitas quævis ſibimet ipſa ſemper ſit æqualis, quivis terminus s in poteſtate infinitinomii incipit a termino s radicis ducto in primum; reliquæ autem partes termini s in poteſtate conſlabuntur ex terminis radicis ipſum radicis s terminum antecedentibus.

130. Quapropter determinandi ſunt in poteſtate coefficientes terminorum ordine, primo primi, deinde ſecundi, poſtea tertii &c.

131. Hunc ordinem ſervans facile coefficientes omnes definiet, nihil enim faciendum eſt quam determinare, quibus quantitatibus notis æqualis ſit quantitas unica unius dimenſionis, quod ſemper fieri poteſt per quatuor primas arithmeticæ regulas.

132. Si exponentes infinitinomii in №. 126. hujus, eſſent $0, m; 2m; 3m$ &c. agendum eſſet, ut ſi forent $0, 1, 2, 3$, &c. Quoniam enim $s\, m$ debet confici ex $0; m; 2m; 3m$ &c; patet quod haud ſecus conſlabitur ac s ex $0; 1; 2; 3$ &c.

Si vero exponentes eſſent $m; m + n; m + 2n; m + 3n$ &c., totum infinitinomium dividi poſſet per q^m. Tunc reſtarent exponentes $0; n; 2n; 3n$; &c.

Tracta infinitinomium, cujus exponentes ſunt $0; n; 2n; 3n$; &c.; & quidquid inveneris multiplica per q^m.

CAPUT

(a) CAPUT SEXTUM.

DE DIVISIONE.

XLVI. *Divisio in numeris instituitur quærendo quot vicibus divisor in dividendo continetur, totiesque auferendo, & scribendo totidem unitates in quoto: Idque iterato, si opus est, quamdiu divisor auferri potest.* (*b*).

Sic ad dividendum 63 per 7, quære quoties 7 continetur in 63 & emergent 9 pro quoto præcise. Adeoque $\frac{63}{7}$ valet 9. Insuper ad dividendum 371 per 7, præfige divisorem 7,

$$\begin{array}{r|l} 7\,)\ 371 & (53 \\ 35 & \\ \hline 21 & \\ 21 & \\ \hline 0 & \end{array}$$

& imprimis opus instituens in initialibus figuris dividendi proxime majoribus divisore, nempe in 37, dic quoties 7 continetur in 37? Resp. 5. Tum scripto 5 in quoto, aufer 5 . 7 seu 35 de 37, & restabit 2, cui adnecte ultimam figuram dividendi nempe 1, & fit 21 reliqua pars dividendi, in qua proximum opus instituendum est. Dic itaque, ut ante, quoties 7 continetur in 21? Resp. 3. Quare scripto 3 in quoto, aufer 3 . 7 seu 21 de 21 & restabit 0. Unde constat 53 esse numerum præcise, qui oritur ex divisione 371 per 7. (*c*).

(*d*) XLVII.

(*a*) 133. Quansitas ex plurium multiplicatione ita conflata, potest resolvi in eas omnes, quibus constat: Sic *ex. gr.* Cum $aa + 2ab + bb = (a+b).(a+b)$, poterit rursus resolvi in $a+b$, $a+b$ ex quibus composita est:

Hanc resolutionem facere, dicitur *quantitatem dividere.*

134. Quantitas dividenda per 1, & quotum hujus divisionis æquantur, nam tunc quantitas dividenda est ad unitatem, ut quotum ad unitatem (Eucl. 9. V.)

(*b*) 135. Si factum quodvis ab secetur in quotlibet partes, $\overline{bf}$, $\overline{bc}$, $\overline{bg}$ eundem factorem b habentes, aggregatum ex omnibus quantitatibus, quæ ductæ erant in b, erit alter factor, $c+f+g = a$.

Nam $ab = bc + bf + bg$ (ex hyp.): si nunc tam ab, quam $bc + bf + bg$ dividantur per b eveniet a, c, f, g, & his junctis signo $+ (c+f+g)$ sed $ab = a.b$, & $bc + bf + bg = b(c+f+g)$ ergo $a.b = b.(c+f+g)$, quare $a = c+f+g$ (Eucl. Ax. 6.)

(*c*) 136. In numeris idem fieri liquet, regula Auctoris, nam cum invenio 7 quinquies contineri in 37, divido 37 per 7, cum autem ex 37 subtraho 35 = 5 × 7; factum totum 371 seco in partes, quarum una factorem habet 7; Jam ex 37 ablato 35 restat 2, id est, duæ decades, quia 37 non exprimit triginta septem unitates, sed 37 decades, quare ipsi 2 subjicienda est unitas, quod dat 21 unitates, aut duas decades cum unitate. Quæro nunc, quoties 7 contineatur in 21, & reperio 3: &

(*d*) XLVII. Atque ita ad dividendum 4798 per 23, opus primo instituens in initialibus figuris 47 dic quoties 23 continetur in 47? Resp. 2. Scribe ergo 2 in quoto, & de 47 subduc 2 . 23 seu 46, restatque 1, cui subjunge proximum numerum dividendi, nempe 9, & fit 19 in subsequens opus. Dic itaque quoties 23 continetur in 19? Resp. 0. Quare scribe 0 in quoto; & de 19 subduc 0 . 23 seu 0; & restat 19, cui subjunge ultimum numerum 8, & fit 198 in proximum opus. Quamobrem dic ultimo quoties 23 continetur in 198, (id quod ex initialibus numeris 2 & 19 conjici potest animadvertendo quoties 2 continetur in 19.) Resp. 8. Quare scribe 8 in quoto & de 198 subduc 8 . 23 seu 184, restabitque 14 adhuc diuidendus per 23. Adeoque quotus erit $208\frac{14}{23}$. Quod si hujusmodi fractio minus placeat, possis divisionem in fractionibus decimalibus ultra ad libitum prosequi, semper adnectendo circulum numero residuo. Sic residuo 14 adnecto 0, fitque 140. Tum dic quoties 23 fit in 140? Resp. 6. scribe ergo 6 in quoto; & de 140 subduc 6 . 23 seu 138, & restabit 2, cui

& hoc faciens alteram partem (quæ est 21) facti 371 divido per 7 (ut supra); ex 21 aufero 3 . 7, id est, seco factum in partem alteram habentem pro factore 7, quod erat faciendum, sic enim invenio $371 = 350 + 21 = 7 . (50 + 3) = 7 \times 53$, & $\frac{371}{7} = \frac{7 . 53}{7} = 53$.

(*d*) 137. Cum divisor constat pluribus numeris, ut si dividendum esset 59598, per 387, primo *ponderandum*, an totus divisor major, an minor sit tot ex initialibus dividendi figuris, quot sunt in divisore; ita in subiecto exemplo, ex dividendo segrego tres primas figuras 595, quia tres omnino sunt figuræ in divisore 387, & perspicio 595 superare 387. Quæro facilitatis gratia quoties prima figura divisoris (3) contineatur in prima dividendi (5); reperio 1, quem numerum scribo in quoto, duco divisorem in 1, & factum 387 subtraho ex 595, restat 208, qui numerus non continet divisorem 387, cum ergo augeo adnectendo 9

```
387) 59598 (154
     387
     ----
     2089
     1935
     ----
     1548
```

nunc quæro quoties 3 sit in 20, invenio 6, sed 6 . 387 = 2322 superat 2089, ergo 6 est quotum æquo majus; quare quæro numerum, qui ductus in 387 det aut 2089, aut eo minorem: pono igitur 5; ex 2089 subtraho 1935 = 387 . 5, remanet 154, cui subnecto 8, & quæro quoties 3 sit in 15, invenio 5, ex 1548 aufero 387 . 5 = 1935, quod fieri nequit; igitur in quoto pono 4, ex 1548 subtrah, 387 . 4 = superest 0: ergo $59598 = 38700 + 19350 + 1548 = 387 . (100 + 50 + 4) = 387 . 154$, & $\frac{59598}{387} = \frac{387 . 154}{387} = 154$.

138 Nota quod semper quotum diminuendum est, cum divisor ductus in quotum, numerum e dividendo sumptum, superat.

139. Si divisor major esset figuris dividendi sumptis juxta N°. 137, iis sequens figura addenda esset.

Sic si 151998 dividi debeat per 987, quia divisor superat tres priores dividendi figuras (151), iis addo 9, & divido 1519 per 987 modo supra indicato, unde venit 154:

```
987 ) 151998 ( 154
      987
      ----
       5329
       4935
       ----
        3948
        3948
        ----
        0000
```

cui adnecte o ut ante. Et sic opere ad arbitrium continuato, emerget tandem quotus 208, 6086, &c.

```
23) 4798 (208,6086, &c.
    46
    --
     19
     00
     --
     198
     184
     ---
      140
      138
      ---
       20
       00
       --
       200
       184
       ---
       160
```

XLVIII. Ad eundem modum fractio decimalis 3, 5218 per fractionem decimalem 46, 1 dividitur, & prodit 0, 07639. &c.

```
46, 1) 3, 5218 (0,07639
       3, 227
       ------
        2948
        2766
        ----
         1820
         1383
         ----
         4370
```

Ubi nota quod in quoto tot figuræ pro decimalibus abscindendæ sunt, quot sunt in ultimo dividuo plures quam in divisore.

Ut in hoc exemplo quinque, quia sex sunt in ultimo dividuo 0,004370 & una in divisore 46, 1. (*d*).

Exem-

(*d*) 140. Vel. Reduc datos numeros ad unitates homogeneas; si divisor aliquoties continetur in dividendo, quotum hoc incipiet a numeris integris; sin vero, dividendo adde o, quo facto si divisio fieri potest, quotum ita inventum incipiet a decimalibus primis; si divisio fieri nequit, adde etiam o, & quotum incipiet a decimalibus secundis etc. In primo exemplo art. XLVIII, dividendum 3, 5218 continet ad dextram decimales quartas; ad has reduc divisorem 46, 1, addens ter o, unde fiet 461000; tunc hi numeri tibi sint ut vulgares, habent enim unitates homogeneas; sed quia 35218 dividi nequit per 461000 illo majorem, dividendo adde o, & quoti prima figura erit decimalis prima, quia dividendum redactum est ad decimales: cum vero neque nunc 352180 dividi possit per 461000, rursus ei adjice o, & quoti prima figura erit decimalis secunda, perage ergo divisionem, & invenies 0,07639 &c.

Exempla plura lucis gratia subjunximus

```
9043) 20844115 (2305
      18086
      -----
       27581
       27129
       -----
        45215
        45215
        -----
            0
```

```
72,4) 2099,6 (29 (e).
      1448
      ----
       6516
       6516
       ----
          0
```

(f)

```
50,18) 137,995 (275
       10036
       -----
        37635
        35126
        -----
         25090
         25090
         -----
             0
```

(g)

```
0,0132) 0,051513 (3,9025
        396
        ----
        1191
        1188
        ----
         330
         264
         ---
          660
          660
          ---
            0
```

XLIX.

(e) 141. Quia divisor & dividendum hujus exempli tantum habent decimales primas, divide, per regulam jam traditam, 20996 per 724, & quia hæc divisio fieri potest, habebis integros numeros.

```
724] 20996 [29
     1448
     ----
      6516
      6516
      ----
      0000
```

(f) 142. Divisor redactus ad decimales tertias erit 50180, per quem divide 137995, quotum incipiet per integros, quia divisio fieri potest: sed post hanc divisionem restat 37635, quod dividi nequit per 50180, ergo adde 0, & quotum incipiet a decimalibus, & sic perge.

```
50180) 137995 (2,75
       100360
       ------
        376350
        351260
        ------
         250900
         250900
         ------
         000000
```

(g) 143. Redige divisorem ad decimales sextas, habebis 0, 013200, dele duas primas cyphras, ut inutiles, & divide 51513 per 13200, quotum incipiet ab integris.

Cum vero subtractio det 11913, quod dividi nequit per 13200, ei adde 0, & perge; sed quia residuum 330 auctum 0 dividi nequit, pone in quoto 0, adde rursus 0, & perge ad finem usque.

```
13200) 51513 (3,9025
       39600
       -----
       119130
       118800
       ------
         33000
         26400
         -----
          66000
          66000
          -----
          00000
```

XLIX. *In terminis Algebraicis divisio fit resolvendo quicquid per multiplicationem conflatur.*

Sic ab divisa per a dat b pro quoto,

$6ab$ divisa per $2a$ dat $3b$; & divisa per $-2a$ dat $-3b$.

$-6ab$ divisa per $2a$ dat $-3b$; & divisa per $-2a$ dat $3b$.

$16abc^3$ divisa per $2ac$ dat $8bcc$.

$-84a^3x^4$ divisa per $-12aaxx$ dat $7axx$.

Item $\frac{6}{35}$ divisa per $\frac{2}{5}$ dat $\frac{3}{7}$

$\frac{ac}{bd}$ divisa per $\frac{a}{b}$ dat $\frac{c}{d}$.

$-\frac{21accy^3}{8b^5}$ divisa per $\frac{3acy}{2bb}$ dat $-\frac{7cyy}{4b^3}$ (h).

$\frac{6}{7}$ divisa per 3 dat $\frac{2}{7}$; & vicissim $\frac{6}{7}$ per $\frac{2}{7}$ dat $\frac{6}{2}$ seu 3.

$\frac{30a^3z}{cc}$ divisa per $2a$ dat $\frac{15aaz}{cc}$; & vicissim divisa per $\frac{15aaz}{cc}$ dat $2a$.

(i) Item $\sqrt{15}$ divisa per $\sqrt{3}$ dat $\sqrt{5}$.

$\sqrt{abcd}$

(h) 144. Nam $\frac{6}{35} = \frac{2\cdot 3}{5\cdot 7}$; $\frac{ac}{bd} = \frac{a}{b}\cdot\frac{c}{d}$; $-\frac{21ac^2y^3}{8b^5} = \frac{3acy}{2b^2}\cdot\frac{-7cy^2}{4b^3}$ Et sic de singulis.

Habebis tamen infra (art. LI. & No. 147.) regulam generalem.

Potestas a^m divisa per a^n, dat a^{m-n}. Concipitur enim a^m conflata ex duabus potestatibus ipsius a, inse ductis. Harum una exponentem habet n, quia a^m dividenda est par a^n. Altera exponentem habeat x. Erit $a^m = a^n$. a^x; & hujus facti exponens erit (No. 87.) $n+x=m$, per hyp. . Ergo $x=m-n$. Sic $\frac{a^7}{a^3}=a^{7-3}=a^4$.

Quare si n sit major quam m: exponens quoti erit negativus. Sic $\frac{a^3}{a^7}=a^{3-7}=a^{-4}$. Sed, quia $a^7=a^3\cdot a^4$; & $\frac{a^3}{a^3}=1$; est $\frac{a^3}{a^7}=\frac{1}{a^4}$. Idem ergo est seu ponas quotum potestatis majoris divisæ per minorem, in denominatore fractionis, cujus numerator 1 cum exponente positivo, seu in numeratore fractionis, cujus denominator 1, cum exponente negativo.

(i) 145. In genere $\sqrt[n]{ab}$ divisa per $\sqrt[n]{b}$ æquat $\sqrt[n]{a}$: Quotum enim exponatur per x: erit (art.

$\sqrt{abcd}$ divisa per $\sqrt{cd}$ dat $\sqrt{ab}$.

$\sqrt{a^3c}$ per $\sqrt{ac}$ dat $\sqrt{aa}$ seu a.

$\sqrt{^3 35aay^2z}$ divisa per $\sqrt{^3 5ayy}$ dat $\sqrt{^3 7ayz}$.

$\sqrt{\frac{a^4bb}{cc}}$ divisa per $\sqrt{\frac{a^3}{c}}$ dat $\sqrt{\frac{abb}{c}}$.

$\frac{12ddx\sqrt{5abcx}}{70aee}$ divisa per $\frac{3dd\sqrt{5cx}}{10ee}$ dat $\frac{4x\sqrt{ab}}{7a}$ (k).

Atque ita $\overline{a+b}\sqrt{ax}$ divisa per $a+b$ dat $\sqrt{ax}$, & viciſſim divisa per $\sqrt{ax}$ dat $a+b$.

Et $\frac{a}{a+b}\sqrt{ax}$ divisa per $\frac{1}{a+b}$ dat $a\sqrt{ax}$; vel divisa per a dat $\frac{1}{a+b}\sqrt{ax}$ sive $\frac{\sqrt{ax}}{a+b}$; & viciſſim divisa per $\frac{\sqrt{ax}}{a+b}$ dat a.

Ceterum in hujusmodi resolutionibus omnino cavendum eſt, ut quantitates ſint ejusdem ordinis, quæ ad invicem applicantur. Nempe ut numeri applicentur ad numeros, ſpecies ad ſpecies, radicales ad radicales, numeratores fractionum ad numeratores, ac denominatores ad denominatores, nec non in numeratoribus, denominatoribus, & radicalibus quantitates cujusque generis ad quantitates homogeneas.

L. *Quod ſi quantitas dividenda nequeat ſic per diviſorem reſolvi*, ſufficit, ubi ambæ quantitates ſunt integræ, ſubſcribere Diviſorem cum lineola interjecta.

Sic ad dividendum ab per c ſcribitur $\frac{ab}{c}$; & ad dividendum $\overline{a+b}\sqrt{cx}$ per a ſcribitur $\frac{a+b\sqrt{cx}}{a}$ vel $\frac{a+b}{a}\sqrt{cx}$. Et ſic $\sqrt{\overline{ax-xx}}$ diviſa per $\sqrt{cx}$ dat

(art. XII. hujus) $x. \sqrt[n]{a^2} :: 1 \sqrt[n]{b}$; ſed (N°. 96, & art. VIII. hujus) $1. \sqrt[n]{a} :: \sqrt[n]{b}. \sqrt[n]{ab}$, ergo alternando $1. \sqrt[n]{b} :: \sqrt[n]{a}. \sqrt[n]{ab} :: x. \sqrt[n]{ab}$. (Eucl. 11. V.) igitur $x = \sqrt[n]{a}$. (Eucl. 9. V.).

(k) 146. Siquidem $\frac{3dd\sqrt{5cx}}{10ee} . \frac{4x\sqrt{ab}}{7a} = \frac{12d^2x\sqrt{5abcx}}{70aee}$; ſed $\frac{3d^2\sqrt{5cx}}{10e^2}$ diviſa per $\frac{3d^2\sqrt{5cx}}{10e^2} = 1$ (N°. 47.) ergo $\frac{12d^2x\sqrt{5abcx}}{70aee}$ diviſa per $\frac{3d\sqrt{5cx}}{10e^2} = \frac{4x\sqrt{ab}}{7a} . 1 = \frac{4x\sqrt{ab}}{7a}$

dat $\frac{\sqrt{ax-xx}}{\sqrt{cx}}$ sive $\sqrt{\frac{ax-xx}{cx}}$. Et $\overline{aa+ab}\sqrt{aa-2xx}$ divisa per $\overline{a-b}\times\sqrt{aa-xx}$ dat $\frac{aa+ab}{a-b}\sqrt{\frac{aa-2xx}{aa-xx}}$. Et $12\sqrt{5}$ divisa per $4\sqrt{7}$ dat $3\sqrt{\frac{5}{7}}$.

LI. *Ubi vero fractæ sunt illæ quantitates*, duc numeratorem dividendæ quantitatis in denominatorem divisoris, ac denominatorem in numeratorem, & *factus prior* erit numerator, ac *posterior* denominator quoti (*l*).

Sic ad dividendum $\frac{a}{b}$ per $\frac{c}{d}$ scribitur $\frac{ad}{bc}$, multiplicato scilicet a per d & b per c.

Parique ratione $\frac{3}{7}$ divisa per $\frac{5}{4}$ dat $\frac{12}{35}$; & $\frac{3a}{4c}\sqrt{ax}$ divisa per $\frac{2c}{5a}$ dat $\frac{15aa}{8cc}\sqrt{ax}$; divisa autem per $\frac{2c\sqrt{aa-xx}}{5a\sqrt{ax}}$ dat $\frac{15a^3x}{8cc\sqrt{aa-xx}}$.

Et ad eundem modum $\frac{ad}{b}$ divisa per c (sive per $\frac{c}{1}$) dat $\frac{ad}{bc}$,

Et c (sive $\frac{c}{1}$) divisa per $\frac{ad}{b}$ dat $\frac{bc}{ad}$.

Et $\frac{3}{7}$ divisa per 5 dat $\frac{3}{35}$. Et 3 divisa per $\frac{5}{4}$ dat $\frac{12}{5}$. Et $\frac{a+b}{c}\sqrt{cx}$ divisa per a dat $\frac{a+b}{ac}\sqrt{cx}$. Et $\overline{a+b}\sqrt{cx}$ divisa per $\frac{a}{c}$ dat $\frac{ac+bc}{a}\sqrt{cx}$.

Et $2\sqrt{\frac{axx}{c}}$ divisa per $3\sqrt{cd}$ dat $\frac{2}{3}\sqrt{\frac{axx}{ccd}}$; divisa autem per $3\sqrt{\frac{cd}{x}}$ dat $\frac{2}{3}\sqrt{\frac{ax^3}{ccd}}$. Et $\frac{6}{5}\sqrt{\frac{7}{11}}$ divisa per $\frac{1}{2}\sqrt{\frac{3}{7}}$ dat $\frac{12}{5}\sqrt{\frac{49}{33}}$. Et sic in aliis.

LII.

(*l*) 147. Denotent $\frac{a}{b}$ fractionem quamvis dividendam, & $\frac{c}{f}$ fractionem quamlibet, per quam prior dividenda sit, dico quotum $=\frac{af}{cb}$; nam dicens, $\frac{a}{b}$ dividenda est per $\frac{c}{f}$, suppono quod $\frac{a}{b}$ constet duabus fractionibus invicem ductis, ex quibus una est ipsa $\frac{c}{f}$, altera vero quæritur; sit ergo hæc fractio quæsita $\frac{x}{y}$; igitur $\frac{a}{b}=\frac{cx}{fy}$, & quæritur valor ipsius $\frac{x}{y}$: jam quia $\frac{a}{b}$ concipitur divisa per f, ducatur in f; tum divisa non erit, & habebitur $\frac{af}{b}=\frac{cx}{y}$, sed adhuc $\frac{af}{b}$ concipitur multiplicata per c, dividatur ergo per c, ne amplius multiplicata sit, & habebitur $\frac{af}{bc}=\frac{x}{y}=\frac{a}{b}$ divisæ per $\frac{c}{f}$. Vel sic: quotum quæsitum sit x; erit ergo $x.\ 1 :: \frac{a}{b}.\ \frac{c}{f} :: \frac{af}{b}.c :: af.\ bc.$ (Eucl. 7.VII.) quare $bcx=af$, & $x=\frac{af}{bc}$.

LII. *Quantitas ex pluribus terminis composita* dividitur applicando singulos ejus terminos ad divisorem.

Sic $aa + 3ax - xx$ divisum per a dat $a + 3x - \frac{xx}{a}$.

At ubi divisor etiam ex pluribus terminis constat, divisio perinde ac in numeris institui debet (*m*).

Sic ad dividendum

$$a^3 + 2aac - aab - 3abc + bbc \text{ per } a - b.$$

Dic quoties a continetur in a^3, nempe primus terminus divisoris in primo dividendi? Resp. aa. Quare scribe aa in quoto & ablato $a - b$ in in aa sive $a^3 - aab$ de dividendo, restabit $2aac - 3abc + bbc$ adhuc dividendum.

Dic itaque rursus quoties a continetur in $2aac$? Resp. $2ac$. Quare scribe etiam $2ac$ in quoto, & ablato $a - b$ in $2ac$ sive $2aac - 2abc$ de præfato residuo, restabit etiamnum $- abc + bbc$.

Quamobrem dic iterum quoties a continetur in $- abc$? Resp. $- bc$. Et proinde scribe $- bc$ in quoto, & ablato denuo $a - b$ in $- bc$ sive $- abc + bbc$ de novissimo residuo, restabit nihil. Quod indicat divisionem peractam esse, prodeunte quoto $aa + 2ac - bc$ (*n*).

LIII. Ceterum ut hujusmodi operationes ad formam, qua in divisione numerorum usi sumus, debite reducantur,

Termini tum dividendæ quantitatis tum divisoris juxta dimensiones literæ alicujus, quæ ad hanc rem maxime idonea judicabitur, in ordine disponendi sunt.

Ita nempe ut illi primum locum occupent, in quibus litera ista est plurimarum dimensionum; iique secundum, in quibus dimensiones ejus ad maximas proximæ sunt; & sic deinceps usque ad terminos, qui per literam istam non omnino multiplicantur, adeoque ultimum locum occupabunt.

Sic

(*m*) 148. Liquet ratiocinium Ni. 135. hujus &c. huc facile accommodari posse.

(*n*) 149. *Quotum literale tot habet terminos quot sunt unitates in quoto exsurgente ex divisione* n (*numeri terminorum quantitatis dividendæ*) *per* m (*numerum terminorum divisoris*).

Quotus constet numero terminorum x. Ergo quotus ductus in divisorem habebit terminos numero mx (No. 29. hujus). Sed hinc ipsum dividendum (No. 34. hujus). Ergo $mx = n$ & $x = \frac{n}{m}$. Ubi in quantitate dividenda separandi sunt termini coefficientibus numericis uniti, & restituendi termini signis contrariis deleti. Sic quantitas $a^2 + 2ab + b^2$ consistit quatuor terminis, quæ si dividatur per $a + b$, dabit quotum duorum terminorum ($a + b$) Pariter $a^2 - b^2$ constat quatuor terminis $a + ab - ab + b^2$, quæ divisa per $a + b$, dat quotum duorum terminorum $a - b$.

Sic in allato exemplo si termini ordinentur juxta dimensiones literæ a, formam operis exhibebit adjunctum diagramma.

$$
\begin{array}{l}
a - b)\ a^3 \begin{array}{l} +2aac \\ -aab \end{array} - 3abc + bbc\ (aa + 2ac - bc \\
\quad\ \ a^3 - aab \\
\quad\ \ 0 + 2aac - 3abc \\
\qquad\quad 2aac - 2abc \\
\qquad\qquad 0 - abc + bbc \\
\qquad\qquad\ \ - abc + bbc \\
\qquad\qquad\quad\ 0 \qquad 0
\end{array}
$$

Ubi videre est, quod terminus a^3 (sive a trium dimensionum) occupat primum locum dividendæ quantitatis; terminique $\begin{array}{l} 2aac \\ -aab \end{array}$, in quibus a est duarum dimensionum, secundum occupant, & sic præterea.

Potuit etiam dividenda quantitas sic scribi

$$a^3 \begin{array}{l} +2c \\ -b \end{array} aa - 3bca + bbc.$$

Ubi termini secundum locum occupantes, uniuntur aggregando factores literæ, juxta quam fit ordinatio. Et hoc modo si termini juxta dimensiones literæ b disponerentur, opus sicut in proximo diagrammate institui deberet, cujus explicationem adnectere visum est.

$$
\begin{array}{l}
-b + a)\ cbb \begin{array}{l} -3ac \\ -aa \end{array} b \begin{array}{l} +a^3 \\ +2aac \end{array} \left(-cb \begin{array}{l} +2ac \\ +aa \end{array}\right. \\
\qquad\qquad cbb - acb \\
\qquad\qquad\ \ 0 \begin{array}{l} -2ac \\ -aa \end{array} b \begin{array}{l} +a^3 \\ +2aac \end{array} \\
\qquad\qquad\quad \begin{array}{l} -2ac \\ -aa \end{array} b \begin{array}{l} +2aac \\ +a^3 \end{array} \\
\qquad\qquad\qquad 0 \qquad 0
\end{array}
$$

Dic quoties $-b$ continetur in cbb? Resp. $-cb$. Quare scripto $-cb$ in quoto, aufer

$$-b + a \text{ in } -cb \text{ seu } bbc - abc$$

& restabit in secundo loco

$$\begin{array}{l} -2ac \\ -aa \end{array} b.$$

Residuo huic adnecte, si placet, quantitates in ultimo loco, nempe

$$\begin{array}{r} a^3 \\ +\,2aac \end{array}$$

& dic iterum quoties $-b$ continuetur in

$$\begin{array}{l} -2ac \\ -aa \end{array} b\,?\ \text{Resp.}\ \begin{array}{l} +2ab. \\ +aa. \end{array}$$

Quare his in quoto scriptis, aufer

$$-b+a \ \text{in} \begin{array}{l} +2ac \\ +a^2 \end{array} \ \text{seu} \begin{array}{l} -2ac \\ -aa \end{array} b \begin{array}{l} +2aac \\ +a^3 \end{array}$$

& restabit nihil. Unde constat divisionem peractam esse, prodeunte quoto $-cb+2ac+aa$ ut ante.

Atque ita si dividere oportet

$$aay^4 - aac^4 + yyc^4 + y^6 - 2y^4cc - a^6 - 2a^4cc - a^4yy$$

per $yy - aa - cc$:

Quantitates juxta literam y ad hunc modum ordino,

$$yy \begin{array}{l} -aa \\ -cc \end{array} \Big)\ y^6 \begin{array}{l} +aa \\ -2cc \end{array} y^4 \begin{array}{l} -a^4 \\ +c^4 \end{array} yy \begin{array}{l} -a^6 \\ -2a^4cc. \\ -aac^4 \end{array}$$

Dein divisionem ut in subjecto diagrammate instituo.

Adjiciuntur & alia exempla, de quibus insuper observandum est, quod ubi dimensiones literæ, ad quam ordinatio fit, non in eadem progressione arithmetica sed per saltum alicubi procedunt, locis vacuis substituitur nota *

$$yy \begin{array}{l} -aa \\ -cc \end{array} \Big)\ y^6 \begin{array}{l} +aa \\ -2cc \end{array} y^4 \begin{array}{l} -a^4 \\ +c^4 \end{array} yy \begin{array}{l} -a^6 \\ -2a^4cc \\ -aac^4 \end{array} \Big(\ y^4 \begin{array}{l} +2aa \\ -cc \end{array} yy \begin{array}{l} +a^4 \\ +aacc. \end{array}$$

$$\begin{array}{l}
y^6 \begin{array}{l} -aa \\ -cc \end{array} y^4 \\
\hline
0 \begin{array}{l} +2aa \\ -cc \end{array} y^4 \\
\hline
\begin{array}{l} +2aa \\ -cc \end{array} y^4 \begin{array}{l} -2a^4 \\ -aaccyy \\ +c^4 \end{array} \\
\hline
\quad 0 \quad \begin{array}{l} +a^4 \\ +aacc \end{array} yy \\
\hline
\begin{array}{l} +a^4 \\ +aacc \end{array} yy \begin{array}{l} -a^6 \\ -2a^4cc \\ -aac^4 \end{array} \\
\hline
\quad 0 \qquad\qquad 0
\end{array}$$

$a+$

$$a+b)\ aa \; * \; - bb\ (a - b$$
$$aa + ab$$
$$0 - ab$$
$$- ab - bb$$
$$0 \quad 0$$

$$yy - 2ay + aa)\ y^4 \; * \; - 3\tfrac{1}{2}aayy + 3a^3y - \tfrac{1}{2}a^4\ (yy + 2ay - \tfrac{1}{2}aa.$$
$$y^4 - 2ay^3 + aayy$$
$$0 + 2ay^3 - 4\tfrac{1}{2}aayy$$
$$+ 2ay^3 - 4aayy + 2a^3y$$
$$0. \; - \tfrac{1}{2}aayy + a^3y$$
$$- \tfrac{1}{2}aayy + a^3y - \tfrac{1}{2}a^4$$
$$0 \quad 0$$

$$aa + ab\sqrt{2} + bb)\ a^4 \; * \; * \; * \; + b^4\ (aa - ab\sqrt{2} + bb$$
$$a^4 + a^3b\sqrt{2} + aabb$$
$$0 - a^3b\sqrt{2} - aabb$$
$$- a^3b\sqrt{2} - 2aabb - ab^3\sqrt{2}$$
$$0 + aabb + ab^3\sqrt{2}$$
$$+ aabb + ab^3\sqrt{2} + b^4$$
$$0 \quad 0 \quad 0$$

Aliqui divisionem incipiunt ab ultimis terminis, sed eodem recidit, si inverso terminorum ordine incipiatur a prioribus. Sunt & aliæ methodi dividendi, sed facillimam & commodissimam nosse sufficit.

CA-

150. *Si in formula jam inventa pro* $(p-q)^m$ *ubique in exponentibus ponatur* $-m$, *&* *omnes termini, præter primum, ponantur negativi, sic exhibebitur potestas* m *negativa hoc est potestas* $-m$ *ipsius binomii.*

Jam $\overline{p+q}^{\,-m} = \dfrac{1}{\overline{p+q}^{\,m}}$ (N°.144. hujus).

Quare binomium hoc ad negativam potestatem evectum æquabit unitatem divisam per

$$p^m + mp^{m-1}q + \frac{m.\,m-1}{2}p^{m-2}q^2 + \frac{m.m-1\;m.-2}{2.\;3.}p^{m-3}q^3 + \&c.$$

Sed, per divisionis regulas dividi debet

Primo, unitas per p^m; unde oritur

$$\frac{1}{p^m} = p^{-m}.$$

Deinde, totus divisor multiplicandus est per hunc quotientem, id est dividendus est per p^m; ex quo obtinebitur

$$1 + mp^{-1}q + \frac{mm-1}{2}p^{-2}q^2 + \frac{mm-1.\,m-2}{2.\;3}p^{-3}q^3 + \&c.$$

Tertio, hoc factum ex dividendo subducendum est; quod dabit omnes terminos, præter primum, & quidem negativos, & hoc erit novum dividendum.

Quar-

Quarto, primus hujus novi dividendi terminus per primum ipsius divisoris terminum dividendus est; unde fiet quotiens

$$-mp^{-m-1}q.$$

Et sic ratiocinium prosequens, observando divisionis regulas, invenies binomium $p+q$ evectum ad potestatem $-m$ esse

$$p^{-m} - mp^{-m-1}q - \frac{m.m-1}{2}p^{-m-2}q^2 - \frac{m\,m-1\;m-2}{2.\;3}p^{-m-3}q^3 - \&c.$$

CAPUT VII.

DE EXTRACTIONE RADICUM. (*a*)

LIV. Cum numeri alicujus *radix quadratica* extrahi debet, *is in locis alternis, incipiendo ab unitate, punctis notandus est; dein figura in quoto seu radice scribenda, cujus quadratum figuræ vel figuris ante primum punctum aut æquale sit aut proxime minus. Et ablato illo quadrato, ceteræ radicis figuræ sigillatim invenientur dividendo residuum per duplum radicis eatenus extractæ, & singulis vicibus auferendo e residuo illo factum a figura novissime prodeunte & decuplo prædicti divisoris figura illa aucti* (*b*).

Sic

(*a*) 151. Radix extrahitur e potestate data per divisionem destruendo quæ per multiplicationem facta fuerant, ut per se patet, & ut melius infra declarabitur.

(*b*) 152. Quadratum unitatum, aut primum a dextris, aut duo prima loca tenebit. Duo rectangula ex unitatibus in decades, efficiunt aut solas decades, aut decades cum centenariis, quare vel tota erunt in secunda, aut partim erunt in secunda, partim in tertia sede; quadratum ex decadibus dabit, aut centenarios, aut centenariorum decades, & primo quidem casu totum erit in tertio loco; secundo vero, pars in tertio, pars in quarto.

153. Quod ratiocinium ad ceteros numeros extendere licet. Ex eo sequitur quod numeri punctis distinguendi sunt, & quidem in binarios, ubi agitur de radice quadrata, incipiendo a dextris. Sic (sumpta quantitate 316, quæ est radix ipsius 99856) quadratum ipsius 6 nempe 36 occupat duo prima loca. Ita & duo rectangula ex 1 in 6, quæ faciunt duodecim decades, tenent secundam, & tertiam sedem, & sic de ceteris præter ultimum factum, quod, aut solum, aut cum aliquo ex præcedentibus, ultimam, aut duas ultimas sedes occupabit.

154. Unde liquet, quod tot erunt numeri in radice, quot divisiones in quadrato, & quod si, in radice, sinistri numeri quadratum, vel solum, vel cum parte duorum rectangulorum ex seipso in sequentem, occupet duo loca, duo quoque erunt numeri in sinistra quadrati sede; secus vero unus; quod sufficit, nam puncta ad hoc facta sunt, ut noscatur an in una, vel duabus figuris quærendum sit sinistri radicis numeri quadratum. Ipsa enim operandi ratio deteget, ubi sint reliquæ quadrati partes.

Cur cetera fiant facile patebit ex theoremate de quadrato polinomii.

Hæc uno saltem exemplo, & quidem ex Auctore desumpto explicare libet. Extrahenda sit radix ex 99856: quia in sinistra quadrati sede unus numerus est, is (9) debet continere quadratum ex primo, a sinistra, numero radicis, vel solum, vel cum parte dupli rectanguli ex primo numero radicis in secundum; sed ipse 9 est quadratum perfectum, ergo nulla est hic dupli rectanguli pars, quamobrem sumo ejusdem 9 radicem 3, quam in quoto pono, Hic ergo totum quadratum absumptum est, procedo igitur ad numeros sequentes. Duo sequentes numeri 98 debent continere duo facta ex centenis jam inventis, & decadibus, cum quadrato decadum, sed centena

Sic ad extrahendum radicem ex 99856, imprimis nota cum punctis ad hunc modum 9. 98. 56. Dein quære numerum 3 cujus quadratum æquatur primæ figuræ 9, nempe 3; scribeque in quoto. Et; de 9 ablato quadrato 3 × 3 seu 9, restabit 0; cui adnecte figuras ante proximum punctum, nempe 98 pro sequente opere. Tum neglecta ultima figura 8, dic quoties duplum 3 seu 6 continetur in priori 9? Resp. 1. Quare scripto 1 in quoto, aufer factum 1 × 61 seu 61 de 98, restabit 37, cui adnecte ultimas figuras 56, & fiet 3756, numerus in quo opus denuo institui debet. Quare, & hujus ultima figura 6 neglecta; dic quoties duplum 31 seu 62 continetur in 375 (id quod ex initialibus figuris 6 & 37 conjici potest, animadvertendo quoties 6 continetur in 37?) Resp. 6. Et scripto 6 in quoto aufer factum 6 × 626 seu 3756, & restabit nihil. Unde constat opus peractum esse; prodeunte radice 316.

9.98. 56 (316
9
———
098
61
———
3756
3756
———
0

LV.

tena ducta in decades dant millena, & millenorum locus est quartus a dextris, aut ipsius 9, ergo 9 continet duo rectangula ex 3 jam inventis, & quærenda radicis parte: quapropter divido 9 per 6; quotiens est unitas, quæ quidem est altera radicis pars, & quam pono in quoto; sed quia 98 debet continere duo rectangula ex duabus radicis partibus jam repertis cum quadrato ultimæ ex inventis, duco sex centena cum una decade, aut 61 in 1, quod subduco ex 98, ut videam quænam pars duorum factorum ex 3, & ex 1, sit in ipsis 98, quo facto restant 37 (centenarii nempe). In dato numero adhuc perquirenda sunt duo rectangula ex prima radicis parte (3. cent.) in ultimam (unit.) quod dabit aut centenarios, aut centenariorum decades, & duo rectangula ex decadibus, in unitates, unde exsurgunt solæ decades, aut centenarii cum decadibus; quare hæc continebuntur in numeris 375, neglectis 6 unitatibus, in quibus duo hæc rectangula certe esse nequeunt; quare sumo duplum tam centenariorum, quam decadum, id est 6 cent. & 2 decad., aut 62 decad: per quem numerum divido 375, quotum est 6: multiplico 6 in 62 & factum 372 subtraho ex 375, ut ex residuo noscam, quænam pars quadrati abscondatur in ultima nota 5; restat 3, huic addo 6 ultimam notam dati quadrati, quod facit 36 quadratum ipsum ultimæ partis radicis (6) inventæ.

9.98.56 (316
9
———
098
61
———
375
372
———
36
36
———
00

Tirones aptare possunt ratiocinium ad sequens exemplum.

LV. Atque ita si radicem ex 22178791 extrahere oportet, imprimis facta punctatione, quære numerum, cujus quadratum, (siquidem id nequeat æquari,) sit proxime minus figuris 22 antecedentibus primum punctum, & invenies esse 4. Nam 5 × 5 sive 25 major est quam 22, 4 × 4 sive 16 minor. Quare 4 erit prima figura radicis Et hac itaque in quoto scripta, de 22 aufer quadratum 4 × 4 seu 16, residuoque 6 adjunge desuper proximas figuras 17, & habebitur 617, cujus divisione per duplum 4 elicienda est secunda figura radicis. Nempe, neglecta ultima figura 7, dic quoties 8 continetur in 61? Resp. 7. Quare scribe 7 in quoto, & de 617 aufer factum 7 in 87 seu 609, & restabit 8, cui adjunge proximas duas figuras 87, & habebitur 887, cujus divisione per duplum 47 seu 94 elicienda est tertia figura. Utpote dic quoties 94 continetur in 88? Resp. 0. Quare scribe 0 in quoto, adjungeque ultimas duas figura 91,

```
22'17'87'91 (4709, 43637 &c.
16
----
 6 17
 6 09
 ----
    88791
    84681
    -----
     4110.00
     3767 36
     -------
       342 6400
       282 5649
       --------
        60075100
        56513196
        --------
         356190400
         282566169
         ---------
          73624231
```

& habebitur 88791, cujus divisione per duplum 470 seu 940 elicienda est ultima figura. Nempe dic quoties 940 continetur in 8879? Resp. 9. Quare scribe 9 in quoto, & radicem habebis 4709.

LVI. Ceterum cum factus 9 × 9409 seu 84681 ablatus de 88791 relinquat 4110, id indicio est numerum 4709 non esse radicem numeri 22178791 præcise, sed ea paulo minorem existere. Et in hoc casu aliisque similibus si veram radicem appropinquare placeat, prosequenda est operatio in decimalibus numeris, adnectendo ad residuum circulos duos in singulis operationibus. Sic residuum 4110, adnexis circulis, evadit 411000; cujus divisione per duplum 4709 seu 9418 elicietur figura prima decimalis, nimirum

rum 4. Dein ſcripto 4 in quoto, auſer 4 × 94184 ſeu 376736 de 411000 & reſtabit 34264. Atque ita adnexis iterum duobus circulis, opus pro lubitu continuari poteſt, prodeunte tandem radice 4709, 43637, &c.

LVII. Ubi vero radix ad medietatem, aut ultra, extracta eſt, ceteræ figuræ per diviſionem ſolam obtineri poſſunt. Ut in hoc exemplo, ſi radicem ad uſque novem figuras extrahere animus eſſet, poſtquam quinque priores 4709,4 extractæ ſunt, quatuor poſteriores 3637 elici poſſent dividendo reſiduum 34264 per duplum 4709,4. (c)

LVIII. Et ad hunc modum ſi radix ex 32976 ad uſque quinque figuras extrahi debet; poſtquam figuræ punctis notantur, ſcribe 1 in quoto, utpote cujus quadratum 1 × 1 ſeu 1, maximum eſt quod in 3, figura primum punctum antecedente, continetur. Ac de 3 ablato quadrato illo 1, reſtabit 2. Dein huic 2 annexis proximis figuris 29, quære quoties duplum 1 ſeu 2 continetur in 22, & invenies quidem pluſquam 10, ſed nunquam licet diviſorem vel decies ſumere, imo neque novies in hoc caſu quia factus 9 × 29 ſive 261 major eſt quam 129 unde deberet auferri. Quare pone tantum 8. Et perinde ſcripto 8 in quoto, & ablato 8 × 28 ſive 224 reſtabit 5. Huic inſuper annexis figuris 76, quære quoties duplum 18 ſeu 36 continetur in 57, & invenies 1, adeoque ſcribe 1 in quoto ac de 576 ablato 1 × 361 ſeu 361 reſtabit 215. Denique ad ceteras figuras eliciendas divide hunc 215 per duplum 181 ſeu 362 & exibunt figuræ 59, quibus etiam ſcriptis in quoto, habebitur radix 181,59.

3.267

(c) 155. Nam hæc operatio differt a radicis extractione, tantum quia in hac quadrata ultimarum figurarum ſubducuntur a dato numero, non vero in illa, & hæc omiſſio quotum non mutat, cum hoc pendeat a primis numeris a ſiniſtra, & quadratum ſubducatur ab ultimis. At quælibet diviſio aufert primos numeros, unde fit ut tandem diviſio incipi debeat ab iis numeris, qui olim fuerant ultimi, nempe dextræ propiores, in quibus eſt aliquis error, ob omiſſam quadrati ſubtractionem. Quod ubi evenit, ceſſandum eſt.

Sic in exemplo ſuperiore adde circulum reſiduo 34264, & divide per 9418,8, duplum ipſius 4709,4, invenies 3, ſubduc 3 × 9418,8, reſtat 600761; ſi vero pro diviſione radicem extraxiſſes, duos addere circulos, (unde habuiſſes 3426400,) & poſt diviſionem, per eundem 9418,8 idem quotum 3 × 9418,8, auctum 3 × 3 ſubducere debuiſſes, quod dat 600751, qui differt a ſuperiori ſolum in duabus ultimis notis, unde patet errorem eſſe in numero 6, & ſequentibus, non autem ante eum, quare illum puncto noto, & ſemper notabo. Perge ut in ſchediaſmate, ac eodem ratiocinio uſus, proſpicies quatuor diviſiones te perducere ad incipiendum ex numero 78, ubi tantum error latet, quare eatenus diviſio dedit idem, ac dediſſet radicis extractio.

```
342640 ( 4709,43637.
282564
------
 6007.60
 565128
 -------
  356.320
  282564
  -------
   73.7560
   659316
   -------
    7.8244
```

(d) 156.

3'29'76 (18,159
1
229
224
576
361
362) 215 (59

LIX. Eadem methodo radices etiam e decimalibus numeris extrahuntur (*d*). Sic ex 329,76 radix est 18,159. Et ex 3,2976 radix est 1,8159. Et ex 0,032976 radix est 0,18159. Et sic præterea. Sed ex 3297,6 radix est 57,4245. Et ex 32,976 radix est 5,74246. Atque ita ex 9,9856 radix est 3,16. Sed ex 0,99856 radix est 0,999279, &c.

Quemadmodum e subjectis diagrammis constare potest.

32;97'6 (5,74247, &c.
25
797
749
4860
4576
1148) 284 (247

0;99'85'6 (0,999279, &c.
81
1885
1701
18460
17901
1998) 559 (279

LX.

(*d*) 156. Radix fractionis æquat radicem numeratoris divisam per radicem denominatoris.

Siquidem, ut habeatur fractionis potestas, ea aliquoties in seipsam ducenda est, numerator scilicet in numeratorem, denominator vero in denominatorem.

157. Hoc posito liquet, quod quivis numerus compositus ex integris & decimalibus, aut ex decimalibus quibusvis, exponi potest per fractionem, cujus numerator est numerus datus, denominator autem, numerus exprimens quænam fractio contineatur in dextro numero; sic $329,76 = \frac{32976}{100}$, & $3,2976 = \frac{32976}{10000}$.

Multiplica (si opus est) *numeratorem, & denominatorem, ita ut denominator quadretur: extrahe radicem numeratoris, quæ dividi per debet radicem denominatoris, hanc reipsa divide, & habebis radicem quæsitum.*

Sic 329,76 æquat 32976 centesimas unitatis partes, aut $\frac{32976}{100}$ unit. cujus radix $\frac{181}{10}$, cum 215 residuo; sed $\frac{181}{10} = 18,1$; hæc ergo est radix hactenus inventa, tum, si libet, perge, res enim non difficilis erit. Eodem pacto, 3,2976 = 32976 decem milles. $= \frac{32976}{10000}$, cujus radix $\frac{181}{100}$ cum 215 residuo; sed $\frac{181}{100} = 1,81$, ergo &c.

Pariter 0,032976 = 32976 million. = 32976

LX. Extractionem radicis cubicæ & aliarum omnium, regula generali comprehendam, praxi potius intellectu facili quam expeditæ consulens, ne moram in eo, quod raro usu-veniet, discentibus inferam. Nimirum

Tertia *quæque figura incipiendo ab unitate, primo punctis notanda est, si radix sit* cubica; *aut unaquæque* quinta, *si sit* quadrato-cubica, *&c.* (e) *Dein figura, in quoto scribenda est cujus maxima potestas* (*hoc est* cubica *si radix sit* cubica, *aut* quadrato-cubica *si radix sit* quadrato-cubica, *&c.*) *aut æquetur figuræ vel figuris ante primum punctum, aut proxime minor sit. Et ablata illa potestate, figura proxima elicietur dividendo residuum proxima numeri resolvendi figura auctum, per potestatem quoti pene-maximam ductam in indicem maximæ potestatis, hoc est, per* triplum quadratum *quoti, si radix sit* cubica; *aut per* quintuplum quadrato-quadratum, *si radix sit* quadrato-cubica, *&c. Rursusque a numero resolvendo ablata maxima quoti potestate, figura tertia invenietur dividendo residuum illud proxima numeri resolvendi figura auctum per potestatem quoti pene-maximam ductam in indicem maximæ potestatis.* Et sic in infinitum (*f*).

LXI.

$\frac{32976}{1000000}$, cujus radix $\frac{181}{1000}$, cum 215 residuo; sed $\frac{181}{1000} = 0,181$ &c.

Sed $3297,6 = \frac{32976}{10} = \frac{329760}{100}$ (ut denominator sit quadratum) cujus radix est $\frac{574}{10}$, & 704 resid. atqui $\frac{574}{10} = 57,4$ &c.

Omnibus his addenda est radix residui, quæ invenitur (additis circulis) per generalem methodum.

(*e*) 158. Datus numerus punctis distinguendus est in partes, quarum quæque tot contineat figuras, quot unitates sunt in potestatis indice, quia potestas unitatum in dato numero potest tot loca occupare.

(*f*) Formula binomii $p+q$ ad ad potestatem m elevati est $p^m + mp^{m-1}q$

$$+ \frac{m.\overline{m-1}}{2} p^{m-2} q^2 + \frac{m.\overline{m-1}.\overline{m-2}}{2.\ 3} p^{m-3} q^3$$

$$+ \frac{m.\overline{m-1}.\overline{m-2}.\overline{m-3}}{2.\ 3.\ 4} p^{m-4} q^4 + \&c.$$

ut hanc facile numeris accommodes, finge primo radicem potestatis solum complecti unitates & decades, vel esse numerum binomialem.

Inventa ergo radice m ipsius p^m, divide partem sequentem $mp^{m-1}q$ per mp^{m-1}, restabit q altera pars radicis, quam te recte vel male determinasse ostendent sequentes partes. Si enim numeri, qui super unt in potestate numerali proposita, sint revera

$$\frac{m.\overline{m-1}}{2} p^{m-2} q^2;\ \frac{m.\overline{m-1}.\overline{m-2}}{2.\ 3} p^{m-3} q^3;$$

$$\frac{m.\overline{m-1}.\overline{m-2}.\overline{m-3}}{2.\ 3.\ 4} p^{m-4} q^4 \ \&c.$$

manifeste constabit radicem esse bene determinatam. Si id non acciderit, patebit radicem esse male determinatam, aut esse ineffabilem.

Extrahenda sit radix cubica ex 42875. Hic numerus divisus in partes, quarum prima tribus numeris constet; est 42'875. Formula cubi est $p^3 + 3p^2q + 3pq^2 + q^3$. Igitur aut 42 æquat p^3 aut eum continet. Non autem æquat, cum 42 non sit cubus, continebit igitur. Maximus autem cubus in 42 contentus est 27, cujus radix est $3 = p$. Nunc $42-27 = 15$, cui si adjicias numeros sequentes, invenies 15875, qui simul debent æquare $3p^2q + 3pq^2 + q^3$. Est autem $3p^2 = 27$, per quem divide 158, invenies $5 = q$. Sed $3p^2q = 27 . 5 = 135$; restat igitur 23, &, adjectis numeris sequentibus, $2375 = 3pq^2 + q^3$; quod an verum sit, examinandum est. Cum $p = 3$, & $q = 5$,

LXI. Sic ad extrahendum radicem cubicam ex 13312053, numerus ille primo punctis ad hunc modum 13·312.053 notandus est. Deinde in quoto scribenda est illa figura 2 cujus cubus 8, siquidem æquari nequeat, proxime minor sit figuris 13 antecedentibus primum punctum. Et ablato illo cubo restabit 5, quod proxima numeri resolvendi figura 3 auctum, & per triplum quadratum quoti 2 divisum, quærendo nempe quoties 3 × 4 seu 12 continetur in 53, dat 4 pro secunda figura quoti. Sed, cum quoti 24 prodiret cubus 13824 major quam qui auferri posset de figuris 13312 antecedentibus secundum punctum, scribi debet tantum 3 in quoto. Tum quotus 23, in charta aliqua seorsim per 23 multiplicatus, dat quadratum 529, quod iterum per 23 multiplicatum dat cubum 12167; & hic de 13312 ablatus relinquit 1145; (g) quod proxima resolvendi numeri figura 0 auctum, &

$q = 5$, erit $3pq^2 = 225$ decadibus, nam p est 3 decades; atque $q^3 = 125$ unitatibus, quia q est 5 unitates; sed 225 decades cum 125 unitatibus faciunt 2375. Ergo radix recte assignata fuit.

Item extrahenda sit radix quinta ex numero 6436343. Eum divide in duas partes, quarum prima habeat quinque figuras, sic 64·36343. Formula quintæ potestatis est

$$p^5 + 5p^4q + 10p^3q^2 + 10p^2q^3 + 5pq^4 + q^5.$$

Igitur 64 aut æquat aut continet p^5. Non autem æquat, quia nulla radix elevata ad quintam potestatem efficit 64, ergo continet. Sed maxima quinta potestas infra 64 est 32, cujus radix quinta est 2. Ergo $2 = p$; & superest 32, cui adde numerum sequentem habiturus 323. Est autem $p^4 = 16$; & $5p^4 = 80$; divide igitur 323 per 80 invenies 4, & restabit 3, quibus addens numeros sequentes conficies 36343, qui numerus debet æquare

$$10p^3q^2 + 10p^2q^3 + 5pq^4 + q^5.$$

Verum est $p^3 = 8$ millibus; nam tertia potestas decadis est millenarium; & $10p^3 = 80$ millibus; atque $q^2 = 16$ unitatibus, quare $10p^3q^2 = 1280$ millibus.

Item $p^2 = 4$ centenis; $10p^2 = 40$ centenis, $q^3 = 64$ unitatibus, & $10p^2q^3 = 2560$ centenis, quæ addita 1280 millibus supra inventis, conficiunt 2536 centena; hic autem numerus superat 363 centena, quæ supererant in potestate proposita, quare (4) secunda pars radicis male fuit determinata.

Ponamus alteram partem radicis esse 3. Erit 3 . 80 = 240, & 323 — 240 = 83; supererit ergo 83633+3, qui debet æquare $10p^3q^2$ + $10p^2q^3 + 5pq^4 + q^5$. Est autem $10p^3 = 80$ millibus, & $q^2 = 9$ unitatibus, atque $10p^3q^2 = 720$ millibus.

Pariter $p^2 = 4$ centenis, $10p^2 = 40$ centenis; $q^3 = 27$ unitatibus, & $10p^2q^3 = 1080$ centenis, quæ addita 720 millibus supra inventis, faciunt 8280 centena.

Eodem pacto $p = 2$ decadibus, $5p = 10$ decadibus, $q^4 = 81$ unitatibus, & $5pq^4 = 810$ decadibus, quæ additæ 8280 centenis, dant 83610 decades.

Denique $q^5 = 243$ unitatibus, quæ adjectæ 83610 decadibus supra repertis, rotundant numerum ipsum 836343.

Si autem potestatis propositæ radix sit polynomia, extunde methodo supra tradita duas primas figuras radicis; has considera tanquam unum numerum, & huic applica quæ jam diximus, sic reperies tertiam radicis figuram, & sic deinceps. Exempla desumemus ex ipso Auctore.

(g) Quanquam Auctor agat methodo paulo diversa a mea, tamen eodem res recidit. E cubo proposito 13·312·053, NEWTONUS primo abscindit partem 13·312·, cujus radicem cubicam 23 quærit, & superest 1145. Pone nunc in formula $p = 23$; ergo $1145053 = 3p^2q + 3pq^2 + q^3$ quare divisus 11450 per $3p^2 = 1587$ dat $7 = q$. Sed 1587 . 7 = 11109, & 21450 — 11109 = 341; ergo debet 34153 æquare $3pq^2 + q^3$; est autem $p = 23$ decadibus; $3p = 69$ decadibus; $q^2 = 49$ unitatibus, atque $3pq^2 = 3381$ decadibus, & $q^3 = 343$ unitatibus. Decades autem & unitates simul collectæ faciunt 34153, ergo radix bene determinata est.

Cete-

& per triplum quadratum quoti 23 diviſum, quærendo nempe quoties 3×529 ſeu 1587 continetur in 11450, dat 7 pro tertia figura quoti. Tum quotus 237 per 237 multiplicatus dat quadratum 56169, quod iterum per 237 multiplicatum dat cubum 13312053. & hic de reſolvendo numero ablatus relinquit nihil. Unde patet radicem quæſitam eſſe 237.

13'312'053 (237

aufer cubum 8
12) reſtat 53 (4. aut 3.

aufer cubum 12167
1587) reſtat 11450 (7.

aufer cubum 13312053
reſtat 0

LXII. Atque ita ad extrahendam radicem quadrato-cubicam ex 364'30820, punctum ponitur ad quintam figuram, & figura 3, cujus quadrato-cubus 243 proxime minor eſt figuris 364 antecedentibus punctum iſtud, ſcribitur in quoto. Dein quadrato-cubo 243 de 364 ablato, reſtat 121, quod proxima reſolvendi numeri figura 3 auctum & per quinquies quadrato-quadratum quoti diviſum, quærendo nempe quoties 5×81 ſeu 405 continetur in 1213, dat 2 pro ſecunda figura. Quotus ille 32 in ſe ter ductus efficit quadrato-quadratum 1048576, & hoc iterum in 32 ductum efficit quadrato-cubum 33554432; qui a numero reſolvendo ablatus relinquit 2876388. Itaque 32 eſt integra pars radicis, ſed non juſta radix, & proinde, ſi opus in decimalibus numeris proſequi animus eſt, reſiduum circulo auctum dividi debet per quinquies prædictum quadrato-quadratum quoti, quærendo quoties 5×1048576 ſeu 5242880 continetur in 2876388,0, & prodibit tertia figura, ſive prima decimalis, 5. Atque ita auferendo quadrato-cubum quoti 32,5 de numero reſolvendo ac dividendo reſiduum per quinquies quadrato-quadratum ejus, erui poteſt quarta figura. Et ſic in infinitum.

364'30829 (32,5

243
405) 1213 (2

33554432
5242880) 2876388,0 (5.

LXIII.

Ceterum poteſt etiam diſpici an radix ſit bene determinata, conſiderando quod omnes termini in formula, præter duos primos, dividi poſſunt per q^2; quod aliquanto faciliorem reddet numerorum multiplicationem.

Sic in hoc ultimo exemplo eſſe debet 34153 $= 3pq^2 + q^3 = (3p+q)q^2 = 697 \cdot 49 = 34153$.

(h) 179.

LXIII. *Cum radix quadrato-quadratica extrahenda est, oportet bis extrahere radicem quadraticam, eo quod* $\sqrt{}^4$ *valeat* $\sqrt{}^{2\cdot2}$ *: Et cum radix cubo-cubica extrahenda est, oportet extrahere radicem cubicam & ejus radicem quadraticam, eo quod* $\sqrt{}^6$ *valeat* $\sqrt{}^{2\cdot3}$ *: Unde aliqui radices hasce non cubo-cubicas sed quadrato-cubicas dixere.*

Et idem in aliis radicibus, quarum indices non sunt numeri primi, observandum est.

LXIV. E simplicibus quantitatibus algebricis extractio radicum ex ipsa notatione patet. Quemadmodum

quod $\sqrt{aa}$ sit a,
& quod $\sqrt{aacc}$ sit ac,
& quod $\sqrt{9aacc}$ sit $3ac$,
& quod $\sqrt{49a^4xx}$ sit $7aax$.

Atque ita quod $\sqrt{\frac{a^4}{cc}}$ seu $\frac{\sqrt{a^4}}{\sqrt{cc}}$ sit $\frac{aa}{c}$,

& quod $\sqrt{\frac{a^4bb}{cc}}$ sit $\frac{aab}{c}$,

Et quod $\sqrt{\frac{9aazz}{25bb}}$ sit $\frac{3az}{5b}$,

& quod $\sqrt{\frac{4}{9}}$ sit $\frac{2}{3}$.

Et quod $\sqrt[3]{\frac{8b^6}{27a^3}}$ sit $\frac{2bb}{3a}$,

Et quod $\sqrt[4]{aabb}$ sit $\sqrt{ab}$.

Quin etiam quod

$b\sqrt{aacc}$ seu b in $\sqrt{aacc}$ valeat b in ac sive abc.

Et quod $\frac{a+3x}{c}\sqrt{\frac{4bbx^4}{81aa}}$ valeat $\frac{a+3x}{c}\times\frac{2bxx}{9a}$ sive $\frac{2abxx+6bx^3}{9ac}$.

Hæc, inquam, patent; siquidem propositas quantitates e radicibus in se ductis produci (ut aa ex a in a, $aacc$ ex ac in ac, $9aacc$ ex $3ac$ in $3ac$, &c.) prima fronte constare potest. (*b*) Ubi vero quantitates pluribus terminis constant, opus perinde ac in numeris absolvitur.

Sic

(*b*) 159. Radix n ipsius a^m est $a^{\frac{m}{n}}$. Sit enim ea a^x ergo, evehendo ad potestatem n; $a^{nx} = a^m$; & $nx = m$; atque $\frac{m}{n} = x$. Vel sic. Radix n ipsium a^m debet esse factor, qui n... ies repetitus, debet continua multiplicatione gignere potestatem ipsam a^m; atque $\frac{m}{n} + \frac{m}{n} +$ &c., donec numerus fractionum sit n, dat $\frac{mn}{n} = m$. Ergo &c.

Vel, quia unitas est ad radicem, ut radix ad hujus secundam potestatem &c., usque ad potestatem a^m, ratio unitatis ad radicem erit sub—n—plicata ejus quam habet unitas ad a^m. Ergo scribi debet $a^{\frac{m}{n}}$.

Duæ posteriores demonstrationes aperiunt viam solvendi difficultates omnes; ideo illas addidi.

Sic ad extrahendam radicem quadraticam ex $aa+2ab+bb$, imprimis radicem primi termini aa, nempe a, scribe in quoto.

$$\begin{array}{l} aa+2ab+bb\ (a+b \\ aa \\ \hline 0 \\ \hline \quad 2ab+bb \\ \hline \quad 0 \quad\; 0 \end{array}$$

Et ablato ejus quadrato $a\times a$ restabit $2ab+bb$ pro elicienda reliqua parte radicis. Dic itaque quoties duplum quoti seu $2a$ continetur in primo residui termino $2ab$? Resp. b. Adeoque scribe b in quoto, & ablato facto b in $\overline{2a+b}$ seu $2ab+bb$ restabit nihil. Quod indicat opus peractum esse, prodeunte radice $a+b$.

Et sic ad extrahendam radicem ex

$$a^4+6a^3b+5aabb-12ab^3+4b^4,$$

imprimis pone in quoto radicem primi termini a^4, nempe aa, & ablato ejus quadrato $aa\times aa$ seu a^4 restabit

$$6a^3b+5aabb-12ab^3+4b^4$$

pro reliqua radice elicienda. Dic itaque quoties $2aa$ continetur in $6a^3b$? Resp. $3ab$ quare scribe in quoto, & ablato facto

$$3ab \text{ in } \overline{2aa+3ab} \text{ seu}$$

$6a^3b+9aabb$ restabit etiamnum $-4aabb-12ab^3+4b^4$ pro opere prosequendo. Adeoque

$$\begin{array}{l} a^4+6a^3b+5aabb-12ab^3+4b^4\ (aa+3ab-2bb \\ a^4 \\ \hline 0 \\ \quad 6a^3b+9aabb \\ \hline \quad\; 0-4aabb \\ \quad\;\; -4aabb-12ab^3+4b^4 \\ \hline \quad\;\; 0 \qquad 0 \qquad 0 \end{array}$$

dic iterum quoties duplum quoti, nempe $2aa+6ab$ continetur in $-4aabb-12ab^3$; sive, quod perinde est, dic quoties duplum primi termini quoti, seu $2aa$, continetur in primo residui termino $-4aabb$? Resp. $-2bb$. Et proinde scripto

$$-2bb \text{ in quoto, \& ablato facto}$$

$-2bb$ in $2aa+6ab-2bb$ seu $-4aabb-12ab^3+4b^4$, restabit nihil. Unde constat radicem esse $aa+3ab-2bb$.

Atque

Atque ita quantitatis $xx - ax + \frac{1}{4}aa$ radix est $x - \frac{1}{2}a$, & quantitatis $y^4 + 4y^3 - 8y + 4$ radix $yy + 2y - 2$, & quantitatis $16a^4 - 24aaxx + 9x^4 + 12bbxx - 16aabb + 4b^4$ radix $3xx - 4aa + 2bb$ ut e subjectis diagrammis constare potest.

$$xx - ax + \tfrac{1}{4}aa\ (x - \tfrac{1}{2}a.$$
$$xx$$
$$\overline{\quad 0 \quad}$$
$$-ax + \tfrac{1}{4}aa$$
$$\overline{\quad 0 \qquad 0 \quad}$$

$$9x^4 \begin{matrix} -24aa \\ +12bb \end{matrix} xx \begin{matrix} +16a^4 \\ -16aabb \\ +4b^4 \end{matrix} \left(3xx \begin{matrix} -4aa \\ +2bb \end{matrix}\right.$$
$$9x^4$$
$$\overline{\quad 0 \quad}$$
$$\begin{matrix} -24aa \\ +12bb \end{matrix} xx \begin{matrix} +16a^4 \\ -16aabb \\ +4b^4 \end{matrix}$$
$$\overline{\quad 0 \qquad 0 \quad}$$

$$y^4 + 4y^3 \ * - 8y + 4\ (yy + 2y - 2$$
$$y^4$$
$$\overline{\quad 0 \quad}$$
$$4y^3 + 4yy$$
$$\overline{0 - 4yy}$$
$$-4yy - 8y + 4$$
$$\overline{\quad 0 \qquad 0 \qquad 0 \quad}$$

Si radicem cubicam ex $a^3 + 3aab + 3abb + b^3$ oportet extrahere, operatio est hujusmodi. Extrahe radicem cubicam primi termini a^3

$$a^3 + 3aab + 3abb + b^3\ (a + b.$$
$$a^3$$
$$3aa)\ 0$$
$$\overline{a^3 + 3aab + 3abb + b^3}$$
$$0 \qquad 0 \qquad 0 \qquad 0$$

nempe

nempe a, & pone in quoto. Tum, ablato ejus cubo a^3, dic quoties triplum quadratum ejus, seu $3aa$, continetur in proximo residui termino $3aab$? & prodit b. Quare scribe etiam b in quoto, & cubo quoti $a+b$ ablato, restabit nihil. Radix itaque est $a+b$.

Eodem modo radix cubica, si extrahatur ex

$$z^6+6z^5-40z^3+96z-64,\ \text{prodit}\ zz+2z-4.$$

Atque ita in altioribus radicibus (*i*).

CA-

(*i*) *In his quoque insignis est opera Theorematis* Newtoniani, *nam*

160. Extrahere radicem r binomii evecti ad potestatem m est binomium evehere ad potestatem $\frac{m}{r}$. Nempe illud primo evehere ad potestatem m, & deinde ex hac potestate quaerere quantitatem, quae elata ad potestatem r aequet ipsum binomium evectum ad potestatem m. Ubi m & r exponunt numeros integros & positivos.

161. Sit binomium $p+q$, cujus evecti ad potestatem m quaerenda sit radix r. Hoc nihil aliud est quam determinare terminos & coefficientes ipsius $\overline{p+q}^{\frac{m}{r}}$. Seu ex dato $\overline{p+q}^{m}$ invenire terminos expressos per p & q una cum coefficientibus quantitatis, quae elata ad potestatem r aequet ipsam potestatem $\overline{p+q}^{m}$.

Igitur.

162. Quantitatem $\overline{p+q}^{m}$ consideramus tamquam constantem ex radice, quae r . . es repetita, continua multiplicatione quantitatem ipsam $\overline{p+q}^{m}$ progignit.

163. Omnes termini hujus radicis debent esse homogenei. Si enim in ea forent termini non homogenei p^{s}; p^{s+t}; qui, quia ducendi sunt, tum in se, tum unus in alium, darent facta non homogenea p^{2s}; p^{2s+t}; p^{2s+2t}; quae rursus darent alia facta non homogenea; tandem deveniretur ad potestatem ipsam $\overline{p+q}^{m}$, in qua essent termini non homogenei contra N^{m}. 93. hujus.

164. Radicis hujus, & ideo singulorum ejus terminorum, exponens debet esse $\frac{m}{r}$; quae enim probavimus supra (N°. 159. hujus) sponte se aptant ad polynomia quaevis.

165. Si vis primum terminum ipsius $\overline{p+q}^{\frac{m}{r}}$ esse aliquam potestatem litterae p, ea debet esse $p^{\frac{m}{r}}$. Siquidem $\overline{p+q}^{\frac{m}{r}}$, si evehatur ad potestatem r debet producere $\overline{p+q}^{m}$ (N°. 160. hujus). Sed potestatis $\overline{p+q}^{m}$ primus terminus est p^{m} (N°. 112. hujus), qui nullo alio pacto conficitur quam aliquoties repetita multiplicatione primi termini radicis, (ut patet ex Art. XVII., & N°. 88. hujus) &c $p^{\frac{m}{r}} \times p^{\frac{m}{r}} \times p^{\frac{m}{r}} \times$ &c., donec numerus factorum sit r, dat p^{m} (N°. 88. hujus). Ergo &c.

166. Ideo dixi *si vis primum terminum ipsius* $\overline{p+q}^{\frac{m}{r}}$ *esse aliquam potestatem litera* p, *ea* &c., quia penes te est incipere a simbolo q, & tunc primus terminus esset $q^{\frac{m}{r}}$. Infra videbimus quando ad arbitrium incipere possis ab alterutra specie, & quando debeas ab hac potius quam ab illa initium ducere. Interea supponemus nos incipere a p, quae litera exponet ambigue illam, a qua statuimus initium facere.

167. *Termini ipsius* $\overline{p+q}^{\frac{m}{r}}$ *erunt quales invenimus supra* (N°. 124. hujus) *pro* m *ponendo* $\frac{m}{r}$; *nempe*

$$p^{\frac{m}{r}};\ p^{\frac{m}{r}-1}q;\ p^{\frac{m}{r}-2}q^{2};\ p^{\frac{m}{r}-3}q^{3};$$
$$p^{\frac{m}{r}-4}q^{4};\ \&c.$$

Quan-

Quantitas $\overline{p+q}^{\frac{m}{r}}$ est radix *r* potestatis *m* ortæ a binomio $p+q$. Sunt autem bini termini ipsius $\overline{p+q}^{m}$ ut *p* ad *q* (N°. 116. hujus). Scilicet bini termini potestatis sunt ut bini termini radicis. Ergo bini termini radicis *r* ipsius $\overline{p+q}^{m}$ sunt ut bini termini potestatis $\overline{p+q}^{m}$; nempe ut *p* ad *q*. Atqui primus terminus hujus radicis est $p^{\frac{m}{r}}$ (N°. 174. hujus). Igitur, quærendo quartam post p; q; $p^{\frac{m}{r}}$; ea erit $\frac{p^{\frac{m}{r}}q}{p} = p^{\frac{m}{r}-1}q$; qui erit secundus terminus. Tertius Terminus erit quarta proportionalis post

p; q; $p^{\frac{m}{r}-1}q$; idest $\frac{p^{\frac{m}{r}-1}q^2}{p} = p^{\frac{m}{r}-2}q^2$.

168. *Radix m polynomii cujusvis, tot habere potest terminos quot sunt unitates in radice m numeri terminorum in polynomio.*

Habeat polynomium terminos numero *t*; radix autem terminos numero *x*. Erit $x^m = t$ (N°. 92. & 115. hujus). Ergo $x = t^{\frac{1}{m}}$. Si ergo extrahi potest radix *m* ipsius *t*, & si polynomium propositum est rationale, inventus & definitus erit numerus terminorum, quibus constare debet radix, quæ alioquin se extendet ad infinitum terminorum numerum; scilicet radix accurate reperiri non poterit, sed quædam terminorum series, quæ quo magis producetur, eo proprius ad veritatem accedet.

169. Ut habeatur numerus terminorum, quibus constat polynomium propositum, iidem termini, qui per coefficientem in unum coacti sunt, pro pluribus sunt computandi, ratione habita ad coefficientem. Sic in $a^3 + 3a^2b + 3ab^2 + b^3$ sunt octo termini. Cum ergo numerus terminorum, quibus radix constat, sit indefinitus, & tamen hæc radix evehenda sit ad potestatem *r*, res redit ad infinitinomium ad potestatem datam elevandum.

170. *Terminus generalis ipsius $\overline{p+q}^{\frac{m}{r}}$ habebit eundem coefficientem ac terminus generalis ipsius $\overline{p+q}^{m}$, si modo pro 1; 2; 3, ex m, demas 1. 2r. 3r. &c.*

Jam termini erunt $p^{\frac{m}{r}}$; $p^{\frac{m}{r}-1}q$; $p^{\frac{m}{r}-2}q^2$; &c. Coefficientes determinandi sint A; B; C; D; E; F; G; &c., ita ut tota quantitas $\overline{p+q}^{\frac{m}{r}}$ evadat

$$p^{\frac{m}{r}} + Ap^{\frac{m}{r}-1}q + Bp^{\frac{m}{r}-2}q^2 + Cp^{\frac{m}{r}-3}q^3 + Dp^{\frac{m}{r}-4}q^4 + \&c.$$

Nunc $\overline{p+q}^{m}$; id est

$$p^m + mp^{m-1}q + \frac{m.m-1}{1.2}p^{m-2}q^2 + \frac{m.m-1.m-2}{1.2.3}p^{m-3}q^3 + \&c.$$

debet æquare ipsam $\overline{p+q}^{\frac{m}{r}}$ evectam ad potestatem *r*. Nempe

$$p^m + rAp^{m-1}q +$$
$$+\left.\begin{array}{l} r\,Bp^{m-2}q^2 \\ \frac{r.r-1}{1.2}A^2p^{m-2}q^2 \end{array}\right\}$$
$$+r\,Cp^{m-3}q^3$$
$$+r.r-1\,ABp^{m-3}q^3$$
$$+\frac{r.r-1.r-2}{1.2.3}A^3p^{m-3}q^3$$
$$+r\,Dp^{m-4}q^4 + \&c.$$
$$+r.r-1\,ACp^{m-4}q^4 + \&c.$$
$$+\frac{r.r-1}{1.2}B^2p^{m-4}q^4 + \&c.$$
$$+\frac{r.r-1.r-2}{1.2}A^2Bp^{m-4}q^4 + \&c.$$
$$+\frac{r.r-1.r-2.r-3}{1.2.3.4}A^4p^{m-4}q^4 + \&c.$$

Sed quantitates ipsæ p^m; $p^{m-1}q$; $p^{m-2}q^2$ &c, æquales sunt in $\overline{p+q}^{m}$ & in $\overline{p+q}^{\frac{m}{r}}$ evecta ad potestatem *r*; potestates ipsæ debent esse æquales, quare & coefficientes sunt æquales. Erit igitur

$$rA = m; \ \& \ A = \frac{m}{r}$$

$$rB + \frac{r.\overline{r-1}}{1.\,2} A^2 = \frac{m.\overline{m-1}}{1.\,2}; \text{ aut}$$

$$2rB + \overline{r^2 - r} \times \frac{m^2}{r^2} = m^2 - m,$$

vel

$$2r^2B + m^2r - m^2 = m^2r - mr;$$

$$2rB = m^2 - mr; \text{ atque } B = \frac{m.\overline{m-r}}{1.\,2.\,r^2}$$

Et ſic de ſingulis. Quare conſtat propoſitum.

191. Ergo terminus generalis ipſius $\overline{p+q}^{\frac{m}{r}}$ eſt

$$\frac{m\ \overline{m-r}.\overline{m-2r}\ldots\ldots\overline{m-rs+r}}{r.\,2r.\,3r\ldots\ldots mr-sr}\ p^{\frac{m}{r}-s}\,q^s$$

ex quo facile poteſt deduci formula pro qualibet radice cujuſvis poteſtatis extrahenda, dummodo pro s ponas per vices 0; 1; 3; &c; & obſerves in determinatione coefficientium quæ obſervata fuerunt (N°. 124. &c. hujus).

Iſta autem formula eſt hujuſmodi

$$p^{\frac{m}{r}} + \frac{m}{r}\,p^{\frac{m}{r}-1}q + \frac{m.\overline{m-r}}{r.\,2r.}\,p^{\frac{m}{r}-2}q^2$$

$$+ \frac{m.\overline{m-r}.\overline{m-2r}}{r.\,2r.\,3r}\,p^{\frac{m}{r}-3}q^3 + \&c.$$

ſive

$$p^{\frac{m}{r}} + \frac{m}{r}\,p^{\frac{m}{r}-1}q + \frac{\frac{m}{r}.\overline{\frac{m}{r}-1}}{1.\,2}\,p^{\frac{m}{r}-2}q^2$$

$$+ \frac{\frac{m}{r}.\overline{\frac{m}{r}-1}.\overline{\frac{m}{r}-2}}{1.\,2.\,3}\,p^{\frac{m}{r}-3}q^3 + \&c.$$

quæ priorem recuperat formam pro $\frac{m}{r}$ ponendo m, quod ſimbolum poteſt exponere numeros fractos æque ac integros.

CAPUT OCTAVUM.

DE REDUCTIONE FRACTIONUM ET RADICALIUM.

Præcedentibus operationibus inſervit reductio fractarum & radicalium quantitatum, idque vel ad minimos terminos vel ad eandem denominationem.

ARTICULUS I.

DE REDUCTIONE FRACTIONUM *ad minimos terminos.*

LXV. *Fractiones ad minimos terminos reducuntur dividendo numeratores ac denominatores per maximum communem diviſorem* (*k*).

Sic

(*k*) 171. Hic Canon ſupponit denominatorem, ac numeratorem ductos eſſe in eandem quantitatem, id eſt; reliquam fractionem ductam in fractionem, cujus denominator, & numerator ſunt æquales, atqui quantitas in ſe ipſa ſemel continetur, aut per ſe ipſa diviſa dat unitatem, quæ multiplicans quantitatem, eam non mutat, ergo poſt hanc reductionem fractiones eædem manent.

Sic

Sic fractio $\frac{aac}{bc}$ reducitur ad simpliciorem $\frac{aa}{b}$ dividendo utrumque aac & bc per c;
& $\frac{203}{667}$ reducitur ad simpliciorem $\frac{7}{23}$ dividendo utrumque 203 & 667 per 29;
& $\frac{203aac}{667bc}$ reducitur ad $\frac{7aa}{23b}$ dividendo per $29c$.

Atque ita $\frac{6a^3 - 9acc}{6aa + 3ac}$ evadit $\frac{2aa - 3cc}{2a + c}$ dividendo per $3a$.

Et $\frac{a^3 - aab + abb - b^3}{aa - ab}$ evadit $\frac{aa + bb}{a}$ dividendo per $a - b$.

Et hac methodo termini post multiplicationem vel divisionem plerumque abbreviari possunt. Quemadmodum si multiplicare oportet $\frac{2ab^3}{3ccd}$ per $\frac{9acc}{bdd}$, vel id dividere per $\frac{bdd}{9acc}$, prodibit $\frac{18aab^3cc}{3bccd^3}$, & per reductionem, $\frac{6aabb}{d^3}$. Sed in hujusmodi casibus præstat ante operationem concinnare terminos, dividendo per maximum communem divisorem quos postea dividere oportet. Sic in allato exemplo si dividam $2ab^3$ & bdd per communem divisorem b, & $3ccd$ ac $9acc$ per communem divisorem $3cc$; emerget fractio $\frac{2abb}{d}$ multiplicanda per $\frac{3a}{dd}$, vel dividenda per $\frac{dd}{3a}$, prodeunte tandem $\frac{6aabb}{d^3}$ ut supra. Atque ita $\frac{aa}{c}$, in $\frac{c}{b}$ evadit $\frac{aa}{1}$ in $\frac{1}{b}$ seu $\frac{aa}{b}$. Et $\frac{aa}{c}$ divisa per $\frac{b}{c}$ evadit aa divisa per b seu $\frac{aa}{b}$. Et $\frac{a^3 - axx}{xx}$ in $\frac{cx}{aa + ax}$ evadit $\frac{a - x}{x}$ in $\frac{c}{1}$ seu $\frac{ac}{x} - c$. Et 28 divis. per $\frac{7}{3}$ evadit 4 divis. per $\frac{1}{3}$, seu 12.

ARTICULUS II.

De inventione Divisorum. (l)

LXVI. HUc spectat inventio divisorum per quos quantitas aliqua dividi possit.

Si quantitas simplex est, divide eam per minimum ejus divisorem, & quotum per minimum divisorem ejus, donec quotus restet indivisibilis, & omnes quantitatis

Sic $\frac{aac}{bc} = \frac{aa}{b} \times \frac{c}{c}$; sed $\frac{c}{c} = 1$,
ergo $\frac{aac}{bc} = \frac{aa}{b} \times 1 = \frac{aa}{b}$

Hæc regula pendet etiam ex EUCLID. 35. VII.

(l) 172. Quantitates, in quas alia quantitas resolvi potest, dicuntur ejus *Divisores*.

173. Hos voco *simplices*, cum dividi nequeunt.

174. Unitas est semper inter divisores.

175. *Compositos* appello divisores, qui adhuc dividi possunt.

176

tatis divisores primos habebis (*m*). *Dein horum divisorum singulos binos, ternos, quaternos,* &c. *duc in se, & habebis etiam omnes divisores compositos.*

Ut si numeri 60 divisores omnes desiderentur, divide eum per 2, & quotum 30 per 2, & quotum 15 per 3 & restabit quotus indivisibilis 5. Ergo divisores primi sunt 1, 2, 2, 3, 5: Ex binis compositi 4, 6, 10, 15: Ex ternis 12, 20, 30, ex omnibus 60 (*n*). Rursus si quantitatis $21abb$ divisores omnes desiderentur, divide eam per 3, & quotum $7abb$ per 7, & quotum abb per a, & quotum bb per b, & restabit quotus primus b. Ergo divisores primi sunt 1, 3, 7, a, b, b; ex binis compositi 21, $3a$, $3b$, $7a$, $7b$, ab, bb; ex ternis $21a$, $21b$, $3ab$, $3bb$, $7ab$, $7bb$, ; abb; ex quaternis $21ab$, $21bb$, $3abb$, $7abb$; ex quinis $21abb$ (*o*) Eodem modo ipsius $2abb - 6aac$ divisores omnes sunt 1, 2, a, $bb - 3ac$, $2a$, $2bb - 6ac$, $abb - 3aac$, $2abb - 6aac$.

LXVII.

176 Hi ergo in simplices resolvi possunt, & iis constant.

(*m*) 177. Hujus regulæ ratio patet per se; dico nunc, quod si duo, aut plures ex divisoribus simplicibus, invicem ducantur, hoc factum dividet quantitatem datam.

Data quantitas sit p, ejus divisores simplices a, b, c, f, erit ergo $p = abcf$, quæ dividi potest per ab, abc, $abcf$.

(*n*) 178. Quære divisores omnes simplices scribe unitatem, unum ex divisoribus repetitis, si qui sunt, ejus quadratum, &c., usque ad ejus maximam potestatem, hæc facta duc in alium ex divisoribus repetitis, si adest; unde habebis secundam seriem, hanc seriem duc in eundem divisorem; & sic toties quoties habetur hic divisor; hinc omnia hæc facta, per alterum &c.

Sic in exemplo præcedente divisor 2 bis invenitur, scribo ergo in prima serie 1, 2, 2×2. quam seriem duco in 3, habeo secundam seriem 3, 2×3, $2 \times 2 \times 3$, & quia hic numerus semel reperitur, ambas duco in 5, invenio 5, 2×5, $2 \times 2 \times 5$, 3×5, $2 \times 3 \times 5$, $2 \times 2 \times 2 \times 3 \times 5$.

Series	
I.	1 . 2 . 2×2
II.	2 . 2×3 . $2 \times 2 \times 3$
III.	5 . 2×5 . $2 \times 2 \times 5$. 3×5. $2 \times 3 \times 5$ $2 \times 2 \times 3 \times 5$.

(*o*) 179 Sic secundi exempli divisores simplices sunt 3, 7, a, b, ergo scribo in prima serie 1, b, bb. hanc duco per 3, habeo secundam, has duas per 7 quod efficit tertiam, has tres per a, unde exsurgit quarta.

Series	
I.	1 . b bb
II.	3 . $3b$. $3bb$
III.	7 . $7b$. $7bb$. 21 . $21b$. $21bb$.
IV.	a . ab . abb. $3a$. $3ab$. $3abb$. $7a$. $7ab$. $7abb$. $21a$. $21ab$. $21abb$.

Detur quantitas a^3bbcc, scribo in prima serie 1, a, a^2, a^3, quia a in data quantitate evecta est ad tertiam potestatem; hanc primam seriem duco in b, & habeo secundam b, ab, aab, a^3b, tum quia b est duarum dimensionum, secundam hanc rursus duco in b, unde excudo tertiam bb, abb, $aabb$, a^3bb, has tres duco in c quod procreat quartam c, ac, aac, a^3c, bc, abc, $aabc$, a^3bc, bbc, $abbc$, $aabbc$, a^3bbc, & hanc rursus in c ex quo fit quinta cc. acc. $aacc$. a^3cc. bcc. $abcc$. $aabcc$. a^3bcc. $bbcc$. $abbcc$. $aabbcc$. a^3bbcc.

Series	
I.	1 . a . aa . a^3
II.	b . ab . ab . a^3b
III.	b^2. ab^2. a^2b^2. a^3b^2.
IV.	c . ac . a^2c . a^3c . bc . abc . a^2bc. a^3bc . b^2c. ab^2c . a^2b^2c. a^3b^2c .
V.	c^2 . ac^2 . a^2c^2 . a^3c^2 . bc^2. abc^2 . a^2bc^2. a^3bc^2. b^2c^2. ab^2c^2 . $a^2b^2c^2$. $a^3b^2c^2$.

Ut perspici possit, utrum omnes divisores sic inventi sint, libet demonstrare sequens theorema.

180. *Numerus omnium divisorum ipsius* $a^m b^n c^p$, &c. *est* $(m+1)(n+1)(p+1)$ &c.

Nam

LXVII. *Si quantitas postquam divisa est per omnes simplices divisores manet composita & suspicio est eam compositum aliquem divisorem habere, dispone eam secundum dimensiones literæ alicujus quæ in ea est, & pro litera illa substitue sigillatim tres vel plures terminos hujus progressionis arithmeticæ, 3, 2, 1, 0, -1, -2, ac terminos totidem resultantes una cum omnibus eorum divisoribus statue e regione correspondentium terminorum progressionis, positis divisorum signis tam affirmativis quam negativis. Dein e regione etiam statue progressiones arithmeticas, quæ per omnium numerorum divisores percurrunt pergentes a majoribus terminis ad minores eodem ordine, quo termini progressionis 3, 2, 1, 0, —1, —2 pergunt, & quarum termini differunt vel unitate vel numero aliquo qui dividit altissimum terminum propositæ quantitatis. Si qua occurrit ejusmodi progressio, iste terminus ejus, qui stat e regione termini 0 progressionis primæ, divisus per differentiam terminorum, & cum signo suo annexus litteræ præfatæ, componet quantitatem per quam divisio tentanda est.*

Ut si quantitas sit $x^3 - xx - 10x + 6$; pro x substituendo sigillatim terminos progressionis 1, 0, —1, orientur numeri —4, 6, +14, quos cum omnibus eorum divisoribus colloco e regione terminorum progressionis 1, 0, —1 hoc modo.

1	4	1.2.4.	+ 4.
0	6	1.2.3.6	+ 3.
— 1	14	1.2.7.14	+ 2.

Dein quoniam altissimus terminus x^3 per nullum numerum, præter unitatem, divisibilis est, quæro in divisoribus progressionem cujus termini differunt unitate, & a superioribus ad inferiora pergendo decrescunt perinde ac termini progressionis lateralis 1, 0, —1. Et hujusmodi progressionem unicam tantum invenio nempe 4, 3, 2, cujus itaque terminum +3 seligo qui stat e regione termini 0 progressionis primæ 1, 0, —1, tentoque divisionem per $x+3$. Et res succedit, prodeunte $xx - 4x + 2$.

Rursus si quantitas sit $6y - y^3 - 21yy + 3y + 20$; pro y substituo sigillatim 2, 1, 0, —1, —2, & numeros resultantes 30, 7, 20, 3, 34 cum omnibus eorum divisoribus e regione colloco ut sequitur.

2	30	1.2.3.5.6.10.15.30	+ 10.
1	7	1.7	+ 7.
0	20	1.2.4.5.10.20	+ 4.
—1	3	1.3	+ 1.
—2	34	1.2.17.34	— 2.

Et

Nam ex regula, termini primæ seriei erunt numero $m+1$: hæc series totidem dabit sibi æquales, quot sunt unitates in n, vel tot, quot sunt unitates in $(m+1)\ n$, cui adde terminos primæ seriei, habebis pro numero omnium $(m+1)\ n + (m+1)$, sed $m+1 = 1\ (m+1)$, erit ergo hi numerus $(m+1)(n+1)$ $(m+1) = (m+1)\ (n+1)$ (EUCL. I. II) atqui hæc series rursum totidem series dabit sibi numero terminorum æquales, quot sunt unitates in p; erunt ergo termini ultimæ seriei $(m+1).\ (n+1)\ p$, his adde terminos secundæ, ac primæ, & erit omnium numerus $(m+1)\ (n+1)\ p + 1\ (m+1)\ (n+1) = (m+1)\ (n+1)\ (p+1.)$ Q. E. D.

Et in divisoribus hanc solam esse animadverto decrescentem progressionem arithmeticam $+10, +7, +4, +1, -2$. Hujus terminorum differentia 3 dividit altissimum quantitatis terminum $6y^4$. Quare terminum $+4$ qui stat e regione termini o, divisum per differentiam terminorum 3 adjungo literæ y, tentoque divisionem per $y+\frac{4}{3}$, vel, quod perinde est, per $3y+4$, & res succedit prodeunte $2y^3 - 3yy - 3y + 5$.

Atque ita si quantitatas sit

$$24a^5 - 50a^4 + 49a^3 - 140aa + 64a + 30;$$

operatio erit ut sequitur.

2	42	1.2.3.4.5.6.7.14.21.42	$+3. +3. +7.$
1	23	1.23.	$+1. -1. +1.$
0	30	1.2.3.5.6.10.15.30.	$-1. -5. -5.$
-1	297	1.3.9.11.27.33.99.297.	$-3. -9. -11.$

Tres occurrunt hic progressiones, quarum termini $-1. -5. -5$ divisi per differentias terminorum 2, 4, 6, dant tres divisores tentandos $a-\frac{1}{2}$, $a-\frac{5}{4}$ & $a-\frac{5}{6}$. Et divisio per ultimum divisorem $a-\frac{5}{6}$. seu $6a-5$ succedit prodeunte $4a^4 - 5a^3 + 4aa - 20a - 6$ (e).

Si

DEMONSTRATIO.

CLAR. DAN. BERNOULLI.

(e) 181. Sit divisor unius dimensionis inveniendus hujus quantitatis

$$(A)\ 2x^3 + xx + g,$$

ponatur ille divisor

$$(B)\ mx + n,$$

ubi m, & n, quantitates denotant incognitas, & determinandas. Positis nunc successive in quantitatibus (A), & (B), loco ipsius x numeris progressionem arithmeticam formantibus, puta 2. 1. 0. -1, dabit numeros sequentes 11. 6. -0. -10, & (B) acquiret hos valores $\overline{2m+n}$, $\overline{1m+n}$, $\overline{0m+n}$, $\overline{1m+n}$, (ubi patet coefficientes ipsius m esse numeros assumptos 2. 1. 0. -1.). Cum vero quantitas (B) generaliter dividere debeat quantitatem (A), necesse est ut divisio illa quoque succedat in omni casu particulari, unde oportet ut,

$$P\left\{\begin{array}{r} -2m+n \\ 1m+n \\ 0m+n \\ 1m+n \end{array}\right\} \text{sit æqualis uni ex divisoribus numeri } \left\{\begin{array}{r} 11 \\ 6 \\ -9 \\ -10 \end{array}\right. \text{qui sunt } Q \left\{\begin{array}{l} 11.\ 1.\ 0. -1. -11. \\ 6.\ 3.\ 2.\ 1\ 0 -1. -2. -3. 6. \\ 9.\ 3.\ 1.\ 0. -1. -3. -9. \\ 10.\ 5.\ 2.\ 1.\ 0. -1. -2. -5. -10. \end{array}\right.$$

sed quantitates P sunt arithmetice proportionales, (quia numeri 2. 1. 0. -1., per constructionem sunt tales,) ergo, & numeri ex prima secunda, tertia, & quarta classe eligendi debent esse arithmetice proportionales; quod est primum NEWTONI assertum. Deinde quia tertius numerus o $m+n$, nihil aliud est, quam n, sequitur numerum e regione cyphræ existentem esse æqualem ipsi n, seu numero, quo x aliquoties sumptum augeri debet, quod est alterum NEWTONI assertum.

Tandem si subtrahis $1m+n$, ex $2m+n$, remanet m, quod proin æquale est differentiæ numerorum arithmetice proportionalium, & ex numeris (Q) selectorum, id quod tertium format assertum NEWTONI, dicentis ipsum x in divisore quæsito toties esse sumendum, quot unitatibus primus terminus progressionis ex (Q) desumtæ secundum superat. *Q. E. D.*

SCHOLIUM.

182. *In nostro exemplo numeri arithmetice proportionales, qui ex prima, secunda, tertia, & quarta classe numerorum (Q) desumi possunt, sunt* -1, $+1$, $+3$, $+5$, *quorum tertius*

Si nullus occurrit hac methodo divisor, vel nullus qui dividit propositam quantitatem; concludendum erit quantitatem illam non admittere divisorem unius dimensionis. Potest tamen fortasse, si plurium sit quam trium dimensionum, divisorem admittere duarum. Et si ita, divisor ille investigabitur hac methodo.

In quantitate illa pro litera substitue, ut ante, quatuor vel plures terminos progressionis hujus.

$$3,\ 2,\ 1,\ 0,\ -1,\ -2,\ -3,$$

Divisores omnes numerorum resultantium sigillatim adde & subduc quadratis correspondentium terminorum progressionis illius ductis in divisorem aliquem numeralem altissimi termini quantitatis propositæ, & summas differentiasque e regione progressionis colloca. Dein progressiones omnes collaterales nota, quæ per istas summas differentiasque percurrunt. Sit $\pm C$ *terminus istiusmodi progressionis qui stat e regione termini* 0 *progressionis primæ,* $\pm B$ *differentia quæ oritur subducendo* $\pm C$ *de termino proxime superiori qui stat e regione termini* 1 *progressionis primæ, A prædictus termini altissimi divisor numeralis, & l litera quæ in quantitate proposita est, & erit* $All \pm Bl \pm C$ *divisor tentandus.*

Ut si quantitas proposita sit

$$x^4 - x^3 - 5xx + 12x - 6,$$

pro x scribo successive $3;\ 2;\ 1;\ 0;\ -1;\ -2;$ & prodeuntes numeros

$$39;\ 6;\ 1;\ -6;\ -21;\ -26,$$

una cum eorum divisoribus e regione dispono, addoque & subduco divisores terminis progressionis illius quadratis ductisque in divisorem numeralem termini x^4, qui unitas est, videlicet terminis $9;\ 4;\ 1;\ 0;\ 1;\ 4;$ & summas differentiasque e latere pariter dispono. Dein progressiones, quæ in iisdem obveniunt, e latere etiam scribo, ut sequitur. Harum progressionum terminos 2 & -3, qui stant e regione termini 0 progressionis illius quæ in columna prima est, usurpo successive pro $\pm C$, differentias quæ oriuntur

3 | 39

tius 3 *stat e regione cyphræ, seu* $0m + n$, *unde sequitur* $n = 3$, *& subtrahendo secundum a primo habetur* -2, *qui erit valor ipsius* m, *est ergo divisor quæsitus* $-2x + 3$.

Notandum est progressionem arithmeticam, cujus termini sunt æquales, uti semper esset 1. 1. 1. 1, *nunquam esse considerandam, quia inde sequetur* $m = 0$, *quod nunquam contingere potest; sed, si præter talem, adhuc aliæ progressiones arithmeticæ ex numeris* (Q) *elici potuissent, plures quam quatuor substitutiones pro* x *facienda sunt, donec nulla talis, præter utilem, progressio formari possit. Si numeri* (Q) *prorsus nullam suppeditant, indicium est quantitatem propositam non admittere divisorem unius dimensionis. Si, non obstantibus pro* x *substitutionibus, plures arithmeticæ progressiones ex numeris* (Q) *deduci possunt, suspicandum plures quoque divisores proposito satisfacere. Miror quod* NEWTONUS *semper in recensione numerorum* (Q) *cyphras omiserit, omnes terminos dividentes, & quandoque necessario considerandas.*

3	39	1.3.13.39.	9	—30.—4.6.8.10.12.22.48.	—4.	6.
2	6	1.2. 3. 6.	4	— 2. 1.2.3.5. 6. 7.10	—2.	3.
1	1	1.	1	0. 2.	0.	0.
0	6	1.2. 3. 6.	0	— 6.—3.—2.— 1.1.2.3.6.	2.	—3.
—1	21	1.3. 7.21.	1	—20.—6.—2.0.2.4. 8.22.	4.	—6.
—2	26	1.2.13.26.	4	—22.—9.2.3.5.6.17.30.	6.	—9.

ſubducendo hos terminos de terminis ſuperioribus 0 & 0, nempe —2 & +3, uſurpo reſpective pro $\pm B$; unitatem item pro A; & x pro l. Et ſic pro $All \pm Bl \pm C$, habeo diviſores duos tentandos

$$xx + 2x - 2 \text{ \& } xx - 3x + 3,$$

per quorum utrumque res ſuccedit.

Rurſus ſi proponatur quantitas

$$3y^5 - 6y^4 + y^3 - 8yy - 14y + 14,$$

Operatio erit ut ſequitur. Primo rem tento addendo & ſubducendo diviſores quadratis terminorum progreſſionis 2, 1, 0, 1 uſurpato 1 pro A, ſed res non ſuccedit. Quare pro A uſurpo

3	170		27		—7.	17
2	38	1.2.19.38.	12	—26.—7.10.11.13.14.31.50.	—7.	11
1	10	1.2. 5.10.	3	— 7.—2. 1. 2. 4. 5. 8.13.	—7.	5
0	14	1.2. 7.14.	0	—14.—7.—2.—1. 1. 2. 7.14.	—7.	—1
—1	10	1.2. 5.10.	3	— 7.—2. 1. 2. 4. 5. 8.13.	—7.	—7
—2	190		12		—7.	—13

3, alterum nempe termini altiſſimi $3y^5$ diviſorem numeralem, & quadratis iſtis multiplicatis per 3, hoc eſt numeris 12; 3; 0; 3; addo ſubducoque diviſores; & progreſſiones in terminis reſultantibus haſce duas invenio —7; —7; —7; —7; & 11; 5; —1; —7. Expeditionis gratia neglexeram diviſores extimorum numerorum 170 & 190. Quare continuatis progreſſionibus ſumo proximos earum hinc inde terminos, videlicet —7 & 17 ſuperius, & —7, & —13 inferius, ac tento ſi ſubductis his de numeris 27 ac 12, qui ſtant e regione in quarta columna, differentiæ dividunt iſtos 170 & 190 qui ſtant e regione in columna ſecunda. Et quidem differentia inter 27 & —7, id eſt 34, dividit 170; & differentia 12 & —7, id eſt 19, dividit 190. Item differentia inter 27 & 17, id eſt 10, dividit 170, ſed differentia inter 12 & —13, id eſt 25, non dividit 190. Quare poſteriorem progreſſionem rejicio. Juxta priorem $\pm C$ eſt —7, & $\pm B$ nihil; terminis progreſſionis nullam habentibus differentiam. Quare diviſor tentandus

tandus $All \pm Bl \pm C$ erit $3yy + 7$. Et diviſio ſuccedit, prodeunte $y^3 - 2yy - 2y + 2$. (*q*)

LXIX.

(*q*) 183. Sequitur nunc methodus NEWTONI inveniendorum diviſorum duarum dimenſionum demonſtranda. Sit propoſita quantitas

$$(C)\ 3x^5 + 2x^3 + 2xx + 3x - 5,$$

cujus diviſor inveniendus ſit

$$(D)\ fxx + gx + h$$

(ubi f, g, h, ſunt quantitates incognitæ, & determinandæ.) Poſitis nunc iterum ſucceſſive pro x numeris arithmetice proportionalibus, ut 1, 0. — 1. — 2, habebuntur pro quantitate (C) 5. — 5. — 11. — 115, & pro quantitate (D) habebuntur quantitates $1f + 1g + h$. $0f + 0g + h$. $1f - 1g + h$. $4f - 2g + h$ (ubi probe notandum eſt coefficientes ipſius f eſſe quadrata numerorum aſſumptorum 1; 0; — 1; — 2, & coefficientes ipſius g, eſſe ipſos hos numeros). Cum autem quantitas (D) generaliter debeat dividere quantitatem (C), oportet, ut diviſio illa quoque ſuccedat in omni caſu particulari, unde quantitates æquabunt unum ex diviſoribus numeri

$$1f + 1g + h$$
$$0f + 0g + h$$
$$1f - 1g + h$$
$$4f - 2g + h$$

qui ſunt

5.1.0. — 1. — 5.
5.1.0. — 1. — 5.
11.1.0. — 1. — 11.
115.23.5.1.0. — 1. — 5. — 23. — 115.

& ideo quantitates

$$F\left\{\begin{array}{l} 1g + h \\ 0g + h \\ 1g + h \\ -2g + h \end{array}\right.$$

æquabunt

H		vel	vel	vel	vel
	5 — 1*f*.	1 — 1*f*.	0 — 1*f*.	-1 — 1*f*.	-5 — 1*f*.
	5 — 0*f*.	1 — 0*f*.	0 — 0*f*.	-1 — 0*f*.	-5 — 0*f*.
	11 — 1*f*.	1 — 1*f*.	0 — 1*f*.	-1 — 1*f*.	-11 — 1*f*.
	115 — 4*f*.	23 — 4*f*.	5 — 4*f*.	1 — 4*f*.	0 — 4*f*.

vel

|- 1 — 4*f*.|- 5 - 4*f*.|- 23 - 4*f*.|- 115 - 4*f*.|

Sed quantitates (F) ſunt arithmetice proportionales, ergo & quantitates ex (H) ſeligendæ, debent eſſe tales; patet inſuper quod f eſſe debeat numerus ſubmultiplus ipſius ternarii, ſeu (ut generaliter rem exprimam) numeri maximo termino quantitatis (C) præfixi, unde ſuppono primum $f = 1$, & quæro diviſorem, ut ſupra; ſed nullum invenio. Ex quo judico quod f nequit eſſe $= 1$, ergo ſuppono $f = 3$, quo facto, eruo ex quantitatibus (H) numeros arithmetice proportionales hos 2. 5. 8. 11. quorum ſecundus e regione quantitatis $0g + h$ exiſtentis, eſt $= h$, & differentia inter primum, & ſecundum, quæ eſt $-3 = g$, atque proin

$$fxx + gx + h = 3xx - 3x + 5,$$

quæ omnia NEWTONI regulæ ſunt conformia. Q. E. D.

SCHOLIUM.

184. *Cum quantitas* f *hoc modo, non niſi tentando eruatur, clarum eſt regulam hanc tam eſſe operoſam, ut ad praxin revocari nequeat quandoque; ſic ſi proponeretur quantitas, cujus maximo termino præfixus foret numerus* 60, *ejusque quantitatis diviſor dimenſionum duarum quærendus eſſet, undecim ſubſtitutiones pro* f *facienda eſſent, antequam præciſa reſponſio dari poſſet: dein raro ſufficiunt quatuor ſubſtitutiones pro* x, *ut nulla alia progreſſio arithmetica, præter utilem, ex quantitatibus* (H) *deduci poſſit, unde plures ſæpe ſubſtitutiones pro* x *ponendæ, quæ omnia, ut in effectum deducerentur, infinitum quaſi laborem requirerent.*

Notandum hic quamlibet progreſſionem arithmeticam, ſive differentia ejus ſit nulla ſive aliqua, ſubſiſtere poſſe, nihil enim impedit, quominus ſecundus diviſoris quæſiti terminus æqualis eſſe poſſit cyphra.

185. NEWTONUS, adhibitis hiſce duabus regulis, addit methodum ſuam etiam ad altiores diviſores inveniendos ſe extendere. Verum illud eſt, & demonſtratio facile ex huc usque dictis patet, ſed non termini arithmetice proportionales eſſent quærendi ex quantitatibus (H), alio etiam modo conſtituendis, ſed termini quorum differentiæ primæ, ſecundæ, &c. ſint arithmetice proportionales. Cum vero tales numeri non in oculos currant, ſicut numeri ſimpliciter arithmetice proportionales; imo, quaſi omni adhibita opera dignoſci nequeant, impoſſibile eſſet regulas illas in effectum deducere. Operæ pretium tamen erit, oſtendere regulam a modo dicta diverſam, qua diviſor

LXIX. Si nullus inveniri poteſt hoc pacto diviſor qui ſuccedit, concludendum eſt quantitatem propoſitam non admittere diviſorem duarum dimenſionum. Poſſet eadem methodus extendi ad inventionem diviſorum dimenſionum plurium, quærendo in prædictis ſummis differentiiſque progreſſiones non arithmeticas quidem, ſed alias quaſdam quarum terminorum differentiæ primæ, ſecundæ, tertiæ, *&c.* ſunt in arithmetica progreſſione: At in his Tyro non eſt detinendus.

LXX. *Ubi in quantitate propoſita duæ ſunt literæ, & omnes ejus termini ad dimenſiones æque altas aſcendunt; pro una iſtarum literarum pone unitatem, per regulas præcedentes quære diviſorem, ac diviſoris hujus comple deficientes dimenſiones reſtituendo literam illam pro unitate.*

Ut ſi quantitas ſit

$$6y^4 - cy^3 - 21ccyy + 3c^3y + 20c^4$$

ubi termini omnes ſunt quatuor dimenſionum; pro c pono 1, quantitas evadit

$$6y^4 - y^3 - 21yy + 3y + 20,$$

cujus diviſor duarum dimenſionum eruitur, & quidem ſcientifice, id eſt abſque ut neceſſe ſit numerum f tentando determinare, quo ipſo ſimul patebit quomodo Newtonus progreſſiones terminorum, quorum differentiæ ſunt arithmetice proporionales applicare poſſet.

Sit itaque quantitas.

$$(S)\ 4x^3 + 2xx - 16x + 7$$

(talem quantitatem commoditatis calculi cauſa eligo, quamvis proprie quantitas plurium dimenſionum aſſumenda eſſet, quia quantitas trium dimenſionum diviſa per quantitatem unius dimenſionis, eo ipſo, pro quotiente exhibet diviſorem duarum dimenſionum) cujus diviſor quæſitus ſit (T) $fxx + gx + h$, dico f, g, h tali modo determinari poſſe. Ponatur x ſucceſſive æqualis numeris arithmetice proportionalibus, &(quod in hac regula eſſentiale eſt, ſecus ac in præcedentibus, unitate differentibus). Sint numeri hi, 2. 1. 0. — 1. — 2, qui collocentur uti in appoſita figura videre eſt.

C	2	+ 15	15.5.3 +
	1	— 3	3.1.0. —
	0	+ 7	7.1.0. —
	—1	+ 21	21.7.3. +
	—2	+ 15	15.5.3. +

1.0. — 1. — 3. — 5. — 15.	B	5	A	8
1 — 3.		— 3		4
1. — 7.		— 7		0
1.0. — 1. — 3. — 7. — 21.		— 7		— 4
1.0. — 1. — 3. — 5. — 15.		— 3		

quibus apponantur numeri ex quantitate S poſt ſubſtitutionem reſultantes nempe 15; — 3; + 7, + 21; + 15, poſtea apponantur horum numerorum diviſores, uti in præſente ſchediasmate. Ex hisce diviſorum claſſibus eligantur tales numeri, ut eorum differentiæ ſint arithmetice proportionales, iique ponantur in latere: tales numeri in noſtro exemplo ſunt 5; — 3; — 7; — 7; — 3, quorum differentiæ arithmetice proportionales 8. 4. 0. — 4, iterum ad latus ponantur, ſed uno loco inferius, quo facto erit f æqualis dimidiæ differentiæ terminorum arithmetice proportionalium, poſteaque inventus valor ipſius f ſi ſubtrahatur a termino progreſſionis (A) e regione cyphræ progreſſionis (C) exiſtente, erit reſiduum æquale ipſi g, & tandem h erit æqualis termino progreſſionis (B) e regione cyphræ progreſſionis (C) exiſtenti, unde in noſtro exemplo $f = \frac{8-4}{2} = 2$, $g = 4 - 2 = 2$, & $h = -7$, adeoque diviſor quæſitus eſt $2xx + 2x - 7$, qui revera quantitatem propoſitam dividit. Hæc regula longe eſſet præferenda regulæ Newtoni, niſi difficulter admodum termini progreſſionis (B) eruerentur.

I 2

cujus divisor, ut supra, est $3y+4$, & completa deficiente dimensione posterioris termini per dimensionem, c, fit $3y+4c$ divisor quæsitus. Ita si quantitas sit

$$x^4 - bx^3 - 5bbxx + 12b^3x - 6b^4;$$

posito 1 pro b, & quantitatis resultantis

$$x^4 - x^3 - 5xx + 12x - 6$$

invento divisore $xx + 2x - 2$, compleo ejus deficientes dimensiones per dimensiones b, & sic habeo divisorem quæsitum $xx + 2bx - 2bb$.

LXXI. Ubi in quantitate proposita tres vel plures sunt literæ, & ejus termini omnes ad easdem dimensiones ascendunt; potest divisor per præcedentes regulas inveniri; sed expeditius hoc modo:

Quære omnes divisores terminorum omnium in quibus literarum aliqua non est, item terminorum omnium in quibus alia aliqua literarum non est, pariter & omnium in quibus tertia litera, quartaque, & quinta non est, si tot sunt literæ. Et sic percurre omnes literas. Et e regione literarum colloca divisores respective. Dein vide si in serie aliqua divisorum per omnes literas pergente, partes omnes unicam tantum literam involventes tot vicibus reperiantur quot sunt literæ una dempta in quantitate proposita: Et partes duas literas involventes tot vicibus quot sunt literæ demptis duabus in eadem quantitate. Si ita est; partes istæ omnes sub signis suis semel sumptæ erunt divisor quæsitus.

Ut si proponatur quantitas

$$12x^3 \begin{matrix} -14b \\ +9c \end{matrix} x^2 \begin{matrix} -12bb \\ -6bc \\ +8cc \end{matrix} x \begin{matrix} +8b^3 \\ -12b^2c \\ -4bc^2 \\ +6c^3 \end{matrix}$$

terminorum

$$8b^3 - 12bbc - 4bcc + 6c^3$$

in quibus non est x, divisores unius dimensionis per præcedentes regulas inventi erunt $2b - 3c$ & $4b - 6c$;

terminorum

$$12x^3 + 9cxx + 8ccx + 6c^3$$

in quibus non est b, divisor unicus $4x + 3c$;

ac terminorum

$$12x^3 - 14bxx - 12bbx + 8b^3$$

in

in quibus non est c, divisores $2x - b$ & $4x - 2b$. Hos divisores e regione literarum x, b, c dispono ut hic vides.

$$\begin{array}{c|l} x & 2b - 3c.\ \ 4b - 6c. \\ b & 4x + 3c. \\ c & 2x - b.\ \ 4x - 2b. \end{array}$$

Cum tres sint literæ & divisorum partes singulæ non nisi singulas literas involvant, in serie divisorum debent partes illæ bis reperiri. At divisorum $4b - 6c$ & $2x - b$ partes $4b$, $6c$, $2x$, b non nisi semel occurrunt. Extra divisorem illum, cujus sunt partes, non reperiuntur. Quare divisores illos negligo. Restant tantum tres divisores $2b - 3c$, $4x + 3c$ & $4x - 2b$. Hi in serie sunt per omnes literas x, b, c pergente, & eorum partes singulæ $2b$, $3c$, $4x$, bis reperiuntur in ipsis ut oportuit, idque cum signis iisdem, si modo signa divisoris $2b - 3c$ mutentur, & ejus loco scribatur $-2b + 3c$. Nam signa divisoris cujusvis mutare licet. Sumo itaque horum partes omnes $2b$, $3c$, $4x$ semel sub signis suis, & aggregatum $-2b + 3c + 4x$ divisor erit quem invenire oportuit. Nam si per hunc dividas quantitatem propositam prodibit $3xx - 2bx + 2cc - 4bb$.

Rursus si quantitas sit

$$12x^5 \begin{array}{l} -10a \\ -9b \end{array} x^4 \begin{array}{l} -26aa \\ +12ab \\ +6bb \end{array} x^3 \begin{array}{l} +24a^3 \\ -8a^2b \\ -8ab^2 \\ -24b^3 \end{array} x^2 \begin{array}{l} -4a^3b \\ +6a^2b^2 \\ -12ab^3 \\ +18b^4 \end{array} x \begin{array}{l} +12a^4b \\ +32a^2b^3 \\ -12b^5 \end{array}$$

divisores terminorum, in quibus x non est, colloco e regione x; illos terminorum, in quibus a non est, e regione a; & illos terminorum, quibus b non est, e regione b, ut hic vides.

$$\begin{array}{c|l} x & b,\ 2b,\ 4b,\ aa + 3bb,\ 2aa + 6bb,\ 4aa + 12bb,\ bb - 3aa, \\ & 2bb - 6aa,\ 4bb - 12aa. \\ a. & 4xx - 3bx + 2bb,\ 12xx - 9bx + 6bb. \\ b & x,\ 2x,\ 3x - 4a,\ 6x - 8a,\ 3xx - 4ax,\ 6xx - 8ax, \\ & 2xx + ax - 3aa,\ 4xx + 2ax - 6aa. \end{array}$$

Dein illos omnes qui sunt unius dimensionis rejiciendos esse sentio, quia simplices b, $2b$, $4b$, x, $2x$, & partes compositorum $3x - 4a$, $6x - 8a$, non nisi semel in omnibus divisoribus reperiuntur; tres autem sunt literæ in quantitate proposita, & partes illæ unicam tantum involvunt, atque adeo bis reperiri deberent. Similiter divisores duarum dimensionum $aa + 3bb$, $2aa + 6bb$, $4aa + 12bb$, $bb - 3aa$ & $4bb - 12aa$ rejicio, quia partes eorum aa, $2aa$, $4aa$, bb & $4bb$, unicam tantum literam a vel b involventes, non nisi semel reperiuntur. Divisoris autem $2bb - 6aa$, qui solus restat e regione x, partes $2bb$ & $6aa$ quæ similiter unicam tantum literam involvunt, iterum reperiuntur, nempe pars $2bb$ in divisore

 $4xx$

$4xx - 3bx + 2bb$, & pars $6aa$ in divisore $4xx + 2ax - 6aa$. Quin etiam hi tres divisores in serie sunt, stantes e regione trium literarum x, a, b; & omnes eorum partes $2bb, 6aa, 4xx$, quæ unicam tantum literam involvunt, bis reperiuntur in ipsis, idque sub propriis signis; partes vero $3bx, 2ax$, quæ duas literas involvunt, non nisi semel occurrunt in ipsis. Quare horum trium divisorum partes omnes diversæ $2bb, 6aa, 4xx, 3bx, 2ax$ sub signis suis connexæ, divisorem desideratum

$$2bb - 6aa + 4xx - 3bx + 2ax$$

conflabunt. Per hunc itaque divido quantitatem propositam & oritur $3x^3 - 4axx - 2aab - 6b^3$.

LXXII. *Si quantitatis alicujus termini omnes non sunt æque alti, complendæ sunt dimensiones deficientes per dimensiones literæ cujusvis assumptæ, dein per præcedentes regulas invento divisore, litera assumpta delenda est.*

Ut si quantitas sit

$$12x^3 \begin{matrix} -14b \\ +9 \end{matrix} x^2 \begin{matrix} -12b^2 \\ -6b \\ +8 \end{matrix} x \begin{matrix} +8b^3 \\ -12b^2 \\ -4b \\ +6 \end{matrix}$$

assume literam quamvis c, & per dimensiones ejus comple dimensiones quantitatis propositæ ad hunc modum

$$12x^3 \begin{matrix} -14b \\ +9c \end{matrix} x^2 \begin{matrix} -12b^2 \\ -6bc \\ +8c^2 \end{matrix} x \begin{matrix} +8b^3 \\ -12b^2c \\ -4bc^2 \\ +6c^3 \end{matrix}$$

Dein hujus divisore $4x - 2b + 3c$ invento; dele c; & habebitur divisor desideratus $4x - 2b + 3$.

LXXIII. Aliquando divisores facilius quam per has regulas inveniri possunt. Ut si litera aliqua in quantitate proposita sit unius tantum dimensionis; quærendus erit maximus communis divisor terminorum, in quibus litera illa reperitur, & reliquorum terminorum, in quibus non reperitur: nam divisor ille totam dividet. Et si nullus est ejusmodi communis divisor, nullus erit divisor totius. Exempli gratia, si proponatur quantitas

$$x^4 \begin{matrix} -3a \\ +c \end{matrix} x^3 \begin{matrix} -8aa \\ -ac \end{matrix} x^2 \begin{matrix} +18a^3 \\ -8aac \end{matrix} x \begin{matrix} +6a^3c \\ -8a^4 \end{matrix},$$

quæratur communis divisor terminorum

$+cx^3$

$$+ cx^3 - acxx - 8aacx + 6a^3c$$

in quibus c unius est tantum dimensionis, & terminorum reliquorum

$$x^4 - 3ax^3 - 8aaxx + 18a^3x - 8a^4$$

ac divisor ille, nempe $xx + 2ax - 2aa$, dividet totam quantitatem.

LXXIV. *Ceterum maximus duorum numerorum divisor communis, si prima fronte non innotescit, invenitur perpetua ablatione minoris de majori & reliqui de ablato. Nam quæsitus erit divisor qui tandem nihil relinquit.* *

Sic ad inveniendum maximum communem divisorem numerorum 203 & 667, aufer ter 203 de 667, & reliquum 58 ter de 203, & reliquum 29 bis de 58, restabitque nihil: quod indicat 29 esse divisorem quæsitum.

LXXV. *Haud secus in speciebus communis divisor, ubi compositus est, invenitur subducendo alterutram quantitatem, aut multiplicem ejus de altera: Si modo & quantitates illæ & residuum juxta literæ alicujus dimensiones, ut in divisione ostensum est, ordinentur, & qualibet vice concinnentur dividendo ipsas per suos omnes divisores qui aut simplices sunt, aut singulos terminos, instar simplicium, dividunt.*

Sic ad inveniendum communem divisorem numeratoris ac denominatoris fractionis hujus.

$$\frac{x^4 - 3ax^3 - 8aaxx + 18a^3x - 8a^4}{x^3 - axx - 8aax + 6a^3},$$

multiplica denominatorem per x, ut primus ejus terminus evadat idem cum primo termino numeratoris. Dein aufer, & restabit $- 2ax^3 + 12a^3x - 8a^4$, quod concinnatum dividendo per $- 2a$, evadit $x^3 - 6aax + 4a^3$. Hoc aufer de denominatore & restabit $- axx - 2aax + 2a^3$. Quod idem per $- a$ divisum fit $xx + 2ax - 2aa$. Hoc autem per x multiplica, ut ejus primus terminus evadat idem cum primo termino novissimi ablati $x^3 - 6aax + 4a^3$, de quo auferendum est; & restabit $- 2axx - 4aax + 4a^3$, quod per $- 2a$ divisum fit etiam $xx + 2ax - 2aa$. Et hoc cum idem sit ac superius residuum, proindeque ablatum relinquat nihil, quæsitus erit divisor per quem fractio proposita, facta numeratoris ac denominatoris divisione, reduci potest ad simpliciorem, nempe ad $\frac{xx - 5ax + 4aa}{x - 3a}$.

Atque ita si habeatur fractio

* Eucl. 2. VII.

$6a^3$

$$\frac{6a^5 + 15a^4b - 4a^3cc - 10aabcc}{9a^3b - 27aabc - 6abcc + 18bc^3},$$

termini ejus imprimis abbreviandi sunt dividendo numeratorem per aa ac denominatorem per $3b$ Dein ablato bis

$$3a^3 - 9aac - 2acc + 6c^3 \text{ de } 6a^3 + 15aab - 4acc - 10bcc,$$

restabit

$$\begin{array}{l} 15b \\ +18c \end{array} aa \begin{array}{l} -10bcc \\ -12c^3 \end{array}.$$

Quod concinnatum dividendo terminum utrumque per $5b + 6c$ perinde ac si $5b + 6c$ simplex esset quantitas, evadit $3aa - 2cc$. Hoc multiplicatum per a aufer de $3a^3 - 9aac - 2acc + 6c^3$ & secunda vice restabit $-9aac + 6c^3$ quod itidem concinnatum per applicationem ad $-3c$, evadit etiam $3aa - 2cc$ ut ante. Quare $3aa - 2cc$ quaesitus est divisor. Quo invento, divide per eum partes fractionis propositae & obtinebitur

$$\frac{2a^3 + 5aab}{3ab - 9bc}.$$

LXXVI. Quod si divisor communis hoc pacto non inveniatur, certum est nullum omnino existere, nisi forsan e terminis prodeat per quos numerator ac denominator fractionis abbreviantur. Ut si habeatur fractio

$$\frac{aadd - ccdd - aacc + c^4}{4aad - 4acd - 2acc + 2c^3}$$

ac terminis ejus juxta dimensiones litterae d disponantur, ita ut evadat

numerator

$$\begin{array}{r} aa \\ -cc \end{array} dd \begin{array}{l} -aacc \\ +c^4 \end{array}$$

denominator

$$\begin{array}{r} 4aa \\ -4ac \end{array} d \begin{array}{l} -2acc \\ +2c^3 \end{array}.$$

Hos imprimis oportet abbreviare dividendo utrumque numeratoris terminum per $aa - cc$ & utrumque denominatoris per $2a - 2c$ perinde ac si $aa - cc$ & $2a - 2c$ essent simplices quantitates. Atque ita vice numeratoris

toris emerget $dd - cc$; & vice denominatoris $2ad - cc$, ex quibus sic praeparatis nullus communis divisor obtineri potest. Sed e terminis $aa - cc$ & $2a - 2c$, per quos numerator ac denominator abbreviati sunt, prodit ejusmodi divisor, nempe $a - c$, cujus ope fractio ad hanc

$$\frac{add + cdd - acc - c^3}{4ad - 2cc}$$

reduci potest. Quod si neque termini $aa - cc$ & $2a - 2c$ communem divisorem habuissent, fractio proposita fuisset irreducibilis.

LXXVII. Et haec generalis est methodus inveniendi communes divisores:

Sed plerumque expeditius inveniuntur quaerendo omnes alterutrius quantitatis divisores primos, hoc est, qui per alios dividi nequeunt, ac dein tentando siqui alteram dividant absque residuo.

Sic ad reducendum $\frac{a^3 - aab + abb - b^3}{aa - ab}$ ad minimos terminos, inveniendi sunt divisores quantitatis $aa - ab$ nempe a & $a - b$. Dein tentandum est an alteruter a vel $a - b$ dividat etiam $a^3 - aab + abb - b^3$ absque residuo.

Regulam generalem tradidit Cel. Nicol. Bernoullius, quam vide in commercio epistolico Leibnitii & Bernoullii. T. 2. p. 189. &c.

ARTICULUS III.

DE REDUCTIONE FRACTIONUM *ad communem denominatorem.*

LXXVIII. F*ractiones ad communem denominatorem reducuntur multiplicando terminos utriusque per denominatorem alterius* (r).

Sic habitis $\frac{a}{b}$ & $\frac{c}{d}$, duc terminos unius $\frac{a}{b}$ in d, & vicissim terminos alterius $\frac{c}{d}$ in b, & evadent $\frac{ad}{bd}$ & $\frac{bc}{bd}$, quarum communis est denominator

(r) Eucl. 17. VII. Vel sic res. Fractiones $\frac{a}{b}$, $\frac{c}{d}$ habebunt eundem denominatorem si ambarum denominator fit bd; hoc efficiendum est, ita ut fractiones valorem non mutent: fractio $\frac{a}{b}$ sic dividitur per d, & ideo minor fit, quare est ducenda in d, ne valorem mutet, siquidem $\frac{ad}{bd} = \frac{a}{b} \cdot \frac{d}{d} = \frac{a}{b} \cdot 1 = \frac{a}{b}$. Idem dicendum de reliqua.

tor bd. Atque ita a & $\frac{ab}{c}$ five $\frac{a}{1}$ & $\frac{ab}{c}$ evadunt $\frac{ac}{c}$ & $\frac{ab}{c}$. Ubi vero denominatores communem habent divisorem, sufficit multiplicare alterne per quotientes. Sic fractiones $\frac{a^3}{bc}$ & $\frac{a^3}{bd}$ ad hasce $\frac{a^3d}{bcd}$ & $\frac{a^3c}{bcd}$ reducuntur, multiplicando alterne per quotientes c ac d ortos divisione denominatorum per communem divisorem b.

LXXIX. Hæc autem reductio præcipue usui est in additione & subductione fractionum, quæ, si diversos habent denominatores, ad eundem reducendæ sunt antequam uniri possunt.

Sic $\frac{a}{b}+\frac{c}{d}$ per reductionem evadit $\frac{ad}{bd}+\frac{bc}{bd}$, sive $\frac{ad+bc}{bd}$.

Et $a+\frac{ab}{c}$ evadit $\frac{ac+ab}{c}$.

Et $\frac{a^3}{bc}-\frac{a^3}{bd}$ evadit $\frac{a^3d-a^3c}{bcd}$ vel $\frac{d-c}{bcd}a^3$.

Et $\frac{c^4+x^4}{cc-xx}-cc-xx$ evadit $\frac{2x^4}{cc-xx}$ (s).

Atque ita $\frac{2}{3}+\frac{5}{7}$ evadit $\frac{14}{21}+\frac{15}{21}$ sive $\frac{14+15}{21}$ hoc est $\frac{29}{21}$.

Et $\frac{11}{6}-\frac{3}{4}$ evadit $\frac{22}{12}-\frac{9}{12}$ sive $\frac{13}{12}$.

Et $\frac{3}{4}-\frac{5}{12}$ evadit $\frac{9}{12}-\frac{5}{12}$ sive $\frac{4}{12}$ hoc est $\frac{1}{3}$.

Et $3\frac{4}{7}$ sive $\frac{3}{1}+\frac{4}{7}$ evadit $\frac{21}{7}+\frac{4}{7}$ sive $\frac{25}{7}$.

[illegible] $\frac{1}{2}$ evadit $\frac{51}{2}$.

LXXX. Fractiones, ubi plures, sunt gradatim uniri debent.

Sic habitis $\frac{aa}{x}-a+\frac{2xx}{3a}-\frac{ax}{a-x}$; ab $\frac{aa}{x}$ aufer a & restabit $\frac{aa-xa}{x}$, huic adde $\frac{2xx}{3a}$ & prodibit $\frac{3a^3-3aax+2x^3}{3ax}$ unde aufer denique $\frac{ax}{a-x}$ & restabit $\frac{3a^4-6a^3x+2ax^3-2x^4}{3aax-3axx}$.

(s) 187. Nam reducendo has fractiones $\frac{c^4+x^4}{cc-xx}$, $\frac{cc}{1}$; $\frac{xx}{1}$ ad eundem denominatorem, habetur $\frac{c^4+x^4;\ c^4-ccxx;\ ccxx-x^4}{cc-xx}$; sed duæ secundæ subducendæ sunt a primis, ergo erit $\frac{c^4+x^4-c^4+ccxx-ccxx+x^4}{cc-xx}=\frac{2x^4}{cc-xx}$.

At-

Atque ita si habeatur 3 $\frac{4}{7} - \frac{2}{3}$, imprimis aggregatum 3 $\frac{4}{7}$ inveniendum est nempe $\frac{25}{7}$ dein ab hoc auferendum $\frac{2}{3}$ & restabit $\frac{61}{21}$ (t).

ARTICULUS IV.

DE REDUCTIONE RADICALIUM, *ad minimos terminos.*

LXXXI. R*adicalis, ubi totius radix extrahi nequit, plerumque concinnatur extrahendo radicem divisoris alicujus.*

Sic $\sqrt{aabc}$ extrahendo radicem divisoris aa fit $a\sqrt{bc}$ (u).
Et $\sqrt{48}$ extrahendo radicem divisoris 16 fit $4\sqrt{3}$.
Et $\sqrt{48aabc}$ extrahendo radicem divisoris $16aa$ fit $4a\sqrt{3bc}$.
Et $\sqrt{\frac{a^3b - 4aabb + 4ab^3}{cc}}$ extrahendo radicem divisoris $\frac{aa - 4ab + 4bb}{cc}$ fit $\frac{a - 2b}{c}\sqrt{ab}$.

Et $\sqrt{\frac{aaoomm}{ppzz} + \frac{4aam^3}{pzz}}$ extrahendo radicem divisoris $\frac{aamm}{ppzz}$ fit $\frac{am}{pz}$ in $\sqrt{oo + 4mp}$.

Et $6\sqrt{\frac{75}{98}}$ extrahendo radicem divisoris $\frac{25}{49}$ fit $\frac{30}{7}\sqrt{\frac{3}{2}}$, sive $\frac{30}{7}\sqrt{\frac{6}{4}}$ radicemque denominatoris adhuc extrahendo, fit $\frac{15}{7}\sqrt{6}$.

Et sic $a\sqrt{\frac{b}{a}}$ sive $a\sqrt{\frac{ab}{aa}}$ extrahendo radicem denominatoris fit $\sqrt{ab}$ (x).

Et $\sqrt[3]{:8a^3b + 16a^4}$ extrahendo radicem cubicam divisoris $8a^3$ fit $2a$ in $\sqrt[3]{:b + 2a}$.

Haud secus $\sqrt[4]{:a^3x}$ extrahendo radicem quadraticam divisoris aa fit $\sqrt{a}$ in $\sqrt[4]{ax}$ (y) vel extrahendo radicem quadrato-quadraticam divisoris a^4 fit $a\sqrt[4]{\frac{x}{a}}$ (z).

At-

(t) 188. Nam $3\frac{4}{7} = \frac{3 \cdot 7 + 4}{7} = \frac{25}{7}$; & $\frac{25}{7}$; $\frac{2}{3}$ ad eundem denominatorem reducta dant $\frac{75 \ \& \ 14}{21}$ quarum differentia $= \frac{61}{21}$.

(u) Nam (ex 192. hujus) $\sqrt{aabc} = \sqrt{bc} \cdot \sqrt{aa}$ sed $\sqrt{aa} = a$, ergo &c.

(x) Ducto denominatore, ac numeratore in a, fit $a\sqrt{\frac{b}{a}} = a\sqrt{\frac{ab}{aa}} = a\sqrt{\frac{1}{aa}}\sqrt{ab}$ $= \frac{a}{a}\sqrt{ab}$ (quia $\sqrt{\frac{1}{aa}} = \frac{1}{a}$) $= \sqrt{ab}$.

(y) Nam $\sqrt[4]{a^2x} = \sqrt[4]{a^2} \cdot \sqrt[4]{ax} = \sqrt{a} \cdot \sqrt[4]{ax}$ (ex $\sqrt[4]{a^2}$ extracta radice quadrata).

(z) Item $\sqrt[4]{a^3x} = \sqrt[4]{\frac{a^4x}{a}} = \sqrt[4]{a^4} \cdot \sqrt[4]{\frac{x}{a}}$ $= a\sqrt[4]{\frac{x}{a}}$.

Atque ita $\sqrt[6]{a^7x^5}$ convertitur in $a\sqrt[6]{ax^5}$, (a) vel in $ax\sqrt[6]{\frac{a}{x}}$ (b) vel in $\sqrt{ax}\cdot\sqrt[3]{axx}$ (c).

LXXXII. Ceterum hæc reductio non tantum concinnandis radicalibus inservit, sed & earum additioni & subductioni, si modo ex parte radicali conveniant ubi ad formam simplicissimam reducuntur. Tunc enim uniri possunt, quod aliter non fit.

Sic $\sqrt{48} + \sqrt{75}$ per reductionem evadit $4\sqrt{3} + 5\sqrt{3}$ hoc est $9\sqrt{3}$.

Et $\sqrt{48} - \sqrt{\frac{16}{27}}$ per reductionem evadit $4\sqrt{3} - \frac{4}{9}\sqrt{3}$ hoc est $\frac{32}{9}\sqrt{3}$ (d).

Et sic $\sqrt{\frac{4ab^3}{cc}} + \sqrt{\frac{a^3b - 4aabb + 4ab^3}{cc}}$ extrahendo quicquid est rationale, evadit $\frac{2b}{c}\sqrt{ab} + \frac{a - 2b}{c}\sqrt{ab}$ (e) hoc est $\frac{a}{c}\sqrt{ab}$.

Et $\sqrt[3]{8a^3b + 16a^4} - \sqrt[3]{b^4 + 2ab^3}$ evadit $2a\sqrt[3]{b + 2a} - b$ in $\sqrt[3]{b + 2a}$ (f) hoc est $\overline{2a - b}\ \sqrt[3]{b + 2a}$.

ARTICULUS V.

DE REDUCTIONE RADICALIUM

ad eandem denominationem.

LXXXIII. Cum in radicalibus diversæ denominationis instituenda est multiplicatio vel divisio, oportet omnes ad eandem denominationem reducere, idque præfigendo signum radicale, cujus index est minimus numerus, quem earum indices dividunt absque residuo, & suffixas quan-

(a) Enim $\sqrt[6]{a^7x^5} = \sqrt[6]{a^6}\cdot\sqrt[6]{ax^5} = a\sqrt[6]{ax^5}$.

(b) Pariter $\sqrt[6]{a^7x^5} = \sqrt[6]{\frac{a^7x^6}{x}} = \sqrt[6]{a^6x^6}\cdot\sqrt[6]{\frac{a}{x}} = ax\sqrt[6]{\frac{a}{x}}$.

(c) Denique $\sqrt[6]{a^7x^5} = \sqrt[6]{a^3x^3}\cdot\sqrt[6]{a^4x^2}$. Cum vero ex harum nulla extrahere possim radicem sextam, & prima quantitas sit cubica secunda quadrata, e prima cubicam, e secunda quadratam radicem extraho, & invenio $\sqrt{ax}\cdot$ [illegible].

(d) Jam $\sqrt{48} = \sqrt{16}\cdot\sqrt{3} = 4\sqrt{3}$. quærenda est igitur quantititas ducta in $\sqrt{3}$ & æqualis ipsi $\sqrt{\frac{16}{27}}$: sit hæc x, ergo $x\sqrt{3} = \sqrt{\frac{16}{27}}$ & omnibus divisis per $\sqrt{3}$, $x = \sqrt{\frac{16}{27\cdot 3}} = \sqrt{\frac{16}{81}} = \frac{4}{9}$ quare $\frac{4}{9}\sqrt{3} = \sqrt{\frac{16}{27}}$.

(e) Siquidem $\sqrt{\frac{4ab^3}{cc}} = \sqrt{\frac{4b^2}{c^2}}\cdot\sqrt{ab} = \frac{2b}{c}\sqrt{ab}$, & $\sqrt{\frac{(a^3b - 4aabb + 4ab^3)}{cc}} = \sqrt{\frac{(aa - 4ab + 4b^2)}{cc}}\sqrt{ab} = \frac{(a - 2b)}{c}\sqrt{ab}$.

(f) Est enim $\sqrt[3]{(8a^3b + 16a^4)} = \sqrt[3]{8a^3}\cdot\sqrt[3]{(b + 2a)} = 2a\sqrt[3]{(b + 2a)}$ & $\sqrt[3]{(b^4 + 2ab^3)} = \sqrt[3]{b^3}\cdot\sqrt[3]{(b + 2a)} = b\sqrt[3]{(b + 2a)}$.

quantitates toties sumpta una vice, in se ducendo quoties index ille jam major evaserit (g).

Sic enim $\sqrt{ax}$ in $\sqrt[3]{aax}$ evadit $\sqrt[6]{a^3x^3}$ in $\sqrt[6]{a^4xx}$ hoc est $\sqrt[6]{a^7x^5}$.
Et $\sqrt{a}$ in $\sqrt[4]{ax}$ evadit $\sqrt[4]{aa}$ in $\sqrt[4]{ax}$ hoc est $\sqrt[4]{a^3x}$.
Et $\sqrt{6}$ in $\sqrt[4]{\frac{5}{6}}$ evadit $\sqrt[4]{36}$ in $\sqrt[4]{\frac{5}{6}}$ hoc est $\sqrt[4]{30}$.
Eadem ratione $a\sqrt{bc}$ evadit $\sqrt{aa}$ in $\sqrt{bc}$ hoc est $\sqrt{aabc}$.
Et $4a\sqrt{3bc}$ evadit $\sqrt{16aa}$ in $\sqrt{3bc}$ hoc est $\sqrt{48aabc}$.
Et $2a\sqrt[3]{(b+2a)}$ evadit $\sqrt[3]{8a^3}$ in $\sqrt[3]{(b+2a)}$ hoc est $\sqrt[3]{(8a^3b+16a^4)}$.

Atque ita $\frac{\sqrt{ac}}{b}$ fit $\frac{\sqrt{ac}}{\sqrt{bb}}$ sive $\sqrt{\frac{ac}{bb}}$.

Et $\frac{6abb}{\sqrt{18ab^3}}$ fit $\frac{\sqrt{36aab^4}}{\sqrt{18ab^3}}$ sive $\sqrt{2ab}$. Et sic in aliis.

ARTICULUS VI.

DE REDUCATIONE RADICALIUM

ad simpliciores radicales per extractionem radicum.

LXXXIV. Radices quantitatum quæ ex integris & radicalibus quadraticis componuntur sic extrahe.

Designet A quantitatis alicujus partem majorem, B partem minorem: Et erit $\frac{A+\sqrt{(AA-BB)}}{2}$ *quadratum majoris partis radicis; &* $\frac{A-\sqrt{(AA-BB)}}{2}$ *qua-*

In iis sequentibus radices notabimus, ut dictum est (N°. 159. hujus) commodo Typothetarum inserviatur.

Radicum eundem denominatorem habentium jam tradita est multiplicatio (XLV. hujus) & divisio (XLIX hujus): cum vero diversum habent denominatorem ad eundem sunt reducendæ. Sumamus $a^{\frac{n}{p}}$; $b^{\frac{m}{q}}$. Jam patet $a^{\frac{nq}{pq}} = a^{\frac{n}{p}}$. Item $b^{\frac{mp}{pq}} = b^{\frac{m}{q}}$, quare reductio facta est.

Si vero p, & q, communem habeant mensuram ex. gr. si $p = rs$, & $q = rt$, habebimus $a^{\frac{n}{rs}}$ & $b^{\frac{m}{rt}}$, indices fracti reducantur ad minimos terminos per LXV. hujus, & fiat $a^{\frac{nt}{rst}}$, & $b^{\frac{ms}{rst}}$, eundem habentes denominatorem, (quod erat faciendum) & prioribus simpliciores (quod semper est quærendum) quam ob rem *inveniatur* rst *minimus numerorum, quos duo dati metiuntur* (EUCL. 27. VII.) *hic dividatur per* rs *indicem unius ex radicalibus, unde habetur* t; *elevetur* a^n *ad potestatem* t, *& ex ea extrahatur radix* rst. *Idem fiat de secunda*, & voti compotes facti erimus.

Sic minimus numerus quem 2, & 3 metiuntur est 6; $\frac{6}{2} = 3$, ergo ax elevanda ad tertiam potestatem, unde a^3x^3, & ejus radix sexta $a^{\frac{3}{6}}x^{\frac{3}{6}} = \sqrt{ax}$: sed $\frac{6}{3} = 2$, quare eleva aax ad quadratum, habiturus a^4xx, & $a^{\frac{4}{6}}x^{\frac{2}{6}} = \sqrt[3]{aax}$.

quadratum partis minoris, quæ quidem majori adnectenda est cum signo ipsius B (*b*).

Ut

(*b*) 192. Ad hanc regulam intelligendam observa tacite supponere Auctorem.

193. Quod termini, quibus constat quantitas complexa reducenda, sint incommensurabiles, & quidem ita ut commensurabiles fieri nullo pacto queant.

Hinc excluduntur quantitates hujusmodi $a+\sqrt{b^2}$; quia $\sqrt{b^2}=b$; atque a & b sunt commensurabiles; aut $\sqrt{a^2c}+\sqrt{b^2c}=a\sqrt{c}+b\sqrt{c}$ (art. LXXXI. hujus) $=(a+b)\sqrt{c}$, (art. LXXXII. hujus): aut denique $\sqrt{a}+\frac{b}{\sqrt{a}}=\frac{a+b}{\sqrt{a}}$ (art. XLIV. LXXVIII. & LXXIX. hujus).

194. Quod quantitas reducenda constet ex integris & radicalibus, & quidem *quadraticis*, aut ex quantitatibus quæ ad integras & radicales quadraticas reduci possint; ut melius videbimus infra N°. 203. 204. 205.

195. Quod omnes quantitates commensurabiles pro una sumantur.

Sic infra, ubi quantitatem $aa+5ax-2a\sqrt{(ax+4xy)}$ reducendam proponit Newtonus, commensurabiles aa & $5ax$ pro una sumit.

Eodem pacto si haberemus $100+\sqrt{3267}+\sqrt{867}$, quantitates $\sqrt{3267}$ & $\sqrt{867}$ reducendæ essent ad minimos terminos per (art. LXXXI. hujus); quo facto obtinebimus $33\sqrt{3}$ & $17\sqrt{3}$, quæ conjunctæ (art. LXXXII. hujus) dabunt $100+50\sqrt{3}$.

196. Quod omnia quadrata simplicia sint commensurabilia, non autem rectangula cum quadratis.

197. In hoc articulo quantitas complexa vocabitur *binomium*, si constat duabus partibus incommensurabilibus; *trinomium* si ex tribus; *quadrinomium* si ex quatuor &c.; & in genere *polynomium* si ex pluribus, quamvis pars integra sit complexa.

198. *Quadratum radicis polynomiæ, (nisi plures termini coaluerint) continet tot terminos quot sunt unitates in dimidiato numero terminorum radicis ducto in eundem numerum unitate auctum.*

Sit numerus terminorum in radice $= m$.

In quadrato numerus terminorum æquat numerum terminorum radicis ductum in se, (N°. 92. hujus). Est ergo mm. Tot autem sunt quadrata simplicia, quot sunt termini in radice; igitur eorum numerus est m; qui si dematur ex numero terminorum omnium; supererit $mm-m$ pro numero rectangulorum. Sed bina quæque rectangula sunt æqualia & in unum coeunt; quare, hac reductione facta, eorum numerus erit $\frac{mm-m}{2}$. Redde numerum quadratorum, & fiet numerus terminorum distinctorum $\frac{mm-m}{2}+m=\frac{mm-m+2m}{2}$ (Art LXXIX. hujus) $=\frac{mm+m}{2}=\frac{m}{2}(m+1.)$

Hinc facile dignoscemus utrum in polynomio, quod tanquam quadratum proponitur, omnes termini adsint, an aliqui coaluerint, & quot. Pone tantum pro m successive numeros naturales 2, 3, 4 &c. & dispice num $\frac{m}{2}(m+1)$ det numerum terminorum polynomii propositi. Si hoc fit, omnes termini adsunt. Sin vero, ex variis numeris, qui oriuntur ex $\frac{m}{2}(m+1)$ sume numerum proxime majorem numero terminorum polynomii; hunc ex illo subduc; differentiæ adde unitatem, & habebis numerum terminorum qui in unum coiverunt.

Habeat, *ex. gr.* polynomium propositum quinque terminos. Pone $m=2$; erit $\frac{m}{2}=1$; & $m+1=3$; ergo $\frac{m}{2}(m+1)=1.3$. Nunc pone $m=3$; erit $=\frac{3}{2}$ & $m+1=4$, & $\frac{m}{2}(m+1)=\frac{3.4}{2}=\frac{12}{2}=6$; qui numerus superat datum terminorum numerum unitate; huic differentiæ adde unitatem, & duos terminos coaluisse reperies.

Est quidem directa methodus inveniendi utrum numerus terminorum assignatus possit æquare $\frac{m}{2}(m+1)$; sed cum dependeat ab articulo XI. Sect. II. infra legendo; & cum me-

[illegible] difficilia, hac [illegible] continentur.

[illegible] Si, praeter bina rectangula, omnia quadrata in unum coeunt; erit numerus terminorum [illegible] + 1.

200 [illegible] ex radice binomiali, & duae quadrati partes in unam coaluerunt.

201. *Si quadratum radicis polynomiae involvit radicales, & omnia quadrata sunt commensurabilia, quadratum [illegible] factum polynomii compositi ex integris & radicalibus quadraticis in aliam quamvis [illegible].*

Sit radix polynomia $a^{\frac{1}{n}} + b^{\frac{1}{m}} + c^{\frac{1}{r}} +$ &c., cujus quadratum erit $a^{\frac{2}{n}} + 2a^{\frac{1}{n}} b^{\frac{1}{m}} + 2a^{\frac{1}{n}} c^{\frac{1}{r}} + b^{\frac{2}{m}} + 2b^{\frac{1}{m}} c^{\frac{1}{r}} + c^{\frac{2}{r}} +$ &c. Jam, ut quadrata sint commensurabilia, opus est ut, saltem, revocari possint ad eundem radicalem. Sit ergo

$$a^{\frac{2}{n}} = yx^{\frac{1}{s}};\ b^{\frac{2}{m}} = zx^{\frac{1}{s}};\ c^{\frac{2}{r}} = ux^{\frac{1}{s}}$$
&c.

Erit, extrahendo radices quadraticas, (N°. 161. hujus)

$$a^{\frac{1}{n}} = y^{\frac{1}{2}} x^{\frac{1}{2s}};\ b^{\frac{1}{m}} = z^{\frac{1}{2}} x^{\frac{1}{2s}};\ c^{\frac{1}{r}} = [illegible]$$

[illegible]

& superius quadratum fiet

$$yx^{\frac{1}{s}} + 2y^{\frac{1}{2}} z^{\frac{1}{2}} x^{\frac{1}{s}} + 2y^{\frac{1}{2}} u^{\frac{1}{2}} x^{\frac{1}{s}} + zx^{\frac{1}{s}} + 2z^{\frac{1}{2}} u^{\frac{1}{2}} x^{\frac{1}{s}} + ux^{\frac{1}{s}} + \text{\&c.}$$

[illegible]

$$(y + z + [illegible] + 2y^{\frac{1}{2}} z^{\frac{1}{2}} + 2y^{\frac{1}{2}} u^{\frac{1}{2}} + 2z^{\frac{1}{2}} u^{\frac{1}{2}} + \text{\&c.}) x^{\frac{1}{s}}$$

Ergo [illegible]

Ita $\sqrt[3]{3087} + \sqrt[6]{139968} = (7 + 2\sqrt{3})\sqrt[3]{9}$; est enim, quaesitis divisoribus, $3087 = 3 \cdot 3 \cdot 7 \cdot 7 \cdot 7$, & $\sqrt[3]{3087} = \sqrt[3]{7 \cdot 7 \cdot 7}\ \sqrt[3]{3 \cdot 3} = 7\sqrt[3]{9}$
&
$139968 = 2 \cdot 2 \cdot 2 \cdot 2 \cdot 2 \cdot 2 \cdot 3 \cdot 3 \cdot 3 \cdot 3 \cdot 3 \cdot 3 \cdot 3$;
atque
$$\sqrt[6]{139968} = \sqrt[6]{2 \cdot 2 \cdot 2 \cdot 2 \cdot 2 \cdot 2} \cdot \sqrt[6]{3 \cdot 3 \cdot 3 \cdot 3 \cdot 3 \cdot 3 \cdot 3} = 2 \cdot \sqrt[3]{9} \cdot \sqrt{3}.$$

202. Quin & hujusmodi quadratorum radices recidunt in polynomia composita ex radicalibus quadraticis ductis in eandem radicalem quamlibet, cujus radicalis exponens est par. Si quidem ea radix sit

$$y^{\frac{1}{2}} x^{\frac{1}{2s}} + z^{\frac{1}{2}} x^{\frac{1}{2s}} + u^{\frac{1}{2}} x^{\frac{1}{2s}} + \text{\&c.} = (\sqrt{y} + \sqrt{z} + \sqrt{u}) \sqrt{x^{\frac{1}{s}}}.$$

203. Ubi omnia quadrata sunt inter se commensurabilia, rectangula fieri commensurabilia nequeunt. Nam, ut $\sqrt{yz}$, & $\sqrt{yu}$ fiant commensurabilia, opus est ut vel

1°. Quadrata sint z, & u & quidem ex radicibus commensurabilibus; sit $z = \alpha\alpha$, & $u = \beta\beta$; tunc polynomium N°. 201. fit

$$(y + \alpha\alpha + \beta\beta + (2\alpha + 2\beta)\sqrt{y} + 2\alpha\beta) x^{\frac{1}{s}};$$
& ejus radix descripta N°. 202. evadit

$(\sqrt{y} + \alpha + \beta) x^{\frac{1}{2s}}$; cum autem α & β sint commensurabiles; radix trinomia fit binomia, contra hypothesim.

2°. Sit $\sqrt{yz} = \alpha\sqrt{\beta}$, & $\sqrt{yu} = \kappa\sqrt{\beta}$; & sint commensurabiles α & κ; erit quadrando, $yz = \alpha\alpha\beta$; & $yu = \kappa\kappa\beta$, & $y = \frac{\alpha\alpha\beta}{z} = \frac{\kappa\kappa\beta}{u}$; ergo multiplicando in crucem & dividendo per β, $\alpha\alpha u = \kappa\kappa z$, & $z = \frac{\alpha\alpha u}{\kappa\kappa}$, quare $yz = \frac{y\alpha\alpha u}{\kappa\kappa} = \alpha\alpha\beta$, & dividendo $\frac{y\alpha\alpha u}{\kappa\kappa}$ & $\alpha\alpha\beta$ per $\alpha\alpha$; fiet $\frac{yu}{\kappa\kappa} = \beta$; ac multiplicando per $\kappa\kappa$ & dividendo per u, $y = \frac{\kappa\kappa\beta}{u}$; quocirca radix descripta N°. 202. fiet $(\kappa\sqrt{\frac{\beta}{u}} + \frac{\alpha}{\kappa}\sqrt{} +$ [illegible] $+ \sqrt{u})$

$\cdot \sqrt{u}) \times \frac{1}{2s}$ aut reducendo $\frac{x}{u}\sqrt{u}$, & $\sqrt{u}$ ad eundem denominatorem ($x\sqrt{\frac{x}{u}} + \frac{x+u}{u}$ in $\sqrt{u}) \times \frac{1}{2s}$, quæ iterum est binomia.

204. Non ergo necesse est ut quantitas reducenda nullas contineat radicales præter quadraticas, sed ut ad integras & quadraticas quantitates reduci possit.

205. Hoc evenit etiam ubi $s = 2$; id est ubi nullæ sunt radices nisi quadraticæ, tunc enim quadratum fit

$$(y+z+u+2\sqrt{yz}+2\sqrt{yu}+2\sqrt{yu})\sqrt{x}.$$

Sic infra proponit Auctor reducendam quantitatem $\sqrt{32} - \sqrt{24}$, quæ abit in $(4 - 2\sqrt{3}) \cdot \sqrt{2}$, est enim $32 = 2 \cdot 16$, & $\sqrt{32} = 4\sqrt{2}$, atque $24 = 4 \cdot 2 \cdot 3$, & $\sqrt{24} = 2\sqrt{2} \cdot \sqrt{3}$.

Eodem pacto $\sqrt{12} + \sqrt{24}$ fit $2\sqrt{3} + 2\sqrt{2} \cdot \sqrt{3} = (2+2\sqrt{2})\sqrt{3}$.

206. Hac divisione facta, radicales residuæ sunt quævis duplum rectangulum; ergo dividi singulæ poterunt per $\sqrt{4} = 2$; alioquin frustra quæretur radix quantitatis propositæ.

207. Si radicales, quibus constat quisque quadrati terminus ad eundem exponentem reducantur, radicales rectangulorum habebunt exponentem duplum exponentis radicalium in quadratis.

208. *In quadrato binomii summa quadratorum major est summa rectangulorum.*

Primum quadratum est ad rectangulum ut rectangulum ad alterum quadratum (Eucl. 1. VI. aut 17. VII. vel 11. VIII.). Harum quantitatum media non potest esse neque maxima neque minima (ut facile deducitur ex Eucl. def. 5. & 7. aut prop. 14. V.); ergo quadratorum alterum erit quantitas maxima, alterum minima; & semper summa quadratorum major quam summa rectangulorum (Eucl. 25. V.) Q. E. D.

209. Si ergo, facta reductione de qua Nis. 203. 204. 205. quantitas integra minor sit quantitate radicali, frustra adhibebis Regulam Newtoni.

Quamvis autem quantitas reducenda revocari possit ad polynomium constans ex integris & radicalibus quadraticis, & quævis radicalis dividi possit per $\sqrt{4} = 2$; &, in binomio, quantitas integra major sit radicali, non semper tamen ea quantitas reduci potest, quia non semper est quadratum. Igitur Regula supponit quantitatem reducendam esse quadratum.

Nunc demonstremus regulam Auctoris.

Sit primo quantitas reducenda binomium.

Quoniam, ex hypothesi, $A+B$ est quadratum, concipi potest ejus radix, quæ erit binomialis, nam ex radice simplici oritur quadratum simplex, & ex radice binomiali quadrinomium (N°. 92.). Quadratum autem radicis binomiæ continet quadratum primæ partis radicis, duo rectangula ex prima parte in secundam, & quadratum secundæ (N°. 122. hujus & Eucl. 4. II. & A exponit aggregatum quadratorum ex hypothesi, ergo B exprimit duo rectangula. Quamobrem quadratum ipsius A continebit quadrato-quadratum primæ partis radicis, duo facta ex quadrato primæ partis in quadratum secundæ, & quadrato-quadratum secundæ; & quadratum ipsius B erit quater factum ex quadrato primæ partis radicis in quadratum secundæ. Igitur differentia quadratorum ex A & ex B continebit quadrato-quadratum primæ partis radicis, & quadrato-quadratum secundæ multata bis facto ex quadrato primæ partis radicis in quadratum secundæ; cujus aggregati radix est differentia quadratorum primæ partis radicis & secundæ (Eucl. 7. 2.). Huic adde A, vel ambo quadrata, & habebis bis quadratum primæ partis; quod erat primum.

Ex ambobus quadratis deme eorum differentiam, supererit bis quadratum secundæ partis, quod erat alterum.

Hoc ratiocinium ita symbolis poni sub oculis potest. Esto radix quantitatis reducendæ $x+y$. Quantitas ipsa æquivalebit huic

$$xx + 2xy + yy = A + B.$$

Jam est

$A = xx + yy$ ergo $AA = x^4 + 2x^2y^2 + y^4$

&

$B = 2xy$; $BB = 4x^2y^2$; quare

$AA - BB = x^4 - 2x^2y^2 + y^4$,

quapropter

$\sqrt{(AA - BB)} = x^2 - y^2$;

$A + \sqrt{(AA - BB)} = x^2 + y^2 + x^2 - y^2 = 2x^2$

at-

Ut si quantitas sit $3+\sqrt{8}$, scribendo 3 pro A, & $\sqrt{8}$ pro B, erit $\sqrt{(AA-BB)}=1$, indeque quadratum majoris partis radicis $\frac{3+1}{2}$ id est 2, & quadratum minoris partis $\frac{3-1}{2}$ id est 1. Ergo radix est $1+\sqrt{2}$.

Rursus si ex $\sqrt{32}-\sqrt{24}$ radix extrahenda sit, ponendo $\sqrt{32}$ pro A & $\sqrt{24}$ pro B erit $\sqrt{(AA-BB)}=\sqrt{8}$, & inde $\frac{\sqrt{32}+\sqrt{8}}{2}$ & $\frac{\sqrt{32}-\sqrt{8}}{2}$ hoc est $3\sqrt{2}$ & $\sqrt{2}$ (i) quadrata partium radicis. Radix itaque est $\sqrt[4]{18}-\sqrt[4]{2}$.

Eodem modo si de $aa+2x\sqrt{(aa-xx)}$ radix extrahi debet, pro A scribe aa, & pro B $2x\sqrt{(aa-xx)}$ & erit $AA-BB=a^4-4aaxx+4x^4$. Cujus radix est $aa-2xx$. Unde quadratum unius partis radicis erit $aa-xx$; illud alterius xx; adeoque radix $x+\sqrt{(aa-xx)}$.

Rursus si habeatur $aa+5ax-2a\sqrt{(ax+4xx)}$, scribendo $aa+5ax$ pro A & $2a\sqrt{(ax+4xx)}$ pro B, fiet $AA-BB=a^4+6a^3x+9aaxx$, cujus radix est $aa+3ax$. Unde quadratum majoris partis radicis erit $aa+4ax$, illud minoris ax, & radix $\sqrt{(aa+4ax)}-\sqrt{ax}$.

De-

atque $A-\sqrt{(AA-BB)}=x^2+y^2-x^2+y^2=2y^2$; $\frac{A+\sqrt{(AA-BB)}}{2}=x^2$; $\frac{A-\sqrt{(AA-BB)}}{2}=y^2$.

Vel, cum A sit aggregatum duorum quadratorum, & B summa duorum rectangulorum; & cum primum quadratum sit ad rectangulum ut rectangulum ad alterum quadratum; ita in duas partes dividenda est quantitas A ut prima pars sit ad dimidium B, ut dimidium B est ad alteram partem;

Sit ergo $A=2x$, & prima pars (nempe quadratum maximae partis radicis) sit $x+y$; reliqua pars, (scilicet quadratum minimae partis radicis,) erit $A-x-y=2x-x-y=x-y$; erit ergo $x+y.\frac{B}{2}::\frac{B}{2}.x-y$, & $xx-yy=\frac{BB}{4}$; sed $AA=4xx$, & $\frac{AA}{4}=xx$; quare $\frac{AA}{4}-yy=\frac{BB}{4}$; aut (addendo hinc inde yy) $\frac{AA}{4}=\frac{BB}{4}+yy$; & (utrinque demendo $\frac{BB}{4}$) $\frac{AA-BB}{4}=yy$; & extracta radice, $\frac{1}{2}\sqrt{(AA-BB)}=y$. Sed $x=\frac{A}{2}$; quapropter $\frac{A+\sqrt{(AA-BB)}}{2}=x+y$; quod est quadratum primae partis radicis, & $\frac{A-\sqrt{(AA-BB)}}{2}=x-y$, quod est quadratum secundae partis radicis.

Cetera, quae pertinent ad polynomia reducenda, leguntur infra suo loco.

(i) Est enim, $32=16.2$, & $\sqrt{32}=\sqrt{16}.\sqrt{2}=4\sqrt{2}$ Item $8=4.2$, & $\sqrt{8}=\sqrt{4}.\sqrt{2}=2\sqrt{2}$.

ideo

$$\frac{\sqrt{32}+\sqrt{8}}{2}=\frac{4\sqrt{2}+2\sqrt{2}}{2}=3\sqrt{2};$$ pariter $$\frac{\sqrt{32}-\sqrt{8}}{2}=\frac{4\sqrt{2}-2\sqrt{2}}{2}=\sqrt{2}.$$

Denique si habeatur $6+\sqrt{8}-\sqrt{12}-\sqrt{24}$, ponendo $6+\sqrt{8}=A$ & $-\sqrt{12}-\sqrt{24}=B$, fiet $AA-BB=8$. Unde radicis pars major $\sqrt{(3+\sqrt{8})}$ hoc est (ut supra) $1+\sqrt{2}$, & pars minor $\sqrt{3}$, atque adeo radix ipsa $1+\sqrt{2}-\sqrt{3}$ (*k*).

Ce-

(*k*) 210. Polynomium $6+\sqrt{8}-\sqrt{12}-\sqrt{24}$ habet quatuor terminos; ergo certe non oritur a radice binomiali. Quamobrem ponamus in formula Ni. 198. $m=3$. Erit

$$mm=9;\ mm-m=9-3=6;$$
$$\frac{mm-m}{2}=3;\ \frac{mm-m}{2}+1=4.$$

Unde sequitur radicem trinomialem præbere quadratum constans quatuor terminis, si quadrata omnia in unum fuerint coacta; quæ est nostra hypothesis.

211. *Si in quadrato radicis trinomialis omnia quadrata simplicia in unum redacta sint, dico quod alterum terminorum par, quomodocumque sumptum, continet quadratum duarum partium radicis junctim sumptarum una cum quadrato reliquæ.*

Sit radix trinomalis $x+y+z$; cujus quadratum erit

$$x^2+2xy+2xz+y^2+2yz+z^2.$$

Esto, secundum hypothesim, $x^2+y^2+z^2=u^2$, & fiet

$$x^2+2xy+2xz+y^2+2yz+z^2=u^2+2xy+2xz+2yz.$$

Nunc sumere potes

aut u^2+2xy; au u^2+2xz; aut u^2+2yz.

Nam, si inde sumis duo rectangula quævis, semper hinc restabit u^2 cum altero rectangulo.

Est autem

$$u^2+2xy=x^2+y^2+z^2+2xy=z^2+(x+y)^2$$

&

$$u^2+2xz=x^2+y^2+z^2+2xz=y^2+(x+z)^2$$

atque

$$u^2+2yz=x^2+y^2+z^2+2yz=x^2+(y+z)^2$$

Ergo, &c.

212. Si igitur concipis quadratum binomii $x+y$, vel $x+z$, vel $y+z$, tanquam unum quadratum, demonstratio regulæ *Newtonianæ*, quam pro binomiis reducendis tradidimus, extendetur ad quadrinomia.

213. *Quamquam hoc Theorema non supponat reductionem* N°. 201., *tamen sine ea vix, ac ne vix quidem, fieri potest reductio quadrinomiorum radicalium.*

Proponatur, exempli gratia, reducendum quadrinomium

$$\sqrt[3]{4000}+\sqrt[6]{221184}+\sqrt[6]{1024000}+\sqrt[6]{3456000}$$

& sit

$$A=\sqrt[3]{4000}+\sqrt[6]{3456000}=\sqrt[6]{16000000}+\sqrt[6]{3456000}$$

&

$$B=\sqrt[6]{221184}+\sqrt[6]{1024000}$$

erit

$$AA=\sqrt[3]{1600000}+2\sqrt[6]{55296000000000}+\sqrt[3]{3456000}$$

atque

$$BB=\sqrt[3]{221184}+2\sqrt[6]{226492416000}+\sqrt[3]{1024000}$$

unde $AA-BB$ erit quantitas sex nominum, quæ multo difficilius reduci potest quam proposita.

Sed præliminaris reductio nostra Ni. 201. ostendit esse

$$\sqrt[3]{4000}=10\sqrt[3]{4}$$

&

$$\sqrt[6]{221184}=\sqrt[6]{16}.\sqrt[6]{13824}=\sqrt[3]{4}.\sqrt{24}=\sqrt[3]{4}.\sqrt{4}.\sqrt{6}=2\sqrt{6}.\sqrt[3]{4}$$

atque

$$\sqrt[6]{1024000}=\sqrt[6]{16}.\sqrt[6]{64000}=\sqrt[3]{4}.\sqrt{40}=\sqrt[3]{4}.\sqrt{4}.\sqrt{10}=2\sqrt{10}.\sqrt[3]{4}$$

deni-

Ceterum ubi plures sunt hujusmodi termini radicales, possunt partes radicis citius inveniri dividendo factum quarumvis duarum radicalium per tertiam aliquam radicalem quæ producit quotum rationalem & integrum. Nam dupli quoti istius radix erit duplum partis radicis quæsitæ (*l*). Ut in exemplo novissimo $\frac{\sqrt{8}.\sqrt{12}}{\sqrt{24}} = 2$, $\frac{\sqrt{8}.\sqrt{24}}{\sqrt{12}} = 4$, $\frac{\sqrt{12}.\sqrt{24}}{\sqrt{8}} = 6$. Er-

denique

$$\sqrt[6]{3456000} = \sqrt[6]{16}.\sqrt[6]{216000} = \sqrt[3]{4}.\sqrt{60}$$
$$= \sqrt[3]{4}.\sqrt{4}.\sqrt{15} = 2\sqrt{15}.\sqrt[3]{4}$$

quapropter polynomium propositum evadit

$$(10 + 2\sqrt{6} + 2\sqrt{10} + 2\sqrt{15})\sqrt[3]{4}$$

Sit nunc

$$A = 10 + 2\sqrt{6} \qquad B = 2\sqrt{10} + 2\sqrt{15}$$

erit

$$AA = 100 + 40\sqrt{6} + 24 = 124 + 40\sqrt{6} \;\&$$
$$BB = 40 + 8\sqrt{150} + 60 = 100 + 40\sqrt{6}$$
nam $150 = 25.6$; $\sqrt{150} = \sqrt{25}.\sqrt{6} = 5\sqrt{6}$, & $8\sqrt{150} = 40\sqrt{6}$

quocirca

$AA - BB = 24 = 4.6$ atque $\sqrt{(AA - BB)} = \sqrt{4}.\sqrt{6} = 2\sqrt{6}$

unde

$$\frac{A + \sqrt{(AA - BB)}}{2} = \frac{10 + 2\sqrt{6} + 2\sqrt{6}}{2}$$
$$= 5 + 2\sqrt{6}$$

sed

$$\frac{A - \sqrt{(AA - BB)}}{2} = \frac{10 + 2\sqrt{6} - 2\sqrt{6}}{2} = 5$$

& hinc conficitur alteram quæsitæ radicis partem esse $\sqrt{5}$. Reliquæ duæ investigantur quærendo radicem quadratam binomii $5 + 2\sqrt{6}$.

Sit ergo

$A = 5$; $B = 2\sqrt{6}$; erit $AA = 25$; $BB = 24$; $AA - BB = 1$; $1 = \sqrt{(AA - BB)}$

&

$$\frac{A + \sqrt{(AA - BB)}}{2} = \frac{5 + 1}{2} = 3, \text{ atque}$$
$$\frac{A - \sqrt{(AA - BB)}}{2} = \frac{5 - 1}{2} = 2$$

qua de causa duæ residuæ partes radicis erunt $\sqrt{2}$; & $\sqrt{3}$ atque radix tota

$$(\sqrt{2} + \sqrt{3} + \sqrt{5})\sqrt[3]{2}, \text{ nam } \sqrt[3]{2} = \sqrt[6]{4}.$$

Sed in polynomiis non raro incideret in perplexas & arduas rationes subducendas qui vellet uti hac methodo. Sequens facilior est.

(*l*) 214. Quælibet pars polynomii, quod sumitur pro quadrato, aut est quadratum alicujus partis radicis, aut duplum factum ex una parte radicis in alteram. Facta reductione Ni. 201. omnia quadrata simul conficiunt quantitatem integram; quare singulæ radicales sunt duplum factum ex una parte radicis in alteram; & duæ radicales invicem multiplicatæ quadruplum factum est quatuor partibus radicis, aut, (si eadem pars radicis occurrat in utraque radicali,) quadruplum factum ex quadrato unius partis radicis in duas alias; quod si divîdas per aliam radicalem quæ sit hoc ipsum factum ex duabus aliis partibus radicis, quotus erit duplum quadratum alterius partis radicis, & hujus quoti duplum erit quadruplum quadratum, cujus radix est dupla pars radicis.

215. Sicui magis placeat rationes subducere, en superius ratiocinium calculis explicatum.

Quadratum ipsius $\sqrt{x} + \sqrt{y} + \sqrt{z} + \sqrt{u} + \sqrt{t}$ &c. est.

$$x + 2\sqrt{xy} + 2\sqrt{xz} + 2\sqrt{xu} + 2\sqrt{xt} + y + 2\sqrt{yz} + 2\sqrt{yu} + 2\sqrt{yt} + z + 2\sqrt{zu} + 2\sqrt{zt} + u + 2\sqrt{ut} + t \text{ \&c.}$$

sit $x + y + z + u + t$ &c. $= s$, quadratum superius fiet

$$s + 2\sqrt{xy} + 2\sqrt{xz} + 2\sqrt{xu} + 2\sqrt{xt} + 2\sqrt{yz} + 2\sqrt{yu} + 2\sqrt{yt} + 2\sqrt{zu} + 2\sqrt{zt} + 2\sqrt{ut}$$

duc, exempli gratia $2\sqrt{xy}$ in $2\sqrt{xt}$, habebis $4\sqrt{x^2yt}$; hanc divide per $2\sqrt{yt}$, restabit $2\sqrt{x^2}$, cujus duplum est $4\sqrt{x^2}$, hujus radix $2\sqrt{x}$, dupla pars radicis quæsitæ.

Ergo partes radicis sunt 1, $\sqrt{2}$, $\sqrt{3}$ ut supra (*m*).

LXXXV.

(*m*) 216. Si omnes radicales dividas per $\sqrt{4} = 2$, (quod semper fieri potest si quantitas proposita est quadratum, (N°. 206.) facilior erit usus hujus regulæ. Sic in exemplo proposito fit

$$6+\sqrt{8}-\sqrt{12}-\sqrt{24} = 6+2\sqrt{2}-2\sqrt{3}-2\sqrt{6}$$

tum autem sume pro multiplicatione & divisione imperata radicales ipsas, omisso coefficiente 2, & quotus erit quadratum partis radicis. Itaque

$$\sqrt{2}.\sqrt{3} = \sqrt{6};\ \frac{\sqrt{6}}{\sqrt{6}} = 1;\ \text{pariter}\ \sqrt{2}.\sqrt{6} = \sqrt{12} = 2\sqrt{3};\ \frac{2\sqrt{3}}{\sqrt{3}} = 2$$

cujus radix est $\sqrt{2}$. Eodem pacto

$$\sqrt{3}.\sqrt{6} = \sqrt{18} = 3\sqrt{2};\ \frac{3\sqrt{2}}{\sqrt{2}} = 3,$$

cujus radix est $\sqrt{3}$.

Haud aliter facillime reduces polynomium

$$\sqrt{3179}-\sqrt{264}+\sqrt{440}+\sqrt{616}+\sqrt{660}+\sqrt{1540}$$

si animadvertas esse

$$\sqrt{3179} = 17\sqrt{11};\ \sqrt{264} = \sqrt{24}.\sqrt{11} = 2\sqrt{6}.\sqrt{11};\ \sqrt{440} = \sqrt{40}.\sqrt{11} = 2\sqrt{10}.\sqrt{11}$$

&

$$\sqrt{616} = \sqrt{56}.\sqrt{11} = 2\sqrt{14}.\sqrt{11};\ \sqrt{660} = \sqrt{60}.\sqrt{11} = 2\sqrt{15}.\sqrt{11}$$

atque

$$\sqrt{1540} = \sqrt{140}.\sqrt{11} = 2\sqrt{35}.\sqrt{11}$$

unde polynomium propositum fit

$$(17+2\sqrt{6}+2\sqrt{10}+2\sqrt{14}+2\sqrt{15}+2\sqrt{35})\sqrt{11}$$

Est autem

$$\sqrt{6}.\sqrt{10} = \sqrt{60} = 2\sqrt{15};\ \frac{2\sqrt{15}}{\sqrt{15}} = 2,$$

cujus radix est $\sqrt{2}$.

Item

$$\sqrt{6}.\sqrt{15} = \sqrt{90} = 3\sqrt{10};\ \frac{3\sqrt{10}}{\sqrt{10}} = 3;$$

cujus radix est $\sqrt{3}$.

Pariter

$$\sqrt{10}.\sqrt{15} = \sqrt{150} = 5\sqrt{6};\ \frac{5\sqrt{6}}{\sqrt{6}} = 5,$$

cujus radix est $\sqrt{5}$.

Denique

$$\sqrt{14}.\sqrt{35} = \sqrt{490} = 7\sqrt{10};\ \frac{7\sqrt{10}}{\sqrt{10}} = 7,$$

cujus radix est $\sqrt{7}$.

quare tota radix est

$$(\sqrt{2}+\sqrt{3}+\sqrt{5}+\sqrt{7}).\sqrt[4]{11}$$

217. Sed, inventis omnibus partibus radicis præter ultimam, hæc facile invenitur per subtractionem. Nam, quantitas integra est aggregatum omnium quadratorum. Hinc ergo deme quadrata omnium partium inventarum, restabit quadratum partis quæsitæ.

Sic in exemplo proposito est $17-2-3-5 = 7$.

218. *Si radix est polynomia, fieri non potest ut in ejus quadrato tot rectangula coeant quot sunt radicis partes.*

Sit *q* numerus terminorum seu partium in radice. Quadratum continebit $\frac{q}{2}$ rectangula nullam literam communem habentia. Nam duo termini diversi dant unum rectangulum. Ergo in *q* rectangulis, aut quivis terminus radicis bis, aut aliquis sæpius repetitus & semper in terminum diversum ductus invenietur.

Sint ergo $a^{\frac{1}{m}}b^{\frac{1}{n}}$; $a^{\frac{1}{m}}c^{\frac{1}{r}}$ duo rectangula in quibus adest idem radicis terminus $a^{\frac{1}{m}}$. Jam $a^{\frac{1}{m}}b^{\frac{1}{n}}$ ad $a^{\frac{1}{m}}c^{\frac{1}{r}}$ ut $b^{\frac{1}{n}}$ ad $c^{\frac{1}{r}}$, sunt autem commensurabiles quantitates $a^{\frac{1}{m}}.b^{\frac{1}{n}}$, & $a^{\frac{1}{m}}c^{\frac{1}{r}}$ per hypothesin, ergo & $b^{\frac{1}{n}}$ atque $c^{\frac{1}{r}}$ (Eucl. 10. X.).

Eodem pacto $c^{\frac{1}{r}}$ probabitur commensurabilis alteri radicis termino, & sic in infinitum. Ergo omnes termini radicis erunt commensura-

LXXXV. Est & regula extrahendi altiores radices ex quantitatibus numeralibus duarum potentia commensurabilium partium.

Sit quantitas A ± B. *Ejus pars major* A. *Index radicis extrahendae* c. *Quaere minimum numerum* n, *cujus potestas* n^c *dividitur per* AA — BB *sine residuo, & sit quotus* Q. *Computa* $\sqrt[c]{((A+B)\sqrt{Q})}$ *in numeris integris proximis. Si illud* r. *Divide* $A\sqrt{Q}$ *per maximum divisorem rationalem: Sit quotus* s, *sitque* $\frac{r+\frac{n}{r}}{2s}$ *in numeris integris proximis* t. *Et erit* $\frac{ts\pm\sqrt{(ttss-n)}}{\sqrt[2c]{Q}}$ *radix quaesita, si modo radix extrahi potest.*

Ut

rabiles (Eucl. 12. X.) contra hypothesim.

110. Quot rectangula sunt in quadrato commensurabilia, sive coalescunt, tot in radice termini sunt commensurabiles, & coeunt.

Si q, numerus terminorum in radice, esset impar, ex eo deme [illegible]tem, & $\frac{q-1}{2}$ erit numerus rectangulorum diversorum; ut patet; quocirca idem radicis terminus saltem ter repertus esset in [illegible]to. Quae hypothesi ratiocinium nostrum confirmatu[illegible]us evadit.

[illegible] si radix est polynomia, fieri non potest ut [illegible] quadrati alterum quadratum simplex, & tot rectangula, quot sunt partes radicis, una dempta, coeant, nisi haec rectangula sint in eadem ratione.

Quoniam, si q est numerus terminorum in radice [illegible]orum nullam literam communem habe[illegible] in quadrato $\frac{q}{2}$; in $q-1$ rectangulis quivis [illegible]us radicis saltem bis repetetur, nisi $\frac{q}{2}=q-1$, aut $q=2$; & tunc polynomium recideret in binomium, in quo est primum quadratum ad rectangulum ut rectangulum ad alterum quadratum (Eucl. 1. VI. aut 17. VII., vel 11. VIII.) sed, ex hypothesi alterum quadratum & rectangulum sunt commensurabilia, ergo & rectangulum atque reliquum quadratum (Eucl. 12. X.) quare [illegible] polynomium coalescet.

Sit ergo $q-1$ [illegible]jor quam $\frac{q}{2}$; & rectangula co[illegible] inter se & cum quadrato [illegible] sint [illegible]

$b^{\frac{1}{n}}c^{\frac{1}{r}}$; $f^{\frac{1}{t}}g^{\frac{1}{p}}$; $c^{\frac{1}{r}}f^{\frac{1}{t}}$; $b^{\frac{1}{n}}g^{\frac{1}{p}}$; &c.

quae non habent eandem rationem. Jam est

$b^{\frac{1}{n}}c^{\frac{1}{r}}$ ad $c^{\frac{1}{r}}f^{\frac{1}{t}}$ ut $b^{\frac{1}{n}}$ ad $f^{\frac{1}{t}}$

$b^{\frac{1}{n}}c^{\frac{1}{r}}$ ad $b^{\frac{1}{n}}g^{\frac{1}{p}}$ ut $c^{\frac{1}{r}}$ ad $g^{\frac{1}{p}}$

$f^{\frac{1}{t}}g^{\frac{1}{p}}$ ad $c^{\frac{1}{r}}f^{\frac{1}{t}}$ ut $g^{\frac{1}{p}}$ ad $f^{\frac{1}{t}}$

Et rectangula sunt commensurabilia per hypothesim; commensurabiles ergo sunt quantitates $b^{\frac{1}{n}}$; $c^{\frac{1}{r}}$; $f^{\frac{1}{t}}$; $g^{\frac{1}{t}}$; &c.; id est omnes termini radicis, saltem praeter $a^{\frac{1}{m}}$, erunt commensurabiles, & radix fiet binomia, contra hypothesim.

Nunc rectangula commensurabilia sint in eadem ratione, [illegible]

$b^{\frac{1}{n}}c^{\frac{1}{r}}$; $b^{\frac{1}{n}}g^{\frac{1}{p}}$; $f^{\frac{1}{t}}c^{\frac{1}{r}}$; $f^{\frac{1}{t}}g^{\frac{1}{p}}$; &c.

Probabitur, ut supra, esse $c^{\frac{1}{r}}$ & $g^{\frac{1}{p}}$; $b^{\frac{1}{n}}$ & $f^{\frac{1}{t}}$ commensurabiles binae inter se, sed non omnes. Unde conficietur radicem quidem habere minorem terminorum numerum, quam supponebatur, sed non esse binomiam.

Ut si radix cubica extrahenda sit ex $\sqrt{968}+25$, erit $AA-BB=343$; (n) ejus divisores 7, 7, 7, ergo $n=7$ & $Q=1$. Porro $(A+B)\sqrt{Q}$, seu $\sqrt{968}+25$, extracta prioris partis radice, fit paulo major quam 56; ejus radix cubica in numeris proximis est 4 (o). Ergo $r=4$. Insuper $A\sqrt{Q}$ seu $\sqrt{968}$ extrahendo quicquid rationale est fit $22\sqrt{2}$ (p). Ergo $\sqrt{2}$, ejus pars radicalis, est s, & $\frac{r+\frac{n}{r}}{2s}$ seu $\frac{5\frac{3}{4}}{2\sqrt{2}}$ in numeris integris proximis est 2 (q). Ergo $t=2$. Denique ts est $2\sqrt{2}$, $\sqrt{ttss-n}$ est 1 & $\sqrt[2c]{Q}$ seu $\sqrt[6]{1}$ est 1. Ergo $2\sqrt{2}+1$ est radix quaesita si modo radix extrahi queat. Tento itaque per multiplicationem si cubus ipsius $2\sqrt{2}+1$ sit $\sqrt{968}+25$ & res succedit.

Rursus si radix cubica extrahenda sit ex $68-\sqrt{4374}$; erit $AA-BB=250$ (r). Cujus divisores sunt 5, 5, 5, 2. Ergo $n=5.2=10$, & $Q=4$ (s). Et $\sqrt[c]{((A+B)\sqrt{Q})}$ seu $\sqrt[3]{((68+\sqrt{4374})2)}$ in numeris proximis integris est $7=r$. Insuper $A\sqrt{Q}$ seu $68\sqrt{4}$ extrahendo quicquid rationale est fit $136\sqrt{1}$. Ergo $s=1$, & $\frac{r+\frac{n}{r}}{2s}$, seu $\frac{7+\frac{10}{7}}{2}$ in numeris integis proximis est $4=t$ (t): Ergo $ts=4$, $\sqrt{(ttss-n)}=\sqrt{6}$ & $\sqrt[2c]{Q}=\sqrt[6]{4}$ seu

(n) Pone $A=\sqrt{968}$, & $B=25$; & erit $AA=968$, $BB=625$, unde $AA-BB=968-625=343$.

(o) Siquidem quadratum proximum ipsi 968 est 961, cujus radix est 31; & $31+25=56$. cui proximus cubus est 64, hujusque radix $=4=r$.

(p) Nam $\sqrt{968}=\sqrt{484}.\sqrt{2}$, & $\sqrt{484}=22$.

(q) Est enim $r+\frac{n}{r}=4+\frac{7}{4}=5\frac{3}{4}=\sqrt{5\frac{3}{4}.5\frac{3}{4}}=\sqrt{(25+\frac{30}{4}+\frac{9}{16})}=\sqrt{33\frac{1}{16}}$; quae divisa per $2s=2\sqrt{2}=\sqrt{8}$ dat $\sqrt{4\frac{17}{128}}$; negligo $\frac{17}{128}$; quia quaeritur numerus integer, restat $\sqrt{4}=2=t$.

(r) Fac $A=68$; $B=\sqrt{4374}$; ergo $AA=4624$; $BB=4374$.

(s) Nempe quia $n^3=1000$, & $\frac{n^3}{AA-BB}=\frac{1000}{250}=4$.

(t) Quadratum proximum ipsi 4374 est 4356, cujus radix $=66$, & $(68+66)\,2=268$; cui proximi cubi sunt 343, aut 216, illius radix $=7$; hujus $=6$; alterutram sume; si primam, erit $r=7$, & $\frac{r+\frac{n}{r}}{2s}=\frac{7+\frac{10}{7}}{2}=\frac{59}{14}=4=t$; si secundam erit $r=6$, & $\frac{r+\frac{n}{r}}{2s}=\frac{6+\frac{10}{6}}{2}=\frac{23}{6}=4=t$; nimis enim a vero aberrabis si pro $\frac{23}{6}$ ponas 3.

seu $\sqrt[3]{2}$ atque adeo radix tendanda $\frac{4-\sqrt{6}}{\sqrt[3]{2}}$.

Iterum si radix quadrato-cubica extrahenda sit ex $29\sqrt{6}+41\sqrt{3}$; erit $AA-BB=3$, adeoque $n=3$, $Q=81$, $r=5$, $s=\sqrt{6}$, $t=1$, $ts=\sqrt{6}$, $\sqrt[10]{(ttss-n)}=\sqrt[10]{3}$ & $\sqrt[20]{Q}=\sqrt[10]{81}$ seu $\sqrt[5]{9}$ (*u*) atque adeo radix tendanda $\frac{\sqrt{6}+\sqrt{3}}{\sqrt[5]{9}}$ (*x*).

LXXXVI.

(*u*) Sit $A=29\sqrt{6}$; $B=41\sqrt{3}$; $AA=5046$; $BB=5043$; $AA-BB=3=n$; $\frac{n^5}{AA-BB}=\frac{243}{3}=81=Q$; $\sqrt{Q}=9$: $(A+B)\sqrt{Q}=261\sqrt{6}+369\sqrt{3}=\sqrt{408726}+\sqrt{408483}=639+639$ (scilicet in numeris integris proximis,) quare $\sqrt[5]{(A+B)\sqrt{Q}}=\sqrt[5]{1278}$; proximiores potestates quintæ sunt 3125; & 1024 illius radix $=5$ hujus $=4$; sumpta prima habes $\frac{r+\frac{n}{r}}{2s}=\frac{5+\frac{3}{5}}{2\sqrt{6}}=\frac{\sqrt{(31+\frac{9}{25})}}{\sqrt{24}}=1=t$ in numeris integris; sumpta secunda reperies $\frac{r+\frac{n}{r}}{2s}=\frac{4+\frac{3}{4}}{2\sqrt{6}}=\frac{\sqrt{(22+\frac{9}{16})}}{\sqrt{24}}=1$. (in numeris integris).

(*x*) 221. *In geometrica proportione continua descendente* a. b :: b. c, *dico quod* a — b *differentia inter primum, & secundum terminum superat* $\frac{a-c}{2}$ *semissem differentiæ inter primum, & tertium.*

Nam $a+c$ superat $2b$. (Eucl. 25. V.); ergo a superat $2b-c$, & $a-2b$ superat $-c$, & addita utrinque a, $2a-2b$ superat $a-c$, ac dividendo per 2, $a-b$ superat $\frac{a-c}{2}$.

222. *Si duæ continuæ proportiones geometricæ* a. b :: b. c, *&* f. b :: b. g, *habuerint eandem mediam* b, *& sit* a *major quam* f, *erit vice versa* g *major quam* c.

Siquidem $ac=bb=gf$, ergo $a. g :: f. c$ (Eucl. 16. VI.), sed per hypothesin a major quam f, ergo g major quam c (Eucl. 16. V.)

223. *Si duæ geometricæ proportiones continuæ decrescentes* a. b :: b. c, *&* f. b :: b. g, *habeant communem mediam* b, *dico* (a — f) *differentiam inter primos terminos majorem esse* (c — g) *differentia inter ultimos.*

Est enim $a. g :: f. c$ (N°. 222. huius) ergo $a-f. g-c :: f. c$ (Eucl. 19. V.) sed quia proportiones decrescunt f major quam b, & b major quam c; ergo &c.

224. *Si* $\sqrt[m]{p}$ *sit quantitas surda, & sumatur in integris numeris potestas perfecta* a^m, *illi proxima, ita ut* $p=a^m\pm b$, *dico* a *differre a vera radice* $\sqrt[m]{(a^m+b)}$ *& quidem quantitate positiva, sed differentiam unitate minorem esse.*

Sit x quævis quantitas, ita ut $(a\pm x)^m=a^m\pm b$, ostendendum est esse x minorem unitate.

Jam a^m minor quam a^m+b, at a^m+b ponitur $=(a+x)^m$, ergo a^m minor quam $(a+x)^m$ & a minor quam $a+x$: Item a^m-b minor quam a^m, sed $a^m-b=(a-x)^m$, igitur a major quam $a-x$; quare semper x major quam $a-a$, id est nihilo, adeoque x est quantitas positiva.

Rursus $a^m\pm b$ minor quam $(a\pm 1)^m$, secus enim a^m non esset potestas in numeris integris omnium proxima ipsi $a^m\pm b$, ac ob eandem rationem $a^m\pm b$ major quam $(a-1)^m$, ergo $\sqrt[m]{(a^m\pm b)}$, aut $a\pm x$ minor quam $a+1$, & major quam $a-1$, igitur $a+1$ minus

LXXXVI. Ceterum in hujusmodi operationibus si quantitas fractio sit, vel partes ejus communem habeant divisorem; radices denominatoris & fa-cto-

minus differt ab $a \mp x$, quam ab $a-1$, id est $a+1-a\mp x$ minor quam $a+1-a+1$, aut $1\mp x$ minor quam 2, aut $\mp x$ minor quam $2-1$, id est, unitate.

225. *Si duae geometricae proportiones continuae* $\sqrt[m]{(a^m+b)}.\ c :: c.\ f$, *&* $a.\ c :: c.\ g$, *habeant mediam communem* c, *& sit* $\sqrt[m]{(a^m+b)} - c$ *major unitate; a vero sit radix proxima ipsi* $\sqrt[m]{(a^m+b)}$, *in numeris integris, dico quod* a *est major quam* c.

Est ex hyp. $\sqrt[m]{(a^m+b)} - c$, major unitate; ergo $\sqrt[m]{(a^m+b)} - 1$ major quam c, sed $\sqrt[m]{(a^m+b)} - a$ est minor unitate, aut a est major quam $\sqrt[m]{(a^m+b)} - 1$, ergo fortius a major est quam c.

226. *Si ad potestatem* c, *elevetur binomium* a+b, *& hujus potestatis*

$$a^c + ca^{c-1}b + \frac{c.c-1}{2}a^{c-2}b^2 + \frac{c.c-1.c-2}{2.3.}a^{c-3}b^3 + \frac{c.c-1.c-2.c-3}{2.3.4}a^{c-4}b^4\ \&c.$$

termini

$$a^c + \frac{c.c-1}{2}a^{c-2}b^2 + \frac{c.c-1.c-2.c-3}{2.3.4}a^{c-4}b^4,\ \&$$

$$ca^{c-1}b + \frac{c.c-1.c-2}{2.3}a^{c-3}b^3\ \&c.$$

alternatim sumantur, dico quod

$$\left(a^c + \frac{c.c-1}{2}a^{c-2}b^2\ \&c.\right)^2 - \left(ca^{c-1}b + \frac{c.c-1.c-2}{2.3}a^{c-3}b^3\ \&c.\right)^2$$

differentia nempe quadratorum partium

$$= (aa-bb)^c.$$

Pone $a^c + \frac{c.c-1}{2}a^{c-2}b^2$ &c. $= f$,

& $ca^{c-1}b + \frac{c.c-1.c-2}{2.3}a^{c-3}b^3$ &c. $= g$

erit tota potestas

$$a^c + ca^{c-1}b + \frac{c.c-1}{2}a^{c-2}b^2\ \&c.$$

$$= (a+b)^c = f+g,$$

& partium differentia

$$a^c - ca^{c-1}b + \frac{c.c-1}{2}a^{c-2}b^2 - \frac{c.c-1.c-2}{2.3}a^{c-3}b^3\ \&c.$$

$$= (a-b)^c = f-g$$

sed &

$\left(a^c + \frac{c.c-1}{2}a^{c-2}b^2\right)^2$ &c. $= ff$, atque

$\left(ca^{c-1}b + \frac{c.c-1.c-2}{2.3.}a^{c-3}b^3\right)^2$ &c. $= gg$,

quapropter

$$\left(a^c + \frac{c.c-1}{2}a^{c-2}bb\right)^2 - \left(ca^{c-1}b - \frac{c.c-1.c-2}{2.3}a^{c-3}b^3\right)^2 = ff-gg$$

& est

$$ff-gg = (f+g).(f-g) = (a+b)^c.(a-b)^c$$
$$= (aa-bb)^c.\ \text{(Eucl. 5. II.)}.$$

227. *In numeris, si* a *superat* b, *& c sit me-*

ctorum seorsim extrahe. Ut si ex $\sqrt{242} - 12\frac{1}{2}$ radix cubica extrahenda sit; hoc, reductis partibus ad communem denominatorem, fiet $\frac{\sqrt{968}-25}{2}$. Dein

merus impar, erit $(\sqrt{a}\pm\sqrt{b})^c$ *binomium, cujus membrum majus ductum est in* $\sqrt{a}$, *& minus in* $\sqrt{b}$.

Cum c sit impar, erit $c-1$ par. Ponatur $c-1 = 2n$. Erit

$$c = 2n+1;\ c-2 = 2n-1;\ c-3 = 2n-2;\ c-4 = 2n-3;\ c-5 = 2n-4 \text{ \&c.}$$

Jam, $(\sqrt{a}\pm\sqrt{b})^c$, neglectis signis & coefficientibus, (de quibus hic non agitur) fit

$$\sqrt{a^c};\ \sqrt{a^{c-1}}.\sqrt{b};\ \sqrt{a^{c-2}}.b;\ \sqrt{a^{c-3}}.b\sqrt{b};\ \sqrt{a^{c-4}}.bb;\ \sqrt{a^{c-5}}.bb\sqrt{b} \text{ \&c.}$$

aut, positis pro c; $c-1$; $c-2$; &c. valoribus supra determinatis,

$$\sqrt{a^{2n+1}};\ \sqrt{a^{2n}}.\sqrt{b};\ \sqrt{a^{2n-1}}.b;\ \sqrt{a^{2n-2}}.b\sqrt{b};\ \sqrt{a^{2n-3}}.bb;\ \sqrt{a^{2n-4}}.bb\sqrt{b} \text{ \&c.}$$

Est autem

$$\sqrt{a^{2n+1}} = a^n\sqrt{a};\ \sqrt{a^{2n}} = a^n;$$

$$\sqrt{a^{2n-1}} = \frac{a^n}{\sqrt{a}} = \frac{a^{n-1}\sqrt{a}.\sqrt{a}}{\sqrt{a}} = a^{n-1}\sqrt{a};$$

$$\sqrt{a^{2n-2}} = a^{n-1} \text{ \&c.}$$

Igitur termini superiores mutabuntur in

$$a^n\sqrt{a};\ a^n\sqrt{b};\ a^{n-1}b\sqrt{a};\ a^{n-1}b\sqrt{b};\ a^{n-2}bb\sqrt{a};\ a^{n-2}bb\sqrt{b} \text{ \&c.}$$

quare termini alternatim ducti sunt in $\sqrt{a}$; & $\sqrt{b}$; si ergo alternatim excerpantur, habebitur numerus rationalis ductus in $\sqrt{a}$ unum terminum efficiens, ut alter pariter rationalis ductus in $\sqrt{b}$.

Item bini termini proximi habent $a^n\sqrt{a}$, $a^n\sqrt{b}$ &c. [illegible] habent eandem quantitatem rationalem, tantum ergo irrationali differunt; sed $\sqrt{a}$ major est $\sqrt{b}$, ergo $a^n\sqrt{a}$ major est $a^n\sqrt{b}$, & sic de ceteris.

228. Si pro $\sqrt{a}$, aut $\sqrt{b}$, habeatur quantitas rationalis f, membrum quod nunc est ductum in $\sqrt{a}$, aut $\sqrt{b}$, erit rationale, eritque rationale membrum potestatis altero majus, si rationalis terminus radicis alterum superet.

229. *Iisdem positis, si numerus c fuerit par; potestas erit binomium, cujus membrum unum rationale, alterum erit ductum in* $\sqrt{ab}$.

Nam tunc $c = 2m$, & $a^{\frac{c}{2}} = a^m$, $a^{\frac{c-1}{2}}\sqrt{b} = a^{m-\frac{1}{2}}\sqrt{b} = a^{m-1}\sqrt{a}.\sqrt{b} = a^{m-1}\sqrt{ab}$, $a^{\frac{c-2}{2}}b = a^{m-1}b$, $a^{\frac{c-3}{2}}b\sqrt{b} = a^{m-1}b\sqrt{ab}$ &c.

230. Si pro $\sqrt{a}$, aut $\sqrt{b}$ scribatur quantitas rationalis f, irrationale binomii membrum ducetur tantum in quantitate irrationali, quæ superest.

231. Tunc ergo $(\sqrt{a}+\sqrt{b})^c = (\sqrt{a}+\sqrt{b})^{2m}$, sed $\sqrt{(\sqrt{a}+\sqrt{b})^{2m}} = (\sqrt{a}+\sqrt{b})^m$ (N°. 159. hujus). Tunc igitur potest extrahi radix quadrata ex binomio proposito.

232. Potestas continens radices quadratas habet radicem compositam pariter ex radicibus quadratis.

233. *Non potest ex binomio radix c extrahi, nisi differentia quadratorum partium habeat radicem c rationalem.*

Radix, si potest exprimi, continet solum radices quadratas, sit ergo hæc $\sqrt{a}+\sqrt{b}$, ita ut binomium datum æquet $(\sqrt{a}+\sqrt{b})^c$, differentia quadratorum partium est $(a-b)^c$ (N°. 226. hujus) cujus radix c est $a-b$.

234.

Dein extracta seorsim numeratoris ac denominatoris radice cubica oritur $\frac{2\sqrt{2}-\sqrt{\ }}{\sqrt[3]{2}}$. Rursus si ex $\sqrt[3]{3993}+\sqrt[6]{17578125}$ radix aliqua extrahenda sit;

234. *Non potest ex binomio* A + B *radix* c *extrahi, cum* c *est par*, $c = 2m$, *nisi rationale binomii membrum* A, *sit altero majus.*

Ponamus $A+B = (\sqrt{a}+\sqrt{b})^c = (\sqrt{a}+\sqrt{b})^{2m}$, ergo $\sqrt{(A+B)} = (\sqrt{a}+\sqrt{b})^m$. Facio $= (\sqrt{a}+\sqrt{b})^m = f\sqrt{a}+g\sqrt{b}$; igitur quadrando $A+B$, $= ffa+2fg\sqrt{ab}+ggb$, quare $A = ffa+ggb$, & $B = 2fg\sqrt{ab}$, sed $ffa.\ fg\sqrt{ab} :: fg\sqrt{ab},\ ggb$ (EUCL. II. VIII.) & $ffa+ggb$ superat $2fg\sqrt{ab}$, ergo A superat B.

His positis sic demonstratur Auctoris regula

235. Binomium datum est $A \pm B$; n detegitur, & Q determinatur, ita ut $AAQ-BBQ = n^c$.

Non binomii dati, sed hujus $A\sqrt{Q} \pm B\sqrt{Q}$, radicem quærit Auctor, & ubi hanc detectam habet, ipsam dividit per $\sqrt[c]{\ }$ ipsius $\sqrt{Q}$, id est, per $\sqrt[2c]{Q}$, ut habeat radicem binomii dati $A \pm B$.

Præparatione hac binomium acquirit conditiones, sine quibus ipsius radix exprimi non posset, (N°. 233. hujus); est nunc n^c differentia quadratorum membrorum $A\sqrt{Q}$, & $B\sqrt{Q}$, ex qua si $\sqrt[c]{\ }$ extrahatur, habemus rationalem numerum n.

Ponamus $x\sqrt{y} \pm \sqrt{z}$ exprimere radicem quæsitam binomii $A\sqrt{Q} \pm B\sqrt{Q}$, & $x\sqrt{y}$, esse partem majorem. Cum nunc de de fractionibus non agatur, de quibus Auctor separatim tractat, erunt x, y, z, numeri integri, nam cum in potestate proposita non dentur fractiones, neque in radice dantur.

Differentia quadratorum membrorum binomii $x\sqrt{y} \pm \sqrt{z}$ elevati ad potestatem c, id est differentia quadratorum $A\sqrt{Q}$, & $B\sqrt{Q}$, est $(xxy-z)^c$ (N°. 226. hujus) ergo $(xxy-z)^c = AAQ-BBQ = n^c$, & $xxy-z = n$.

Ex hac æquatione deducimus decrescentem proportionem $x\sqrt{y}+\sqrt{z}.\ \sqrt{n} :: \sqrt{n}.\ x\sqrt{y}-\sqrt{z}$.

Sed $r.\ \sqrt{n} :: \sqrt{n}.\ \frac{n}{r}$; & r superat $\sqrt{n}$ (N°. 234. hujus) ergo $\sqrt{n}$ superat $\frac{n}{r}$, & $\frac{n}{r}$ superat $x\sqrt{y}-\sqrt{z}$, aut o superat $x\sqrt{y}-\sqrt{z}-\frac{n}{r}$, si $x\sqrt{y}+\sqrt{z}$ superat r, aut vice versa (N°. 222. hujus) & $x\sqrt{y}+\sqrt{z}-r$ minor 1, (N°. 223. hujus) & $x\sqrt{y}-\sqrt{z}-\frac{n}{r}$ minor o, ergo $2x\sqrt{y}-r-\frac{n}{r}$, (differentia inter $2x\sqrt{y}$, & $r+\frac{n}{r}$, multo minor unitate, quare $x\sqrt{y}-\frac{r-\frac{n}{r}}{2}$ minor $\frac{1}{2}$.

His positis quatuor casus examinandi sunt, nam $A\sqrt{Q}$, est aut rationalis, aut surda, & in utroque casu, c est par, aut impar.

I. Rationalis est quantitas $A\sqrt{Q}$, & c impar.

In hoc casu $x\sqrt{y}$ pars major radicis est rationalis, (N°. 228. hujus); est ergo numerus integer; non enim hic, ut jam monuimus, agitur de fractionibus, idcirco $\frac{r+\frac{n}{r}}{2}$ est ipsum membrum maximum radicis; nam numeri integri ad minimum unitate differunt, & quantitas hæc non $\frac{1}{2}$ differt a membro maximo.

Tunc etiam $s = 1$, & ideo $\frac{r+\frac{n}{r}}{2} = \frac{r+\frac{n}{r}}{2s} = t = ts$, & membrum maximum bene per regulam Auctoris determinatum est.

II. Irrationalis est quantitatis $A\sqrt{Q}$, & numerus c impar.

Est nunc $\sqrt{y}$ numerus surdus, & quantitas $A\sqrt{Q}$ ad minimos terminos reducta eandem radicalem habet cum $x\sqrt{y}$ (N°. 227. hujus) radicalem hanc Auctor quærit, & vocat s, ergo $s = \sqrt{y}$.

Vi-

sit ... ide partes per communem divisorem $\sqrt{3}$, & emerget $11 + \sqrt{125}$ (y)

Vidimus $\frac{r + \frac{n}{r}}{2}$ ab $x\sqrt{y}$ non differre $\frac{1}{2}$, minus differunt ... s, aut $\sqrt{y}$ dividantur, quia quantitas hæc superat unitatem. Idcirco $\frac{r + \frac{n}{r}}{2s}$, & x, minus differunt $\frac{1}{2}$, & ideo x est numerus integer proximus ipsi $\frac{r + \frac{n}{r}}{2s}$, id est $t = x$.

Sed jam habuimus $s = \sqrt{y}$, ergo $ts = x\sqrt{y}$, & bene radicis membrum fuit determinatum.

III. Rationalis est quantitas $B\sqrt{Q}$, & c numerus par.

In hoc casu, ... *casu* 1., constat $x\sqrt{y}$ esse rationale (N°. ... hujus): ideo casus hic iterum in duos subdividitur.

Quando $x\sqrt{y}$ est rationale, demonstratio casus primi locum habet, & detegitur pars major radicis.

Si vero $x\sqrt{y}$ fit surda quantitas, methodus ad veram radicem non conducit, nam propter rationalem $A\sqrt{Q}$, semper $s = 1$, & non $\sqrt{y}$, quod desideratur ut in *casu* 2. demonstravimus.

IV. Irrationalis est quantitas $A\sqrt{Q}$, & c numerus par.

Ex hac quantitate radix quæsita non potest extrahi (N°. 234. hujus) & inutile foret Auctoris regulam aut aliam quamcunque, tali quantitati applicare.

Dato nunc $x\sqrt{y}$ maximo membro radicis æquale ts, demonstramus $\sqrt{z} = \sqrt{(ttss - n)}$, id est $z = ttss - n$.

Habemus

$$x\sqrt{y} = ts \ \& \ xxy = tts$$

sed, ut superius vidimus, $xxy - z = n$.

Ergo subtrahendo æquationem ultimam ex præcedenti,

$$xxy - xxy + z = z = ttss - n.$$

Quod demonstrandum erat.

Eodem signo radicis membra jungenda esse, quo membra quantitatis propositæ junguntur, clarum est.

Radicem detectam tentandam esse dicit auctor, quia demonstratio ponit, radicem posse exprimi per $x\sqrt{y} \pm \sqrt{z}$, & ideo locum tantum habet quando radix extrahi potest; sed minime ex demonstratione sequitur semper posse.

Ex demonstratis sequentia deducimus corollaria, quibus methodus auctoris illustratur.

236. Quando c est numerus impar, semper methodus Auctoris conducit ad veram radicem, quando hæc extrahi potest.

237. Quando c est par, & radix extrahi potest, detegitur hæc si alterutrum membrorum radicis fuerit rationale.

Constat hoc ex demonstratis, si rationale fuerit membrum majus radicis (N°. 234. hujus): sed si membrum hoc irrationale fuerit, detegitur radix si $B\sqrt{Q}$ adhibeatur in detegendo s, non $A\sqrt{Q}$, ut hoc patet hisce casibus applicando demonstrata, constat enim in hoc casu etiam esse $s = \sqrt{y}$ (N°. 230. hujus).

Unde deducimus, cum ante initam operationem non possimus prævidere utrum membrum radicis rationale sit majus an minus, si radix per methodum Auctoris detecta, quæ semper habebit majus membrum rationale, non sit vera, aliam quærendam esse, in qua majus membrum sit irrationale.

238. Si nulla ex ambabus radicibus in corollario præcedenti memoratis vera sit, neque inde poterimus concludere radicem extrahi non posse.

Si enim membra ambo radicis fuerint irrationalia $x\sqrt{y}$, & $\sqrt{z}$, erit tamen $A\sqrt{Q}$ rationale (N°. 234. hujus), & $s = 1$ (Cas. I. hujus), per methodum Auctoris. Si juxta observata in corollario præcedenti, in subsidium vocemus $B\sqrt{Q}$ erit $s = \sqrt{yz}$, (N°. 229. hujus) & non inficias ivimus possumus in hoc casu fallere Auctoris methodum, qui defectus tamen usum ipsius methodi non minuit, si, ut in sua methodo præscribit VAN SCHOOTEN, extractione radicis quadratæ, per methodum notissimam, problema reducamus ad extractionem radicis, cujus index est numerus impar.

239. Quando index radicis est numerus par, & majus membrum binomii propositi est irrationale, non potest radix exprimi, & non quærenda est, ut jam monuimus (Cas. IV. hujus).

Hæc

(y). Unde quantitas proposita valet $\sqrt[3]{3}$ in $(11 + \sqrt{125})$ cujus radix invenietur extrahendo seorsim radicem factoris utriusque $\sqrt[3]{3}$ & $11 + \sqrt{125}$.

(y) Nam $\frac{\sqrt[3]{3993}}{\sqrt[3]{3}} = \sqrt[3]{1331} = 11$; & $\sqrt[3]{3} = \sqrt[6]{9}$, atque $\frac{\sqrt[6]{17578125}}{\sqrt[6]{9}} = \sqrt[6]{1953125} = \sqrt{125}$.

Hæc demonstratio est Clarissimi s'GRAVESANDE, *quam paulisper mutavimus propter principia a nobis jam posita.*

SECTIO SECUNDA.

CAPUT PRIMUM.

DE FORMA ÆQUATIONIS.

I. ÆQuationes, quæ sunt quantitatum aut sibi mutuo æqualium, aut simul nihilo æquipollentium, congeries, duobus præcipue modis considerandæ veniunt; vel ut ultimæ conclusiones ad quas in problematis solvendis deventum est, vel ut media quorum ope finales æquationes acquirendæ sunt.

Prioris generis æquatio ex unica tantum incognita quantitate cognitis involuta conflatur, modo problema sit definitum & aliquid certi quærendum innuat.

Sed eæ posterioris generis involvunt plures quantitates incognitas, quæ ideo debent inter se comparari & ita connecti ut ex omnibus una tandem emergat æquatio nova cui inest unica, quam quærimus, incognita quantitas admista cognitis. Quæ quantitas ut exinde facilius eliciatur, æquatio ista variis plerumque modis transformanda est, donec evadat ea simplicissima quæ potest, atque etiam similis alicui ex sequentibus earum gradibus, in quibus x designat quantitatem quæsitam ad cujus dimensiones termini, ut vides, ordinantur, & p, q, r, s alias quascunque quantitates ex quibus determinatis & cognitis etiam x determinatur, & per methodos explicandas investigari potest.

$$x = p. \qquad\qquad x - p = 0.$$
$$xx = px + q. \qquad \text{Vel } xx - px - q = 0.$$
$$x^3 = pxx + qx + r. \qquad x^3 - pxx - qx - r = 0.$$
$$x^4 = px^3 + qxx + rx + s. \qquad x^4 - px^3 - qxx - rx - s = 0.$$
&c. &c.

II. Ad horum normam itaque termini æquationum secundum dimensiones

nes incognitæ quantitatis in ordinem semper redigendi sunt, ita ut primum locum occupent in quibus incognita quantitas est plurimarum dimensionum, instar, x, xx, x^3, x^4, & secundum locum in quibus ea est una dimensione minor, instar p, px, pxx, px^3, & sic præterea. Et, quod signa terminorum attinet, possunt ea omnibus modis se habere: Imo & unus vel plures ex intermediis terminis aliquando deesse.

Sic $x^3 * - bbx + b^3 = 0$ vel $x^3 = bbx - b^3$, est æquatio tertii gradus

$$z^4 \begin{matrix} +a \\ -b \end{matrix} z^3 * \begin{matrix} +ab^3 \\ -b^4 \end{matrix} = 0, \text{ æquatio quarti.}$$

Nam gradus æquationum æstimantur ex maxima dimensione quantitatis incognitæ, nullo respectu ad quantitates cognitas habito, nec ad intermedios terminos.

Attamen ex defectu intermediorum terminorum æquatio plerumque fit multo simplicior, & nonnunquam ad gradum inferiorem quodammodo deprimitur. Sic enim $x^4 = qxx + s$, æquatio secundi gradus censenda est, siquidem ea in duas secundi gradus æquationes resolvi potest. Nam supposito $xx = y$, & y pro xx in æquatione illa perinde scripto, ejus vice prodibit $yy = qy + s$, æquatio secundi gradus; cujus ope cum y inventa fuerit, æquatio $xx = y$ secundi etiam gradus, dabit x. (a)

Atque hæ sunt conclusiones ad quas problemata deduci debent. Sed antequam eorum resolutionem aggrediar, opus erit ut modos transformandi & in ordinem redigendi æquationes, & ex mediis eliciendi finales æquationes abstracte doceam. Æquationis autem solitariæ reductionem in sequentibus regulis complectar.

CAPUT SECUNDUM.

De concinnanda Æquatione solitaria.

REGULA I.

III. *Siquæ sint quantitates quæ se mutuo destruere, vel per additionem aut subductionem coalescere possunt, termini perinde minuendi sunt.*

Veluti si habeatur $5b - 3a + 2x = 5a + 3x$, aufer utrinque $2x$ & adde

(a) Hoc totum Caput continet duas definitiones; prima explicat quid intelligatur nomine *æquationis*, secunda quid innuatur per *gradus æquationum*. Præterea hic supponitur, quod jam habentur æquationes effictæ, quæ solum in alias simpliciores sunt convertendæ. Nemo igitur sollicitus sit de ratione inveniendarum æquationum; aut distinguendi quando eæ sint *ultima conclusiones*, aut *media*, quorum ope finales æquationes acquiruntur, neque de aliis similibus, quæ omnia suis locis explicata reperientur.

de $3a$, proditque $5b = 8a + x$. Atque ita $\frac{2ab + bx}{a} - b = a + b$, delendo æquipollentes $\frac{2ab}{a} - b = b$, evadit $\frac{bx}{a} = a$ (a).

Ad hanc regulam referri debet etiam ordinatio terminorum æquationis, quæ fieri solet per translationem ad contrarias partes cum signo contrario.

Ut si habita æquatione $5b = 8a + x$ desideretur x; aufer utrinque $8a$, vel, quod eodem recidit, transfer $8a$ ad contrarias partes cum signo mutato, & prodibit $5b - 8a = x$ (b).

Eodem modo si habeatur $aa - 3ay = ab - bb + by$ ac desideretur y, transpone $- 3ay$ & $ab - bb$, eo ut ex una parte consistant termini multiplicati per y, & ex altera reliqui termini, & prodibit $aa - ab + bb = 3ay + by$, unde y elicietur per regulam quintam sequentem, dividendo scilicet utramque partem per $3a + b$, prodibit enim $\frac{aa - ab + bb}{3a + b} = y$.

Atque ita æquatio $abx + a^3 - aax = abb - 2abx - x^3$ per debitam transpositionem & ordinationem evadit

$$x^3 = \begin{matrix} + aa \\ - 3ab \end{matrix} x \begin{matrix} - a^3 \\ + abb \end{matrix} \text{ vel } x^3 \begin{matrix} - aa \\ + 3ab \end{matrix} x \begin{matrix} + a^3 \\ - abb \end{matrix} = 0 \ (c).$$

REGULA II.

IV. *Siqua compareat quantitas, per quam omnes æquationis termini multiplicantur, debent omnes per illam quantitatem dividi; vel, si per eandem quantitatem omnes dividantur, debent omnes per illam multiplicari.*

Sic habito $15bb = 24ab + 3bx$, divide terminos omnes per b & fit $15b = 24a + 3x$. Deinde per 3 & fit $5b = 8a + x$.

Vel

(a) Nam si $\frac{2ab + bx}{a} - b = a + b$, ducatur in a erit $2ab + bx - ab = aa + ab$ (EUCL. Ax. 6.) sed $2ab - ab = ab$ ergo $ab + bx = aa + ab$, & utrinque deleto ab (EUCL. Ax. 3.) $bx = aa$, cunctisque demum divisis per a (EUCL. Ax. 7.) $\frac{bx}{a} = a$.

(b) Quantitas aufertur operatione contraria illi, qua fuit posita. Hic $8a$ jungitur ipsi x per *additionem*, ergo *subductione* auferenda est, sed ut æqualitas maneat, ex æqualibus æqualia sunt demenda (EUCL. Ax. 3.) ergo $8a$ demi debet hinc inde, quod dat $5b - 8a = 8a$ $- 8a + x = x$ quia $8a - 8a = 0$.

(c) Siquidem addito x^3 hic inde fit $x^3 + abx + a^3 - aax = abb - 2abx$, & cunctis, præter x^3, in contrariam partem translatis

$$x^3 = \begin{matrix} + aa \\ - 3ab \end{matrix} x \begin{matrix} - a^3 \\ + abb \end{matrix}$$

vel his omnibus in eam partem, ubi est x^3 translatis

$$x^3 \begin{matrix} - aa \\ + 3ab \end{matrix} x \begin{matrix} + a^3 \\ - abb \end{matrix} = 0.$$

Vel subito $\frac{b^3}{ac} - \frac{bbx}{cc} = \frac{xx}{c}$, multiplica omnes per c & prodibit $\frac{b^3}{a} - \frac{bbx}{c} = xx$.

REGULA III.

V. *Siqua sit fractio irreducibilis in cujus denominatore reperiatur litera illa ad cujus dimensiones æquatio ordinanda est, omnes æquationis termini per istum denominatorem, aut per aliquem divisorem ejus multiplicandi sunt.*

Ut si æquatio $\frac{ax}{a-x} + b = x$ secundum x ordinanda sit, multiplicentur omnes ejus termini per $a - x$, denominatorem fractionis $\frac{ax}{a-x}$, siquidem x inibi reperiatur, & prodit

$$ax + ab - bx = ax - xx, \text{ seu } ab - bx = -xx,$$

& facta utriusque partis translatione, $xx = bx - ab$.

Atque ita si habeatur $\frac{a^3 - abb}{2cy - cc} = y - c$ terminique juxta y ordinandi sint, multiplicentur per denominatorem $2cy - cc$ vel saltem per divisorem $2y - c$, quo y tollatur e denominatore, & exsurget $\frac{a^3 - abb}{c} = 2yy - 3cy + cc$ & ordinando $\frac{a^3 - abb}{c} - cc + 3cy = 2yy$.

Ad eundem modum $\frac{aa}{x} - a = x$ multiplicando per x evadit $aa - ax = xx$, & $\frac{aabb}{cxx} = \frac{xx}{a + b - x}$ multiplicando primo per xx, dein per $a + b - x$ evadit $\frac{a^3bb + aab^3 - aabbx}{c} = x^4$.

REGULA IV.

VI. *Sicubi surdæ quantitati irreducibili litera illa involvatur, ad cujus dimensiones æquatio ordinanda est, ceteri omnes termini ad contrarias partes cum signis mutatis transferendi sunt* (d), *& utraque pars æquationis in se* semel *multiplicanda si radix* quadratica *sit, vel* bis *si sit* cubica, *&c.*

Sic ad ordinandum juxta x æquationem $\sqrt{(aa - ax)} + a = x$, transfera-

(d) Ne scilicet quadrandum sit binomium ex rationale, & surda quantitate constans, quod certe dabit duo rectangula ex rationale in surdam (EUCL. 4. II.); quare surda necdum ablata foret, nec unquam, ex præcedenti ratiocinio, auferri posset, nisi sola hinc vel inde remaneret.

ratur a ad alteras partes, fitque $\sqrt{(aa - ax)} = x - a$; & quadratis partibus, $aa - ax = xx - 2ax + aa$, seu $0 = xx - ax$ hoc est $x = a$ (e).

Sic etiam $\sqrt[3]{:(aax + 2axx - x^3)} - a + x = 0$, transponendo $-a + x$ evadit $\sqrt[3]{:(aax + 2axx - x^3)} = a - x$, & partibus cubice multiplicatis $aax + 2axx - x^3 = a^3 - 3aax + 3axx - x^3$, seu $xx = 4ax - aa$ (f).

Et sic $y = \sqrt{(ay + yy - a\sqrt{(ay - yy)})}$ quadratis partibus evadit $yy = ay + yy - a\sqrt{(ay - yy)}$ & terminis debite transpositis (g) $ay = a\sqrt{(ay - yy)}$ seu $y = \sqrt{(ay - yy)}$, & partibus iterum quadratis $yy = ay - yy$, & transponendo denuo, $2yy = ay$, sive $2y = a$.

REGULA V.

VII. *Terminis secundum dimensiones literæ alicujus, ope præcedentium regularum, dispositis, si maxima ejusdem literæ dimensio per cognitam quamlibet quantitatem multiplicetur, debet tota æquatio per eandem dividi.*

Sic $2y = a$ dividendo per 2 evadit $y = \frac{1}{2}a$.

Et $\frac{bx}{a} = a$ dividendo per $\frac{b}{a}$ evadit $x = \frac{aa}{b}$

Et

$$\begin{matrix} 2ac \\ -cc \end{matrix}\, x^3 \begin{matrix} +a^3 \\ +aac \end{matrix}\, xx \begin{matrix} -2a^3c \\ +aacc \end{matrix}\, x - a^3cc = 0$$

dividendo per $2ac - cc$ evadit

$$x^3 \frac{\begin{matrix} +a^3 \\ +aac \end{matrix}\, xx \begin{matrix} -2a^3c \\ +aacc \end{matrix}\, x - a^3c}{2ac - cc} = 0,$$

sive

$$x^3 + \frac{a^3 + aac}{2ac - cc} xx - aax - \frac{a^3}{2a - c} = 0.$$

RE-

(e) Deletis $aa - ax$, restat

$$xx - ax = 0,$$

& ax translato, $ax = xx$,

cunctisque divisis, per x, $a = x$.

Vel etiam $x = 0$.

Uno verbo dico, quod si $a + c^{\frac{n}{m}}$ elevatur ad quamlibet potestatem p, semper surda remanebit, quia (N°. 122. Sect. I.)

$$(a + c^{\frac{n}{m}})^p = a^p + p\,a^{p-1}c^{\frac{n}{m}} + \&c.,$$

ubi invenitur ipsissima $c^{\frac{n}{m}}$, quare efficiendum est, ne quantitas surda sit binomii pars, tunc enim eam elevando ad potestatem m, asymmetria, vel, ut ita dicam, irrationalitas auferetur, quod constat.

(f) Deletis æqualibus habetur

$$a^3 - 4aax + axx = 0;$$

& cunctis, præter axx, translatis in contrarias partes (Reg. I.)

$$4aax - a^3 = axx,$$

atque omnibus per a divisis (Reg. II.)

$$4ax - aa = xx.$$

(g) Nam per (Reg. I.),

$$0 = ay - a\sqrt{(ay - yy)},$$

$$\& -ay = -a\sqrt{(ay - yy)},$$

& per (Reg. II.), $y = \sqrt{(ay - yy)}$ (dividendo scilicet per $-a$). Idem tamen inveniretur, si divisio fieret per a, nam tunc

$$-y = -\sqrt{(ay - yy)},$$

& quadrando $yy = ay - yy$ &c.

REGULA VI.

VIII. *Aliquando reductio institui potest dividendo æquationem per compositam aliquam quantitatem.*

Sic enim $y^3 = \frac{-2c}{+b} y^2 + 3bcy - bbc$, ad hanc $yy = -2cy + bc$ reducitur transferendo terminos omnes ad easdem partes hoc modo, $y^3 \frac{+2c}{-b} yy - 3bcy + bbc = 0$, & dividendo per $y - b$, ut in Capite de divisione ostensum est. Prodibit enim $yy + 2cy - bc = 0$. Ast hujusmodi divisorum inventio difficilis est, & eam prius docuimus.

REGULA VII.

IX. *Aliquando etiam reductio per extractionem radicis ex utraque æquationis parte institui.*

Quemadmodum si habeatur $xx = \frac{1}{4}aa - bb$, extracta utrobique radice prodit $x = \sqrt{(\frac{1}{4}aa - bb)}$.

Quod si habeatur $xx + aa = 2ax + bb$, transfer $2ax$, & exsurget $xx - 2ax + aa = bb$, extractisque partium radicibus $a - x = +$ vel $- b$, (*b*) seu $x = a \mp b$.

Sic etiam habito $xx = ax - bb$, adde utrinque $-ax + \frac{1}{4}aa$, & prodit $xx - ax + \frac{1}{4}aa = \frac{1}{4}aa - bb$, & extracta utrobique radice, $x - \frac{1}{4}a = \mp \sqrt{(\frac{1}{4}aa - bb)}$ seu $x = \frac{1}{2}a \pm \sqrt{(\frac{1}{4}aa - bb)}$.

X. Et sic universaliter: Si sit $x = px. q.$ erit $x = . \frac{1}{2}p \pm \sqrt{(\frac{1}{4}pp. q.)}$ Ubi $\frac{1}{2}p$ & q iisdem signis ac p & q in æquatione priori afficienda sunt; sed $\frac{1}{2}pp$ semper affirmative ponendum (*i*). Estque hoc exemplum *regula ad*

(*b*) Paulisper sustineant Tirones, quam primum perspecturi quomodo & quando una incognita valores duos, tres &c. habere possit.

(*i*) Æquationes duarum dimensionum alicui ex his quatuor necessario similes esse debent.

$$xx = px + qq$$
$$xx = px - q$$
$$xx = -px + q$$
$$xx = -px - q$$

Nam si p exprimere ponatur omnes quantitates notas secundi termini, & q omnes notas tertii, aut potius omnes eas, quæ terminum constituunt, illæ æquationes inter se solis signis differre possunt, quæ nullo alio modo mutari posse liquido constat.

Sed $xx = px + q$, est idem ac $xx - px = q$, & si $xx - px$ esset quadratum perfectum, ex eo extrahi posset radix; atqui quadratum quantitatis simplicis esse nequit, quia duos

regula ad cujus similitudinem æquationes omnes quadraticæ ad formam simplicium reduci possunt. E. g. Proposita æquatione $yy = \frac{2xxy}{a} + xx$, ad extrahendam radicem y confer $\frac{2xx}{a}$ cum p, & xx cum q, hoc est scribe $\frac{xx}{a}$ pro $\frac{1}{2}p$ & $\frac{x^4}{aa} + xx$ pro $\frac{1}{2}pp.q.$ atque prodibit $y = \frac{xx}{a} + V(\frac{x^4}{aa} + xx)$, vel $y = \frac{xx}{a} - V(\frac{x^4}{aa} + xx)$.

Eodem modo æquatio $yy = ay - 2cy + aa - cc$ conferendo $a - 2c$ cum p, & $aa - cc$ cum q, dabit $y = \frac{1}{2}a - c + V(\frac{5}{4}aa - ac)$. (*k*)

Quin etiam æquatio quadrato-quadratica $x^4 = -aaxx + ab^3$ cujus termini impares desunt, ope hujus regulæ evadit $xx = -\frac{1}{2}aa + V(\frac{1}{4}a^4 + ab^3)$, & extracta iterum radice $x = V(-\frac{1}{2}aa + V(\frac{1}{4}a^4 + ab^3))$. Et sic in aliis.

Suntque hæ regulæ pro concinnanda æquatione solitaria, quarum usum cum Analysta satis perspexerit, ita ut æquationem quamcumque propositam secundum quamlibet literarum in ea complexarum disponere noverit, & ejusdem literæ, si ea unius sit dimensionis, aut maximæ potestatis ejus, si plurium, valorem elicere, haud difficilem sentiet comparationem plurium æquationum inter se, quam pergo jam docere.

duos habet terminos; quadratum vero binomii debet habere tres terminos; igitur addi debet aliquid ipsi $xx - px$, ut fiat quadratum binomii: hoc autem constare debet (EUCL. 4. II.) quadrato primæ partis radicis, quod hic est xx, duobus factis ex prima parte radicis in secundam, & quadrato secundæ. At hic habetur factum ex x (prima radicis parte) in p, ergo p debet esse dupla secundæ partis, quare $a = \frac{p}{2}$ cujus quadratum $\frac{pp}{4}$, ergo hoc hinc inde addito

$$xx - px + \frac{pp}{4} = \frac{pp}{4} + q,$$

& extracta radice

$$x - \frac{p}{2} = \pm V(\frac{pp}{4} + q);$$

& $-\frac{p}{2}$ translato

$$x = + \frac{p}{2} \pm V(\frac{pp}{4} + q);$$

Ubi apparet quod quantitas nota secundi termini, & tertius terminus servant signum, quod habebant in æquatione $xx = px + q$, sed $\frac{pp}{4}$ semper positiva quantitas erit, quia tam $-\frac{p}{2}$ quam $+\frac{p}{2}$ dant $\frac{pp}{4}$.

Hoc ratiocinium aliis quoque facile aptatur.

(*k*) Nam $y = \frac{a - 2c}{2} \pm$

$V(\frac{a^2 - 4ac + 4c^2}{4} + a^2 - c^2)$;

& $V(\frac{a^2 - 4ac + 4c^2}{4} + a^2 - c^2)$

(per reductionem ad eundem denom.)

$$= V(\frac{a^2 - 4ac + 4c^2 + 4a^2 - 4c^2}{4})$$

$$= V(\frac{5a^2 - 4ac}{4}) = V(\frac{5a^2}{4} - ac).$$

CAPUT

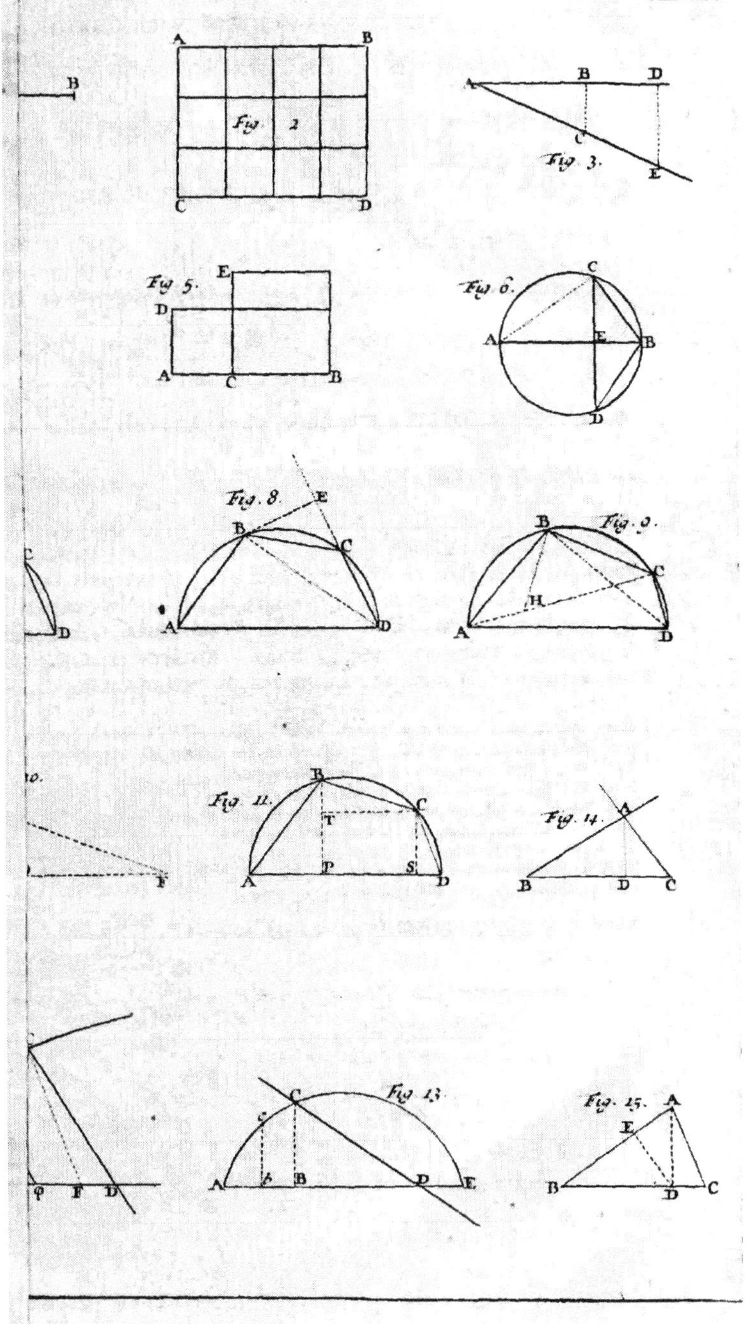
Fig. 2
Fig. 3.
Fig. 5.
Fig. 6.
Fig. 8.
Fig. 9.
Fig. 11.
Fig. 14.
Fig. 13.
Fig. 15.

CAPUT TERTIUM.

De duabus pluribusve æquationibus in unam transformandis, ut incognitæ quantitates exterminentur.

XI. Cum in alicujus problematis solutionem plures habentur æquationes statum quæstionis comprehendentes, quarum unicuique plures etiam incognitæ quantitates involvuntur; æquationes istæ, (duæ per vices, si modo sint plures duabus,) sunt ita connectendæ ut una ex incognitis quantitatibus per singulas operationes tollatur, & emergat æquatio nova.

Sic habitis æquationibus (*a*) $2x = y + 5$, & $x = y + 2$, demendo æqualia ex æqualibus prodibit $x = 3$.

Et sciendum est quod per quamlibet æquationem una quantitas incognita potest tolli; atque adeo, cum tot sunt æquationes quot quantitates incognitæ, omnes possunt ad unam denique reduci, in qua unica manebit quantitas incognita. Sin quantitates incognitæ sint una plures quam æquationes habentur, tum in æquatione ultimo resultante duæ manebunt quantitates incognitæ; & si sint duabus plures quam æquationes habentur, tum in æquatione ultimo resultante manebunt tres, & sic præterea.

Possunt etiam duæ vel plures quantitates incognitæ per duas tantum æquationes fortasse tolli.

Ut si sit $ax - by = ab - az$, & $bx + by = bb + az$: Tum æqualibus ad æqualia additis prodibit (*b*) $ax + bx = ab + bb$, exterminatis utrisque y & z.

Sed ejusmodi casus vel arguunt vitium aliquod in statu quæstionis latere, vel calculum erroneum esse aut non satis artificiosum. Modus autem quo una quantitas incognita per singulas æquationes tollatur ex sequentibus patebit.

(*a*) Nam si ex $2x$ demas x restat x, ut ex $y + 5$ dempto $y + 2$ remanet 3, quare (Eucl. Ax. 3.) $x = 3$.

(*b*) 2. Siquidem habetur

$$ax + bx - by + by = ab + bb - az + az;$$

sed $- by + by = 0 = - az + az$

ergo $ax + bx = ab + bb$.

Ceterum si in duabus æquationibus quantitates eædem habeant eadem signa, ab æqualibus æqualia demenda sunt; addenda vero si habeant signa contraria; quia nihil quærimus, nisi rationem incognitas eliminandi; & signa contraria sese invicem destruunt.

Sic datas duas priores æquationes

$$2x = y + 5; \quad \& \quad x = y + 2$$

aliam ex alia subducimus, quia incognitæ x & y habent in utraque eadem signa; æquationes autem $ax - by = ab - az$, & $bx + by = bb + az$ addimus, quia termini continentes ipsas y, & z habent signa contraria.

Sed ut additio, & subtractio locum habeant necesse est, ut termini incogniti sint ejusdem dimensionis, & easdem literas quæsitas contineant, non vero coefficientes.

 CAPUT

CAPUT QUARTUM.

Exterminatio quantitatis incognitæ per æqualitatem valorum ejus.

XII. Cum quantitas tollenda unius est tantum dimensionis in utraque æquatione, valor ejus uterque per regulas jam ante traditas quærendus est, & alter valor statuendus æqualis alteri.

Sic positis $a+x=b+y$ & $2x+y=3b$, ut exterminetur y, æquatio prima dabit $a+x-b=y$, & secunda dabit $3b-2x=y$. Est ergo $a+x-b=3b-2x$, sive ordinando $x=\frac{4b-a}{3}$.

Atque ita $2x=y$, & $5+x=y$ dant $2x=5+x$ seu $x=5$.

Et $ax-2by=ab$, & $xy=bb$ dant $\frac{ax-ab}{2b}\ (=y)=\frac{bb}{x}$; sive ordinando $xx-bx-\frac{2b^3}{a}=0$. (*a*)

Item $\frac{bbx-aby}{a}=ab+xy$, & $bx+\frac{ayy}{c}=2aa$ tollendo x dant $\frac{aby+aab}{bb-ay}\ (=x)=\frac{2aac-ayy}{bc}$: Et reducendo

$$y^3-\frac{bb}{a}yy-\frac{2aac-bbc}{a}y+bbc=0.\ (b)$$

Deni-

(*a*) Translatis in contrarias respective partes $-2by$; & ab; æquatio $ax-2by=ab$, vertitur in hanc $ax-ab=2by$; & cunctis divisis per $2b$ fit $\frac{ax-ab}{2b}=y$. Item $xy=bb$ dividendo per x dat $y=\frac{bb}{x}$; ergo $\frac{ax-ab}{2b}=\frac{bb}{x}$ (EUCL. Ax. 1.), & cunctis ductis in x habetur $\frac{axx-abx}{2b}=bb$ & rursus omnibus per $2b$ multiplicatis, $axx-abx=2b^3$; ac transferendo $2b^3$ in contrarias partes, & omnia dividendo per a tandem obtinetur $xx-bx-\frac{2b^3}{a}=0$.

(*b*) Ex his æquationibus eligo x auferendum, quia in utraque est unius dimensionis, & idcirco facilius eliminari potest. Ut hoc fiat duco primam in a, unde $bbx-aby=aab+axy$; & translatis in contrarias respective partes ipsis axy; $-aby$ (ut scilicet omnes termini continentes x sint in eodem membro) $bbx-axy=aab+aby$, &, ut x unice habeatur, divido $bbx-axy$ per $bb-ay$; fit $x=\frac{aab+aby}{bb-ay}$. Pro secunda vero transfero $\frac{ayy}{c}$ in contrarias partes, quo fit $bx=2aa-\frac{ayy}{c}=$ (reducendo ad eundem denominatorem) $\frac{2aac-ayy}{c}$; & dividendo per b obtineo $x=\frac{2aac-ayy}{bc}=\frac{aab+aby}{bb-ay}$; quare (omnibus ductis in $bb-ay$)

$$\frac{2aabbc-2a^3cy-ab^2y^2+a^2y^3}{bc}$$

$=aab$

[illegible] $x + y - z = 0$ & $ay = xz$ tollendo z dant $x + y$ ($= z$) $= \frac{ay}{x}$ five $xx + xy = ay$.

Hoc idem quoque perficitur fubducendo alterutrum valorem quantitatis incognitæ [illegible], & ponendo refiduum æquale nihilo. Sic in exemplorum primo tolle $3b - 2x$ ab $a + x - b$ & manebit $a + 3x - 4b = 0$, five $x = \frac{4b - a}{3}$.

CAPUT QUINTUM.

Exterminatio quantitatis incognitæ fubftituendo pro ea valorem fuum.

XIII. Cum in altera faltem æquatione, tollenda quantitas unius tantum dimenfionis exiftit, valor ejus in ea quærendus eft; & pro fe in æquationem alteram fubftituendus.

Sic propofitis $xyy = b^3$ & $xx + yy = by - ax$; ut exterminetur x, prima dabit $\frac{b^3}{yy} = x$: Quare, in fecundam fubftituo $\frac{b^3}{yy}$ pro x, & prodit $\frac{b^6}{y^4} + yy = by - \frac{ab^3}{yy}$, ac reducendo $y^6 - by^5 + ab^3yy + b^6 = 0$. (*a*)

Propofitis autem $ayy + aay = z^3$; & $yz - ay = az$, ut y tollatur, fecunda dabit $y = \frac{az}{z - a}$. Quare pro y fubftituo $\frac{az}{z - a}$ in primam (*b*), proditque $\frac{a^3zz}{zz - 2az + aa} + \frac{a^3z}{z - a} = z^3$ (*c*). Et reducendo, $z^4 - 2az^3 + aazz - 2a^3z + a^4 = 0$.

Pari

$= aab + aby$; & rurfus cunctis per bc multiplicatis, $2a^2b^2c$ [illegible] $cy - ab^2y^2 + a^2y^3 = aabbc + abbcy$; ac in contrarias partes translatis ipfis $aabbc + abbcy$ omnibus per a^2 divifis, & juxta dimenfionem literæ y ordinatis &c.

(*a*) Etenim quia $\frac{b^3}{y^2} = x$ erit (quadrando) $\frac{b^6}{y^4} = xx$, & multiplicando $\frac{b^3}{y^2} = x$ per [illegible] $- \frac{ab^3}{y^2} = -ax$; quibus pofitis in fecunda æquatione, ea vertetur in quæfitam $\frac{b^6}{y^4} + yy = by - \frac{ab^3}{y^2}$; & cunctis ductis in y^4 fiet $b^6 + y^6 = by^5 - ab^3y^2$, & ordinando &c.

(*b*) Et pro yy fubftituto $\frac{aazz}{zz - 2az + aa}$.

(*c*) Id eft cuncta ducendo $zz - 2az + aa$ (quod fit ducendo ipfam $\frac{a^3z}{z - a}$ in $z - a$, quia $zz - 2az + aa = (z - a)(z - a)$ ergo $a^3z\,(zz - 2az + aa) = \frac{a^3z\,(z - a)\,(z - a)}{z - a} = a^3z\,(z - a)$) obtinetur $a^3zz + a^3zz - a^4z = z^5 - 2az^4 + aaz^3$, & cunctis divifis, per z; & tranfpofitis, &c.

Pari modo propositis $\frac{xy}{c} = z$ & $cy + zx = cc$, ad z tollendum pro eo substituo $\frac{xy}{c}$ in æquationem secundam, & prodit $cy + \frac{xxy}{c} = cc$.

Ceterum qui in hujusmodi computationibus exercitatus fuerit sæpenumero contractiores modos percipiet quibus incognita quantitas exterminari possit. Sic habitis $ax = \frac{bbx - b^3}{z}$ & $x = \frac{az}{x - b}$ si æqualia multiplicentur æqualibus, prodibunt æqualia $axx = abb$ sive $x = b$ (d). Sed casus ejusmodi particulares studiosis proprio marte, cum res tulerit, investigandos linquo.

CAPUT SEXTUM.

Exterminatio quantitatis incognitæ quæ plurium in utraque æquatione dimensionum existit.

XIV. Cum in neutra æquatione tollenda quantitas unius tantum dimensionis existit, valor maximæ potestatis ejus in utraque quærendus est; deinde, si potestates istæ non sint eædem, æquatio potestatis minoris multiplicanda est per tollendam quantitatem aut per ejus quadratum aut cubum, *&c.*, ut ea evadat ejusdem potestatis cum æquatione altera. Tum valores illarum potestatum ponendi sunt æquales; & æquatio nova prodibit ubi maxima potestas sive dimensio tollendæ quantitatis diminuitur. Et hanc operationem iterando quantitas illa tandem auferetur.

Quemadmodum sit $xx + 5x = 3yy$ & $2xy - 3xx = 4$; ut x tollatur, prima dabit $xx = -5x + 3yy$ & secunda $xx = \frac{2xy - 4}{3}$. Pono itaque $3yy - 5x = \frac{2xy - 4}{3}$, & sic x ad unicam tantum dimensionem reducitur, adeoque tolli potest per ea quæ paulo ante ostendi. Scilicet, æquationem novissimam debite reducendo (a), prodit $9yy - 15x = 2xy - 4$, sive (b) $x =$

(d) Est enim $\frac{bbx - b^3}{z} = \frac{bb}{z}(x - b)$, quapropter ductis æqualibus in æqualia $axx = \frac{abbz(x - b)}{z(x - b)} = abb$, & dividendo per a, $xx = bb$, ac extracta radice $x = b$.

(a) Id est ducendo cuncta in 3.

(b) Quod invenietur ipsis $-15x$, -4, in contrarias respective partes transpositis, & cunctis divisis per $2y + 15$.

$x = \frac{9yy + 4}{2y + 15}$. Hunc itaque valorem pro x (c) in aliquam ex æquationibus primo propositis (velut in $xx + 5x = 3yy$) substituo, & oritur $\frac{81y^4 + 72yy + 16}{4yy + 60y + 225} + \frac{45yy + 20}{2y + 15} = 3yy$. Quam, ut in ordinem redigatur, multiplico per $4yy + 60y + 225$, & prodit $81y^4 + 72yy + 16 + 90y^3 + 40y + 675yy + 300 = 12y^4 + 180y^3 + 675yy$,

sive

$$69y^4 - 90y^3 + 72yy + 40y + 316 = 0. \ (d)$$

Præterea si sit $y^3 = xyy + 3x$, & $yy = xx - xy - 3$, ut y tollatur multiplico posteriorem æquationem per y & fit $y^3 = xxy - xyy - 3y$ totidem dimensionum quot prior. Jam ponendo valores ipsius y^3 sibimet æquales habeo $xyy + 3x = xxy - xyy - 3y$, ubi y deprimitur ad duas dimensiones. Per hanc itaque & simpliciorem ex æquationibus primo propositis $yy = xx - xy - 3$ quantitas y prorsus tolli potest insistendo vestigiis prioris exempli. (e)

XV. Sunt & alii modi quibus hæc eadem absolvi possunt; idque sæpenumero contractius.

Quemadmodum ex $yy = \frac{2xxy}{a} + xx$ & $yy = 2xy + \frac{x^4}{aa}$; ut y deleatur, extrahe in utraque radicem y sicut in Regula septima ostensum est, & prodibunt $y = \frac{xx}{a} + \sqrt{(\frac{x^4}{aa} + xx)}$, & $y = x + \sqrt{(\frac{x^4}{aa} + xx)}$. Jam hos ipsius y valores ponendo æquales habebitur $\frac{xx}{a} + \sqrt{(\frac{x^4}{aa} + xx)} = x + \sqrt{(\frac{x^4}{aa} + xx)}$, & rejiciendo æqualia $\sqrt{(\frac{x^4}{aa} + xx)}$, restabit $\frac{xx}{a} = x$, vel $xx = ax$ & $x = a$.

Porro

3. (c) Et pro xx quadratum ipsius x; si vero haberetur x^3, vel x^4, aut x^5; vel denique x^m, valor ipsius x, ad 3, 4, 5, m; potestatem evehendus esset, quod semel monuisse sufficiat.

(d) Nempe deletis æqualibus.

(e) Quærendo scilicet valorem ipsius yy, ex $xyy + 3x = xxy - xyy - 3y$ quod obtinebis in contrarias respective partes transferendo $+ 3x$; $- xyy$; omniaque dividendo per $2x$, unde habebis $yy = \frac{xxy - 3y - 3x}{2x} = xx - xy - 3$, quare duc omnia in $2x$, dele æqualia, in easdem partes tranjice omnes terminos continentes y, aut x, divide per $3xx - 3$, & habebis $y = \frac{2x^3 - 3x}{3xx - 3}$, quem valorem substitue in $yy = xx - xy - 3$, ut pote simpliciorem, erit $\frac{4x^6 - 12x^4 + 9xx}{9x^4 - 18xx + 9} = xx - \frac{2x^4 + 3xx}{3xx - 3} - 3$, jam duc $xx - 3$ in $9x^4 - 18xx + 9$, sed $-2x^4 + 3xx$ in $3xx - 3$ unde $4x^6 - 12x^4 + 9xx = 9x^6 - 18x^4 + 9x^2 - 6x^6 + 9x^4 + 6x^4 - 9x^2 - 27x^4 + 54x^2 - 27$ dele æqualia, & transfer omnia in easdem partes, habiturus demum

$$x^6 + 18x^4 - 45x^2 + 27 = 0.$$

Porro ut ex æquationibus $x + y + \frac{yy}{x} = 20$, & $xx + yy + \frac{y^4}{xx} = 140$ tollatur x, aufer y de partibus æquationis primæ, & restat $x + \frac{yy}{x} = 20 - y$, & partibus quadratis fit $xx + 2yy + \frac{y^4}{xx} = 400 - 40y + yy$ tollendoque utrinque yy restat $xx + yy + \frac{y^4}{xx} = 400 - 40y$. Quare cum $400 - 40y$ & 140 iisdem quantitatibus æquentur, erit $400 - 40y = 140$, sive $y = 6\frac{1}{2}$. (*f*) Et sic opus in plerisque aliis æquationibus contrahere liceat.

XVI. Ceterum cum quantitas exterminanda multarum dimensionum existit, ad eam ex æquationibus tollendam calculus maxime laboriosus nonnunquam requiritur: Sed labor tunc plurimum minuetur per exempla sequentia tanquam regulas adhibita.

REGULA I.

Ex $axx + bx + c = 0$, & $fxx + gx + h = 0$,

Exterminato x prodit

$$(ah - bg - 2cf)\ ah + (bh - cg)\ bf + (agg + cff)\ c = 0.$$

REGULA II.

Ex $ax^3 + bxx + cx + d = 0$, & $fxx + gx + h = 0$.

Exterminato x prodit

$$(ah - bg - 2cf)\ ahh + (bh - cg - 2df)\ bfh + (cg - dh)\ (agg + cff) + (3agh + bgg + dff)\ df = 0.$$

REGULA III.

Ex $ax^4 + bx^3 + cxx + dx + e = 0$, & $fxx + gx + h = 0$,

Exterminato x prodit

(*ah*

(*f*) Nam translatis $-40y$, & 140 fit $400 - 140$ (id est 260) $= 40y$; & dividendo per 40, $6\frac{1}{2} = y$.

$(ah - bg - 2cf)\, ah^3 + (bh - cg - 2df)\, bfhh + (agg + cff)$
$(ahh - dgh + egg - 2efh) + (3agh + bgg + dff)\, dfh$
$+ (2ahh + 3bgh - dfg + eff)\, eff - (bg - 2ah)$
$efgg = 0.$

R E G U L A I V.

Ex $ax^3 + bxx + cx + d = 0$, & $fx^3 + gxx + hx + k = 0$,

Exterminato x prodit

$(ah - bg - 2cf)\,(adhh - achk) + (ak + bh - cg - 2df)\ bdfh -$
$(ak + bh + 2cg + 3df)\, aakk + (cdh - ddg - cck + 2bdk)\,(agg$
$+ cff) + (3agh + bgg + dff - 3afk)\, ddf - (3ak - bh$
$+ cg + df)\, bcfk + (bk - 2dg)\, bbfk -$
$(bbk - 3adh - cdf)\, agk = 0.$

Verbi gratia, ut ex æquationibus

$xx + 5x - 3yy = 0$, & $3xx - 2xy + 4 = 0$

exterminetur x: in regulam primam pro a, b, c, f, g, & h respective substituo 1, 5, $-3yy$; 3, $-2y$, & 4. Et signis $+$ & $-$ probe observatis oritur

$(4 + 10y + 18yy)\,4 + (20 - 6y^3)\,15 + (4yy - 27yy) - 3yy = 0.$

Sive

$16 + 40y + 72yy, + 300 - 90y^3, + 69y^4 = 0.$

Simili ratione ut y deleatur ex æquationibus

$y^3 - xyy - 3x = 0$ & $yy + xy - xx + 3 = 0$,

in regulam secundam pro a, b, c, d, f, g, h, & x substituo, 1, $-x$, 0, $-3x$; 1, x, $-xx + 3$, & y, respective, proditque $(3 - xx + xx)$ $(9 - 6xx + x^4) - (3x + x^3 + 6x) - (3x + x^3) + 3xx \,.\, xx + (9x$ $- 3x^3 - x^3 - 3x) - 3x = 0$. Tum delendo superflua & multiplicando, fit

$27 - 18xx + 3x^4, - 9xx + x^6, + 3x^4, - 18x^2 + 12x^4 = 0.$

Et ordinando

$x^6 + 18x^4 - 45xx + 27 = 0.$

Hactenus de unica incognita quantitate e duabus æquationibus tollenda. Quod si plures e pluribus tollendæ sunt, opus per gradus peragetur. Ex æquationibus $xx = yz$; $x + y = z$; & $5x = y + 3z$, si quantitas $y* elicienda sit, imprimis tolle alteram quantitatum x aut z, puta x, substituendo

 pro

pro ea valorem ejus $\frac{yz}{a}$ (per æquationem primam inventum) in æquationem secundam ac tertiam. Quo pacto obtinetur $\frac{yz}{a} + y = z$, & $\frac{5yz}{a} = y + 3z$; e quibus deinde tolle z ut supra.

CAPUT SEPTIMUM.

De modo tollendi quantitates quotcunque surdas ex æquationibus.

XVIII. Huc referre licet quantitatum surdarum exterminationem fingendo eas literis quibuslibet æquales. Quemadmodum si sit $\sqrt{ay} - \sqrt{(aa - ay)} = 2a + \sqrt{^3: ayy}$, scribendo t, pro $\sqrt{ay}$, v pro $\sqrt{(aa - ay)}$, & x pro $\sqrt{^3: ayy}$ habebuntur æquationes $t - v = 2a + x$, $tt = ay$, $vv = aa - ay$, & $x^3 = ayy$, ex quibus tollendo gradatim t, v, & x resultabit tandem æquatio libera ab omni asymmetria (a).

(a) Quod sic fieri potest. Jam $x = t - u - 2a$; & datur valor ipsius x^3, quem duobus modis expressum habebo facto cubo ipsius $t - u - 2a$. Formula cubi est

$$p^3 + 3p^2q + 3pq^2 + q^3,$$

sit ergo $p = t$; & $q = -u - 2a$, eritque $p^2 = t^2 = ay$; ac $p^3 = t^3 = aty$; sed

$$q^2 = u^2 + 4au + 4a^2 =$$

(ponendo $a^2 - ay$ pro u^2) $5a^2 - ay + 4au$,

$$\& \; q^3 = -u^3 - 6au^2 - 12a^2u - 8a^3 =$$

(ponendo $a^2u - auy$ pro $u^3 = u^2.u$, & $a^2 - ay$ pro u^2)

$$-14a^3 + 6a^2y - 13a^2u + auy.$$

Quare

$$x^3 = (t - u - 2a)^3 =$$

(reductione facta)

$$-2aty - 2auy + 15a^2t + 12atu - 13a^2u - 14a^3 = ay^2;$$

& transpositis terminis in quibus t non apparet, ac dividendo

$$\frac{y^2 + 2uy + 13au + 14a^2}{12u + 15a - 2y} = t; \text{ \& quadrando}$$

$$y^4 + 4uy^3 + 26auy^2 + 28a^2y^2 + 4u^2y^2 + 52au^2y + 56a^2uy + 169a^2u^2 + 364a^3u + 196a^4 \text{ divis. per } 144u^2 + 360au - 48uy + 225a^2 - 60ay + 4y^2 = t^2 = ay,$$

ac (substituto ipsius u^2 valore, reductione facta, & sublata fractione) $y^4 + 4uy^3 - 4ay^3 + 26auy^2 - 20a^2y^2 - 117a^3y + 56a^2uy + 365a^4 + 364a^3u = 4ay^3 - 48auy^2 - 204a^2y^2 + 360a^2uy + 369a^3y$,

ac (terminis primi membri, in quibus est u, conjectis in secundum, & terminis secundi, e quibus abest u, in primum, deletis delendis, & dividendo)

$$\frac{y^4 - 8ay^3 + 184a^2y^2 - 486a^3y + 365a^4}{-4y^3 - 74ay^2 + 304a^2y - 364a^3} = u$$

& quadrando

$$= z^8 - 16ay^7 + 432a^2y^6 - 3916a^3y^5 + 42362a^4y^4 - 184688a^5y^3 + 370516a^6y^2 - 354780a^7y + 133225a^8$$

divis. per

$$16y^6 + 592ay^5 + 3044a^2y^4 - 42080a^3y^3 + 146288a^4y^2 - 221312a^5y + 132496a^6 = -ay + a^2,$$

& (sublata fractione, ac reductione facta)

$$y^8 + 1008a^2y^6 - 1464a^3y^5 - 2762a^4y^4 + 3680a^5y^3 + 2916a^6y^2 - 972a^7y + 729a^8 = 0.$$

SECTIO TERTIA.

CAPUT PRIMUM.

Quomodo Quæstio aliqua ad æquationem redigatur (*a*).

I. POstquam Tyro in æquationibus pro arbitrio transformandis & concinnandis aliquamdiu exercitatus fuerit, ordo exigit ut ingenii vires

(*a*) *Ut melius intelligantur, quæ Auctor noster hic asserit, & quæ jam asseruit Sect. I. Cap. IX. Art. LXXXVII., pauca præmittenda puto* de Problematum natura.

1. *Sub universali* quantitatis *appellatione plura continentur quantitatum genera, quæ in alia subalterna genera dividi possunt; & hæc rursus in alia &c.*

Ita generale quantitatis nomen complectitur extensionem, velocitatem, tempus &c. Rursus generale extensionis vocabulum continet solida, superficies, & lineas; lineæ vero sunt aut rectæ, aut curvæ. Item curvæ in suos ordines &c. distinguuntur; &c.

2. Quantitas, quæ a genere aliquo separatur, & in immediate inferius genus transfertur, dicitur *determinata*.

Sic si e superficierum genere sumo superficiem rectilineam; hæc relative ad superius genus, e quo segregata fuit, dicitur *determinata*, haud secus ac quadrilaterum relative ad superficies rectilineas, parallelogrammum ad quadrilatera; parallelogrammum habens datum angulum (ut rectangulum) ad parallelogramma; parallelogrammum habens datum angulum, & rationem laterum angulum continentium item datam (ut quadratum) ad rectangula; parallelogrammum habens datum angulum, & latera angulum comprehendentia pariter data (ut quadratum datæ rectæ) ad supra descripta &c.

3. *Quævis* determinata quantitas *habet proprietates aliquas sibi cum quantitatibus omnibus communes.*

Ea enim est ex quantitatum genere, & idcirco debet habere id, quod quantitatibus in genere convenit.

Quasdam vero proprietates præterea habet sibi communes cum pluribus aliis quantitatibus, at non cum omnibus, nonnullas denique sibi ita peculiares, & proprias, ut nunquam alicui alteri quantitati eæ proprietates inesse possint.

Quia scilicet *determinata* est, & a quantitatibus aliis distincta.

Sic triangulum est in infinitum divisibile ut omnes quantitates: undique circumclusum est ut omnes figuræ: tum duas habet dimensiones, ut omnes superficies: denique tribus lateribus circumscribitur; quod uni triangulo proprium est. Si vero triangulum sit rectilineum, habebit tria latera, ut omnia triangula, sed ab aliis distinguetur eo ipso quod latera sint lineæ rectæ. Item, si sit rectangulum, a rectilineis triangulis separabitur æqualitate quadrati ex hypothenusa & quadratorum ex aliis lateribus. Si præterea sit isoscele, eo quod quadratum hypothenusæ duplum sit quadrati ex uno latere, & sic de ceteris determinationibus.

4. Proprietates has determinatæ quantitati ita peculiares, ut aliis nunquam competere possint, vocabo *characteristicas*.

5. Una eademque quantitas potest habere plures proprietates characteristicas.

Ex. gr. circulus habet eas omnes, quas invenies (EUCL. 35. 36. III.), aut quod omnes perpendiculares tangentibus a puncto contractus ductæ in unum idemque punctum coeant; aut quas leges (EUCL. 45. 46. III.) &c.

6. Quia quantitas magis aut minus potest determinari, vel quia strictior, aut laxior esse potest significatio vocis *quantitas determinata*, potest characteristicarum numerus augeri, & minui, quin ipsæ ita possint immutari, ut quæ jam characterica fuerat, nunc non sit.

Ita inter quadrilatera determinatur parallelogrammum parallelismo laterum oppositorum, aut

aut parallelismo & æqualitate duorum e lateribus oppositis, ubi neque angulus comprehensus neque magnitudo laterum angulum comprehendentium consideratur. Sed e parallelogrammis unum determinabitur magnitudine laterum angulum constituentium, & angulo. Inter figuras curvilineas circulus determinabitur aliqua ex supra recensitis characteristicis, inter quas centri positio, & radii magnitudo non affertur. Sed ex circulis aliquis determinabitur radii magnitudine &c., & ex omnibus circulis æqualibus unus ipsa centri positione.

7. *Cum* igitur *assignatur determinata quantitas, una dantur etiam ejus proprietates, tum communes, tum peculiares* (utpote quæ assignatæ quantitati insint), *& nihil est in ipsa re, quod vetet, quo minus hæ proprietates erui possint, & inveniri.*

Sic, cum ex infinito figurarum rectilinearum numero unam eximo atque determino, puta, triangulum, una assigno omnes proprietates, quibus gaudet, & quia est e *quantitatum* genere, ut est divisibilitas, & quia est *superficierum* una, quo nomine longitudine, & latitudine prædi um, profunditatis expers est; & quia de *figurarum* grege est, & idcirco finitum, & undique circumclusum; & quia est rectilineum, qua de causa rectis lineis terminatum; & quia est e triangulorum numero, quapropter tribus lineis terminatur & tres angulos habet; & quia demum simul est triangulum, & rectilineum, quapropter tres ejus anguli simul sumpti duobus rectis æquivalent &c. Quid autem est in triangulo, quo vetet has leges investigare, & assequi? Quin imo triangulum rectilineum se mihi sistens ultro ponit sub oculos proprietates suas, quæ ei necessario adhærent, solumque mihi restat, ut eas recte & gnaviter quæram.

8. *Rursus proprietatum aliæ competunt* omnibus & quibusvis quantitatibus, ut *divisibilitas*, *aliæ* quantitatibus numero quidem infinitis, sed non omnibus.

Ut infinitis numeris esse bifariam divisibiles, sed *non omnibus*, quia numeri impares hujus dotis exsortes sunt; item infinitis figuris esse rectilineas, sed non omnibus, sunt enim, & curvilineæ, & mixtæ.

Aliæ proprietates insunt quantitatibus aliquot, & quarum numerus finitus est atque *determinatus*.

Sic quinarius metiri quidem potest plures e numeris, qui sunt supra unitatem & infra centenarium, sed numerorum talium quantitas determinata est; sic a puncto dato extra circulum duæ tantum tangentes duci possunt ad circulum; sic super data recta utrinque terminata duo triangula æquilatera constituere licet, unum scilicet supra, alterum infra datam rectam.

Aliæ denique conveniunt uni.

Ut uni circulo transire per tria data puncta, quæ in eadem recta non sint.

9. *Cum* igitur *assignatur proprietas aliqua, vel proprietatum congeries, una assignantur quantitates omnes, quibus competunt.*

Quia proprietas quantitatibus, & quantitates proprietatibus necessario junctæ sunt.

Ergo ex proprietatibus quantitates investigari possunt.

10. *Omnis quæstio, quæ potest institui, intra duo genera omnino continetur. Aut enim datur quantitas, & quæruntur ejus proprietates omnes, vel earum aliqua determinata. Aut datur una proprietas, vel aliquis proprietatum complexus, & petuntur quantitates proprietatibus his insignitæ.*

Primi generis exempla sint hæc. Dantur (in Eucl. 1.) rectæ parallelæ, & omnes earum proprietates quæruntur (Eucl. 29. I.) Datur (in Eucl. 5. I.) triangulum isosceles, quæritur determinata proprietas, quæ nempe conveniat illi considerato, quo ad angulos positos super latus inæquale.

En secundi generis exempla. Datur (in Eucl. 27. I.) proprietas in eo sita, ut duæ rectæ a tertia quapiam sectæ faciant æquales angulos alternos, & quæruntur duæ rectæ, quibus hæc proprietas conveniat. Dantur (in Eucl. 44. I.) proprietas habendi angulum dato æqualem, datam rectam pro uno laterum, & superficiem dato triangulo æqualem, petitur cui parallelogrammo omnes hæ proprietates simul competant.

11. Posset quidem & tertium quæstionum genus afferri, *cum* scilicet *dantur tum determinata quantitas, tum determinata proprietas, & quæritur utrum hæc illi conveniat.*

Sic datur (in Eucl 47. I.) triangulum determinatum, nempe rectangulum, & determinata proprietas, id est æqualitas quadrati ex hypothenusa, & duorum simul quadratorum ex ceteris duobus lateribus, sciendum est utrum triangulum rectangulum hac proprietate fruatur, nec ne.

Sed hæ quæstiones facile ad alterum e superioribus generibus revocari posse videntur, sumendo tanquam datam proprietatem, & quæ-

quærendo cui quantitati competat, aut vice versa.

Sic quæstio (EUCL. 47. 1.) proponi posset hoc pacto. Datur æqualitas quadrati ex uno latere, & duorum simul quadratorum ex reliquis duobus trianguli lateribus, quæritur utrum triangulum hac proprietate gaudens sit rectangulum, an obtusangulum, an acutangulum, ut in 48. 1. Vel sic; Datur triangulum rectangulum, petitur proprietas, quam habet si consideretur quoad laterum quadrata. Si quis vero tertium hoc genus prioribus addendum, & tria omnino esse quæstionum genera contendat, non repugnabo. Certum saltem, & evidens est præter hæc tria nullum aliud dari posse.

12. Propositio, in qua investigatur quænam proprietas datæ quantitati competat, vel utrum determinata proprietas insit determinatæ quantitati dicitur *Theorema*.

13. Sed propositio, in qua requiritur quibusnam quantitatibus conveniat vel data proprietas, vel data proprietatum congeries, appellatur *Problema*.

14. *Theorema investigatum*, vel *Problema solutum* dicitur, cum inventæ, & assignatæ sunt, aut proprietates omnes, quæ utrum datæ quantitati conveniant, nec-ne, dubitabatur; aut quantitates omnes, quibus datæ proprietates inhærent, & quando, quomodo, ac quotupliciter hæ quantitates assignari possint, ac quando nullo modo possint.

15. Theoremata & problemata non raro vocantur *Propositiones*, quibus alios docemus veritates a nobis repertas, id est id, quod nos theoremata vel problemata investigantes, invenimus. Sed hoc nobis non nocet, quia nunc de sola veritatis perquisitione solliciti sumus; Item aliquando *problema* vocitatur *theorema investigandum*. Sed ratio solvendi problemata parum differt a ratione investigandorum theorematum, & quæ differunt suo loco tradentur.

16. Quævis ex proprietatibus, quæ dantur cum problema solvendum proponitur, nuncupatur *lex*, aut *conditio* problematis.

17. Ex propositis legibus, aut aliqua uni quantitati convenit; aut singulæ pluribus, sed nulla infinito quantitatum numero; aut aliæ pluribus, aliæ verum numero infinitis; aut aliæ pluribus, aliæ verum numero infinitis; aut singulæ quantitatibus numero infinitis.

Patet quintum non dari.

18. Si una ex datis legibus in una quantitate potest inveniri, *ceteræ leges aut necessario huic quantitati insunt, aut necessario absunt*, nihil enim fortuitum, & contingens admittit Mathesis.

Si insunt, frustra in problematis enunciatione fuerunt expressæ. Quoniam enim una data dantur reliquæ, unam sufficit attulisse.

Sin autem absunt; contradictoria sunt, & problema reddunt impossibile.

Reperienda enim esset quantitas prædita proprietatibus, quibus necessario caret.

Ex. gr. Ex dato puncto D ducenda proponatur in subjectam rectam A C perpendicularis datæ longitudinis. Quia ex uno puncto in eandem rectam una perpendicularis agi potest, secunda lex supervacanea est, si punctum datum ita distat a subjecta linea, ut perpendicularis DB sit petitæ longitudinis; sin minus est contradictoria. TAB. A. Fig. 4.

19. Si secundum, *harum legum congeries inveniri solum potest in tot quantitatibus, quot competit lex minus generalis*.

Hæc enim, ubi se generalioribus addit, quantitatum respondentium numerum minuit.

Sic, si petitur numerus par, qui viginti non superet, & quem ternarius metiatur. Prima lex, ut numerus viginti major non sit, congruit viginti numeris: secunda, ut par numerus ille, decem: tertia, ut ternarius eum metiatur, convenit sex numeris, ambæ simul, ut patet, servatæ reperiri possunt (ut plurimum) in sex numeris, quia lex secunda, quæ inest solum sex numeris, pluribus adesse nequit.

Potest autem fieri, ut plures leges cum simul uniuntur, minuant numerum quantitatum problema solventium.

Quia potest accidere, ut una ex iis conveniat nonnullis quantitatibus, quibus altera non convenit. Sic in exemplo nuper allato, tertia lex convenit sex numeris, 3, 6, 9, 12, 15, 18, e quibus tres aufert secunda, si cam tertiæ jungas, nam ex his tres tantum sunt pares, 6; 12; 18; & vice versa, e decem quibus secunda lex inerat, tertia delet septem.

20. Si tertium, *numerus quantitatum problema solventium, nunquam erit infinitus; & nunquam major numero quantitatum legi minus generali satisfacientium, quo tamen numero potest esse minor*.

Proponantur *ex. gr.* inveniendi tres numeri integri continue proportionales, quorum minimus infra unitatem, maximus supra decadem non

non ſit, duo vero primi ſint pares. Numeri continue proportionales infiniti ſunt, ut & ii, qui ſunt inter unitatem, & decadem, ſed quinque ſunt numeri pares, & duæ ſunt, ſeries numerorum problema ſolventes, 2; 4; 8; & 2, 2, 2.

21. Si quartum, *numerus quantitatum problema ſolventium poteſt eſſe infinitus, ſed etiam finitus.*

Quia, licet quævis lex infinitis quantitatibus competat, duæ ſimul poſſunt ſolum inveniri in determinato quantitatum numero.

Sic ſi recta agenda eſt, quæ tranſeat per datum in data recta punctum, & quæ ad datam rectam ſit normalis: infinitæ ſunt rectæ, quæ per datum punctum tranſire poſſunt, infinitæ etiam normales ad datam rectam, tot enim ſunt, quot puncta in recta; tamen hæ duæ leges ſimul in una recta ſervatæ comperiuntur. Sic etiam in aliis exemplis, leges, quas conſideravi tanquam convenientes dato quantitatum numero, infinitis reipſa & in abſtracto conveniunt, ſed quia facile conſtat, quot & quibus competant in relatis caſibus, ideo eas pro peculiaribus habui.

22. Igitur ex legum conſideratione prævideri poteſt, utrum una, vel plures, vel infinitæ quantitates problemati reſpondeant, & illud ſolvant. Numerus enim harum quantitatum a legibus tum ſeorſim ſumptis, tum ſimul connexis omnino pendet.

23. *Quæ ſuperius dicta ſunt, intelligi debent de legibus, quæ reſpiciunt quantitates omnes, quas problema inveniendas propoſuit. Nam ſi lex una pertineret ad unam quantitatem, altera ad alteram, fieri poſſet, ut numerus quantitatum problemati reſpondentium eſſet major numero quantitatum unam legem ſervantium; quia quantitates, quæ uni legi parent, diverſimode jungi & combinari poſſunt cum aliis alteram legem ſervantibus; quo pacto numerus quantitatum mirum quantum augeretur.*

Ex. gr. proponantur inveniendi tres numeri continue proportionales, quarum duo primi ſint pares, & neuter horum duorum ſit vel infra unitatem, vel ſupra decadem. Prima lex inveniri debet, ex terminis, in tribus numeris quæſitis, ſecunda vero, & tertia lex non obſtringunt tertium numerum. Numeri autem pares ab unitate ad decadem quinque omnino ſunt; 2; 4; 6; 8; 10; multo tamen plures quam quinque proportiones inveniri poſſunt; ſiquidem ſi primus ex aſſumtis ponatur minimus, jam habentur quatuordecim proportiones; 2.2.2 : 2.4.8 : 2.6.18 : 2.8.32 : 2.10.50 : 4.4.4 : 4.6.9 : 4.8.16 : 4.10.25 : 6.6.6 : 6.8. 16 $\frac{2}{3}$: 6. 10. 16. $\frac{2}{3}$: 8. 8. 8 : 8. 10. 12 $\frac{1}{2}$: 10. 10. 10: & iterum quatuordecim habebuntur ſi primus ex aſſumptis ſit maximus, ut facile conſtat.

24. Problema, cui certus quantitatum numerus ſatisfacit, dicitur *determinatum*; *indeterminatum* vero, cui infinitus.

DE NATURA ÆQUATIONUM.

25. Cum de ſolis quantitatibus agat Matheſis, & quantitates ſolum æqualitatis ac inæqualitatis ſint capaces; inæqualitates autem, ſeu proportionibus, ſeu aliis modis ad æqualitates revocari poſſint, per æquationem exprimere ſemper licet quamvis problematis legem.

26. Tot ergo ſtatim æquationes præbet problema, quot ſunt ejus leges.

27. Quævis lex haberi poteſt pro peculiari problemate, nam idem eſt legem per æquationem exprimere, & quærere quantitates proprietate data præditas.

28. Igitur ex quavis lege per æquationem expoſita excudi poſſunt quantitates, quibus hæc proprietas convenit, quæ quantitates aliquibus aliis reperientur æquales (per æquationis definitionem).

29. Quantitates, quæ ſimul alicui ſunt æquales, hujus *valores* dicuntur.

Sic, ſi proponantur inveniendæ tres quantitates continue proportionales, & prima dicatur x; ſecunda y; tertia z, quia, ex hypotheſi, $x . y :: y . x$, erit $zx = y^2$ (EUCL. 16. VI.), quæ æquatio exprimit unam problematis legem. Jam vero cunctis per x diviſis eſt $z = \frac{y^2}{x}$; & eſt $\frac{y^2}{x}$ valor ipſius z.

30. Æquatio exprimens unam problematis legem, aut dans quantitates una proprietate præditas dicitur *primaria*.

Ex. gr. Æquatio ſuperior $xz = y^2$; aut $z = \frac{y^2}{x}$ eſt *æquatio primaria*; & tales erunt (ſi ponantur hæ tres quantitates ſimul æquales 20; & earum quadrata æqualia 140) æquationes $x + y + z = 20$; & $x^2 + y^2 + z^2 = 140$.

31.

Lex ergo hac per æquationem primariam expressa conveniat quantitatibus numero infinitis, æquatio primaria habebit valores numero infinitos, plures vero si solummodo pluribus.

Nam hæc æquatio solum legem exprimit, & quantitates, quas præbet, ab hac lege sola determinantur; sed hæc lex determinare nequit nisi quantitates numero infinitas, per primam hypothesim, aut plures per secundam, ergo &c.

Inferius explicabimus, quænam sit æquatio habens valores numero infinitos, & quando, & quomodo hoc accidere possit. Nunc probasse sufficiat, quod si æquatio primaria, (puta $z = \frac{y^2}{x}$; aut $x + y + z = 20$; vel $x^2 + y^2 + z^2 = 140$) habere potest valores plures, aut etiam numero infinitos; reipsa habet, & quidem necessario.

32. *Si quantitatis valor repertus ut supra, ponatur in alias æquationes primarias pro symbolo quantitatem illam exponente, hæc æquatio, quæ prius exprimebat unam problematis legem, duas simul exprimet.*

Nam valor inventus continet unam legem; æquatio, in qua valor symbolo substituitur, continet legem aliam a prima diversam; ergo æquatio, & valor simul duas leges continebunt, & exprimunt.

Sic, si in æquatione $x + y + z = 20$ pono $\frac{y^2}{x}$ pro z habeo $x + y + \frac{y^2}{x} = 20$; quæ simul indicat tres hos numeros esse in proportione continua (nam aliter tertius esse nequit æqualis quadrato secundi diviso per primum) & hos tres simul sumptos æquare 20.

Si vero in æquatione $x^2 + y^2 + z^2 = 140$, pono pro z^2 ejus valorem $\frac{y^4}{x^2}$; æquatio hinc exsurgens ($x^2 + y^2 + \frac{y^4}{x^2} = 140$) significabit rursus hos tres numeros esse in proportione continua (quia ubi $x . y :: y . z$; etiam $x^2 . y^2 :: y^2 . z^2$ (Eucl. 27. VI.) & $z^2 = \frac{y^4}{x^2}$) & eorum quadrata simul æquare 140.

33. Ex una harum æquationum duas simul leges exprimentium haberi potest valor alicujus quantitatis, quæ dabit quantitates duabus proprietatibus simul gaudentes; & hæ quantitates erunt numero infinitæ, si duæ leges, de quibus agitur, junctæ infinitis quantitatibus conveniant.

34. Æquatio exprimens una duas leges, aut dans quantitates, in quibus hæ duæ leges junctæ reperiuntur, vocatur *secundaria.*

35. Si valor erutus ex una æquationum secundariarium, in aliis secundariis ponatur, habebitur æquatio exprimens tres leges simul atque ita porro.

Hoc pacto æquatio $x + y + \frac{y^2}{x} = 20$ dat per methodum explicatam Sect. II. Art. XI. & XIV. valorem ipsius y, aut x, qui valor si scribatur in $x^2 + y^2 + \frac{y^4}{x^2} = 140$; habebitur æquatio continens tres leges simul; duas enim jam continebat, & tertiam nunc addimus.

36. Si quando indicare voluerimus æquationes continentes tres leges, aut quatuor &c. liceat eas dixisse (barbaro verbo, & inusitato sit venia) *tertiarias; quartarias &c.*

37. Jungendo sic leges, ex numero quantitatum, quibus priores leges conveniebant, eæ delentur, quæ novas leges respuunt, aut seorsim consideratæ & per se, aut cum jam appositis connexas.

38. Pergendo ut docuimus *perveniemus tandem ad æquationem unam omnes problematis leges continentem; ea tot præbebit valores, quot sunt quantitates problema solventes.*

Quia quævis operatio solum e majore numero expulit quantitates, quibus novæ leges aptari non poterant, quare manserunt omnes illæ, quibus leges nuper introductæ conveniebant.

Insuper hæc æquatio liberata est a tot incognitis, a quot per leges problematis liberari poterat.

Nam quævis lex dat æquationem suam, & docti sumus (Sect. II. ab Art. XI. ad XVI. inclusive) tot incognitas tollere, quot habemus æquationes.

Ceterum puto, quod nulli molestiam parient mutationes, quæ per additionem, subductionem, multiplicationem, divisionem, & extractionem radicis, fiunt æquationibus, jam enim demonstratum est has operationes æqualitatem non turbare, & evidentius est, quam demonstrari debeat, eas nullo pacto leges immutare, cum ex his legibus directe fluant.

39. Æquatio continens omnes problematis leges nuncupatur *Finalis*, aut *Solitaria.*

Hic autem repetenda, & observanda sunt, quæ

quæ de concinnanda æquatione solitaria dicta fuerunt (Sect. II. Cap. II. ab Art. III. ad X. inclusive).

40. Si ergo tot leges problemata circumscribunt, quot sunt diversæ quantitates quærendæ, aut quot incognitæ sumptæ fuerunt in æquationibus primariis, habebit æquatio finalis unicam incognitam. Si vero una lex deest, duas quæsitas habebit, tres, quatuor, &c.; si tres, quatuor, &c., leges absint, &c.

41. Æquatio unius dimensionis, in qua est unica incognita, habet unum valorem.

Sume quamvis æquationem unius dimensionis $x = b - a + \frac{c^2}{f}$ &c. fac additiones, subductiones &c. ab æquatione præscriptas, & unum semper invenies valorem; ratio autem nimis evidens est, hic enim una quantitas uni dato datarum aggregato est æqualis, ergo non pluribus.

42. Quotvis æquationes unius dimensionis simul junctæ per additionem, aut subductionem dant semper æquationem unius dimensionis (Sect. I. N°. 22.). Divisio autem quantitatum dimensiones minuit (Sect. I. N°. 99.) igitur *multiplicatio sola constituere potest æquationem plurium dimensionum; si hæc æquatio constet ex pluribus, quarum singulæ sunt unius dimensionis.*

43. *Cum eadem incognita indicat plures valores idem problema solventes, plerumque quisque valor facit cum cognita æquationem unius dimensionis.*

Proponantur *Ex. gr.* inveniendi tres numeri continue proportionales, ut minimus, & maximus simul conficiant 30, & medius, ac maximus simul 36. Hic numeri sunt 3. 9. 27; & 6. 12. 24. Si igitur minimus dictus fuerit x; medius y, maximus z; habebo $x = 3$, & $x = 6$; item $y = 9$, & $y = 12$; denique $z = 24$, & $z = 27$, quæ omnes sunt æquationes unius dimensionis constantes ex ignota, & valore suo. Hoc autem non semper accidit, quamvis quisquis valor in se sit determinatus & unicus, vel quia deest regula generalis solvendi æquationes, vel forte ob alias rationes, de quibus in capite *de Natura radicum æquationis.*

44. Sed, cum æquatio finalis habet unicam incognitam, & plures sunt quantitates problema solventes, hæc æquatio quantitates has omnes complecti debet (N°. 38. hujus). Tunc ergo *æquatio finalis conflatur ex tot æquationibus unius dimensionis quot sunt quantitates problemati satisfacientes, & hæ quantitates per multiplicationem in unam coactæ sunt* (N°. 42. hujus), *ac æquatio ad tot dimensiones ascendit, quot sunt quantitates problemati respondentes, aut* (quod idem est) *æquationes simplices, e quibus constat* (Sect. I. N°. 47.).

Detur *Ex. gr.* æquatio.

$$x^3 \begin{array}{l} -a \\ -b \\ -c \end{array} x^2 \begin{array}{l} +ab \\ +ac \\ +bc \end{array} x - abc = 0;$$

quæ est trium dimensionum; quærendo ejus divisores per regulas supra traditas invenio eos esse $x - a$; $x - b$; $x - c$; unde duci potest $x = a$; $x = b$; & $x = c$. Non tamen semper inveniri sic possunt æquationes simplices, quibus constat composita, quia aliquando valores sunt surdi, regulæ autem supra traditæ non docent invenire valores surdos. Vide caput *de Natura radicum æquationis.*

45. Rursus *æquatio finalis unicam incognitam continens tot habere potest valores, quot dimensiones.*

Nam quantitas ad plures dimensiones non evehitur nisi multiplicatione, & ad tot dimensiones ascendit, quot sunt factores, æquatio autem finalis solum complectitur quantitates problema solventes; & eas quidem omnes (N°. 38. hujus) ergo factores erunt hæ quantitates ipsæ; quæ ideo tot erunt, quot æquationis dimensiones.

Non tamen hoc semper accidit, ut melius infra in capite *de Natura radicum æquationis.*

46. *Igitur harum quantitatum numerus determinatus est, ubi æquatio ista ad indeterminatum dimensionum numerum non ascendit.* Quare *omnis æquatio finalis ad quemlibet, sed certum gradum se extollens, & unicam incognitam continens semper pertinet ad problema determinatum, & problema determinatum semper dat æquationem unica incognita impeditam & ad certum gradum evectam.*

47. *Æquatio duas incognitas complectens semper spectat problema indeterminatum.*

Nam altera ex incognitis determinata non est, alioquin valor ejus inveniri posset, & ipsa a data æquatione exterminari: debet igitur habere infinitum valorum numerum, quare & altera incognita, cujus valor ab hac pendet.

Res manifesta fiet exemplo, sed prius observo

servo quas quantitates, quæ ad absurdum non deducunt posse esse valores datæ æquationis, aut propositum problema solvere: aliter enim possunt, quia hoc absurdum non est, & non possent ex hypothesi.

Sit ergo æquatio $x \pm 16 = y$: Hic x potest esse numerus infinitus, quia tunc $x \pm 16$ esset adhuc infinitus, & ideo y; quod nullam contradictionem involvit. Rursus x potest esse æqualis nihilo, fieret enim tunc $\pm 16 = y$, quod item fieri potest. Sed & negativa potest esse x & ad infinitum negativum ascendere, quia $-x + 16$ est quantitas infinita negative, & talis est etiam y, quod absurdum non est. Potest igitur x esse negative & positive infinita, & habere valores omnes intermedios, ut patet ponendo pro x numerum quemvis. Quare tunc æquatio $\pm x \mp 16 = y$ est indeterminata; sed, si pro 16 substituas generalem symbolum m, hæc æquatio complectetur omnes æquationes unius dimensionis, quæ duas habent incognitas. Idem intellige de æquationibus plurium dimensionum, quæ duas habent incognitas.

Quin, etsi x infinita nunquam esse posset, sed nunquam data minor, & nunquam altera data major fieret, tamen problema esset indeterminatum, quia excessus majoris ex datis supra minorem est in infinitum divisibilis; id est ex eo quantitatum inæqualium numerus infinitus sumi potest, & quivis ex his valor æquationis esse potest, quia est intra præscriptos limites.

Ex. gr. sit æquatio $16 - 8x + xx = 6y - yy$. Tunc x esse nequit æqualis nihilo, si enim esset, haberemus $16 = 6y - yy$; & (hinc inde addendo yy) $yy + 16 = 6y$; & (utrinque auferendo 16) $yy = 6y - 16$, & $y = 3 \pm \surd(9 - 16)$ Sect. II. Art. X.) $= 3 \pm \surd(-7)$, quod est absurdum (Sect. I. No. 80.), & idem invenietur si x ponatur minor quam o: Sit enim $x = -a$, erit $16 - 8x + xx = 16 + 8a + a^2 = 6y - y^2$; ac (in contrarias respective partes translatis $16 + 8a + a^2$, ac $-y^2$) $y^2 = 6y - 16 - 8a - a^2$, & extracta radice, $y = 3 \pm \surd(9 - 16 - 8a - aa) = 3 \pm \surd(-7 - 8a - aa)$.

Item x nequit esse major quam 7, at potest $x = 7$. Tunc enim æquatio foret $16 - 56 + 49 = 6y - yy = 9$, & (hinc inde addendo yy) $9 + 6y = yy$, & $y = 3 \pm \surd(9 - 9) = 3$; quod fieri potest. Si vero ponatur x major quam 7 erit semper quod restat post substitutionem majus quam 9, & ideo invenienda esset radix quadrati negativi, quod fieri non potest. Quod autem semper majus sit in hac hypothesi, quod superest post substitutionem facile probatur; est enim 9 supra repertus $= 16 - 8.7 + 7.7$. Atqui (si x major sit quam 7) hic numerus minor est quam $16 - 8.x + xx$, demtis enim utrinque æqualibus 16, restat illinc $-8.7 + 7.7$; $= (-8 + 7)7$: hinc vero $-8.x + xx = (-8 + x)x$, & esse debet $-8 + x$ major quam $-8 + 7$, quia ex majore x tantundem aufertur ac ex minore 7; igitur $(-8 + 7)7$ minor est quam $(-8 + x)7$, & fortius quam $(-8 + x)x$. Igitur x continetur intra 7 & 1, sed infiniti numeri sunt intra hos fines, ergo &c.

Res autem potest aliter demonstrari. Duæ sunt incognitæ in æquatione quia deest una lex; sed lex una ab altera non pendet, imo pendere non potest (esset enim superflua), ergo infinitæ sunt leges, quæ pro arbitrio præscribi possunt; ergo infiniti etiam valores incognitæ, qui ab infinitis legibus determinantur.

Ex. gr. in problemate (Ni. 43. hujus) tres sunt leges; ut numeri sint proportionales; ut maximus & minimus simul faciant 30; medius vero & maximus 36; & tres pariter quæsitæ x; y; z. prima lex ($x.y::yx$) dat æquationem $z = \frac{y^2}{x}$; secunda $x + z = 30$; tertia $y + z = 36$, aut (ponendo in secunda, & tertia valorem z repertum in prima) $x + \frac{yy}{x} = 30$; $y + \frac{yy}{x} = 36$, sive (sublatis fractionibus) $xx + yy = 30x$, & $xy + yy = 36x$, & (transferendo in prima xx, & in secunda xy) $30x - xx = yy = 36x - xy$; quare (transferendo xy) $xy + 30x - xx = 36x$; & (transferendo $30x - xx$, ac dividendo per x) $y = 6 + x$, & quadrando $yy = 36 + 12x + xx$, qui valor si ponatur in æquatione $xx + yy = 30x$ dat $36 + 12x + 2xx = 30x$, & (cunctis divisis per 2 & translatis $12x + 36$) xx, $= 9x - 18$, & $x = \frac{9}{2} \pm \surd(\frac{81}{4} - 18) = \frac{9}{2} \pm \surd(\frac{81 - 72}{4}) = \frac{9}{4} \pm \surd\frac{9}{4} = \frac{9 \pm 3}{2} = 6$; aut $= 3$, ut supra; quare $y = 6 + x = 12$, aut $= 9$; & $z = 30 - x = 24$, aut $= 27$.

Hic tres leges dant problema determinatum; at pone alteram, (puta primam) abesse; igitur inveniendi sunt tres numeri, ita ut maximus & minimus simul faciant 30; medius vero & maximus 36; sint hi tres numeri x; y; z; igitur $x + z = 30$; & $y + z = 36$; quare ex illa $z = 30 - x$; ex hac $z = 36 - y$; id est $30 - x = 36 - y$; & $y - x = 6$. Quid

res in quæſtionibus ad æquationem redigendis tentet. Propoſita autem aliqua quæſtione, Artificis ingenium in eo præſertim requiritur ut omnes ejus conditiones totidem æquationibus deſignet. Ad quod faciendum perpendet imprimis an propoſitiones ſive ſententiæ, quibus enunciatur, ſint omnes aptæ quæ terminis algebraicis deſignari poſſint, haud ſecus quam conceptus noſtri characteribus græcis vel latinis. Et ſi ita, (ut ſolet in quæſtionibus quæ circa numeros vel abſtractas quantitates verſantur,) tunc nomina quantitatibus ignotis, atque etiam notis, ſi opus fuerit, imponat; & ſenſum quæſtionis ſermone, ut ita loquar, analytico deſignet. Et conditiones ejus ad algebraicos terminos ſic tranſlatæ tot dabunt æquationes, quot ei ſolvendæ ſufficiunt.

Quemadmodum ſi quærantur tres numeri continue proportionales quorum ſumma ſit 20, & quadratorum ſumma 140; poſitis x, y & z nominibus numerorum trium quæſitorum, quæſtio e latinis literis in algebraicas vertetur ut ſequitur.

Quæſtio enunciata.

Latine Quæruntur tres numeri his conditionibus,
Algebraice x. y. z?
Latine Ut ſint continue proportionales,
Algebraice $x . y :: y . z$. ſive $xz = yy$.
Latine Ut omnium ſumma ſit 20.
Algebraice $x + y + z = 20$.
Latine Et ut quadratorum ſumma ſit 140.
Algebraice $xx + yy + zz = 140$.

Atque ita quæſtio deducitur ad æquationes $xz = yy$, $x + y + z = 20$ &

Quid tum? quomodo determinabimus x, aut y? Ex alia lege, ſed ex qua? Superior jam dedit quantitates quas invenimus. Pone *Ex. gr.* quod $x + y = 14$; & habebis $y = 14 - x$; qui valor ſubſtitutus in $y - x = 6$ dat $14 - 2x = 6$; & $x = 4$; unde $y = 10$, & $z = 26$; pro 14 pone quemvis ex infinitis numeris, quos concipere potes, & invenies infinitos valores diverſos. Muta legem, ponendo *Ex. gr.* pro ſumma ipſarum x, & y earum differentiam datam, & rurſus infinitos numeros invenies. Innumeræ vero ſunt leges (ſalvis duabus jam aſſignatis) quas comminiſci potes, ut, quod hi tres numeri ſint in proportione arithmetica; quod factum primi in ſecundum, aut primi in tertium, aut ſecundi in tertium detur; quod ratio primi ad ſecundum, aut primi ad tertium, aut ſecundi ad tertium detur, aut ratio cujuſvis poteſtatis primi ad æque altam poteſtatem ſecundi, vel tertii &c. quare patet propoſitum.

48. Igitur *problemata, in quibus tres incognitæ ſunt, longius abſunt a problematibus determinatis, quam quæ duas tantum involvunt.*

Quia ſcilicet una lex iis deeſt, ut indeterminata fiant, & de hac lege dici poſſunt, quæ numero præcedenti fuerunt allata.

49. Problemata, in quorum æquationibus ſolitariis tres ſunt incognitæ, dixiſſe liceat *plusquam indeterminata.*

50. Problema determinatum, dempta una lege vertitur in indeterminatum, & vice verſa. Item problema indeterminatum, una lege ſublata fit plusquam indeterminatum &c.

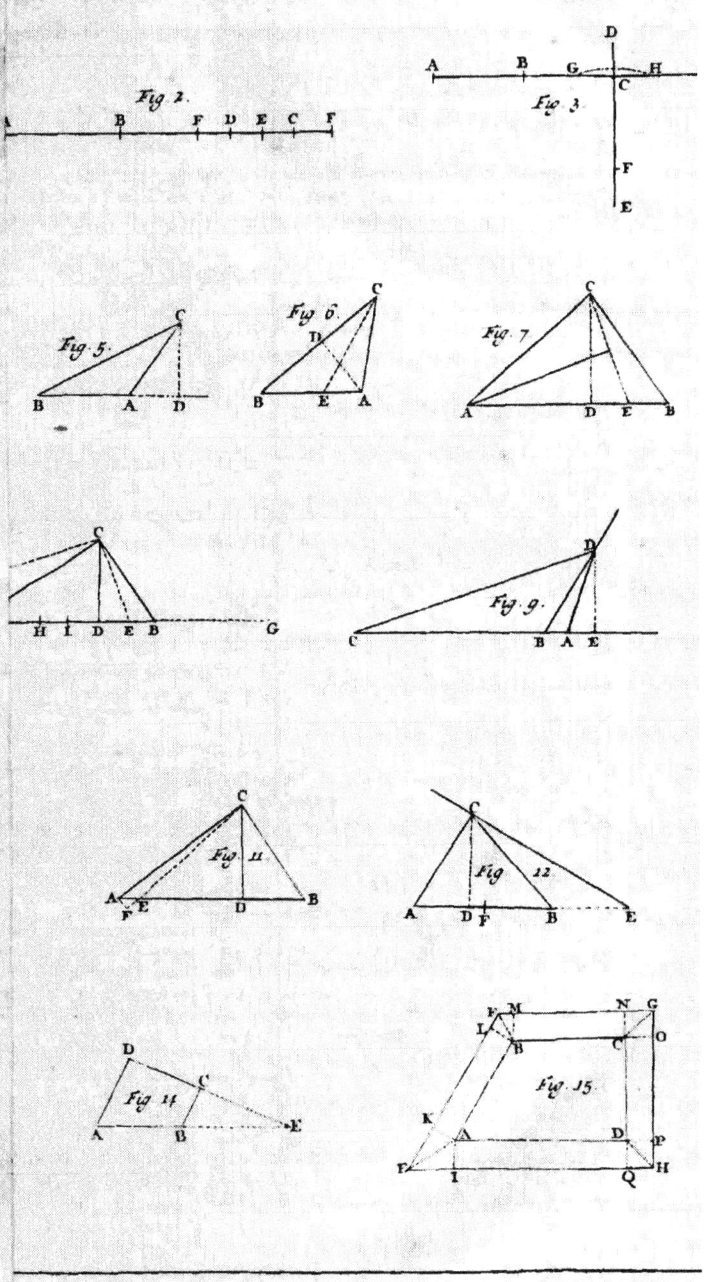
Fig. 2.
Fig. 3.
Fig. 5.
Fig. 6.
Fig. 7.
Fig. 9.
Fig. 11
Fig 12.
Fig. 14
Fig. 15.

& $xx + yy + zz = 140$. quarum ope x, y & z per regulas ſupra traditas inveſtigandi ſunt. (b)

II. Ceterum notandum eſt ſolutiones quæſtionum eo magis expeditas & artificioſas ut plurimum evadere quo pauciores incognitæ quantitates ſub initio ponuntur (c). Sic in hac quæſtione poſito x pro primo numero & y pro ſecundo, erit $\frac{yy}{x}$ tertius continue proportionalis; quem proinde ponens pro tertio numero quæſtionem ad æquationes ſic reduco.

Quæſtio enunciata

Latine Quæruntur tres numeri continue proportionales,

Algebraice $x.\ y.\ \frac{yy}{x}$?

Latine Quorum ſumma ſit 20,

Algebraice $x + y + \frac{yy}{x} = 20$.

Latine Et quadratorum ſumma 140.

Algebraice $xx + yy + \frac{y^4}{xx} = 140$.

Habentur itaque æquationes $x + y + \frac{yy}{x} = 20$ & $xx + yy + \frac{y^4}{xx} = 140$ quarum reductione x & y determinandi ſunt.

Aliud exemplum accipe. Mercator quidam nummos ejus triente quotannis adauget, demptis 100 ℔. quas annuatim impendit in familiam, & poſt tres annos fit duplo ditior. Quæruntur nummi.

Ad hoc autem reſolvendum ſciendum eſt quod plures latent propoſitiones, quæ omnes ſic eruuntur & enunciantur.

Latine Mercator habet nummos quoſdam.

Algebraice x.

Latine Ex quibus anno primo expendit 100 ℔.

Algebraice $x - 100$.

Latine Et reliquum adauget triente.

Al-

(b) Vide ſupra Sect. II. Art. III, & ſeq. & præcipue XV., item infra.

(c) Hoc nihil aliud eſt, quam ſtatim invenire quantitatem, cui aliqua ex problematis legibus competit. Hoc autem facere uno intuitu & ſine calculi ambagibus ſane ingenioſum eſt, & hercle ingenioſiſſimum eſſet ita uno ictu oculi problemata ſolvere, ſed hoc difficillimum eſt, & ideo Algebra fuit inventa; nec ſane tironibus facile eſt hanc viri acutiſſimi regulam ſervare, & ideo debent initio eam negligere, donec uſus vires ingenii auxerit.

Algebraice $x - 100 + \frac{x - 100}{3}$ sive $\frac{4x - 400}{3}$.

Latine Annoque secundo expendit 100 ℔.

Algebraice $\frac{4x - 400}{3} - 100$ sive $\frac{4x - 700}{3}$.

Latine Et reliquum adauget triente.

Algebraice $\frac{4x - 700}{3} + \frac{4x - 700}{9}$ sive $\frac{16x - 2800}{9}$.

Latine Et sic anno tertio expendit 100 ℔.

Algebraice $\frac{16x - 2800}{9} - 100$ sive $\frac{16x - 3700}{9}$.

Latine Et reliquo trientem similiter lucratus est.

Algebraice $\frac{16x - 3700}{9} + \frac{16x - 3700}{27}$ sive $\frac{64x - 14800}{27}$.

Latine Fitque duplo ditior quam sub initio.

Algebraice $\frac{64x - 14800}{27} = 2x$.

Quæstio itaque ad æquationem $\frac{64x - 14800}{27} = 2x$ redigitur; cujus reductione eruendus est x. Nempe duc eam in 27 & fit $64x - 14800 = 54x$; subduc $54x$ & restat $10x - 14800 = 0$, seu $10x = 14800$, & dividendo per 10 fit $x = 1480$. Quare 1480 ℔ sunt nummi sub initio ut & lucrum.

Vides itaque quod ad solutiones quæstionum, quæ circa numeros vel abstractas quantitatum relationes solummodo versantur, nihil aliud fere requiritur quam ut e sermone latino, vel alio quovis, in quo problema proponitur, translatio fiat in sermonem (ut ita loquar) algebraicum, hoc est in characteres qui apti sunt ut nostros de quantitatum relationibus conceptus designent. Nonnunquam vero potest accidere quod sermo quo cum status quæstionis exprimitur ineptus videatur qui in algebraicum possit verti; sed paucis mutationibus adhibitis, & ad sensum potius quam verborum sonos attendendo, versio reddetur facilis. Sic enim quælibet apud Gentes loquendi formæ propria habent idiomata, quæ ubi obvenerint, translatio ex unis in alias non verbo tenus instituenda est, sed ex sensu determinanda. Ceterum ut hujusmodi problemata hac methodo ad æquationes redigendi familiaritatem convincam & illustrem, & cum artes exemplis facilius quam præceptis addiscantur, placuit sequentium problematum solutiones adjungere:

CAPUT

CAPUT SECUNDUM.

PROB. I.

I. *Datis duorum numerorum ſumma* a *& differentia quadratorum* b, *invenire numeros?*

Sit eorum minor x, & erit alter $a - x$, eorumque quadrata xx & $aa - 2ax + xx$: Quorum differentia $aa - 2ax$ ſupponitur b. Eſt itaque $aa - 2ax = b$, indeque per reductionem $aa - b = 2ax$ ſeu $\frac{aa - b}{2a} \left(= \frac{1}{2}a - \frac{b}{2a}\right) = x.$ (a)

EXEMPLUM.

Si ſumma numerorum, ſeu a, ſit 8, & quadratorum differentia, ſeu b, 16; erit $\frac{1}{2}a - \frac{b}{2a}$ $(= 4 - 1) = 3 = x$, & $a - x = 5$. Quare numeri ſunt 3 & 5.

PROB. II.

IV. *Invenire tres quantitates* x, y *&* z *quarum paris cujuſque ſumma datur.*

Si ſumma paris x & y ſit a; paris x & z, b; ac paris y & z, c. Pro determinandis tribus quæſitis x, y & z tres habebuntur æquationes $x + y = a$, $x + z = b$, & $y + z = c$. Jam ut incognitarum duæ, puta y & z, exterminentur, auferatur x utrinque in prima & ſecunda æquatione, & emergent

(a) Hoc problema poteſt aliter quoque ſolvi, ſed prius demonſtrandum hoc theorema utiliſſimum.

51. *Ex duabus quantitatibus major æquat aggregatum ex ſemiſumma ambarum, & ex earum ſemidifferentia; minor vero exceſſum ſemiſummæ ſupra ſemidifferentiam.*

A 5. Recta BC majorem; CA minorem quantitatem; tota AB ſummam earum; AF dimidiatam ſummam exprimant; & ſumatur BE æqualis CA, erit ergo EC æqualis differentiæ ipſarum BC, CA; ſed quia BF æquat FA, & AC æquat EB; erit ergo (Eucl. Ax. 2.) CF æqualis FE ſemi differentiæ. At BC æquat BF; FC ſimul; AC æquat differentiam ipſarum AF; FC; ergo &c.

His poſitis, ſint duo numeri in problemate quæſiti x; y, & $x + y = 2c$; $x - y = 2z$ erit $x = c + z$; $xx = cc + 2cz + zz$; & $y = c - z$; $yy = cc - 2cz + zz$, at $b = xx - yy = cc + 2cz + zz - cc + 2cz - zz = 4cz$;

ergo $b = 4cz$, & $\frac{b}{4c} = z$, ſi jam $2c = a$; fiet $z = \frac{b}{2a}$, $x = \frac{a}{2} + \frac{b}{2a}$; at y minor $= \frac{a}{2} - \frac{b}{2a}$ ut in Auctoris ſolutione.

gent $y = a - x$, & $z = b - x$, quos valores pro y & z substitue in tertia, & orietur $a - x + b - x = c$ & per reductionem $x = \frac{a + b - c}{2}$. Invento x æquationes superiores $y = a - x$ & $z = b - x$ dabunt y & z. (b)

EXEMPLUM.

Si summa paris x & y sit 9, paris x & z 10, & paris y & z 13, tum in valoribus x, y & z scribe 9 pro a, 10 pro b, & 13 pro c; & evadet $a + b - c = 6$, adeoque x $(= \frac{a + b - c}{2}) = 3$, y $(= a - x) = 6$, & z $(= b - x) = 7$.

PROB. III.

V. *Quantitatem datam ita in partes quotcunque dividere ut majores partes superent minimam per datas differentias.*

Sit a quantitas in quatuor ejusmodi partes dividenda, ejusque prima atque minima pars x, & super hanc excessus secundæ partis b, tertiæ partis c & quartæ partis d; & erit $x + b$ secunda pars, $x + c$ tertia pars & $x + d$ quarta pars, quarum omnium aggregatum $4x + b + c + d$ æquatur toti lineæ a. Aufer jam utrinque $b + c + d$ & restat $4x = a - b - c - d$ sive $x = \frac{a - b - c - d}{4}$. (c)

EXEM-

(b) Vel inventurus x subduc $y + z = c$ ex $x + z = b$; fiet $x - y = b - c$; quam adde ipsi $x + y = a$; erit $2x = a + b - c$; & $x = \frac{a + b - c}{2}$.

Ut reperias y subtrahe $x + z = b$ ex $x + y = a$; supererit $y - z = a - b$; huic adde $y + z = c$; obtinebis $2y = a - b + c$, & $y = \frac{a - b + c}{2}$;

Pro z ex $y + z = b$ deme $x + y = a$; restabit $z - y = b - a$, cui adde $y + z = c$, exsurget $2z = b - a + c$; & $z = \frac{b - a + c}{2}$.

Aut quia $x + z = b$, erit $z = b - x$; ergo $x + y + z = a + b - x$ (EUCL. AX. I.) est enim $x + y = a$, & transponendo $2x = a + b - y - z =$ (quia $y + z = c$) $a + b - c$, & $x = \frac{a + b - c}{2}$.

(c) Sit data quantitas a dividenda in tot partes, quot unitates sunt in m, & detur differentia inter partium minimam x, & proximam, inter eandem x & sequentem, & sic de ceteris. Jam data a debet æquare mx auctam omnibus differentiis (EUCL. AX. 19.) quæ cum dentur, omnes exprimantur symbolo d, ergo $a = mx + d$, & $\frac{a - d}{m} = x$.

Nunc pro m substitue quemvis numerum, ex. gr. 7; pro a, 50, sitque $d = c + f + g + h + l + m = 2 + 3 + 4 + 5 + 6 + 7$, erit $\frac{50 - 2 - 3 - 4 - 5 - 6 - 7}{7} = x = \frac{23}{7} = 3\frac{2}{7}$, proxima pars $= 5\frac{2}{7}$, alia $6\frac{2}{7}$, alia $= 7\frac{2}{7}$, sequens $= 8\frac{2}{7}$, tum $9\frac{2}{7}$, demum $10\frac{2}{7}$.

EXEMPLUM.

Proponatur linea 20 pedum sic in 4 partes distribuenda ut super primam partem excessus secundæ sit 2 pedum, tertiæ 3 pedum, & quartæ 7 pedum. Et quatuor partes erunt x ($= \frac{a-b-c-d}{4}$ sive $\frac{20-2-3-7}{4}$) $= 2$, $x+b = 4$, $x+c = 5$, & $x+d = 9$.

Eodem modo quantitas in plures partes iisdem conditionibus dividitur.

PROB. IV.

VI. *Viro cuidam nummos inter mendicantes distribuere volenti desunt octo denarii quo minus det singulis tres denarios. Dat itaque singulis duos denarios & tres denarii supersunt. Quæritur numerus mendicantium.*

Esto numerus mendicantium x & deerunt 8 denarii quo minus det omnibus $3x$ denarios; habet itaque $3x - 8$ denarios. Ex his autem dat $2x$ denarios, & reliqui denarii $x - 8$ sunt tres. Hoc est $x - 8 = 3$ seu $x = 11$.

PROB. V.

VII. *Si Tabellarii duo A & B, 59 milliaribus distantes tempore matutino obviam eant, quorum A conficit 7 milliaria in 2 horis, & B 8 milliaria in 3 horis, ac B una hora serius iter instituit quam A: quæritur longitudo itineris quod A conficiet antequam conveniet B.*

Dic longitudinem illam x; & erit $59 - x$ longitudo itineris B. Et cum A pertransit 7 milliaria in 2 horis, pertransibit spatium x in $\frac{2x}{7}$ horis, eo quod sit 7 milliaria. 2 horas :: x milliaria. $\frac{2x}{7}$ horas. Atque ita cum B pertransit 8 milliaria in 3 horis, pertransibit spatium suum $59 - x$ in $\frac{177 - 3x}{8}$ horis. Jam cum horum temporum differentia sit 1 hora; ut evadant æqualia adde differentiam illam breviori tempori, nempe tempori $\frac{177 - 3x}{8}$, & emerget $1 + \frac{177 - 3x}{8} = \frac{2x}{7}$. Et per reductionem $35 = x$. Nam multiplicando per 8 fit $185 - 3x = \frac{16x}{7}$. Dein multiplicando etiam per 7 fit $1295 - 21x = 16x$, seu $1295 = 37x$. Et divividendo denique per 37, exoritur $35 = x$. Sunt itaque 35 milliaria iter quod A conficiet antequam conveniet B. (*d*)

Idem

(*d*) Vel etiam sic. Cum A peragat 7 milliaria in 2 horis, una hora percurret $\frac{7}{2}$ milliaria; eadem ratione B una hora perficiet $\frac{8}{3}$ milliaria: si ergo fiat $\frac{7}{2} . \frac{8}{3} :: x . \frac{16x}{21}$, erit $\frac{16x}{21}$ iter, quod B percurret eodem tempore, quo A peraget iter x, sed B iter incepit una hora serius, quam A, ergo iter illius $= \frac{16x}{21} - \frac{8}{3}$. Est autem iter B una cum itinere A $= 59$; igitur $x + \frac{16x}{21} - \frac{8}{3} = 59$, & reducendo x ad eandem denominationem ac $\frac{16x}{21}$, & transponendo $\frac{8}{3}$, $\frac{21x + 16x}{21} = 59 + \frac{8}{3}$, ac redigendo ad simpliciorem expressionem primum æquationis membrum, & secundum ad eundem denominatorem $\frac{37x}{21} = \frac{185}{3}$, & omnia multiplicando per 21 (nempe in primo membro delendo 21, & in secundo 3, & idem secundum multiplicando per 7. ob $21 = 7 . 3$) $37x = 1295$, & dividendo per 37 &c.

Si vero quæratur tempus concursus; sit tempus, per quod A moveri pergit, $= y$; si fiat ut 2 horæ ad y horas sic 7 milliaria ad $\frac{7y}{2}$ millaria; exprimet $\frac{7y}{2}$ spatium ab A peractum tempore y. Sed iter ipsius B durat per tempus $y - 1$, ex conditione problematis, fac ergo ut 3 horæ ad $y - 1$ horas sic 8 milliaria ad $\frac{8y - 8}{3}$; hæc quantitas exponet spatium a B percursum tempore $y - 1$; hoc spatium deme ex 59 milliariis, quibus A distat a B, & $59 - \frac{8y + 8}{3}$ erit spatium, quod separat locum ubi erat A, cum moveri cœpit, a loco ubi est B postquam iter fecit per $y - 1$ horas, atqui in eodem loco esse debet etiam A quia nempe A, & B conveniunt) ergo $59 - \frac{8y + 8}{3} = \frac{7y}{2}$; & cunctis ductis in 2; $118 - \frac{16y + 16}{3} = 7y$; ac omnibus in 3 ductis, $354 - 16y + 16 = 21y$, & redigendo ad simpliciorem expressionem $370 = 37y$ seu $y = \frac{370}{37} = 10$ debet ergo A iter facere per 10 horas, B vero per 9.

Methodus superior aptari potest etiam aliis hypothesibus. Crescant *Ex. gr.* spatia peracta ut quadrata temporum, quibus peraguntur: id est si A una hora perficit duo milliaria, duabus horis peragat octo, tribus octodecim (est enim ut 1, quadratum primi temporis, ad 4, quadratum secundi sic 2 spatium primo tempore decursum ad 8 spatium secundo tempore dimensum, & ut 1 ad 9 ita 2 ad 18) & sit y spatium a B conficiendum antequam mobilia conveniant, erit $c - y$ spatium conficiendum ab A, & sit m tempus quo A peragit spatium a; Fac $a . c - y :: m^2$ ad quartam $\frac{cm^2 - m^2 y}{a}$, hoc erit quadratum temporis, quo A perficiet spatium $c - y$. Pariter pone n tempus, quo B percurrit spatium b, & sic $b . y :: n^2 . \frac{n^2 y}{b}$ erit hoc quadratum temporis a B impensi. Fingatur A motum incepisse tempore p citius quam B; & erit

$$m\sqrt{\left(\frac{c - y}{a}\right)} - p = n\sqrt{\frac{y}{b}},$$

& quadrando

$$\frac{mmc - mmy}{a} - 2mp\sqrt{\left(\frac{c - y}{a}\right)} + p^2 = \frac{n^2 y}{b},$$

quare

$$\frac{m^2 c + ap^2}{a} - y\left(\frac{bm^2 + an^2}{ab}\right) = 2mp\sqrt{\left(\frac{c - y}{a}\right)};$$

pone

$$\frac{m^2 c + ap^2}{a} = h^2; \quad \frac{bm^2 + an^2}{ab} = g;$$

& $2mp = f^2$;

eritque

$$h^2 - gy = f^2\sqrt{\left(\frac{c - y}{a}\right)};$$

& quadrando

$$h^4 - 2h^2 gy + g^2 y^2 = \frac{cf^4 - f^4 y}{a};$$

aut

Idem generalius.

VIII. *Datis duorum mobilium A & B eodem cursu pergentium celeritatibus, una cum intervallis locorum ac temporum a quibus incipiunt moveri; determinare metam in qua convenient.*

Pone mobilis A eam esse celeritatem qua spatium c pertransire possit in tempore f, & mobilis B eam esse qua spatium d pertransire possit in tempore g; & locorum intervallum esse e, ac h temporum in quibus moveri incipiunt.

CASUS I.

Deinde, si ambo ad easdem plagas tendant, & A sit mobile quod sub initio motus longius distat a meta; pone distantiam illam esse x, indeque aufer intervallum e, & restabit $x - e$ pro distantia B a meta. Et cum A pertranseat spatium c in tempore f, tempus in quo pertransibit spatium x erit $\frac{fx}{c}$, eo quod sit spatium c ad tempus f, ut spatium x ad tempus $\frac{fx}{c}$. Atque ita, cum B pertranseat spatium d in g, tempus in quo pertransibit spatium $x - e$ erit $\frac{gx - ge}{d}$. Jam, cum horum temporum differentia supponatur h, ut ea evadant æqualia, adde h breviori tempori, nempe tempori $\frac{fx}{c}$ (si modo B prius incipiat moveri), & evadet $\frac{fx}{c} + h = \frac{gx - ge}{d}$. Et per reductionem $\frac{ceg + cdh}{cg - df}$ vel $\frac{ge + dh}{g - \frac{d}{c}f} = x$.

Sin A prius moveri incipiat, adde h tempori $\frac{gx - ge}{d}$, & evadet $\frac{fx}{c} = h + \frac{gx - ge}{d}$, & per reductionem $\frac{cge - cdh}{cg - df} = x$. (e)

CASUS

aut $y^2 = \frac{2ab^2gy - f^4y - ab^4 + cf^4}{ag^2}$;

& $y = \frac{2ab^2g - f^4}{2ag^2} \pm \sqrt{\left(-\frac{ab^4 + cf^4}{ag^2} + \left(\frac{2ab^2g - f^4}{2ag^2}\right)^2\right)}$.

(e) Hic quoque valet superius ratiocinium: B peragens tempore g spatium d percurret tempore h spatium $\frac{dh}{g}$; & cum sit $\frac{c}{f} . \frac{d}{g} :: x . \frac{dfx}{cg}$, mobile B perficiet spatium $\frac{dfx}{cg}$ eodem tempore quo A percurret x, nempe ab initio motus mobilis A ad punctum temporis, quo hæc duo mobilia eodem perveniunt, mobile B transibit spatium $\frac{dfx}{cg}$, sed ut hæc duo spatia æqualia sunt, huic adjiciendum est spatium quo mobilia distant, & spatium $\frac{dh}{g}$ a mobile B peractum, A adhuc quiescente, ergo

$$x = \frac{dfx}{cg} + e + \frac{dh}{g},$$

& omnibus per cg multiplicatis

cgx

CASUS II.

Quod si mobilia obviam eant, & x, ut ante, ponatur initialis distantia mobilis A a meta, tum $e - x$ erit initialis distantia ipsius B ab eadem meta; & $\frac{fx}{c}$ tempus, in quo A conficiet distantiam x, atque $\frac{ge - gx}{d}$ tempus, in quo B conficiet distantiam suam $e - x$. Quorum temporum minori ut supra, adde differentiam b, nempe tempori $\frac{fx}{c}$ si B prius incipiat moveri, & sic habebitur $\frac{fx}{c} + b = \frac{ge - gx}{d}$, & per reductionem $\frac{cge - cdb}{cg + df} = x$. Sin A prius incipiat moveri, adde b tempori $\frac{ge - gx}{d}$ & evadet $\frac{fx}{c} = b + \frac{ge - gx}{d}$, & per reductionem $\frac{cge + cdb}{cg + df} = x$.

EXEMPLUM I.

Si quotidie Sol unum gradum conficit & Luna tredecim, & ad tempus ali-

$$cgx = dfx + ceg + cdh;$$

&, per reductionem, $x = \frac{ceg + cdh}{cg - df}$

Quod si A prius moveri cœperit, spatium ab eo percursum tempore h, futurum est $\frac{ch}{f}$, ob $f.\,h :: c.\,\frac{ch}{f}$. Postquam igitur A hoc spatium perfecerit, ambo mobilia simul movebuntur, & quidem per tempora æqualia; quo tempore A transibit spatium

$$x - \frac{ch}{f} = \frac{fx - ch}{f};$$

ergo

$$\frac{e}{f}.\ \frac{d}{g} :: \frac{fx - ch}{f}.\ \frac{dfx - dch}{cg},$$

spatium a B eodem tempore percursum: ut vero hæc duo spatia æqualia sint, minori (nempe $\frac{dfx - cdh}{cg}$) addendum est spatium, quo mobilia, cum ambo moveri cœperunt, distabant, scilicet

$$e - \frac{ch}{f} = \frac{ef - ch}{f},$$

ergo

$$\frac{fx - ch}{f} = \frac{dfx - cdh}{cg} + \frac{ef - ch}{f};$$

& utrimque deleto $\frac{ch}{f}$,

$$\frac{fx}{f} = \frac{dfx - cdh}{cg} + \frac{ef}{f}$$

$$= x = \frac{dfx - cdh}{cg} + e,$$

cunctisque in cg ductis,

$$cgx = dfx - cdh + ceg,$$

& reducendo

$$x = \frac{ceg - cdh}{cg - df}.$$

Si vero quæratur tempus concursus; sit tempus, quo durat motus ipsius A, $= y$; & quia $f,\ y :: c.\ \frac{cy}{f}$, hoc erit spatium ab A peractum. Jam B movetur per tempus $y + h$; sed

$$g.\ y + h :: d.\ \frac{dy + dh}{g},$$

quod est spatium a B perfectum, cui adde e, & erit

$$\frac{cy}{f} = \frac{dy + dh}{g} + e$$

& (cunctis prius in f, deinde in g ductis)

$$cgy = dfy + dfh + efg$$

& transponendo, ac per $cg - df$ dividendo;

$$y = \frac{dfh + efg}{cg - df}$$

tempus, per quod A motum continuare debet.

aliquod, Sol sit in principio Cancri atque post tres dies Luna in principio Arietis: quæritur locus conjunctionis proxime futuræ. Resp. in $10\frac{3}{4}$ gradu Cancri. Nam, cum ambo ad easdem plagas eant, & serior sit epocha motus Lunæ quæ longius distat a meta; erit A Luna, B Sol, & $\frac{cge+cdh}{cg-df}$ longitudo itineris Lunaris, quæ, si scribatur 13 pro c; 1 pro f, d, ac g; 90 pro e; & 3 pro h; evadet $\frac{13.1.90+13.1.3}{13.1-1.1}$; hoc est $\frac{1209}{12}$, sive $100\frac{3}{4}$. Hos itaque gradus adjice principio Arietis & prodibit $10\frac{3}{4}$ gradus Cancri.

EXEMPLUM II.

Si Tabellarii duo A & B, 59 milliaribus distantes, tempore matutino obviam eant, quorum A conficit 7 milliaria in 2 horis, & B 8 milliaria in 3 horis, & B una hora serius iter instituit quam A: quæritur iter quod A conficiet antequam conveniat B. Resp. 35 milliaria. Nam cum obviam eant. & A primo instituat iter, erit $\frac{cge+cdh}{cg+df}$ iter quæsitum. Et hoc, si scribatur 7 pro c, 2 pro f, 8 pro d, 3 pro g, 59 pro e, & 1 pro h, evadet $\frac{7.3.59+7.8.1}{7.3+8.2}$; hoc est $\frac{1295}{37}$ sive 35.

PROB. VI.

IX. *Data agentis alicujus potestate, invenire quot ejusmodi agentes datum effectum* a *in dato tempore* b *producent.*

Sit ea agentis potestas, qua effectum c producere potest in tempore d, & erit ut tempus d ad tempus b, ita effectus c quem agens iste producere potest in tempore d, ad effectum quem potest producere in tempore b, qui proinde erit $\frac{bc}{d}$. Deinde ut unius agentis effectus $\frac{bc}{d}$ ad omnium effectum a, ita agens iste unicus ad omnes agentes: adeoque agentium numerus erit $\frac{ad}{bc}$.

EXEMPLUM.

Si scriba in 8 diebus 15 folia describere potest, quot ejusmodi scribæ requiruntur ad describendum 405 folia in 9 diebus? Resp. 24. Nam si substituantur 8 pro d, 15 pro c, 405 pro a & 9 pro b, numerus $\frac{ad}{bc}$ evadet $\frac{405.8}{9.15}$ hoc est $\frac{3240}{135}$, sive 24.

PROB. VII.

X. *Datis plurium agentium viribus, tempus* x *determinare in quo datum effectum* d *conjunctim producent.*

Agentium A, B, C, vires ponantur quæ in temporibus e, f, g, producant effectus a, b, c respective; & hæ in tempore x producent effectus $\frac{ax}{e}$, $\frac{bx}{f}$, $\frac{cx}{g}$. Quare est $\frac{ax}{e}+\frac{bx}{f}+\frac{cx}{g}=d$, & per reductionem $x=\frac{d}{\frac{a}{e}+\frac{b}{f}+\frac{c}{g}}$.

EXEMPLUM.

Tres mecenarii opus aliquod certis temporibus perficere possunt, videlicet, A semel in tribus septimanis, B ter in octo septimanis, & C quinquies in duodecim septimanis. Quæritur quanto tempore simul absolvent? Sunt itaque Agentium A, B, C vires, quæ temporibus 3, 8, 12 producant effectus 1, 3, 5 respective: Et quæritur tempus quo absolvent effectum 1, quare pro a, b, c, d, e, f, g scribe 1, 3, 5, 1, 3, 8, 12, & proveniet $x=\frac{1}{\frac{1}{3}+\frac{3}{8}+\frac{5}{12}}$ sive $\frac{8}{9}$ septimanæ, hoc est 6 dies $5\frac{1}{3}$ horæ, tempus quo simul absolvent.

PROB. VIII.

XI. *Dissimiles duarum pluriumve rerum misturas ita componere, ut res illæ commistæ datam inter se rationem acquirant.*

Sit unius misturæ data quantitas $dA+eB+fC$, alterius eadem quantitas $gA+hB+kC$, & eadem tertiæ $lA+mB+nC$; ubi A, B, & C denotent res mistas, & d, e, f, g, h, &c. proportiones earundem in misturis. (*f*) Et sit $pA+qB+rC$ mistura quam ex his tribus oportet componere; fingeque x, y, z numeros esse, per quos si tres datæ misturæ res-

(*f*) Sint *Ex. gr.* tres laminæ, quarum quævis conflatur tribus metallis (puta Auro, Argento, Ære) variorum ponderum. Ex earum laminarum partibus simul mistis & confusis effici debeat quarta lamina continens Auri pondo p; Argenti q; Æris r. Indicent A Aurum; B Argentum; C Æs, & prima lamina (cujus symbolum est O) constet quantitate d Auri; e Argenti; f Æris; unde ea tota est $dA+eB+fC=O$. Secunda (quam expono symbolo P) componatur quantitate g Auri; h Argenti; k Æris; igitur

$$gA+hB+kC=P;$$

Eadem ratione tertia data

$$Q=lA+mB+nC;$$

& conflanda sit quarta

$$R=pA+qB+rC.$$

respective multiplicentur, earum summa evadet $pA + qB + rC$ (g).

Est itaque

$$\left.\begin{array}{l} dx\,A + ex\,B + fx\,C \\ + gy\,A + hy\,B + ky\,C \\ + lz\,A + mz\,B + nz\,C \end{array}\right\} = pA + qB = rC,$$

Adeoque collatis terminis,

$$dx + gy + lz = p,\ ex + hy + mz = q,\ \&\ fx + ky + nz = r,\ (h)$$

& per reductionem

$$x = \frac{p - gy - lz}{d} = \frac{q - hy - mz}{e} = \frac{r - ky - nz}{f}.$$

Et rursus æquationes

$$\frac{p - gy - lz}{d} = \frac{q - hy - mz}{e}\ \&\ \frac{q - hy - mz}{e} = \frac{r - ky - nz}{f}$$

per reductionem dant

$$\frac{ep - dq + dmz - elz}{eg - dh}\ (= y) = \frac{fq - er + enz - fmz}{fh - ek}:$$

Quæ, si abbrevietur scribendo

α pro $ep - dq$, β pro $dm - el$, γ pro $eg - dh$;

δ pro $fq - er$, ζ pro $en - fm$, & θ pro $fh - ek$,

evadet

$$\frac{\alpha + \beta z}{\gamma} = \frac{\delta + \zeta z}{\theta}\ \text{\& per reductionem}\ \frac{\theta\alpha - \gamma\delta}{\gamma\zeta - \beta\theta} = z.$$

Invento z pone

$$\frac{\alpha + \beta z}{\gamma} = y\ \&\ \frac{p - gy - lz}{d} = x.$$

EXEMPLUM.

Si tres sint metallorum colliquefactorum misturæ, quarum primæ pondo continet argenti unc. 12, æris unc. 1, & stanni unc. 3; secundæ pondo continet argenti unc. 1, æris unc. 12, & stanni unc. 3; & tertiæ pondo continet æris unc. 14, stanni unc. 2, & argenti nihil; sintque hæ misturæ ita componendæ, ut pondo compositionis contineat argenti unc. 4, æris unc. 9, & stanni unc. 3: Pro $d, e, f; g, h, k; l, m, n; p, q, r$ scribe 12, 1, 3; 1, 12, 3; 0, 14, 2; 4, 9, 3 respective, & erit

α (=

(g) Sumis, *Ex. Gr.* quantitatem x ex Lamina O; quantitatem y ex P, & z ex Q; &, ex lege problematis, esse debet

$$xO + yP + zQ = R = pA + qB + rC.$$

Ast

$$xO = xdA + xeB + xfC;$$

&

$$yP = ygA + yhB + ykC;$$

ac

$$zQ = zlA + zmB + znC,\ \text{ergo \&c.}$$

(h) Siquidem quantitas auri, quæ est in R æquat omnes suas partes, vel quantitates Auri ex O; P; Q sumptas; ergo

$$xdA + ygA + zlA = pA,$$

&

$$xd + yg + zl = p$$

& sic de ceteris,

$$\alpha\ (= ep - dq = 1\,.\,4 - 12\,.\,9) = -104,$$
&
$$\beta\ (= dm - el = 12\,.\,14 - 1\,.\,0) = 168,$$
& sic
$$\gamma = -143,\ \delta = 24,\ \zeta = -40,\ \&\ \theta = 33.$$
Adeoque
$$z\ \left(= \frac{\theta\alpha - \gamma\delta}{\gamma\zeta - \beta\theta} = \frac{-3432 + 3432}{5720 - 5544}\right) = 0.$$
$$y\ \left(= \frac{\alpha + \beta z}{\gamma} = \frac{-104 + 0}{-143}\right) = \frac{8}{11},\ \&\ x\ \left(= \frac{p - gy - lz}{d} = \frac{4 - \frac{8}{11}}{12}\right) = \frac{3}{11}.$$

Quare si misceantur $\frac{8}{11}$ partes pondo misturæ secundæ, $\frac{3}{11}$ partes pondo primæ & nihil tertiæ, aggregatum erit pondo continens quatuor uncias argenti, novem æris, & tres stanni.

PROB. IX.

XII. *Datis plurium ex iisdem rebus misturarum pretiis, & proportionibus mistorum inter se, pretium cujusvis e mistis determinare.*

Cujusvis rerum A, B, C, misturæ $dA + gB + lC$ pretium esto p, misturæ $eA + hB + mC$ pretium q, & misturæ $fA + kB + nC$ pretium r, & rerum illarum A, B, C quærantur pretia x, y & z. Utpote pro rebus A, B, & C substitue earum pretia x, y, & z, & exsurgent æquationes

$$dx + gy + lz = p,\ ex + hy + mz = q,\ \&\ fx + ky + nz = r,$$

ex quibus pergendo ut in præcedente problemate, elicientur itidem

$$\frac{\theta\alpha - \gamma\delta}{\gamma\zeta - \beta\theta} = z,\ \frac{\alpha + \beta z}{\gamma} = y,\ \&\ \frac{p - gy - lz}{d} = x.$$

EXEMPLUM.

Emit quidam 40 modios tritici, 24 modios hordei, & 20 modios avenæ, simul 15 libris 12 solidis: Deinde consimilis grani emit 26 modios tritici, 30 modios hordei, & 50 modios avenæ, simul 16 libris: Ac tertio consimilis etiam grani emit 24 modios tritici, 120 modios hordei & 100 modios avenæ, simul 34 libris. Quæritur quanti æstimandus sit modius cujusque grani? Resp. Modius tritici 5 solidis, hordei 3 solidis, & avenæ 2 solidis. Nam pro $d, g, l;\ e, h, m;\ f, k, n;\ p, q,$ & r scribendo respective ve 40, 24, 20; 26, 30, 50; 24, 120, 100; $15\frac{3}{5}$: 16, & 34; prodidit

$$\alpha\ (= ep - dq = 26 \cdot 15\tfrac{3}{5} - 40 \cdot 16) = -234\tfrac{2}{5};$$

&

$$\beta\ (= dm - el = 40 \cdot 50 - 26 \cdot 20) = 1480.$$

Atque ita

$$\gamma = -576,\ \delta = -500,\ \zeta = 1400,\ \&\ \theta = -2400.$$

Adeoque

$$z\ \left(= \frac{\alpha\theta - \gamma\delta}{\gamma\zeta - \beta\theta} = \frac{562560 - 288000}{-806400 + 3552000} = \frac{274560}{2745600}\right) = \frac{1}{10},$$

$$y\ \left(= \frac{\alpha + \beta z}{\gamma} = \frac{-234\frac{2}{5} + 148}{-576}\right) = \frac{3}{20}$$

Et

$$x\ \left(= \frac{p - gy - lz}{d} = \frac{15\frac{3}{5} - \frac{18}{5} - 2}{40}\right) = \frac{1}{4}.$$

Constitit itaque modius tritici $\frac{1}{4}$ lb seu 5 solidis, modius hordei $\frac{3}{23}$ lb seu 3 solidis, & modis avenæ $\frac{1}{10}$ lb seu 2 solidis.

PROB. X.

XIII. *Datis & misturæ & mistorum gravitatibus specificis invenire proportionem mistorum inter se.*

Sit e gravitas specifica misturæ A + B cujus A gravitas specifica est a, & B gravitas b: & cum gravitas absoluta seu pondus componatur ex mole corporis & gravitate specifica, erit aA pondus ipsius B & eA + eB pondus aggregati A + B, adeoque aA + bB = eA + eB, indeque aA − eA = eB − bB seu $e - b$. $a - e$ :: A. B.

Exemplum.

Sit auri gravitas ut 19, argenti ut $10\frac{1}{3}$, & coronæ Hieronis ut 17; eritque 10. 3 (:: $e - b$. $a - e$ :: A. B) :: moles auri in corona, ad molem argenti, vel 190. 31 (:: 19.10 ad $10\frac{1}{3}$. 3 :: $a(e - b)$ ad $b(a - e)$) :: pondus

dus

dus auri in corona, ad pondus argenti, & 221. 31 :: pondus coronæ, ad pondus argenti. (*i*)

PROB. XI.

XIV. *Si boves* a *depaſcant pratum* b *in tempore* c; & *boves* d *depaſcant pratum æque bonum* e *in tempore* f, & *gramen uniformiter creſcat: quæritur quot boves depaſcent pratum ſimile* g *in tempore* h.

Si boves a in tempore c depaſcant pratum b; tum per analogiam boves (*k*) $\frac{e}{b}a$ in eodem tempore c, vel boves $\frac{ec}{bf}a$ in tempore f, vel boves $\frac{ec}{bh}a$ in

(*i*) Fiat moles auri $=$ A, argenti $=$ B; gravitas ſpecifica cujuſdam molis ex auro (19) $= a$; ejuſdem molis ex argento $(10\frac{1}{3}) = b$; æqualis molis ex miſtura (17) $= c$, erit $c - b$ $(= 17 - 10\frac{1}{3} = 7 - \frac{1}{3} = 6\frac{2}{3}) = \frac{20}{3}$; $a - c$ $(= 19 - 17) = 2$; atqui, ex ſuperioribus, $c - b \, . \, a - c$ :: A. B, ergo A. B :: $\frac{20}{3} . 2$ :: 10.2 ad 3.2 :: 10 ad 3. Sed pondus componitur ex mole & gravitate ſpecifica; igitur pondus auri ad pondus argenti ut 10.19 ad $3 . 10\frac{1}{3}$. At ex aggregato molis Auri (10) cum argenti mole (3) conſtat coronæ moles; ea igitur eſt ut 13. Atqui pondus coronæ ad pondus argenti eſt in ratione compoſita gravitatum coronæ & argenti $(17 . 10\frac{1}{3})$ & molium coronæ atque argenti (13. 3) eſt ergo pondus coronæ ad argenti pondus ut 13 . 17 (221) ad $3 . 10\frac{1}{3}$ (31.)

ALITER.

Sit miſtura quædam M (cujus moles $= c$) compoſita duobus miſtis O, & P; capiatur ex ſingulis O ac P moles $= c$; & ſit molis c miſturæ M gravitas ſpecifica $= f$; & molis c metalli O, $= g$, ac demum molis c metalli P, $= h$, quæritur quanta ſit moles ex ipſis O & P ex quibus moles c miſturæ M conflata eſt.

Jam patet miſturam eſſe ſpecifice leviorem miſto graviori, & graviorem leviori, ſit ſpecifice gravius O.

Moles fiat $= x$; erit moles P $= c - x$; igitur $c . x :: g . \frac{gx}{c}$; & $c . c - x :: h . \frac{ch - hx}{c}$; atqui gravitas ſpecifica f miſturæ M nihil eſt niſi aggregatum ex gravitatibus ſpecificis metallorum componentium, ut patet, ergo

$$\frac{gx - hx + ch}{c} = f;$$

& per reductionem

$$x = \frac{cf - ch}{g - h};$$

id eſt

$$g - h . f - h :: c . x,$$

ut exceſſus graditatis ſpecificæ metalli gravioris ſupra ſpecificam levioris ad exceſſum gravitatis ſpecificæ miſturæ ſupra ſpecificam gravitatem levioris, ita moles miſturæ ad molem metalli gravioris.

Quia $g - h . f - h :: c . x$, erit etiam $g - h . (g - h - f + h) g - f :: c . c - x$, nempe, ut exceſſus majoris gravitatis ſpecificæ unius miſti ſupra minorem alterius, ad exceſſum ejuſdem majoris gravitatis miſti ſupra gravitatem ſpecificam miſturæ, ita moles miſturæ ad molem miſti levioris.

Item $f - h . g - h :: x . c$

[& $f - h . g - h :: x . c - x$;

ſcilicet, ut exceſſus ſpecificæ gravitatis miſturæ ſupra leviorem ad exceſſum gravioris ſupra eandem leviorem, ita moles metalli gravioris ad molem levioris.

(*k*) Si tempora ſint æqualia & prata æque bona, patet eſſe ut ſuperficies prati b ad ſuperficiem prati e, ita numerus boum a ad numerum boum eodem tempore c depaſcentium pratum e, qui numerus erit $\frac{ae}{b}$.

Sed ſi tempora ſint inæqualia, pratum vero idem, tunc duo boum numeri erunt in reciproca temporum ratione; conſtat enim, quod, numero boum decreſcente, augetur tempus ad

TAB III.

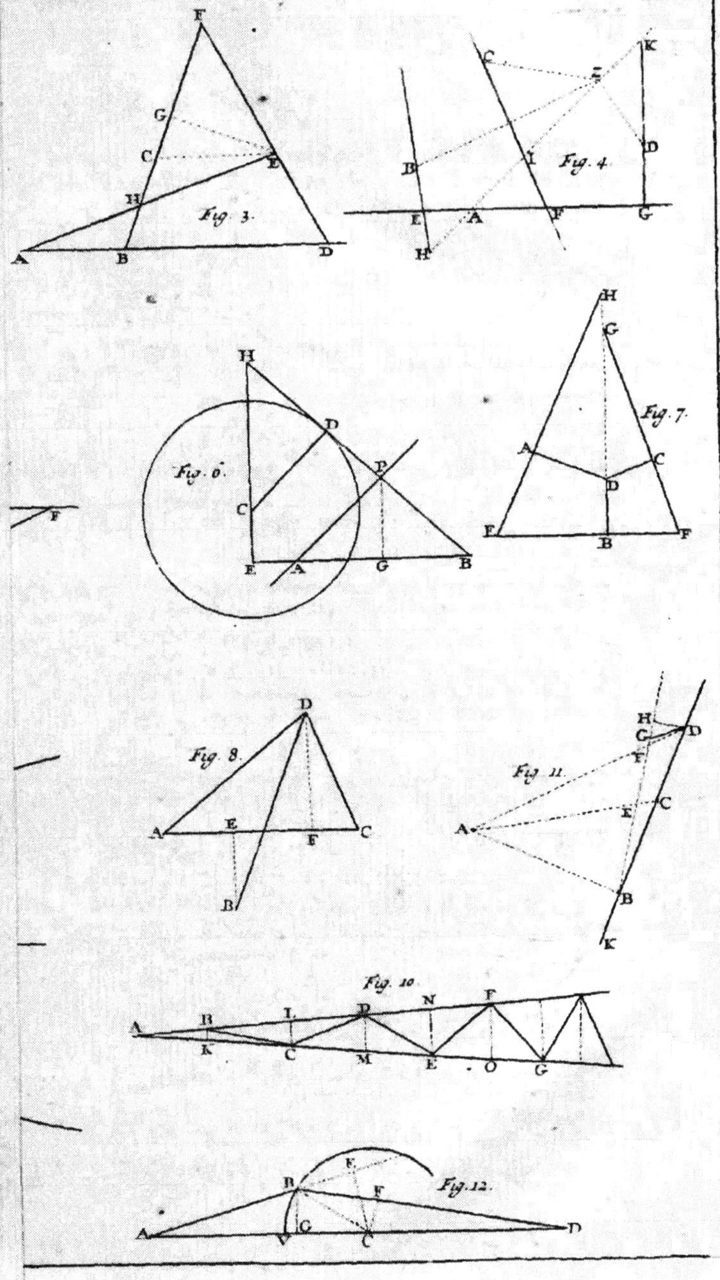

in tempore h, depascent pratum e; puta si gramen post tempus c non cresceret. (*l*) Sed, cum propter graminis incrementum, boves d in tempore f depascant solummodo pratum e, ideo graminis in prato e incrementum illud per tempus $f - c$ tantum erit quantum per se sufficit pascendis bobus $d - \frac{eca}{bf}$ per tempus f, (*m*) hoc est quantum sufficit pascendis bobus $\frac{df}{h} - \frac{eca}{bh}$ per tempus h. (*n*) Et in tempore $h - c$ per analogiam tantum erit incrementum quantum per se sufficit pascendis bobus

$$\frac{h-c}{f-c} \text{ in } \frac{df}{h} - \frac{eca}{bh} \text{ sive } \frac{bdfh - ecah - bdcf + aecc}{bfh - bch}.$$

Hoc incrementum adjice bobus $\frac{acc}{bh}$ (*o*) & prodibit $\frac{bdfh - ecah - bdcf + ecfa}{bfh - bch}$ numerus boum quibus pascendis sufficit pratum e per tempus h. Adeoque per analogiam (*p*) pratum g bobus $\frac{bdfgh}{...}$

ad pascendum necessarium, & contra; ergo tempus f ad tempus c, ut $\frac{ae}{b}$ numerus boum patum e tempore c depascentium, ad numerum boum idem pratum e tempore f tondentium; qui numerus erit $\frac{ace}{bf}$, & eadem ratione

$h. c :: \frac{ae}{b} . \frac{ace}{bh}$.

(*l*) Gramen enim crescat non crescat, dummodo jugerum ex prato b tantum fœni proferat tempore c quantum producit jugerum ex prato e per idem tempus, semper duplus erit numerus boum depascentium pratum duplum, eodem tempore &c. Restat igitur inveniendus numerus boum exhaurientium gramen subcrescens in prato e tempore $f - c$.

(*m*) Quia boves d pratum e depascunt tempore f, cum herba crescit; & boves $\frac{ace}{bf}$ idem faciunt eodem tempore, sed herba non succrescente, oportet ut numerus d major sit numero $\frac{aec}{bf}$, quare hic ab illo demendus est, ut habeatur numerus boum tempore f consumentium herbam quæ in illo prato e supervenit. Erit autem $d - \frac{ace}{bf}$.

(*n*) Et quia numerus boum est in reciproca temporum ratione, fac

$h. f :: \frac{bdf - aec}{bf}$. ad quartam $\frac{bdf - aec}{bh}$.

Hæc exponet numerum boum consumentium tempore h gramen in prato e suboriens tempore $f - c$. Ast in eodem prato duplum crescit duplo tempore (externis impedimentis remotis) triplum, triplo tempore &c.; igitur numerus boum depascentium herbam crescentem in prato e tempore $h - c$, invenietur faciendo $f - c. h - c :: \frac{bdf - aec}{bh}$

ad quartam

$$= \frac{bdfh - bcdf - aceh + aecc}{bfh - bch}.$$

(*o*) Numero boum derodentium pratum e tempore h, si herba post tempus c non cresceret. Hujus vero additionis causa est, quod supra invenimus numerum boum pro herba, quæ crescit tempore $h - c$; si igitur huic addas numerum boum consumentium herbam, quæ jam erat in prato e, & quæ creverat tempore c, habebis numerum boum comedentium herbam, quæ erat in prato e, & eam, quæ creverat tempore h.

(*p*) Id est ponendo

$$e. g :: \frac{bdfh - bcdf - aceh + acfe}{bfh - bch}.$$

ad quartam.

$\frac{bdfgh - ecagh - bdcgf + ecfga}{befh - bceh}$ per idem tempus h pascendis sufficiet.

Exemplum.

Si 12 boves depascant $3\frac{1}{3}$ jugera prati in 4 septimanis; & 21 boves depascant 10 jugera consimilis prati in 9 septimanis; quæritur quot boves depascant 24 jugera in 18 septimanis? Resp. 36. Iste enim numerus invenietur substituendo in $\frac{bdfgh - ecagh - bdcgf + ecfga}{befh - bceh.}$ numeros 12, $3\frac{1}{3}$, 4, 21, 10, 9, 24, & 18 pro literis a, b, c, d, e, f, g & h respective.

Sed solutio forte haud minus expedita erit si e primis principiis ad formam solutionis præcedentis literalis eruatur. Utpote si 12 boves in 4 septimanis depascant $3\frac{1}{3}$ jugera, tum per analogiam 36 boves in 4 septimanis, vel 16 boves in 9 septimanis, vel 8 boves in 18 septimanis depascent 10 jugera: puta si gramen non cresceret. Sed cum propter graminis incrementum 21 boves in 9 septimanis depascant solummodo 10 jugera, illud graminis in 10 jugeris per posteriores 5 septimanas incrementum tantum erit quantum per se sufficit excessui boum 21 supra 16, hoc est 5 bobus per 9 septimanas, vel quod perinde est $\frac{5}{2}$ bobus per 18 septimanas pascendis. Et in 14 septimanis (excessu 18 supra 4 primas) incrementum illud graminis per analogiam tantum erit quantum sufficiat 7 bobus per 18 septimanas pascendis; est enim 5 septiman. ad 14 septiman. :: $\frac{5}{2}$ boves. 7 boves. Quare 8 bobus, quos 10 jugera sine incremento graminis pascere possunt per 18 septimanas, adde hosce 7 boves quibus pascendis solum incrementum graminis sufficit, & summa erit 15 boves. At denique si 10 jugera 15 bobus per 18 septimanas pascendis sufficiant, tum per analogiam 24 jugera per idem tempus sufficient 36 bobus.

PROB. XII.

XV. *Datis sphæricorum corporum, in eadem recta motorum sibique occurrentium, magnitudinibus & motibus, determinare motus eorundem post reflexionem.*

Hujus resolutio ex his dependet conditionibus, ut corpus utrumque tantum reactione patiatur quantum agit in alterum, & ut eadem celeritate post reflexionem recedant ab invicem qua ante accedebant. His positis sint corporum A & B celeritates a & b respective; & motus (siquidem componantur

tur ex mole & celeritate corporum) erunt aA & bB. Et si corpora ad easdem plagas tendant, & A celerius movens insequatur B, pone x decrementum motus aA, & incrementum motus bB percussione exortum; & post reflexionem motus erunt $aA - x$ & $bB + x$; & celeritates $\frac{aA - x}{A}$ ac $\frac{bB + x}{B}$ quarum differentia æquatur $a - b$ (*q*) differentiæ celeritatum ante reflexionem. Habetur itaque æquatio (*r*) $\frac{bB + x}{B} - \frac{aA - x}{A} = a - b$, & inde per reductionem fit (*s*) $x = \frac{2aAB - 2bAB}{A + B}$, quo pro x in celeritatibus $\frac{aA - x}{A}$ & $\frac{bB + x}{B}$ substituto prodeunt (*t*) $\frac{aA - aB + 2bB}{A + B}$ celeritas ipsius A, & $\frac{2aA - bA + bB}{A + B}$ celeritas ipsius B post reflexionem. (*v*)

Quod si corpora obviam eant, tum signo ipsius b ubique mutato, celeritates post reflexionem erunt $\frac{aA - aB - 2bB}{A + B}$ & $\frac{2aA + bA - bB}{A + B}$: Quarum alterutra si forte negativa obvenerit, id arguit motum illum post reflexionem ad plagam dirigi ei contrariam ad quam A tendebat ante reflexionem. Id quod etiam de motu ipsius A in casu priori intelligendum est.

EXEMPLUM.

Si corpora homogenea A trium librarum cum celeritatis gradibus 8, & B novem librarum cum celeritatis gradibus 2 ad easdem plagas tendant: tunc pro

(*q*) Jam NEWTONUS duos casus distinxit, in quorum primo liquet fore a majorem quam b, secus enim sphæræ nunquam concurrerent; sed (si $b = a$) semper æquidistarent, aut (ubi b major quam a) semper remotiores fierent, contra hypothesim.

(*r*) Ambo ponuntur tendere ad easdem partes, ambarum ergo velocitates positivæ sunt; sed etiam post conflictum velocitas ipsius B debet esse positiva, quia conspirans A potest & debet percussione sua velocitatem B augere, directionem vero mutare nequit; quare bene Auctor noster differentiam sumpsit.

(*s*) Nam, multiplicando primum in A, deinde in B) $bAB + Ax - aAB + Bx = aAB - bAB$, & transponendo $Ax + Bx = 2aAB - 2bAB$, ac dividendo per $A + B$, $x =$ &c.

(*t*) Quia nempe $\frac{aA - x}{A} = a - \frac{2aB - 2bB}{A + B} = \frac{aA + aB - 2aB + 2bB}{A + B} = \frac{aA - aB + 2bB}{A + B}$. Similiter de $\frac{bB + x}{B}$ ratiocinandum.

(*v*) Sponte patet, quod nunquam corpus lentius B quiescet ab ictu, conspirant enim percussionis & ipsius B directiones, quæ ideo se mutuo destruere non possunt.

92. Ut perspiciamus quo casu A *restet immobilis* ponenda est hujus velocitas post collisionem $\left(\frac{aA - aB + 2bB}{A + B}\right) = 0$; unde conficitur $2bB = aB - aA$, vel $2B . B - A :: a . b$, aut per conversionem rationis

$$2B . B + A :: a . a - b.$$

pro A, a, B & b scribe 3, 8, 9 & 2; & $\left(\frac{aA - aB + 2bB}{A+B}\right)$ evadit -1; ac $\left(\frac{2aA - bA + bB}{A+B}\right)$ 5. Recedet itaque A cum uno gradu celeritatis post reflexionem, & B cum quinque gradibus progredietur.

PROB. XIII.

XVI. *Invenire tres numeros continue proportionales quorum summa sit* 20, *& quadratorum summa* 140.

Pone numerorum primum x, & secundum y; eritque tertius $\frac{yy}{x}$, adeoque

$$x + y + \frac{yy}{x} = 20; \text{ \& } xx + yy + \frac{y^4}{xx} = 140.$$

Et per reductionem

$$xx \begin{matrix} +y \\ -20 \end{matrix} x + yy = 0, \text{ \& } x^4 \begin{matrix} +yy \\ -140 \end{matrix} xx + y^4 = 0.$$

Jam ut exterminetur x, pro a, b, c, d, e, f, g & h in Regula III. substitue respective

$$1, 0, yy - 140, 0, y^4; 1, y - 20, \& yy;$$

Et emerget

$$(-yy + 280)\, y^5 + (2yy - 40y + 260)\,(260y^4 - 40y^5) + 3y^4 \cdot y^4 - 2yy\,(y^5 - 49y^5 + 400y^4) = 0.$$

Et per multiplicationem

$$1600y^6 - 20800y^5 - 67600y^4 = 0.$$

Ac reducendo $4yy - 52y + 169 = 0$. Sive (radice extracta)

$$2y - 13 = 0 \text{ seu } y = 6\tfrac{1}{2}$$

Id quod etiam brevius alia methodo, sed minus obvia, supra inventum est.

Porro ut inveniatur x substitue $6\frac{1}{2}$ pro y in æquatione

$xx \begin{matrix} +y \\ -20 \end{matrix} x + yy = 0$. Et exsurget $xx - 13\frac{1}{2}x + 42\frac{1}{4} = 0$: seu $xx = 13\frac{1}{2}x + 42\frac{1}{4}$. Et extracta radice $x = 6\frac{3}{4} +$ vel $- \sqrt{3\frac{5}{16}}$. Nempe $6\frac{3}{4}$

$+\sqrt{}$

$+\sqrt{3\frac{1}{16}}$ est maximus quæsitorum trium numerorum, & $6\frac{3}{4} - \sqrt{3\frac{1}{16}}$ minimus. Nam x alterutrum extremorum numerorum ambigue designat; indeque gemini prodeunt valores, quorum alteruter potest esse x, existente altero $\frac{yy}{x}$.

ALITER.

Positis numeris x, y, & $\frac{yy}{x}$ ut ante, erit $x + y + \frac{yy}{x} = 20$, seu $xx = +\frac{20x}{-y} - yy$ & extracta radice $x = 10 - \frac{1}{2}y + \sqrt{(100 - 10y - \frac{3}{4}yy)}$ primus numerus. Hunc & y aufer de 20 & restat $\frac{yy}{x} = 10 - \frac{1}{2}y - \sqrt{(100 - 10y - \frac{3}{4}yy)}$ tertius numerus. Estque summa quadratorum a tribus hisce numeris $400 - 40y$, adeoque $400 - 40y = 140$, sive $y = 6\frac{1}{2}$. Invento medio numero $6\frac{1}{2}$, substitue eum pro y in primo ac tertio numero supra invento; & evadet primus $6\frac{3}{4} + \sqrt{3\frac{5}{16}}$ ac tertius $6\frac{3}{4} - \sqrt{3\frac{5}{16}}$ ut ante. (x)

PROB. XIV.

XVII. *Invenire quatuor numeros continue proportionales quorum duo medii simul constituunt* 12, & *duo extremi* 20.

Sit

ALITER.

(x) Pone $20 = a$, $140 = b$, ergo $x.y::y.z.$ (tertium) unde $xz = yy$, & $x + y + z = a$, atque $xx + yy + zz = b = xx + xz + zz$, adde, ut habeas quadratum, hinc inde xz, & erit $b + xz = xx + 2xz + zz = (x+z)^2$, sed $x + z = a - y$, & $xx + 2xz + zz = aa - 2ay + yy$ (vel xz) quare $b + xz = aa - 2ay + xz$, aut, $b = aa - 2ay$, & $y = \frac{a}{2} - \frac{b}{2a}$, quod pone, $= c$, erit igitur $xz = cc$, & $x + z = a - c$, quod fac $= 2f$: sit ergo $x - z = 2u$, unde $x = f + u$, & $z = f - u$, & $xz = ff - uu = cc$, atque $uu = ff - cc$, & $u = \sqrt{(ff - cc)}$, idcirco $x = f + \sqrt{(ff - cc)}$. & $u = f - \sqrt{(ff - cc)}$. In proposito exemplo $c = \frac{a}{2} - \frac{b}{2a} = 10 - \frac{7}{2} = 6\frac{1}{2} = y$, quapropter $f = 6\frac{3}{4}$; $u = \sqrt{(\frac{729}{16} - \frac{169}{4})} = \sqrt{(\frac{729 - 676}{16})} = \sqrt{\frac{53}{16}} = \sqrt{3\frac{5}{16}}$.

Sit x secundus numerus; & erit $12 - x$ tertius; $\frac{xx}{12 - x}$ primus; & $\frac{144 - 24x + xx}{x}$ quartus; adeoque $\frac{xx}{12 - x} + \frac{144 - 24x + xx}{x} = 20$. Et per reductionem $xx = 12x - 30\frac{6}{7}$ seu $x = 6 + \sqrt{5\frac{1}{7}}$. Quo invento ceteri numeri e superioribus dantur. (y).

PROB. XV.

XVIII. *Invenire quatuor numeros continue proportionales, quorum datur summa* a, *& summa quadratorum* b.

Etsi desideratas quantitates ut plurimum immediate quærere solemus, siquando tamen duæ obvenerint ambiguæ, hoc est quæ conditionibus omnino similibus præditæ sunt, (ut hic duo medii & duo extremi numerorum quatuor proportionalium) præstat alias quantitates non ambiguas quærere per quas hæ determinantur, quemadmodum harum summam vel differentiam

ALITER.

(y) Sit primus numerus, y, secundus x, tertius z, quartus u, statuo y majorem quam x, & x majorem quam z, & z majorem quam u, quia hic dantur duæ summæ quæro differentias (N°. 51. hujus) quam ob rem pono.

$$x + z = 12 = 2a, \ \& \ x - z = 2t;$$

Unde.

$$x = a + t, \ \& \ z = a - t;$$

Pariter.

$$y + u = 20 = 2b, \ \& \ y - u = 2s,$$

$$\text{aut } y = b + s, \ \& \ u = b - s,$$

ubi duæ tantum quæsitæ, atqui numeri debent esse continue proportioles, quare

$$b + s . a + t :: a + t . a - t,$$

&

$$a + t . a - t :: a - t . b - s,$$

Denique

$$b + s . a + t :: a - t . b - s.$$

Tertia analogia dat

$$bb - ss = aa - tt.$$

Secunda

$$aa - 2at + tt = ab - as + bt - ts;$$

Prima tandem

$$aa + 2at + tt = ab + as - bt - ts.$$

ex hac subduc secundam æquationem habiturus.

$$4at = 2as - 2bt, \text{ vel } 2at + bt = as,$$

$$\text{at } t = \frac{as}{2a + b},$$

fac brevitatis gratia $2a + b = c$,

$$\& \ t = \frac{as}{c} \text{ aut } tt = \frac{a^2 s^2}{cc} =$$

(ex prima æquatione) $aa + ss - bb$, unde

$$a^2 s^2 = a^2 c^2 + c^2 s^2 - b^2 c^2,$$

$$\& \ a^2 s^2 - c^2 s^2 = a^2 c^2 - b^2 c^2,$$

$$\& \ ss = \frac{a^2 c^2 - b^2 c^2}{aa - cc}, \text{ ac } s = \sqrt{\left(\frac{a^2 c^2 - b^2 c^2}{aa - cc}\right)},$$

quo valore posito in $t = \frac{as}{c}$, exsurgit

$$t = a\sqrt{\left(\frac{aa - bb}{aa - cc}\right)}, \ \& \text{ positis numeris},$$

$$x = 6 + \sqrt{5\frac{1}{7}}, \ z = 6 - \sqrt{5\frac{1}{7}};$$

$$\text{atque } s = 22\sqrt{\frac{1}{7}}, \text{ ergo } y = 10$$

$$+ 22\sqrt{\frac{1}{7}} = \frac{41\frac{1}{7} + 12\sqrt{5\frac{1}{7}}}{6 - \sqrt{5\frac{1}{7}}}, \text{ siquidem}$$

hæc quantitas æquat (cum $\sqrt{5\frac{1}{7}} = 6\sqrt{\frac{1}{7}}$)

$$\frac{60 - 60\sqrt{\frac{1}{7}} + 132\sqrt{\frac{1}{7}} - \frac{132}{7}}{6 - 6\sqrt{\frac{1}{7}}}$$

$$= \frac{\left(10 + 22\sqrt{\frac{1}{7}}\right)\left(6 - 6\sqrt{\frac{1}{7}}\right)}{6 - 6\sqrt{\frac{1}{7}}}$$

& sic de ceteris.

TAB. IV.

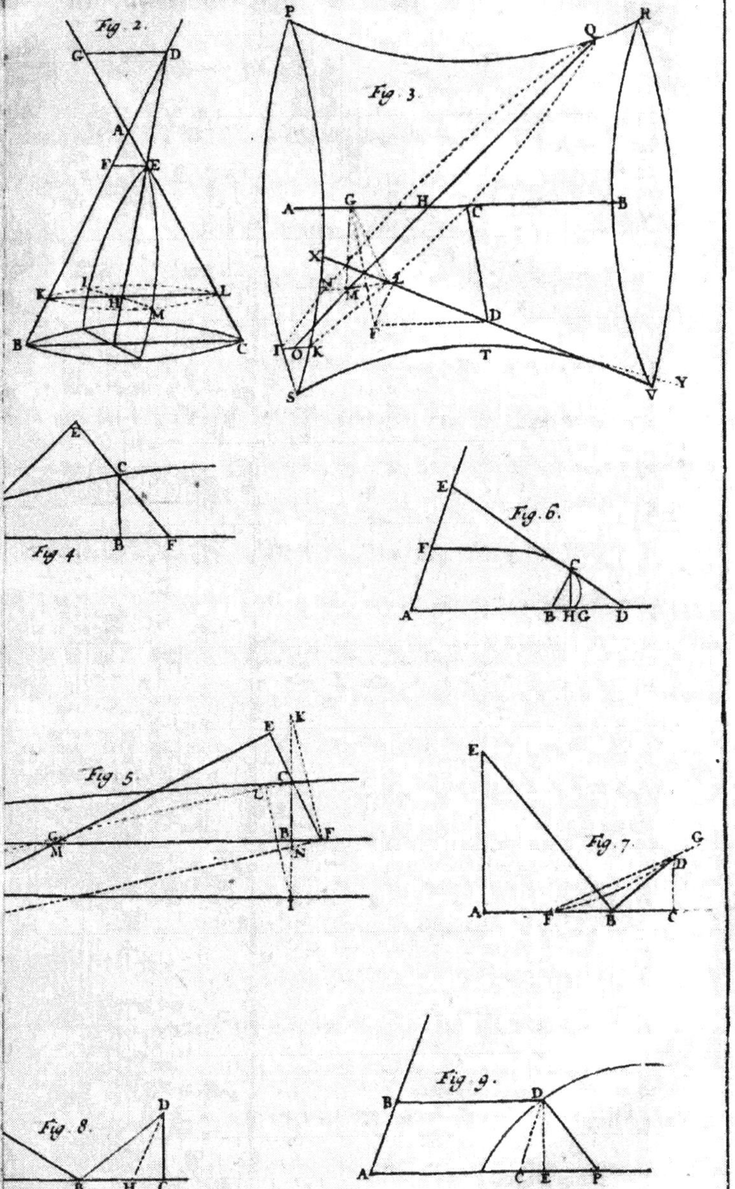
Fig. 2.
G D A F E K I H L M B C
Fig. 3.
P Q R A G H C B X N M L F D I O K T S V Y
Fig. 4
E C B F
Fig. 6.
E F C A B H G D
Fig. 5
E K C L G M B N F I
Fig. 7
E G D A F B C
Fig. 8.
D B H C
Fig. 9.
B D A C E P

tiam vel rectangulum. (z) Ponamus ergo summam duorum mediorum esse s, & rectangulum r; & erit summa extremorum $a - s$, & rectangulum r; propter proportionalitatem. Jam ut ex his eruantur quatuor illi numeri, pone x primum & y secundum; eritque $s - y$ tertius; & $a - s - x$ quartus; & rectangulum sub mediis $sy - yy = r$, indeque medii $y = \frac{1}{2}s + \surd(\frac{1}{4}ss - r)$ & $s - y = \frac{1}{2}s - \surd(\frac{1}{4}ss - r)$: (a) Item rectangulum sub extremis $ax - sx - xx = r$, indeque extremi

$$x = \frac{a - s}{2} + \surd(\frac{ss - 2as + aa}{4} - r).$$

&

$$a - s - x = \frac{a - s}{2} - \surd(\frac{ss - 2as + aa}{4} - r).$$

Summa quadratorum ex hisce quatuor numeris est $2ss - 2as + aa - 4r$ quæ est $= b$. Ergo $r = \frac{1}{2}ss - \frac{1}{2}as + \frac{1}{4}aa - \frac{1}{4}b$, quo substituto pro r prodeunt quatuor numeri ut sequitur.

Duo medii $\begin{cases} \frac{1}{2}s + \surd(\frac{1}{4}b - \frac{1}{4}ss + \frac{1}{2}as - \frac{1}{4}aa). \\ \frac{1}{2}s - \surd(\frac{1}{4}b - \frac{1}{4}ss + \frac{1}{2}as - \frac{1}{4}aa). \end{cases}$

Duo extremi $\begin{cases} \frac{a - s}{2} + \surd(\frac{1}{4}b - \frac{1}{4}ss). \\ \frac{a - s}{2} - \surd(\frac{1}{4}b - \frac{1}{4}ss). \end{cases}$

Restat tamen etiamnum inquirendus valor ipsius s. Quare ad abbreviandos terminos pro numeris hisce substitue.

(z) Pone quæsitos numeros x; y; z; u. Leges problematis dant $x + y + z + u = a$; $x^2 + y^2 + z^2 + u^2 = b$; $x. y :: y. z$, vel $xz = y^2$; $y. z :: z. u$, aut $uy = z^2$; demum $x. y :: z. u$, unde $ux = zy$. Finge nunc yz vel $r = ux$; & $y + z = s$; utique $z = s - y$; & $x + s + u = a$; Quare summa extremorum $x + u = a - s$; & $u = a - s - x$; sed $r = zy = sy - y^2$; ergo $y^2 = sy - r$; & $y = \frac{s}{2} \pm \surd(\frac{s^2}{4} - r)$; ac $z = s - y = s - \frac{s}{2} \mp \surd(\frac{s^2}{4} - r) = \frac{s}{2} \mp \surd(\frac{s^2}{4} - r)$.

(a) Item $r = ux = ax - sx - x^2$, qua de causa $x = \frac{a - s}{2} \pm \surd(\frac{a^2 - 2as + s^2}{4} - r)$. & $u = \frac{a - s}{2} \mp \surd(\frac{a^2 - 2as + s^2}{4} - r)$.

$$\frac{1}{2}s+p. \qquad \frac{a-s}{2}+q.$$

&

$$\frac{1}{2}s-p. \qquad \frac{a-s}{2}-q.$$

Et pone rectangulum sub secundo & quarto æquale quadrato tertii, siquidem hæc problematis conditio nondum impleatur, eritque $\frac{as-ss}{4}-\frac{1}{2}qs+\frac{pa-ps}{2}-pq=\frac{1}{4}ss-ps+pp.$ (*b*).

Pone etiam rectangulum sub primo & tertio æquale quadrato secundi, & erit $\frac{as-ss}{4}+\frac{1}{2}qs-\frac{pa+ps}{2}-pq=\frac{1}{4}ss+ps+pp.$ Harum æquationum priorem aufer e posteriori & restabit $qs-pa+ps=2ps$, seu $qs=pa+ps$. Restitue jam $\sqrt{(\frac{1}{4}b-\frac{1}{4}ss+\frac{1}{2}as-\frac{1}{4}aa)}$ in locum p, & $\sqrt{(\frac{1}{4}b-\frac{1}{4}ss)}$ in locum q, & habebitur $s\sqrt{(\frac{1}{4}b-\frac{1}{4}ss)}=(a+s)\sqrt{(\frac{1}{4}b-\frac{1}{4}ss+\frac{1}{2}as-\frac{1}{4}aa)}$. Et quadrando $ss=-\frac{b}{a}s+\frac{1}{2}aa-\frac{1}{2}b$, seu $s=-\frac{b}{2a}+\sqrt{(\frac{bb}{4aa}+\frac{1}{2}aa-\frac{1}{2}b,)}$ quo invento dantur quatuor numeri quæsiti e superioribus.

PROB. XVI.

XX. *Si pensio annua librarum* a, *per quinque annos proxime sequentes solvenda, ematur parata pecunia* c, *quæritur quanti æstimanda sit usura centum librarum per annum.*

Pone $1-x$ usuram usuræ pecuniæ x in anno, hoc est quod pecunia 1 post annum solvenda valet x paratæ pecuniæ (*c*); & per analogiam pecu-

(*b*) Siquidem $y=\frac{s}{2}+p$; $z=\frac{s}{4}-p$; $x=\frac{a-s}{2}+q$; $u=\frac{a-s}{2}-q$; & $xy=z^2$, unde per substitutionem, &c.

(*c*) Hoc problema explicaturus fingo me per quinque annos tibi soluturum quotannis (puta) mille libras $=a$; Si totam hanc pecuniam initio primi anni velles accipere, inter nos convenit me tibi daturum pro quinque millibus, *Ex. gr.* quatuor mille septingentas $=c$; sed tantum vis centum libras; quæritur, quid, primo anno finito, mihi acceptum referre debeas pro centum his; citius, quam jus erat, solutis; liquet habiturum te pro accepto aliquid amplius, quam centum; & hoc aliquid amplius debet esse proportionale ei pecuniæ, quam e tota a demeres, si eam integram nunc reciperes.

Si

pecunia x post annum solvenda valebit ax paratæ pecuniæ, post duos annos axx (*d*), post tres ax^3, post quatuor ax^4, & post quinque ax^5. Adde jam hos quinque terminos & erit $ax^5 + ax^4 + ax^3 + axx + ax = c$, seu $x^5 + x^4 + x^3 + xx + x = \frac{c}{a}$, æquatio quinque dimensionum, cujus ope cum x per † regulas post docendas inventum fuerit, pone $x . 1 :: 100\ y$. Et erit $y - 100$ usura usuræ centum librarum per annum. (*e*)

Atque has in quæstionibus, ubi solæ quantitatum proportiones absque positionibus linearum considerandæ veniunt, instantias dedisse sufficiat: pergamus jam ad problematum geometricorum solutiones.

SECTIO QUARTA.

CAPUT PRIMUM.

Quomodo Quæstiones Geometricæ ad æquationem redigantur.

I. Quæstiones *Geometricæ* eadem facilitate iisdemque legibus ad æquationes nonnunquam redigi possunt, ac quæ de abstractis quantitatibus proponuntur. Ut si recta A B in extrema & media proportione secanda sit in C, hoc est ita ut B E quadratum maximæ partis sit æqua- TAB. I. Fig. 5.

' Si scire possemus quid una libra post annum solvenda valeat paratæ pecuniæ; omnia nosceremus dicentes si x paratæ pecuniæ valet unum post annum, centum pecuniæ pariter paratæ quid post idem tempus valebunt? Valor autem ipsius x sic reperitur; si 1 post annum valet nunc x, quid valebit a? Resp. ax quæ exponit præsentem pecuniam pro a post annum.

(*d*) Cum autem a quotannis solvenda sit, soluta nunc ax pro primo anno, solvere debebo a post duos annos, quam si præstare vellem initio secundi anni dare deberem ax, sed volo hanc solvere initio primi; ergo $1 . x :: ax . ax^2$ pro secundi anni pensione nunc solvenda; quod ratiocinium dabit pecuniam præsentem pro tertio anno $= ax^3$ &c.; ergo pecunia nunc danda, ut liberer a tota quinquenni pensione, $= ax^5 + ax^4 + ax^3 + ax^2 + ax = c$ ex pacto convento.

(*e*) Libet ob rei utilitatem subdere problema parum diversum, a *Clar.* LEIBNITIO propositum in *Actis Lips.* anni 1683, mense Octob. & ibidem solutum ab eo, ratione paulum a nostra, diversa.

Si annua usura centum librarum data sint (puta, vicesima) quid nunc solvendum est pro certa pecunia qua præstari solum deberet post annum?

Sit $100 = a$, usuræ centum librarum $= b$, pecunia post annum numeranda $= c$, quæ autem nunc exhiberi debet $= y$, & usuræ post annum hujus summæ y, sint $= x$. Erit $a . b :: y . x$, & $a + b . b :: y + x . x$, sed quod nunc solvere debes, & ejus annuæ usuræ simul æquant pecuniam post annum dandam, ergo $x + y = c$, & $a + b . b :: c . x = \frac{bc}{a+b}$, quare $y = c - x = \frac{ac}{a+b}$.

† *Nempe inveniendo figuras primas radicis per constructionem quamvis mechanicam & reliquas per methodum Vietæ.*

æquale rectangulo B D sub tota & minore parte contento: posita AB = a & BC = x erit AC = $a - x$, & $xx = a$ in $a - x$; (a) æquatio quæ per reductionem dat (b) $x = -\frac{1}{2}a + \sqrt{\frac{5}{4}aa}$.

II. Sed in rebus geometricis, quæ frequentius occurrunt a variis linearum positionibus & relationibus complexis ita dependere solent, ut egeant ulteriori inventione & artificio, quo ad algebraicos terminos deduci possint. Et licet in hujusmodi casibus difficile sit aliquid præscribere, & cujusque ingenium sibi debeat esse operandi norma; conabor tamen discentibus viam præsternere. Sciendum est itaque quod quæstiones circa easdem lineas definito quolibet modo sibi invicem relatas, possint varie proponi, ponendo alias atque alias quærendas esse ex aliis datis. Sed de quibuscunque tamen datis vel quæsitis instituitur quæstio, solutio ejus eadem plane methodo ex analyseos serie perficietur, nulla omnino circumstantia variata præter fictas linearum species sive nomina, quibus data a quæsitis solemus distinguere. (c) Quemadmodum si quæstio sit de isoscele CBD in circulum inscripto, cujus latera BC, BD, & basis CD cum diametro circuli AB conferenda sunt; ea vel proponi potest de investigatione *diametri* ex datis lateribus & basi, vel de investigatione *basis* ex datis lateribus & diametro, vel denique de investigatione *laterum* ex datis basi & diametro. Sed utcunque proponitur, redigetur ad æquationem per eandem seriem analyseos. Nempe, si quæratur *diameter*, pono AB = x, CD = a, & BC vel BD = b. Tum (ducta AC,) propter similia triangula ABC & CBE est AB . BC : : BC . BE, sive $x . b :: b$. BE. Quare BE = $\frac{bb}{x}$. Est & CE = $\frac{1}{2}$ CD sive $\frac{1}{2}a$: & propter angulum CEB rectum, CEq + BEq = BCq, hoc est $\frac{1}{4}aa + \frac{b^4}{xx} = bb$. Quæ æquatio per reductionem dabit quæsitum x. (e)

III.

(a) Nam per problematis legem, quadratum ex BC æquat rectangulum ex BA in AC. Vide Eucl. 11. II., & 30. VI.

(b) Vide Sect. II. Art. IX. & X.

(c) Etenim algebraica problematis solutio fit per æquationem, æque ac solutio problematis arithmetici, id est, in hoc solutionum genere quæritur quomodo variæ quantitates invicem æquales fiant, quod æque bene fit, ut patet, quærendo quo pacto datæ æquentur quæsitis, aut quæsitæ datis.

(d) Ratiocinium, quo hoc problema solvitur in tribus his casibus est unicum, nempe (per Eucl. 8. VI.) AB . BC : : CB . BE, & (ob Eucl. 47. I.) CEq + EBq = BCq; & ex hac unica synthesi deducuntur æquationes tres, pro tribus casibus, quæ symbolis tantum differunt; ut videre potes hoc, & sequenti articulo.

(e) Reductio fit primum, ducendo cuncta in xx, unde $\frac{aaxx}{4} + b^4 = bbxx$, & rursus in 4, ne ulla maneat quantitas fracta, & exit $aaxx + 4b^4 = 4bbxx$. Conjiciendo in easdem partes terminos affectos, ubi est xx, quod dat $4b^4 = 4bbxx - aaxx$; tum omnia dividendo per $4bb - aa$, unde conficitur $\frac{4b^4}{4bb - aa} = xx$; demum extrahendo radicem quadratam, e quo fit $x = \frac{2bb}{\sqrt{(4bb - aa)}}$.

III. Si quæratur *basis*, pono $AB = c$, $CD = x$ & BC vel $BD = b$. Tum (ducta AC) propter similia triangula ABC & CBE est $AB.BC :: BC.BE$, sive $c.b :: b.BE$. Quare $BE = \frac{bb}{c}$. Est & $CE = \frac{1}{2}$ CD sive $\frac{1}{2}x$, & propter angulum CEB rectum $CEq + BEq = BCq$ hoc est $\frac{1}{4}xx + \frac{b^4}{cc} = bb$, æquatio quæ per reductionem dabit quæsitum x. (*f*)

IV. Atque ita si *latus* BC vel BD quæratur, pono $AB = c$, $CD = a$, & BC vel $BD = x$. Et (AC ut ante ducta) propter similia triangula ABC & CBE est $AB.BC :: BC.BE$; sive $c.x :: x.BE$. Quare $BE = \frac{xx}{c}$. Est & $CE = \frac{1}{2}$ CD sive $\frac{1}{2}a$; & propter angulum CEB rectum est $CEq + EBq = BCq$, hoc est $\frac{1}{4}aa + \frac{x^4}{cc} = xx$; æquatio quæ per reductionem dabit quæsitum x. (*g*)

V. Vides itaque quod in unoquoque casu calculus quo pervenitur ad æquationem, per omnia similis sit, & eandem æquationem pariat, excepto tantum quod lineas aliis literis designavi prout datæ vel quæsitæ ponuntur. Ex diversis quidem datis & quæsitis oritur diversitas in reductione æquationis inventæ. Nam æquationis $\frac{1}{4}aa + \frac{b^4}{xx} = bb$ alia est reductio ut obtineatur

(*f*) Est enim (cunctis ductis in 4) $xx + \frac{4b^4}{cc} = 4bb$, vel $xx = 4bb - \frac{4b^4}{cc}$, vel $xx = \frac{4bbcc - 4b^4}{cc}$, & $x = \sqrt{\left(\frac{4bbcc - 4b^4}{cc}\right)} = \frac{2b}{c}\sqrt{(cc - bb)}$ (Sect. I. art. LXXI.). Hæc autem æquatio facile per substitutionem ex superiori deducitur; Nam vocavimus c rectam, [illegible] & [illegible] quam ibi a; atque ideo, his pro illis notis substituendo, prior æquatio fit $xx + 4\frac{b^4}{cc} = 4bb$, secunda ipsissima.

(*g*) Siquidem, cunctis in cc ductis, est $\frac{1}{4}aacc + x^4 = ccxx$, & $x^4 = ccxx - \frac{1}{4}aacc$, ac $xx = \frac{cc}{2} \pm \sqrt{\left(\frac{c^4 - aacc}{4}\right)} = \frac{cc \pm c}{2}\sqrt{(cc - aa)}$, & $x = \sqrt{\left(\left(\frac{cc \pm c}{2}\right)\sqrt{(cc - aa)}\right)}$

Sed & hæc æquatio ex duabus superioribus elicitur substituendo in priori c pro x, & x pro b, & in secunda a pro x, & x pro b. Quid si problemata generalius proponerentur tanquam theoremata investiganda, & quantitates exponerentur græcis litteris, quibus nullam distinctionis inter datas, & quæsitas, ideam subnectere consuevimus? Proponamus, ex. gr. hoc problema fit. *Quæritur relatio quæ est inter latus, basim trianguli isoscelis, & diametrum circuli circumscripti.*

Sit $AB = \alpha$, $BC = \beta$, $CD = \gamma$, & per superius ratiocinium est $BE = \frac{\beta\beta}{\alpha}$, & $CE = \frac{\gamma}{2}$, quare $\beta\beta$ (BCq) $= \frac{\gamma\gamma}{4} + \frac{\beta^4}{\alpha\alpha}$ ($CEq + EBq$) In hac generalissima æquatione substitue x pro α, si quæras diametrum; pro γ si basim; si demum latus pro β; & reperies superiores æquationes, digito tangens veritatem superioris asserti.

neatur $x = \frac{2bb}{\sqrt{(4bb - aa)}}$ valor de AB, & æquationis $\frac{1}{4}xx + \frac{x^4}{cc} = bb$ alia reductio ut obtineatur $x = \frac{2b}{c}\sqrt{(cc - bb)}$ valor de CD; & æquationis $\frac{1}{4}aa + \frac{x^4}{cc} = xx$ reductio longe alia ut obtineatur $x = \sqrt{((\frac{1}{2}cc \pm \frac{1}{2}c}$ $\sqrt{(cc - aa)}))$ valor de BC vel BD: (perinde ut hæc $\frac{1}{4}aa + \frac{b^4}{cc} = bb$, ad eliciendum c, a, vel b diversis modis reduci debet:) (*h*) sed in harum æquationum inventione nulla fuit diversitas. Et hinc est quod jubent ut nullum inter datas & quæsitas quantitates habeatur discrimen. Nam cum eadem computatio cuique casui datorum & quæsitorum competat, convenit ut sine discrimine concipiantur & conferantur quo rectius judicetur de modis computandi: vel potius convenit ut fingas quæstionem de ejusmodi datis & quæsitis propositam esse per quas arbitreris te posse ad æquationem facillime pervenire.

VI. (*i*) *Proposito igitur aliquo problemate, quantitates quas involvit confer, & nullo inter datas & quæsitas habito discrimine, perpende quomodo aliæ ex aliis dependeant ut cognoscas quænam si assumantur, synthetice gradiendo, dabunt ceteras.* Ad quod faciendum non opus est ut prima fronte de modo cogites quo aliæ ex aliis per calculum algebraicum deduci possint, sed sufficit animadversio generalis quod possint directo nexu quomodocunque deduci. Verbi gratia; si quæstio sit de circuli diametro AD tribusque lineis AB, BC, & CD in semicirculo inscriptis, & ex reliquis datis quæratur BC; primo intuitu manifestum est diametrum AD determinare semicirculum, dein lineas AB & CD per inscriptionem determinare puncta B & C atque adeo quæsitum BC idque nexu maxime directo; & quo pacto tamen BC ex his datis per analysin eruatur non ita manifestum est. Hoc idem quoque de AB vel CD, si ex reliquis datis quæreretur, intelligendum est. Quod si AD ex datis AB, BC, & CD quæreretur, æque patet id non fieri posse synthetice; siquidem punctorum A ac D distantia dependet ex angulis B & C, & illi anguli ex circulo cui datæ lineæ sunt inscribendæ, & ille circulus non datur ignota AD diametro. Rei igitur natura postulat ut AD non syntethice sed ex ejus assumptione quæratur ut ad data fiat regressus. (*k*)

B. I. 7.

VII.

(*h*) Hic Auctori æquatio $\frac{aa}{4} + \frac{b^4}{cc} = bb$ eadem præstat, ac nobis æquatio $\frac{\gamma\gamma}{4} + \frac{\beta^4}{\alpha\alpha} = \beta\beta$.

(*i*) Antequam problema ad æquationem deducendum aggredimur, prænoscendum est unde ratiocinium incipiemus, ne temere per senticosa & invia loca agamur, & deinde quænam recta quæsitæ symbolo sit distinguenda. Probe enim scire debemus quod quæri debeat, & plures sæpe sunt lineæ, quæ, si magnitudine &c. darentur, problema solverent. In hoc labyrintho filus est regula sequens Authoris.

(*k*) Huic regulæ adde has.

1. *Si tales plures adsint ex iis eligi debet ea, cujus valores sunt pauciores.* Æquatio enim inferioris gradus hinc exsurget.

2. Si

VII. [illegible] varios ordines, quibus termini quæstionis sic evolvi possint, perspexeris, *e [illegible] quodlibet adhibe, assumendo lineas tanquam datas, a quibus ad alias facillimus videtur progressus & ad ipsas vicissim difficillimus.* Nam computatio, ut per varia media possit incedere, tamen ab istis lineis initium sumet; ac promptius perficietur fingendo quæstionem ejusmodi esse ac de istis datis & quæsito aliquo ab istis facillime prodituro institueretur, quam de quæstione, prout revera proponitur, cogitando. Sic in exemplo jam allato si ex reliquis datis quæritur AD; cum id synthetice fieri non posse percipiam, sed ab ipso tamen, si modo daretur, discursum ad alia directo nexu incedere, assumo AD tanquam datum & abinde computationem ab assumptis ad ceteras quantitates eo more promovendo quo linearum relationes dirigunt, æquatio tandem inter duos ejusdem alicujus quantitatis valores semper obtinebitur, sive ex valoribus unus sit litera sub initio operis quantitati pro nomine imposita, & alter per computationem inventus, sive uterque per computationem diversimode institutam inveniatur. Tab. I. Fig. 7.

VIII.

2. *Si vero plures sint, quarum valores numero sint æquales, ea sumenda, quæ plures habet æquales magnitudine.*

3. Facilius enim solvuntur æquationes, in [illegible] aliqui valores æquales sunt, ut infra [illegible]; & præterea minus anceps est problematis solutio, & æquatio simplicior. Nam si æquatio duarum dimensionum duos æquales valores habet, ea erit aut non affecta, aut binomii [illegible] quarum radix facilius invenitur, quam [illegible]tionis quadraticæ affectæ, & æquatio [illegible] certe simplicior est.

4. Ad regulas has servandas plurimum conducit perpendere utrum quæsitæ positio varia possit esse; tunc enim duo habentur valores, si ea duos locos occupare potest; tres, si tres locos; &c. *Ex. gr.* in problemate artic. I. quia unum circulum possumus dato triangulo circumscribere, una est diametri magnitudo, id est, x habere nequit duos valores inæquales; & quia una ex legibus æquatione expressis est, quod hæc diameter ad datam chordam normalis est, hæc diameter ad triangulum relata unam habet positionem, sed cum idem triangulum ad contrarias partes verti possit, ut Bcd, & nullo pacto liceat æquatione determinare utrum primum, vel secundum situm obtineat, idcirco x duos valores habere debet, sed æquales, quorum alter negativus, alter positivus; & hoc revera indicat æquatio

$$xx = \frac{4b^4}{4bb - aa},$$ nam extracta radice habetur $$x = \frac{\pm 2bb}{\sqrt{(4bb - aa)}}.$$

Si vero quæratur basis (art. III. hujus): accurate loquendo, basis dimidiata quæritur; nam, ea data, datur tota, tunc autem $\frac{x}{2}$ (EC) habet duos valores æquales; sed alterum positivum, alterum negativum, quod innuitur ab æquatione $\frac{xx}{4} = \frac{bbcc - b^4}{cc}$; nam $\frac{x}{2} = \pm \frac{b}{c} \sqrt{(cc - bb)}$.

Si demum petatur latus, eodem pacto quæritur CB, ac BD, quare jam duos valores æquales habere debet, sed & (juncta AD) est etiam CAD triangulum Isoscele eidem circulo ACBD inscriptum, quare x debet habere quatuor valores, quorum bini sunt æquales, quod reipsa docet æquatio inventa pro hac hypothesi.

Ita pariter in hoc problemate de circuli diametro, & tribus rectis inscriptis; si inscriptæ sint ut in figura, habebitur unus valor diametri, alter si CB sit ubi nunc est BA, & hæc ubi illa, alter si BC veniat in CD, & hæc in BC, quare x habebit tres saltem valores.

5. *Cum vero plures habentur quantitates, quales describuntur in N°. 2. hujus, valores inæquales arte aliqua revocandi sunt ad æqualitatem: aut nova quæsita introducenda in problemate, ita ut hæ inventa dent reliquas.*

Hujus regulæ explicatio, exempla, & usus infra non raro occurrent, & jam supra occurrerunt in prob. I. XIII. &c.

[Left margin, beside note 4:] Tab. I. Fig. 6.

VIII. Ceterum ubi terminos quæstionis sic in genere comperueris, plus artis & inventionis in eo requiritur ut aliter particulares istos nexus sive linearum relationes quæ computationi accommodantur. Nam quæ lectori perpendenti videbantur immediate & relatione proxima connexa, cum illam relationem algebraice designare volumus, circuitum plerumque quoad constructiones schematum de novo moliendas & computationem per gradus promovendam exigunt, quemadmodum de BC ex AD, AB, & CD colligendo constare potest. Per ejusmodi enim propositiones vel enunciationes solummodo gradiendum est quæ aptæ sunt ut terminis algebraicis designentur, quales præsertim ab Axiom. 19, Prop. 4. lib. 6, & Prop. 47. lib. 1. Elem. proveniunt.

IX. *Imprimis* itaque promovetur calculus per additionem vel subductionem linearum, eo ut ex valoribus partium obtineatur valor totius, vel ex valoribus totius & unius partis obtineatur valor alterius.

X. *Secundo* promovetur ex linearum proportionalitate: ponimus enim (ut supra) factum a mediis terminis divisum per alterutrum extremorum esse valorem alterius. Vel, quod perinde est, si valores omnium quatuor proportionalium prius habeantur, ponimus æqualitatem inter factos extremorum & factos mediorum. Linearum vero proportionalitas ex triangulorum similitudine maxime se prodit, quæ cum ex æqualitate angulorum dignoscatur, in iis comparandis Analysta debet esse perspicax, atque adeo non ignorabit Prop. 5, 13, 16, 29, & 32, lib. 1. Prop. 4, 5, 6, 7, & 8, lib. 6. Et Prop. 20., 21, 22, 27 ac 31. lib. 3. Elementorum. Quibus etiam referri potest Prop. 3. lib. 6, ubi ex proportionalitate linearum colligitur angulorum æqualitas & contra. Atque idem aliquando præstant Prop. 35, & 36. lib. 3.

XI. *Tertio* promovetur per additionem vel subductionem quadratorum. In triangulis namque rectangulis addimus quadrata minorum laterum ut obtineatur quadratum maximi, vel a quadrato maximi lateris subducimus quadratum unius e minoribus ut obtineatur quadratum alterius.

XII. Atque his paucis fundamentis (si adnumeretur Prop. 1. lib. 6. Elem, cum de superficiebus agitur, ut & aliquæ propositiones ex lib. 11. & 12. desumptæ cum agitur de solidis,) tota ars analytica quoad Geometriam rectilineam innititur. Quin etiam ad solas linearum ex partibus compositiones & similitudines triangulorum possunt omnes problematum difficultates reduci; adeo ut non opus sit alia theoremata adhibere: quippe quæ omnia in hæc duo resolvi possunt, & proinde solutiones etiam quæ ex istis depromuntur. Inque hujus rei instantiam subjunxi problema de perpendiculo in basem obliquanguli trianguli demittendo sine adjumento Prop. 47. lib. 1. solutum. Etsi vero juvet simplicissima principia a quibus problematum solutiones dependent non ignorasse, & istis solis adhibitis posse

quæ-

quælibet solverent: expeditionis tamen gratia convenit ut non solum Prop. 47. lib. 1. Elem., cujus usus est frequentissimus; sed & alia etiam *theoremata* nonnunquam adhibeantur.

XIII. Quemadmodum si, perpendiculo in basem obliquanguli trianguli demisso, de segmentis basis ad calculum promovendum agatur; ex usu erit scire, quod differentia quadratorum e lateribus æquetur duplo rectangulo sub basi & distantia perpendiculi a medio basis. (*l*)

XIV. Si trianguli alicujus verticalis angulus bisecetur, computationi non solum inserviet quod basis secetur in ratione laterum (*m*), sed etiam quod differentia factorum a lateribus & a segmentis basis æquetur quadrato lineæ bisecantis angulum. (*n*)

XV.

(*l*) Hanc propositionem demonstrat Pappus *Coll. Math. lib.* IV. Prob. 120. Et Commandinus in suo *commentario* ad Pappi *Collect. Mathem. lib.* IV. Prop. 7. Tamen cum non ubique prostet, eam addere libet.

Sit Triangulum quodvis ABC; perpendiculum demissum e vertice B anguli ABC in subjectam basim AC sit BD; & basis AC bisecta sit in E. Centro B, radio BA, laterum minimo describatur circulus occurrens basi AC in F, & lateri BC in G. Quoniam major pars CD æquat semisummam una cum semidifferentia totius, & est CE semisumma; erit ED semidifferentia. Sed CF est differentia inter CD, majorem & DA, vel DF minorem; ergo C F est dupla ipsius DE; & rectangulum FC, AC; DE æquale bis rectangulo [illegible].

Producatur latus CB donec rursus circulo occurrat in H. Rectangulum HCG æquale est rectangulo ACF (36. III. Elem.) & est rectangulum HCG differentia quadratorum CB & BG vel BA (6. II. Elem.) Ergo &c.

(*m*) Euclides 3. VI. hanc propositionem demonstrat quando interior est angulus bisectus. Vera tamen est etiam quando externus angulus bisecatur, & eodem pacto ostenditur.

(*n*) 12. *Si trianguli cujusvis ABC angulus quilibet (vel interior ACB, vel exterior BCE) bisecetur recta CD occurrente basi AB in D, erit differentia inter rectangulum contentum a lateribus AC, CB angulum bisectum comprehendentibus, & illud quod continetur a baseos segmentis AD, DB æqualis quadrato ex CD, recta angulum bipartiente.*

Fiat super AD ad punctum D angulus ADH æqualis angulo ACD, & producatur CH donec lateri AC (producto quatenus opus est) occurrat in H. Angulus AHD æquat angulum ADC (Eucl. 32. I.); adeoque similia sunt triangula ADC, AHD, (Eucl. 4. VI.).

Si nunc bifariam dividitur angulus interior; anguli AHD, DHC, simul sumpti æquantur duobus rectis æqualibus ipsis ADC, CDB simul sumptis (Eucl. 13. I.); demptis ergo æqualibus AHD, ADC, restat DHC angulo CDB par; sed & angulus HCD ipsi DCB est par, ergo angulus HDC æqualis est angulo DBC (Eucl. 32. I.), & similia sunt triangula DHC, CBD; quocirca BC est ad CD ut CD ad CH (Eucl. 4. VI.), & rectangulum sub BC, CH æquale quadrato ex CD (Eucl. 16. VI.); Atqui propter similia triangula CDA, DHA, est CA ad AD, ut AD AH, verum ut CA ad AD, ita CB ad BD (Eucl. 3. VI.), est ideo AD ad AH, ut CB ad BD, atque rectangulum sub AD; BD æquale rectangulo sub AH; CB (Eucl. 16. VI.); quapropter addendo æqualibus æqualia, rectangula sub BC; AH, & sub BC; CH utraque simul (id est rectangulum sub BC; CA (Eucl. 1. II.)) æqualia quadrato ex CD una cum rectangulo sub AD; DB; atque utrinque demto rectangulo sub AD; DB, differentia rectangulorum &c.

Si autem bisecetur angulus exterior; angulus AHD æquat angulum ADC, & ex hypothesi angulus HCD æquat angulum DCB; quam ob rem angulus CDH æquat angulum CBD, & similia sunt triangula BDC, DHC; est itaque HC ad CD, ut CD ad CB, aut rectangulum sub BC; CH æquale est quadrato ex CD. Atqui ob similia triangula ADC; AHD, est AC ad AD, ut AD ad AH; est etiam AC ad AD ut CB ad BD (vide supra), ergo AD ad AH est ut BC ad BD, & rectan-

XV. Si de figuris in circulo inscriptis res est, theorema non raro subveniet quod inscripti cujuslibet quadrilateri factus a diagoniis æquetur summæ factorum a lateribus oppositis. (*o*)

XVI. Et hujusmodi plura inter exercendum observet Analysta, & in penum forte reservet; sed parcius utatur si pari facilitate aut non multo difficilius possit solutionem e simplicioribus computandi principiis extruere. Quamobrem ad tria primo proposita tanquam notiora, simpliciora, magis generalia, pauca, & omnibus tamen sufficientia, animum præsertim advertat, & omnes difficultates ad ea præ ceteris reducere conetur.

XVII. Sed ut hujusmodi theoremata ad solvenda problemata accommodari possint, *schemata* plerumque sunt ultra *construenda*, idque sæpissime producendo aliquas ex lineis donec secent alias, aut sint assignatæ longitudinis; vel ab insigniori quolibet puncto ducendo lineas aliis parallelas aut perpendiculares, vel insigniora puncta conjungendo, ut & aliter nonnunquam construendo, prout exigunt status problematis, & theoremata quæ ad ejus solutionem adhibentur. Quemadmodum si duæ non concurrentes lineæ datos angulos cum tertia quadam efficiant, producimus forte ut concurrentes constituant triangulum cujus anguli & proinde laterum rationes dantur. Vel si quilibet angulus detur, aut sit alicui æqualis, in triangulum sæpe complectimus specie datum, aut alicui simile, idque vel producendo aliquas ex lineis in schemate vel subtensam aliter ducendo. Si triangulum sit obliquangulum, in duo rectangula sæpe resolvimus, demittendo perpendiculum. Si de figuris multilateris agatur, resolvimus in triangula, ducendo lineas diagonales: & sic in ceteris; ad hanc metam semper collimando *ut schema in triangula vel data, vel similia, vel rectangula resolvatur*. Sic, in exemplo proposito, duco diagonium BD, ut trapezium ABCD in duo triangula, ABD rectangulum, & BDC obliquangulum resolvatur. Deinde resolvo triangulum obliquangulum in duo rectangula demittendo perpendiculum a quodlibet ejus angulo B, C, vel D in latus oppositum: quemadmodum a B in CD productum ad E ut huic perpendiculo BE occurrat. Interea vero cum anguli BAD & BCD duos rectos (per 22. III. Elem.) perinde ac BCE & BCD constituant; percipio angulos BAD & BCE æquales esse, adeoque triangula BCE ac DAB similia. Atque ita video computationem (assumendo AD, AB & BC tanquam si CD quæreretur) ad hunc modum institui posse, videlicet AD & AB (propter triangulum AB rectangulum) dant BD: AD, AB, BD & BC (prop- TAB. Fig.

ctangulum sub AD; DB æquale rectangulo sub AH; BC, aut rectangulis sub AC; CB, & sub CH; CB simul (EUCL. I. II.); quare æqualia ex æqualibus auferendo, rectangulum sub AC; CB æquat excessum rectanguli sub AD; DB super quadratum ex DC; addito communi quadrato ex CD, rectangulum sub AC; CB & quadratum ex CD simul, æquantur rectangulo sub AD; DB & ablato hinc inde rectangulo sub AC; CE, quadratum rectæ bisecantis angulum &c.

(*o*) Cujus Theorematis obvia est demonstratio.

TAB. V.

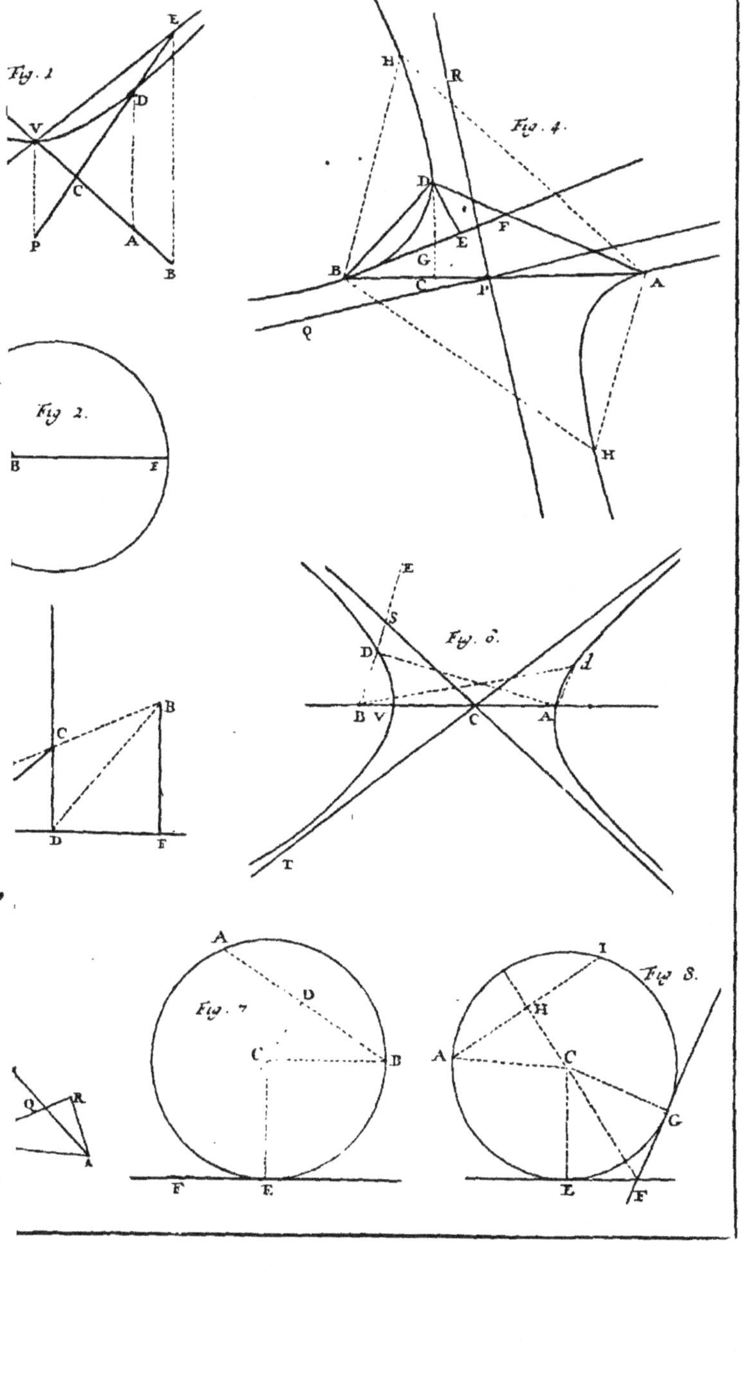
Fig. 1
E
D
V
C
P
A
B
Fig. 4.
H
R
D
E
F
G
B
C
P
A
Q
H
Fig. 2.
B
F
C
B
D
F
E
S
Fig. 6.
D
d
B V
C
A
T
Q
R
A
A
D
Fig. 7
C
B
F
E
I
Fig. 8.
H
A
C
G
E
F

propter similia triangula ABD & CEB) dant BE & CE. BD, BE (propter triangulum BED rectangulum) dant ED; & ED — EC dat CD. Unde obtinebitur æquatio inter valorem de CD sic inventum & literam pro eo suffectam. Possumus etiam (& maximam partem satius est quam opus in serie continuata nimis prosequi), a diversis principiis computationem incipere; aut saltem diversis modis ad eandem quamlibet conclusionem promovere, ut duo tandem obtineantur ejusdem cujusvis quantitatis valores qui æquales ponantur. Sic AD, AB, & BC dant BD, BE, & CE ut prius; deinde CD + CE dat ED; ac denique BD & ED (propter triangulum rectangulum BED) dant BE. Potest etiam computatio hac lege optime institui ut valores quantitatum investigentur quibus alia quæpiam relatio cognita intercedit; & illa deinde relatio æquationem dabit. Sic cum relatio inter lineas BD, DC, BC, & CE ex Prop. 12. lib. 2. Elem. constet; nempe quod sit $BDq - BCq - CDq = 2CD.CE$: quæro BDq ex assumptis AD & AB; ac CE ex assumptis AD, AB, & BC. Et assumendo denique CD facio $BDq - BCq - CDq = 2\,CD.CE$. Ad hos modos & hujusmodi consiliis ductus, de serie analyseos deque schemate propter eam construendo semper debes una prospicere.

XVIII. Ex his, credo, manifestum est quid sibi velint Geometræ cum jubent putes factum esse quod quæris. Nullo enim inter cognitas & incognitas quantitates habito discrimine, quaslibet ad ineundum calculum assumere potes quasi omnes ex prævia solutione fuissent notæ, & non amplius de solutione problematis, sed de probatione solutionis ageretur. Sic in primo ex tribus jam descriptis computandi modis, etsi forte AD revera quæratur, fingo tamen CD quærendum esse, quasi vellem probare an valor ejus ab AD derivatus quadret cum ejus quantitate prius cognita. Sic etiam in duobus posterioribus modis pro meta non propono quantitatem aliquam quærendam esse, sed æquationem e relationibus linearum utcunque eruendam: & in ejus rei gratiam assumo omnes AD, AB, BC, & CD tanquam notas, perinde ac si (quæstione prius soluta) de tentamine jam ageretur an conditionibus ejus hæ probe satisfaciant, quadrando cum quibuslibet æquationibus quas linearum relationes produnt. Opus quidem hac ratione & consiliis prima fronte aggressus sum, sed cum ad æquationem deventum est, sententiam muto, & quantitatem desideratam per istius æquationis reductionem & solutionem quæro. Sic denique plures quantitates tanquam cognitas sæpenumero assumimus quam in statu quæstionis exprimuntur. Hujusque rei insignem in 55° sequentium problematum instantiam videre est, ubi a, b, & c in æquatione $aa + bx + cxx = yy$, pro determinatione Sectionis conicæ assumpsi, ut & alias lineas r, s, t, v de quibus problema, prout proponitur, nihil innuit. Nam quaslibet quantitates assumere licet quarum ope possibile sit ad æquationes pervenire; hoc solum cavendo ut ex illis tot æquationes obtineri possint quot assumptæ sunt quantitates revera incognitæ.

XIX. Postquam de computandi methodo constat & ordinatum schema, quantitatibus quæ computationem ingredientur (hoc est ex quibus assumptis aliarum valores derivandi sunt, donec tandem ad æquationem perveniatur) nomina impone, delegendo quæ problematis omnes conditiones involvunt, & operi præ ceteris accommodatæ videntur, & conclusionem (quantum possis conjicere) simpliciorem reddent, sed non plures tamen quam proposito sufficiunt. Itaque pro quantitatibus, quæ ex aliarum vocabulis facile deduci possint, propria vocabula vix tribuas. Sic ex tota linea & ejus partibus, ex tribus lateribus trianguli rectanguli, & ex tribus vel quatuor proportionalibus unum aliquod, minimum, sine nomine permittere solemus;
I. eo quod valor ejus e reliquorum nominibus facile derivari possit. Quemadmodum in exemplo jam allato, si dicam $AD = x$ & $AB = a$, ipsum BD nulla literà designo, quod sit tertium latus trianguli rectanguli ABD & proinde valeat $\sqrt{(xx - aa)}$. Dein, si dicam $BC = b$, cum triangula DAB & BCE sint similia, & inde lineæ AD . AB :: BC . CE proportionales, quarum tribus AD, AB, & BC imposita sunt nomina; ea propter quartam CE sine nomine permitto, & ejus vice valorem $\frac{ab}{x}$ ex hac proportionalitate detectum usurpo. Atque ita si DC vocetur c, ipsi DE nomen non assigno, quod ex partibus ejus DC & CE, sive c & $\frac{ab}{x}$, valor $c + \frac{ab}{x}$ prodeat.

XX. Ceterum dum de his moneo, problema ad æquationem pene reductum est. Nam, postquam literæ pro speciebus principalium linearum præscriptæ sunt, nihil aliud agendum restat quam ut ex istis speciebus valores aliarum linearum juxta methodum præconceptam eruantur, donec modo quovis proviso in æquationem coeant. Et in hoc casu nihil restare video nisi ut per triangula rectangula BCE & BDE dupliciter eliciam BE. Nempe est

$$BCq - CEq \left(\text{sive } bb - \frac{aabb}{xx}\right) = BEq$$

ut &

$$BDq - DEq \left(\text{sive } xx - aa - cc - \frac{2abc}{x} - \frac{aabb}{xx}\right) = BEq.$$

Et hinc (utrobique deleto $\frac{aabb}{xx}$) æquationem habebo

$$bb = xx - aa - cc - \frac{2abc}{x}.$$

Quæ reducta fit

$$x^3 = \begin{matrix} +aa \\ +bb \\ +cc \end{matrix}\, x + 2abc.$$

XXI. Cum vero de solutione problematis hujus plures modos, etsi non multum dissimiles, in præcedentibus recensuerim, quorum iste de Prop. 12. Lib. 4. Elem. desumptus sit ceteris quodammodo concinnior; eundem placet etiam subjungere. Sit itaque AD $= x$, AB $= a$, BC $= b$, & CD $= c$, eritque BDq $= xx - aa$, & CE $= \frac{ab}{x}$ ut prius. Hisce dein speciebus in theorema BDq — BCq — CDq $=$ 2CD.CE substitutis orietur $xx - aa - bb - cc = \frac{2abc}{x}$; & facta reductione

$$x^3 = \begin{array}{l} +aa \\ +bb \\ +cc \end{array} x + 2abc.$$ Ut ante.

Sed ut pateat quanta sit in solutionum inventione varietas, & proinde quod in eas incidere prudenti Geometræ non sit admodum difficile, visum fuit plures adhuc modos hoc idem perficiendi docere. Atque quidem ducto diagonio BD vice perpendiculi BE a puncto B in latus DC supra demissi, demittatur perpendiculum a puncto D in latus BC vel a puncto C in latus BD, quo obliquangulum triangulum BCD in duo rectangula utcunque resolvatur, iisdem ferme, quas jam descripsi methodis, ad æquationem pervenire licet. Sunt & alii modi ab illis satis differentes.

XXII. Quemadmodum si diagonii duo AC & BD ducantur, dabitur BD ex assumptis AD & AB; ut & AC ex assumptis AD & CD, deinde per notum theorema de figuris quadrilateris in circulo inscriptis, nempe quod sit AD.BC + AB.CD = AC.BD obtinebitur æquatio. Stantibus itaque linearum AD, AB, BC, CD vocabulis x, a, b, c; erit BD $= \sqrt{(xx - aa)}$, & AC $= \sqrt{(xx - cc)}$ per 47. 1. Elem. Et his linearum speciebus in theorema jam recensitum substitutis, exibit Tab. I. Fig. 9.

$$xb + ac = \sqrt{(xx - cc)} . \sqrt{(xx - aa)}.$$

Cujus æquationis partibus denique quadratis & reductis obtinebitur iterum

$$x^3 = \begin{array}{l} +aa \\ +bb \\ +cc \end{array} x + 2abc.$$

XXIII. Ceterum ut pateat etiam quo pacto solutiones ex isto theoremate petitæ possint inde ad solas triangulorum similitudines redigi; erigatur BH ipsi BC perpendicularis & occurrens AC in H, & fient triangula BCH, BDA similia, propter angulos ad B rectos, & ad C ac D (per 21. 3. Elem.) æquales; ut & triangula BCD, BHA similia, propter æquales angulos tum ad B (ut pateat demendo communem angulum DBH a duobus rectis,) tum ad D ac A (per 21. 3. Elem.) Videre est itaque quod

quod ex proportionalitate BD. AD :: BC. HC detur HC; ut & AH ex proportionalitate BD. CD :: AB. AH.* Unde cum sit AH + HC = AC; habebitur æquatio. Stantibus ergo præfatis linearum vocabulis x, a, b, c, nec non ipsarum AC & BD valoribus $\sqrt{(xx - cc)}$ & $\sqrt{(xx - aa)}$; prima proportionalitas dabit $HC = \frac{bx}{\sqrt{(xx - aa)}}$, & secunda dabit $AH = \frac{ac}{\sqrt{(xx - aa)}}$. Unde propter AH + HC = AC erit $\frac{bx + ac}{\sqrt{(xx - aa)}} = \sqrt{(xx - cc)}$; æquatio quæ (multiplicando per $\sqrt{(xx - aa)}$ & quadrando) reducetur ad formam in præcedentibus sæpius descriptam.

Tab. I. Fig. 10. XXIV. Adhæc ut magis pateat quanta sit solvendi copia; producantur BC & AD donec conveniant in F, & fient triangula ABF & CDF similia, quippe quorum angulus ad F communis est, & anguli ABF & CDF (dum complent angulum CDA ad duos rectos per 13. 1. & 22. 3. Elem.) æquales. Quamobrem si præter quatuor terminos de quibus instituitur quæstio, daretur AF, proportio AB. AF :: CD. CF daret CF. Item AF − AD daret DF, & proportio CD. DF :: AB. BF daret BF; unde (cum sit BF − CF = BC) emergeret æquatio. Sed cum duæ quantitates incognitæ AD ac DF tanquam datæ assumantur; restat alia æquatio invenienda. Demitto ergo BG in AF ad rectos angulos, & proportio AD. AB :: AB. AG dabit AG; quo habito, theorema e 13. 2. Elem. petitum, nempe quod sit BFq + 2FAG = ABq + AFq, dabit æquationem alteram. Stantibus ergo a, b, c, x ut prius, & dicto AF $= y$: erit (insistendo vestigiis theoriæ jam excogitatæ) $\frac{cy}{a} = CF$. $y - x = DF$. $\frac{(y - x)a}{c} = BF$. Indeque $\frac{(y - x)a}{c} - \frac{yc}{a} = b$, æquatio prima. Erit etiam $\frac{aa}{x} = AG$, adeoque $\frac{aayy - 2aaxy + aaxx}{cc} + \frac{2aay}{x} = aa + yy$, æquatio secunda.

Quæ duæ per reductionem dabunt æquationem desideratam. Nempe valor ipsius y per æquationem priorem inventus est $\frac{abc + aax}{aa - cc}$, qui in secundam substitutus, dabit æquationem ex qua recte disposita fiet

$$x^3 = \begin{matrix} + aa \\ + bb \\ + cc \end{matrix} x + 2abc \text{, ut ante } (p).$$

XXV.

* Fac æquales angulos ABC; HBC; ex his proportionibus elice rectangula æqualia, & habebis demonstratum ipsum theorema de quadrilateris &c.

(p) Nam æquatio $\frac{aayy - 2aaxy + aaxx}{cc} + \frac{2aay}{x} = aa + yy$ multiplicata per cc, & per x, dat $aayyx - 2aaxxy + aax^3 + 2aaccy = aaccx + ccyyx$; & omnibus membris in eandem partem collatis, ut, summa fiat $= 0$, ac dispositis juxta dimensionem y, habemus $yyaax - yyccx - 2aaxxy + 2aaccy + aax^3 - aaccx = 0$, id est $yy\,(aax - ccx) - y\,(2aaxx - 2aacc) + aax^3 - aaccx = 0$. & substituendo pro yy, & $- y$ valores

XXV. Utique [illegible] si AB ac DC producantur donec sibi mutuo occurrant, solutio h[illegible] habebit, nisi forte futura sit paulo facilior. Quare [illegible] hujus specimen e fonte multum dissimili petitum potius subjungam, quærendo nempe aream quadrilateri propositi, idque dupliciter. Duco igitur diagonium BD ut in duo triangula quadrilaterum resolvatur. Dein usurpatis linearum vocabulis x, a, b, c, ut ante, invenio BD $= \sqrt{(xx - aa)}$ indeque $\frac{1}{2}a\sqrt{(xx - aa)}$ ($= \frac{1}{2}$ AB.BD) aream trianguli ABD. Porro demisso BE perpendiculariter in CD, erit (propter similia triangula ABD, BCE) AD. BD : : BC, BE, & proinde BE $= \frac{b}{x}\sqrt{(xx - aa)}$. Quare etiam $\frac{bc}{2x}\sqrt{(xx - aa)}$ ($= \frac{1}{2}$ CD.BE) erit area trianguli BCD. Hasce jam areas addendo orietur $\left(\frac{ax + bc}{2x}\right)\sqrt{(xx - aa)}$ area totius quadrilateri. Non secus dicendo diagonium AC & quærendo areas triangulorum ACD & ACB, easque addendo, rursus obtinebitur area quadrilateri $\left(\frac{cx + ba}{2x}\right)\sqrt{(xx - cc)}$. Quare ponendo hasce areas æquales & utrasque multiplicando per $2x$, habebitur $(ax + bc)\sqrt{(xx - aa)} = (cx + ba)\sqrt{(xx - cc)}$, æquatio, quæ quadrando ac dividendo per $aax - ccx$, redigetur ad formam sæpius inventam

$$x^3 = \begin{array}{l} + aa \\ + bb \\ + cc \end{array} x + 2abc.$$

XXVI. Ex his constare potest quanta sit solvendi copia & obiter quod aliqui modi sint aliis multo concinniores. Quapropter si in primas de solutione problematis alicujus cogitationes modus computationi male accommodatus inciderit, relationes linearum iterum evolvendæ sunt donec modum, quam poteris, idoneum & elegantem machinatus fueris. Nam, quæ leviori curæ se offerunt, laborem satis molestum plerumque parient si ad opus adhibeantur. Sic in problemate de quo agitur, nil difficilius foret in sequentem modum, quam in aliquem e præcedentibus incidere. Demissis nempe BP & CS ad AD normalibus, ut & CT ad BP, figura resolvetur in triangula rectangula. Et videre est quod AD & AB dant AP; AD & CD dant SD: AD — AP — SD dat PS vel TC, & BP — TP dat Tab. I. Fig. 11.

$\frac{aabbcc + 2a^3bcx + a^4xx}{(aa - cc)(aa - cc)}$, & $-\frac{abc - aax}{aa - cc}$, erit $\frac{aabbccx + 2a^3bcxx + a^4x^3 - 2a^3bcxx}{aa - cc}$ $\frac{-2a^4x^3 + 2a^3bc^3 + 2a^4ccx}{aa - cc} + aax^3 - aaccx = 0$; & deletis delendis, ac sublata fractione, $aabbccx - a^4x^3 + 2a^3bc^3 + 2a^4ccx + a^4x^3 - aaccx^3 - a^4ccx + aac^4x = 0$; rursus deletis delendis, cunctis per $aacc$ divisis, ac transposito $-x^3$, erit Auctoris æquatio.

dat BT. Denique BT ac TC dant BC, unde obtinebitur æquatio. Si quis autem hoc modo computationem aggressus fuerit, in terminos algebraicos profusiores quam sunt ulli præcedentium incidet, & in finalem æquationem ægrius reducibiles. (q)

Et

(q) Rationes libet subducere ob singularem observationem, cui viam faciunt. Sit, ut prius, AD $= x$; AB $= a$; BC $= b$; CD $= c$. Erit, DA (x). AB (a) :: AB (a). AP $= \frac{aa}{x}$; & AD (x). DC (c). DC (c). DS $= \frac{cc}{x}$ per Eucl. 8. VI. si enim jungerentur BD, & CA, triangula ABD, ACD essent rectangula.

Igitur

$$PS = DA - AP - SD = x - \frac{aa - cc}{x}$$

$$= \frac{xx - aa - cc}{x} = TC.$$

Nunc

$$BP = \sqrt{(BA^2 - AP^2)} = \sqrt{(aa - \frac{a^4}{xx})}$$

Et

$$CS = \sqrt{(CD^2 - DS^2)} = \sqrt{(cc - \frac{c^4}{xx})} = TP.$$

Quare

$$BT = BP - PT = \sqrt{(aa - \frac{a^4}{xx})} - \sqrt{(cc - \frac{c^4}{xx})}$$

Est autem

$$BC^2 = CT^2 + TB^2$$

Ergo

$$bb = \frac{x^4 - 2aaxx - 2ccxx + a^4 + 2aacc + c^4}{xx}$$
$$+ aa - \frac{a^4}{xx}$$
$$- 2\sqrt{(aacc - \frac{aac^4 - cca^4}{xx} + \frac{a^4c^4}{x^4})} + cc - \frac{c^4}{xx}$$

atque, omnibus ductis in xx ac deletis delendis, & quadrando

$$4aaccx^4 \begin{array}{l} - 4aac^4 \\ - 4a^4cc \end{array} xx + 4a^4c^4 =$$

$$x^8 \begin{array}{l} -2aa \\ -2cc \\ -2bb \end{array} x^6 \begin{array}{l} +6aacc \\ +2aabb \\ +a^4 \\ +c^4 \\ +2bbcc \\ +b^4 \end{array} x^4 \begin{array}{l} -4a^4cc \\ -4aac^4 \\ -4aabbcc \end{array} x^2 + 4a^4c^4$$

ac, deletis delendis & cunctis per xx divisis,

$$x^6 \begin{array}{l} -2aa \\ -2bb \\ -2cc \end{array} x^4 \begin{array}{l} +a^4 \\ +b^4 \\ +c^4 \\ +2aabb \\ +2aacc \\ +2bbcc \end{array} x^2 - 4aabbcc = 0,$$

quæ æquatio divisa per

$$x^3 \begin{array}{l} -a^2 \\ -b^2 \\ -c^2 \end{array} x + 2abc = 0, \text{ dat } x^3 \begin{array}{l} -a^2 \\ -b^2 \\ -c^2 \end{array} x - 2abc = 0$$

ut antè.

Sed, cur hæc analysis dat æquationem sex dimensionum, & quid sibi vult ille divisor trium dimensionum? Dicam.

Super diametro AD quæsita potest ex reliquis datis rectis describi aliud quadrilateri genus, ADCBA, in quo si tentetur æquatio Art. XX. hujus, omnia, quæ ibi invenimus, se huic quadrilatero aptare comperiemus præter perpendicularem BE, quæ in Fig. 8. Tab. 1. extra quadrilaterum cadere debet, quia angulus BCD, insistens arcui semicirculum superanti arcu AB, est obtusus, & perpendicularis cadere debet intra crura anguli acuti. Sed in hac nostra figura, anguli BCD, BDC, insistentes arcui minori quam semicirculus est, sunt acuti, & perpendicularis BE intra quadrilaterum cadere debet. Hinc sequitur quod recta DE, quæ apud Auctorem æquat $c + \frac{ab}{x}$, apud nos fit $c - \frac{ab}{x}$, & rectangulum ab habere debent apud Auctorem & apud nos contraria signa. Hoc rectangulum invenitur in ultimo termino, & est negativum apud Newtonum, ergo nobis debet esse positivum, ut in divisore est.

Idem accidit in solutione Art. XXI. hujus. Ibi reperit Auctor $DB^2 - BC^2 - CD^2 = 2DC \cdot CE$, quia scilicet angulus DCB illi obtusus est; nos autem reperiemus $DB^2 - BC^2 - CD^2 = -2DC \cdot CE$, quia nobis angulus DCB est acutus.

Pariter in solutione Art. XXII; quia rectæ AB, CD, sunt Auctori latera quadrilateri; inve-

Et hæc de solutione problematum in rectilinea Geometria; nisi forte operæ pretium fuerit annotasse præterea quod, cum anguli, sive positiones linearum per angulos expressæ, statum quæstiones ingrediuntur, angulorum vice debent adhiberi lineæ aut linearum proportiones, tales nempe quæ

venit ille $bx + ac = \sqrt{(xx - cc)}\sqrt{(xx - aa)}$: &, quia rectæ AB, CD sunt nobis diagonales, habebimus, non, AD . BC + AB . CD = AC . BD, ut NEWTONUS, sed AD . BC + AC . BD = AB . CD, aut $bx + \sqrt{(xx - cc)}\sqrt{(xx - aa)} = ac$ vel $\sqrt{(x^4 - aaxx - ccxx + aacc)} = ac - bx$, quas quantitates si quadres, in hac postrema invenies $-2abcx$, quod rectangulum NEWTONO erat $+2abcx$, & hinc eadem conficientur quæ supra.

Eodem pacto, solutio Art. XXIII. nostro quadrilatero accommodata, habebit perpendicularem BH occurrentem ipsi AC extra quadrilaterum, qui occursus intra quadrilaterum fieri debet in hypothesi Auctoris. Cum enim in ejus figura, sit angulus ACB acutus, & rectæ AB, AC conveniant, debent anguli ABC, BCA esse minores duobus rectis, (EUCL. 32 I.) Ergo, fortius, angulus rectus HBC, & idem acutus BCA duobus rectis erunt minores, & ideo rectæ BH, CA intra quadrilaterum concurrent, (EUCL. Ax. 11.) At in nostra figura, angulus ACB est obtusus, qui cum recto, (quem faceres ducendo ad CB perpendicularem ad punctum B) superaret duos rectos. Quapropter rectæ concurrent extra quadrilaterum. Idcirco erit AH — HC = AC $= \frac{ac - bx}{\sqrt{(xx - aa)}}$ recta quæ NEWTONO erat AH + HC = AC $= \frac{ac + bx}{\sqrt{(xx - aa)}}$; unde constat quod, si æquationem formes & partes quadres, invenies $-2abcx$ rectangulum, quod Auctor invenit $+2abcx$. Sunt autem, nobis etiam, similia Triangula CBH, DBA; Nam quia angulus HCD est rectus, & anguli HCB, BHC æquant rectum, dempto communi HCB, erit BCD (vel æqualis BAD) æqualis CHB, & præterea anguli CBH, ABD sunt recti, ergo &c. Similia quoque sunt Triangula ABH, BCD; nam, præter angulos HAB, CDB æquales, æquales habent etiam angulos ABH, CBD, quorum quisque constat ex recto & ex communi CBA.

Sed in solutione Art. XXIV; rectæ BC, AD possunt convenire ad partes punctorum B, D. Tunc BC = CF — EB $= \frac{cy}{a} - \frac{ay + ax}{c} = b$ unde fit $\frac{[\text{illegible}]\, abc}{a^2 - c^2} = y$; cujus valor erat in hypothesi *Newtoniana* $\frac{aax + abc}{aa - cc}$; unde signum ipsius abc debet esse nobis contrarium signo, quod habet in æquatione Auctoris.

Si vero rectæ BC, AD conveniant ad partes punctorum A, C; valor ipsius y idem nobis erit ac NEWTONO, sed rectangulum FAG nobis erit negativum, quia angulus FAB est obtusus, & ideo (EUCL. 12. II.) $BF^2 = FA^2 + AB^2 + 2FAG$; aut $BF^2 - 2FAG = FA^2 + AB^2$; sed $2FAG = \frac{2a^2y}{x} = \frac{2aa}{x}\frac{(abc + aax)}{aa - cc}$, & rursus signum ipsius abc in una hypothesi contrarium erit signo ejusdem quatitatis in altera. TAB. B. Fig. 4.

Demum solutio Art. XXV. paulo difficilius, ut videtur, potest aptari nostræ hypothesi, idcirco libet eam diligentius prosequi.

Et primo quidem, cum in figura Auctoris, anguli BCD, CBA sint obtusi, perpendiculares a verticibus B, C actæ in opposita latera DC, AB, debent cadere extra quadrilaterum. Sed in figura nostra, quia iidem anguli BCD, CBA sunt acuti, ut & oppositi BDC, BAC, perpendiculares actæ a verticibus B & C in opposita latera CD, BA debent cadere intra quadrilaterum. TAB. I. Fig. 10. TAB. B. Fig. 5.

Præterea, in Auctoris figura, triangula ABD, DCB simul sumpta quadrilaterum conficiunt, ut & triangula ACD, CBA. In nostra vero eadem triangula ABD, DCB simul sumpta quadrilaterum AIBCIDA superant bis triangulo BID; & triangula CAD, CBA simul sumpta quadrilaterum superant bis triangulo CIA, & ideo illorum summa non æquat summam horum. Si autem ex triangulo ABD aufers triangulum CBD, supererit differentia triangulorum AID, CIB; & si ex triangulo ACD aufers triangulum CBA, supererit differentia eorundem triangulorum AID, CIB, quæ differentiæ sunt æquales. Igitur poni debet

$$(ax - bc)\sqrt{(xx - aa)} = (cx - ab)\sqrt{(xx - cc)}$$

unde, (quadrando, delendo contraria, & dividendo per x,) fiet.

$$\left.\begin{matrix} a^2 \\ - c^2 \end{matrix}\right\} x^3 \left.\begin{matrix} - a^4 \\ + c^4 \\ - a^2b^2 \\ + b^2c^2 \end{matrix}\right\} x \begin{matrix} + 2a^3bc \\ - 2abc^3 \end{matrix} = 0$$

quæ

quæ ab angulis datis possunt per calculum trigonometricum derivari, aut a quibus inventis anguli quæsiti per eundem calculum prodeunt; hoc est quæ se mutuo determinant: cujus rei plures instantias videre est in sequentibus.

XXVII. Quod ad Geometriam circa lineas curvas attinet, illæ designari solent vel describendo eas per motum localem rectarum, vel adhibendo æquationes indefinite exprimentes relationem rectarum certa aliqua lege dispositarum & ad curvas desinentium. Idem fecerunt Veteres per sectiones solidorum, sed minus commode. Computationes vero, quæ curvas primo modo descriptas respiciunt, haud secus quam in præcedentibus peraguntur. Quemadmodum si AKC sit curva linea descripta per K verticale punctum normæ AKϕ, cujus unum crus AK per punctum A positione datum libere dilabitur, dum alterum Kϕ datæ longitudinis super rectam AD positione datam promovetur, & quæratur punctum C in quo recta quævis CD positione data hanc curvam secabit, duco rectas ACF, quæ normam in positione quæsita referant, & relatione linearum (sine aliquo dati & quæsiti discrimine aut respectu ad curvam) considerata, percipio dependentiam ceterarum a CF & quamlibet harum quatuor BC, BF, AF & AC syntheticam esse, quarum duas itaque, ut CF $= a$ & CB $= x$, assumo, & inde computum ordiendo statim lucratus sum BF $= \sqrt{(aa - xx)}$ & AB $= \frac{xx}{\sqrt{(aa - xx)}}$ propter angulum rectum CBF, lineasque BF. BC : : BC. AB continue proportionales. Porro, ex data positione CD, datur AD, quam itaque dico b; datur etiam ratio BC ad BD, quam pono d ad e, & fit BD $= \frac{ex}{d}$, & AB $= b - \frac{ex}{d}$. Est ergo $b - \frac{ex}{d} = \frac{xx}{\sqrt{(aa - xx)}}$, æquatio quæ (quadrando partes & multiplicando per $aa - xx$ &c.) reducetur ad hanc formam.

Tab. I. Fig. 12.

$x^4 =$

quæ divisa per $a^2 - c^2$ dat

$$x^3 \begin{matrix} - a^2 \\ - c^2 \\ - b^2 \end{matrix} x + 2abc = 0.$$

in qua rursus signum facti $2abc$ nobis contrarium illo est, quod Newtonus invenit. Constat igitur, quod harum solutionum nulla potest nostræ hypothesi aptari, quin mutationem subeat, ex qua signum ipsius $2abc$ ex negativo fit positivum.

Tab. B. Fig. 6.

Sed ultima hæc solutio Art. XXVI. utrique hypothesi aptatur hac unica mutatione quod SP æquat non, ut in Auctore, AD — AP — SD, sed AP + SD — AD. Nam AP + DS = AS + 2SP + PD, & AD = AS + SP + PD, ergo, auferendo hanc ex illa, AP + DS — AD = SP $= \frac{a^2 + c^2 - x^2}{x}$, quæ si quadretur dabit quadratum superius, nam quantitatum oppositarum eadem sunt quadrata.

Cum igitur reliqua restent, & hæc mutatio quadratum a quantitate mutata oriundum idem relinquat, patet eandem prorsus futuram æquationem hinc exsurgentem, quæ ideo ambas hypotheses debet complecti.

15. Ceterum, hæc ultima æquatio, cum ad unam hypothesim non sit coarctata, perfectior est censenda: & quando docetur æquationum idem problema solventium perfectissimam esse simplicissimam, intelligendum est hoc præceptum de iis, quæ omnes hypotheses, seu, ut vocant, *casus* problematis complectuntur.

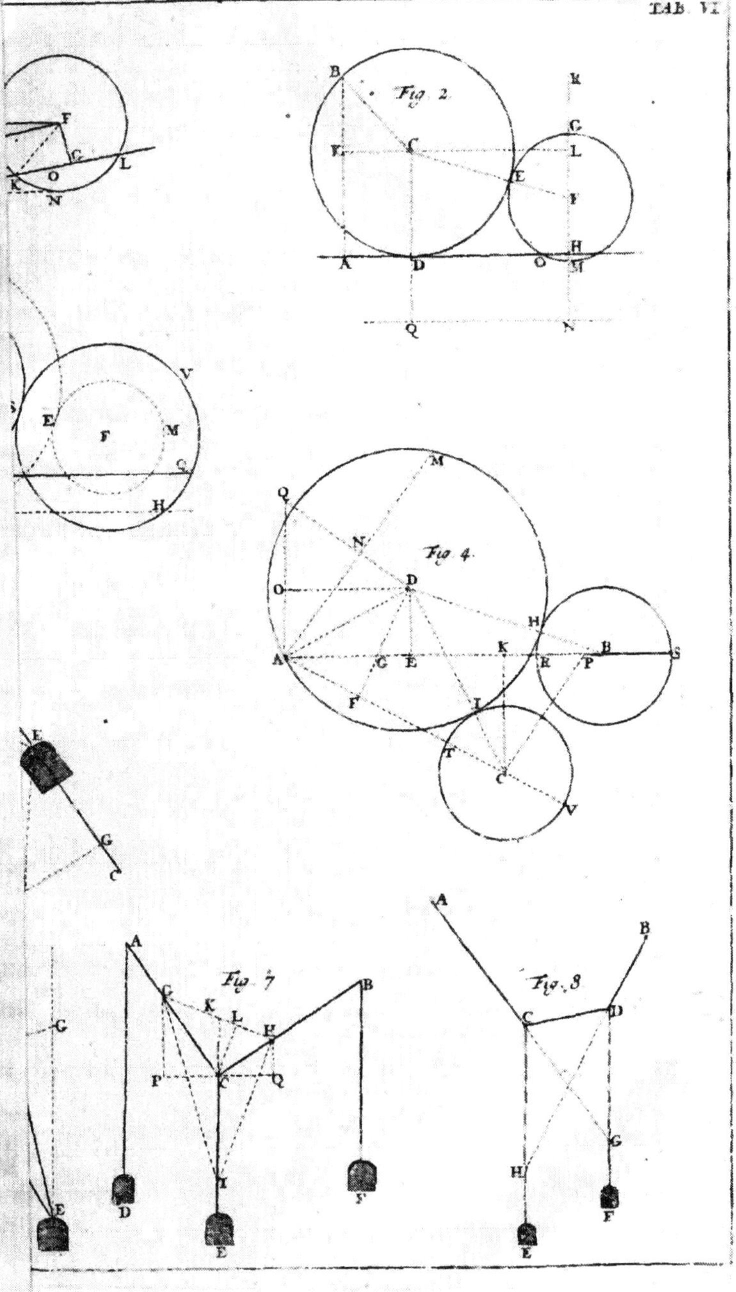
Fig. 2
Fig. 4
Fig. 7
Fig. 8

$$x^4 = \frac{2bdex^3 \begin{array}{l}-bbdd\\+aaee\end{array} xx - 2aabdex + aabbdd}{dd+ee}$$

Hinc demum e datis a, b, d & e erui debet x per regulas post tradendas, & intervallo isto x sive BC acta ipsi AD parallela recta secabit CD in quæsito puncto C.

XXVIII. Quod si, non descriptiones geometricæ, sed æquationes pro curvis lineis designandis adhibeantur, computationes eo pacto faciliores & breviores evadent, in quantum ejusmodi æquationes ipsis lucro cedunt. Quemadmodum, si datæ ellipseos ACE intersectio C cum recta CD positione data quæratur; pro ellipsi designanda sumo notam aliquam æquationem ei propriam, ut $rx - \frac{r}{q}xx = yy$, ubi x indefinite ponitur pro qualibet axis parte Ab vel AB & y pro perpendiculo bc vel BC ad curvam terminato; r vero & q dantur ex data specie ellipsis. Cum itaque CD positione detur, dabitur & AD, quam dic a; & erit BD $a - x$: dabitur etiam angulus ADC, & inde ratio BD ad BC, quam dic 1 ad e, & erit BC (y) $= ea - ex$, cujus quadratum Tab. I. Fig. 13.

$$eeaa - 2eeax + eexx \text{ æquabitur } rx - \frac{r}{q}xx.$$

indeque per reductionem orietur,

$$xx = \frac{2aeex + rx - aaee}{ee + \frac{r}{q}}, \text{ seu } x = \frac{aee + \frac{1}{2}r \pm e\sqrt{(ar + \frac{rr}{4ee} - \frac{aar}{q})}}{ee + \frac{r}{q}}$$

Quin etiam, etsi curva per descriptionem geometricam vel per sectionem solidi designetur, potest tamen inde æquatio obtineri quæ naturam curvæ definiet, adeoque huc omnes problematum, quæ circa eam proponuntur, difficultates reduci.

Sic in exemplo priori si AB dicatur x & BC y, tertia proportionalis BF erit $\frac{yy}{x}$, cujus quadratum una cum quadrato BC æquatur CFq, hoc est $\frac{y^4}{xx} + yy = aa$; sive $y^4 + xxyy = aaxx$. Estque hæc æquatio qua curvæ ABC unumquodque punctum C unicuique basis longitudini AB congruens (adeoque ipsa curva) definitur, & e qua proinde solutiones problematum, quæ de hac curva proponuntur, petere liceat.

Ad eundem fere modum cum curva non datur specie sed determinanda proponitur, possis pro arbitrio æquationem [illegible]gere quæ naturam ejus generaliter contineat; & hanc pro ea designanda, tanquam si daretur, assumere ut ex ejus assumptione quomodocunque perveniatur ad æquationes ex quibus assumpta tandem determinentur: cujus rei exempla habes in nonnullis sequentium problematum, quæ in pleniorem illustrationem hujus doctrinæ & exercitium discentium congessi, quæque jam pergo tradere. (r)

CAPUT

(r) Hactenus quidem de problematis ad æquationem revocandis. Nunc pauca dicenda sunt de æquationum constructionibus.

16. Probe observandum est dari aliqua problemata, in quibus de lineis & figuris quidem agitur; sed algebraica unius expressio respectu alterius quæritur; & aliqua in quibus ratio aliquid geometrice efficiendi investigatur.

17. Prioribus omnino satisfactum est inventa expressione quæ poscebatur.

18. In aliis autem etiam requiritur effectio geometrica, seu constructio.

19. Per problematis constructionem intelligitur inventio puncti, aut lineæ quæsitæ, problemati respondentis, aut illud solventis.

20. Quod sic fit in problematis unius aut duarum dimensionum. Invento quæsitæ valore, inveniendæ sunt rectæ, quæ respondent datis quantitatibus simplicibus, quarum aggregatum, aut differentia æquivalent quæsitæ. Hæ rectæ, per additionem aut subtractionem, quæque per proprium signum, omnes jungendæ sunt, & sic problema est constructum.

21. Omnis fractio ($\frac{ac}{b}$) indicat inventionem quartæ proportionalis post tres datas, quarum prima est denominator, secunda unus ex factoribus numeratoris, tertia vero alter, quod fit per Eucl. 11. VI.

22. Cum vero numerator habet plus quam duas dimensiones, & denominator plus quam unam, hæc operatio repetenda est; sic recta $\frac{abcef}{ghlm}$ invenitur per has analogias $g.\ a :: b,\ n = \frac{ab}{g}$ (Eucl. 15. VI.), quare $\frac{abcef}{ghlm}$ fit $\frac{cefn}{hlm}$, & deinde $h.\ c :: e.\ p = \frac{ce}{h}$ unde habetur $\frac{cefn}{hlm} = \frac{fnp}{lm}$, & rursus $l.\ f :: n.\ q = \frac{fn}{l}$, ac $\frac{fnp}{lm} = \frac{pq}{m}$, & denique $m.\ p :: q.\ r = \frac{pq}{m} =$ datæ fractioni $\frac{abcef}{ghlm}$.

23. Omnis radix quadrata indicat lineam quæsitam esse mediam proportionalem inter duos factores quantitatis sub signo positæ, & hæc media reperitur per Eucl. 13. VI. Sic $\sqrt{3aa}$ invenitur quærendo mediam inter $3a$, & a, ac $\sqrt{\frac{3bc}{4}}$ est media inter $\frac{3b}{2}$ & $\frac{c}{2}$ aut $3b$, & $\frac{c}{4}$, aut $\frac{3b}{4}$, & c, aut b, & $\frac{3c}{4}$ &c.

24. Si vero quantitas sub signo sit complexa, hæc in lineis exhiberi potest per similem mediæ inventionem, quando quantitas sub signo tota per eandem dividitur, aut semper per hypothenusam, aut latus trianguli rectanguli. Per hypothenusam inquam, ubi quantitas complexa est aggregatum ex simplicibus, ubi vero est differentia, per latus. Hoc pacto $\sqrt{(al + ac)}$ exhiberi potest, aut quærendo mediam inter a, & $b + c$, nam hujus mediæ quadratum æquabit rectangulum ex illis (Eucl. 16. VI.), aut inveniendo mediam inter a; b & a; c, & his lineis efficiendo angulum rectum, nam hujus trianguli hypothenusa erit radix quæsita, ut facile deducitur ex Eucl. 47. I.

Haud aliter $\sqrt{(aa - bb)}$ invenitur quærendo mediam inter $a + b$, & $a - b$, aut latus trianguli rectanguli, cujus hypothenusa a sit radix quadrati positivi aa, & latus unum sit b radix quadrati negativi $-bb$, quod efficitur describendo semi-circulo ACB super diametrum AB $= a$, & ei inscripta recta BC $= b$ Fig. (Eucl. 1. IV.) ex altera diametri extremitate B, & juncta AC, quæ est radix quæsita, (Eucl. 47. I.) & sic de ceteris.

25. His recte intellectis. Quantitates ex his compositæ facile reperientur [illegible] $\sqrt{(ff - gg)}$ obtinebitur, inventa recta $= \sqrt{ff - gg}$) (No. 44. hujus) [illegible] $= \frac{[illegible]}{b}$.

Et hæc quidem sunt regulæ generales; at non raro

CAPUT SECUNDUM.

PROB. I.

Data recta terminata BC, a cujus extremitatibus duæ rectæ BA, CA, ducuntur in datis angulis ABC, ACB: invenire AD altitudinem concursus A supra datam BC. (a)

XXVIII. Sit $BC = a$, & $AD = y$; & cum angulus ABD detur, dabitur (ex tabula sinuum & tangentium) ratio inter lineas AD & BD quam pone ut d ad e. Est ergo $d . e :: AD (y) BD$. Quare $BD = \frac{ey}{d}$. Similiter propter datum angulum ACD dabitur ratio inter AD ac DC quam pone ut d ad f & erit $DC = \frac{fy}{d}$. At $BD + DC = BC$, hoc est $\frac{ey}{d} + \frac{fy}{d} = a$. Quæ reducta, multiplicando utramque partem æquationis per d, ac dividendo per $e + f$ evadit $y = \frac{ad}{e+f}$. Tab. I. Fig. 14.

PROB.

[illegible] particularis quædam ratio ministrat simpliciores rectarum inventiones & problematum constructiones, cui rei experientia magis & ingenium, quam regulæ, conducunt.

Nam *vires omnes in id intendendæ sunt, ut propositum, quam simplicius fieri possit, obtineatur.*

Sic, ubi expressio algebraica solum quæritur, [illegible] simplicior illa est, eo melior: ubi vero [illegible] constructionem progrediendum est, æquatio [illegible] facienda non est illa, quæ simplicior [illegible] paucioribus terminis constat, sed illa, quæ faciliorem constructionem habet; atque hæc longe est illi præferenda, ubi simul & æquationis simplicitatem & constructionis facilitatem nancisci non possumus.

(a) In hoc problemate quæritur ratio exprimendi [illegible] per literas aut per numeros, nam punctum concursus geometrice datur. Summa enim angulorum trianguli datur; & dantur anguli ABC, ACB seorsim; ergo & eorum summa (3. *dat.*) [illegible] & angulus BAC (4. *dat.*); Igitur singuli anguli dantur in triangulo ABC, & ideo triangulum specie datur (40. *dat.*); sed recta BC datur magnitudine, triangulum ABC datur etiam magnitudine (52. *dat.*); quapropter & ejus latera AB, AC magnitudine dantur, atque ideo punctum A (25. *dat.*). &c.

Hoc problema sic potest trigonometrice enunciari.

Dato latere trianguli, & angulis supra illud constitutis, quæritur distantia puncti A a recta BC.

Si centro A, radio AD describatur circulus; erit BC tangens; quare BD tangens anguli BAD, qui datur, quia est dati complementum ad rectum. Item DC est tangens anguli dati: & BC summa tangentium eorum angulorum ad radium DA; & tabulæ, datis angulis, dant tangentes; ergo, si ambo anguli dati sunt acuti, *ut summa cotangentium angulorum datorum, ad radium, ita data recta ad distantiam quæsitam.*

Si vero alter est obtusus; *ut excessus, quo cotangens minoris ex his angulis superat cotangentem majoris, ad radium, ita data recta ad distantiam quæsitam.*

PROB. II.

Cujuslibet trianguli ABC datis lateribus AB, AC, & basi BC, quam perpendiculum AD ab angulo verticali secat in D: invenire segmenta BD ac DC. (a)

TAB. I. Fig. 15. XXIX. Sit $AB = a$, $AC = b$, $BC = c$, & $BD = x$, eritque $DC = c - x$. Jam cum $ABq - BDq\ (aa - xx) = ADq$;

&

$$ACq - DCq\ (bb - cc + 2cx - xx) = ADq:$$

Erit $aa - xx = bb - cc + 2cx - xx$; quæ per reductionem fit $\frac{aa - bb + cc}{2c} = x$.

Ceterum ut pateat omnes omnium problematum difficultates per solam linearum proportionalitatem sine adminiculo Prop. 47. primi Elementorum, licet non absque circuitu, enodari posse; placuit sequentem hujus solutionem ex abundanti subjungere. A puncto D in latus AB demitte DE normalem, & stantibus jam positis linearum nominibus, erit $AB . BD :: BD . BE$. $a . x :: x . \frac{xx}{a}$. Et $BA - BE\ (a - \frac{xx}{a}) = EA$. Nec non $EA . AD :: AD . AB$ adeoque $EA . AB\ (aa - xx) = ADq$. Et sic ratiocinando circa triangulum ACD invenietur iterum $ADq = bb - cc + 2cx$. (b) Unde obtinebitur ut ante $x = \frac{aa - bb + cc}{2c}$.

PROB.

(a) Hic rursus potius expressio algebraica, quam res ipsa quæri videtur.

Nam segmenta BD, & DC dantur: siquidem ob data tria latera, datur specie triangulum ABC (39. *datorum*); dantur igitur anguli ad B, & C (*dat. def.*); item anguli ad D, utpote recti dantur; ergo & anguli DAB in triangulo BAD, & DAC in triangulo CAD; dantur itaque specie hæc triangula (40. *dat*). Datur etiam illius latus BA; hujus latus AC, ideo quoque magnitudine illa eadem triangula (52. *dat.*). Dantur ergo latera BD, DC (*dat.* 55.).

(b) Ducta siquidem normali DF, erit (Eucl. 8. VI.) $AC\ (b) . CD\ (c - x) :: CD\ (c - x) . CF = \frac{cc - 2cx + xx}{b}$: Itaque $AC - CF = b - \frac{cc + 2cx - xx}{b} = AF$. Est autem $AF . AD :: AD . AC$; unde colligitur, ductis invicem mediis & extremis, $ADq = AF . AC = bb - cc + 2cx - xx = aa - xx$. & deletis æqualibus, ac transponendo, $2cx = aa - bb + cc$.

Ceterum hoc problema solutum pro quovis Triangulo rectilineo vide infra Prob. XII.

PROB. III

Trianguli rectanguli ABC perimetro & area datis invenire hypothenusam BC.

XXX. Esto perimeter a; area bb, BC $= x$, & AC $= y$; Eritque AB $= \sqrt{(xx - yy)}$; unde rursus perimeter (BC + AC + AB) est $x + y + \sqrt{(xx - yy)}$, & area ($\frac{1}{2}$ AC . AB) est $\frac{1}{2} y \sqrt{(xx - yy)}$. Adeoque $x + y + \sqrt{(xx - yy)} = a$, & $\frac{1}{2} y \sqrt{(xx - yy)} = bb$. TAB. II. Fig. 1.

Harum æquationum posterior dat $\sqrt{(xx - yy)} = \frac{2bb}{y}$ quare scribo $\frac{2bb}{y}$ pro $\sqrt{(xx - yy)}$ in æquatione priori, ut asymmetria tollatur; & prodit $x + y + \frac{2bb}{y} = a$, sive multiplicando per y & ordinando, $yy = ay - xy - 2bb$. Porro ex partibus æquationis prioris aufero $x + y$ & restat $\sqrt{(xx - yy)} = a - x - y$, cujus partes quadrando, ut asymmetria rursus tollatur, prodit

$$xx - yy = aa - 2ax - 2ay + xx + 2xy + yy,$$

quæ in ordinem redacta & per 2 divisa fit $yy = ay - xy + ax - \frac{1}{2} aa$. Denique ponendo æqualitatem inter duos valores ipsius yy, habeo

$$ay - xy - 2bb = ay - xy + ax - \frac{1}{2} aa,$$

quæ reducta fit $\frac{1}{2} a - \frac{2bb}{a} = x$.

Idem aliter.

Esto $\frac{1}{2}$ perimeter $= a$, area $= bb$, & BC $= x$ eritque AC + AB $= 2a - x$. Jam cum sit xx (BCq) $=$ ACq + ABq, & $4bb = 2$AC . AB erit $xx + 4bb =$ ACq + ABq + 2AC . AB $=$ quadrato ex AC + AB $=$ quadrato ex $2a - x = 4aa - 4ax + xx$. (c) Hoc est $xx + 4bb = 4aa$

(c) Sit BC $= x$, AC $= y$, AB $= z$. Erit $x + y + z = 2a$ perimetro; & $z + y =$ AC + AB $= 2a - x$. Est, $xx = yy + zz$ (Eucl. 47. I.), & $\frac{zy}{2} = bb$ areæ, aut $zy = 2bb$, vel $2zy = 4bb$ sed $z + y = 2a - x$, & quadrando $zz + 2zy + yy = 4aa - 4ax + xx$; ponendo nunc pro $2zy$, & $zz + yy$, respectivos valores $4bb$, & xx, emergit $4bb + xx = 4aa - 4ax + xx$; & demum $x = a - \frac{bb}{a}$.

$= 4aa - 4ax + xx$; quæ reducta fit $a - \frac{bb}{a} = x$. (e)

PROB:

(e) Cetera investigaturus pono $\frac{aa - bb}{a} = 2f$; observo, quod ex hypothesi, est $2a = z + y + 2f$, atque ideo $2a - 2f = z + y$; hanc quantitatem facio $= 2c$. Nunc fingo $z - y = 2u$; erit itaque $z = c + u$, & $y = c - u$. Verum quia $zy = 2bb = cc - uu$, est $uu = cc - 2bb$, unde $u = \sqrt{(cc - 2bb)}$; hinc $z = c + \sqrt{(cc - 2bb)}$, adeoque $y = c - \sqrt{(cc - 2bb)}$.

CONSTRUCTIO.

Tab. B. Fig. 9. & 10. Sit DE data perimeter. Hanc biseca in F, erit $DF = FE = a$. Sit quadratum LMNO areæ datæ æquale; & quia basis $x = a - \frac{bb}{a}$, aut $a - x = \frac{bb}{a}$; ipsum $\frac{bb}{a}$, quod si ex a dematur, dabit basim, determino, elevando ex F normalem $FK = LM = b$, jungendo DK, & ex K ducendo KG ipsi KD normalem. Erit enim (Eucl. 8. VI.) DF (a). FK (b) :: FK (b). $FG = \frac{bb}{a}$: hinc patet GE esse basem quæsitam.

Veniamus ad latera. Basim jam inventam diximus $= 2f$, & $2c = 2a - 2f$; erit ideo $DG = 2c$, hanc biseca in I, & duc quadrati diagonalem $LN = \sqrt{2bb}$ (Eucl. 47. I.). Si hæc minor non est quam IG patet problema esse impossibile; nam $\sqrt{(cc - 2bb)}$ est latus trianguli rectanguli, cujus hypothenusa $= c$; latus alterum $= \sqrt{2bb} = LN$; hypothenusa vero est maximum trianguli rectanguli latus (Eucl. 19. I.). Sit igitur LN minor quam IG, & super IG diametrum describatur semicirculus IYG, & ex puncto G ei inscribatur chorda GY ipsi LN par, & junctæ IY æqualis in DG abscindatur IQ. Erit DQ majus latus; QG vero, minus.

Nam, ex his tribus lineis fac triangulum BCA, ita ut GE (Fig. 10.) = BC (Fig. 9.) $= a - \frac{bb}{a}$, DQ (Fig. 10) = AC (Fig. 9.) $= c + \sqrt{(cc - 2bb)}$, & QG (Fig. 10.) = AB (Fig. 9.) $= c - \sqrt{(cc - 2bb)}$. Quapropter perimeter æquat $a - \frac{bb}{a} + 2c$ $=$ (ob $2c = 2a - 2f$ & $2f = a - \frac{bb}{a}$) $a - \frac{bb}{a} + a + \frac{bb}{a} = 2a$ rectæ datæ. Dico nunc hoc triangulum esse rectangulum, & ejus aream æqualem bb.

Est enim $AC^2 = 2cc + 2c\sqrt{(cc - 2bb)} - 2bb$, & $AB^2 = 2cc - 2c\sqrt{(cc - 2bb)} - 2bb$, quare $AC^2 + AB^2 = 4cc - 4bb$ $=$ (quia $2c = a + \frac{bb}{a}$) $aa + 2bb + \frac{b^4}{aa} - 4bb = aa - 2bb + \frac{b^4}{aa} = BC^2$. Est igitur triangulum ABC rectangulum in A, & est BC ejus hypothenusa (Eucl. 48. I.). *Quod erat unum.*

Jam quia angulus ad A est rectus, erit dupla area trianguli æqualis rectangulo ex AB in AC (Eucl. 41. I.) $= (c - \sqrt{(cc - 2bb)})(c + \sqrt{(cc - 2bb)}) = cc - cc + 2bb = 2bb$, & ejus area $= bb$. *Quod erat alterum.*

Data basi facile perpendiculum determinatur. Est enim rectangulum sub basi & perpendiculo æquale quadrato ex LN; aut data basis ad datam LN, ut eadem ad perpendiculum quod, per Eucl. 11. VI. invenietur.

Datis autem basi & perpendiculo, describetur triangulum, ut videbis infra No. 14. hujus.

Sed posterior solutio brevius exponi potest analysi geometrica.

Sit AB data perimeter, & quadratum CDEF data area. Puta factum, & triangulum AGH sit illud quod petitur. Jam datur, per hyp., rectangulum sub AG; GH, æquale bis dato quadrato CDEF (41. I Eucl.). Sed quadratum ex AH æquale est quadrato ex HG & quadrato ex GA simul (47. I. Eucl.); ergo addendo utrinque bis rectangulum sub AG; GH, quadratum ex AH una cum bis rectangulo sub AG; GH, æquat quadratum ex HG, una cum quadrato ex GA, & bis rectangulo sub AG; GH, id est quadratum ex HB (4. II. Eucl.), quia ponitur HB æqualis HG & GA simul. Quare bis datum rectangulum sub AG; GH, æquat excessum quadrati ex HB supra quadratum ex HA; idest (ponendo HI æqualem HA) rectangulum sub AB & BI, (6. II. Eucl.) quod ideo datur (Eucl. def. 1. Dat.). Datur autem AB per hypoth; ergo & BI (Eucl. 47. Dat.). Et datur punctum B; quare & punctum I (Eucl. 27. Dat.). Ergo datur AI (Eucl. 4. Dat.): igitur & AH. (Eucl. 7. Dat.)

at-

PROB. IV.

Dato trianguli rectanguli perimetro & perpendiculo, invenire triangulum. (f)

XXXI. Trianguli ABC sit C rectus angulus & CD perpendiculum inde ad basem AB demissum. Detur $AB + BC + AC = a$, & $CD = b$. Pone basem $AB = x$, & erit laterum summa $a - x$. Pone laterum differentiam y, & erit majus latus $AC = \frac{a - x + y}{2}$; minus $BC = \frac{a - x - y}{2}$. (g) Tab. II. Fig. 10.

Jam ex natura trianguli (h) rectanguli est $ACq + BCq = ABq$, hoc est $\frac{aa - 2ax + xx + yy}{2} = xx$. Est & AB. AC : : BC. DC, adeoque AB. DC,

atque HB. Datur autem rectangulum sub AG; GH (per hyp.), & utraque simul AG; GH, vel HB: quare datur tum AG, tum GH (Eucl. 85. Dat.).

Componetur autem sic. Recta CD producatur in K donec fit DK aequalis DC, & quadrato ex CK aequale rectangulum applicetur ipsi AB (ex 43. I. Eucl.), & sit BI altitudo applicationis. Bisecetur AI in H (per 10. I. Eucl.). Producatur IE donec ipsi KL occurrat in N, spatio CKNF rectangulo aequale & deficiens quadrato applicetur ad datam HB; (per 28. VI. Eucl.), & sit BO altitudo applicationis; erit AH hypothenusa, HO latus unum, & OB alterum petiti trianguli; e quibus describatur triangulum AHG per Eucl. 22 I. Nam perimeter aequat datam rectam; & rectangulum sub AB, BI aequet quadratum CKLM per constr. & excessum quadrati ex HB supra quadratum ex AH, vel HI (6. II. Eucl.), erit quadratum CKLM, id est bis rectangulum sub HO; OB (per constr.) unde cum quadrato ex AH aequale quadrato ex HB, id est quadratis ex HO; OB; & bis rectangulo sub HO; OB, (4. II. Eucl.), manebit ergo quadratum ex AH aequale quadratis ex HO; & ex OB; id est ex HG, & ex GA; quare triangulum AGH est rectangulum in G (48. I. Eucl.); & quia rectangulum sub AG & GH est duplum quadrati CDEF (per constr.) & areae trianguli AGH (41. I. Eucl.); area trianguli aequat datum quadratum.

Determinatio deducitur ex 27. VI. Eucl.

" Hoc autem problema generalius & facilius solutum vide infra Prob. VIII.

(f) Hoc problema sic generale reddi potest. *Datis Trianguli cujusvis perimetro, angulo uno ACB, & perpendiculo CD demisso ab angulo dato, investigare triangulum.*

(g) Positis quae hactenus scripsit Newtonus, ab altero ignotorum angulorum A demitte in oppositum latus CB perpendicularem AE. Ad extremum datae perimetri FG punctum F constitue angulum GFH parem dato ACB, & ex altero puncto G demitte in indefinitam FH ad rectos angulos rectam GI. Tab. C. Fig. 2.

Triangulum GFI datum erit specie & magnitudine, ut jam ostendimus.

Sit $FI = g$, & $IG = f$.

Quoniam Triangulum ACE simile est ipsi GFI; erit GF (a). FI (g) : : AC $\left(\frac{a - x + y}{2}\right)$. $CE = \frac{ag - gx + gy}{2a}$.

(h) Jam ex natura Trianguli oxygonii est $BA^2 = AC^2 + CB^2 - 2BC \cdot CE$; hoc est

$$xx = \frac{aa - 2ax + 2ay + xx - 2xy + yy}{4} + \frac{aa - 2ax - 2ay + xx + 2xy + yy}{4} - \frac{aag + agx - agy + agx - gxx + gxy}{2a} + \frac{agy - gxy + gyy}{2a}$$

nempe, demtis fractionibus,

$$4axx = 2a^3 - 4aax + 2axx + 2ayy - 2aag + 4agx - 2gxx + 2gyy;$$

seu, aequatione ordinata,

$$\frac{\begin{matrix} +a \\ +g \end{matrix} xx \begin{matrix} +2aa \\ -2ag \end{matrix} x \begin{matrix} +aag \\ -a^3 \end{matrix}}{a+g} = yy.$$

(i)

DC, (i) hoc est $bx = \frac{aa - 2ax + xx - yy}{4}$. Per priorem æquationem est $yy = xx + 2ax - aa$. Per posteriorem $yy = xx - 2ax + aa - 4bx$. Adeoque (k) $xx + 2ax - aa = xx - 2ax + aa - 4bx$. Et per reductionem $4ax + 4bx = 2aa$; sive $x = \frac{aa}{2a+2b}$.

Geome-

(i) Triangula CDB, AEB, habentia angulum B communem, similia sunt. Igitur BC $(\frac{a-x-y}{2})$. CD (b) :: BA (x). AE $= \frac{2bx}{a-x-y}$. Sed, quia FG (a). GI (f) :: CA $(\frac{a-x+y}{2})$. AE; est AE $= \frac{af-fx+fy}{2a}$; igitur $\frac{af-fx+fy}{2a} = \frac{2bx}{a-x-y}$; quapropter, sublatis fractionibus, $aaf - afx + afy - afx + fxx - fxy - afy + fxy - fyy = 4abx$;

&

$$xx \frac{-4abx - 2afx + aaf}{f} = yy.$$

(k) Adeoque $\frac{axx + gxx + 2aax - 2agx + aag - a^3}{a+g} = \frac{fxx - 2afx - 4abx + aaf}{f}$; & , sublatis fractionibus, $afxx + gfxx + 2aafx - 2afgx + aafg - a^3f = afxx + gfxx - 2aafx - 2afgx - 4aabx - 4abgx + a^3f + aagf$; seu, deletis delendis & ordinata æquatione, $4aafx + 4aabx + 4abgx = 2a^3f$ & $x = \frac{aaf}{2af + 2ab + 2bg}$.

Si vero angulus ABC fieret obtusus, g evaderet quantitas negativa, & foret

$$x = \frac{aaf}{2af + 2ab - 2bg}.$$

Si denique angulus C esset rectus, fieret $g = 0$, & $f = a$; unde $x = \frac{aa}{2a+2b}$.

CONSTRUCTIO GEOMETRICA.

Ex GF abscinde FK $= b$; & ex K duc KL ipsi GI parallelam. Cum sit GF (a). FI (g) :: KF (b). FL, erit FL $= \frac{bg}{a}$. Produc GI in M, ita ut IM æquet FK; & erit GM $= f + b$.

Nunc, quando angulus datus est acutus, iterum produc GM in N, ita ut MN æquet FL. Habebis GN $= f + b + \frac{bg}{a}$. Bisecta GF in O junge NO cui per I duc parallelam IP; erit GP basis quæsita. Est enim NG $(f + b + \frac{bg}{a})$. GO $(\frac{a}{2})$ :: IG (f). GP

$$= \frac{aaf}{2af + 2ab + 2bg} = x.$$

Sed quando datus angulus est obtusus, ex GM deme MN, & cætera fac ut supra.

Denique, quando rectus est angulus datus, quære quartam post $a + b$; $\frac{a}{2}$; a.

Inventa basi facile describitur triangulum, cujus perpendiculum datur cum angulo ad basi opposito.

Super basi AB describe per Prop. 33. III. arcum dati anguli capacem ACB [illegible] ram baseos extremitatem A e[illegible] gulos dato trianguli perpendic[illegible], & per E age basi parallelam ED arcui occurrentem in punctis D & d, & junge AD, CB: dico factum.

Triangulum hoc habet angulum petitum & perpendiculum datum, ex constructione; id vero habere etiam datam perimetrum facile probabis retro legens vestigia analyseos.

DETERMINATIO.

Quoniam vero oportet ut parallela ED circulo occurrat: occurrere autem potest vel in duobus punctis, vel in uno, vel nusquam; [illegible]ue quando in uno occurrit, tangens est [illegible] ngens in C. Æquales erunt anguli alterni [illegible] CAB; sed æquales quoque sunt angu[illegible] ABC (Prop. 32. III.) Ergo æqua-

les

Generale fit: In omni triangulo rectangulo, ut est summa perimetri & perpendiculi ad perimetrum, ita dimidium perimetri ad basem.

Auffer $2x$ de a, & restabit $\frac{ab}{a+b}$ excessus laterum super basem. Unde rursus.

Ut

les sunt anguli ABC, & triangulum ACB est isosceles.

Produc BC donec perpendiculari AG occurrat in F. Angulus LCB æqualis est angulo CAB; & angulus GCA æqualis angulo ABC (Eucl. 32. III.), æquales autem sunt anguli ABC; CBA ex ostensis, & anguli LCB; GCF (Eucl. 15. I.) ergo & anguli ACG; GCF ut & rectæ AC, CF, quare recta BF æquat rectas BC, CA. Igitur circulus centro C, radio CF descriptus transibit per puncta A, & B.

Jam produc BD donec circulo FEAB occurrat in E; & junge EA. Angulus AEB æquat angulum AFB (Eucl. 21. III.) & angulus exterior ADB æquat angulum exteriorem ACB eadem de causa. Ergo angulus EAD æquat angulum AED, recta ED rectam DA, & recta BE insistam BDA. Sed est BF major quam BE (Eucl. 25. III.) ergo rectæ BC; CA majores sunt ipsis BD; DA.

Igitur, si dimidiata summa laterum superet latus trianguli isoscelis super datam basim in dato segmento inscripti, problema est impossibile; si æquet, problema est constructum; si ab eo superetur, problema est possibile, & construetur ut supra.

C. 5. Brevius *analysi geometrica*. Sit AB data perimeter; C datus angulus; DE datum perpendiculum [illegible] factum; & trianguli AGF angulus F æquet datum C; perpendicularis FH datam rectam DE, & perimeter AGFA, rectam datam AB, ergo GB æquabit latera GF; FA, simul; & quadratum ex GB erit æquale quadrato ex GF; FA (lateribus angulum datum constituentibus) tanquam ex una recta. Quare, [illegible] æqualis GA; rectangulum ABI [illegible] quadrati ex GB (vel ex GF; FA tanquam [illegible] una recta) supra quadratum ex AG (Eucl. 6. II.) datur ergo ratio rectanguli ABI ad [illegible] AFG (67. Dat.); id est ad [illegible] rectangulum sub AG; FH (Eucl. [illegible]) dimidiati rectanguli sub AG; FH ad rectangulum sub AI; FH (duplum rectanguli sub AG; FH (Eucl. 1. VI.) atque ideo quadruplum rectanguli dimidiati sub AG; FH). Ergo datur ratio rectanguli ABI ad rectangulum sub AI; FH (8. Dat.). Datur autem datarum AB; FH ratio (1. Dat.); datur igitur & BI ad IA ratio (68. Dat.). Sed harum summa AB datur; quare & utraque (7. Dat.). Ergo & AG. (7. Dat.)

Inventa autem AG, cum detur ratio rectanguli sub AF; FG ad datum rectangulum sub AG; FH (66. Dat.), dabitur rectangulum sub AF; FG (2. Dat.) Datur autem illarum summa GB; quare & utraque (7. Dat.)

Componetur autem sic. Produc anguli dati C crus alterum CK ad arbitrium in K, ut fiat angulus dato deinceps; pone CL æqualem, CK; junge KL; post CK; KL quære per Eucl. 11. VI. tertiam proportionalem LM. A puncto L in subjectam KC age per Eucl. 12. I. perpendicularem LN. Post datas DE; AB; LN quære per Eucl. 12. VI. quartam LO, cujus duplam pone LP, & per 10. VI. Eucl. a puncto B seca rectam BA in I ut MP secta est in L. Biseca AI in G, erit AG basis trianguli quæsiti. Post datas NL; LC; AG quære quartam proportionalem GQ. Tandem ad datam GB applica per 28. VI. Eucl., datum rectangulum sub GQ; DE, deficiens quadrato, & sit BR altitudo applicationis; erit BR latus unum; RG latus alterum trianguli quæsiti; quod describes per 22. I. Eucl.

Produc enim trianguli descripti latus alterum AF in S donec FS æquet FG; & a puncto A in FG demitte perpendicularem AT, & FH ex F perpendicularem in AG

Jam per constructionem perimeter trianguli AGF æquat datam rectam AB. Nunc autem fecimus AB ad DE ut LO ad LN; & BI ad IA ut ML ad bis OL, vel BI ad AG ut ML ad OL; ergo, per compositionem rationum, rectangulum ABI (excessus quadrati ex AF; FG tanquam ex una recta vel ex GB supra

In omni triangulo rectangulo, ut summa perimetri & perpendiculi ad perimetrum, ita perpendiculum ad excessum laterum super basem.

PROB. V. (*l*)

Datis trianguli rectanguli basi AB, & summa perpendiculi & laterum CA + CB + CD, invenire triangulum.

II. 10. XXXII. Esto $CA + CB + CD = a$, $AB = b$, $CD = x$, & erit $AC + CB = a - x$. Pone $AC - CB = y$, & erit $AC =$

supra quadratum ex GA) ad rectangulum sub DE; AG, ut ML ad LN; est autem rectangulum sub DE; AG ad rectangulum sub GQ; DE, vel ad æquale rectangulum sub AF; FG, ut NL ad LC (per constr.) ergo *ex æquo ordinate*, rectangulum ABI ad rectangulum sub AF; FG, ut ML ad LC, ut quadratum ex KL ad quadratum ex LC (Eucl. cor. 2. prop. 20. VI.); & est ABI rectangulum ad rectangulum sub AF; FG ut quadratum ex GS ad quadratum ex FS (ex 67. Dat.). Est ergo quadratum ex KL ad quadratum ex LC ut quadratum ex GS ad quadratum ex SF, & ipsæ rectæ KL; LC; GS; SF proportionales sunt (Eucl. 22. VI.); & triangula isoscelia LCK; GFS similia sunt (Eucl. 5. VI.); angulus LCK est æqualis angulo GFS; ideo reliquus GFA æqualis est dato angulo C. Quod erit unum.

Nunc ob similia triangula rectangula FAT; CLN, erit TA ad AF ut NL ad LC ut rectangulum sub TA; FG ad rectangulum sub AF; FG (1. VI. Eucl.) ut AG ad GQ (per constr.) ut rectangulum sub AG; DE ad rectangulum sub GQ; DE, vel ad ei æquale rectangulum sub AF, FG; ergo rectangulum sub TA; GF (duplum triangulum AFG (Eucl. 41. I.) & ideo æquale rectangulo sub AG; FH) æquat rectangulum sub AG; DE, & ipsa FH ipsam DE. Quod erat alterum.

Determinatio pro lateribus deducitur ex. 27. VI. Eucl.

Ubi vero triangulum AFG est rectangulum, ABI rectangulum æquale est bis rectangulo sub AF; FG, id est bis rectangulo sub AG; FH, vel rectangulo sub AI; FH; datur autem ratio AB ad FH, ergo & ratio BI ad IA &c. Compositio est manifesta, AB est ad FH ut AI ad IB (Eucl. 16. VI.)

Cum sit perimeter ad perpendiculum, ut dupla basis ad reliquam perimetrum, erit summa perimetri & perpendiculi ad perimetrum ut perimeter ad duplam basem; & bisecando duos ultimos terminos, inveniemus primum theorema *Newtonianum*.

Quoniam summa perpendiculi & perimetri ad perimetrum ut est perimeter ad duplam basem; erit per 19. V. Eucl. summa perpendiculi & perimetri ad perimetrum ut perpendiculum ad perimetrum dupla basi multatam. Sed perimeter æquat basim & latera simul sumpta, ergo perimeter multata duplo baseos est æqualis excessui laterum supra basim. Quod est secundum Newtoni theorema.

(*l*) *Sequens problema, cum sit quadraticum, admonet, ut jam trudam harum problematum constructionem.*

34. Horum problematum æquationes, ut dictum est, his continentur formulis (Art. IX. & X. Sect. II.)

$$1^\circ.\quad xx - ax - bc = 0.$$
$$2^\circ.\quad xx + ax - bc = 0.$$
$$3^\circ.\quad xx - ax + bc = 0.$$
$$4^\circ.\quad xx + ax + bc = 0.$$

Jam 1°, $x = \frac{a}{2} \pm \sqrt{(\frac{aa}{4} + bc)}$; ubi $\sqrt{(\frac{aa}{4} + bc)}$ est major quam $\frac{a}{2}$, quia $\frac{aa}{4} + bc$ est major $\frac{aa}{4}$: ergo si radix sit positiva, positivus erit valor x, sin vero, negativus; quod etiam liquet in secunda formula, x [illegible] $= \sqrt{(\frac{aa}{4} + bc)}$, sed tertia [illegible]

$\sqrt{(\frac{aa}{4} - bc)}$, hic $\sqrt{(\frac{aa}{4} - bc)}$ minor est quam $\frac{a}{2}$; habebit ergo x duos valores positivos. Quarta [illegible] est $x = -\frac{a}{2} \pm \sqrt{(\frac{aa}{4} - bc)}$ & x habet duos valores negativos.

Hæ formulæ construi possunt per 28 & 29. VI. Eucl. Sed has constructiones addere libet.

35. In duabus primis formulis semper possibilis est valor ipsius x: in duabus ultimis autem is esse potest impossibilis, quod accidit ubi bc major $\frac{aa}{4}$, nam tunc $\sqrt{(\frac{aa}{4} - bc)}$ est imaginaria.

Prima & secunda resolvuntur in hanc $xx \pm ax = bc$, unde sequens analogia $b . x :: x \pm a . c$. quo posito.

D. Describatur quivis circulus, cujus diameter non minor sit quam a, nec quam $b - c$ (posito b majore quam c), ex cujus puncto quovis A inscribantur chordæ AD $= b - c$, AB $= a$, & producta AD in F, ut DF $= c$, describatur per F circulus priori concentricus, cui donec occurrant in punctis E, H, G; producantur chordæ [illegible] AD.

Jam si ex communi centro C demittatur CL perpendicularis in AD, erit EL = LF, & AL = LD (Eucl. 3. III.) quare AE = FD $= c$, & eadem de causa AG = BH.

[illegible] FD + AD $= c + b - c = b$, & AH = AB + BH = AB + AG $= a +$ AG, & (Eucl. 34. III.) est AF . AE = AG . AH, id est $bc = (a +$ AG) AG $= (a + x) x$, (in formula $xx + ax = bc$); ergo $a +$ AG . $x :: a + x$. AG, & *componendo* $a +$ AG $+ x . x :: a + x +$ AG . AG, & *alternando* $a +$ AG $+ x . a + x +$ AG :: x . AG; sed duo primi termini sunt æquales, ergo & $x =$ AG.

36. [illegible] $= xx - ax$, est $(a +$ AG) AG $= (x - a) x$, & $a +$ AG . $x - a :: x$. AG, & *componendo* AG $+ x . x - a :: x +$ AG . AG, vel *alternando* AG $+ x . x +$ AG :: $x - a$. AG; quare $x - a =$ AG, & $x = a +$ AG = AH.

37. Si [illegible] c, aut ultimus formulæ terminus, [illegible] tunc AD $=$ o, & duobus punctis A, D, coincidentibus, describi deberet circulus rectam AF, in A tangens radio non minori quam $\frac{a}{2}$; cætera ut supra.

Sed tunc est etiam alia constructio simplicior.

Nam sit circuli ABA radius $= \frac{a}{2}$, tangens AE $= b$ & ex E ducatur EMCN per centrum, erit NM $= a$, & (Eucl. 36. III. 13. VI.) NE ($a +$ ME). AE :: AE . EM; quare AE^2 (bb) $= (a +$ ME) ME $= xx + ax$; unde $a +$ ME . $x :: a + x$. ME; & insistendo superioris ratiocinii vestigiis, invenitur ME $= x$, & ubi $xx - ax = bb$, $x =$ NE valor positivus. Tab. D Fig. 2.

38. Nunc dico in prima formula negativum esse AH $= - x$.

Tunc enim $xx + ax$ fieret $= - x (- a - x)$, unde orietur analogia $a +$ AG . $- x :: - a - x$. AG; sed $a +$ AG = AH & AG = H $- a$ ergo AH . $- x :: - a - x$. AH $- a$, & *alternando* AH . $- a - x :: - x$. AH $- a$, & *componendo* AH $- a - x . - a - x :: - x +$ AH $- a$. AH $- a$, & rursus *alternando* AH $- a - x . - x +$ AH $- a :: - a - x$. AH $- a$; sed duo primi termini sunt æquales; ergo $- a - x =$ AH $- a$, & $- x =$ AH, quæ recta est ideo valor negativus ipsius ignotæ.

39. Sed in secunda formula $xx - ax = - x (- x + a)$; tunc ergo $a +$ AG . $- x + a :: - x$. AG, & *alternando* $a +$ AG . $- x :: - x + a$. AG; & *componendo* $a +$ AG $- x . - x :: - x + a +$ AG . AG; ergo tunc AG $= - x$.

40. Veniamus ad duas ultimas formulas $xx - ax + bc =$ o, & $xx + ax + bc =$ o, ergo $bc = - xx \pm ax$, unde nascitur analogia $b . \pm a - x :: x . c$.

Describatur circulus ABD cujus diameter non superetur nec ab a, neque a $b + c$, & ex quovis peripheriæ puncto A inscribantur chordæ AB $= a$, AD $= b + c$, tunc sumta DF $= c$, eodem centro C, & radio CF describatur circulus FEGH. Hic aut secabit chordam AB in duobus punctis, aut in uno, aut nuspiam. Tab. D. Fig. 3.

Secet eam in duobus punctis G, H; dico AG, & AH esse duos valores positivos ipsius x. Nam, ut supra monstratum est, AE = FD, unde AF = AD $-$ DF $= b$, & AG = HB, quare AH = AB $-$ BH $= a -$ BH. Sed AF . AE (bc) = AH . AG $= (a -$ BH) BH $= - xx + ax$, ergo (si sumatur $ax - xx$) $a -$ BH . $x :: a - x$. BH, & *dividendo* $a -$ BH $- x . x :: a - x -$ BH . BH, atque ideo $x =$ BH = AG.

41. Rursus quia BH = AG = AB $-$ AH $= a -$ AH, est AH . $x :: a - x . a -$ AH, & *alternando* AH . $a - x :: x . a -$ AH, & di-

$AC = \frac{a - x + y}{2}$, & $CB = \frac{a - x - y}{2}$. (m) Est autem $ACq + CBq = ABq$, hoc est $\frac{aa - 2ax + xx + yy}{2} = bb$. Est & $AC . CB = AB . CD$, hoc est $\frac{aa - 2ax + xx - yy}{4} = bx$. (n) Quibus comparatis fit (o) $2bb - aa$

dividendo $AH - a + x . a - x :: x - a + AH . - a AH$; ergo $a - x = a - AH$, & $- x = AH$, ac $x = - AH$.

42. Si vero sit $- ax - xx$, dico esse AH, & AG duos valores negativos ipsius x. Nam erit $a - BH . - x :: + a + x . BH$, & *alternando* $a - BH . + a + x :: - x . BH$, & *dividendo* $- BH - x . + a + x :: - x - BH . BH$; ergo $+ a + x = + BH$, & $- x = - BH + a = AH$. Item $BH = AG = a - AH$, ergo $+ AH . - x :: + a + x . a - AH$, & *dividendo* $+ x + AH . - x :: AH + x . a - AH$, quam ob rem $- x = a - AH = AB - AH = BH = AG$.

43. Si circulus EFHG secat rectam AB in uno puncto æquales fient duo valores ipsius x.

44. Si vero nusquam eam secat, problema est impossibile.

(m) Si vero angulus ACB esset non rectus, sed datus, a vertice alterius angulorum non datorum CAB demitte in latus oppositum CB ad rectos angulos rectam AE. Triangulum ACE datum erit specie, & dabitur ratio laterum AC, CE, EA; ut jam demonstravimus.

Sit igitur $a . g :: AC(\frac{a - x + y}{2}) . CE$, & $CE = \frac{ag - gx + gy}{2a}$. Est autem $AC^2 + BC^2 = AB^2 + 2BC . CE$; hoc est

$$\frac{aa - 2ax + 2ay + xx - 2xy + yy + aa - 2ax - 2ay + xx + 2xy + yy}{4}$$

$$= bb + \frac{aag - agx + agy + gxx - gxy - agx - agy + gxy - gyy}{2a};$$

nempe deletis delendis,

$$\frac{aa - 2ax + xx + yy}{2} - aa = bb + \frac{aag - 2agx + gxx - gyy}{2a},$$

& sublatis fractionibus

$$a^3 - 2aax + axx + ayy = 2abb + aag - 2agx + gxx - gyy;$$

unde eruitur

$$yy = \frac{- axx + gxx + 2aax - 2agx}{a + g} \frac{- a^3 + 2ab^2 + a^2g}{a + g}.$$

(n) Est & Triangulum BCD simile Triangulo BAE, quapropter $BC (\frac{a - x - y}{2}) . CD (x) :: BA (b) . AE$; quocirca $AE = \frac{2bx}{a - x - y}$; sed ob datam rationem CA ad AE, sit $a . f :: CA(\frac{a - x + y}{2a}) . AE$, & erit $AE = \frac{af - fx + fy}{2a}$.

Igitur $\frac{2bx}{a - x - y} = \frac{af - fx + fy}{2a}$, aut sublatis fractionibus,

$$4abx = aaf - afx + afy - afx + fxx - fxy - afy + fxy - fyy,$$

seu, deletis delendis,

$$4abx = aaf - 2afx + fxx - fyy,$$ aut

$$yy = \frac{fxx - 2afx - 4abx + aaf}{f}.$$

(o) Quibus comparatis fit

$$\frac{- axx + gxx + 2aax - 2agx}{a + g} \frac{- a^3 + 2abb + aag}{a + g} = \frac{fxx - 2afx - 4abx + aaf}{f};$$

seu sublatis fractionibus, deletis delendis, ordinando, & cuncta dividendo per $2af$,

xx

[illegible] $+ bb$;

$x = a + \frac{ab + bg}{f} - V(aa + \frac{2aab + 2abg}{f}$

$+ \frac{aabb + 2abbg + bbgg}{ff} - aa + bb)$

quæ quantitas radicalis, deletis contrariis, & cuncta redigendo ad eandem denominationem, fit

$$V(\frac{2aabf + 2abgf + aabb + 2abbg}{ff}$$
$$\frac{+ bbgg + bbff}{ff})$$

sed $gg + ff = aa$; ergo ea evadit

$$V(\frac{2aabf + 2abgf + 2aabb + 2abbg}{ff})$$

Si angulus ACB esset obtusus, mutando signum ipsius g, haberemus

$$x = a + \frac{ab - bg}{f} \pm$$
$$V(\frac{2aabf - 2abgf + 2aabb - 2abbg}{ff}).$$

Si vero angulus ACB esset rectus, tunc $g = 0$, & [illegible] quapropter $x = a + b \pm V(2ab + 2bb)$. Prorsus ut NEWTONUS.

Sed, antequam ad constructionem transimus, cur hic perpendicularis duos habet valores, & quis eligendus est?

[illegible] ad quæstionem secundam facile est. Perpendicularis minor est uno latere, fortius tota perimetro aucta ipsa perpendiculari $(a + b)$ quare ab ipsa $a + b$ demi debet $V(2ab + 2bb)$ ut habeatur petita perpendicularis; cujus valor erit positivus, ut esse debet, quia $a + b . V(2ab + bb) :: V(2ab + 2bb) . 2b$; sed, cum a major sit quam b, est $a + b$ major quam $2b$, ergo etiam quam $V(2ab + 2bb)$; ob naturam proportionis continuæ. Hoc verum esse in æquatione nostra, quanquam magis composita, sponte patet, quoniam quantitas radicalis est radix ex quadrato quantitatis extra signum, minuto quantitate positiva $aa - bb$.

Difficilius videtur respondere quæstioni primæ, præsertim cum x, exprimens hic perpendiculum, duos valores diversos habere non possit, & ejusdem valor secundus major sit quam tota perimeter aucta perpendiculo; nedum solo perpendiculo.

Sed, animadvertendum est, quod si datarum alterutra a aut b, ita posset exponere aliquid aliud quam quod exponere posuimus, ut salva maneret relatio inter x perpendiculum, b basim, & a indicantem aliquid a summa laterum & perpendiculi diversum, valor ipsius x unici duobus diversis modis posset exprimi. Hoc ajo nunc accidere. Et revera, sit non $CD + CA + CB = a$, sed $CD - CA - CB = a$; erit $CD - a = x - a = CD + CB$; quapropter $AC = \frac{x - a + y}{2}$; $CB = \frac{x - a - y}{2}$. His positis lege vestigia ratiocinii superius expositi, & invenies eandem æquationem finalem.

Tunc autem a est quantitas negativa, siquidem $DC + CA$ certe superat CD; pro ea pone $- c$ & æquatio pro angulo recto fiet $x = - c + b \pm V(- 2bc + 2bb)$; ubi patet quod perpendiculum debet esse $- c + b + V(- 2bc + 2bb)$, & quod problema esset impossibile si c esset major quam b.

CONSTRUCTIO GEOMETRICA.

Sit $GF = a$; $FI = g$; $IG = f$; produc GF in K ita ut sit $FK = IF$, eritque $GK = a + g$. Ex IG abscinde $GL = b$; biseca IG in N & junge NK, cui parallelam per L duc LM; eritque $NG (\frac{f}{2}) . GK (a + g) :: LG (b) . GM = \frac{2ab + 2bg}{f}$. TAB. D. Fig. 4.

Item produc GF in O, ut sit $OF = FG$, & in P ut sit $PG = GM$, & erit $OP = 2a + \frac{2ab + 2bg}{f}$. Quovis centro describe quemvis circulum transeuntem per P & O, cui a puncto P inscribe chordam $PQ = 2a = GO$; hanc biseca in R, & abscinde $RS = b$, demum priore centro describe circulum transeuntem per S, qui occurret rectæ PO in T & V, & rectæ PQ iterum in Z. Dico rectam $PT = x$.

Nam est $PS = a - b$, & $PZ = a + b$. Sed $TP . PV = ZP . PS$; ergo $PT (2a + \frac{2ab + 2bg}{f} - PT) = aa - bb$; sed erat $x (2a + \frac{2ab + 2bg}{f} - x) = aa - bb$ ergo &c.

Hæc quidem pro angulo acuto, sed pro obtuso ex GF abscinde $Fk = g$ ut sit $Gk = g - b$, & cetera perage ut supra.

Quando angulus est rectus, brevior & facilior est constructio. Sit $AD = 2a + 2b$. TAB. D. Fig. 3. Quovis centro C describe circulum transeuntem per A & D, & in eo inscribe rectam $AB = 2a$,

$-aa+2ax-xx=yy=aa-2ax+xx-bx$. Et per reductionem $xx=2ax+2bx-aa+bb$, & $x=a+b-\sqrt{(2ab+2bb)}$.

Geometricè sic. In omni triangulo rectangulo de summâ perimetri & perpendiculi aufer mediam proportionalem inter eandem summam & duplum basis, & restabit perpendiculum. (*p*)

Idem aliter.

Sit $CA+CB+CD=a$, $AB=b$, & $AC=x$, & erit $BC=\sqrt{(bb-xx)}$, $CD=\frac{x\sqrt{(bb-xx)}}{b}$. (*q*) Et $x+CB+CD=a$, sive $CB+CD=a-x$, atque adeo $\frac{b+x}{b}\sqrt{(bb-xx)}=a-x$. (*r*) Et quadratis partibus atque multiplicatis per bb, fiet

$$-x^4-2bx^3+2b^3x+b^4=aabb-2abbx+bbxx.$$

Qua æquatione per transpositionem partium ad hunc modum ordinata

$$x^4+2bx^3\begin{array}{l}+3bb\\+2ab\end{array}xx\begin{array}{l}+2b^3\\+2abb\end{array}x\begin{array}{l}+b^4\\+2ab^3\\+aabb\end{array}=$$

2bb

$=2a$, eam biseca in R, & abscinde $RG=b$, deinde eodem centro C, radio CG describe circulum occurrentem AD in E & F & AB rursus in H; erit $AE=x$ quæsita. Quod demonstrabis ut supra.

Pro angulo recto aliter & brevius, analysi geometrica.

Tab. D. Fig. 5. (*p*) Sit quæsitum triangulum rectangulum ACB, ejus basis data AB, recta EF æqualis summæ laterum AC, CB, & perpendiculi CD, huic adde in directum FG æqualem basi, erit EG summa perimetri & perpendiculi, pone EH æqualem perpendiculo, & GH erit erit perimeter, sed EG est ad GH, ut dimidia GH ad GF (*supra* Prob. IV.) sive *invertendo* & *alternando* GF ad GH, ut dimidia GH ad EG, ergo (Eucl. 3. V.) dupla GF ad GH, ut GH ad EG; atqui data est datarum extremarum ratio, (1. *dator.*) ergo datur ratio primæ ad secundam, (24. *dator.*) quare secunda, (id est perimeter) magnitudine datur (2. *dator.*); ex qua deme datam basim GF, & data erit summa laterum FH: sed datur tota EF ex hypothesi, ergo & reliqua EH; id est perpendiculum.

Componetur autem sic.

Quære mediam inter aggregatum ex perimetro, & perpendiculo; at duplam basim; erit hæc perimeter, quam deme ex aggregato perimetri & perpendiculi, restabit perpendiculum, data autem basi, & normali facile describitur triangulum rectangulum.

Ex hac solutione fluit *Newtonianum* theorema.

(*q*) Est enim AB (b), AC (x) : : BC ($\sqrt{(bb-xx)}$) : CD (Eucl. 8. VI.).

(*r*) Item quia AB (b). AC (x) :: BC ($\sqrt{(bb-xx)}$). CD, erit *invertendo & componendo* $x+b.b$ :: $DC+CB.\sqrt{(bb-xx)}$; ergo $DC+CB\ (a-x)=\frac{(x+b)(\sqrt{(bb-xx)})}{b}$,

$$\begin{matrix} 2bb \\ +2ab \end{matrix}\, xx \begin{matrix} +4b^3 \\ +4abb \end{matrix}\, x \begin{matrix} +2b^4 \\ +2ab^3 \end{matrix} \text{ (s)},$$

& extracta radice, orietur

$$xx + bx + bb + ab = (x + b)\sqrt{(2ab + 2bb)}.$$

Et extracta iterum radice (t)

$$x = -\frac{1}{2}b + \sqrt{(\frac{1}{2}bb + \frac{1}{2}ab)} \pm \sqrt{(b\sqrt{(\frac{1}{2}bb + \frac{1}{2}ab)} - \frac{1}{4}bb - \frac{1}{2}ab)}.$$

Conſtructio Geometrica.

Cape igitur AB $= \frac{1}{2}b$, BC $= \frac{1}{2}a$, CD $= \frac{1}{2}$AB, AE mediam proportionalem inter b & AC, & EF hinc inde mediam proportionalem inter b & DE, & erunt BF, BF duo latera trianguli. (u) TAB. II. Fig. 2.

PROB.

(s) Etenim hæc dat

$$x^4 + 2bx^3 + bbxx \begin{matrix} -4abb \\ +b^4 \end{matrix} = +\begin{matrix} 2b^3 \\ 2abb \end{matrix}\,x;$$

& (utrinque additis

$$\begin{matrix} +2bb \\ +2ab \end{matrix}\, xx \begin{matrix} +2b^3 \\ +2abb \end{matrix}\, x \begin{matrix} +2ab^3 \\ +2b^3 \end{matrix})$$

$$x^4 + 2bx^3 \begin{matrix} +3bb \\ +2ab \end{matrix}\, xx \begin{matrix} +2b^3 \\ +2abb \end{matrix}\, x \begin{matrix} +2ab^3 \\ +aabb \\ +b^4 \end{matrix}$$

$$= \begin{matrix} 2bb \\ +2ab \end{matrix}\, xx \begin{matrix} +4b^3 \\ +4abb \end{matrix}\, x \begin{matrix} +2b^4 \\ +2ab^3. \end{matrix}$$

Regulæ, quibus inveniri poſſint quantitates in ſimilibus caſibus addendæ, tradentur infra.

(t) Licet hæc poſſint iiſdem ſymbolis ſervatis explicare, tamen præſtat ſimpliciores litteras adhibere. Fac ergo $2ab + 2bb = cc$, aut $ab + bb = \frac{cc}{2}$, & $\sqrt{(2ab + 2bb)} = c$; unde ſuperior æquatio fiet $xx + bx + \frac{cc}{2} = cx + bc$, ſive $xx = cx - bx + bc - \frac{cc}{2}$, & $x = \frac{c-b}{2} = \sqrt{(\frac{cc - 2bc + bb}{4} + bc - \frac{cc}{4})} = \frac{c-b}{2} \pm \frac{1}{2}\sqrt{(bb + 2bc - cc)}$, & reſtitutis prioribus notis $x = -\frac{1}{2}b + \frac{1}{2}\sqrt{(2ab + 2bb)} \pm \frac{1}{2}\sqrt{(-2ab + 2b\sqrt{(2ab + 2bb)} - bb)} = -\frac{1}{2}b + \sqrt{(\frac{1}{2}bb + \frac{1}{2}ab)} \pm \sqrt{(b\sqrt{(\frac{1}{2}ab + \frac{1}{2}bb)} - \frac{1}{4}bb - \frac{1}{2}ab))}$.

Ubi nota quod, quia duo latera trianguli ſemper tertio majora ſunt, erunt a fortiori duo latera & normalis ſimul tertio majora, id eſt, a major quam b; quare rectangulum ab majus quam bb; & $2ab + 2bb$, quam $4bb$ ($= 2bb + 2bb$), & idcirco cc majus quam $4bb$; aut $\frac{c}{2}$ quam b; vel $\frac{cc}{2}$, quam bc; eſt ergo $bc - \frac{cc}{2}$ quantitas negativa; hanc pone $= -ff$; at eſt poſitiva $c - b$, quam fac $= 2g$, & fiet $xx = 2gx - ff$, vel $xx - 2gx + ff = 0$; tertia formula N°. 34, hujus, in qua x duos habet valores poſitivos.

(u) Quamvis hoc problema jam conſtruxerimus, tamen explicanda eſt Auctoris conſtructio. AB $= \frac{b}{2}$, BC $= \frac{a}{2}$; ergo AC $= \frac{a+b}{2}$; AE (cum ſit media inter b, & AC $= \frac{a+b}{2}$) erit $\sqrt{(\frac{1}{2}ab + \frac{1}{2}bb)}$, & BD ($=$ BC $-$ CD) $= \frac{1}{2}a - \frac{1}{4}b$, ac AD ($=$ AC $-$ CD)

$=$

PROB. VI.

Datis in triangulo rectangulo ABC summa laterum AC + BC, & perpendiculo CD invenire triangulum.

Tab. II. Fig. 10.

XXXIII. SIt AC + BC $= a$, CD $= b$, AC $= x$, & erit BC $= a - x$, (x) AB $= \sqrt{(aa - 2ax + 2xx.)}$ Est & CD . AC :: BC . AB, (y) Ergo rursus AB $= \frac{ax - xx}{b}$. Quare $ax - xx$ $= \frac{1}{2}b + \frac{1}{2}a - \frac{1}{4}b = \frac{1}{4}b + \frac{1}{2}a$: sed quia b est minor quam a, erit (additis utrobique æqualibus) $2b$ minor, quam $a + b$; & b, quam $\frac{a + b}{2}$; AE est igitur major quam b, & minor quam $\frac{a + b}{2}$; cadet ideo punctum E inter A, & C. Verum, aut cadet inter A & D, aut inter D & C. Primo, cadat inter A & D; erit hoc casu AE minor quam AD, id est, $\sqrt{(\frac{1}{2}ab + \frac{1}{2}bb)}$ minor quam $\frac{1}{2}a + \frac{1}{4}b$, vel $b\sqrt{(\frac{1}{2}ab + \frac{1}{1}bb)}$ minor quam $\frac{1}{2}ab + \frac{1}{4}bb$; adeoque $b\sqrt{(\frac{1}{2}ab + \frac{1}{2}bb)} - \frac{1}{2}ab - \frac{1}{4}bb$ est quantitas negativa, cujus radix imaginaria, & problema impossibile. Cadat ergo punctum E inter D & C: erit tunc DE (= AE − AD) $= \sqrt{(\frac{1}{2}ab + \frac{1}{2}bb)} - \frac{1}{2}a - \frac{1}{4}b$; quocirca EF (media inter b & DE) $= \pm\sqrt{(b\sqrt{(\frac{1}{2}ab + \frac{1}{2}bb)} - \frac{1}{2}ab - \frac{1}{4}bb)}$; BF (= AE ± EF − AB) erit ideo $= \sqrt{(\frac{1}{2}ab + \frac{1}{2}bb)} \pm (b\sqrt{(\frac{1}{2}ab + \frac{1}{2}bb)} - \frac{1}{2}ab - \frac{1}{4}b2) - \frac{1}{2}b$.

DETERMINATIO.

Quia vero, ut problema sit possibile, oportet ut $\sqrt{(\frac{1}{2}ab + \frac{1}{2}bb)}$ minor non sit quam $\frac{1}{2}a + \frac{1}{4}b$; videamus quo casu sint æquales. Si igitur $\sqrt{(\frac{1}{2}ab + \frac{1}{2}bb)} = \frac{1}{2}a + \frac{1}{4}b$; erit $\frac{1}{2}ab + \frac{1}{2}bb = \frac{1}{4}aa + \frac{1}{4}ab + \frac{1}{16}bb$; vel (auferendo fractiones, & delendo æqualia) $4ab + 7bb = 4aa$; & $b + \frac{7bb}{4a} = a$, vel $\frac{7bb}{4a} = a - b$. Summa laterum & perpendiculi (a) secetur in septem partes pares, & quæratur tertia post [illegible] his septimis, & hypothenusam; si hæc minor non est quam excessus summæ laterum, & perpendiculi supra basim, problema est possibile, & construetur ut supra.

Sed in hac ultima hypothesi triangulum quæsitum est Isosceles, ut patet.

(x) Sed si angulus ACB rectus non esset, pone $d . g$ :: AC (x) . CE $= \frac{gx}{d}$ & $d . f$ :: CA (x) . AE $= \frac{fx}{d}$.

Eritque $AB^2 = AC^2 + CB^2 - 2BCE = 2xx + aa - 2ax - \frac{2agx + 2gxx}{d}$.

(y) Item DC (b) . CB $(a - x)$ :: EA $(\frac{fx}{d})$.

$$AB = \frac{afx - fxx}{bd}$$

cujus valoris quadratum æquatur primo, id est

$$\frac{aaffxx - 2affx^3 + ffx^4}{b^2d^2}$$

$$= 2xx + aa - 2ax - \frac{2agx + 2gxx}{d}$$

igitur (sublatis fractionibus atque ordinatis terminis)

$= b\sqrt{(aa - 2ax + 2xx)}$ & partibus quadratis & ordinatis, $x^4 - 2ax^3 \begin{matrix} + aa \\ - 2bb \end{matrix} xx + 2abbx - aabb = 0$. Adde ad utramque partem $aabb + b^4$,

& fiet

$$x^4 - 2ax^3 \begin{matrix} + aa \\ - 2bb \end{matrix} xx + 2abbx + b^4 = aabb + b^4.$$

Et extracta utrobique radice $xx - ax - bb = - b\sqrt{(aa + bb)}$

& radice iterum extracta

$$x = \frac{1}{4} a \pm \sqrt{(\frac{1}{2} aa + bb - b\sqrt{(aa + bb)})}\ (z).$$

Con-

$$x^4 - 2ax^3 \begin{matrix} - \frac{2b^2d^2}{ff} \\ - \frac{2b^2dg}{ff} \\ + a^2 \end{matrix} x^2 \begin{matrix} + \frac{2abbdd}{ff} \\ + \frac{2abbdg}{ff} \end{matrix} x - \frac{aabbdd}{ff} = 0$$

adde hinc inde

$$\frac{aabbdd}{ff} + \frac{b^4d^4 + 2b^4d^3g + b^4ddgg}{f^4},$$

& invenies

$$x^4 - 2ax^3 \begin{matrix} - \frac{2b^2d^2}{ff} \\ - \frac{2b^2dg}{ff} \\ + aa \end{matrix} xx \begin{matrix} + \frac{2ab^2d^2}{ff} \\ + \frac{2ab^2dg}{f^2} \end{matrix} x \begin{matrix} + \frac{b^4d^4}{f^4} \\ + \frac{2b^4d^3g}{f^4} \\ + \frac{b^4ddgg}{f^4} \end{matrix} = \begin{matrix} + \frac{b^4ddgg}{f^4} \\ + \frac{2b^4d^3g}{f^4} \\ + \frac{b^4d^4}{f^4} \\ + \frac{a^2b^2d^2}{ff} \end{matrix}$$

& extracta radice

$$xx - ax - \frac{b^2d^2 - b^2dg}{ff} = \pm \frac{bd}{ff} \text{ in } \sqrt{(aaff + bbdd + 2bbdg + bbgg)}$$

[illegible] posito [illegible] $= f$, vel si triangulum simile ipsi AEC, quod specie datur, fiat super datum perpendiculum b tanquam dato angulo oppositum,

$$xx - ax - d^2 - dg = \pm \frac{d}{b}\sqrt{(aabb + bb\ (d + g)^2)}.$$

Sed $xx - ax - dd - dg$ est quantitas [illegible] nam x est latus alterum; & a aggregatum amborum, quare a major est quam x, & [illegible], & fortius $ax + dd + dg$ super [illegible]. [illegible] radix negative sumenda est; & transponendo [illegible]

$d\sqrt{(aa + (d + g)^2)} = d(d + g) = x(a - x)$.

CONSTRUCTIO.

(z) Sume $GI = b$; ei ad perpendiculum erige $IF = g$; erit juncta $FG = d$. Produc IF quidem in K, ut FK æquet FG, & fit $IK = d + g$, atque IG in L, ut fit $IL = a$; erit juncta $KL = \sqrt{(aa + (d + g)^2)}$. Nunc per F age super LK ad rectos angulos FM. Triangula LKI, FKM habentia angulos ad M & I. rectos, & ad K communem, similia erunt (Eucl. 4. VI.) Quare LK $(\sqrt{(aa + (d + g)^2)})$. KI $(d + g)$ :: FK (d). KM, & KM $. \sqrt{(aa + (d + g)^2)} = d(d + g)$. Fiet igitur ultima æquatio, positis lineis pro symbolis, LK (FK — KM) $= ax - xx$. Produc igitur MK in N ut fit MN = FK, & fiet LK . KN $= ax - xx$. Per tria puncta N, I, L describe TAB. D. Fig. 6.

Constructio Geometrica.

Cape $AB = BC = \frac{1}{2}a$. Ad C erige perpendiculum $CD = b$. Produc DC ad E ut fit $DE = DA$. Et inter CD & CE cape medium proportionale CF. Centroque F, radio BC descriptus circulus GH secet rectam BC in G & H, & erunt BG & BH latera duo trianguli.

Idem aliter.

Sit $AC + BC = a$, $AC - BC = y$, $AB = x$, ac $DC = b$.

& trise circulum (Eucl. 4. IV.) & per K concentricum KPQR, rectæ LI concurrentem in P, & Q, erunt LQ, LP duo valores positivi incognitæ x (N°. 34. hujus).

DETERMINATIO.

Quoniam autem ad constructionem requiritur ut recta LI circulo KPQR occurrat, & ultima rectarum occurrentium est tangens, quæ a circulo concentrico bisecatur, patet triangulum isosceles esse ultimum possibilium in hypothesi proposita. Nunc dico quod

Rectangulum sub PL, LQ *minus est quadrato ex dimidiata* IL.

Bisecetur IL in A; erit rectangulum sub PL; LQ una cum quadrato AQ æquale quadrato ex AL (Eucl. 6. II.); atque ideo rectangulum sub PL; QL minus quadrato ex AL.

Si ergo ab L ad circulum RQPK ducatur tangens LS, ea erit minor quam LA; & est media inter KL; LR (Eucl. 36. III. & 17. VI.)

Est autem KL . LR $= d\sqrt{(aa + (d+g)^2)} - dd - dg$, quod debet esse minus $\frac{aa}{4}$; ergo $d\sqrt{(aa + (d+g)^2)}$ minus $\frac{a^2}{4} + dd + dg$; & $aadd + d^4 + 2d^3g + ddgg$ minus $\frac{a^4}{16} + \frac{aadd + aadg}{2} + d^4 + 2d^3g + ddgg$; & $16aadd$ minus $a^4 + 8aadd + 8aadg$, vel $8dd$ minus $aa + 8dg$ aut $2dd - 2dg$ minus $\frac{aa}{4}$.

Igitur, proposito problemate, describe triangulum GIF ut supra, e GF abscinde FT æqualem FI; quære mediam inter GT & bis GF; si hæc minor est quam LA, problema construes ut supra; si æqualis, triangulum quæsitum est isosceles; si major, problema est impossibile.

OBSERVATIO.

Hæc ita se habent ubi datus angulus est acutus, neque aliter ubi est obtusus; nam in nulla æquationum supra inventarum habetur aliqua potestas impar ipsius f aut b, qui dati anguli sinus est; ideo nullius termini signum mutari debet; & in ultima

$$d\sqrt{(aa + (d+g)^2)} - d(d+g) = \frac{x(a-x)}{2}$$

quantitas radicalis debet necessario esse positiva, quia $x(a-x)$ est quantitas positiva, ut vidimus; quare & ejus valor debet esse positivus: esset autem negativus, si quantitas radicalis esset negativa.

Sed, quando datus angulus rectus est, tunc GF cadit in GI, quapropter $IF = g = 0$; & $FG = GI$, aut $d = b$; atque ideo æquatio finalis fit $b\sqrt{(aa + bb)} - bb = x(a-x)$ ut Auctor invenit. Tunc etiam triangulum LKI figuræ 6. fit LIK figuræ 7, & $LK = \sqrt{(aa + bb)}$; tunc igitur sufficit sumere $KO = KI$, & LK bisecta in T, centro T radio TO describere semicirculum occurrentem rectæ LI in P & Q. Nam circulus centro T radio TK descriptus transiret per I (Eucl. 3. III.) unde probaretur, ut N°. 34. hujus, $LQ = PI$ &c.

Sed, cum x indicare non possit nisi duo trianguli latera, jure quæri potest, cur prodeat æquatio quatuor dimensionum? Id accidit quia a potest exprimere tum laterum summam, ut hactenus supposuimus; tum eorum differentiam; ut patet ponendo AC latus majus $= x$, & BC latus minus $= x - a$; unde eadem prodibit æquatio. Nos eam determinavimus ut esset laterum summa, dum posuimus a majorem quam x. Esset autem differentia si foret minor quam x; & tunc $ax - xx$ foret positiva, & radix positive sumenda esset. Hinc melius quæsita esset basis quæ quadruplicem valorem habere non potest; quod tamen [illegible] tonus in [illegible] solutione.

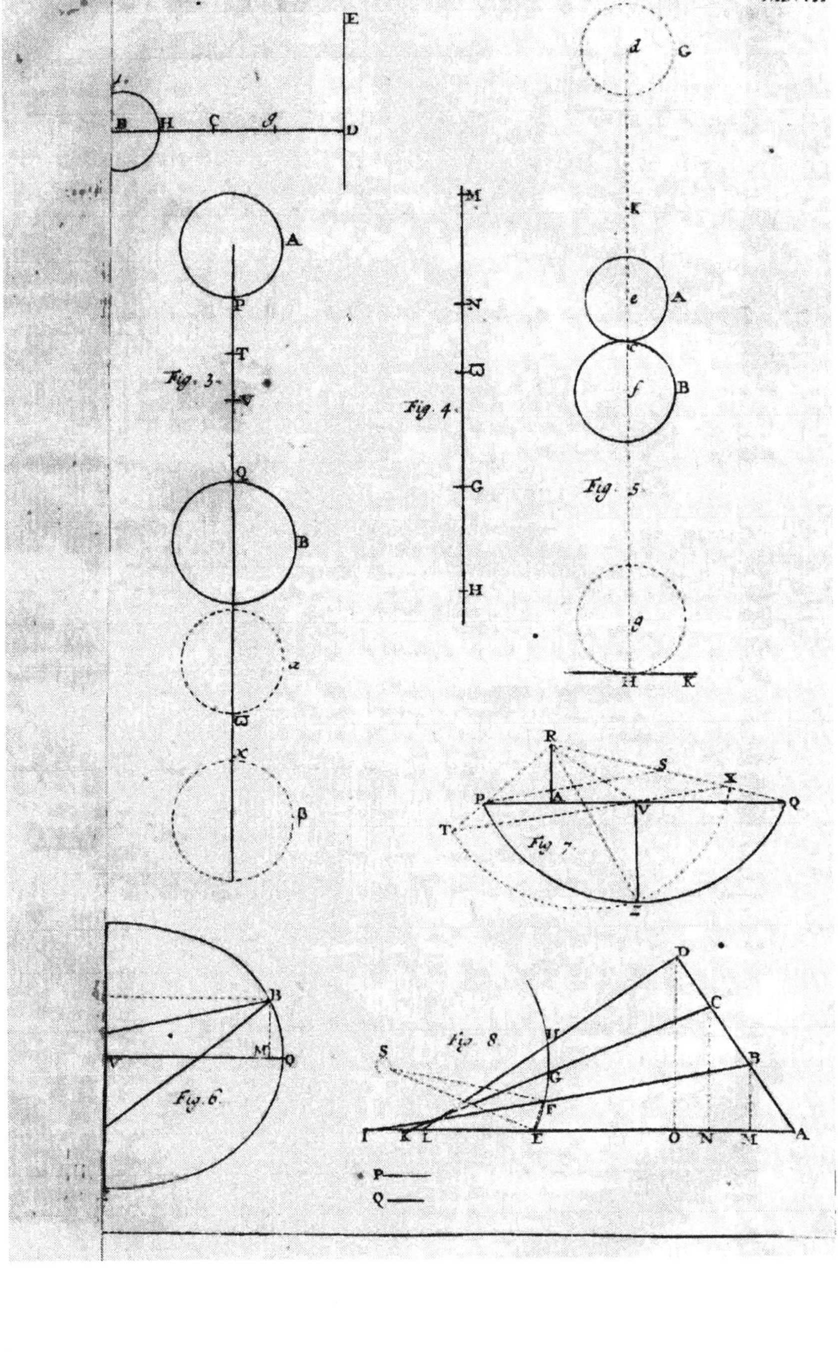
Fig. 3
Fig. 4
Fig. 5
Fig. 6
Fig. 7
Fig. 8

& erit

$$\frac{a+y}{2} = AC, \frac{a-y}{2} = BC, \frac{aa+yy}{2} = ACq + BCq = ABq = xx.$$

$$\frac{aa-yy}{4b} = \frac{AC \cdot BC}{DC} = AB = x. \text{ Ergo}$$

$2xx - aa = yy = aa - 4bx$, & $xx = aa - 2bx$, & extracta radice $x = -b + \sqrt{(bb + aa)}$. Unde in superiori constructione est CE hypotenusa trianguli quæsiti. Data autem basi & perpendiculo tam in hoc quam in superiore problemate, triangulum sic expedite construitur. Fac parallelogrammum CG cujus latus CE erit basis trianguli, latus alterum CF perpendiculum. Et super CE describe semicirculum secantem latus oppositum FG in H. Age CH, EH, & erit CHE triangulum quæsitum. TAB. II. Fig. 4.

PROB. VII.

In triangulo rectangulo, datis summa laterum, & summa perpendiculi & basis invenire triangulum.

XXXIV. Sit laterum AC & BC summa a, basis AB & perpendiculi CD summa b, latus AC $= x$, basis AB $= y$, & erit BC $= a - x$, CD $= b - y$, $aa - 2ax + 2xx = ACq + BCq = ABq = yy$, $ax - xx = AC \cdot CD = by - yy = by - aa + 2ax - 2xx$, & $by = aa - ax + xx$. Hujus quadratum $a^4 - 2a^3x + 3aaxx - 2ax^3 + x^4$, pone æquale yy in bb, hoc est æquale $aabb - 2abbx + 2bbxx$. TAB. II. Fig. 10.

Et ordinata æquatione fiet

$$x^4 - 2ax^3 \begin{matrix} + 3aa \\ - 2bb \end{matrix} xx \begin{matrix} - 2a^3 \\ + 2abb \end{matrix} x \begin{matrix} + a^4 \\ - aabb \end{matrix} = 0.$$

Ad utramque partem æquationis adde $b^4 - aabb$, & fiet

$$x^4 - 2ax^3 \begin{matrix} + 3aa \\ - 2bb \end{matrix} xx \begin{matrix} - 2a^3 \\ + 2abb \end{matrix} x \begin{matrix} + a^4 \\ - 2aabb \\ + b^4 \end{matrix} = b^4 - aabb.$$

Et extracta utrobique radice

$$xx - ax + aa - bb = -b\sqrt{(bb - aa.)}$$

& radice iterum extracta

$$x = \frac{1}{2}a \pm \sqrt{(bb - \frac{3}{4}aa - b\sqrt{(bb - aa)})} \quad (a)$$

Con-

(a) Si vero datus angulus rectus non esset, sic problema solvi potest. Pone summam AC + BC $= 2a$; differentiam AC $-$ BC $= 2y$; erit AC $= a + y$; CB $= a - y$. Pariter sit AB + CD $= 2b$; AB $-$ DC $= 2z$; erit AB $= b + z$; DC $= b - z$. Item

Constructio Geometrica.

Cape R mediam proportionalem inter $b + a$ & $b - a$; & ... mediam pro-

Item fac

$d . g :: AC\ (a + y) . CE = \frac{ag + gy}{d}$.

&

$d . b . :: CA\ (a + y) . AE = \frac{ab + by}{d}$.

His positis, quoniam est (Eucl. 13. II.) $AB^2 = AC^2 + CB^2 - 2BC . CE$

erit

$$bb + 2bz + zz = 2aa + 2yy - \frac{2aag + 2gy^2}{d}$$

est autem quoque

CD . AB = CB . AE = bis triangulo ABC, aut $bb - zz = \frac{a^2 b - by^2}{d}$

ergo, addendo æqualia æqualibus,

$$2bb + 2bz = 2aa + 2yy - \frac{2aag + 2gyy + aab - byy}{d}$$

ergo, reducendo ad eundem denominatorem &c.

$$z = \frac{yy(2d + 2g - b) + aa}{2bd}$$
$$\frac{(2d - 2g + b) - 2bbd}{2bd}$$

& ex æquatione superiore invenitur

$$zz = b\left(\frac{bd - aa + yy}{d}\right).$$

Ergo, ponendo $2d + 2g - b = m$; $2d - 2g + b = n$; erit, his valoribus substitutis, & transponendo

$$z = \frac{yym + aan - 2bbd}{2bd},$$

aut

$$\frac{2bdz - aan + 2bbd}{m} = yy$$

&

$$\frac{dzz - bbd + aab}{b} = yy \text{ quare}$$

$$\frac{dzz - bbd + aab}{b} = \frac{2bdz - aan + 2bbd}{m}$$

aut

$$zz = \frac{2bbdz - aabn + 2b^2d^2 + bbdm - aabm}{dm}$$

CONSTRUCTIO.

Cape GI = b; ei ad I erige perpendicularem IF = g: juncta FG erit = d. Eam produc in K ut sit GK = 4GF = $4d$; qua bisecta in L, fac LM = $2g - b$; quod cadet inter L & G. si b superat $2g$; secus autem inter L & K. Eritque GM = $2d + 2g - b$ = m; & KM = $2d - 2g + b = n$. Age nunc per M. perpendicularem MO = GI = b; & super junctam GO ad rectos angulos educ OP; Quoniam est GM. MO :: OM. MP (Eucl. 4. & 8. VI.) erit MP = $\frac{b^2}{m}$. Fiet ergo æquatio proposita.

$$zz = 2MP . z + bb - \frac{aab}{dm}(m + n) + 2MP . d$$

Et autem $m + n = 4d$; quare terminus $-\frac{aab}{dm}(m + n) = -\frac{4aab}{m}$. Produc MO in Q ut sit MQ = $2a$. Junge GQ, & ei ad rectos angulos educ QR, erit MR = $\frac{4aa}{m}$, & æquatio proposita evadet

$zz - 2MP . z = bb - b . MR + d . 2MP$. Unde eruitur $b : z :: z - 2MP . b - MR + 2MP . \frac{d}{b}$, si 2MP superat MR, quod accidit ubi b superat $2a$, vel MO ipsam MQ.

Si vero, ut in figura nostra, MO superatur ab MQ; æquationis signa mutanda sunt, & fiet

$b . MR - d . 2MP - bb = 2MP . z - zz$.

Tunc cape PS = PM $\frac{d}{b}$, eritque SR = MR $-$ 2MP. $\frac{d}{b}$; & cetera fac ut in No. 34. hujus.

DETERMINATIO pro angulo recto.

Patet quod problema tunc sit possibile, cum bb minor est quam $\frac{3}{4}aa + b\sqrt{(bb - aa)}$; ubi vero hæ duæ quantitates æquantur, triangulum petitum fit isosceles. Æquantur autem, ubi

proportionalem inter R & b — R, & T mediam proportionalem inter S & $\frac{1}{2}a$ — S, & erunt $\frac{1}{2}a + T$ & $\frac{1}{2}a - T$, latera trianguli. (b)

PROB. VIII.

Trianguli cujuscunque ABC, datis area, perimetro, & uno angulorum A, cetera determinare. TAB. II. Fig. 5.

XXXV. Esto perimeter $= a$, & area $= bb$, & ab ignotorum angulorum alterutro C ad latus oppositum AB demitte perpendiculum CD; (c) & propter angulum A datum, erit AC ad CD in data ratione, puta d ad e. Dic ergo AC $= x$ & erit CD $= \frac{ex}{d}$, per quam divide duplam aream, & prodibit $\frac{2bbd}{ex} =$ AB. Adde AD (nempe $\sqrt{(ACq - CDq)}$ sive $\frac{x}{d}\sqrt{(dd - ee)}$) ($d$) & emerget BD $= \frac{2bbd}{ex} + \frac{x}{d}\sqrt{(dd - ee)}$; cujus quadrato adde CD$q$ & orietur $\frac{4b^4dd}{eexx} + xx + \frac{4bb}{e}\sqrt{(dd - ee)} =$ BCq. Adhæc a perimetro aufer AC & AB, & restabit $a - x - \frac{2bbd}{ex} =$ BC, cujus quadratum $aa - 2ax + xx - \frac{4abbd}{ex} + \frac{4bbd}{e} + \frac{4b^4dd}{eexx}$ pone æquale quadrato prius invento; &, neglectis æquipollentibus, erit $\frac{4bb}{e}$ $\sqrt{(dd}$

ubi $4bb - 3ax = 4b\sqrt{(bb - aa)}$; id est, quadrando, ubi $16b^4 - 24aabb + 9a^4 = 16b^4 - 16aabb$, vel cum $\frac{aa}{4} = \frac{2bb}{9}$: Igitur, proposito problemate, quære mediam inter duos, & unum trientem baseos & perpendiculi simul; & si hæc media major est quam dimidium datæ summæ laterum, problema est impossibile; si æqualis, biseca summam laterum, triangulum erit isosceles; si minor, construe ut supra.

(b) Tamen brevius sic res expediri poterat

Sit AB $= b$, describe semicirculum ADB, cui ex B inscribe BD $= a$, erit juncta AD $= \sqrt{(bb - aa)}$. Fiat AE $=$ AD, centro C, radio [AE] describatur semicirculus EFGH, erunt BG, BF latera quæsita. [TAB.] E. [Fig.] 2.

(c) Cum angulus BAC (quem hic ponimus obtusum) detur ex hypothesi, datur etiam angulus ei deinceps CAD, sed & angulus ad D rectus datur; datur igitur etiam angulus ACD; ergo si in figura nostra super quavis recta data EF, fiat ad E quidem angulus FEG ipsi DAC æqualis, & ad F angulus rectus (quod fieri potest per primam *datorum* def.), & compleatur triangulum EFG, erunt æquiangula triangula EFG, & ADC similia (EUCL. 4. VI.), & specie data (40. *dat.*): quin & latera ipsius EFG dantur, datur ergo ratio laterum ipsius ADC. TAB. E. Fig. 3.

(d) Dic enim EG $= d$, GF $= e$, & habebis EF $= \sqrt{(dd - ee)}$; ac AC ad CD ut EG ad GF.

$\sqrt{(dd - ee)} = aa - 2ax - \frac{4abbd}{ex} + \frac{4bbd}{e}$. Et hæc, assumendo $4\frac{bb}{e}$ pro datis terminis $aa + \frac{4bbd}{e} - \frac{4bb}{e}\sqrt{(dd - ee)}$, & reducendo, evadit $xx = 2fx - \frac{2bbd}{e}$, sive $x = f \pm \sqrt{(ff - \frac{2bbd}{e})}$.

Eadem æquatio prodiisset etiam quærendo crus AB; nam crura AB & AC similiter se habent ad omnes conditiones problematis. Quare si AC ponatur $f - \sqrt{(ff - \frac{2bbd}{e})}$ erit AB $= f + \sqrt{(ff - \frac{2bbd}{e})}$, & vicissim; atque horum summa $2f$ subducta de perimetro relinquit tertium latus BC $= a - 2f$. (e)

PROB.

CONSTRUCTIO.

(e) Hanc satis perplexam constructionem sic perago.

Priorem æquationem $4\frac{bb}{e}\sqrt{(dd - ee)} = aa - 2ax - 4\frac{abbd}{ex} + 4\frac{bbd}{e}$, duco in ex, & habeo $4bbx\sqrt{(dd - ee)} = aaex - 2aexx - 4abbd + 4bbdx$; ut xx liberetur a multiplicantibus, omnia divido per $2ae$ inventurus $2\frac{bbx}{ae}\sqrt{(dd - ee)} = \frac{ax}{2} - 2\frac{bbd}{e} + 2\frac{bbdx}{ae} - xx$, & transponendo $\frac{2bbd}{e} = \frac{ax}{2} + 2\frac{bbdx}{ae} - 2\frac{bbx}{ae}\sqrt{(dd - ee)} - xx$, unde oritur hæc analogia $2\frac{bb}{e} . x :: \frac{a}{2} + 2\frac{bbd}{ae} - 2\frac{bb}{ae}\sqrt{(dd - ee)} - x . d$. Jam linea quæ per $\sqrt{(dd - ee)}$
E. designatur, inventa est, ea enim est ip-
3. sa EF, ergo EF $= \sqrt{(dd - ee)}$ dico $= c$, & perplexa quantitas $2\frac{bbd}{ae} - 2\frac{bb}{ae}\sqrt{(dd - ee)}$, fit $\frac{2bbd - 2bbc}{ae}$, quæ rursus resolvitur in hanc analogiam $\frac{a}{2} . \frac{bb}{e} :: d - c$ ad quartam, quæ est ipsissima quantitas $\frac{2bbd - 2bbc}{ae}$, ut patet invicem ducendo media, & ea dividendo per extremum $\frac{a}{2}$. Igitur centro E radio EF, describo arcum FH, occurrentem EG in H puncto; est GH $= d - c$. In GF, & in GH (productis si opus est) sumo ex G, hinc inde GL $=$ GM $= b$, jungo FM, cui parallelam duco LN, tum est (EUCL. 4. VI.) FG (c). GM (b) :: LG (b). GN $= \frac{bb}{c}$, cui æqualem capio NP. Nunc fit GK $= \frac{a}{2}$, jungatur HK, & mandeat per puncta K, H, P. circulus ipsi GL occurrens in Q. & erit KG ($\frac{a}{2}$). GH ($d - c$):: GN ($\frac{bb}{e}$). GQ $= \frac{2bbd - 2bbc}{ae}$. est ergo KQ $= \frac{a}{2} + \frac{2bbd - 2bbc}{ae}$.

Cetera ut in N°. 34. hujus.

DETERMINATIO.

Fit autem impossibile hoc problema, ubi $2\frac{bbd}{e}$ est major quam ff; & si $2\frac{bbd}{e} = ff$, triangulum petitum est isosceles.

Si angulus datus esset rectus, tunc d fieret $= e$, & $dd - ee = 0$; atque ideo superior æquatio fieret $xx = \frac{ax}{2} + 2\frac{bbx}{a} - 2bb$.

Sin acutus, normalis cadet inter puncta A & B; quare BD tunc esset ($=$ BA $-$ AD) $= 2\frac{bld}{ex} - \frac{x}{d}\sqrt{(dd - ee)}$, & in æquatione mutandum esset signum ipsius $4\frac{bb}{e}\sqrt{(dd - ee)}$.

Sed problema VIII. multo facilius solvitur *analysi geometrica*. Data perimeter sit AB; datus T F

PROB. IX.

Datis altitudine, basi, & summa laterum invenire triangulum.

XXXVI. Sit altitudo CD $= a$, basis AB dimidium $= b$, laterum semisumma $= c$, & semidifferentia $= z$; eritque majus latus, Tab. II. Fig. 5.

tus angulus C, & data area DEFG. Puta factum, & triangulum AHI sit quod petitur, & ejus angulus H æqualis dato C. Pone IK æqualem basi AI; rectangulum ABK erit excessus quadrati ex lateribus AH; HI tanquam ex una recta, vel ex IB, supra quadratum ex AI vel ex IK (Eucl. 6. II.) Datur ergo ratio ABK rectanguli ad triangulum AHI (67. Dat.); id est ad quadratum DEFG datum per hyp. Ergo datur rectangulum ABK (2. Dat.). Sed datur AB; quare & BK, ad datam rectam AB applicando spatium æquale dato rectangulo ABK. Igitur datur KA (4. Dat.) & AI (5. Dat.).

Jam datur ratio rectanguli sub AH; HI ad triangulum AHI; id est ad datum quadratum DEFG; quare datur rectangulum sub AH; HI (2. Dat.). Sed datur summa AH; HI; æqualis IB; ergo, applicando ad datam IB spatium æquale dato rectangulo sub AH; HI, & deficiens quadrato, dabitur BL, altitudo applicationis, & LI. (48. Dat.).

Componetur autem sic. Ex anguli, qui dato deinceps est, cruribus abscinde æquales partes MC; CN; junge NM; centro N intervallo NM descriptum concipe circulum ipsi MC productæ occurrens in O; & ex M in subjectam NC duc perpendicularem MP. Dati quadrati DEFG age diagonalem DF; & pone ut PM ad MO sic DF quadratum ad QR quadratum. Ad datam AB applica spatium æquale quadrato ex QR, & sit BK altitudo applicationis. Biseca AK in I, erit AI basis trianguli quæsiti.

Iterum pone ut PM ad MC sic DF quadratum ad ST quadratum, ad datam IB applica spatium æquale quadrato ex ST & deficiens quadrato, & sit BL altitudo applicationis; erit BL latus unum, LI latus alterum quæsiti trianguli.

Sit [illegible] A[illegible], & AH sit æqualis IL; HI æqualis [illegible], hujus trianguli perimeter æquat datam [illegible] AB. Produc AH in U ut HU [illegible], & junge IU.

Ducatur [illegible] NO. Triangula isoscelia NCM per [illegible] & MNO, ob radios MN; NO æquales, communem habent angulum CMN, æqualem tum angulo MNC tum angulo MON: quare angulus ONM æqualis est angulo NCM: & est OM ad MN ut MN ad MC vel NC atque OM ad MC ut quadratum ex MN ad quadratum ex NC.

Jam est rectangulum ABK, vel æquale quadratum ex QR, ad rectangulum sub AH; HI, vel ad æquale quadratum ex ST, ut quadratum ex IU ad quadratum ex UH (ex 67. Dat.); &, per const., est quadratum ex QR ad quadratum ex DF ut OM ad MP, & quadratum ex DF ad quadratum ST ut PM ad MC; ergo *ex æquo ordinate*, quadratum ex QR ad quadratum ex ST ut OM ad MC, ut quadratum ex NM ad quadratum ex NC, ut quadratum ex IU ad quadratum ex UH; quare & ipsæ rectæ NM; NC; IU; UH, proportionales sunt; triangula isoscelia NCM; IHU similia; angulus IHU æqualis angulo NCM, & reliquus IHA æqualis reliquo MCP. Quod erat unum.

Nunc ex A ductam puta in HI perpendicularem AX; triangula CMP : HAX similia sunt, & HA ad AX (vel rectangulum sub HA; HI ad rectangulum sub AX; HI; id est ad duplum rectangulum AHI) ut CM ad MP, ut quadratum ex ST ad quadratum ex DF per constr.; sed, per constr., quadratum ex ST æquale est rectangulo sub HA; HI; ergo duplum triangulum AHI æquale est quadrato ex DF; & triangulum illud quadrato ex DE. Quod erat alterum.

Determinatio pro basi & pro lateribus deducitur ex 27. VI. Eucl.

45. Diximus ponendum ut recta ad rectam ita quadratum ad quadratum, quod fieri potest quærendo mediam proportionalem inter datas rectas, & deinde quartam proportionalem post primam datarum, mediam, & latus dati quadrati: vel etiam sic.

Sint duæ datæ rectæ AB; BC; ex AC diametro describe semicirculum, cui in D occurrat perpendicularis excitata a puncto B super AC; junge AD; DC, erit angulus ADC rectus (31. III. Eucl.). Ex DA abscinde DE æqua- Tab. E. Fig. 5.

tus, puta BC, $= c + z$, & minus AC $= c - z$. Subduc CDq de BCq & ACq, & exibit hinc BD $= \sqrt{(cc + 2cz + zz - aa)}$, & inde AD $= \sqrt{(cc - 2cz + zz - aa)}$. Subduc etiam AB de BD & exibit iterum AD $= \sqrt{(cc + 2cz + zz - aa)} - 2b$. Quadratis jam valoribus AD & ordinatis terminis, orietur $bb + cz = b\sqrt{(cc + 2cz + zz - aa)}$. Rursusque quadrando & redigendo in ordinem obtinebitur $cczz - bbzz = bbcc - bbaa - b^4$. Et $z = bb\sqrt{(1 - \frac{aa}{cc - bb})}$. Unde dantur latera (*f*).

PROB. X.

Datis basi AB, summa laterum AC + BC, & angulo verticali C, determinare latera.

Tab. 2. Fig. 6. XXXVII. Sit basis $= a$, semisumma laterum $= b$, & semidifferentia $= x$, eritque majus latus BC $= b + x$ & minus AC $= b - x$. Ab alterutro ignotorum angulorum A ad latus oppositum BC demitte perpendiculum AD; & propter angulum C datum dabitur ratio AC ad CD puta d ad e, & proinde erit CD $= \frac{eb - ex}{d}$. Est etiam per 13. II. Elementorum $\frac{ACq - ABq + BCq}{2BC}$ hoc est $\frac{2bb + 2xx - aa}{2b + 2x} =$ CD; ideoque habetur æquatio inter valores CD. Et hæc reducta fit $x = \sqrt{(\frac{daa + 2ebb - 2dbb}{2d + 2e})}$. Unde dantur latera. (*g*).

Si

æqualem lateri quadrati dati, per E age EF ipsi AC parallelam & perpendiculari BD occurrentem in G, erit ut AB ad BC sic quadratum ex ED ad quadratum ex DF.

Est enim CA ad AD ut DA ad AB (cor. 8. VI. Eucl.) & rectangulum sub CA; AB æquale quadrato ex AD (17. VI. Eucl.). Eodem pacto demonstrabitur rectangulum sub CA; CB æquale quadrato ex CD; ergo rectangulum sub CA; AB; ad rectangulum sub CA; CB, id est AB ad BC (1. VI. Eucl.), ut quadratum ex AD ad quadratum ex DC, ut quadratum ex EF ad quadratum ex DF.

Constructio.

(*f*) Æquatio $cczz - bbzz = bbcc - b^4 - aabb$ resolvitur in hanc analogiam $cc - bb . cc - bb - aa :: bb . zz$, aut $\sqrt{(cc - bb)} . \sqrt{(cc - bb - aa)} :: b . z$. (Eucl. 21. VI.). Ipsas autem $\sqrt{(cc - bb)}$ & $\sqrt{(cc - bb - aa)}$ determinare docuimus (N°. 23. &c. hujus); quibus inventis z reperietur per (Eucl. 17. VI.)

Ceterum geometricam hujus analysim videbis infra Prob. XXI.

Determinatio.

Fit autem impossibile problema cum cc superatur ab $aa + bb$; & cum $aa + bb = cc$, tunc $z = 0$, & triangulum fit isosceles. Sed, quando $cc = aa + bb$, etiam $cc - bb = aa$, & $c + b . a :: a . c - b$. Quæratur ergo, problemate proposito, media inter aggregatum ex laterum semisumma, & dimidiata basi, atque eorum differentiam. Si hæc æquat datum perpendiculum, summa laterum est bisecanda & triangulum isosceles construendum, si major est, laterum differentia, ut supra, detegenda est, si minor, problema est impossibile.

(*g*) Hæc æquatio resolvitur in analogiam [illegible] $. \frac{aad}{2bb} - d + e :: bb . xx$, & $\frac{aad}{2bb}$ dat [illegible]

$\frac{d}{2}$

$\frac{d}{2}$ ad quartam $= \frac{aad}{2bb}$. Fac ergo ex AD $= a$; & DC $= e$ angulum rectum ADC, junge AC, super quam, ex D demitte normalem DB; tunc $AD^2 . DC^2$ :: AB . BC, ergo post AB, BC, & $\frac{d}{2}$ inveniatur quarta $= \frac{aad}{2bb}$, quam dic $= f$, & erit $d + e . e - d + f :: bb . xx$; super basim MO $= 2e + f$, describe semicirculum MKO, sume MN $= d + e$, erit NO $= 2e + f - e - d = e - d + f$, quare junctarum MK, KO, quadrata erunt ut MN ad NO, ut bb ad xx, igitur superest ut facias, MK . KO :: b ad quartam $= x$.

Analysis Geometrica.

Quia summa laterum, & basis dantur, earum ratio datur (1. *dat.*); sed & angulus verticalis datur, ergo triangulum est datum specie (45. *dat.*); & ob datam basim, etiam magnitudine (52. *dat.*); quare ejus latera AC, & BC, data erunt (55. *dat.*).

Componetur autem sic

Sit FG data recta æqualis duobus lateribus trianguli quæsiti, ad alteram ejus extremitatem G fac angulum FGH æqualem dati dimidio, deinde centro F, & data basi, tanquam radio describe arcum circuli qui occurrat ipsi GH in duobus punctis H, h, fac in H, aut h angulum GHL, aut Ghl æqualem dato FGH, occurratque recta HL, sive hl ipsi FG in L, aut l; dico triangulum FHL, aut Fhl satisfacere problemati. Nam quia triangulum HLG, est isosceles (Eucl. 6. I.) erit angulus FLH, duplex anguli FGH, (Eucl. 32. I.) aut dato æqualis, *quod erat unum.*

Item FL, LH simul æquales FG rectæ datæ, *quod erat alterum.*

Determinatio.

Quia vero ad compositionem requiritur, ut circulus, centro F, & data basi tanquam radio descriptus, occurrat ipsi GH positione datæ, & quia si bis occurrat, duo sunt triangula satisfacientia; si semel, unum; lustrandum est utrum angulus verticalis in hoc secundo casu, sit omnium minimus, an maximus.

Ergo ex puncto G demittatur tangens GM ad arcum circuli Hh, tunc unum erit triangulum FMN problemati satisfaciens; sed angulus FGM angulo FGH major, ergo & FNM est major ipsis FLH, aut Flh. Tunc vero triangulum, FMN, est isosceles; nam ob triangulum FMG rectangulum, anguli MFG, & FGM, aut NMG, æquantur angulo FMG (32. I.) quapropter residuus MFG æquat residuum FMN; quare determinaturus utrum possibile sit problema, nec ne, biseca rectam datam, & ex ea fac super datam basim triangulum isosceles, si trianguli hujus angulus verticalis datum æquat, jam problema solutum est; si dato major est, problema est possibile, & construes ut supra; si vero minor; problema est impossibile.

Alia Compositio.

Super data basi AB describatur segmentum circuli capax dimidii anguli dati; cui circulo ab altera baseos extremitate A inscribatur chorda AE par datorum laterum summæ, jungatur BE, & fiat angulus EBC ipsi AEB æqualis; dico peractum, ut patet. TAB. E. Fig. 8.

Quia vero ad compositionem requiritur, ut data laterum summa dato circulo possit inscribi, & hoc fieri nequit, ubi ea major est dati circuli diametro; si par, una inscriptio fieri potest; ceteroquin, duæ: videndum est quid accidat cum data laterum summa datam diametrum æquat; ea sit ergo AGF, rectus igitur est angulus B; & eum æquant anguli FAB, & AFB, vel (per constructionem) FBG, simul; æquales igitur sunt anguli GAB, GBA; & est triangulum AGB isosceles, & G circuli centrum. Cum autem data summa (AE) diametro minor est, angulus ABE major est recto ABF; quare, demptis æqualibus, angulus CBA major est angulo (GBA vel) GAB, & fortius, angulo CAB; est ergo latus CA majus latere CB; & ideo, si recta AE bisecetur in H; punctum H cadere debet inter puncta A, & C; quapropter angulus AHB exterior, major est interiore ACB.

Sed ubi problema est impossibile, quia data recta AM diametro major est, statim apparet quod angulus AFB dati dimidius, exterior, major est angulo interiore AMB; quare datus AGB major est duplo ipsius AMB, id est, ejus qui fieret supra datam basim a recta AM bisecta; unde redit superior determinatio.

Ceterum patet, quod summa laterum debet esse basi major.

Si, reliquis stantibus, daretur laterum differentia, problema construeretur ut hoc, nisi quod angulus AEB deberet esse major angulo EBA, quia laterum differentia minor est quam basis; quare linea BC faciens angulum EBC æqualem ipsi AEB, caderet infra basim, &c.

PROB.

Si anguli ad basin quærerentur, conclusio foret concinnior; utpote ducatur EC datum angulum bisecans & basi occurrens in E; & erit AB. AC + BC (:: AE. AC) :: sinus anguli ACE. sinum anguli AEC. Et ab angulo AEC ejusque complemento BEC si subducatur dimidium anguli C relinquentur anguli ABC & BAC.

PROB. XI.

Datis trianguli lateribus invenire angulos. (h)

TAB. II. Fig. 7. XXXVIII. Dentur latera AB $= a$. AC $= b$. BC $= c$, quæratur angulus A. Demisso ad AB perpendiculo CD quod angulo isti opponitur, erit imprimis

$$bb - cc = ACq - BCq = ADq - BDq \; (i) = (AD + BD)(AD - BD) = AB\,(2AD - AB)\;(k) = 2AD \cdot a - aa.$$

Adeoque $\frac{1}{2}a + \frac{bb - cc}{2a} = AD$. (*l*) Unde prodit hocce *primum Theorema*.

I.

Ut AB, ad AC + BC, ita AC — BC, ad quartam proportionalem N. $\frac{AB + N}{2} = AD$. Ut AC ad AD, ita radius ad cosinum anguli A.

Adhæc

$$DCq = ACq - ADq = \frac{2aabb + 2aacc + 2bbcc - a^4 - b^4 - c^4}{4aa} = \frac{(a+b+c)(a+b-c)(a-b+c)(-a+b+c)}{}$$

Un-

(h) *Hoc problema Geometram practicum spectat. Theoreticus enim illud jam solutum habet, siquidem, datis trianguli lateribus dantur anguli* (39. & def. 3. datorum). Sed *cum tabulæ tangentium, &c. tantum* dato sinu *alicujus anguli indicent arcum, qui angulum illum metitur*, sinus *vero cum ceteris trianguli lateribus efficiat triangulum rectangulum, & fieri possit ut aliquis, terræ aut maris tractum dimetiens, cognoscat tria latera trianguli obliquanguli; ideo clarissimus Auctor docet qua ratione triangulum obliquangulum, cujus dantur latera, ad triangula rectangula revocemus. Hoc ipsum appellatur* triangulorum obliquangulorum resolutio.

(i) Nam $AC^2 = CD^2 + DA^2$, & $BC^2 = BD^2 + DC^2$, ergo $AC^2 - CB^2 = DA^2 + CD^2 - BD^2 - DC^2 = DA^2 - BD^2$.

(k) Siquidem AD + DB = AB; Quod est unum.

Hinc fluit quod AD = AB — BD, & AD — DB = AB — 2BD, quæ quantitas (ubi 2BD superat AB) est negativa & æqualis 2BD — AB nam earundem quantitatum semper eadem est differentia. Quod est alterum.

(l) Sed AB $= a$, ergo $bb - cc = a(2AD - a) = 2AD \cdot a - aa$, & $aa + bb - cc = 2AD \cdot a$, & $AD = \frac{a}{2} + \frac{bb - cc}{2a}$.

Vide problema II. hujus, ubi jam segmenta baseos invenimus.

Unde multiplicatis numeratoris & denominatoris radicibus per b, conflatur hocce *Theorema secundum.*

II.

Ut $2ab$ ad medium proportionale inter $(a+b+c)$ $(a+b-c)$ & $(a-b+c)$ $(-a+b+c)$ ita radius ad finum anguli A. (m)

Insuper in AB Cape AE $=$ AC, & age CE, & erit angulus ECD æqualis dimidio anguli. A (n)

Aufer AD de AE, & restabit DE $=$

$$b - \frac{1}{2}a - \frac{bb+cc}{2a} = \frac{cc-aa+2ab-bb}{2a} = \frac{(c+a-b)(c-a+b)}{2a}.$$

Unde

$$DEq = \frac{(c+a-b)(c+a-b)(c-a+b)(c-a+b).}{4aa}$$

Et hinc consit *Theorema tertium quartumque, videlicet.*

III.

Ut $2ab$ ad $(c+a-b)$ $(c-a+b)$ (ita AC ad DE) ita radius ad finum versum anguli A. (o)

IV.

Et, ut medium proportionale inter $a+b+c$, & $a+b-c$ ad medium proportionale inter $c+a-b$, & $c-a+b$ (ita CD ad DE) ita radius ad tangentem dimidii anguli A, vel dimidii cotagens ad radium. (p)

Præ-

(m) Quia DC $= \frac{\sqrt{((a+b+c)(a+b-c)(a-b+c)(-a+b+c))}}{2a}$, & R medium proportionale inter $(a+b+c)$ $(a+b-c)$, & $(a-b+c)$ $(-a+b+c)$ $= \sqrt{((a+b+c)(a+b-c)(a-b+c)(-a+b+c))}$, ergo DC $= \frac{R}{2a} = \frac{bR}{2ab}$; sed (posita AC $=$ radio) DC est finus anguli A; ergo $2ab$. R :: b (radius). DC (finum).

(n) Ob angulos rectos ad D, anguli ACD; DAC simul æquant una angulos ECD & DEC, (vel, ob CA, AE æquales,) ECA, aut ECD, & DCA æquale, demptis æqualibus, angulus DAC æquat bis ipsum ECD.

(o) Nam DE $= \frac{(c+a-b)(c-a+b)}{2a} = \frac{(c+a-b)(c-a+b)b;}{2ab}$ quapropter $2ab$. $(c+a-b)(c-a+b)$ :: b. DE.

(p) Etenim DC^2 $= \frac{(a+b+c)(a+b-c)}{4aa}$; $\frac{(a-a+c)(-a+b+c);}{4aa}$

&

DE^2 $= \frac{(a-b+c)(a-b+c)}{4aa}$ $\frac{(-a+b+c)(-a+b+c),}{4aa}$

ergo

CD^2. DE^2 :: $\frac{(a+b+c)(a+b+c)}{4aa}$

Præterea est $CEq = CDq + DEq =$

$$\frac{2abb + bcc - baa - b^3}{a} = \frac{b}{a}(c + a - b)(c - a + b).$$

Unde *Theorema quintum & sextum.*

V.

Ut medium proportionale inter $2a$ & $2b$ ad medium proportionale inter $c + a - b$, & $c - a + b$, vel ut 1 ad medium proportionale inter $\frac{c + a - b}{2a}$ & $\frac{c - a + b}{2b}$, (*q*) (ita AC ad $\frac{1}{2}$CE, vel CE ad DE) (*r*) ita radius ad sinum dimidii anguli A.

VI.

Et ut medium proportionale inter $2a$ & $2b$ ad medium proportionale inter $a + b + c$, & $a + b - c$ (ita CE ad CD) (*s*) ita radius ad cosinum dimidii anguli A.

Si præter angulos desideretur etiam area trianguli, duc CDq in $\frac{1}{2}ABq$, & radix, *videlicet*

$\frac{1}{4}\surd$

$$\frac{(a - b + c)(-a + b + c)}{4aa}. \text{ ad } \frac{(a - b + c)(a - b + c)(-a + b + c)}{4aa} \frac{(-a + b + c)}{4aa} ::$$

(cunctis divisis per $\frac{(a - b + c)(-a + b + c)}{4aa}$,)

$(a + b + c)(a + b - c) . (a - b + c)(-a + b + c)$;

igitur

$CD . DE :: \surd((a + b + c)(a + b - c)) . \surd((a - b + c)(-a + b + c))$.

(*q*) Est enim $AC^2 . CE^2 :: bb . \frac{b}{a}(c + a - b)(-a + b + c) ::$ (cunctis divisis per $\frac{b}{a}$) $ab . (a - b + c)(-a + b + c)$,

&

$AC, CE :: \surd ab . \surd((a - b + c)(-a + b + c)) :: 2\surd ab . 2\surd((a - b + c)(-a + b + c))$,

& *alternando*, $AC . 2\surd ab\ (\surd 4ab) :: CE . 2\surd((a - b + c))(-a + b + c) :: \frac{CE}{2} . \surd((a - b + c)(-a + b + c))$.

(*r*) Nam ob angulos, rectos, ad D, & EAC; CED æquales. $AC . \frac{CE}{2} :: CE . ED$.

(*s*) Siquidem $EC^2 . CD^2 :: \frac{b}{a}(c + a - b)(c - a + b) . \frac{(a + b + c)(a + b - c)(a - b + c)(b - a + c)}{4aa} ::$ (cunctis divisis per $\frac{(c + a - b)(c - a + b)}{a}$) $b . \left(\frac{a + b + c)(a + b - c}{4a}\right) :: 4ab, (a + b + c)(a + b - c)$, & $EC . CD :: \surd 4ab . \surd((a + b + c)(a + b - c))$.

$\frac{1}{4}\surd((a+b+c)(a+b-c)(a-b+c)(-a+b+c))$, erit area illa quæsita.

PROB. XII.

Trianguli cujusvis rectilinei datis lateribus & basi, invenire segmenta basis, perpendiculum, aream, & angulos. (t)

XXXIX. Trianguli ABC dentur latera AC, BC, & basis AB. Biseca AB in I & in ea utrinque producta cape AF & AE æquales AC, atque BG & BH æquales BC. Junge CE, CF; & a C ad basem demitte perpendiculum CD. Et erit TAB. II. Fig. 8.

$$ACq - BCq = ADq + CDq - CDq - BDq = ADq - BDq = (AD+BD)(AD-BD) = AB \,.\, 2DI. \ (u)$$

Ergo

$$\frac{ACq - BCq}{2AB} = DI. \text{ Et } 2AB \,.\, AC + BC :: AC - BC \,.\, DI.$$

Quod est Theorema pro determinandis segmentis basis. (x)

De IE, hoc est de $AC - \frac{1}{2}AB$ aufer DI, & restabit

$$DE = \frac{BCq - ACq + 2AC \,.\, AB - ABq}{2AB} \ (y)$$

hoc est

$$\frac{(BC + AC - AB)(BC - AC + AB)}{2AB}, \text{ sive } = \frac{HE \,.\, EG}{2AB}. \ (z)$$

Aufer

(t) Segmenta basis inventa sunt Probl II. & XI. Perpendiculum Probl. XI. ante Theor. II. Area Probl. XI. post Theor. VI., & anguli per totum Probl. XI.: uno verbo hoc problema idem est ac superius diversimode solutum.

(u) Nam $AD = AI + ID = BI + ID = BD + ID + ID$, ergo $AD - DB = 2ID$. Hoc autem est theorema, quod Auctor noster attulit Art. XIII., & quod nos ibi demonstravimus.

(x) Idemque, ac I. superioris problematis.

(y) Nam $DE = AC - \frac{1}{2}AB - (DI$ vel $- \frac{AC^2 - BC^2}{2AB})$, omnesque terminos ad eundem denominatorem reducendo,

$$DE = \frac{AC.2AB - \frac{1}{2}AB.2AB - AC^2 + BC^2}{2AB}$$

$= BC^2$. &c.

Idem repertum fuit Probl. XI. ante Theor. III.

(z) Nam $BC + CA = BH + AE = BE + EH + AH + HE$;

sed

$$BE + EH + HA = BA;$$

ergo $BC + CA = BA + HE$;

&

$$BC + CA - AB = HE.$$

Rur-

Aufer DE de FE five 2AC, & restabit

$$FD = \frac{CAq + 2AC \cdot AB + ABq - BCq}{2AB},$$

hoc est

$$\frac{(AC + AB + BC)(AC + AB - BC)}{2AB}, \text{ five } = \frac{FG \cdot FH}{2AB}.$$

Et, cum sit CD medium proportionale inter DE ac DF, CE medium proportionale inter DE & EF, ac CF medium proportionale inter DF & EF: (*a*) erit

$$CD = \sqrt{\left(\frac{FG \cdot EH \cdot HE \cdot EG}{2AB}\right)}, \ (b)\ CE = \sqrt{\left(\frac{AC \cdot HE \cdot EG}{AB}\right)}, \ (c)$$

&

$$CF = \sqrt{\left(\frac{AC \cdot FG \cdot FH}{AB}\right)}$$

Duc CD in $\frac{1}{2}$ AB & habebitur area $= \frac{1}{4}\sqrt{(FG \cdot FH \cdot HE \cdot EG)}$. (*d*) Pro angulo vero A determinando prodeunt Theoremata multiplicia, *videlicet*.

1. 2AB . AC : HE . EG (:: AC. DE) :: radius ad sinum versum anguli A.

2. 2AB . AC ad FG . FH (:: AC ad FD) :: radius ad cosinum versum A.

3. 2AB . AC ad $\sqrt{}$(FG . FH . HE . EG) (:: AC ad CD) :: radius ad sinum A.

4. $\sqrt{}$(FG . FH.) ad $\sqrt{}$(HE . EG) (:: CF ad CE) :: radius ad tangentem $\frac{1}{2}$ A.

5. $\sqrt{}$(HE . EG) ad $\sqrt{}$(FG . FH) (:: CE ad FC) :: radius ad cotangentem $\frac{1}{2}$ A.

6.

Rursus

BC — CA = BG — AE, & AB = AE + EB;

ergo

BC — CA + AB = BG — AE + AE + EB = EG.

(*a*) Ob æquales rectas EA; AC; AF; semicirculus centro A radio AF descriptus transibit per C, & E; unde angulus FCE rectus est (EUCL. 31. III.)

(*b*) Jam idem invenimus Probl. XI. ante Theor. III.

(*c*) Ut Probl. XI. ante Theor. V.

(*d*) Eodem prorsus pacto Probl. XI. post Theor. VI.

Ceterum sequentia Theoremata coincidunt.

hujus	I.	cum	III.	Probl. XI.
	III.		II.	
	IV. & V.		IV.	
	VI.		V.	
	VII.		VI.	

6. $2\sqrt{(AB.AC)}$ ad $\sqrt{(FG.FH)}$ (:: FE ad FC) :: radius ad sinum $\frac{1}{2}$ A.

7. $2\sqrt{(AB.AC)}$ ad $\sqrt{(FG.FH)}$ (:: FE ad FC) :: radius ad cosinum $\frac{1}{2}$ A.

PROB. XIII.

Datum angulum CBD recta data CD subtendere; ita ut si a termino istius rectæ D ad punctum A in recta CB producta datum agatur AD, fuerit angulus ADC æqualis angulo ABD. (e)

XL. Dicatur CD = a, AB = b, BD = x, & erit BD. BA :: (f) CD. DA = $\frac{ab}{x}$. Tab. II. Fig. 9.

Demitte perpendiculum DE, erit

$$BE = \frac{BDq - ADq + BAq}{2BA} \ (g) = \frac{xx - \frac{aabb}{xx} + bb}{2b}$$

Ob datum angulum DBA pone BD. BE :: $b . e$, & habebitur iterum BE = $\frac{ex}{b}$, ergo $xx - \frac{aabb}{xx} + bb = 2ex$. Et $x^4 - 2ex^3 + bbxx - aabb = 0$. (h)

PROB.

(e) Hoc problema tres habet casus, aut enim angulus CBD est rectus, aut acutus, aut obtusus. Cum vero ex unius casus solutione facile deducantur alii, animadverto, quod si angulus CBD esset obtusus, normalis DE demissa ex D caderet extra angulum, si acutus, intra, quare, si primo casu valor ipsius BE positivus fuisset assumptus, in secundo negativus esset; & vice versa. Si vero angulus CBD positus esset rectus, valor BE nullus esset; quia DE caderet super ipsam DB; sed posito aliquo valore ipsius DE facile regredi possumus ad casum, in quo ea nihilo æqualis est; at ea posita nihilo æqualis nullo modo præbet valorem ejusdem, ubi fit quanta; præstat ergo fingere angulum CBD obtusum, aut acutum. Sit obtusus.

(f) Quia, scilicet, triangula BAD, DAC habent angulum communem ad A, & angulos DBA, ADC æquales, ex problematis lege.

(g) Nam, ex hypothesi, angulus CBD est obtusus; igitur AE = EB — BA, & $AE^2 = EB^2 - 2AB.BE + BA^2 = AD^2 - DE^2$, ob triangulum rectangulum DAE; sed triangulum rectangulum DBE dat $DE^2 = DB^2 - BE^2$, ergo $EB^2 - 2AB.BE + BA^2 = AD^2 - DB^2 + BE^2$, & deletis delendis, ac transponendo BE = &c.

(h) Si vero esset rectus, patet quod punctum E caderet in B, &

$$BE = 0 = \frac{xx - \frac{aabb}{xx} + bb}{2b}$$
$$= \frac{x^4 - aabb + bbxx}{2b},$$

quam ob rem

$$x^4 = -bbxx + aabb,$$

$$\& xx = -\frac{bb}{2} \pm \sqrt{(\frac{b^4}{4} + aabb)};$$

unde

$$\sqrt{(\frac{bb}{4} + aa)} - \frac{b}{2}.x :: x.b.$$

Quod etiam sic inveniri poterat.

Jam

PROB. XIV.

Invenire triangulum ABC, cujus tria latera AB, AC, BC, & perpendiculum DC, sunt in arithmetica progressione.

Tab. II.
Fig. 1.

XLI. **D**ic AC $= a$, BC $= x$; & erunt DC $= 2x - a$, & AB $= 2a - x$. (*i*) Erunt etiam

$$AD \; (= \sqrt{(ABq - DCq)}) = \sqrt{(4ax - 4xx)}$$

&

$$BD \; (= \sqrt{(BCq - DCq)}) = \sqrt{(4ax - 3xx - aa)}.$$

Atque adeo rursus

$$AB = \sqrt{(4ax - 4xx)} + \sqrt{(4ax - 3xx - aa)}.$$

Quare

$$2a - x = \sqrt{(4ax - 4xx)} + \sqrt{(4ax - 3xx - aa)},$$

sive

$$2a - x - \sqrt{(4ax - 4xx)} = \sqrt{(4ax - 3xx - aa)}.$$

Et partibus quadratis

$$4aa$$

Jam DA $= \frac{ab}{x}$, sed AB (*b*) . BD (*x*) :: BD (*x*) . BC $= \frac{xx}{b}$; atque ideo CA $= \frac{xx + bb}{b}$, & CA$^2 = \frac{x^4 + 2bbxx + b^4}{bb} =$ CD^2 + DA$^2 = aa + \frac{aabb}{xx}$, & sublatis fractionibus, $x^6 + 2bbx^4 + b^4xx = aabbxx + aab^4$, & cunctis divisis per $xx + bb$, $x^4 + bbxx = aabb$.

Constructio.

Tab. F.
Fig. 1.

Quæsita vero sic facile determinatur. Sit AB $= a$, BC ipsi normalis $= \frac{b}{2}$, & erit AC $= \sqrt{(\frac{bb}{4} + aa)}$. Sumatur EC $=$ CF $=$ CB, & diametro AF describatur semicirculus AGF, ex E elevetur normalis EG, erit hæc quantitas quæsita, ut patet. Jungantur nunc AG, GF, erit triangulum AGF rectangulum, &

angulus ad G æqualis angulo dato ad E, dico rectam AG æquare datam AB.

Nam FA ad AG est ut GA ad AE (Eucl. 8. VI.). Quadratum igitur ex AG æquatur rectangulo FAE (Eucl. 16. VI.) id est quadrato ex AB (Eucl. 36. III.) igitur AG æqualis est AB rectæ datæ.

Si vero angulus datus esset acutus, tunc AE $=$ EB + BA, AE$^2 =$ EB^2 + 2EB.BA + BA^2 $=$ DA^2 $-$ DE^2, & DE^2 $=$ DB^2 $-$ BE^2; quare EB^2 + 2EB.BA + BA^2 $=$ DA^2 $-$ DB^2 + BE^2, & 2EB.BA $=$ DA^2 $-$ DB^2 $-$ BA^2, ac EB $= \frac{DA^2 - DB^2 - BA^2}{2AB}$ $= \frac{aabb}{xx} - \frac{xx - bb}{2b}$.

Reliqua vero ut supra.

(*i*) Sit AB terminus maximus, & primus; AC secundus, tertius BC; quartus vero DC, tunc si AC (*a*) est arithmetice ad CB (*x*), ut BC (*x*) ad CD, erit CD $= 2x - a$, & si BC (*x*) est arithmetice ad AC (*a*), ut AC (*a*) AB, erit AB $= 2a - x$.

TAB. VIII.

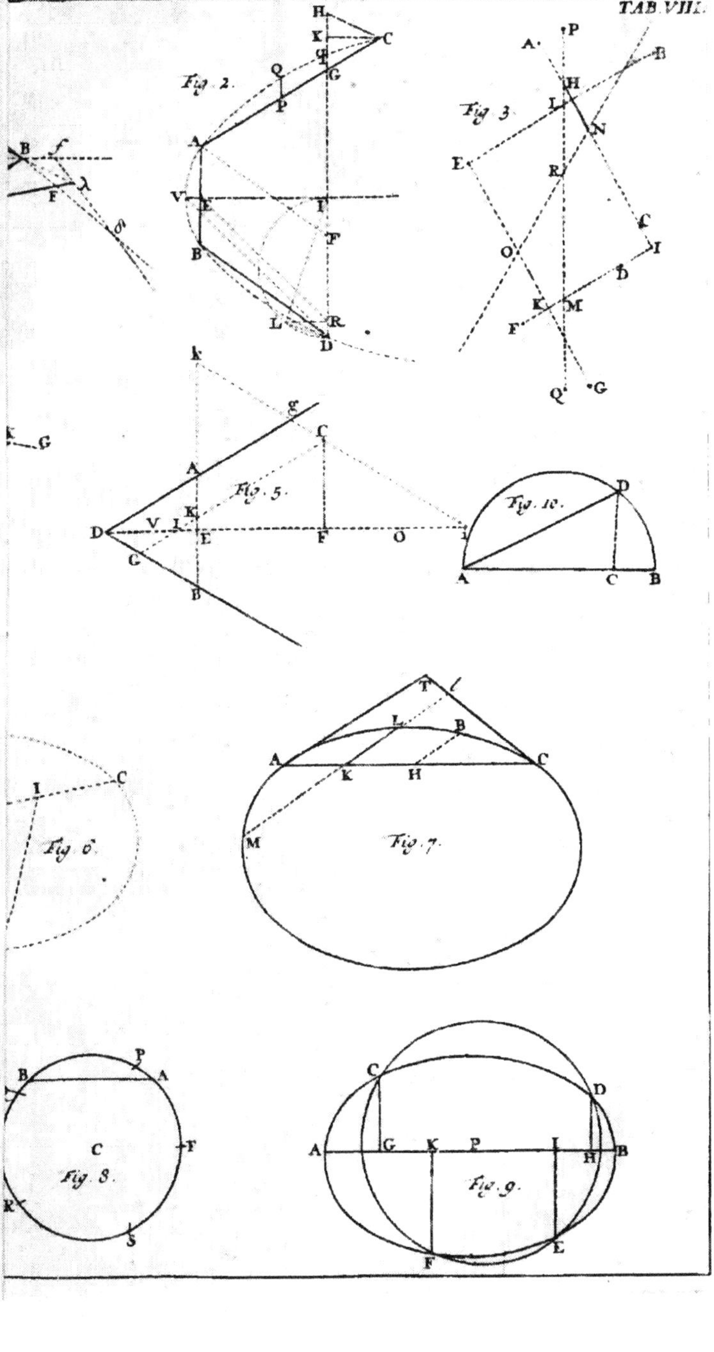

$$4aa - 3xx - (4a + 2x)\sqrt{(4ax - 4xx)} = 4ax - 3xx - aa,$$

sive

$$5aa - 4ax = (4a + 2x)\sqrt{(4ax - 4xx)}$$

Et partibus iterum quadratis ac terminis rite dispositis

$$16x^4 - 80ax^3 + 144aaxx - 104a^3x + 25a^4 = 0$$

Hanc æquationem divide per $2x - a$, & orietur

$$8x^3 - 36axx + 54aax - 25a^3 = 0,$$

æquatio cujus resolutione dabitur x ex assumpto utcunque a. Habitis a & x constitue triangulum cujus latera erunt $2a - x$, a, & x; & perpendiculum in latus $2a - x$ demissum erit $2x - a$.

Si posuissem differentiam laterum trianguli esse d, & perpendiculum esse x; opus evasisset aliquanto concinnius, prodeunte tandem æquatione $x^3 = 24ddx + 48d^3$. (k)

PROB. XV.

Invenire triangulum ABC cujus tria latera AB, AC, BC, & perpendiculum CD, sunt in geometrica progressione. TAB. II. Fig. 10.

XLII. Dic $AC = x$, & $BC = a$; & erit $AB = \frac{xx}{a}$. Et $CD = \frac{aa}{x}$. Est &

$$AD \left(= \sqrt{(ACq - CDq)}\right) = \sqrt{\left(xx - \frac{a^4}{xx}\right)}$$

&

$$BD \left(= \sqrt{(BCq - DCq)}\right) = \sqrt{\left(aa - \frac{a^4}{xx}\right)}$$

adeoque

$$\frac{xx}{a} (= AB) = \sqrt{\left(xx - \frac{a^4}{xx}\right)} + \sqrt{\left(aa - \frac{a^4}{xx}\right)},$$

sive

(k) En calculum. Cum CD primus progressionis arithmeticæ terminus sit $= x$; terminorum autem differentia d; erit $BC = x + d$, $CA = x + 2d$, $AB = x + 3d$; sed propter angulum ADC rectum; $AD = \sqrt{(AC^2 - CD^2)} = \sqrt{(4dx + 4dd)}$, & $BD = \sqrt{(BC^2 - DC^2)} = \sqrt{(2dx + dd)}$; ergo AD + DB, sive tota AB, vel $x + 3d = \sqrt{(4dx + 4dd)} + \sqrt{(2dx + dd)}$; nempe $x + 3d - \sqrt{(4dx + 4dd)} = \sqrt{(2dx + dd)}$, & partibus quadratis, æquatione ad simpliciores terminos reducta, $2dx + dd$, ac $-(2x - 6d)\sqrt{(4dx + 4dd)}$ in contrarias respective partes translatis

$$xx + 8dx + 12dd = (2x + 6d)\sqrt{(4dx + 4dd)}$$

& rursum quadratis partibus

$$x^4 + 16dx^3 + 88ddxx + 192d^3x + 144d^4 = 240d^3x + 112ddxx + 16dx^3 + 144d^4,$$

cunctisque terminis primi membri præter x^4 in secundum conjectis, & deletis delendis $x^4 = 24ddxx + 48d^3x$, & tota æquatione per x divisa $x^3 = 24ddx + 48d^3$.

Constructio problematum, quorum æquationes secundum gradum superant, invenietur ad hujus operis finem.

five

$$\frac{xx}{a} - \sqrt{(aa - \frac{a^4}{xx})} = \sqrt{(xx - \frac{a^4}{xx})}.$$

Et partibus æquationis quadratis,

$$\frac{x^4}{aa} - \frac{2xx}{a}\sqrt{(aa - \frac{a^4}{xx})} + aa - \frac{a^4}{xx} = xx - \frac{a^4}{xx},$$

hoc est

$$x^4 - aaxx + a^4 = 2aax\sqrt{(xx - aa)}. \ (l)$$

Et partibus iterum quadratis

$$x^8 - 2aax^6 + 3a^4x^4 - 2a^6xx + a^8 = 4a^4x^4 - 4a^6xx.$$

Hoc est

$$x^8 - 2aax^6 - a^4x^4 + 2a^6xx + a^8 = 0.$$

Divide hanc æquationem per $x^4 - aaxx - a^4$, & orietur $x^4 - aaxx - a^4$. Quare est $x^4 = aaxx + a^4$. Et extracta radice $xx = \frac{1}{2}aa + \sqrt{\frac{5}{4}a^4}$, five $x = a\sqrt{(\frac{1}{2} + \sqrt{\frac{5}{4}})}$ (*m*). Cape ergo a, five BC, cujufvis longitudinis, & fac BC. AC :: AC. AB :: 1. $\sqrt{(\frac{1}{2} + \sqrt{\frac{5}{4}})}$; trianguli ABC ex his lateribus conftituti perpendiculum DC erit ad latus BC in eadem ratione. (*n*)

Idem

(*l*) Nam $\frac{x^4}{aa} - \frac{2xx}{a}\sqrt{(aa - \frac{a^4}{xx})} + aa - \frac{a^4}{xx} = xx - \frac{a^4}{xx}$, deleto hinc inde $\frac{a^4}{xx}$, & partibus per aa multiplicatis dat $x^4 - 2axx\sqrt{(aa - \frac{a^4}{xx})} + a^4 = aaxx$, & $aaxx$, ac $2axx\sqrt{(aa - \frac{a^4}{xx})}$ in contrariam refpective partem translatis fit $x^4 - aaxx + a^4 = 2axx\sqrt{(aa - \frac{a^4}{xx})}$. Si vero xx fub figno ponatur, habebimus $2a\sqrt{(aax^4 - a^4xx)}$, & quantitas radicalis divifa par $aaxx$ dat $xx - aa$, unde (divisoris $aaxx$ radice extracta, & ante fignum pofita, & multiplicata cum $2a$, quæ jam erat extra fignum, quotiente vero $xx - aa$ fub figno pofito) educitur $2aax\sqrt{(xx - aa)}$.

(*m*) Jam enim $xx = \frac{aa}{2} + \sqrt{5\frac{a^4}{4}}$; fed quantitas hæc fub figno (per a^4 dividendo & divisoris radicem extra fignum ponendo) $= aa\sqrt{\frac{5}{4}}$, ergo $xx = \frac{aa}{2} + aa\sqrt{\frac{5}{4}}$, fcilicet $x = \sqrt{(\frac{aa}{2} + aa\sqrt{\frac{5}{4}})}$, & denuo quantitatibus fub figno per aa divifis, & diviforis hujus radice extra fignum pofita $x = a\sqrt{(\frac{1}{2} + \sqrt{\frac{5}{4}})}$.

(*n*) Aut fic, fit AB $= a$, BC ei normalis $= \frac{a}{2}$, erit AC $= \sqrt{(aa + \frac{aa}{4})} = \sqrt{5\frac{aa}{4}}$, in qua utrinque producta fumatur DA = AB, EC = CB, diametro DE defcribatur femicirculus DGE, & in A erigatur normalis AG, ea erit x quæfita. TAB. Fig.

Nam EA $(\frac{a}{2} + \sqrt{5\frac{aa}{4}})$. AG :: GA. AD (*a*) & $\frac{aa}{2} + a\sqrt{5\frac{aa}{4}} = AG^2 = xx$.

Sunt ergo DA, AG, AB tria latera trianguli.

Idem aliter.

Cum sit AB . AC :: BC . DC dico angulum ACB rectum esse. Nam, si negas, age CE constituentem angulum ECB rectum. Sunt ergo triangula BCE, DBC similia per 8. VI. Elem., adeoque EB . EC :: BC . DC, hoc est EB . EC :: AB . AC. Age AF perpendicularem CE & propter parallelas AF, BC, erit EB . EC :: AE . FE :: AB . FC. (*o*) Ergo per 9 V. Elem. est AC = FC, hoc est hypothenusa trianguli rectanguli æqualis lateri contra 19. I. Elem. Non est ergo angulus ECB rectus, & proinde ipsum ACB rectum esse oportet. (*p*) Est itaque $ACq + BCq = ABq$, Sed est $ACq = AB . BC$, ergo $AB . BC + BCq = ABq$, & extracta radice $AB = \frac{1}{2}BC + \sqrt{\frac{5}{4}BCq}$. Quamobrem cape BC . AB :: 1. $\frac{1+\sqrt{5}}{2}$, & AC mediam proportionalem inter BC & AB, & triangulo ex his lateribus constituto, erunt AB . AC . BC . DC continue proportionales. Tab. II. Fig. 11.

PROB. XVI.

Super data basi AB triangulum ABC constituere, cujus vertex C erit ad rectam EC positione datam; basis autem medium existet arithmeticum inter latera.

XLIII. Basis AB bisecetur in F, & producatur donec rectæ EC positione datæ occurrat in E, & ad ipsam demittatur perpendicularis CD; dictisque $AB = a$, $FE = b$, & $BC - AB = x$, erit $BC = a + x$, $AC = a - x$. Et per 13. II. Elem. Tab. II. Fig. 12.

$$BD \left(= \frac{BCq - ACq + ABq}{2AB}\right) = 2x + \frac{1}{2}a.$$

Adeo-

(*o*) Nam per (Eucl. 12. V.) EB . EC :: BE + EA . CE + EF; id est :: BA . CF :: BA . AC per superius ostensa.

(*p*) Quod etiam sic, & fortasse brevius demonstrari potest.

Quia est ad AC, ut BC ad CD ex lege problematis, erit rectangulum ACB æquale rectangulo ex BA, in DC, id est duplæ areæ trianguli, quod si AC non est normalis, sit AG, ergo duplex trianguli area æquatur rectangulo ex CB in AG, id est, ACB, ergo AC hypothenusa erit æqualis lateri AG, quod est absurdum.

His positis facillime nullo calculo problema solvitur.

Nam est ex lege problematis BA ad AC, ut AC est ad CB, & BA ad AC ut CA ad AD (Eucl. cor. 8. VI.), ergo AD æquat CB (Eucl. 9. V.); rursus AB ad BC ut CB ad BD, ergo AB ad AD, ut AD ad DB. Quare, cum hic nihil detur, sed tantum petatur continua laterum proportio; sume AB ad libitum, eam seca in mediam & extremam rationem in D, ubi erige normalem indefinitam DC, describe semicirculum ACB, junge AC, CB erit ABC triangulum quæsitum.

Jam autem est rectangulum, & per constructionem AB ad AD ut AD ad DB. Sed AB ad BC ut CB ad DB (Eucl. cor. 8. VI.); ergo BC æquat AD. Rursus BA ad AC ut CA ad AD, (Eucl. cor. 8. VI.) vel ad æqualem CB; & ob similia triangula CAD, BCD est CA ad AD vel ad æqualem BC, ut BC ad CD; ergo BA ad AC, ut AC ad CB ut BC ad CD.

Adeoque FD $= 2x$, (q) DE $= b + 2x$, & CD ($= \sqrt{(CB^2 - BD^2)}$) $= \sqrt{(\frac{3}{4}aa - 3xx)}$. Sed propter datas positiones rectarum CE & AB, datur angulus CED; adeoque & ratio DE ad CD; quae si ponatur d ad e dabit analogiam $d . e :: b + 2x . \sqrt{(\frac{3}{4}aa - 3xx)}$. Unde, multiplicatis extremis & mediis in se, oritur aequatio $eb + 2ex = d\sqrt{(\frac{3}{4}aa - 3xx)}$, cujus partibus quadratis & rite dispositis, fit $xx = \frac{\frac{3}{4}ddaa - eebb - 4eebx}{4ee + 3dd}$.

Et radice extracta, $x = \frac{-2eeb + d\sqrt{(3eeaa - 3eebb + \frac{9}{4}ddaa)}}{4ee + 3dd}$.

Dato autem x, datur BC $= a + x$ & AC $= a - x$. (r)

PROB.

(q) Scilicet, quia BD (majus segmentum) aequat aggregatum ex summae ac differentiae dimidio; ponatur ergo differentiae dimidium $= z$, & erit $\frac{1}{2}a + z = \frac{1}{2}a + 2x$; ac $z = 2x$. Sed BD $=$ BF $+$ FD & est BF $= \frac{1}{2}a$; ergo BD $= 2x$.

CONSTRUCTIO.

F. 4. (r) Si ponas $e = b$; aequatio Auctoris, transponendo $-4bbx$, fiet

$$xx + \frac{4b^3x}{4bb + 3dd} = \frac{3aadd - 4b^4}{4(4bb + 3dd)}.$$

II. Quare, cape GI $= b$; ad I fac angulum rectum, & ad G angulum aequalem ipsi ECD (Fig. 12.); erit IH $= d$. Nam ut CD ad DE, vel ut b ad d ita GI ad IH; & est GI $= b$; ergo IH $= d$. Quapropter GH^2 $= bb + dd$; aut 3GH^2 $= 3bb + 3dd$. Igitur superior aequatio abit in

$$xx + \frac{4b^3x}{bb + 3GH^2} = \frac{3aadd - 4b^4}{4(bb + 3GH^2)}.$$

Super GH ad rectos angulos eleva HK ipsi GI productae occurrentem in K; eritque GI, vel b . GK $=$ GH^2. Pariter cape IL $= a$, & age LM parallelam ipsi GH; quoniam est GI (b) . IL (a) :: HI (d) . IM, erit b . IM $= ad$, & bb . IM^2 $= aadd$, quae posita in praecedentem aequationem, & fractionibus reductis ad simpliciores terminos, illae mutantur in

$$xx + \frac{4bbx}{b + 3KG} = \frac{b(3IM^2 - 4bb)}{4(b + 3GK)}.$$

Jam, per (Eucl. 11. VI.) quaere tertiam N post $b + 3$KG, & b; erit N $= \frac{bb}{b + 3GK}$ quare fiet aequatio construenda

$$xx + 4Nx = \frac{3MI^2 . N}{4b} - bN.$$

Rursus quaere quartam post $4b$, 3MI; & 3MI per (Eucl. 12. VI.); quae sit O; deinque habebis

$$xx + 4Nx = N(O - b)$$

quam facile construes per Lemma (N°. 36. hujus).

Duas has ultimas proportionales in figura non determinavi, ne illa nimis [illegible] deret.

PROB. XVII.

Datis parallelogrammi cujuscunque lateribus AB, BD, DC & AC, & una linea diagonali BC, invenire alteram diagonalem AD.

XLIV. Sit E concursus diagonalium, & ad diagonalem BC demitte normalem AF (s), &, per 13. II. Elementorum, erit TAB. II. Fig. 13.

$$\frac{ACq - ABq + BCq}{2BC} = CF,$$

atque etiam

$$\frac{ACq - AEq + ECq}{2EC} = CF.$$

Quare cum sit $EC = \frac{1}{2}BC$, (t) & $AE = \frac{1}{2}AD$, erit

$$\frac{ACq - ABq + BCq}{2CB} = \frac{ACq - \frac{1}{4}ADq + \frac{1}{4}BCq}{BC}$$

& facta reductione,

$$AD = \sqrt{(2ACq + 2ABq - BCq)}. \text{ (u)}$$

Unde obiter in quolibet parallelogrammo, summa quadratorum laterum æquatur summæ quadratorum diagonalium. (x)

(s) Aut angulus ABC est acutus, aut obtusus.

1° Sit acutus. Perpendicularis AF cadet intra triangulum, & locus erit ratiocinio Auris.

(t) 46. *In omni parallelogrammo* ABDC, *diagonales* AD, CB *se mutuo bisecant.*

Triangula CED, AEB, habentia angulos ad verticem CED, AEB, & alternos CDA, DAB, æquales, sunt æquiangula. Sed & bases CD, AB habent æquales; (EUCL. 34. I.) ergo sunt æqualia, & æquantur latera CE, EB ac DE; EA. (EUCL. 26. I.) Quare &c.

(u) Si vero angulus ACB esset obtusus, perpendicularis AF caderet extra parallelogrammum, & per (EUCL. 12. II.) foret

$$\frac{BA^2 - AC^2 - BC^2}{2BC} = CF = \frac{AE^2 - FC^2 - CA^2}{2EC}$$

aut, ponendo $\frac{BC}{2}$ pro CE, & $\frac{AD}{2}$ pro AE,

$$\frac{BA^2 - AC^2 - BC^2}{2} = \frac{1}{4}AD^2 - \frac{1}{4}BC^2 - CA^2,$$

&, sublatis fractionibus, deletis delendis, ac radice extracta

$$\sqrt{(2AB^2 + 2AC^2 - BC^2)} = AD.$$

(x) 47. *In parallelogrammo* ABDC, *summa quadratorum ex lateribus* AB, BD, DC, CA, *æquat summam quadratorum ex diagonalibus* AD, BC.

Ubi parallelogrammum est rectangulum, res nimis est facilis. Sit ergo obliquangulum.

PROB.

PROB. XVIII.

Datis Trapezii ABCD angulis, perimetro, & area, determinare latera.

TAB. II. Fig. 14. XLV. Latera duo quælibet (*y*) AB ac DC produc donec concurrant in E, sitque AB $= x$ & BC $= y$ & propter angulos omnes datos dantur rationes BC ad CE & BE; quas pone d ad e & f (*z*), & erit CE $= \frac{ey}{d}$, & BE $= \frac{fy}{d}$, adeoque AE $= x + \frac{fy}{d}$. Dantur etiam rationes AE ad AD ac DE; quas pone g & h ad d (*a*); & erit AD $= \frac{dx+fy}{g}$ & ED $= \frac{dx+fy}{h}$, adeoque CD $= \frac{dx+fy}{h} - \frac{ey}{d}$, & summa omnium laterum $x + y + \frac{dx+fy}{g} + \frac{dx+fy}{h} - \frac{ey}{d}$; quæ, cum detur, esto a, & abbrevientur etiam termini scribendo $\frac{p}{r}$ pro dato $1 + \frac{d}{g} + \frac{d}{g}$, (*b*) & $\frac{q}{r}$ pro dato $1 + \frac{f}{g} + \frac{f}{h} - \frac{e}{d}$ (*c*), habebitur æ-qua-

TAB. F. Fig. 5.6.7. Anguli BAC, ACD simul æquant duos rectos (EUCL. 27. I.). Si ergo alter est acutus, alter erit obtusus. Obtusus sit angulus ACD; quare perpendicularis ducta ex A in oppositam rectam DC cadet extra parallelogrammum, & erit quadratum DA par quadratis AC, CD una cum bis rectangulo DCH (EUCL. 12. II.).

Nunc ex C duc in subjectam AB, (si opus est, productam) perpendicularem CG. Erit quadratum BC una cum bis rectangulo BAG æquale quadratis CA, AB; (EUCL. 13. II. sed æquales sunt rectæ AB; CD; & AG, CH (EUCL. 34. I.), quare & rectangula BAG, DCH; igitur, addendo æqualia æqualibus, quadrata ex DA, BC una cum bis rectangulo BAG æquant quadrata BA, AC bis, una cum bis rectangulo DCH, quibus rectangulis hinc inde demptis. &c.

(*y*) Non parallela.

TAB. F. Fig. 8. (*z*) Sume quamvis FG super quam construe triangulum FGH simile ipsi CEB, quod erit datam specie, & magnitudine, ut jam probavimus, dic FH $= d$, FG $= e$, GH $= f$, & habebis CE $= \frac{ey}{d}$ &c.

(*a*) Fac angulum HFK æqualem angulo FGH, aut DEA, & angulum FHK parem ipsi EAD, eritque triangulum FHK simile EDA, & datum specie, ac magnitudine &c. & dic FK $= g$, & KH $= h$.

(*b*) Quære quartam proportionalem post KH (*h*), HF (*d*) & FK (*g*) quam dic n & habebis $1 + \frac{d}{g} + \frac{d}{h} = \frac{gh + dh + dg}{gh}$ (reducendo ad eumdem denominatorem) quod esse debet $= \frac{p}{r}$; ergo $gh \,.\, gh + dh + dg :: r \,.\, p :: g \,.\, g + d + \frac{dg}{h} = g + d + n$; dic ergo $g = r$, & erit aggregatum ipsarum $g + d + n = p$.

(*c*) Reduc ad eamdem denominationem $1 + \frac{f}{g} + \frac{f}{h} - \frac{e}{d}$, erit $\frac{dgh + dfh + dfg - egh}{dgh} = \frac{q}{r}$; quare $r \,.\, q :: dgh \,.\, dgh + dfh + dfg - egh :: g \,.\, g + f + \frac{fg}{h} - \frac{eg}{d}$. Quære igitur quartas post h, f, g, & d, e, g, dic illam $= \beta$, hanc $= \gamma$; & erit $r \,.\, q :: g \,.\, g + f + \beta - \gamma$.

quatio $\frac{px + qy}{r} = a$.

Adhæc propter datos omnes angulos datur ratio BCq ad triangulum BCE (*d*), quam pone m ad n (*e*) & erit triangulum BCE $= \frac{n}{m} yy$ (*f*). Datur etiam ratio AEq ad triangulum ADE; quam pone m ad d (*g*); & erit triangulum ADE $= \frac{ddxx + 2dfxy + ffyy}{dm}$. Quare cum area AC, quæ est horum triangulorum differentia, detur, esto bb & erit $\frac{ddxx + 2dfxy + ffyy - dnyy}{dm} = bb$. Atque ita habentur duæ æquationes ex quarum reductione omnia determinantur. Nempe superior æquatio dat $\frac{ra - qy}{p} = x$; scribendo $\frac{ra - qy}{p}$ pro x in inferiori, provenit $\frac{drraa - 2dqray + dqqyy}{ppm} + \frac{2afry - 2fqyy}{pm} + \frac{ffyy - dnyy}{dm} = bb$ (*h*). Et abbreviatis terminis scribendo s pro dato $\frac{dqq}{pp} - \frac{2fq}{p} + \frac{ff}{d} - n$, & st pro dato $+ \frac{adqr}{pp} - \frac{afr}{p}$, ac stv pro dato $bbm - \frac{drraa}{pp}$, oritur $yy = 2ty + tv$ seu $y = t + \sqrt{(tt + tv)}$.

PROB.

(*d*) [illegible] enim triangulum GHF, specie & magnitudine datum, simile est triangulo EBC, quare HF quadratum, est ad triangulum GHF, ut BC quadratum, est ad triangulum EBC (Eucl. 18. VI.); Atqui datur prima ratio (49. *dat.*) ergo &c.

(*e*) Hanc autem lineis exprimes ducendo ex G in HF normalem GL; est enim GHF triangulum æquale dimidiato rectangulo ex GL in FH; ergo quadratum ex FH, est ad (triangulum GFH id est) dimidium rectangulum ex GL in FH, ut FH ad dimidiam GL (Eucl. 1. VI.).

Dic igitur GL $= 2\lambda$, & esse debet $d . \lambda :: m . n$. quod facile reperies.

(*f*) Nobis autem [illegible] triangulum BCE $= \frac{\lambda yy}{d}$.

(*g*) Item ex H demitte in KF normalem HM, & invenies quadratum ex AE ad triangulum ADE, ut KF ad dimidiam HM; dic [illegible] $= 2\varkappa$, eritque juxta nos triangulum ADE $= \frac{\varkappa xx}{d} + 2\frac{\varkappa fxy}{dd} + \frac{\varkappa ffyy}{d^3}$, & eorum differentia $= \frac{dd\varkappa xx + 2\varkappa dfxy + \varkappa ffyy - dd\lambda yy}{d^3} = bb$.

Si vero vis invenire Auctoris expressionem, esse debet $m . d :: d . \varkappa$; quare ex data $\varkappa$, & d facile invenies tertiam; item $d . \lambda :: m . n$, & ex datis d, λ, m, dabitur n.

(*h*) Nostra æquatio (substituendo pro x, $\frac{ra - qy}{p}$; & pro xx, $\frac{rraa - 2aqry + qqyy}{pp}$) fit $\frac{aarr\varkappa - 2aqr\varkappa y + qq\varkappa yy}{dpp} + \frac{2af\varkappa yr - 2fq\varkappa yy}{dpp} + \frac{ff\varkappa yy}{d^3} - \frac{\lambda yy}{d} = bb$.

PROB. XIX.

Piscinam ABCD perambulatorio ABCDEFGH datæ areæ, & ejusdem ubique latitudinis circumdare.

II. 15. XLVI. Esto perambulatorii latitudo x & ejus area aa. Et a punctis A, B, C, D, ad lineas EF, FG, GH & HE demissis perpendicularibus AK, BL, BM, CN, CO, DP, DQ, AI, perambulatorium dividetur in quatuor trapezia IK, LM, NO, PQ & in quatuor parallelogramma AL, BN, CP, DI, latitudinis x, & ejusdem longitudinis cum lateribus dati trapezii. Sit ergo summa laterum (AB + BC + CD + DA) = b, & erit summa parallelogrammorum = bx.

Porro ductis AE, BF, CG, DH; cum sit AI = AK erit angulus AEI = angulo AEK = $\frac{1}{2}$IEK sive $\frac{1}{2}$DAB. (*i*) Datur ergo angulus AEI & proinde ratio ipsius AI ad IE, quam pone d ad e; & erit IE $= \frac{ex}{d}$. Hanc duc in $\frac{1}{2}$AI sive $\frac{1}{2}x$ & fiet area trianguli AEI $= \frac{exx}{2d}$. Sed, propter æquales angulos & latera, triangula AEI & AEK sunt æqualia, adeoque trapezium IK (= 2 triangulo AEI) $= \frac{exx}{d}$. Simili modo ponendo BL . LF :: $d . f$, & CN . NG :: $d . g$, & DP . PH :: $d . h$, (nam illæ etiam rationes dantur ex datis angulis B, C, ac D) habebitur trapezium LM $= \frac{fxx}{d}$, NO $= \frac{gxx}{d}$, & PQ $= \frac{hxx}{d}$. Quamobrem $\frac{exx}{d} + \frac{fxx}{d} + \frac{gxx}{d} + \frac{hxx}{d}$ (sive $\frac{pxx}{d}$, scribendo p pro $e + f + g + h$,) erit æquale trapeziis quatuor IK + LM + NO + PQ; (*k*) & proinde $\frac{pxx}{d} + bx$, æquabitur toti perambulatorio aa. Quæ æquatio dividendo omnes terminos per $\frac{p}{d}$ & extrahendo radicem ejus, evadet $x = \frac{-db + \sqrt{(bbdd + 4aapd)}}{2p}$. Latitudine perambulatorii sic inventa facile est ipsum describere. (*l*)

PROB.

(*i*) Nam, si concipiatur circulus descriptus diametro AE; hic transibit per I & K (Eucl. 31. III. & 21. I.) & quia rectæ KA, AI sunt æquales per hypothesin arcus, quorum chordæ sunt KA, AI; sunt æquales (Eucl. 28. III.) igitur & anguli AEK . AEI. (Eucl. 27. III.

(*k*) Et, si piscina esset poligona, eodem pacto invenirentur tot trapezia, quot debent, & p exprimeret aggregatum ex omnibus, quotquot sunt, datis quantitatibus, per quas xx multiplicatur; & b omnes illas, in quibus x ducitur.

(*l*) Constructionem omitto, quia nihil habet observatione dignum, quod deinceps faciam.

No-

PROB. XX.

A dato puncto C rectam lineam CF ducere quæ cum aliis duabus positione datis rectis AE & AF triangulum datæ magnitudinis AEF comprehendet.

XLVII. Age CD parallelam AE, & CB ac EG perdendiculares in AF, sitque AD $= a$, CB $= b$, AF $= x$, & trianguli AEF area cc, & propter proportionales DF . AF (:: DC. AE) :: CB, EG, hoc est $a + x . x :: b . \frac{bx}{a + x}$, erit $\frac{bx}{a + x} =$ EG. Hanc duc in $\frac{1}{2}$AF, & emerget $\frac{bxx}{2a + 2x}$ quantitas areæ AEF quæ proinde æquatur cc. Atque adeo, æquatione ordinata, est $xx = \frac{2ccx + 2cca}{b}$ seu $x = \frac{cc + \sqrt{(c^4 + 2ccab)}}{b}$.(m) TAB. III. Fig. 1.

Nihil secus recta per datum punctum ducitur quæ triangulum, (n) vel tra-

Notabo tamen ponendum esse $x = -\frac{db + \sqrt{(bbdd + 4aapd)}}{2p}$ non $x = -\frac{db - \sqrt{(bbdd + 4aapd)}}{2p}$, quia perambulatorium debet [illegible] circumdare, non ab ea circumdari. Patet autem, quod, si in prima hypothesi, x habeat valorem positivum, ut supponit problematis solutio, in secunda negativum debet habere, quia tendit ad contrarias partes. Præterea, in prima hypothesi deambulatorii ambitus major est, quam in secunda, & ideo minor debet esse ipsius x longitudo quod mire congruit cum æquatione; nam in prima hypothesi, quantitas $\frac{db}{2p}$, quæ est negativa, minuit quantitatem radicalem positivam; in secunda auget eandem negativam.

(m) Ex A ducatur AH ipsi BC parallela & æqualis c, sit AL $= \frac{BC}{2} = \frac{b}{2}$; junctæ LH ducatur normalis HM; erit $cc = \frac{b}{2}$. AM, quam pono $= f$; quare $2cc = bf$, & æquatio vertetur in hanc $xx - fx = af$.

Ceterum si posuissem GE $= x$, idem fuisset processus; nam x . AF $= 2cc$, & AF $= 2\frac{cc}{x}$, unde DF $(a + 2\frac{cc}{x})$. FA $(2\frac{cc}{x})$ :: CB (b) . GE (x), & $ax + 2cc = 2\frac{bcc}{x}$, vel $axx + 2ccx = 2bcc$, & $xx + \frac{2ccx = 2bcc.}{a}$

Si vero punctum datum C esset intra angulum EAF, tunc punctum D caderet inter A, & F puncta. Quare DF $= x - a$, unde $cc = \frac{bxx}{2x - 2a}$, & $\frac{2ccx - 2acc}{b} = xx$, quam æquationem facile construes. TAB. F. Fig. 10.

Tandem si punctum C esset in ipso crure AE, tunc EG data $= b$, & $\frac{bx}{2} = cc$, ac $2\frac{cc}{b} = x$. TAB. F. Fig. 11.

(n) Nam sit datum triangulum AEF, & esse debeat data dati trianguli area ad aream quæsiti trianguli ut m ad n, ergo area quæsiti trianguli debebit æquare factum ex dato triangulo in $\frac{n}{m}$, quare area trianguli quæsiti dabitur, & problema recidet in præcedens. TAB. G. Fig. 1

Notandum tamen fieri posse ut recta CG, efficiens cum datis EA, AF triangulum datæ magnitudinis, secet rectam AF productam in G, & tunc quidem esset triangulum LAG ad datum EAF in imperata ratione, ipsum autem triangulum EAF non secuissemus, ut jubebamur, siquidem trapezium AFHL non habet ad triangulum EAF rationem petitam; tunc quærenda est ratio ipsius EAF ad residuum EAF—LEH, sic EAF . LAFH :: $m . n$, & *divid.* EAF—LAFH . EAF :: $m - n . m$, & quærenda recta efficiens cum datis AE, EF triangulum habens ad datum datam rationem $m - n . m$.

trapezium quodvis in data ratione secabit. (o)

PROB. XXI.

Punctum C in data recta linea DF determinare, a quo ad alia duo positione data puncta A & B ductæ rectæ AC & BC datam habeant differentiam. (p)

XLVIII. A datis punctis ad datam rectam demitte perpendiculares AD & BF, & dic AD $= a$, BF $= b$, DF $= c$, DC $= x$, & erit AC $= \sqrt{(aa + xx)}$, FC $= x - c$, & BC $= \sqrt{(bb + xx - 2cx + cc)}$. Si jam data harum differentia d, existente AC majori quam BC erit

$$\sqrt{(aa + xx)} - d = \sqrt{(bb + xx - 2cx + cc)}.$$

& quadratis partibus

$$aa + xx + dd - 2d\sqrt{(aa + xx)} = bb + xx - 2cx + cc.$$

Fa-

(o) Sit datum trapezium ABCD, & datum punctum E, per quod transiens recta secare debeat trapezium, ita, ut totum sit ad partem ut recta RS ad ST. Duo quævis trapezii latera, quæ parallela non sint, DA; CB, producantur, donec in H coeant, & recta EGF putetur secare trapezium in data ratione.

Quia datur trapezium specie, & magnitudine, dantur anguli DAB, & CBA, ideoque etiam anguli HAB, ABH, BHA, & triangulum ABH specie datur (40. *dat.*) ut & magnitudine ob datam rectam AB (52. *dat.*), datur ergo ratio trapezii ABCD ad triangulum ABH; At datur ratio trapezii ABCD ad trapezium ABFG, datur itaque ratio trianguli ABH ad trapezium ABFG (8. *dator.*), & ipsius AHB ad GFH. (3. *dator.*)

Ita autem componetur.

Sit datum triangulum AHB ad datum trapezium ABCD, ut recta VS ad SR; erit igitur triangulum DHC ad triangulum AHB, ut RV ad VS, & recta ducta per E secetur triangulum DHC, ita ut totum sit ad triangulum GFH, ut RV ad VT. Dico trapezium ABCD esse ad trapezium ABFG in imperata ratione RS ad ST.

Est enim ex constructione triangulum GHF ad triangulum DHC ut TV ad VR; sed DHC est ad AHB ut RV ad VS, ergo ex æquo GHF ad AHB ut TV ad VS; & *divid.* ABFG ad AHB, ut TS ad SV; atqui AHB ad ABCD, ut VS ad SR; igitur ex æquo ABFG, ad ABCD ut TS ad SR. &c. *Q. E. F.*

Quin & rectilineum quodcunque ABCEFGH dividi potest in data ratione, recta transeunte per datum punctum L per methodum superiori simillimam. Ta. Fig.

Secandum enim sit datum rectilineum, ut totum sit ad partem ut recta RS ad ST.

Per L ducatur quævis recta LMG a dato rectilineo abscindens trapezium AHGM, & quia rectæ LG, AM, HG positione dantur, dantur puncta M, G, ac rectæ AM, MG & MH datæ sunt magnitudine, dantur ideo magnitudine triangula MAH, HGM, sive trapezium AHGM (39, 47, & 52. *dat*) datur ergo ratio ipsius AHGM ad totum ABCEFGH, sit hæc ut VS ad SR; sed totum ad partem debet esse ut RS ad ST, ergo AHGM debet esse ad partem quæsitam ut VS ad ST, & problema recidit in præcedens.

Quod si trianguli AGF pars GRT caderet extra rectilineum, notandum est quod dantur areæ AGF, ARTF, atque ideo residua GRT; dividendum ergo restat per punctum E in latere TH rectilineum TDCH, vel ARTHB in data ratione sui ipsius ad triangulum GRT. Tab. Fig.

(p) Forte scribendum in hujus Probl. XXI. enunciatione, *Punctum C in recta linea positione data DF determinare, a quo ad alia duo data puncta &c.*

Factaque reductione & abbreviandi causa pro datis $aa + dd - bb - cc$ scripto $2ee$, emerget $ee + cx = d\sqrt{(aa + xx)}$.
Iterumque quadratis partibus $e^4 + 2ceex + ccxx = ddaa + ddxx$.

Et æquatione reducta $xx = \frac{2eecx + e^4 - aadd}{dd - cc}$, seu

$$x = \frac{eec + \sqrt{(e^4dd - aad^4 + aaddcc)}}{dd - cc}. \ (q)$$

Haud secus problema resolvitur si linearum AC & BC summa, (r) vel quadratorum summa (s) aut differentia, (t) vel proportio, (u) vel rectangulum, (x) vel angulus ab ipsis comprehensus, (y) detur; vel etiam si vice rectæ DC,

(q) Proponetur infra (Probl. XLV.) investiganda ratio describendi per duo data puncta circulum; qui circulum alium positione, & magnitudine datum contingat. Problema nostrum cum illo idem esse dico.

Sint enim data puncta A, B; recta, qua debent differre, M; & recta positione data sit ND.

Puta factum & rectæ AC, CB sint eæ quæ requiruntur.

Centro A radio AL æquali datæ M describe circulum LPQ, qui datur magnitudine & positione (*def. 6. dat.*) Centro C radio CB describe alterum circulum BEL qui priorem tanget in L, quia ex hypothesi BC & CL æquantur. Ex B demitte in subjectam ND; normalem BD, quæ positione ac magnitudine quoque datur (30, 25, & 26. *dat.*) hanc produc donec circulo BLE occurrat in E, & erit ED æqualis ipsi DB ac data positione atque magnitudine, itaque datur punctum E. Restat igitur describendus circulus per data duo puncta, B, E, qui circulum PLQ tangat, quod perficietur problemate XLV.

Si vero juncta AB ipsi DC parallela esset, tunc data perpendicularis AD foret altitudo trianguli ACB, cujus datur basis AB ob data puncta A, B; igitur si proponeretur *describendum triangulum, datis ejus altitudine, basi, & laterum differentia*, hoc problema (quod fere idem est, ac IX. hujus) esset casus hujus problematis XXI.

(r) Hic etiam problematis casus recidit in problema XLV.

Sint enim rursus data puncta A, & B summa rectarum quæsitarum data M.

Puta factum, & quæsitæ rectæ sint AC, CB.

Ex alterutro e datis punctis A, radio AL æquali datæ M describe circulum PLQ qui positione, ac magnitudine datur. Centro autem C, radio CB describe circulum BEL qui priorem contingat in L, ex B demitte in subjectam ND, normalem BD, quam produc donec occurrat circulo BEL in E, erit datum punctum E, quare describendus est circulus per duo data puncta B, E qui alium positione, & magnitudine datum contingat.

Si juncta AB esset ipsi CD parallela, tunc data normalis BD esset altitudo trianguli ACB cujus datur basis, igitur problema IX. hujus casus est. TAB. G. Fig. 6.

(s) Si daretur quadratorum summa, (ceteris, ut supra, stantibus) ea sit $= \alpha\alpha$; ac erit $2xx - 2cx = \alpha\alpha - aa - bb - cc$; fac $\alpha\alpha - aa - bb - cc = 2\beta\beta$, & habebis $xx - cx = \beta\beta$.

(t) Sit quadratorum differentia $= \alpha\alpha$; & ceteris, ut supra, stantibus, erit $2cx = \alpha\alpha - aa + bb + cc$, pone $\alpha\alpha - aa + bb + cc = 2ee$, & invenies $cx = ee$.

(u) Detur 1°. Rectarum AC, CB ratio, & sit AC $(\sqrt{(aa + xx)})$. CB $(\sqrt{(bb + xx - 2cx + cc)})$ :: $g.h.$, igitur $h\sqrt{(aa + xx)} = g\sqrt{(bb + xx - 2cx + cc)}$, & quadrando $aahh + hhxx = bbgg + ggxx - 2cggx + ccgg$.

2°. Quadratorum ex AC, CB ratio, & sit AC^2 $(aa + xx)$. CB^2 $(bb + xx - 2cx + cc)$ :: $gg.hh.$, invenietur, ductis invicem mediis & extremis, æquatio superior.

(x) Si daretur rectangulum AC . CB $= dd$, exsurgeret æquatio quatuor dimensionum nempe (ceteris, ut supra).

$$x^4 - 2cx^3 \begin{matrix} + aa \\ + bb \\ + cc \end{matrix} xx - 2aacx \begin{matrix} + aabb \\ + aacc \\ - d^4 \end{matrix} = 0,$$

(y) Rectæ AC, CB ductæ ex datis punctis A, B in rectam positione datam NC conti- TAB. G. Fig. 8.

DC, circumferentia circuli, (z) aut alia quævis curva linea adhibeatur, modo calculus (in hoc ultimo præsertim casu) referatur ad lineam conjungentem puncta A & B.

PROB.

neant angulum ACB æqualem dato QRS, & per puncta A, B, C transeat circulus ABCN, jungatur AB quæ magnitudine ac positione datur, & fiat ad datum punctum B angulus ABD æqualis dato QRS, aut ACB, recta DB positione datur (29. dat.) & tangit circulum in B (per convers. Eucl. 32. III). Excitetur BE indefinita ipsi BD ad rectos angulos, quæ positione datur. Bisecetur AB in F, & per F ducatur FE perpendicularis ipsi AB, producatur FE donec ipsi in E occurrat, E punctum datur, estque circuli centrum.

Construetur autem sic. Juncta AB bisecetur in F, unde elevetur normalis indefinita FE. Fiat angulus ABD æqualis dato QRS & ducatur BE indefinita normalis ipsi BD. centro E, ubi rectæ FE, EB, conveniunt describatur per A aut B circulus, datæ rectæ NC occurrens in duobus punctis N, C. Jungantur AC, CB, aut AN; NB. Dico factum: res liquido patet.

DETERMINATIO.

Quia vero ad compositionem requiritur ut circulus rectæ positione datæ occurrat, id fiet in unico puncto, quando recta positione data est circuli tangens. Quærendum quando hoc evenit.

Producatur BD donec ipsi NC occurrat in G, & ex G ducatur GH circulum ABCN tangens in H. Erit igitur HG æqualis GB quæ major est quam CG, & minor quam GN (Eucl. 8. III.) Sumatur ergo GL ipsi GH æqualis, cadet punctum L intra circulum: quo circa angulus ALB major est angulo ACB. Nam producta BM donec circulo occurrat in M & juncta AM, erit angulus exterior ALB major interiore & opposito AMB aut ACB.

Sic ergo determinabitur problema.

Fiat angulus ABD dato par, & BD producatur donec ipsi NC occurrat in G. Sumatur GL æqualis GB, & jungantur AL, LB, si angulus ALB dato par est, problema jam est solutum; si dato major, problema est possibile, si vero minor impossibile.

Tab. G. Fig. 9. (z) Si autem daretur circulus CDEF ad cujus peripheriam ducendæ sint ex datis punctis A, B, rectæ AC, CB quarum data sit differentia d. Jungantur A, B & ex G centro circuli demittatur in AB normalis GM, & per G ducatur diameter EF ipsi MB parallela & per C agatur LCH ipsi MG parallela.

Fiant AM $= a$, ML $= x$, MB $= c$, MG $= b$, EG $= r$.

Jam ex natura circuli $CH^2 = EH.HF = rr - xx$.

Erit ergo $LC = b - \sqrt{(rr - xx)}$,

& $CA = \sqrt{(aa - 2ax + bb - 2b\sqrt{(rr - xx)} + rr)}$

&

$CB = \sqrt{(cc - 2cx + bb - 2b\sqrt{(rr - xx)} + rr)}$.

Posita CA majore quàm CB,

$$\sqrt{(aa - 2ax + bb - 2b\sqrt{(rr - xx)} + rr)} - d = \sqrt{(cc - 2cx + bb - 2b\sqrt{(rr - xx)} + rr)};$$

quadratisque partibus

$$aa - 2ax + bb - 2b\sqrt{(rr - xx)} + rr - 2d\sqrt{(aa - 2ax + bb - 2b\sqrt{(rr - xx)} + rr)} + dd = cc - 2cx + bb - 2b\sqrt{(rr - xx)} + rr;$$

& transponendo

$$aa + dd - cc + 2cx - 2ax = 2d\sqrt{(aa - 2ax + bb - 2b\sqrt{(rr - xx)} + rr)}.$$

Fiat, brevitatis causa,

$$aa + dd - cc = 2ff, \ \& \ 2c - 2a = 2e;$$

exit demum

$$ex - ff = d\sqrt{(aa - 2ax + bb - 2b\sqrt{(rr - xx)} + rr)};$$

denuoque quadrando

$eexx + 2effx + f^4 = aadd - 2addx + bbdd - 2bdd\sqrt{(rr - xx)} + ddrr$ (& rursus transponendo, & pro $aadd + bbdd + ddrr - f^4$ scribendo $eegg$, & $2ehh$ pro $2eff + 2add$) $2bdd\sqrt{(rr - xx)} = eegg - ehhx - eexx$;

& quadrando

$$bbd^4rr - bbd^4xx = e^4g^4 - 2e^3gghhx - 2e^4ggxx + eeh^4xx + 2e^3hhx^3 + e^4x^4.$$

Ad hujus autem exemplum facile invenitur æquatio pro similibus problematis.

PROB. XXII.

Datis positione tribus rectis AD, AE, BF quartam DF ducere, cujus partes DE, EF prioribus interceptæ, datarum erunt longitudinum. Tab. III. Fig. 3.

XLIX. Ad BF demitte perpendicularem EG, ut & obliquam EC parallelam AD, & rectis tribus positione datis concurrentibus in A, B, & H, dic AB $= a$, BH $= b$, AH $= c$, ED $= d$, EF $= e$, HE $= x$. Jam propter similia triangula ABH, ECH, est AH . AB :: HE . EC $= \frac{ax}{c}$, & AH . HB :: HE . CH $= \frac{bx}{c}$. Adde HB, & fit CB $= \frac{bx + bc}{c}$. Insuper propter similia triangula FEC, FDB, est ED . CB :: EF . CF $= \frac{ebx + ebc}{dc}$. Denique per 12 & 13. II. Elem. est (a) $\frac{ECq - EFq}{2FC} + \frac{1}{2}FC\ (= CG) = \frac{HEq - ECq}{2CH} - \frac{1}{2}CH$, hoc est

$$\frac{\frac{aaxx}{cc} - ee}{\frac{2ebx + 2ebc}{dc}} + \frac{ebx + ebc}{2dc} = \frac{xx - \frac{aaxx}{cc}}{\frac{2bx}{c}} - \frac{bx}{2c}.$$

Sive

$$\frac{aadxx - eedcc}{ebx + ebc} + \frac{ebx}{d} + \frac{ebc}{d} = \frac{ccx - aax - bbx}{b}.$$

Hic, abbreviandi causa, pro $\frac{cc - aa - bb}{b} - \frac{eb}{d}$, scribe m; & erit $\frac{aadxx - eedcc}{ebx + ebc} + \frac{ebc}{d} = mx$, ac terminis multiplicatis per $x + c$, fiet

aadxx

(a) Nam propter 13 propos. Lib. II. Eucl. $EF^2 = EC^2 + FC^2 - 2FC . CG$; Idcirco $2FC . CG = EC^2 - EF^2 + FC^2$, nempe $CG = \frac{EC^2 - EF^2 + FC^2}{2FC}$; sed $FC^2 = 2FC . \frac{1}{2}FC$, igitur $CG = \frac{EC^2 - EF^2}{2FC} + \frac{1}{2}FC$. At per 12 prop. Lib. II. Eucl. $EH^2 = CE^2 + CH^2 + 2CG . CH$, scilicet $EH^2 - CE^2 - CH^2 = 2CG . CH$, id est (cum $CH^2 = 2CH . \frac{1}{2}CH$) $\frac{EH^2 - CE^2}{2CH} - \frac{1}{2}CH = CG$; ergo $\frac{EC^2 - EF^2}{2FC} + \frac{1}{2}FC = \frac{EH^2 - CE^2}{2CH} - \frac{1}{2}CH$. &c.

$\frac{aadxx - eedcc}{eb} + \frac{ebcx}{d} + \frac{ebcc}{d} = mxx + mcx$. Iterum pro $\frac{aad}{eb} - m$, ſcribe p, pro $mc - \frac{ebc}{d}$ ſcribe $2pq$, & pro $-\frac{ebcc}{d} + \frac{eedcc}{eb}$ ſcribe prr, & evadet $xx = 2qx + rr$, & $x = q \pm \sqrt{(qq + rr)}$. Invento x ſive HE, age EC parallelam AB, & cape FC . BC :: $e . d$, & acta FED conditionibus quæſtionis ſatisfaciet.

PROB. XXIII.

TAB. III. Fig. 4. *Punctum Z determinare a quo ad quatuor poſitione datas rectas lineas FA, EB, FC, GD, ſi aliæ quatuor lineæ ZA, ZB, ZC, & ZD in datis angulis ducantur, duarum e ductis ZA & ZB rectangulum & aliarum duarum ZC & ZD ſumma detur.*

L. E Lineis elige aliquam poſitione datam FA ut & poſitione non datam ZA quæ ad illam ducitur, ex quarum longitudinibus punctum Z determinetur, & cæteras poſitione datas lineas produc donec his, ſi opus eſt etiam productis, occurrant, ut vides. Dictiſque EA $= x$, & AZ $= y$, propter angulos trianguli AEH datos dabitur ratio AE ad AH quam pone p ad q, & erit AH $= \frac{qx}{p}$. Adde AZ, fitque ZH $= y + \frac{qx}{p}$. Et inde cum propter datos angulos trianguli HZB, detur ratio HZ ad BZ ſi ea ponatur n ad p habebitur ZB $= \frac{py + qx}{n}$.

Præterea ſi data EF dicatur a, erit AF $= a - x$, indeque, ſi propter datos angulos trianguli AFI, ſtatuatur AF ad AI in ratione p ad r, evadet AI $= \frac{ra - rx}{p}$. Hanc aufer ab AZ & reſtabit IZ $= y - \frac{ra + rx}{p}$. Et propter datos angulos trianguli ICZ, ſi ponatur IZ ad ZC in ratione m ad p, evadet ZC $= \frac{py - ra + rx}{m}$.

Ad eundem modum ſi ponatur EG $= b$; AG . AK :: $l : s$ & ZK . ZD :: $p . l$. obtinebitur ZD $= \frac{sb - sx - ly}{p}$.

Jam ex ſtatu quæſtionis ſi duarum ZC & ZD ſumma $\frac{py - ra + rx}{m} + \frac{sb - sx - ly}{p}$ ponatur æqualis dato alicui f; & aliarum duarum rectan-

gu-

gulum $\frac{pyy + qxy}{n}$ æquale gg, habebuntur duæ æquationes pro determinandis x & y. Per posteriorem fit $x = \frac{ngg - pyy}{qy}$, & hunc ipsius x valorem scribendo pro eo in priori æquatione, evadet

$$\frac{py - ra}{m} + \frac{rngg - rpyy}{mqy} + \frac{sb - ly}{p} - \frac{sngg + spyy}{pqy} = f.$$

Et reducendo

$$yy = \frac{apqry - bmqsy + fmpqy + ggmns - ggnpr}{ppq - ppr - mlq + mps}. \quad (b)$$

Et abbreviandi causa scripto $2h$ pro $\frac{apqr - bmqs + fmpq}{ppq - ppr - mlq + mps}$, & kk pro $\frac{ggmns - ggpnr}{ppq - ppr - mbq + mps}$ fiet $yy - 2hy + kk$, sive $y = h \pm \sqrt{(hh + kk)}$. Cujus æquationis ope cum y innotescit, æquatio $\frac{ngg - pyy}{qy} = x$, dabit x. Quod sufficit ad determinandum punctum z.

Ad eundem fere modum punctum determinatur a quo ad plures vel pauciores positione datas rectas totidem aliæ rectæ ducantur ea lege ut aliquarum summa vel differentia vel contentum detur, aut æquetur ceterarum summæ vel differentiæ vel contento, vel ut alias quaslibet habeant assignatas conditiones.

PROB. XXIV.

Angulum rectum EAF data recta EF subtendere, quæ transibit per datum punctum C, a lineis rectum angulum comprehentibus æquidistans. TAB. III. Fig. 5.

LI. Quadratum ABCD compleatur, & linea EF bisecetur in G. Tum dic CB vel CD esse a, EG vel FG esse b, & CG esse

(b) Est enim (omnibus terminis, in quibus y non apparet, in contrariam partem translatis, & æquatione ad simpliciorem expressionem reducta, delendo quicquid denominatoribus, ac numeratoribus commune est) $\frac{py}{m} - \frac{rpy}{mq} - \frac{ly}{p} + \frac{sy}{q} = \frac{ar}{m} - \frac{bs}{p} + f + \frac{ggns}{pqy} - \frac{ggnr}{mqy}$, cunctisque per mqy multiplicatis, $pqyy - pryy - \frac{mqlyy}{p} + msyy = arqy - \frac{bmsqy}{p} + fmqy + \frac{mggns}{p} - ggnr$, rursumque omnibus in p ductis $ppqyy - ppryy - mqlyy + pmsyy = apqry - bmsqy + pfmqy + mggns - ggnpr$; & omnibus per $ppq - ppr - lmq + mps$ divisis emerget $yy =$ &c.

esse x; eritque $CE = x - b$, & $CF = x + b$. Dein cum

$$CFq - BCq = BFq, \text{ erit } BF = \sqrt{(xx + 2bx + bb - aa)}.$$

Denique propter similia triangula CDE, FBC, est CE . CD :: CF . BF, sive $x - b$, a :: $x + b$. $\sqrt{(xx + 2bx + bb - aa)}$.

Unde

$$ax + ab = (x - b)\sqrt{(xx + 2bx + bb - aa)}.$$

Cujus æquationis utraque parte quadrata, & prodeuntibus terminis in ordinem redactis, prodit

$$x^4 = \begin{matrix} +2aa \\ +2bb \end{matrix} xx \begin{matrix} +2aabb \\ -b^4 \end{matrix}$$

Et extracta radice sicut fit in æquationibus quadraticis, prodit

$$xx = aa + bb + \sqrt{(a^4 + 4aabb)}.$$

Adeoque

$$x = \sqrt{(aa + bb + \sqrt{(a^4 + 4aabb)})}.$$

CG sic inventa dat CE vel CF, quæ determinando punctum E vel F problemati satisfacit. (c)

Idem aliter.

Sit $CE = x$, $CD = a$, & $EF = b$, eritque $CF = x + b$ & $BF = \sqrt{(xx + 2bx + bb - aa)}$. Et proinde cum sit CE . CD :: CF . BF, sive $x : a :: x + b . \sqrt{(xx + 2bx + bb - aa)}$, erit $ax + ab = x\sqrt{(xx + 2bx + bb - aa)}$. Hujus æquationis partibus quadratis, & terminis in ordinem redactis prodibit

$$x^4 + 2bx^3 \begin{matrix} +bb \\ -2aa \end{matrix} xx - 2aabx - aabb = 0,$$

æquatio biquadratica, cujus radicis investigatio difficilior est quam in priori casu. Sic autem investigari potest. Pone

x^4

TAB. I. Fig. 1. (c) Sit $CL = b$, erit ducta $LD = \sqrt{(aa + bb)}$. Fiat $CM = 2b$. Erit $DM = \sqrt{(aa + 4bb)}$, cui par sumatur DN, & CN diametro describatur semicirculus secans rectam DO in O. Erit $DO^2 = a\sqrt{(aa + 4bb)} = \sqrt{(a^4 + 4aabb)}$. Ad LD erigatur in D normalis $DP = DO$. Recta $LP = \sqrt{(LD^2 + DP^2)} = \sqrt{(aa + bb + \sqrt{(a^4 + 4aabb)})}$, cui æqualis capiatur LQ. Centro C radio CQ describatur arcus secans rectam BA in F, ducaturque recta CF. Erit $EF = 2b = 2CL$.

[illegible] erit $x^4 + 2bx^3 \begin{matrix} + bb \\ - 2aa \end{matrix} xx - 2aabx + a^4 = aabb + a^4$,

& extracta utrobique radice

$$xx + bx - aa = + a\sqrt{(aa + bb)}. \ (d)$$

Ex his occasionem nactus sum tradendi *regulam de electione terminorum* ad ineundum calculum.

Scilicet, cum duorum terminorum talis obvenit affinitas sive similitudo relationis ad ceteros terminos quæstionis, ut oporteret æquationes per omnia similes ex utrovis adhibito produci, aut ambos, si simul adhiberentur, easdem in æquatione finali dimensiones & eandem omnino formam [signis forte + & — exceptis] habituros esse; [id quod facile prospicitur;] tunc neutrum adhibere convenit, sed eorum vice tertium quemvis eligere qui similem utrique relationem gerit, puta semisummam vel semidifferentiam, vel medium proportionale forsan, aut quamvis aliam quantitatem utrique indifferenter & sine compare relatam.

Sic in præcedente problemate cum viderim lineam EF pariter ad utramque AB & AD referri [quod patebit si ducas itidem EF in angulo BAH,] atque adeo nulla ratione suaderi possem cur ED potius quam BF, vel AE potius, quam AF vel CE potius quam CF pro quærenda quantitate adhiberentur; vice punctorum E & F unde hæc ambiguitas proficiscitur, sumpsi [in solutione priori] intermedium G quod parem relationem ad utramque linearum AE & AD observat. Deinde ab hoc G non demisi perpendiculum ad AF pro quærenda quantitate, quia potui eadem ratione demisisse ad AD. Et eapropter in neutrum CB vel CD demisi, sed institui CG quærendum esse, quod nullum admittit compar; & sic æquationem biquadraticam obtinui sine terminis imparibus.

Potui etiam [animadverso quod punctum G jaceat in peripheria circuli centro A, radio EG descripti] demisisse GK perpendiculum in diagonalem AC, & quæsivisse AK vel CK, (quippe quæ similem etiam utrinque AB & AD relationem gerunt;) atque ita in æquationem quadraticam $yy = -\frac{1}{2}cy + \frac{1}{2}bb$ incidissem posito AK $= y$, AC $= c$, & EG $= b$. (e) Et AK

Constructio secunda solutionis:

(d) Radicis investigatio quidem difficilior, ac constructio multo simplicior.

Sit CL $= b$; erit DL $= \sqrt{(aa + bb)}$; LD
I. bisecetur in M. Circulus centro M, radio ML,
2. descriptus transibit per C. Sumatur DN $=$ DC $= a$; & centro M, radio MN describatur circulus NOPQ. Erit PL $=$ DN $= a$, LQ $=$ CO, quæ, ut patet, ipsius x verus est valor.

Quod exemplum docet, non semper id quod algebraice simplicius est, esse quoque geometrice simplicius. Algebraica simplicitas constat facilitate inveniendæ æquationis, & terminorum paucitate: geometrica vero paucitate linearum ducendarum, earum simplicitate, ac facilitate exsurgit.

(e) Quod sic *acutissimus* s'GRAVESANDE reperit.

Ceteris, ut supra, pone CE $= z$, ED $= x$. TAB I.
Erit AE $= a - x$. Habes, ob triangulum Fig. 3.
rectangulum ADC, $ee = 2aa$; ob triangulum rectangulum CDE, $zz = aa + xx$, ob similia triangula FEA, CDE, $az - xz = 2bx$, az

AK sic invento erigendum fuisset perpendiculum KG præfato circulo occurrens in G, per quod CF transiret.

Ad

$az = 2bx + xz$, $\frac{az}{2b + z} = x$; ob triangulum obtusiangulum CAG, $GC^2 (bb + 2bz + zz) = AG^2 + AC^2 + 2AC \cdot AK (bb + ee + 2ey)$, vel $2bz + zz = ee + 2ey$. Pone in $zz = aa + xx$ valorem ipsius $xx = \frac{aazz}{4bb + 4bz + zz}$ desumptum ex secunda æquatione, & habebis (sublatis fractionibus)

$$z^4 + 4bz^3 + 4bbzz = 2aazz + 4aabz + 4aabb.$$

At $z^4 + 4bz^3 + 4bbzz = (2bz + zz)^2 = (ee + 2ey)^2$, ergo (pro $2aa$ posito ee)

$$eezz + 2eebz + 2eebb = e^4 + 4e^3y + 4eeyy;$$

& dividendo per ee, $zz + 2bz + 2bb = ee + 4ey + 4yy$; sed $zz + 2bz = ee + 2ey$, igitur $2bb + ee + 2ey = ee + 4ey + 4yy$; deletis delendis, omnibusque per 4 divisis $\frac{bb}{2} = \frac{ey}{2} + yy$, ac $y = -\frac{e}{4} \pm \sqrt{(\frac{ee}{16} + \frac{bb}{2})}$, quæ ita construi potest.

Constructio.

Centro A, radio b describatur circulus LGPRQ. Sumatur arcus QR = RP. Ducatur AQ. Jungatur LR secans AQ in M. Triangulum LMA erit rectangulum in M & isosceles, siquidem angulus PAR aut RAQ est semirectus, atque ideo QAL, ut & angulus ALM ad peripheriam, qui insistit quadranti; LM est ideo = MA, $LM^2 + AM^2 = 2AM^2 = bb$, & $AM^2 = \frac{bb}{2}$. Abscindatur nunc $AS = \frac{AC}{4}$. Erit $MS = \sqrt{(\frac{ee}{16} + \frac{bb}{2})}$. Centro S, radio SM, describatur arcus secans CP in K, ex quo ducatur KG ipsi MA parallela donec occurrat circulo LPRQ in G, ducatur CG, & erit $EF = 2b$.

I. Brevius autem, analysi geometrica.

4. Sit M recta magnitudine data, & ABCD datum quadratum.

Puta factum; sitque EF datæ M par. Ex F demitte ipsi FC ad angulos rectos FL occurrentem CD productæ in L. Ex eodem F eleva normalem FH. Angulus HFL est ideo FCL par (Eucl. 8. VI.), atque FH æqualis CD, quapropter CE, & FL æquantur. Fac AK æqualem datæ M, aut EF. Duc EL, DK, hæc positione ac magnitudine datur (26. *dat.*). Sunt autem quadrata ex ED, DL, simul, æqualia (quadrato ex EL, aut quadratis ex EF, FL, simul, seu) quadratis ex FE, EC, aut ex FE, CD, DE. Quadratum ergo ex DL æquat quadrata ex FE, CD, id est ex AD, AK, quæ quadrato ex DK æquantur. Datur igitur DL positione, ac magnitudine; quare & CL, & ejus dimidia PL. Si nunc a dato puncto P in rectam positione datam AB agatur PF æqualis ipsi PL, dabitur etiam PF positione (31. *dat.*), datur ergo punctum F (27 *dat.*).

Componetur autem sic

In BA producta fac AK datæ M æqualem. Junge DK, qua, tanquam radio, & centro D describe arcum secantem CD productam, in L. Biseca CL in P, quo centro, & radio PL describe semicirculum secantem rectam BK in F. Age CF. Dico FE æqualem AK.

Sunt enim quadrata ex KA, AD simul, æqualia quadrato (ex KD, seu per constructionem) ex DL. Adde hinc inde quadratum ex DE; & quadrata ex KA, AD, DE simul æquabunt quadrata (ex LD, & ex DE, id est ex EL, seu) ex EF, FL; sed ob angulum HFL æqualem angulo FCL, & latus FH æquale lateri CD, est FL ipsi EC par. Quadrata igitur ex KA, AD, DE simul æquant quadrata (ex FE, EC, sive) ex FE, ED, DC simul. Aufer utrimque quadratum ex DE, & æqualia quadrata ex AD, DC, & restabit quadratum ex KA æquale quadrato ex FE, aut, quod idem est, AK æqualis FE. *Q. E. F.* Ta

Alia solutio quæ locum habet etiam ubi datus angulus rectus non est, aut ubi quadrilaterum ABCD est rhombus. Fig.

Sit quadrilaterum æquilaterum ABCD datum specie, positione, & magnitudine; & ab unius anguli vertice C ducenda sit recta CF lateri BA occurrens in F, ita ut pars EF æquet rectam magnitudine datam M.

Puta factum; & quia quadrilaterum ABCD datur specie, dantur ejus anguli (*dat. def.* 3), quapropter datur etiam angulus DAF (4. *dat.*); Duc diagonalem CA, & erit quadrilaterum divisum in triangula specie data (47. *dat.*), datur ideo angulus CAD, ergo etiam angulus

CAF;

Ad hanc regulam animum advertens, in Prob. 9. & 10. ubi trianguli latera germana BC & AC determinanda erant, quæsivi potius semidifferentiam quam alterutrum eorum. Sed regulæ hujus utilitas ex vigesimo octavo problemate magis elucescet.

PROB. XXV.

Ad circulum centro C radio CD descriptum ducere tangentem DB, cujus pars PB, inter rectas positione datas AP, AB sita, sit datæ longitudinis. TAB. III. Fig. 6.

LII. A Centro C ad alterutram rectarum positione datarum puta AB demitte normalem CE, eamque produc donec tangenti DB occurrat in H. Ad eandem AB demitte etiam normalem PG; & dictis EA = a, EC = b, CD = c, BP = d, & PG = x, propter similia triangula PGB, CDH erit GB $(\sqrt{(dd - xx)})$. PB :: CD . CH = $\frac{cd}{\sqrt{(dd - xx)}}$. Adde EC; & fiet EH = $b + \frac{cd}{\sqrt{(dd - xx)}}$. Porro est PG. GB :: EH. EB = $\frac{b}{x}\sqrt{(dd - xx)} + \frac{cd}{x}$. Adhæc propter angulum

CAF; huic parem fac angulum CEK. Jam triangula CAF, CEK communem habent angulum ACF, & æquales angulos CAF, CEK; sunt itaque similia, & angulus AFC æquat angulum CKE; unde ut FC ad CA sic KC ad CE, adeoque est rectangulum FCE æquale rectangulo KAC; quam ob rem circulus transiens per puncta E, A, K transibit etiam per F: (quod facile probatur per Eucl. 36. & 37. III.) æquales igitur sunt anguli FEK, & (FAK, vel) BAC: Junge FK, & rursus æquantur anguli FKE, & (FAE, vel, ob parallelas AD, BC) ABC; ergo similia sunt triangula ABC, FEK, & est AC ad AB, ut FE ad EK; sed magnitudine dantur BA, EF per hypothesin, & AC ob data puncta A & C, datur ergo magnitudine EK (20. *dat.*). Item, quia æquilaterum est quadrilaterum ABCD est angulus (BAC, vel) KAF æqualis angulo (ACB, vel) CAD; addito igitur communi EAF, est angulus KAE æqualis (FAC, aut) KEC; sed angulus CKE communis est triangulis CKE, EKA, sunt itaque similia: inde CK ad KE ut KE ad KA, & rectangulum CKA æquatur quadrato ex KE; sed datur hoc quadratum, & recta CA, ergo etiam AK (59. *dat.*); quocirca datur punctum K, & (ob KE magnitudine, & AD positione, datas) etiam punctum E (31. & 27. *dat.*).

COMPOSITIO.

Cape R quartam proportionalem post datas AC, AB, M; hujus quartæ quadrato æquale rectangulum applica datæ CA ut excedat quadrato (Eucl. 29. VI.): sitque applicationis altitudo AK; centro A, radio R describe arcum ipsi AD occurrentem in E: junge CE, quam produc donec BA productæ occurrat in F. Dico EF datæ M esse parem.

Nam, quia ex constructione rectangulum CKA æquat quadratum ex KE, erit CK ad KE ut KE ad KA, & lineæ proportionales sunt circa eundem angulum CKE; igitur similia sunt triangula CKE, EKA (Eucl. 6. VI.); est igitur angulus CEK æqualis angulo (KAE, aut propter KAF æqualem BAC, vel CAD, & FAE communem) FAC, ergo triangula CKE, CFA habentia angulum communem KCF, sunt similia, & angulus CKE æquat angulum CFA, quapropter FC ad CA est ut CK ad CE, & rectangulum FCE æquat rectangulum KCA, igitur circulus transiens per puncta E, A, K transibit etiam per F; sunt ergo æquales anguli FEK, & (KAF, vel) BAC, ut & (ducta FK) FKE ac (EAF, vel) CBA; quocirca CA ad AB est ut FE ad EK; sed ut CA ad AB ita est (per constructionem) M ad EK, æquantur itaque M & FE. Q. E. F.

lum PAG datum, datur ratio PG ad AG, qua poſita e ad f, erit AG $= \frac{fx}{e}$. Adde EA & BG, & habebitur denuo EB $= a + \frac{fx}{e} + \sqrt{(dd - xx)}$.

Eſt itaque

$$\frac{cd}{x} + \frac{b}{x}\sqrt{(dd - xx)} = a + \frac{fx}{e} + \sqrt{(dd - xx)},$$

& per tranſpoſitionem terminorum

$$a + \frac{fx}{e} - \frac{cd}{x} = \frac{b - x}{x}\sqrt{(dd - xx)}.$$

Et partibus æquationis quadratis,

$$aa + \frac{2afx}{e} - \frac{2acd}{x} + \frac{ffxx}{ee} - \frac{2cdf}{e} + \frac{ccdd}{xx} =$$
$$\frac{bbdd}{xx} - bb - \frac{2bdd}{x} + 2bx + dd - xx.$$

Et per debitam reductionem

$$x^4 + \frac{\begin{matrix}+2aef\\-2bee\end{matrix}\, x^3 \begin{matrix}+aaee\\+bbee\\-ddee\\-2cdef\end{matrix}\, xx \begin{matrix}+2bddee\\-2acdee\end{matrix}\, x \begin{matrix}+ccddee\\-bbddee\end{matrix}}{ee+ff} = 0 \quad (f).$$

PROB.

(f) Pleniorem hujus æquationis conſtructionem invenies infra; ſed docenda videtur ratio inveniendi caſus, in quibus æquatio biquadratica deſcendit ad quadraticam; ut hoc fiat, ſecundus, & quartus terminus ſimul abeſſe debent: ſecundus autem abeſſet in hac hypotheſi ſi $af = be$, & tunc æquatio in hanc mutaretur

$$x^4 \frac{\begin{matrix}+aaee\\+bbee\\-ddee\\-2cdef\end{matrix}\, xx \begin{matrix}+2bddee\\-2acdee\end{matrix}\, x \begin{matrix}+ccddee\\-bbddee\end{matrix}}{ee+ff} = 0;$$

quartus vero evaneſceret ſi $bd = ac$, & tunc

$$x^4 \frac{\begin{matrix}+aaee\\+bbee\\-ddee\\-2cdef\end{matrix}\, xx \begin{matrix}+ccddee,\\-bbddee\end{matrix}}{ee+ff} = 0;$$

Tunc autem GP . PA :: AE . EC :: CD . PB; aut $a . b :: e . f :: d . c$.

PROB. XXVI.

Invenire punctum D a quo tres rectæ DA, DB, DC ad totidem alias positione datas rectas AE, BF, CF perpendiculariter demissæ, datam inter se rationem obtineant. TAB. III. Fig. 7.

LIII. E rectis positione datis producatur una, puta BF, ut & ejus perpendicularis BD donec reliquis AE & CF occurrant, BF quidem in E & F; BD autem in H & G. Jam sit EB $= x$ & EF $= a$; eritque BF $= a - x$. (g) Cum autem propter datam positionem rectarum EF, EA, & FC, anguli E & F, adeoque rationes laterum triangulorum EBH & FBG dentur; sit EB ad BH ut d ad e; & erit

$$BH = \frac{ex}{d} \ (h) \ \& \ EH \ (= \sqrt{(EBq + BHq)} =$$

$\sqrt{(xx + \frac{eexx}{dd})}$, hoc est $= \frac{x}{d}\sqrt{(dd + ee)}$. (i) Sit etiam BF ad BG ut d ad f; & erit BG $= \frac{fa - fx}{d}$ (k) & FG $(= \sqrt{(BFq + BGq)}) = \sqrt{(aa - 2ax + xx + \frac{ffaa - 2ffax + ffxx}{dd})}$, hoc est $= \frac{a - x}{d}\sqrt{(dd + ff)}$. (l) Præterea dicatur BD $= y$, & erit HD $= \frac{ex}{d} - y$, & GD $= \frac{fa - fx}{d} - y$; adeoque cum sit AD . HD (:: EB . EH) :: $d . \sqrt{(dd + ee)}$, & DC . GD (:: BF . FG) :: $d . \sqrt{(dd + ff)}$, erit AD $= \frac{ex - dy}{\sqrt{(dd + ee)}}$, & DC $= \frac{fa - fx - dy}{\sqrt{(dd + ff)}}$. (m) Denique ob datas rationes linearum BD, AD, DC, sit BD.

AD

(g) Problema hoc simul explicare, & viam constructioni sternere conabimur.

Positis quæ in Auctore; erige FM, EL normales ad EF. Produc EH, FG, donec normalibus occurrant in M & L. Dic FM $= b$, EL $= c$, EM $= \sqrt{(aa + bb)} = m$, FL $= \sqrt{(aa + cc)} = n$.

(h) Est EB ad BH, ut EF ad FM; sed quia Auctor facit EB ad BH, ut d ad e, erit $a . b :: d . e$, & BH $\frac{ex}{d} = \frac{bx}{a}$. Quia vero d, & e arbitrariæ longitudinis sumi possunt, (dummodo sint inter se ut EF ad FM) pone $d = a$; erit $e = b$, & $\sqrt{(dd + ee)} = \sqrt{(aa + bb)} = m$.

(i) Id est EH $= \frac{mx}{a}$.

(k) Rursus EB ad BG est, ut FE ad EL; ut d ad f. Quia vero posuimus $d = a$; erit $f = c$, & BG $\frac{af - fx}{d} = \frac{ac - cx}{a} = c - \frac{cx}{a}$; $\sqrt{(dd + ff)} = \sqrt{(aa + cc)} = n$.

(l) Scilicet FG $= \frac{an - nx}{a} = n - \frac{nx}{a}$:

(m) Id est AD $= \frac{bx - ay}{m}$, & DC $= \frac{ac - cx - ay}{n}$.

AD :: $\sqrt{(dd+ee)}$. $b - d$, (n) & erit $\frac{by - dy}{\sqrt{(dd+ee)}}$ (= AD) = $\frac{ex - dy}{\sqrt{(dd+ee)}}$, sive $by = ex$. (o) Sit etiam BD . DC :: $\sqrt{(dd+ff)}$. $k - d$ (p) & erit $\frac{ky - dy}{\sqrt{(dd+ff)}}$ (= DC) = $\frac{fa - fx - dy}{\sqrt{(dd+ff)}}$, sive $ky = fa - fx$. (q) Est itaque $\frac{ex}{b}$ (= y) = $\frac{fa - fx}{k}$; & per reductionem $\frac{fba}{ek + fb} = x$. (r) Quare cape EB . EF :: b. $\frac{ek}{f} + b$, dein BD . EB :: e.b, & habebitur punctum quæsitum D.

PROB. XXVII.

III. 8. *Invenire punctum D, a quo tres rectæ DA, DB, DC ad data tria puncta A, B, C, ductæ, datam inter se rationem obtineant.*

LIV. E Datis tribus punctis junge duo quævis, puta A & C; & a tertio B ad lineam conjungentem AC demitte perpendiculum BE, ut & perpendiculum DF a puncto quæsito D; dictisque AE = a, AC = b, EB = c, AF = x, & FD = y, erit ADq = $xx + yy$. FC = $b - x$. CDq (= FCq + FDq) = $bb - 2bx + xx + yy$. EF = $x - a$, ac BDq (= EFq + (EB + FD) quadratum) (s) = $xx - 2ax + aa + cc + 2cy + yy$. Jam cum sit AD ac CD in data ratione, sit ista ratio d ad e; & erit CD = $\frac{e}{d}\sqrt{(xx+yy)}$. Cum etiam sit AD ad BD in data ratione, sit ista ratio d ad f, & erit BD = $\frac{f}{d}\sqrt{(xx+yy)}$. Adeoque est $\frac{eexx + eeyy}{dd}$ (= CDq) = $bb - 2bx + xx + yy$, & $\frac{ffxx + ffyy}{dd}$ (= BDq) = $xx - 2ax$

(n) Sit ME ad FN ut esse debet BD ad DA, & dic EN = b, erit EN = $b - a$, vel $b - d$.

(o) Nempe $by = bx$.

(p) Sit rursus LE ad FO, ut esse debet BD ad DC. Dic LO = k, & FO erit $k - a$, vel $k - d$.

(q) Seu juxta nos $ky = ac - cx$.

(r) Nostris symbolis $x = \frac{ach}{bk + ch}$. Restat igitur faciendum EB . EF :: h. $\frac{bk}{c} + h$, seu EB . EF − EB (BF) :: h. $\frac{bk}{c}$, id est quære quartam NP post LE, EO, MF, & seca datam EF in B ut secta est EP in N, erit EB = x. Cetera facile inveniuntur.

(s) Nam si DF producatur, & per B ducatur BH ipsi EF parallela; patet FH = EB, & BH = EF, atque BD² = BH² (sive EF²) + DH² (sive (DE+EB)²). TAB. Fig.

$2ax + aa + cc + 2cy + yy$. (*t*) In quibus si abbreviandi causa, pro $\frac{dd - ee}{d}$ scribatur p, & q pro $\frac{dd - ff}{d}$, (*v*) emerget

$$bb - 2bx + \frac{p}{d}xx + \frac{p}{d}yy = 0,$$

&

$$aa + cc - 2ax + 2cy + \frac{q}{d}xx + \frac{q}{d}yy = 0.$$

Per priorem est $\frac{2bqx - bbq}{p} = \frac{q}{d}xx + \frac{q}{d}yy$. (*x*) Quare in posteriori pro $\frac{q}{d}xx + \frac{q}{d}yy$ scribe $\frac{2bqx - bbq}{p}$ & orietur $\frac{2bqx - bbq}{p} + aa + cc - 2ax + 2cy = 0$. Iterum, abbreviandi causa, scribe m pro $a - \frac{bq}{p}$, & $2cn$ pro $\frac{bbq}{p} - aa - cc$, & erit $2mx + 2cn = 2cy$; terminisque per $2c$ divisis $\frac{mx}{c} + n = y$. Quamobrem in æquatione $bb - 2bx + \frac{b}{d}xx + \frac{p}{d}yy = 0$, pro yy scribe quadratum de $\frac{mx}{c} + n$, & habebitur

$$bb - 2bx + \frac{p}{d}xx + \frac{pmm}{dcc}xx + \frac{2pmn}{dc}x + \frac{pnn}{d} = 0.$$

Ubi denuo si, abbreviandi causa $\frac{b}{r}$ scribatur pro $\frac{p}{d} + \frac{pmm}{dcc}$, (*y*) $\frac{sb}{r}$ pro $b -$

(*t*) In prima æquatione duc omnia in dd, & habebis
$eexx + eeyy = bbdd - 2bddx + ddxx + ddyy$, & transponendo, ac rursus dividendo per dd, erit
$$bb - 2bx + \left(\frac{dd - ee}{dd}\right)xx + \left(\frac{dd - ee}{dd}\right)yy = 0.$$
Idem fac in secunda.

(*v*) Sume ad libitum aliquam rectam, quam dic $= d$, hanc fac ad aliam ut debet esse AD ad DC, hanc secundam dic $= e$. Rursus sit d ad aliam ut esse debet AD ad DB, hancque tertiam dic $= f$. Fac nunc $d \,.\, d + e :: d - e$ ad quartam $= p$; & $d \,.\, d + f :: d - f$ ad quartam $= q$.

(*x*) Transpone $bb - 2bx$ in priori æquatione, sic inventurus $\frac{p}{d}xx + \frac{p}{d}yy = 2bx - bb$. Duc omnia in q, & divide per p, & obtinebis $\frac{q}{d}xx + \frac{q}{d}yy = \frac{2bqx - bbq}{p}$.

(*y*) Ceteris, ut supra, stantibus, sit EG $= m$. $GB^2 = cc + mm$; sed ducta EK normali $GB^2 \,.\, BE^2$ ($=$ SB . BK) :: GB . BK. Fiat ergo $p \,.\, b :: d$. (*e*), & GB . BK :: e. (*r*), ea æquabit $\frac{ecc}{cc + mm} = \frac{bdcc}{pcc + pmm}$, quare $r(pcc + pmm) = bdcc$, & $\frac{p}{d} + \frac{pmm}{dcc} = \frac{b}{r}$.

$b - \frac{pmn}{dc}$, (z)

&

$\frac{tbb}{r}$ pro $bb + \frac{pnn}{d}$, (a) habebitur $xx = 2sx - tb$.

Et extracta radice $x = s \pm \sqrt{(ss - tb)}$. Invento x æquatio $\frac{mx}{c} + n = y$, dabit y; & ex datis x & y, hoc est AF & FD determinatur punctum quæsitum D.

(z) Rursus quia $\frac{sb}{r}$ debet æquare $\frac{bdc - pmm}{dc}$, & $\frac{sb}{r} = \frac{sb(pcc + pmm)}{bdcc}$, erit $s\left(\frac{pcc + pmm}{c}\right) = bdc - pmn = epc - pmn$, & $s(cc + mm) = ecc - mnc$. Faciendum est ergo $cc + mm$ (BG^2). $ec - mn :: c$. (s).

(a) Item quia $\frac{tbb}{r} = bb + \frac{pnn}{d}$, erit $t = r + \frac{prnn}{bbd} = r + \frac{rnn}{eb} = \frac{ccnn}{b(cc + mm)} + r$. Fac itaque $cc + mm . cc :: \frac{nn}{b}$. ($\alpha$), cui adjice r.

De locis Geometricis.

1. Natura lineæ rectæ optime percipitur ex prorsus eadem omnium partium positione, quomodocunque partes illæ considerentur. Natura curvarum luculentissime intelligeretur ex diversa partium positione, & una curva ab aliis distingueretur varietatibus occurrentibus in hac diversa partium positione. Sic linea circularis ea est quæ habet partes eodem modo positas, si a centro spectentur; quod non accidit in aliis curvis: & hæc ipsa diversitas in partium positione, dicitur curvedo. Cum autem difficilior sit curvedinis determinatio, aliam viam iniverunt Geometræ, & linearum naturam definierunt per relationem rectarum certo modo ductarum.

K. 1. 2. Rectæ, quarum relatio exponit lineæ alicujus ABC naturam, sic determinari solent. Sumuntur duæ rectæ BD; DE, concurrentes in puncto D, quarum altera BD rectæ FG positione datæ parallela est, altera DE rectæ GH pariter positione datæ parallela est. Hæ rectæ hinc terminantur a puncto D ubi concurrunt, inde vel utraque a linea cujus naturam exponunt, vel altera DB a linea in B; altera ED a puncto quodam determinato E. Et hæ rectæ ED; dicuntur *coordinatæ*.

3. Plerumque ea recta, quæ incipit a dato puncto E, datur positione; & tunc illius partes ED; *Ed* &c, dicuntur *abscissæ*; & rectæ parallelæ BD; *bd* &c, vocantur *ordinatæ*, vel *applicatæ*.

4. Sed arbitraria est hæc distinctio. Agatur enim per datum punctum E recta indefinita EI ipsi FG parallela, & per aliquod lineæ definiendæ punctum B recta BK ipsi ED parallela, & rectæ EI occurrens in K; cum æquales sint BD; KE, ut & ED; KB (Eucl. 34. I.) lineæ ABC natura æque definietur rectis EK; KB, ac rectis ED; DB. Si lineæ ABC natura definitur rectis EK; KB, erit EK abscissa, KB ordinata; contra ED abscissa & DB ordinata, si linea determinetur rectis ED; DB.

5. Semper autem datum punctum E dicitur *vertex* vel *origo*. Hæc non omittenda censui, quanquam ponam cognitas præcipuas lineæ rectæ & sectionum conicarum proprietates.

6. Relatio inter coordinatas definitur vel ex problematis legibus, vel ex cognita lineæ natura. Exempla primi generis attulit Newtonus Sect. IV. Nis. XXVII. & XXVIII; & multa afferet infra. Secundi generis hæc sint.

7. Si ABC est linea recta positione data, recta abscissarum AE pariter positione data, & cum ea datum angulum constituant ordina- T. Fig.

tæ

tæ BD, datur ratio AD ad DB. (EUCL. Dat. 40., & def. 3; & 2. VI.). Et si data sit ratio AD ad DB, recta AE positione data, & datum punctum A, tanget punctum B rectam positione datam. Si enim assumatur AF datæ magnitudinis, ab F sub dato angulo ducatur FG, ponatur AF ad FG in data ratione, & agatur AG recta, ea transibit per B. Compleantur parellologramma AFGH; ADBI; hæc sunt æquiangula ob æquales angulos AFG; ADB; & habent proportionalia latera AF; FG; AB; BD, ergo sunt circa eandem diagonalem (EUCL. 26. VI.)

8. Iisdem positis sit ABC parabola, AE diameter ordinatarum BD, & A vertex, erit rectangulum sub parametro & abscissa AD æquale quadrato ordinatæ DB; & si vertice A, diametro AE, & parametro pertinente ad diametrum AE describatur parabola, & sit rectangulum sub parametro & abscissa æquale quadrato ordinatæ, alterum extremum B ordinatæ tangent hanc parabolam.

9, Hæc facile accommodantur ad ellipsim, & ad hyperbolam tum circa diametros, tum intra asymptotos.

10. Lineæ quæ transeunt per extrema ordinatarum, appellantur *loci*. Veteres dixerunt *locos planos* quicunque sunt lineæ rectæ & circuli; *locos solidos* sectiones conicas, & *locos lineares* alias curvas superiores. De locis planis scripsit APOLLONIUS libros duos, quos deperditos optime restituit *Robertus* SIMSON.

11. Ex mente recentiorum algebra utentium, abscissæ AD dicantur x; ordinatæ DB y;

12. Ubi linea ABC est recta, data ratio sit $\delta . \pi$; erit $\delta . \pi :: x . y$; & $x = \frac{\delta y}{\pi}$, vel $x - \frac{\delta y}{\pi} = 0$, æquatio ad rectam.

13. Quando linea ABC est parabola, & π est parameter pertinens ad diametrum AE, erit $\pi x = yy$, vel $\pi x - yy = 0$, æquatio ad parabolam.

14. Si linea ABC est ellipsis, ejus diameter $Pp = \delta$, & parameter pertinens ad diametrum Pp, $= \pi$, erit $Dp = \delta - x$; & $\delta x - xx . yy :: \delta . \pi$; atque $\delta x - xx = \frac{\delta yy}{\pi}$, vel $xx - \delta x + \frac{\delta yy}{\pi} = 0$, æquatio ad ellipsim.

15. Si linea ABC est hyperbola circa diametros, ejus diameter transversa $Pp = \delta$; parameter ad eam pertinens $= \pi$, erit $pD = \delta + x$, & æquatio ad hyperbolam hanc invenietur TAB. K. Fig. 5.

$$xx + \delta x - \frac{\delta yy}{\pi} = 0.$$

16. Si linea ABC est hyperbola inter asymtotos, quarum alteri parallela est ordinata DB, ejus diameter secunda $= \kappa$, erit $xy - \kappa\kappa = 0$, æquatio ad hanc hyperbolam. TAB. K. Fig. 6.

17. Recentiores distinguunt *locos* ex æquationum dimensionibus, & vocant locum primi gradus, eum cujus æquatio est unius dimensionis, id est *locum* ad rectam; *locum* secundi gradus cujus æquatio est duarum dimensionum, id est ad sectiones conicas, quibus circulus est annumerandus; *locum* tertii gradus, cujus æquatio est trium dimensionum, & sic de reliquis, quorum exempla nonnulla occurrent infra.

18. Æquationem autem vocant unius dimensionis, cum neque indeterminatarum aut coordinatarum potestates, neque facta ex illis continet. Hujusmodi est æquatio ad rectam. Æquationem dicunt duarum dimensionum cum habet aut alterius saltem coordinatæ quadratum, ut æquatio ad parabolam, aut utriusque coordinatæ quadratum, ut æquatio ad ellipsim & ad hyperbolam circa diametros, aut factum ex coordinatis, ut æquatio ad hyperbolam intra asymptotos. Uno verbo numerus dimensionum definitur a maximo aggregato indicum indeterminatarum, quæ constituunt unum terminum simplicem æquationis.

19. Quivis locus complectitur puncta numero infinita; e singulis punctis loci duci possunt ordinatæ, quæ determinant totidem abscissas; ergo quilibet locus complectitur infinitum coordinatarum numerum; quæ cum exponantur æquatione indeterminata, intelligimus mirum in modum consentire naturam locorum cum natura æquationum indeterminatarum.

20. Ubi vero lineæ natura definita est, ea referri potest ad ordinatas a prioribus diversas. Mutari enim potest I. verticis positio. II. positio ordinatarum. III. positio verticis & ordinatarum simul. IV. positio abscissæ. V. positio verticis & abscissæ. VI. positio tum ordinatarum tum abscissarum. VII. positio tum ordinatarum, tum abscissarum, tum verticis.

31. In-

21. In sequentibus ponam lineæ ABC naturam primo, ut in numeris 11——16, definitam esse rectis PD; DB, quarum altera PD incipit a dato puncto P, altera DB rectæ ST positione datæ & transeunti per P, parallela est; ita ut ex recta RPQ desumantur abscissæ x, quæ positivæ sunt a P versus Q, & negativæ a P versus R; & ordinatæ DB vel PG ex ST, quæ positive procedunt a P versus S, & negative a P versus T.

22. I. Mutetur vertex, qui ponatur in O vel N, & fingatur NP $=$ PO $= \alpha$.

Statim dicatur ND $= u =$ NP $+$ PD $= \alpha + x$; & $u - \alpha = x$.

Jam dicatur OD $= u =$ DP $-$ PO $= x - \alpha$; & $u + \alpha = x$.

Quare in omni æquatione locali, in qua mutatur vertex, poni debet $u \mp \alpha$ pro x, reliquis manentibus; quæ substitutio si fiat in æquationibus supra inventis fiet

23. $u \mp \alpha - \frac{\delta y}{\pi} = 0$, æquatio ad rectam.

24. $\pi u \mp \alpha\pi - yy = 0$, æquatio ad parabolam.

25. $uu \begin{matrix} \mp 2\alpha u + \alpha\alpha \\ - \delta u \pm \alpha\delta \end{matrix} + \frac{\delta yy}{\pi} = 0$, æquatio ad ellipsim.

26. $uu \begin{matrix} \mp 2\alpha u + \alpha\alpha \\ + \delta u \mp \alpha\delta \end{matrix} - \frac{\delta y}{\pi} = 0$, æquatio ad hyperbolam circa diametros.

27. $uy \mp \alpha y - xx = 0$, æquatio ad hyperbolam inter asymptotos.

Sed quoniam tum ellipsis tum hyperbola circa diametros, habent centrum, quod bisecat diametrum, si origo abscissarum transferatur in ipso centro, erit $\alpha = \frac{\delta}{2} =$ PO $=$ Op.

28. Erit igitur in ellipsi PD $=$ PO $-$ OD $= \alpha - u$, & Dp $= p$O $+$ OD $= \alpha + u$, & ideo $\alpha\alpha - uu . yy :: 2\alpha . \pi$; & $\alpha\alpha - uu = \frac{2\alpha yy}{\pi}$, aut $uu - \alpha\alpha + \frac{2\alpha yy}{\pi} = 0$ æquatio ad ellipsim, quando origo abscissarum est in ipso centro.

29. In hyperbola erit PD $=$ DO $-$ OP $= u - \alpha$ & Dp $=$ DO $+$ Op $= u + \alpha$; & $uu - \alpha\alpha . yy :: 2\alpha . \pi$; $uu - \alpha\alpha = \frac{2\alpha yy}{\pi}$, aut $uu - \alpha\alpha - \frac{2\alpha yy}{\pi} = 0$, æquatio ad hyperbolam circa diametros, quando origo abscissarum est in centro.

30. Æquationes Ni. 28. & 29, quia carent secundo termino, censendæ sunt simpliciores æquationibus Ni. 25 & 26.

31. II. Mutetur positio ordinatarum, & curva quæ referebatur ad coordinatas PD; DB, referatur ad coordinatas PE; EB, quarum altera PE $= u$, abscinditur ab eadem recta RQ, & originem ducit ab eodem puncto P, ac prior PD; altera BE quam pones $= z$, constituit cum ea datum angulum. Age per P rectam indefinitam LM quæ faciat angulum LPR dato æqualem, & quæ ideo positione dabitur. Dantur ergo omnes anguli circa punctum P. Dantur quoque omnes anguli in triangulo BDE; quare & ratio laterum DB; BE; ED. Quam determinaturus, abscinde a PT datam PI, quam dic $= \beta$; per I age IK parallelam ipsi RQ, & dic IK $= \gamma$; & KP $= \epsilon$. T Fig

Ob parallelas IK; RP, æquales sunt anguli IKP; RPL ad eadem partes partes oppositi; sed RPL angulus factus est æqualis angulo BED; ergo æquales sunt anguli IKP, DEB. Eodem pacto demonstrabuntur æquales anguli KIP; EDB. Quare æquiangula sunt triangula IPK; DEB: & IP (β). PK (ϵ) :: DB (y). BE (z), & $y = \frac{\beta z}{\epsilon}$.

Item IP (β). IK (γ) :: BD ($y = \frac{\beta z}{\epsilon}$). DE; est ergo DE $= \frac{\gamma z}{\epsilon}$, & PE $= u =$ PD $+$ DE $= x + \frac{\gamma z}{\epsilon}$, & $u - \frac{\gamma z}{\epsilon} = x$, ubi punctum E cadit extra puncta P & D, ut in figura; sed $u + \frac{\gamma z}{\epsilon} = x$, ubi punctum E cadit intra puncta P; D. Ergo in æquationibus Num. 12. 13. 14. 15. 16.

pro y ponamus $\frac{\beta z}{\epsilon}$

& pro x ambigue $u \mp \frac{\gamma z}{\epsilon}$, fiet

32. $u \mp \frac{\gamma z}{\epsilon} - \frac{\beta\delta z}{\epsilon\pi} = 0$, æquatio ad rectam.

33.

33. $\pi u \pm \frac{\pi\gamma z}{\varepsilon} - \frac{\beta\beta zz}{\varepsilon\varepsilon} = 0$, æquatio ad parabolam.

34. $uu \pm \frac{2\gamma uz}{\varepsilon} \begin{matrix} + \frac{\gamma\gamma zz}{\varepsilon\varepsilon} \\ + \frac{\delta\beta\beta zz}{\pi\varepsilon\varepsilon} \end{matrix} - \delta u \mp \frac{\delta\gamma z}{\varepsilon} = 0$,

æquatio ad ellipsim.

35. $uu \pm \frac{2\gamma uz}{\varepsilon} \begin{matrix} + \frac{\gamma\gamma zz}{\varepsilon\varepsilon} \\ - \frac{\delta\beta\beta zz}{\pi\varepsilon\varepsilon} \end{matrix} + \delta u \pm \frac{\delta\gamma z}{\varepsilon} = 0$,

æquatio ad hyperbolam circa diametros.

36. $\frac{\beta uz}{\varepsilon} \pm \frac{\beta\gamma zz}{\varepsilon\varepsilon} - xx = 0$, æquatio ad hyperbolam intra asymptotos.

37. III. Si præterea origo transferretur in O aut N.

pro y poni deberet $\frac{\beta z}{\varepsilon}$

& pro x $u \pm \frac{\gamma z}{\varepsilon} \pm \alpha$.

in æquationibus primo inventis, unde evaderet

38. $u \pm \frac{\gamma z}{\varepsilon} - \frac{\beta\delta z}{\varepsilon\pi} \pm \alpha = 0$, æquatio ad rectam.

39 $\pi u \pm \frac{\pi\gamma z}{\varepsilon} \pm \alpha\pi - \frac{\beta\beta zz}{\varepsilon\varepsilon} = 0$, æquatio ad parabolam.

40. $uu \pm \frac{2\gamma uz}{\varepsilon} \begin{matrix} + \frac{\gamma\gamma zz}{\varepsilon\varepsilon} \pm 2\alpha u + \frac{2\alpha\gamma z}{\varepsilon} + \alpha\alpha \\ + \frac{\delta\beta\beta zz}{\pi\varepsilon\varepsilon} - \delta u \mp \frac{\delta\gamma z}{\varepsilon} \mp \alpha\delta \end{matrix}$

$= 0$, æquatio ad ellipsim.

41. $uu \pm \frac{2\gamma uz}{\varepsilon} \begin{matrix} + \frac{\gamma\gamma zz}{\varepsilon\varepsilon} \pm 2\alpha u + \frac{2\alpha\gamma z}{\varepsilon} + \alpha\alpha \\ - \frac{\delta\beta\beta zz}{\pi\varepsilon\varepsilon} + \delta u \pm \frac{\delta\gamma z}{\varepsilon} \pm \alpha\delta \end{matrix}$

$= 0$, æquatio ad hyperbolam circa diametros.

42. $\frac{\beta uz}{\varepsilon} \pm \frac{\beta\gamma zz}{\varepsilon\varepsilon} \pm \frac{\alpha\beta z}{\varepsilon} - xx = 0$,

æquatio ad hyperbolam intra asymptotos.

43. IV. Mutetur positio abscissæ, & curva quæ referebatur ad PD (x; DB y), referatur ad PH (u); BH (z). Quia dantur anguli DPH; PHD, per hypothesim, datur ratio PD ad DH, & PH ad HD. Sit $\beta . \zeta$ :: PD (x). DH $= \frac{\zeta x}{\beta}$; & $\gamma . \zeta$ :: PH (u). HD ($\frac{\zeta x}{\beta}$); erit $\zeta u = \frac{\zeta\gamma x}{\beta}$; & $\frac{\beta u}{\gamma} = x$. Est autem BH $=$ BD $+$ DH $= y + \frac{\zeta u}{\gamma}$, ubi recta XPY cadit intra angulum QPT, & ubi ea cadit intra angulum QPS est BH $= y - \frac{\zeta u}{\gamma}$ Quare $z = y \pm \frac{\zeta u}{\gamma}$. Igitur in æquationibus Nm. 12. 13. 14. 15. 16. Tab. I. Fig. 9.

pro x ponamus $\frac{\beta u}{\gamma}$

& pro y $z \mp \frac{\zeta u}{\gamma}$

& fiet

44. $\frac{\beta u}{\gamma} - \frac{\delta z}{\pi} \pm \frac{\delta\zeta u}{\pi\gamma} = 0$, æquatio ad rectam.

45. $\frac{\pi\beta u}{\gamma} - zz \pm \frac{2\zeta uz}{\gamma} - \frac{\zeta\zeta uu}{\gamma\gamma} = 0$,

vel, liberando uu a coefficiente, & transponendo.

$$uu \mp \frac{2\gamma uz}{\zeta} + \frac{\gamma\gamma zz - \pi\beta\gamma u}{\zeta\zeta} = 0,$$

æquatio ad parabolam.

46. $\frac{\beta\beta uu}{\gamma\gamma} - \frac{\delta\beta u}{\gamma} + \frac{\delta zz}{\pi} \pm \frac{2\delta\zeta uz}{\pi\gamma} + \frac{\delta\zeta\zeta uu}{\pi\gamma\gamma} = 0$,

vel, liberando uu a coefficientibus,

$$uu \mp \frac{2\delta\gamma\zeta uz + \delta\gamma\gamma zz - \delta\gamma\beta\pi u}{\pi\beta\beta + \delta\zeta\zeta} = 0,$$

æquatio ad ellipsim.

47. $\frac{\beta\beta uu}{\gamma\gamma} + \frac{\delta\beta u}{\gamma} - \frac{\delta zz}{\pi} \mp \frac{2\delta\zeta uz}{\pi\gamma} - \frac{\delta\zeta\zeta uu}{\pi\gamma\gamma} = 0$

vel, liberando uu a coefficientibus,

$$uu \mp \frac{2\delta\gamma\zeta uz - \delta\gamma\gamma zz + \delta\beta\gamma\pi u}{\pi\beta\beta - \delta\zeta\zeta} = 0,$$

æquatio ad hyperbolam circa diametros.

48. $\frac{\beta uz}{\gamma} \pm \frac{\beta\zeta uu}{\gamma\gamma} - \alpha\alpha = 0,$

æquatio ad hyperbolam intra asymptotos.

49. V. Mutetur præterea positio originis, quæ transferatur in O, aut N.

pro x ponere debebimus $\frac{\beta u}{\gamma} \pm \alpha$

& pro y $\qquad z \mp \frac{\zeta u}{\gamma}$

in æquationibus Nm. 12. 13. 14. 15. 16. & fiet

50. $\frac{\beta u}{\gamma} - \frac{\delta z}{\pi} \pm \frac{\delta\zeta u}{\pi\gamma} \mp \alpha = 0$, æquatio ad rectam.

51. $\frac{\pi\beta u}{\gamma} \mp \alpha\pi - zz \pm \frac{2\zeta uz}{\gamma} - \frac{\zeta\zeta uu}{\gamma\gamma} = 0,$

vel liberando uu a coefficiente, & transponendo,

$$uu \mp \frac{2\gamma uz}{\zeta} + \frac{\gamma\gamma zz - \pi\gamma\beta u \pm \alpha\pi\gamma\gamma}{\zeta\zeta} = 0,$$

æquatio ad parabolam.

52. $\frac{\beta\beta uu}{\gamma\gamma} \mp \frac{2\alpha\beta u}{\gamma} + \alpha\alpha - \frac{\beta\delta u}{\gamma} \mp \alpha\delta + \frac{\delta zz}{\pi} \mp \frac{2\delta\zeta uz}{\pi\gamma} + \frac{\delta\zeta\zeta uu}{\pi\gamma\gamma} = 0,$

vel, liberando uu a coefficientibus,

$$uu \mp \frac{2\delta\gamma\zeta uz + \delta\gamma\gamma zz \mp u(2\alpha\beta\pi\gamma \pm \beta\delta\pi\gamma) + \pi\gamma\gamma(\alpha\alpha \mp \alpha\delta)}{\pi\beta\beta + \delta\zeta\zeta} = 0,$$

æquatio ad ellipsim.

53. $$uu\ \frac{+ 2\delta\gamma\zeta uz - \delta\gamma\gamma zz \mp u(2\alpha\beta\pi\gamma \mp \beta\delta\pi\gamma) + \pi\gamma\gamma(\alpha\alpha \mp \alpha\delta)}{\pi\beta\beta - \delta\zeta\zeta} = 0,$$

æquatio ad hyperbolam circa diametros, facile invenienda ad modum superioris.

54. $\frac{\beta uz}{\gamma} \mp \alpha z \mp \frac{\beta\zeta uu}{\gamma\gamma} + \frac{\alpha\beta u}{\gamma} - \alpha\alpha = 0,$

æquatio ad hyperbolam intra asymptotos.

55. VI. Nunc mutetur positio utriusque coordinatæ, & linea ABC, quæ referebatur ad coordinatas PD (x); DB (y), referatur ad PE (u); EB (z), quarum altera PE abscinditur a recta XZ, positione data, altera BE rectæ LPM positione datæ parallela est. TAB. Fig. 3. 4.

Abscindatur, ut No. 31, PI $= \beta$, agatur IK parallela ipsi RQ & occurrens rectæ LM in K, & rectæ XZ in Y; & ponatur IK $= \gamma$; KP $= \epsilon$; KY $= \zeta$; YP $= \lambda$.

Triangula IPK; DBU ostendentur similia ut No. 31, & hinc invenietur BU $= \frac{\epsilon y}{\beta}$, & DU $= \frac{\gamma y}{\beta}$; & PU $=$ PD $\pm$ DU $= x \pm \frac{\gamma y}{\beta}$.

Sed, ob parallelas MP; EB, anguli alterni KPY; PEB sunt æquales, ut & anguli KYP, EPU alterni inter parallelas KI; PQ; ergo erit KY (ζ) . YP (λ) :: UP $\left(\frac{\beta x \pm \gamma y}{\beta}\right)$. PE (u); & $\beta\zeta u = \beta\lambda x \pm \gamma\lambda y$.

Item YK (ζ) . KP (ϵ) :: PU $\left(\frac{\beta x \pm \gamma y}{\beta}\right)$. UE $= \frac{\beta\epsilon x \pm \gamma\epsilon y}{\beta\zeta}$; & BE $=$ BU $\pm$ UE $= \frac{\zeta\epsilon y \pm \beta\epsilon x \mp \gamma\epsilon y}{\beta\zeta} = z$.

Æquatio $\beta\zeta u = \beta\lambda x \pm \gamma\lambda y$, dat $\frac{\beta\zeta u \mp \gamma\lambda y}{\beta\lambda} = x$.

Æquatio $\pm\beta\epsilon x \mp \gamma\epsilon y + \zeta\epsilon y = \beta\zeta z$, dat $x = \frac{\pm\beta\zeta z \pm \gamma\epsilon y \mp \zeta\epsilon y}{\beta\epsilon}$; quare $\frac{\beta\zeta u \mp \gamma\lambda y}{\lambda} = \frac{\beta\zeta z \pm \gamma\epsilon y \pm \zeta\epsilon y}{\epsilon}$; unde $\beta\epsilon\zeta u \mp \gamma\epsilon\lambda y = \beta\lambda\zeta z \mp \gamma\epsilon\lambda y \pm \zeta\epsilon\lambda y$; & deleto communi $\gamma\epsilon\lambda y$ manet $\beta\epsilon\zeta u = \beta\lambda\zeta z \pm \zeta\epsilon\lambda y$, unde $y = \frac{\beta\lambda\zeta z \pm \beta\epsilon\zeta u}{\zeta\epsilon\lambda} = \frac{\beta\lambda z \pm \beta\epsilon u}{\epsilon\lambda}$.

Hic valor positus in $x = \frac{\zeta u}{\lambda} \mp \frac{\gamma y}{\beta}$, dat $x = \frac{\zeta u}{\lambda} \pm \frac{\beta\gamma\lambda z \pm \beta\epsilon\gamma u}{\beta\epsilon\lambda} = \frac{\zeta u}{\lambda} \mp \frac{\gamma\lambda z \pm \epsilon\gamma u}{\epsilon\lambda} =$

$u\left(\frac{\zeta \pm \gamma}{\lambda}\right) \pm \frac{\gamma z}{\iota}$, & ponendo KY ± IK $= IY = \zeta \pm \gamma = \eta$: fiet $\frac{\eta u}{\lambda} \pm \frac{\gamma z}{\iota} = x$.

Quapropter in æquationibus ſæpius citatis

pro x poni debet $\frac{\eta u}{\lambda} \pm \frac{\gamma z}{\iota}$

& pro y $\frac{\beta z}{\iota} \pm \frac{\beta u}{\lambda}$

Hinc fiet

56. $u\left(\frac{\pi\eta + \beta\delta}{\pi\lambda}\right) - z\left(\frac{\mp\pi\gamma + \beta\delta}{\pi\iota}\right) = 0$,

æquatio ad rectam

57. $uu \mp 2uz\frac{\lambda}{\iota} + zz\frac{\lambda\lambda}{\iota\iota} - u\frac{\pi\lambda\eta}{\beta\beta} \mp z\frac{\pi\lambda\lambda\gamma}{\iota\beta\beta} = 0$,

æquatio ad parabolam ope ſolitæ reductionis.

58. $uu - \frac{2uz(\mp\pi\iota\lambda\gamma\eta \pm \delta\beta\beta\iota\lambda)}{\pi\iota\iota\eta\eta + \delta\beta\beta\iota\iota} + \frac{zz(\pi\lambda\lambda\gamma\gamma + \delta\beta\beta\lambda\lambda) - u\pi\delta\iota\iota\lambda\eta + z\pi\delta\iota\lambda\lambda\gamma}{\pi\iota\iota\eta\eta + \delta\beta\beta\iota\iota} = 0$,

æquatio ad ellipſim.

59. $uu - \frac{2uz(\mp\pi\iota\lambda\gamma\eta \pm \delta\beta\beta\iota\lambda)}{\pi\iota\iota\eta\eta - \delta\beta\beta\iota\iota} + \frac{zz(\pi\lambda\lambda\gamma\gamma - \delta\beta\beta\lambda\lambda) + u\pi\delta\iota\iota\lambda\eta \pm \pi\delta\iota\lambda\lambda\gamma z}{\pi\iota\iota\eta\eta - \delta\beta\beta\iota\iota} = 0$,

æquatio ad hyperbolam circa diametros.

60. $uu - \frac{uz(\mp\iota\lambda\eta \mp \iota\lambda\gamma) \mp zz\lambda\gamma\gamma}{\iota\iota\eta} \mp \frac{\kappa\kappa\lambda\lambda}{\beta\eta} = 0$,

æquatio ad hyperbolam inter aſymptotos.

61. VII. Tandem etiam origo mutetur, & ea transferatur in O vel N.

pro x ponendum erit $\frac{u\eta}{\lambda} \pm \frac{z\gamma}{\iota} \pm \kappa$

manente y valore $\frac{\beta z}{\iota} \pm \frac{\beta u}{\lambda}$

Unde evadet

62. $u\left(\frac{\pi\eta + \beta\delta}{\pi\lambda}\right) - z\left(\frac{\mp\pi\gamma + \beta\delta}{\pi\iota}\right) \mp \alpha = 0$

æquatio ad rectam

63. $uu \mp 2uz\frac{\lambda}{\iota} + zz\frac{\lambda\lambda}{\iota\iota} - u\frac{\pi\lambda\eta}{\beta\beta} \mp z\frac{\pi\lambda\lambda\gamma}{\iota\beta\beta} \pm \frac{\alpha\lambda\lambda\pi}{\beta\beta} = 0$

æquatio ad parabolam per ſolitam reductionem

64. $uu - \frac{2uz(\mp\pi\iota\lambda\gamma\eta \mp \delta\beta\beta\iota\lambda)}{\iota\iota\eta\eta\pi + \beta\beta\delta\iota\iota} + \frac{zz(\pi\lambda\lambda\gamma\gamma + \delta\beta\beta\lambda\lambda) - u(\mp 2\alpha\iota\iota\lambda\eta\pi + \delta\iota\iota\lambda\eta\pi)}{\iota\iota\eta\eta\pi + \beta\beta\delta\iota\iota} + \frac{z(\mp 2\alpha\iota\lambda\lambda\gamma\pi \pm \delta\iota\lambda\lambda\gamma\pi)}{\iota\iota\eta\eta\pi + \beta\beta\delta\iota\iota} + \frac{\alpha\pi\lambda\lambda(\alpha \pm \delta)}{\eta\eta\pi + \beta\beta\delta} = 0$

æquatio ad ellipſim.

65. $uu - \frac{2uz(\mp\pi\iota\lambda\gamma\eta \mp \delta\beta\beta\iota\lambda)}{\iota\iota\eta\eta\pi - \beta\beta\delta\iota\iota} + \frac{zz(\pi\lambda\lambda\gamma\gamma - \delta\beta\beta\lambda\lambda) - u(\mp 2\alpha\iota\iota\lambda\eta\pi - \delta\iota\iota\lambda\eta\pi)}{\iota\iota\eta\eta\pi - \beta\beta\delta\iota\iota} + \frac{z(\mp 2\alpha\iota\lambda\lambda\gamma\pi \pm \delta\iota\lambda\lambda\gamma\pi)}{\iota\iota\eta\eta\pi - \beta\beta\delta\iota\iota} + \frac{\alpha\pi\lambda\lambda(\alpha \mp \delta)}{\eta\eta\pi + \beta\beta\delta} = 0$

æquatio ad hyperbolam circa diametros.

66. $uu - \frac{uz(\pm\iota\lambda\pi \pm \iota\lambda\gamma) \mp zz\lambda\lambda\gamma}{\iota\iota\eta} \pm \frac{\alpha\lambda u}{\eta} \pm \frac{\alpha\lambda\lambda z}{\iota\eta} \mp \frac{\kappa\kappa\lambda\lambda}{\beta\eta} = 0$

æquatio ad hyperbolam intra aſymptotos.

67. Hinc patet æquationem ad rectam ſemper eſſe unius dimenſionis.

68. Unius pariter dimenſionis eſſe quantitates, quæ in coordinatarum permutatione ponuntur pro primis coordinatis in æquationibus primariis ad lineam quamvis; atque ideo coordinatarum permutationem gradum æquationis ad lineam non mutare.

69.

69. Æquationes ad sectiones conicas semper esse duarum dimensionum.

70. In omni æquatione ad *parabolam* terminus altissimus constat duobus factoribus *realibus* & *æqualibus*. Nam terminus altissimus in Nis. 13. & 24. est $yy = \mp y . \mp y$.

In Nis. 33. & 39. est $\frac{\beta\beta zz}{\iota\iota} = \mp \frac{\beta z}{\iota} . \mp \frac{\beta z}{\iota}$.

In Nis. 45. & 51. est $uu \mp \frac{2\gamma uz}{\zeta} + \frac{\gamma\gamma zz}{\zeta\zeta} = (u \mp \frac{\gamma z}{\iota})(u \mp \frac{\gamma z}{\iota})$.

In Nis. 57 & 63 est $uu \pm 2uz\frac{\lambda}{\iota} + zz\frac{\lambda\lambda}{\iota\iota} = (u \pm \frac{\lambda z}{\iota})(u \pm \frac{\lambda z}{\iota})$.

71. In omni æquatione ad *ellipsim* terminus altissimus constat duobus factoribus *imaginariis* & *inæqualibus*. Nam terminus altissimus in No. 14 est $xx + \frac{\delta yy}{\pi} = (x + \sqrt{-\frac{\delta yy}{\pi}})(x - \sqrt{-\frac{\delta yy}{\pi}}) = (x + y\sqrt{-\frac{\delta}{\pi}})(x - y\sqrt{-\frac{\delta}{\pi}})$.

In Nis. 25. & 28. est $uu + \frac{\delta yy}{\pi} = (u + y\sqrt{-\frac{\delta}{\pi}})(u - y\sqrt{-\frac{\delta}{\pi}})$.

In Nis. 34. & 40. est $uu \pm \frac{2\gamma uz}{\iota} + zz(\frac{\pi\gamma\gamma + \delta\beta\beta}{\pi\iota\iota}) = (u \pm \frac{\gamma z}{\iota} + \frac{\beta z}{\iota}\sqrt{-\frac{\delta}{\pi}})$ & $(u \pm \frac{\gamma z}{\iota} - \frac{\beta z}{\iota}\sqrt{-\frac{\delta}{\pi}})$.

Quandoquidem multiplicatio factorum huc usque allatorum restituit ipsos terminos.

In Nis. 46. & 52. est $uu \mp \frac{2\delta\gamma\zeta uz + \delta\gamma\gamma zz}{\pi\beta\beta + \delta\zeta\zeta}$

cujus factores

$$u + \frac{z(\mp\delta\gamma\zeta + \beta\gamma\sqrt{-\delta\pi})}{\pi\beta\beta + \delta\zeta\zeta},$$

$$\& \; u + \frac{z(\mp\delta\gamma\zeta - \beta\gamma\sqrt{-\delta\pi})}{\pi\beta\beta + \delta\zeta\zeta}$$

Facta enim multiplicatione horum factorum, & deletis delendis, inveniemus

$$uu \frac{\mp 2\delta\gamma\zeta uz}{\pi\beta\beta + \delta\zeta\zeta} + \frac{\delta\pi\beta\beta\gamma\gamma zz + \delta\delta\gamma\gamma\zeta\zeta zz}{(\pi\beta\beta + \delta\zeta\zeta)^2}.$$

Est autem

$$\frac{\delta\pi\beta\beta\gamma\gamma zz + \delta\delta\gamma\gamma\zeta\zeta zz}{(\pi\beta\beta + \delta\zeta\zeta)^2} = \frac{\delta\gamma\gamma zz(\pi\beta\beta + \delta\zeta\zeta)}{(\pi\beta\beta + \delta\zeta\zeta)^2}$$

hoc est

$$\frac{\delta\gamma\gamma zz}{\pi\beta\beta + \delta\zeta\zeta}.$$

In Nis. 58. & 64. terminus altissimus est

$$uu \frac{-2uz(\mp\pi\iota\lambda\gamma\eta \pm \delta\beta\beta\iota\lambda)}{\pi\iota\iota\eta\eta + \delta\beta\beta\iota\iota} + \frac{zz(\pi\lambda\lambda\gamma\gamma + \delta\beta\beta\lambda\lambda)}{\pi\iota\iota\eta\eta + \delta\beta\beta\iota\iota}$$

qui resolvitur in factores

$$u \frac{-z(\mp\pi\iota\lambda\gamma\eta \pm \delta\beta\beta\iota\lambda}{\pi\iota\iota\eta\eta + \delta\beta\beta\iota\iota} + \frac{\beta\iota\lambda\sqrt{(-\pi\delta\eta\eta \pm 2\pi\delta\eta\gamma - \pi\delta\gamma\gamma))}}{\pi\iota\iota\eta\eta + \delta\beta\beta\iota\iota}$$

&

$$u \frac{-z(\mp\pi\iota\lambda\gamma\eta \pm \delta\beta\beta\iota\lambda}{\pi\iota\iota\eta\eta + \delta\beta\beta\iota\iota} - \frac{\beta\iota\lambda\gamma\sqrt{(-\pi\delta\eta\eta \pm 2\pi\delta\eta\gamma - \pi\delta\gamma\gamma))}}{\pi\iota\iota\eta\eta + \delta\beta\beta\iota\iota}$$

Facta enim multiplicatione & deletis delendis, manebit

$$uu \frac{-2uz(\mp\pi\iota\lambda\gamma\eta \pm \delta\beta\beta\iota\lambda)}{\pi\iota\iota\eta\eta + \delta\beta\beta\iota\iota} + \frac{zz(\pi\pi\iota\iota\eta\eta\lambda\lambda\gamma\gamma + \delta\delta\beta^4\iota\iota\lambda\lambda +}{(\pi\iota\iota\eta\eta + \delta\beta\beta\iota\iota)^2}$$

$$\frac{\pi\delta\eta\eta\beta\beta\iota\iota\lambda\lambda + \pi\delta\beta\beta\iota\iota\lambda\lambda\gamma\gamma)}{(\pi\iota\iota\eta\eta + \delta\beta\beta\iota\iota)^2}$$

Est autem

$$\pi\pi\iota\iota\eta\eta\lambda\lambda\gamma\gamma + \delta\delta\beta^4\iota\iota\lambda\lambda + \pi\delta\eta\eta\beta\beta\iota\iota\lambda\lambda + \pi\delta\beta\beta\iota\iota\lambda\lambda\gamma\gamma$$

Factum ex

$\pi\lambda\lambda\gamma\gamma + \delta\beta\beta\lambda\lambda$ in $\pi\iota\iota\eta\eta + \delta\beta\beta\iota\iota$.

Quare

Quare dividendo numeratorem & denominatorem coefficientis zz, inveniemus ipsum terminum altissimum ellipseos.

72. In omni æquatione ad *hyperbolam* terminus altissimus constat duobus factoribus *realibus* & *inæqualibus*. Nam terminus altissimus in N°. 15. est $xx - \frac{\delta yy}{\pi} = (x + y\sqrt{\frac{\delta}{\pi}})(x - y\sqrt{\frac{\delta}{\pi}})$.

In N°. 16 est $xy = x \cdot y$.

In Nis. 26. & 29. est $uu - \frac{\delta yy}{\pi} = (u + y\sqrt{\frac{\delta}{\pi}})$ $(u - y\sqrt{\frac{\delta}{\pi}})$.

In N°. 27. est $uy = u \cdot y$.

In Nis. 35. & 41. est $uu \pm \frac{2\gamma uz}{\varepsilon} +$

$$\frac{zz(\pi\gamma\gamma - \delta\beta\beta)}{\pi\varepsilon\varepsilon}$$

qui resolvitur in factores

$$u \pm \frac{\gamma z}{\varepsilon} + \frac{\beta z}{\varepsilon}\sqrt{\frac{\delta}{\pi}}, \ \& \ u \pm \frac{\gamma z}{\varepsilon} - \frac{\beta z}{\varepsilon}\sqrt{\frac{\delta}{\pi}} \ \text{vel}$$

$$u\frac{+z(\pm\gamma + \beta\sqrt{\frac{\delta}{\pi}})}{\varepsilon} \ \& \ u\frac{+z(\pm\gamma - \beta\sqrt{\frac{\delta}{\pi}})}{\varepsilon}$$

In Nis. 36. & 42. est $\frac{\beta uz}{\varepsilon} \pm \frac{\beta\gamma zz}{\varepsilon\varepsilon} =$

$$(u \pm \frac{\gamma z}{\varepsilon}) \cdot \frac{\beta z}{\varepsilon}$$

In Nis. 47. & 53 est $uu\frac{\pm 2\delta\gamma\zeta uz - \delta\gamma\gamma zz}{\pi\beta\beta - \delta\zeta\zeta}$

cujus factores

$$u\frac{\pm z(\pm\delta\gamma\zeta + \beta\gamma\sqrt{\delta\pi})}{\pi\beta\beta - \delta\zeta\zeta} \ \&$$

$$u\frac{\pm z(\pm\delta\gamma\zeta - \beta\gamma\sqrt{\delta\pi})}{\pi\beta\beta - \delta\zeta\zeta}$$

Siquidem facta multiplicatione, & deletis delendis, superest

$$uu\frac{\pm 2\delta\gamma\zeta uz}{\pi\beta\beta - \delta\zeta\zeta} + \frac{zz(\delta\delta\gamma\gamma\zeta\zeta - \pi\delta\beta\beta\gamma\gamma)}{(\pi\beta\beta - \delta\zeta\zeta)^2}$$

& est

$$\delta\delta\gamma\gamma\zeta\zeta - \pi\delta\beta\beta\gamma\gamma = -\delta\gamma\gamma(-\delta\zeta\zeta + \pi\beta\beta)$$

unde redit factum Num. 47. & 53.

In N°. 48.

$$\text{est} \quad \frac{\beta uz}{\gamma} \mp \frac{\beta\zeta uu}{\gamma\gamma}$$

cujus factores

$$\frac{\beta u}{\gamma}, \ \& \ z \mp \frac{\beta u}{\gamma}.$$

In N°. 54. est $\frac{\beta uz}{\gamma} \mp \frac{\beta\zeta uu}{\gamma\gamma}$ pariter

cujus factores

$$\frac{\beta u}{\gamma}, \ \& \ z \mp \frac{\zeta u}{\gamma}$$

In Nis. 59. & 65. est

$$uu\frac{-2uz(\mp\pi\varepsilon\lambda\gamma\eta \pm \delta\beta\beta\varepsilon\lambda) + zz(\pi\lambda\lambda\gamma\gamma - \delta\beta\beta\lambda\lambda)}{\pi\varepsilon\varepsilon\eta\eta - \delta\beta\beta\varepsilon\varepsilon}$$

cujus factores sunt

$$u - \frac{z(\mp\pi\varepsilon\lambda\gamma\eta \pm \delta\beta\beta\varepsilon\lambda + \beta\varepsilon\lambda(\eta - \gamma)\sqrt{\pi\delta}}{\pi\varepsilon\varepsilon\eta\eta - \delta\beta\beta\varepsilon\varepsilon}$$

atque

$$u - \frac{z(\pi\varepsilon\lambda\gamma\eta - \delta\beta\beta\varepsilon\lambda - \beta\varepsilon\lambda(\eta - \gamma)\sqrt{\pi\delta}}{\pi\varepsilon\varepsilon\eta\eta - \delta\beta\beta\varepsilon\varepsilon}$$

Quod probabitur ut supra, facta multiplicatione, deletis delendis, & reducendo coefficientem fractum ipsius zz, cujus fractionis denominator erit $(\pi\varepsilon\varepsilon\eta\eta - \delta\beta\beta\varepsilon\varepsilon)^2$.

In N°. 60. & 66. est

$$uu\frac{-uz(\pm\beta\varepsilon\lambda\eta \pm \beta\varepsilon\lambda\gamma) + zz\beta\lambda\lambda\gamma}{\beta\varepsilon\varepsilon\eta}$$

vel

$$uu - \frac{uz(\mp\lambda\eta \pm \lambda\gamma)}{\varepsilon\eta} + \frac{zz\lambda\lambda\gamma}{\varepsilon\varepsilon\eta}$$

cujus factores sunt

$$u - \frac{\lambda\gamma z}{\varepsilon\eta} \ \& \ u - \frac{\lambda z}{\varepsilon}$$

73.

73. Æquatio gradus m, in qua indeterminatæ sunt x & y, est completa, quando in ea sunt potestates m; $m-1$; $m-2$; .... 1, tum ipsius x, tum ipsius y; omnia facta $x^{m-1}y$; $x^{m-1}y^2$; &c; xy^{m-1}; x^2y^{m-2} &c; & factum ex puris determinatis, ut sponte patet.

74. Ideo æquationes ad rectam & ad sectiones conicas, quas invenimus Nis. 62. 63. 64. 65. & 66. sunt completæ.

75. Datis lineis inveniuntur æquationes; hoc est, si rectæ, parabolæ, ellipseos, & hyperbolæ natura exprimatur æquatione, hæc æquatio erit aliqua ex iis quas assignavimus pro quaque linea. Nunc dico æquationes assignatas pertinere ad lineas quibus eas tribuimus; id est, si hæ æquationes construantur lineis, singulas construi lineis quas assignavimus. Nam

Æquatio unius dimensionis, reducendo quantitates determinatas ad simpliciorem expressionem, revocatur ad formam.

$$\frac{mx}{n} - \frac{py}{q} \pm r = 0.$$

quæ auferendo fractiones, & transponendo, fit

$$mqx \pm nqr = npy.$$

unde educitur analogia $np \,.\, mq :: x \pm \frac{nr}{m} \,.\, y$. Datur autem datarum np & mq ratio; ergo & indeterminatarum $x \pm \frac{nr}{m}$ & y; prior enim quantitas complexa variabilis est ob variabilem x. Sed hæ indeterminatæ sunt unius dimensionis, atque ideo linea recta terminantur: ergo illarum locus est recta.

76. Æquationes indeterminatæ duarum dimensionum revocantur ad formulam completam

$$yy + \frac{2mxy}{n} + 2ry + \frac{pxx}{q} + 2sx + tt = 0$$

unde deducitur analogia

$$p.q :: 2ry + 2sx + tt. \frac{qyy}{p} + \frac{2mqxy}{np} + xx$$

Signorum enim rationem nunc non habemus.

Posteriores termini hujus proportionis constant singuli duobus factoribus, & datur productorum ratio. Ergo hæc æquatio pertinet ad aliquam e sectionibus conicis.

77. In hac demonstratione subsumsimus posse describi lineam rectam & sectiones conicas propositis æquationibus convenientes. Si enim lineæ descriptæ essent, demonstrandæ manerent conversæ præcipuarum propositionem ad has lineas pertinentium. Nempe

Si recta linea AE positione detur, & in ea puncta A & D; atque ad rectam AE datumque in ea punctum D sub dato angulo ducatur DB recta magnitudine data, & per A & B indefinita AC, & per quodvis punctum F in AE agatur FG ipsi DB parallela, & sit ut AD ad DB sic AF ad FG, tanget punctum G rectam AC. TAB. Fig.

Si rectæ RQ; ST positione datæ sibi occurrant in P, & recta RP magnitudine detur, describatur autem diametro PQ, parametro RP, & vertice P parabola PAB rectam ST tangens in P, & agatur quavis recta DB ipsi PS parallela, & fuerit quadratum ex BD æquale rectangulo sub parametro RP & abscissa PD, erit punctum B in descripta parabola. TAB. Fig.

Similia dicantur de reliquis sectionibus conicis.

Hæ autem propositiones facile demonstrantur per deductionem ad absurdum; quo pacto etiam facile demonstratur hæc propositio generalis.

78. Si data sit relatio inter abscissas & ordinatas, & linea transeat per extrema omnium ordinatarum, alia linea per eadem extrema transire nequit. Aut enim duæ lineæ prorsus congruent, & tunc duæ non erunt; aut alicubi different, & tunc eidem abscissæ respondebunt duæ ordinatæ inæquales; quod aut fieri non potest, aut si fieri potest per leges, quibus determinatur relatio inter abscissas & ordinatas, prior linea transibit per extrema ordinatarum inæqualium, & sic duæ lineæ congruent.

Non semper quidem ex datis legibus & abscissa, potest determinari ordinata; sed intelligitur semper futurum esse ut hæc detur illis datis. Recte veteres notarunt discrimen inter ea quæ intelliguntur, & quæ dicebant *gnorima*, & ea quæ effici possunt, quæ dicebant *porima*, ut & inter ea quæ per se possibilia, sed in potestate nostra non sunt, quæ vocabant *porista*, & ea quæ fieri non possunt, quæ vocabant *apora*. Vide *Marini* præfationem ad *Euclidis* DATA. Hæc observatio mihi viam aperuit ad restituenda *Euclidis* PORISMATA.

Superest igitur ut ostendamus quomodo lineæ datis æquationibus convenientes describi possint. Ubi observandum.

79. Has lineas transire debere per extrema ordinatarum tum positivarum tum negativarum respondentium abscissis tum positivis tum negativis, ubi rerum natura id patitur: quod melius exempla explicabunt.

80. Signa esse negligenda ubi tantum quæritur rectarum ratio, nam signa indicant positionem, quæ rationem non mutat; sed signorum rationem esse habendam, quando præter rationem quæritur positio.

81. Positis quæ N°. 21. abscissa x evanescit quando ordinata cadit in ipsa recta ST; nam positio ordinatæ definit magnitudinem abscissæ incipientis a puncto P, & in hac hypothesi ea magnitudo nulla est.

82. Pariter ordinata y evanescit ubi locus æquationis secat rectam RQ; nam magnitudo ordinatæ definit intervallum puncti in loco a puncto respondente in linea abscissarum QR; quod intervallum nullum est quando locus occurrit rectæ QR; tunc ergo magnitudo ordinatæ pariter nulla est.

De locis ad rectam

83. Æquatio generalis unius dimensionis inventa N°. 75., recipit quatuor signorum diversitates.

$$1°.\ x + \frac{nr}{m} - \frac{ny}{m} = 0$$

$$2°.\ x - \frac{nr}{m} - \frac{ny}{m} = 0$$

$$3°.\ x + \frac{nr}{m} + \frac{ny}{m} = 0$$

$$4°.\ x - \frac{nr}{m} + \frac{ny}{m} = 0$$

Nam harum, quæ addi possent, $\frac{rr}{m} - x + \frac{ny}{m}$, & $\frac{nr}{m} - x - \frac{ny}{m} = 0$, prima est ipsa secunda mutata per translationem primi membri in secundum, & altera est quarta similem mutationem passa. Hæ formulæ construuntur eodem pacto, aliquantisper mutata rectarum positione, pro signorum diversitate, & facile præbent simpliciores formulas.

84. Pro prima $x + \frac{nr}{m} - \frac{ny}{m} = 0$, pone $x = 0$, manet $\frac{nr}{m} - \frac{ny}{m} = 0$, vel $r = y$, quare locus occurrit rectæ ST in K, ubi $PK = r$ & punctum K sumi debet versus S, quia valor y est positivus. Nunc pone $y = 0$, manet $x + \frac{nr}{m} = 0$, vel $x = -\frac{nr}{m}$: ergo locus hujus æquationis occurrit rectæ QR in F, ubi $PF = \frac{nr}{m}$ & quidem ab P versus R, quia valor ipsius x negativus est. Invenietur autem punctum F, sumendo $PG = m$ ex TS a puncto P versus S, & $PH = n$ ex RQ ab P versus R, jungendo HG, & ei per K ducendo parallelam KF; est enim $PK = r$. Tab. I. Fig. 5.

Producta igitur indefinite recta KF, ea recta erit locus æquationis propositæ. Nam age BD ipsi ST parallelam; quia est GP (m) ad PH (n) ut PK (r) ad PF, est $PF = \frac{nr}{m}$; quare $FD = \frac{nr}{m} + x$.

Est autem HP (n) ad PG (m), ut FD $(\frac{nr}{m} + x)$ ad BD (y); ergo $ny = nr + mx$; & $x + \frac{nr}{m} - \frac{ny}{m} = 0$.

Hic pars indefinita KC est locus pro ordinatis positivis quæ respondent abscissis positivis; pars finita KF est locus pro ordinatis positivis quæ respondent abscissis negativis, & pars indefinita FA pro ordinatis negativis quæ respondent abscissis pariter negativis.

85. Si æquatio esset $x + \frac{nr}{m} - y = 0$; posito $y = 0$, maneret $x + \frac{nr}{m} = 0$, ut in N°. 84, & eadem rediret constructio, qua inveniretur punctum F.

Sed posito $x = 0$, maneret $\frac{nr}{m} - y = 0$, unde punctum K determinaretur quærendo quartam proportionalem post m; n; & r.

86. Sed proposita æquatione $x + r - y = 0$, puncta F & K invenirentur ponendo $PF = PK = r$.

87. Secunda formula erat $x - \frac{nr}{m} - \frac{ny}{m} = 0$; in qua si ponatur $x = 0$, manebit $-r = y$, quare sumi debet $PK = r$ versus T quia valor y est negativus. Sed si ponatur $y = 0$, manet $x = \frac{nr}{m}$, quare punctum F determinabitur abscindendo $PG = m$; $PH = n$; & qui- Tab. I. Fig. 6.

quidem a P verſus Q, quia valor ipſius x poſitivus eſt, & junctæ GH ducendo parallelam KF.

Acta igitur per F & K recta indefinita AC; hæc erit locus æquationis propoſitæ, quod demonſtratur ut ſupra.

Hic pars indefinita FC pertinet ad ordinatas & abſciſſas poſitivas; pars finita FK ad ordinatas negativas & ad abſciſſas poſitivas; pars indefinita KA ad ordinatas & ad abſciſſas negativas.

88. Si æquatio eſſet $x - r - y = 0$, puncta F & K invenirentur ponendo PF ab P verſus Q, quia valor ipſius x eſt poſitivus, & PK ab P verſus T, quia valor ipſius y eſt negativus, ſingulas $= r$.

L. 89. Si ea eſſet $x - y = 0$, angulus SPQ
7. biſecandus eſſet recta AC quia tunc $x = y$.

L. 90. Si tandem $x - \frac{ny}{m} = 0$, abſcindatur ex
8. P in Q, pars PH $= n$, per H agatur HK parallela ipſi ST & $= m$, & per P & K agatur indefinita AC, ea erit locus æquationis; quia PH (n) ad HK (m), ut PD (x) ad DB (y) & $x = \frac{ny}{m}$; & pars indefinita PC reſpondet ordinatis & abſciſſis poſitivis, PA ordinatis & abſciſſis negativis.

Æquationes Num 89 & 90. oriuntur tum ex prima tum ex ſecunda formula.

91. Veniamus ad tertiam $x + \frac{nr}{m} + \frac{ny}{m} = 0$:
L. poſito $y = 0$ rurſus erit $x + \frac{nr}{m} = 0$, & PF
9. invenietur ut No. 84.

Sed poſito $x = 0$, manet $r = -y$, quare PK $= r$ ſumi debet ex P in T.

Indefinita AC erit locus æquationis, & pars indefinita KC ſpectabit ad abſciſſas poſitivas & ordinatas negativas; pars finita KF ad ordinatas & abſciſſas negativas; & pars indefinita FA ad ordinatas poſitivas & abſciſſas negativas.

92. Si æquatio eſſet $x + r + y$; tunc PF $=$ PK $= r$ ſumendæ eſſent verſus R & T, ob negativos valores tum x, tum y.

L. 93. Quarta & ultima formula eſt $x -$
10. $\frac{nr}{m} + \frac{ny}{m} = 0$, in qua ſi ponatur $y = 0$, erit $x = \frac{nr}{m}$, & invenietur ut in No. 87; ſi vero ponatur $x = 0$, erit $y = r$, & PK $= r$ ſumi debebit ex P verſus S.

Indeterminata AC acta per F & K puncta, erit locus quæſitus; pars indefinita FC ſerviet abſciſſis poſitivis & ordinatis negativis; pars terminata FK ordinatis & abſciſſis poſitivis; pars indefinita KA ordinatis poſitivis & abſciſſis negativis.

94. Si æquatio eſſet $x - \frac{nr}{m} + y$; determinaretur punctum F ut No. 93; & punctum K ab P verſus S, ob valorem ipſius y poſitivum, quærendo quartam poſt m; n; & r.

95. Si ea eſſet $x - r + y = 0$: ſumendæ eſſent PF $=$ PK $= r$, ad partes Q & S, ob valores ipſarum x & y poſitivos.

96. Si tandem haberetur $x + \frac{ny}{m} = 0$, ſu- T.
mi deberet vel PH $= +n$; & per F agenda Fig
HK $= -m$: vel P$h = -n$, & per h agenda $hk = +m$, indefinita AC acta per P; K eſſet locus petitus.

De locis ad ſectiones conicas.

97. Æquatio indeterminata Ni. 76. habebat hanc formam

$$yy \dots \frac{2kxy}{l} \dots 2my \dots \frac{nxx}{p} \dots 2qx \dots rr = 0$$

Ubi puncta ſunt pro ſignis, quæ poſſunt eſſe poſitiva vel negativa in ſingulis terminis. Ad hanc æquationem pervenimus permutatione ordinatarum, ex æquationibus ſimpliciſſimis ad ſectiones conicas. Rurſus ex æquatione maxime compoſita perveniemus ad ſimplicem apta coordinatarum permutatione. Quænam vero ſit hæc apta permutatio, duobus præcipue modis detegitur; quorum primus perficitur per extractionem radicis ut fit in æquationibus quadraticis affectis, tanquam ſi una eſſet incognita x vel y, ſi utriuſque quadratum adſit in æquatione componenda, (quod accidit in noſtra maxime compoſita,) vel ejus incognitæ cujus adeſt quadratum in æquatione propoſita, ſi unicum ſit, quod accidere poteſt in æquationibus peculiaribus. Nos quæremus valorem ipſius y. Erit ergo

$$y = \dots \frac{kx}{l} \dots m + \sqrt{(xx\,(+\frac{kk}{ll} \dots \frac{n}{p}) \dots}$$

$$x\,(\frac{2km}{l}\ \text{[illegible]} + mm \dots rr)$$

Pone

$y =$

$$y = u + z$$

& quidem

$$u = \dots \frac{kx}{l} \dots m$$

atque

$$z = \sqrt{(xx(+\frac{kk}{ll} \dots \frac{n}{p}) \dots x(2\frac{km}{l} \dots 2q) + mm \dots rr)}$$

Ut autem penitius intelligantur ea, quæ dicenda sunt, ad mentem revocemus sequentia desumta e conicorum doctrina.

98. Diameter & ordinata comprehendere possunt quemvis angulum vel acutum, vel rectum, vel obtusum.

99. Quapropter, si y exponat ordinatas, quæcunque linea dicta fuerit y, ea erit vera curvæ ordinata; supererit quærenda diameter ad eam pertinens.

100. Diameter ordinatas bisecat, & quævis alia recta eas dividit in duas partes inæquales.

Fig. M. Fig. 1. 101. Si ergo sit QR curvæ diameter ad quam spectant ordinatæ parallelæ ad rectam ST, quarum una est BE, erit BD = DE; harum valores ex æquatione depromti, erunt æquales, sed alter positivus alter negativus.

102. Si vero eidem ordinatæ BE in H occurrat alia recta XZ diametrum RQ secans in F, inæquales erunt BH; & HE, & earum differentia erit HD.

103. Quare, si curva relata fuerit in æquatione ad coordinatas PH, HB, valor tum rectæ HB, tum rectæ HE continebit partem BD aut DE, cujus valor debet esse duplex, & DH cujus valor est simplex & continetur æquatione ad rectam.

104. Abscindantur ergo more solito x ab XZ, incipiant a puncto P, & positive tendant in Z; sed indeterminatæ y abscindantur ab ST, inciant a puncto P & positive tendant in S. Æquatio ad rectam

$$u = \dots \frac{kx}{l} \dots m$$

indicabit positionem diametri RQ, & construetur per Num. 84. si sit $u = \frac{kx}{l} + m$; per Num. 87. si sit $u = \frac{kx}{l} - m$; per Num. 91. si sit $u = -\frac{kx}{l} - m$; & per Num. 93, si sit $u = -\frac{kx}{l} + m$. His numeris addenda sunt corollaria contenta in aliis numeris pertinentibus ad æquationes ad rectam. Hic autem diximus u quod ibi y.

105. Ponamus ergo locum æquationis $u = \dots \frac{kx}{l} \dots m$ esse rectam QR; id est in nostra Figura esse PG $= k$; PK $= l$; PI $= m$; erit BD = DE $= z$, quæ incipient a puncto I & positive tendent in S.

Sed ubi curva occurrit diametro, ibi ordinata nulla est. Igitur, ut invenias verticem, pone $z = 0$; habebis

$$\sqrt{(xx(\frac{+kk}{ll} \dots \frac{n}{p}) \dots 2x(\frac{km}{l} \dots q) + mm \dots rr)} = 0$$

quæ, quadrando, & liberando xx a coefficiente, fiet æquatio quadratica determinata

$$+ xx \dots \frac{2klmpx \dots 2llpqx + llmmp \dots llprr}{+ pkk \dots lln} = 0$$

cujus radix, extracta & constructa ut solet, dabit unum punctum, in quo curva concurrit cum diametro, si in hac radice quantitas radicalis nulla est; aut duo, si adest quantitas radicalis possibilis; aut nullum, si quantitas radicalis est imaginaria.

Sola parabola diametro occurrit in uno puncto, reliquæ in duobus punctis; & præterea hyperbola diametro secundæ non occurrit: quæ recte congruunt cum æquationibus ad has curvas supra inventis N°. 97.

106. Nunc tres casus distinguendi sunt.

Primo, ipsius xx coefficiens $+ \frac{kk}{ll} \dots \frac{n}{p}$ evanescit.

Secundo, is est negativus.

Tertio, is est positivus.

Coefficiens $+ \frac{kk}{ll} \dots \frac{n}{p} = 0$, dat $+ \frac{kk}{ll} = \frac{n}{p}$:

Tunc ergo æquatio generalis evadit,

$$yy \dots \frac{2kxy}{l} \dots 2my + \frac{kkxx}{ll} \dots 2qx \dots rr = 0$$

Hujus æquationis altissimus terminus $yy \pm \frac{2kxy}{l} + \frac{kkxx}{ll}$ habet duos divisores reales & æquales $y \pm \frac{kx}{l}$; & $y \pm \frac{kx}{l}$; quare ea est ad parabolam.

107. Tunc autem, delendo in quantitate sub signo ipsam $+\frac{kkxx}{ll} - \frac{nxx}{p}$, quæ nihilo est æqualis, manet

$$z = \sqrt{2x(\frac{km}{l} .. q) + mm ... rr}$$

& ubi hæc est nihilo æqualis, id est ubi curva occurrit diametro QR, invenitur

$$x = -\frac{lmm ... lrr}{..2km .. 2ql}$$

quam abscindes ex recta XZ a puncto P versus Z, si valor ipsius x positivus est, & versus X, si is est negativus. Sit ex. gr. positivus, & æqualis rectæ Pp; age per punctum p indefinitam pA ipsi ST parallelam, & diametro QR occurrentem in A; erit A vertex parabolæ, quam ideo tanget in A recta pA.

108. Sed una coordinatarum est $z = BD$; altera est $x = PH$, quæ non concurrunt, contra hypothesim. Oportet igitur ut in æquatione ponamus ID (quam dicemus $= t$) pro $PH = x$; quod semper est faciendum, & quod semper sic perficietur.

Quoniam datur triangulum PGK, dic $GK = f$; erit PK (l) ad KG (f) ut PH (x) ad DI (t); quare $x = \frac{lt}{f}$; quo valore ipsius x posito in valore ipsius z, quadrato, fiet

$$zz = 2t(\frac{km ... ql}{f}) + mm ... rr$$

& est

$$2t(\frac{km ... ql}{f}) + mm ... rr =$$

$$(t + \frac{fmm ... frr}{..2km .. 2ql})(..\frac{2km .. 2ql}{f})$$

&, quia PK (l) ad KG (f) ut $Pp(\frac{lmm ... lrr}{..2km .. 2ql})$ ad IA; erit $IA = \frac{fmm ... frr}{...2kmm ... 2ql}$; & $zz = AD$ $(..\frac{2km .. 2ql}{f})$ quapropter erit $...\frac{2km ... 2ql}{f}$ valor parametri.

Igitur hac parametro, vertice A, diametro AQ describe parabolam, ea erit locus æquationis propositæ, quod facile demonstrabis retro legendo analyseos vestigia ex primaria parabolæ proprietate, *rectangulum sub parametro & abscissa est æquale quadrato ordinatæ*. Nam; servatis nominibus, erit

$$zz = (t + \frac{fmm ... frr}{...2km ... 2ql})(..\frac{2km ... 2ql}{f}) =$$

$$2t(\frac{km ... ql}{f}) + mm ... rr$$

Est autem GK (f) ad KP (l) ut ID (t) ad PH (x); quare $\frac{fx}{l} = t$

ergo

$$zz = 2x(..\frac{km ... ql}{l}) + mm ... rr$$

Pariter est GP (k) ad PK (l) ut IP (m) ad $PF = \frac{lm}{k}$, & $FH = \frac{lm}{k} + x$; atque KP (l) ad PG (k) ut FH $(\frac{lm}{k} + x)$ ad $HD = m + \frac{kx}{l}$; & $HB = y = z + m + \frac{kx}{l}$; atque ideo

$$y - m - \frac{kx}{l} = z$$

&

$$yy - 2my - 2\frac{kxy}{l} + mm + 2\frac{kmx}{l} + \frac{kkxx}{ll} = zz.$$

Unde, substituendo pro zz valorem inventum, & delendo æqualia, restituetur æquatio proposita. Nihil enim morari debet signorum diversitas, quæ oritur a positione rectarum Pp, IA &c.

109. Si valor parametri est negativus, tum curva se extendit ad partes contrarias; nam mutato valore ipsius t parameter fiet positiva.

Idem etiam detegi potest, quærendo an curva occurrat rectæ TS, id est ponendo in æquatione $x = o$; manet enim

$$yy ... 2my ... rr = o$$

id

id est

$$q = -m \pm \sqrt{(+mm - rr)}$$

si hæc quantitas radicalis est possibilis, sume IL = IM = $\sqrt{(mm - rr)}$, curva occurret rectæ TS in L & M; atque ideo, si ejus vertex est ultra punctum I versus R, ea se extendet versus Q, & versus R si vertex est ultra punctum I versus Q.

Ubi vero quantitas radicalis est impossibilis, tum curva nusquam occurret rectæ TS, & se extendet versus Q, si vertex est ultra punctum I versus Q; secus autem versus R.

110. *Secundo* Quando coefficiens $\frac{kk}{ll} - \frac{n}{p}$, est negativus, hoc fit quia $\frac{n}{p}$ est quantitas negativa & major ipsa $\frac{kk}{ll}$. Sed in extractione radicis quadraticæ ex æquatione proposita, terminus $\frac{nxx}{p}$ translatus fuit in contrarias partes, & sic translatus est negativus; erat ergo positivus æquatione proposita, quæ idcirco erat

$$yy - \frac{2kxy}{l} - 2my + \frac{nxx}{p} - 2qx - rr = 0$$

Hujus terminus altissimus $yy - \frac{2kxy}{l} + \frac{nxx}{p}$ duos habet factores inæquales

$$y - \frac{kx}{l} + x\sqrt{(\frac{kk}{ll} - \frac{n}{p})}$$

&

$$y - \frac{kx}{l} - x\sqrt{(\frac{kk}{ll} - \frac{n}{p})}$$

qui sunt imaginarii, quia ponitur $\frac{kk}{ll}$ minor quam $\frac{n}{p}$. Ergo hæc æquatio pertinet ad ellipsim. Igitur, determinata positione diametri RQ per æquationem $u = \frac{kx}{l} - m$, ut No. 105., pone $z = 0$, id est

$$xx(+\frac{kk}{ll} - \frac{n}{p}) - 2x(\frac{km}{l} - q) + mm - rr = 0$$

aut, ponendo quantitatem positivam $n - \frac{kkp}{ll} = d$; atque ideo $\frac{kk}{ll} - \frac{n}{p} = -\frac{d}{p}$; $-m - \frac{lq}{k} = g$ & $-km - lq = gk$ atque $-\frac{km}{l} - q = \frac{gk}{l}$, & $+mm - rr = hh$, erit

$$-\frac{dxx}{p} - \frac{2gkx}{l} - hh = 0$$

id est

$$xx = -\frac{2gkpx}{dl} - \frac{hhp}{d}$$

&

$$x = -\frac{gkp}{dl} \pm \sqrt{(\frac{ggkkpp}{ddll} - \frac{hhp}{d})}$$

Quare abscinde a recta XZ partem $Po = \frac{gkp}{dl}$ ab P versus Z, si hic valor est positivus, ut fecimus in figura, secus vero ab P versus X; & hinc inde a puncto o sume $op = on = \sqrt{(\frac{ggkkpp}{ddll} - \frac{hhp}{d})}$, & per puncta o; p; n; age ipsi ST parallelas oO; pA; nN diametro QR occurrentes in O; A; N; erit O centrum ellipseos, ejus vertices A & N; atque ideo AN diameter.

Jam sit, ut in No. 108., ID = t; erit $x = \frac{lt}{f}$, quo valore substituto in

$$zz = -\frac{dxx}{p} - \frac{2gkx}{l} - hh,$$

fiet

$$zz = -\frac{dlltt}{ffp} - \frac{2gkt}{f} - hh$$

aut

$$-\frac{ffpzz}{dll} = \frac{ffhhp}{dll} - \frac{2fgkpt}{dll} - tt$$

est autem

$$\frac{ffhhp}{dll} - \frac{2fgkpt}{dll} - tt$$

factum ex

f

$$\frac{f}{l}V\left(\frac{ggkkpp}{ddll} \ldots \frac{hhp}{d}\right) - \frac{fgkp}{dll} + t$$

in

$$\frac{f}{l}V\left(\frac{ggkkpp}{ddll} \ldots \frac{hhp}{d}\right) + \frac{fgkp}{dll} - t$$

id est rectangulum sub AD; DN; quia inveniemus, ut supra IO $= \frac{fgkp}{dll}$; AO $=$ ON $= \frac{f}{l}V\left(\frac{ggkkpp}{ddll} \ldots \frac{hhp}{d}\right)$; atque ideo AI $= \frac{f}{l}V\left(\frac{ggkkpp}{ddll} \ldots \frac{hhp}{d}\right) - \frac{fgkp}{dll}$; & AI $+$ ID $= \frac{f}{l}V\left(\frac{ggkkpp}{ddll} \ldots \frac{hhp}{d}\right) - \frac{fgkp}{dll} + t$, & ND $=$ NO $+$ OI $-$ ID $= \frac{f}{l}V\left(\frac{ggkkpp}{ddll} \ldots \frac{hhp}{d}\right) + \frac{fgkp}{dll} - t$.

Est autem ex æquatione rectangulum sub AD; DN, ad quadratum DB (zz) ut ffp ad dll, & ex ellipseos natura debet esse ut quadratum semi-diametri AO ad ad quadratum semi-diametri Oa; ergo $\frac{ff}{ll}\left(\frac{ggkkpp}{ddll} \ldots \frac{hhp}{d}\right)$ ad quadratum Oa ut ffp ad dll, & quadratum Oa $= \frac{d}{p}\left(\frac{ggkkpp}{dd} \ldots \frac{hhp}{d}\right)$

Idem potest reperiri considerando semi-diametrum Oa esse valorem ipsius z in ipso centro, id est quando $t =$ IO $= \frac{fgkp}{dll}$, quo valore posito in

$$zz = -\frac{dlltt}{ffp} \ldots \frac{2gkt}{f} \ldots hh$$

invenitur

$$zz = -\frac{dllffggkkpp}{ddllllffp} \ldots \frac{2gkfgkp}{dllf} \ldots hh = -\frac{ggkkp}{dll} \ldots \frac{2ggkkp}{dll} \ldots hh = \frac{ggkkp}{dll} \ldots hh,$$

nam si æquatio est

$$zz = -\frac{dlltt}{ffp} + \frac{2gkt}{f} \ldots hh$$

est

$$\text{IO} = +\frac{fgkp}{dll}$$

&

$$+\frac{2gkt}{f} = +\frac{2ggkkp}{dll}$$

si vero æquatio est

$$zz = -\frac{dlltt}{ffp} - \frac{2gkt}{f} + hh$$

ultimus enim terminus debet esse positivus, ne valor ordinatæ z sit imaginarius; tunc est

$$\text{IO} = -\frac{fgkp}{dll}$$

& rursus

$$-\frac{2gkt}{f} = +\frac{2ggkkp}{dll}$$

Est autem

$$\frac{ggkkp}{dll} \ldots hh = \frac{d}{p}\left(\frac{ggkkpp}{ddll} \ldots \frac{hhp}{d}\right)$$

Conveniunt ergo duo valores inventi pro quadrato semi-diametri secundæ.

Sed ubi habetur $-\frac{2gkt}{f}$, est etiam

$$zz = -\frac{dxx}{p} - \frac{2gkx}{l} + hh$$

atque ideo, dum ponitur $z = 0$,

$$x = -\frac{gkp}{dl} \pm V\left(\frac{ggkkpp}{ddll} + \frac{hhp}{d}\right)$$

& est

$$V\left(\frac{ggkkpp}{ddll} + \frac{hhp}{d}\right) \text{ major quam } \frac{gkp}{dl}$$

quia, ut inveniatur quantitas radicalis, ipsius $\frac{gkp}{dl}$ quadrato alia quantitas est addenda, & aggregati quærenda radix; ergo op major quam oP, & OA major quam Oa. Tunc autem est

$$\frac{fhhp - 2fgkpt}{dll} - tt$$

fa-

factum ex

$$\frac{f}{l}\sqrt{(\frac{ggkkpp}{ddll} + \frac{hhp}{d})} - \frac{fgkp}{dll} - t$$

in

$$\frac{f}{l}\sqrt{(\frac{ggkkpp}{ddll} + \frac{hhp}{d})} + \frac{fgkp}{dll} + t$$

111. Si quantitas radicalis quæ determinat diametrum, esset imaginaria, problema involveret aliquid absurdi; nam ellipsis diametris omnibus occurrit in duobus punctis.

112. Si esset $ffp = dll$, & angulus PIF obliquus, diametri ellipseos fierent æquales, & æquatio evaderet

$$zz = hh \dots \frac{2gkt}{f} - tt.$$

113. Si præterea angulus PIF esset rectus, ellipsis degeneraret in circulum, & esset $ll = ff + kk$.

114. *Tertio* coefficiens $\frac{kk}{ll} \,..\, \frac{n}{p}$ est positivus, quia vel $\frac{n}{p}$ est quantitas positiva, vel negativa quidem sed minor quam $\frac{kk}{ll}$. Tunc factores inventi N°. 110. pro altissimo termino æquationis generalis, sunt inæquales & reales, cum $\sqrt{(\frac{kk}{ll} \mp \frac{n}{p})}$ sit realis. Igitur æquatio pertinet ad hyperbolam. Rursus $u = \,..\, \frac{kx}{l} \dots m$ construetur ut N°. 105; & facta substitutione quam fecimus pro ellipsi in valore ipsius z, (observando nunc esse $\frac{kkp}{ll} - n = d$, & quantitatem positivam,) fiet

$$z = \frac{\pm dxx}{p} \dots \frac{2gkx}{l} \dots hh.$$

ex qua, ubi $z = 0$, invenietur valor idem quem invenimus in ellipsi pro x, qui idcirco construetur ut supra; & reperto $x = \frac{lt}{f}$, incidemus in

$$\frac{ffpzz}{dll} = \frac{ffhhp}{dll} \dots \frac{2fgkpt}{dll} + tt$$

& est

$$tt = \frac{2fgkpt \dots ffhhp}{dll}$$

factum ex

$$t = \frac{fgkp}{dll} + \frac{f}{l}\sqrt{(\frac{ggkkpp}{ddll} \dots \frac{hhp}{d})}$$

in

$$t = \frac{fgkp}{dll} - \frac{f}{l}\sqrt{(\frac{ggkkpp}{ddll} \dots \frac{hhp}{d})}$$

id est rectangulum sub AD; DN, ut in ellipsi, mutato tantum loco ipsius ordinatæ BD, quæ cadit extra diametrum AN; unde invenietur diameter secunda ut pro ellipsi. TAB. M. Fig. 3.

115. Si quantitas radicalis quæ determinat diametrum, esset imaginaria, non ideo problema est reputandum absurdum, quia ea diameter potest esse secunda, cui hyperbola nusquam occurrit; sed æquationis generalis ordinatæ secundum litteram x in hunc modum

$$xx \dots \frac{2khxy}{ln} \dots \frac{2pqx}{n} \dots \frac{pyy}{n} \dots \frac{2mpy}{n} \dots \frac{prr}{n} = 0$$

extrahenda esset radix quadratica

$$x = \dots \frac{kpy}{ln} \dots \frac{pq}{n} \pm \sqrt{(\frac{+kkppyy}{llnn} \dots \frac{pyy}{n} \dots \frac{2kppqy}{lnn} \dots \frac{2mpy}{n} + \frac{ppqq}{nn} \,..\, \frac{prr}{n})}$$

& facta substitutione brevitatis caussa, cetera perficientur ut supra. Sed si & radix determinans diametrum hoc pacto, esset imaginaria, tunc problema contineret aliquid absurdi.

Seu potius, si $\frac{f}{l}\sqrt{(\frac{ggkkpp}{ddll} \dots \frac{hhp}{d})}$ est imaginaria; idest si terminus $\frac{hhp}{d}$ est negativus & major termino $\frac{ggkkpp}{ddll}$, sume $\frac{f}{l}\sqrt{(-\frac{ggkkpp}{ddll} + \frac{hhp}{d})}$ prioris oppositam, & habebis semi-diametrum secundam. Nam ubi AN est diameter transversa est

$\overline{OD}^2 - \overline{ON}^2$ ad $\overline{DB}^2$ ut $\overline{ON}^2$ ad $\overline{Oa}^2$; id est, si

sit

.M.
3.

semi-diameter $ON = \frac{f}{l}\sqrt{-\frac{ggkkpp}{ddll}+\frac{hhp}{d}}$,

$$\overset{-2}{OD}-\overset{-2}{ON}=\overset{-2}{OD}+\frac{ffgkkpp}{ddll}-\frac{ffhhp}{dll};$$

unde habebis, si ON est transversa, $-\overset{2}{ON}$ factum ex

$$+\frac{f}{l}\sqrt{\frac{e\,kkpp}{adll}-\frac{hhp}{d}})$$

in

$$-\frac{f}{l}\sqrt{\frac{ggkkpp}{ddll}-\frac{hhp}{d}}$$

Sed ubi ON est semi diameter secunda, est $\overset{-2}{Od}+\overset{-2}{ON}$ ad db ut $\overset{-2}{ON}$ ad $O\,\alpha$; &, posito valore semidiametri ON ut supra, erit

$$\overset{-2}{OD}+\overset{-2}{ON}=\overset{-2}{OD}-\frac{ffgkkpp}{ddll}+\frac{ffhhp}{dll};$$

unde

$$ON=\frac{f}{l}\sqrt{-\frac{ggkkpp}{ddll}+\frac{hhp}{d}}).$$

116. Si $ffpp = dll$, hyperbola esset æquilatera.

117. In omni æquatione si quantitatis sub signo positæ radix extrahi potest, æquatio pertinet ad rectas.

Exempla pertinentia ad parabolam, ellipsim, circulum, & hyperbolam circa diametros infra invenientur. Paulo fusius explicanda videtur constructio hyperbolæ intra asymptotos.

118. Ubi æquatio nullum continet quadratum indeterminatarum, æquatio ad hyperbolam referri non potest ad diametros; sed ubi est saltem alterum quadratum indeterminatæ, æquatio construi potest tum per diametros tum per asymptotos.

119. Datis positione asymptotis, & dato puncto describi potest hyperbola.

.M.
4.

120. Ubi æquatio ad hyperbolam intra asymptotos est simplicissima $xy-xx=0$ facile hyperbola describitur, datis positione recta XZ, unde abscinduntur x, & QR, cui

parallelæ sumuntur y. Sumatur enim $KP=\alpha$; per P agatur PA parallela ipsi RQ, & æqualis ipsi PK; & per A intra asymptotos QKZ describatur hyperbola.

121. Si pro quadrato datæ α haberetur rectangulum $\alpha\beta$, media proportionalis quæri posset inter α & β; sed brevius est abscindere $KP=\alpha$ vel β, & per P agere parallelam ipsi QR & æqualem ipsi β vel α.

122. Ad hanc formulam simplicissimam revocandæ sunt æquationes ad hyperbolam, & quidem per *divisionem* indeterminatarum, quia in hyperbola ad asymptotos relata, ordinatæ inter se *multiplicantur*, dum conficitur illarum rectangulum, quod est datæ magnitudinis. Igitur quære valorem alterius indeterminatæ dividendo continuando quantum fieri potest: hinc habebis æquationes duas, alteram ad rectam, ut in aliis sectionibus, N°. 106, alteram ad hyperbolam intra asymptotos, quæ erit proposita simplicior.

123. Petitur locus æquationis $xy+ay-bc=$; quia hic nullum est incognitarum quadratum, utraque est vel asymptotus, vel asymptoto parallela.

Quæramus per divisionem valorem y; erit $y=\frac{bc}{x+a}$; &, quando $x=o$, $y=\frac{bc}{a}$, cui parem abscinde PA; hyperbola transibit per A.

Sit nunc $y=o$; erit $bc=o$, quod est absurdum, numquam enim quantitas finita evanescit, nisi quando cum infinita comparatur. Ergo hyperbola numquam occurrit rectæ XZ, quæ ideo est asymptotus, nam si esset asymptoto parallela, secaretur ab hyperbola opposita, quod ab æquatione hac detegeretur, ea enim pertinet ad ambas hyperbolas. Sit igitur y infinita & erit tum xy, tum ay, rectangulum infinitum; ergo $bc=o$, quandoquidem nulla datur proportio inter finitum & infinitum. Igitur $xy=-ay$, & $x=-a$; huic parem sume PK, per K age RQ parallelam TS, & intra asymptotos QKZ describe hyperbolam transeuntem per A, & ejus oppositam; erit utraque locus æquationis propositæ. Nempe arcus indefinitus AB locus verus x & y; AC verus y, falsus x, & hyperbola opposita falsus utriusque.

Age enim quamvis BD; erit $BD=y$; $KD=x+a$; & KDB rectangulum $=xy+ay$; $=bc=$ KPA rectangulo ($\frac{bc}{a}$ in a.).

Facere etiam potuissem $x+a=u$, unde æqua-

æquatio fieret simplicissima $xy = bc$, quæ dat eandem constructionem.

124. Construenda sit æquatio

$$xy + cx + by - ff = 0,$$

transponendo

$$xy + by = ff - cx$$

vel

$$y = \frac{ff - cx}{x + b}.$$

Est autem, reipsa dividendo,

$$\frac{-cx}{x+b} = -c + \frac{bc}{x+b}.$$

Fit ergo æquatio proposita

$$y = \frac{ff + bc}{x + b} - c$$

Tab. M. Fig. 5. Pone $y = u + z$, & $u = -c$, quæ est æquatio ad rectam facile construenda ponendo PF $= c$ versus T, quia valor ipsius u est negativus, & per F agendo indefinitam LM ipsi XZ parallelam; manebit $z = \frac{bc + ff}{x + b}$, æquatio ad hyperbolam describendam ex N° 123; ad cujus æquationem refertur, quia potest facile inveniri rectangulum $= bc + ff$.

Sed eadem æquatio facilius construi poterat. Ubi curva occurrit rectæ ST, est $x = 0$. Pone in æquatione proposita $x = 0$, manet $by = ff$, & $y = \frac{ff}{b}$, cui parem abscinde PA; curva transibit per A. Pone y infinitam, id est hyperbolam nunquam occurrere, aut cadere in ipsam asymptoto, reliqui æquationis termini, cx & ff, evanescent, & manebit $xy = -by$, seu $x = -b$. Sume PK $= -b$, per K age indefinitam QR ipsi ST parallelam, erit QR altera asymptotus. Tandem pone x infinitam, erit $xy = -cx$; & $y = -c$; sume PF $= -c$, & per F age LM ipsi XZ parallelam & ipsi KQ occurrentem in I; & per A, asymptotis QI, IM describe hyperbolam.

125. Proponatur æquatio

$$xy + ax - \frac{bxx}{c} + dy - gg = 0$$

Transfer in alterum membrum omnes terminos, e quibus abest indeterminata y, cujus quadratum non est in æquatione, habebis

$$xy + dy = \frac{bxx}{c} - ax + gg$$

& dividendo,

$$y = \frac{bxx - acx + cgg}{c(x + d)}$$

unde, peragendo divisionem quanti $\frac{bxx - acx + cgg}{c}$ per $x + d$, obtinebis

$$y = \frac{bx - bd}{c} - a + \frac{bdd + cgg + acd}{c(x + d)}$$

Pone $y = u + z$, more solito, &

$$u = \frac{bx - bd}{c} - a,$$

quæ æquatio est ad rectam facile determinandam, atque

$$z = \frac{bdd + cgg + acd}{c(x + d)}$$

quæ æquatio est ad hyperbolam describendam ut N° 123.

Tamen placet ad pleniorem argumenti illustrationem, æquationem construere a primis principiis.

Erat

$$u = \frac{bx - bd}{c} - a$$

ideo, ubi $u = 0$, manet

$$x = \frac{ac + bd}{b}$$

Cape PI $= \frac{ac + bd}{b}$, ex P versus Z ob valorem positivum ipsius x. Sed ubi $x = 0$, est Tab. M. Fig. 6.

$$u = -\frac{ac - bd}{c}$$

cui æqualem capies PF versus T ob negativum valorem ipsius u. Age per I & F indefinitam QR, hæc erit locus indeterminatarum u; quandoquidem ducta quavis DE parallela rectæ ST, erit IP ad PF, ut c ad b, sic IE $=$ EP—PI $=$

$x - \frac{bc - bd}{b}$ ad ED $= \frac{bx}{c} - a - \frac{bd}{c} = u$.

Eminebunt ergo z, id est BD, supra rectam RQ, quæ erit altera asymptotus hyperbolæ, quia si esse posset $z = 0$, etiam $xz + dz = \frac{bdd}{c} + gg + ad = 0$, quod est absurdum. Sed ubi z est infinita, evanescentibus quantitatibus finitis præ infinitis, manet $x = -d$. Abscinde igitur PK $= d$ versus X, ob negativum ejus valorem, & per K age indefinitam LM parallelam rectæ ST, ea erit altera asymptotus, & parallela est, ut jam observavimus, indeterminatæ ad secundam dimensionem non assurgentis in æquatione.

Coeant rectæ LM; QR in G, erit G centrum.

Sed altera indeterminata z est BD; altera vero, $x + d =$ KE, incipit a puncto K & positive procedit versus Z; oportet ergo revocare æquationem ad coordinatas LG; GQ, vel BD; DG. Dic DG $= t$ & pone PI ad IF ut c ad f, ut EK $(x + d)$ ad DG (t), erit $x + d = \frac{ct}{f}$; & æquatio construenda fiet

$$tz = \frac{(bdd + cgg + acd)f}{cc}$$

& est PI ad IF, ut c ad f, ut PK (d) ad GF $= \frac{df}{c}$, & FP $= a + \frac{bd}{c}$; sume igitur PA $= \frac{gg}{d}$; erit

$$\text{FA} = a + \frac{bd}{c} + \frac{gg}{d}$$

&

$$\text{GF in FA} = \frac{adf}{c} + \frac{bddf}{cc} + \frac{fgg}{c} = \frac{(bdd + cgg + acd)f}{cc}$$

Transibit ergo hyperbola per punctum A.

126. Tandem habeatur æquatio

$$xx - \frac{2axy}{b} - \frac{cyy}{d} + fy + gx - hh = 0$$

Quia hic sunt duo indeterminatarum quadrata, quære divisores altissimi termini

$$xx - \frac{2axy}{b} - \frac{cyy}{d},$$

qui esse debent reales & inæquales. Hos invenies

$$x - y\left(\frac{a}{b} + \frac{1}{bd}\sqrt{(a^2d^2 + b^2dc)}\right)$$

&

$$x - y\left(\frac{a}{b} - \frac{1}{bd}\sqrt{(a^2d^2 + b^2dc)}\right)$$

vel, ponendo $\sqrt{(aadd + bbdc)} = dm$

$$x - y\left(\frac{a + m}{b}\right)$$

&

$$x - y\left(\frac{a - m}{b}\right)$$

Finge nunc alterum divisorem, puta,

$$x - \frac{ay + my}{b} = u$$

erit

$$x - \frac{ay - my}{b} = u - \frac{2my}{b}$$

&

$$x = u + \frac{ay + my}{b}$$

& æquatio proposita, quæ dividendo per divisores termini altissimi, erat

$$x - \frac{ay - my}{b} + \frac{bfy + bgx - bhh}{bx - ay - my} = 0$$

fiet

$$u + \frac{bfy + bgx - bhh}{bu - 2my} = 0$$

vel, substituendo pro x valorem inventum $u + \frac{ay + my}{b}$

$$u + \frac{bfy + bgu + agy + gmy - bhh}{bu - 2my} = 0,$$

aut, sublata divisione,

$$buu - 2muy + bfy + bgu + agy + gmy - bhh = 0$$

quæ statim est interpretanda ut observavimus No. 108. Nam sume PF $= b$; age per F rectam FI parallelam rectæ XZ & $= m$; & per P & I indefinitam RQ, indeterminatæ u eminebunt ultra rectam RQ versus Tab. Fig.

ſus Z. Duc enim [illegible]libet ED parallelam ipſi XZ; eſt PF (b) ad FI ($m - a$) ut PE [illegible] ad ED $= \frac{my - ay}{b}$. Ponitur autem EB $=$ Pb $= x$; ergo BD $= x - \frac{ay + my}{b} = u$. [illegible]

Hic fecim[illegible] quantitatem poſitivam, quia m eſt [illegible] quam a: nam $aadd + bbdc = ddmm$ [illegible] quam $aadd$;

Sunt [illegible] æquatione indeterminatæ BD (u) & PE (y), & eam revocemus oportet ad coordinatas BD (u) & DP (s). Sit ergo PI $= k$; eſt FP (b) ad PI (k) ut EP (y) ad PD (s); quare $y = \frac{bs}{k}$, quo valore ſubſtituto in æquatione ultimo inventa, ea fiet, dividendo per b,

$$uu - \frac{2msu + bfs + ags - gms}{k} + gu - hh = 0$$

ideo

$$2msu - bfs - ags + gms = k(uu + gu - hh)$$

aut, ponendo $\frac{bf + ag - gm}{2m} = n$, ſi ea poſitiva eſt, ut fingimus,

$$su - sn = \frac{k}{2m}(uu + gu - hh)$$

quæ æquatio conſtruetur per Num. 125. Quandoquidem eſt

$$s = \frac{k}{2m}\left(\frac{uu + gu - hh}{u - n}\right) =$$

$$\frac{k}{2m}\left(u + g + n + \frac{nn + gn - hh}{u - n}\right)$$

diviſionem perficiendo.

Sit nunc $s = t + z$, & quidem $t = \frac{k}{2m}(u + g + n)$, & $z = \frac{nn + gn - hh}{u - n}$.

Eſt au[illegible] $u = 0$ ubi locus occurrit rectæ [illegible]Q: & tunc $t = \frac{kg + kn}{2m}$; cui æqualem cape PO verſus Q ob valorem t poſitivum: Cum au[illegible] ſit t pars rectæ PQ, erit $t = 0$ in ipſo puncto P [illegible] tunc $u = -g - n$, cui æqualem ſume PK verſus X ob negativum valorem u. Age per [illegible] & O indefinitam LM, ea erit l[illegible] ip[illegible] t.

Quoniam enim fecimus DB $= u$, age per B rectam Bd ipſi QR parallelam erit KP ($g + n$) ad PO ($\frac{kg + kn}{2m}$) ut $2m$ ad k ut Kd $=$ KP $+$ Pd $=$ KP $+$ DB $= g + n + u$ ad $de = \frac{k}{2m}(u + g + n) = t$.

Eminebunt ergo z ultra rectam LM verſus Q, & erit eB $= z$, ſi curva ponatur tranſire per B.

Sume nunc PN $= n$, & per N age rectam ml parallelam rectæ RQ, & occurrentem rectæ PE in n, & rectæ LM in G, erit Bn $= u - n$. Curva referetur ad indeterminatas Be; Bn; & revocari debet ad indeterminatas Be; eG $= r$ (hic pono r ſimbolum indeterminatæ), quod fiet ponendo datam PK ad KO ut $2m$ ad $2p$ erit enim PK ad KO ut Bn ($u - n$) ad Ge (r); & $u - n = \frac{mr}{p}$. Hac ſubſtitutione facta, manebit

$$zr = \frac{p}{m}(nn + gn - hh).$$ Eſt autem PK ad KO ut $2m$ ad $2p$ ut PN (n) ad OG $= \frac{pn}{m}$. Sume igitur Oa $= n + g - \frac{hh}{n}$, & intra aſymptotos MGm deſcribe hyperbolam per a & ejus oppoſitam ABC; habebis locum petitum.

Ad modum harum conſtructionum perficientur reliquæ pro ſignis & quantitatibus datis.

Duas ultimas conſtructiones aſymptotorum adjeci, ut pateret quomodo illas daret diviſio. Sed eſt alia methodus, deſcripta ab HUGENIO in *variis geometricis* ſuis, quæ extant in operum volumine primo, tomo ſecundo. Hæc autem methodus eſt hujuſmodi.

127. Æquatio generalis ad hyperbolam, per extractionem radicis, fit

$$y = u \pm \sqrt{\left(+\frac{dxx}{p} \ldots \frac{2gkx}{l} \ldots hh\right)}$$

ut patet ex N°. 114. poſita reductione Ni. 110; ut eam poſuimus in N°. 114. Reperta igitur, ut N°. 105. poſitione rectæ RQ, & determinatis Po $= \frac{gkp}{dl}$; & $op = on = \sqrt{\left(\frac{ggkkpp}{ddll} \ldots \frac{hhp}{d}\right)}$; TAB. M. Fig. 3.
occurrat altera aſymptotus rectæ ST in M, & rectæ pA productæ in L, erit AL æqualis ſemidiametro ſecundæ Oa $= \frac{d}{p}\sqrt{\left(\frac{ggkkpp}{ddll} \ldots \frac{hhp}{d}\right)}$, quæ eſt ad po ut d ad p. Eſt autem LA ad IM ut AO ad OI, ut po ad oP; quare LA ad IM ut po ad oP; & *alternando* LA ad po (id eſt d ad p) ut IM ad oP $= \frac{gkp}{dl}$; eſt ergo IM $=$

Im

$Im = \frac{gk}{l}$, dimidiato coefficienti ipsius x in quantitate radicali: quibus sumptis, erunt duæ OM; Om asymptoti.

Si vero altera indeterminata x est parallela asymptoto uni, quod cognoscitur ex æquatione proposita, in qua non est quadratum ipsius x, sumi unica IM potest pro altera asymptoto.

Nunc si habetur

$$z = \sqrt{(+\frac{ddx}{p} \dots \frac{2gkx}{l} + hh)}$$

pone $x = 0$; manebit $z = h$, cui æqualem sumo Il, hyperbola transibit per l; & si Il (h) est minor quam IM ($\frac{gk}{p}$), ea cadet in angulo MOm; & in angulo ei deinceps, si Il (h) est major quam IM ($\frac{gk}{p}$).

Quando autem est $+ hh$ in valore ipsius z est op minor quam oP; namque invenimus ponendo

$$x = 0 = \sqrt{(+\frac{dxx}{p} \dots \frac{2gkx}{l} + hh)}$$

unde

$$x = \dots \frac{gkp}{dl} \dots \sqrt{(\frac{ggkkpp}{ddll} - \frac{hhp}{d})}$$

& quantitas sub signo minor est quantitate extra signum Quare si est $+ \frac{gkp}{dl}$, hyperbola A occurret bis rectæ ST; & hyperbola BNE, si est $- \frac{gkp}{dl}$; ponendo nempe Il minorem quam IM; & quando Il est major quam IM, utraque hyperbola opposita occurrit rectæ ST.

Sed si $z = \sqrt{-hh}$, posito $x = 0$ tunc est $op = \sqrt{(\frac{ggkkpp}{ddll} + \frac{hhp}{d})}$ major quam oP, quare neutra hyperbola occurret rectæ ST, & determinari debet punctum A ut supra. Si tandem esset $z = 0$; curva transiret per punctum I.

Altera methodus innititur eliminatione secundi termini, quam infra docebit Auctor noster & quam breviter exponam pro æquationibus quadraticis.

128. Æquationem dispone secundum dimensiones alterius indeterminatæ, & hujus altissimam potestatem libera a coefficiente determinato, ut sit æquatio generalis ad sectiones conicas

$$yy \begin{matrix} -\frac{2kxy}{l} + \frac{nxx}{p} \\ -2my + 2qr \\ + rr \end{matrix} = 0$$

Coefficiens termini secundi hic ponitur $- \frac{2kx}{l} - 2m$; cujus dimidium est $- \frac{kx}{l} - m$.

Pone y æqualem alteri indeterminatæ z, cui junges dimidiatum coefficientem termini secundi, mutatis signis. Quia ponimus, hunc coefficientem negativum, fiet habemus

$$y = z + \frac{kx}{l} + m.$$

unde

$$yy = zz + \frac{2kzx}{l} + 2mz +$$

$$\frac{kkxx}{ll} + \frac{2kmx}{l} + mm$$

&

$$-\frac{2kxy}{l} = -\frac{2kzx}{l} - \frac{2kkxx}{ll} - \frac{2kmx}{l}$$

atque

$$-2my = -2mz - \frac{2kmx}{l} - 2mm$$

Quibus in unum collectis, & addito ultimo æquationis propositæ termino, in quo non est y; habetur

$$zz - \frac{kkxx}{ll} + \frac{nxx}{p} - \frac{2kmx}{l} +$$

$$2qx + rr - mm = 0$$

Æquatio carens termino secundo, quod attinet ad indeterminatam z. Ut idem efficiamus pro indeterminata x, oportet, ex regula, illius terminum altissimum liberare a coefficiente, nisi sit $- \frac{kk}{ll} = \frac{n}{p}$; quod ubi accidit res peracta est, & manet æquatio ad parabolam.

Quod si non accidat, pone ut jam pro ellipsi & hyperbola $\pm \frac{d}{p}$ pro $\frac{n}{p} - \frac{kk}{ll}$, nempe $+$ si fractio $\frac{n}{p} - \frac{kk}{ll}$ est positiva, $-$ si ea est negativa. Item $- \frac{g}{l}$ pro $- \frac{km}{l} + q$ & hh pro $rr - mm$. Æquatio fiet

zz

$$zz + \frac{dxx}{p} - \frac{2gkx}{l} + hh = 0$$

aut

$$\frac{pzz}{d} + xx - \frac{2gkpx}{dl} + \frac{phh}{d} = 0$$

Fac

[illegible] $+ \frac{gkp}{dl}$

[illegible]

$$xx = uu + \frac{2gkpu}{dl} + \frac{ggkkpp}{ddll}$$

&

$$-\frac{2gkpx}{dl} = -\frac{2gkpu}{dl} - \frac{2ggkkpp}{ddll}$$

Quibus in unam summam collectis & additis reliquis æquationis terminis, fit

$$\frac{pzz}{d} + uu - \frac{ggkkpp}{ddll} + \frac{phh}{d} = 0$$

Prima reductio $y = z + \frac{kx}{l} + m$, dat $y - \frac{kx}{l} - m = z$. Cum autem sit HB $= y$, & HD $= \frac{kx}{l} + m$; patet esse DB $= z$; ut in N°. 105.

Jam ponamus

$$zz = \frac{dxx}{[illegible]} - \frac{2gkx}{l} + hh$$

[illegible] fractionem $\frac{lt}{f}$ pro x, [illegible]tuetur ipsa æquatio inventa methodo priori. Unde patet has duas methodos congruere; quod etiam melius dispiciet, qui consideret esse $Pe = \frac{gkp}{dl}$, ut supra; atque [illegible] $= \frac{fgkp}{dlt}$ [illegible] $= t$.

Hanc posteriorem methodum primus, quod sciam, explicavit *Joannes* de WITT, in elementis curvarum linearum, quæ leguntur inter opera CARTESII.

Tertia methodus assumit æquationem compositam, & cum singulis hujus terminis comparans terminos singulos æquationis construendæ, detegit quantitatem & positionem rectarum. Eam primus pertractavit CRAIGIUS, adhibuerunt HOSPITALIUS, WOLFIUS, & alii multi; qua de caussa illam præteribo.

Quarta quærit ea puncta, quæ determinant sectionem conicam, ponendo singulas indeterminatas $= 0$; unde habentur pro singulis [illegible] duo puncta, aut unum, aut fortasse nullum. Reliqua puncta deteguntur assignando alteri indeterminatæ valorem maxime commodum, quoties opus est ut tria puncta pro circulo, quatuor pro parabola, quinque pro ellipsi & hyperbola definiantur.

Satis fuse, nisi fallor, exposita investigatione rectarum, quæ determinant sectiones conicas, breviter afferam theoremata, quæ ex hac investigatione conficiuntur, & quibus uti possumus tanquam regulis ad rem facilius perficiendam.

129. Quando æquatio continet saltem quadratum unius indeterminatæ, quam pono esse y abscissam ex TS a puncto P; & ei rectæ parallelas sumi veras ordinatas ad curvam. TAB. M. Fig. 1. 2. 3.

130. Veræ diametri RQ positio determinabitur construendo dimidiatum secundum terminum æquationis propositæ ordinatæ secundum dimensionem litteræ y. (N°. 104.)

131. Hoc facto extrahatur radix æquationis: aut sub signo est quadratum alterius indeterminatæ x, aut non est.

132. Si non est, æquatio est ad parabolam, cujus vertex A invenietur, quærendo Pp tertiam proportionalem post coefficientem indeterminatæ x sub signo, & radicem quantitatis omnino cognitæ pariter sub signo; unde inveniemus IA quartam post FP; Pp; & FI. (N°. 107. 108.) TAB. M. Fig. 1.

133. Parameter autem semper est quarta proportionalis post IF; FP; vel GK; KP, & coefficientem indeterminatæ x sub signo. (N°. 108.)

134. Si adest quadratum indeterminatæ x; æquatio erit ad ellipsim vel ad hyperbolam, quarum centrum O invenietur sumendo Pe quartam post numeratorem, & denominatorem xx sub signo, & dimidiatum coefficientem quem habet secundus terminus quantitatis sub signo ordinatæ secundum dimensiones litteræ x. Hinc habebitur IO quarta post FP; Pe; FI. (N°. 110.) TAB. M. Fig. 2. 3.

135. Post eundem numeratorem & denominatorem xx sub signo, & terminum omnino cognitum quantitatis sub signo, quære quartam;

PROB. XXVIII.

Rectam DC datæ longitudinis in datam conicam sectionem DAC sic inscribere ut ea per punctum G positione datum transeat.

Sit AF axis curvæ, & a punctis D, G, & C ad hunc demitte normales DH, GE, & CB. Jam, ad determinandam positionem rectæ DC, puncti D aut C inventio proponi potest; sed cum hæc sint germana, & adeo paria ut ad alterutrum determinandum operatio similis evasura esset, sive quærerem CG, CB, aut AB; sive compariis DG, DH, aut AH; ea propter de tertio aliquo puncto prospicio quod utrumque D & C similiter respectet, & sua determinet. Et hujusmodi video esse punctum F.

Jam sit AE $= a$, EG $= b$, DC $= c$, EF $= z$; & præterea cum relatio inter AB & BC habeatur in æquatione quam suppono pro conica sectione determinanda datam esse, sit AB $= x$, & BC $= y$, & erit FB $= x - a + z$. Et propter GE. EF : : CB. FB erit iterum FB $= \frac{yz}{b}$. Ergo $x - a + z = \frac{yz}{b}$.

His ita præparatis tolle x per æquationem quæ curvam designat. Quemadmodum si curva sit parabola per æquationem $rx = yy$ designata, scribe $\frac{yy}{r}$ pro x; & orietur $\frac{yy}{r} - a + z = \frac{yz}{b}$. Et extracta radice $y = \frac{rz}{2b} \pm \sqrt{\left(\frac{rrzz}{4bb} + ar - rz\right)}$. Unde patet $\sqrt{\left(\frac{rrzz}{bb} + 4ar - rz\right)}$ esse differentiam gemini valoris y, id est linearum $+$ BC & $-$ DH, adeoque (demisso DK in CB normali) valere CK (*a*). Est autem FG . GE : : DC . CK, hoc est

tam; qua auge aut minue quadratum ipsius P*o*; habebis *op* = *on*; & hinc semi-diametrum alteram AO = ON; quæ erit quarta post FP; *po*; & FI; & si *op* determinatur per quantitatem imaginariam, & æquatio est ad hyperbolam, erit AN diameter secunda. (N°. 110. 115.)

136. Tandem post denominatorem & numeratorem ipsius *xx* sub signo, & AO quadratum, quære quartam; hæc erit alterius semi-diametri O*a* quadratum. (N°. 110. 115.)

137. Sed quando æquatio est ad hyperbolam & eam describere vis intra asymptotos; definitis, ut supra, positione rectæ RQ, & punctis O; *o*, fac IM = I*m*, æquales singulas dimidiato coefficienti quem habet secundus terminus quantitatis sub signo ordinatæ secundum dimensiones litteræ *x*; age OM; O*m* habebis asymptotos. (N°. 127.)

138. Si terminus cognitus quantitatis sub signo, est positivus; quære mediam inter ejus factores, & huic mediæ æqualem cape I*l*; hyperbola transibit per *l*. TAB. Fig.

139. Si is est negativus, determina punctum A ut N°. 107. 110; aut (si *op* est quantitas imaginaria) punctum *a*; hyperbola transibit per A. TAB. Fig.

140. Si is nullus est, hyperbola transibit per I, & erit OI semi-diameter transversa, quæ non potest esse imaginaria, quia P*o* non determinatur per aliquam radicalem.

141. Sed si nullum est quadratum indeterminatarum; utraque coordinata parallela est asymptotis quæ facile determinantur ex N*is*. 120. 124.

(*a*) Hæc quidem subtiliter, sed ut melius percipiamus quam vera sint, dicamus DH = *u*. Dum fit GE (*b*) ad EF (*z*) ut DH (*u*) ad HF

est $\sqrt{(bb+zz)}$: b :: c. $\sqrt{(\frac{rzz}{bb}+4ar-4rz}$. Ducendoque quadrata extremorum & mediorum in invicem, & facta ordinando orietur

$$z^4 = \frac{4bbrz^3 \begin{matrix}-4abbr \\ -bbrr\end{matrix} zz + b^4rz \begin{matrix}-4ab^4r \\ +b^4cc\end{matrix}}{rr}$$

æqua-

HF $= \frac{uz}{b}$, erit AH = AE — EF — FH = $a - z - \frac{uz}{b}$. Sed, per parabolæ proprietatem, rectangulum sub parametro (r), & AH æquale est quadrato ipsius BH; ergo

$$ar - rz - \frac{ruz}{b} = uu.$$

* Invenerat Auctor

$$ar - rz + \frac{ryz}{b} = yy$$

Hæ duæ [illegible] similes sunt, & fient prorsus eædem [illegible] in prima $-y$ pro u, vel in secunda $-u$ pro y, quod facere licet, quia altera littera indicat ambigue ordinatas ad parabolam, quæ hic ponuntur tendere ad contrarias partes, atque ideo altera positiva est ubi altera est negativa. Hæc quam recte se habeant melius patebit, si ponamus rectam CD non secare axem: tunc enim punctum F cadet extra parabolam; & erit AH = AE — EF + FH = $a - z + \frac{uz}{b}$; unde

$$-rz + ar + \frac{ruz}{b} = uu$$

& AB = BE — FE + EA = $\frac{zy}{b} + u - z$; quare

$$[illegible] ar - rz = yy [illegible]$$

quæ duæ æquationes omnino similes sunt, quia utraque ordinata est positiva. In prima hypothesi, subd[illegible]

[illegible] $rz + \frac{ryz}{b}$ [illegible]

ipsam $ar - rz - \frac{ruz}{b}$

& ab yy quadratum uu, manet

$$\frac{ryz + ruz}{b} = yy - uu,$$

& dividendo per communem divisorem $y+u$

$$\frac{rz}{b} = y - u$$

& est $y-u$ summa rectarum CB $= +y$; & DH $= -u$; quare illarum differentia $= y+u$, erit

$$2\sqrt{(\frac{rrzz}{4bb} + ar - rz)}$$

quod etiam sic, longiore via sed fortasse planiore, inveniri potest. Est

$$\frac{rz}{b} = y - u$$

unde

$$u = y - \frac{rz}{b}$$

&

$$2uy = 2yy - \frac{2rzy}{b}$$

atque

$$uu = yy - \frac{2ryz}{b} + \frac{rrzz}{bb}$$

ergo

æquatio quatuor tantum dimenſionum, quæ ad octo dimenſiones aſcendiſſet ſi quæſiviſſem CG vel CB aut AB. (*b*)

PROB.

$$CK^2 = (y+u)^2 = yy + 2uy + uu$$

erit, ſubſtituendo,

$$4yy - \frac{4rzy}{b} + \frac{rrzz}{bb} = 4ar - 4rz + \frac{rrzz}{bb}$$

ponendo pro $4yy$ valorem $4ar - 4rz + \frac{4ryz}{b}$; deductum ex æquatione Auctoris, & delendo contraria.

Sed in altera hypotheſi, ſubducendo

$$\text{ab } \frac{rzy}{b} + ar - rz$$

$$\text{quantitatem } \frac{ruz}{b} + ar - rz$$

& ab yy quadratum uu ſupereſt

$$\frac{ryz - ruz}{b} = yy - uu$$

&

& dividendo per communem diviſorem $y-u$

$$\frac{rz}{b} = y + u$$

quare eſt $\frac{rz}{b}$ ſumma ordinatarum CB & DH; unde vel methodo Auctoris vel noſtra invenitur illarum differentia CK, qualis eſt apud NEWTONUM.

Ceterum ſi alia æquatio ad ſectiones conicas aſſumeretur, ut $xx = \pm \frac{ddyy}{ee} + dd$; quæ oritur vel ex $dd - xx = \frac{ddyy}{ee}$ ad ellipſim, vel ex $xx - dd = \frac{ddyy}{ee}$ ad hyperbolam, eodem pacto res peragi poſſet. Aſſumamus enim $xx = \frac{ddyy}{ee} + dd$ ad hyperbolam, erit

$$x = V\left(\frac{ddyy}{ee} + dd\right) = \frac{d}{e} V(yy + ee)$$

&

$$\frac{d}{e} V(yy+ee) = \frac{yz}{b} + a - z$$

unde quadrando,

$$\frac{ddyy + eedd}{ee} = \frac{yyzz}{bb} + \frac{2yz(a-z)}{b} + (a-z)^2$$

& auferendo fractiones

$$bbddyy + bbeedd = eeyyzz + 2beeyz(a-z) + bbee(a-z)^2$$

vel, tranſponendo & dividendo,

$$yy = \frac{2beeyz(a-z) + bbee(a-z)^2 - bbeedd}{bbdd - eezz}$$

quare

$$y = \frac{beez(a-z) \pm V(bbe^4zz(a-z)^2 +}{bbdd - eezz}$$

$$\frac{(bbee(a-z)^2)(bbdd - eezz) - bbeedd(bbdd - eezz)}{bbdd - eez}$$

id eſt

$$y = \frac{beez(a-z) \pm be(V(eezz + bbdd - eezz)}{bbdd - eezz}$$

$$\frac{(a-z)^2 - dd(bbdd - eezz)}{bbdd - eezz}$$

quod facit duplam quantitatem ſub ſigno

$$\frac{2bedV(aabb - bbdd - 2abbz + bbzz + eezz)}{bbdd - eezz}$$

differentiam gemini valoris y; unde ſequendo veſtigia Auctoris, incidemus in æquationem quatuor dimenſionum, ſed magis compoſitam.

(*b*) 142. Æquationes determinatæ ſecundo gradu altiores conſtruuntur per aptorum locorum interſectiones; &, æquationes quatuor dimenſionum componi ſolent per duas [illegible] nes conicas; quarum altera ſumitur ad arbitrium, [illegible] quam commodiſſima; altera determinanatur substituendo in æquatione proposita valorem incognitæ depromtum ex æquatione locali assumta. Rem explicemus exemplo æquationis ab Auctore inventæ.

Quia illius secundum membrum totum ductum est in $\frac{bb}{rr}$, assumo æquationem ad parabolam $\frac{bb}{r}u = zz$; quare substituendo $\frac{b^4uu}{rr}$ pro z^4; $\frac{bbuz}{r}$ pro z^3, & $\frac{bbu}{r}$ pro zz; æquatio proposita

$$rrz^4 = 4bbrz^3 - 4abbrzz - bbrrzz + 4b^4rz - 4ab^4r + b^4cc$$

fit

$$b^4uu = 4b^4uz - 4ab^4u - b^4ru + 4b^4rz - 4ab^4r + b^4cc$$

quæ, dividendo per b^4, mutatur in

$$uu = 4uz - 4au - ru + 4rz - 4ar + cc$$

Ea est ad hyperbolam, quia termini altissimi $uu - 4uz$, divisores sunt u & $u - 4z$, reales & inæquales. Eam, exercitii gratia, construamus a primis principiis. Est

$$u = 2z - 2a - \frac{r}{2} \pm \sqrt{(4zz - 8az - 2rz + 4aa + 2ar + \frac{rr}{4} + 4rz - 4ar + cc)}$$

Quantitas radicalis, per reductionem, fit

$$\sqrt{(4zz - 8az + 2rz + 4aa - 2ar + \frac{rr}{4} + cc)} = t$$

Sit $s = 2z - 2a - \frac{r}{2}$, quam ut invenias

B. O. I. pone rectam AI $= \frac{r}{4}$, erit EI $= a + \frac{r}{4}$, & per I age indefinitam IL parallelam rectæ EG. Erit IL datæ parabolæ directrix.

Ex IL abscinde IL $= 2$EI $= 2a + \frac{r}{2}$; per L duc indefinitam Le parallelam ipsi IE; & rectæ EG occurrentem in e; & per E ac L puncta age rectam indefinitam EL; & per ejus punctum quodvis M duc ipsi IL parallelam Mm rectæ eL occurrentem in N, & rectæ EA in m.

Est EI ad IL; ut 1 ad 2, ut Em (z) ad mM $= 2z$. Sed MN $=$ Mm $-$ mN $=$ Mm $-$ IL $= 2z - 2a - \frac{r}{2} = s$; & ubi $s = 0$, est $z = a + \frac{r}{4} =$ IE; ergo est L punctum origo ipsarum s; & harum locus est indefinita recta EL; & recta abscissarum est indefinita LN.

Cum autem sit $u = s + t$; & t ordinata ad curvam, cujus diameter jacet secundum rectam EL, (quæ determinata fuit construendo dimidiatum secundum terminum æquationis propositæ, secundum Num. 130. de Loc. Geom.) atque $u = s$, quando $t = 0$; ipsæ u supra rectam NL versus M, & indeterminatæ t hinc terminabuntur a recta EL, inde a curva, & in quolibet puncto rectæ EL erit $t = 0$, quod accidit ubi curva secat rectam EL. Ponamus ergo

$$t = \sqrt{(4zz - 8az + 2rz + 4aa - 2ar + \frac{rr}{4} + cc)} = 0$$

tunc erit

$$zz = 2az - \frac{rz}{2} - aa + \frac{ar}{2} - \frac{rr}{16} - \frac{cc}{4}$$

& est

$$-aa + \frac{ar}{2} - \frac{rr}{16} = -(a - \frac{r}{4})^2$$

igitur

$$z = a - \frac{r}{4} \pm \sqrt{((a - \frac{r}{4})^2 - (a - \frac{r}{4})^2 - \frac{cc}{4})}$$

$$= a - \frac{r}{4} \pm \sqrt{-\frac{cc}{4}},$$

quia $+(a - \frac{r}{4})^2$ & $-(a - \frac{r}{4})^2$ sese destruunt. Sume igitur LO $= \frac{r}{2}$; erit Oe $=$ eL $-$ LO $=$ EI $-$ OL $= a + \frac{r}{4} - \frac{r}{2} = a - \frac{r}{4}$. Est autem 4 (numerator coefficientis zz sub signo) ad 1 (denominatorem) ut $4a - r$ (dimidiatus coefficiens secundi termini) ad $a - \frac{r}{4}$, ex N°. 134. Jam, ubi $t = 0$,

est

est $z = eO \pm \sqrt{-\frac{cc}{4}}$; quæ quantitas cum sit imaginaria, indicat curvam rectæ EL nusquam occurrere, vel eam esse secundam hyperbolæ diametrum; ut ex N°. 135.

A recta eL hinc inde a puncto O abscinde $OQ = Oq = \frac{c}{2}$; per O; Q; & q puncta age rectas ipsi Ee parallelas, & occurrentes rectæ EL in o; R; & r; erit punctum o centrum hyperbolæ, & recta definita Rr ejus diameter secunda.

Altera semi-diameter est valor ordinatæ t in ipso centro. Tunc autem est $z = eO = a - \frac{r}{4}$; quo valore posito in valore ipsius t, inveniemus

$$t = \sqrt{\left(4\left(a - \frac{r}{4}\right)^2 - (8a - 2r)\left(a - \frac{r}{4}\right) + 4\left(a - \frac{r}{4}\right)^2 + cc\right)}$$

Est autem $(8a - 2r)\left(a - \frac{r}{4}\right) = 8\left(a - \frac{r}{4}\right)\left(a - \frac{r}{4}\right)$; ergo, ceteris terminis se destruentibus, erit $t = c$, cui æquales cape oS; os hinc inde a puncto o in recta oO, & per S & s puncta describe hyperbolas oppositas circa diametrum transversam Ss, & secundam Rr: habebis locum æquationis propositæ. Est autem 1, (denominator coefficientis zz sub signo) ad 4 (numeratorem) sic $\frac{cc}{4}$ (quadratum unius semi-diametri) ad cc. Conveniunt ergo hæc cum N°. 136.

Recta mM ponatur occurrere hyperbolæ in P, unde ages Pp ipsi EL parallelam, & occurrentem in p diametro sS. Erit ex hyperbolæ natura rectangulum sub sp; pS ad quadratum Pp ut quadratum So ad quadratum oR, ut 4 ad 5. quandoquidem est $LE = \sqrt{(LI^2 + IE^2)} = \sqrt{(LI^2 + 4LI^2)} = \sqrt{5LI^2} = LI\sqrt{5}$; & IL ad LE ut 1 ad $\sqrt{5}$. Sed IL ad LE ut OL ad Lo ut QL ad LR, ut OQ ad RO; igitur ut 1 ad 5 sic quadratum OQ, (aut quarta pars quadrati So quia recta So facta est dupla rectæ OQ) ad quadratum Ro; & tandem ut 4 ad 5 sic rectangulum sub sp; pS ad quadratum pP.

Pariter est ut IL ad LE (1 ad $\sqrt{5}$) sic OL $\left(\frac{r}{2}\right)$ ad $Lo = \frac{r}{2}\sqrt{5}$; & IL ad EL (2 ad $\sqrt{5}$) ut NM $\left(s = 2z - 2a - \frac{r}{2}\right)$ ad $ML = \left(z - a - \frac{r}{4}\right)\sqrt{5}$; & $Mo = \left(z - a + \frac{r}{4}\right)\sqrt{5} = Pp$, cujus quadratum est

$$\left(zz - 2az + \frac{rz}{2} + aa - \frac{ar}{2} + \frac{rr}{16}\right)5$$

Sed $pS = po - oS = t - c = u - 2z + 2a + \frac{r}{2} - c$, ac $ps = po + oS = u - 2z + 2a + \frac{r}{2} + c$; quia erat $u - s = t$, & $s = 2z - 2a - \frac{r}{2}$; quare rectangulum sub ps; pS est

$$uu - 4uz + 4au + ur + 4zz - 8az - 2rz + 4aa + 2ar + \frac{rr}{4} - cc$$

quod cum sit ad

$$\left(zz - 2az - \frac{rz}{2} + aa + \frac{ar}{2} + \frac{rr}{16}\right)5, \text{ ut } 4 \text{ ad } 5,$$

tandem erit, multiplicando media & extrema, ac dividendo per 5, ac delendo æqualia $uu - 4uz + 4au + ru - 4rz + 4ar - cc = 0$

æquatio proposita.

Si per S agatur rectæ LR parallela ST ipsi QR occurrens in T & per o recta oX parallela rectæ AE, & rectæ QR occurrens in X erit $TR = So = c = RX$ quia RQ, cum sit dupla QL, est $c - r$, & cum QX aut $Oo = 2OL = r$, facit c. Quare producamus rectam TS donec rectæ oX occurrat in Z; erit XT ad ad TZ ut oS ad SZ; sed XT ostensa est dupla ipsius oS, est ergo TZ dupla ipsius ZS, quæ ideo est æqualis ipsi ST, id est semi-diametro secundæ, quare, acta To, erunt To; oZ asymptoti hujus hyperbolæ; quod recte congruit cum æquatione, in qua z est unius dimensionis, atque ideo debet esse vel asymptotus, vel asymptoto parallela.

Præterea, recta To occurrat rectæ QO in n, & rectæ eE in i; est TX ($2oS = 2c$) ad Xo $\left(QO = \frac{c}{2}\right)$ ut 4 ad 1, ut oO ($2OL = r$) ad

PROB. XXIX.

Datum angulum per datum numerum multiplicare vel dividere.

In angulo quovis FAG inscribe lineas AB, BC, CD, DE, &c. ejusdem cujusvis longitudinis, & erunt triangula ABC, BCD, CDE, DEF, &c. isoscelia, adeoque per 32. I. Elem. erit ang. CBD = ang. A + ACB = 2 ang. A, & ang. DCE = ang. A + ADC = 3 ang. A, & ang. EDF = A + AED = 4 ang. A, & ang. FEG = 5 ang. A, & sic deinceps. Positis jam AB, BC, CD, &c. radiis æqualium circulorum, perpendicula BK, CL, DM, &c. demissa in AC, BD, CE, &c. erunt sinus istorum angulorum, & AK, BL, CM, DN, &c. sinus complementorum ad rectum. Vel posita AB diametro, illæ AK, BL, CM, &c. erunt chordæ. Sit ergo AB = $2r$ & AK = x, dein sic operare. Tab. III. Fig. 10.

$$AB . AK :: AC . AL.$$

$$2r . x :: 2x . \frac{xx}{r}.$$

$$\text{Et } \left.\begin{matrix} AL - AB \\ \frac{xx}{r} - 2r \end{matrix}\right\} = BL, \text{ Duplicatio.}$$

$$AB . AK :: AD\,(2AL - AB) . AM.$$

$$2r . x :: \frac{2xx}{r} - 2r . \frac{x^3}{rr} - x.$$

AM

ad $Ot = \frac{r}{4}$; & $ut = uO + Ot = a - \frac{r}{4} + \frac{r}{4} = a$. Pariter tO ad Oo, ut 4 ad 1, ut ut ad $ti = 4a$, a qua si demas partem ez æqualem ipsi $Oo = r$, manebit $zi = 4a - r$, dimidiato coefficienti quem habet secundus terminus quantitatis sub signo; quare altera asymptotus determinata est ut jubebat Num. 137.

Tandem descripta parabola $\frac{bb}{r} u = zz$, punctum k aut k in quo ea occurrit hyperbolæ, dat valorem incognitæ z; & si parabola occurrit hyperbolæ in duobus punctis, ut in figura; duo erunt in axe AE puncta F; f, & duæ rectæ CGFD; $cGfd$ problema solventes.

143. Addendo vel subducendo terminos æquationis localis assumtæ & æquationis localis inventæ per substitutionem assumti valoris in æquatione construenda, vel quales sunt, vel multiplicatos per aliquem coefficientem, possunt inveniri aliæ curvæ, e quibus commodissimam eliget analysta.

Sic in nostro exemplo, si hinc demas $\frac{5bb}{r} u$, & inde $5zz$, habebis

$$uu - \frac{5bb}{r} u = 4uz - 5zz - 4au - ru + 4rz - 4ar + cc$$

æquationem ad ellipsim; nam altissimus terminus est $uu - 4uz + 5zz$, cujus factores sunt inæquales & imaginarii $u - 2z + z\sqrt{-1}$ & $u - 2z - z\sqrt{-1}$.

$$\left.\begin{array}{l}\text{AM} - \text{AC} \\ \text{Et } \frac{x^3}{rr} - 3x\end{array}\right\} = \text{CM, Triplicatio.}$$

$$\text{AB . AK :: AE (2AM} - \text{AC) . AN.}$$

$$2r \,.\, x :: \frac{2x^3}{rr} - 4x \,.\, \frac{x^4}{r^3} - \frac{2xx}{r}.$$

$$\left.\begin{array}{l}\text{AN} - \text{AD} \\ \text{Et } \frac{x^4}{r^3} - \frac{4xx}{r} + 2r\end{array}\right\} = \text{DN, Quadruplicatio.}$$

$$\text{AB . AK :: AF (2AN} - \text{AD) . AO.}$$

$$2r \,.\, x :: \frac{2x^4}{r^3} - \frac{6xx}{r4} + 2r \,.\, \frac{x^5}{r^4} - \frac{3x^3}{rr} + x.$$

$$\left.\begin{array}{l}\text{AO} - \text{AE} \\ \text{Et } \frac{x^5}{r^4} - \frac{5x^3}{rr} + 5x\end{array}\right\} = \text{EO, Quintuplicatio.}$$

Et ſic deinceps. Quod ſi velis angulum in aliquot partes dividere, pone q pro BL, CM, DN, *&c.* Et habebis $xx - 2rr = qr$ ad biſectionem, $x^3 - 3rrx = qrr$ ad triſectionem, $x^4 - 4rrxx + 2r^4 = qr^3$ ad ad quadriſectionem, $x^5 - 5rrx^3 + 5r^4x = qr^4$ ad quinquiſectionem *&c.*

PROB. XXX.

Cometæ in linea recta BD uniformiter progredientis poſitionem curſus ex tribus obſervationibus determinare.

TAB. III. Fig. 11. Sit A oculus ſpectatoris, B locus cometæ in prima obſervatione, C in ſecunda, ac D in tertia; quærenda erit inclinatio lineæ BD ad lineam AB. Ex obſervationibus itaque dantur anguli BAC, BAD; adeoque ſi BH ducatur ad AB normalis & occurrens AC & BD in E & F, ex aſſumtò utcunque AB dabuntur BE & BF, tangentes nempe præfatorum angulorum reſpectu radii AB. Sit ergo AB $= a$, BE $= b$, & BF $= c$. Porro ex datis obſervationum intervallis dabitur ratio BC ad BD, quæ ſi ponatur b ad e, & agatur DG parallela AC, cum ſit BE ad BG in eadem ratione, & BE dicta fuerit b, erit BG $= e$, adeoque GF $= e - c$. Ad hæc ſi demittatur DH normalis ad BG, propter triangula ABF & DHF ſimilia & ſimililiter secta lineis AE ac DG, erit FE. AB : : FG. DH (*c*) hoc est $e - b$. $a :: e - c.\ \frac{ae - ac}{e - b} = HD$. Erit etiam FE. FB : : FG. FH, (*d*) hoc est $e - b. e :: e - c.\ \frac{ce - cc}{e - b} = FH$; cui adde BF sive c & fit $BH = \frac{ce - cb}{e - b}$. Quare est $\frac{ce - cb}{e - b}$ ad $\frac{ae - ac}{e - b}$, (sive $ce - cb$ ad $ae - ac$, vel $\frac{ce - cb}{e - c}$ ad a) ut BH ad HD; hoc est ut tangens anguli HDB sive ABK ad radium. Quare cum a supponatur esse radius, erit $\frac{ce - cb}{e - c}$ tangens anguli ABK, adeoque facta resolutione ut $e - c$ ad $e - b$ (sive GF ad GB) ita c (sive tangens anguli ABF) ad tangentem anguli ABK.

Dic itaque ut tempus inter primam & secundam observationem, ad tempus inter primam ac tertiam, ita tangens anguli BAE, ad quartam proportionalem. Dein ut differentia inter illam quartam proportionalem & tangentem anguli BAF, ad differentiam inter eandem quartam proportionalem & tangentem anguli BAE, ita tangens anguli BAF, ad tangentem anguli ABK.

PROB. XXXI.

Radiis a puncto lucido ad sphæricam superficiem refringentem divergentibus, invenire concursus singulorum refractorum cum axe sphæræ per punctum illud lucidum transeunte. (*e*)

Sit A punctum illud lucidum, & BV sphæra, (*f*) cujus axis AD, centrum C, (*g*) & vertex V, sitque AB radius incidens & BD refractus ejus, ac demissis ad radios istos perpendicularibus CE & CF, ut & BG perpendiculari ad AD, actaque BC, dic AC = a, (*h*) VC vel BC = r, (*i*) CG Tab. III. Fig. 12.

(*c*). Est enim, ob similia triangula AFE; FGD, ut FE ad EA sic FG ad GD; & ob similia triangula AEB; DGH, ut EA ad AB, sic GD ad DH; unde *ex æquo ordinate*, FE ad AB ut FG ad HD.

(*d*) Pariter eadem triangula dant FE ad EA ut FG ad GD; & AE ad EB ut DG ad GH; quare iterum *ex æquo ordinate*, FE ad EB ut FG ad GH, & *componendo*, FE ad FB ut FG ad FH.

(*e*) *Optime quidem Newtonus problema de sphæra proposuit, quia minus utiles, & magis difficiles sunt aliæ curvæ; sed tamen, quia, paucissimis mutatis, potest Auctoris æquatio fieri generalissima, id exercitii causa faciam.*

(*f*) Curva quævis superficies.

(*g*) Quia nempe in circulo omnes normales ad curvam per centrum transeunt, sed in nostra hypothesi ex B ducatur normalis ad curvam, quæ axi occurrat in C.

(*h*) In sphæra datur magnitudine recta AC; sed non in aliis curvis. Quare dic datam AV = α, VG = u; GC = s, & pro a, in Auctoris æquatione, ponere debebis $\alpha + u + s$.

(*i*) Quia scilicet VC, & BC sunt radii sphæræ; at in nostra hypothesi VC = $u + s$; sed non æquat CB.

 (*k*)

CG $= x$, (k) & CD $= z$, (l) eritque AG $= a - x$, BG $= \sqrt{(rr - xx)}$ (m) AB $= \sqrt{(aa - 2ax + rr)}$ (n) & propter similia triangula ABG & ACE, CE $= \frac{a\sqrt{(rr - xx)}}{\sqrt{(aa - 2ax + rr)}}$ (o). Item GD $= z + x$, (p) BD $= \sqrt{(zz + 2zx + rr)}$: & propter similia triangula DBG ac DCF; CF $= \frac{z\sqrt{(rr - xx)}}{\sqrt{(zz + 2zx + rr)}}$. (q) Præterea cum ratio sinuum incidentiæ & refractionis, adeoque CE ad CF detur, pone illam rationem esse a ad f; (r) & erit $\frac{fa\sqrt{(rr - xx)}}{\sqrt{(aa - 2ax + rr)}} = \frac{az\sqrt{(rr - xx)}}{\sqrt{(zz + 2zx + rr)}}$; (s) ac multiplicando in crucem, dividendoque per $a\sqrt{(rr - xx)}$, erit $f\sqrt{(zz + 2zx + rr)} = z\sqrt{(aa - 2ax + rr)}$, & quadrando, ac redigendo terminos in ordinem, $zz = \frac{2ffxz + ffrr}{aa - 2ax + rr - ff}$. (t) Denique pro dato $\frac{ff}{a}$ scribe p, & q pro dato $a + \frac{rr}{a} - p$, & erit $zz = \frac{2pxz + prr}{q - 2x}$ ac $z = \frac{px + \sqrt{(ppxx - 2prrx + pqrr)}}{q - 2x}$. Inventum est itaque z; hoc est longitudo CD, adeoque punctum quæsitum D quo refractus BD concurrit cum axe Q. E. F.

Posui hic incidentes radios divergentes esse, & in medium densius incidere; sed mutatis mutandis problema perinde resolvitur ubi convergunt, vel incidunt e densiori medio in rarius. (v)

PROB.

(k) Apud nos $x = s$.

(l) Datum enim est in sphæra centrum C; sed nobis tantum punctum V datum est. Dicemus ideo VD $= \beta$. Erit z (CD $=$ DV $-$ VG $-$ GC) $= \beta - u - s$; qui valor in Auctoris æquatione ponendus erit.

(m) Ex notissima circuli proprietate. Nos vero, qui æquationem generalissimam quærimus, dicemus BG $= y$.

(n) Nobis autem $\sqrt{(\alpha\alpha + 2\alpha u + uu + yy)}$.

(o) Id est $\frac{(\alpha + u + s)\, y}{\sqrt{(\alpha\alpha + 2\alpha u + uu + yy)}}$.

(p) Substituendo $\beta - u =$ DG, & BD $= \sqrt{(\beta\beta - 2\beta u + uu + yy)}$

(q) Et nostris symbolis CF $=$ $\frac{(\beta - u - s)\, y}{\sqrt{(\beta\beta - 2\beta u + uu + yy)}}$

(r) Sed quia in hypothesi nostra non datur a $(\alpha + u + s)$, hanc rationem ponemus m ad n; & m nobis *indicabit sinum incidentiæ.*

(s) Nobis vero $\frac{ny\,(\alpha + u + s)}{\sqrt{(\alpha\alpha + 2\alpha u + uu + yy)}} = \frac{my\,(\beta - u - s)}{\sqrt{(\beta\beta - 2\beta u + uu + yy)}}$

(t) Id est (dividendo per y, multiplicando in crucem, & quadrando)

$$nn\,(\alpha\alpha + 2\alpha u + 2\alpha s + uu + 2us + ss)$$
$$(\beta\beta - 2\beta u + uu + yy) =$$
$$mm\,(\beta\beta - 2\beta u - 2\beta s + uu + 2us + ss)$$
$$(\alpha\alpha + 2\alpha u + uu + yy)$$

æquatio generalissima, quæ, licet nixa sit divergentiæ radiorum, facile tamen aptatur ad eorum parallelismum, & convergentiam.

(v) Namque si radii sunt axi paralleli α, & β in infinitum excrescunt; & ideo delendi sunt omnes termini, in quibus eæ non sunt, aut non ad altissimum gradum elatæ, quia hi termini finiti sunt, & pro nullis habentur ad infinitos comparati; unde fit posita α infinita, & dividendo per $\alpha\alpha$

$$nn(\beta\beta - 2\beta u + uu + yy) = mm(\beta\beta - 2\beta u - 2\beta s + uu + 2us + ss)$$

& posita β infinita & dividendo per $\beta\beta$.

$$nn(\alpha\alpha + 2\alpha u + 2\alpha s + uu + 2us + ss) = mm(\alpha\alpha + 2\alpha u + uu + yy)$$

Si radii convergunt, α, vel β negative sumantur, & ejus impares potestates contrariis, ac prius, signis sunt afficiendæ. Unde habebitur.

posita α negativa

$$nn(\alpha\alpha - 2\alpha u - 2\alpha s + uu + 2us + ss)(\beta\beta - 2\beta u + uu + yy) = mm(\beta\beta - 2\beta u - 2\beta s + uu + 2us + ss)(\alpha\alpha - 2\alpha u + uu + yy)$$

& posita β negativa.

$$nn(\alpha\alpha + 2\alpha u + 2\alpha s + uu + 2us + ss)(\beta\beta + 2\beta u + uu + yy) = mm(\beta\beta + 2\beta u + 2\beta s + uu + 2us + ss)(\alpha\alpha + 2\alpha u + uu + yy)$$

Si quis hoc ratiocinio contentus non est, is calculum rursus instituat in duabus his hypothesibus, & superioribus vestigiis insistens ad allatas æquationes facile perveniet.

Obiter notandum: *Quod si radii paralleli, aut convergentes, incidant in superficiem convexam, α fiet infinita, vel negativa; β vero, si in concavam.*

Ex his tribus æquationibus generalibus facile peculiares omnes deducentur, & noscetur utrum, & quibus legibus, proposita curva habeat geometricum focum. Nam si radii sint divergentes, aut convergentes, pro α, si incidunt in convexam; sin vero, pro β, ponetur ejus valor datus; & altera β, vel α, determinabitur ab æquatione, quæ simplicior fiet ponendo pro s, aut y, ejus valorem, quem dat data curva. Erit autem curva inter punctum concursus, & punctum lucidum, cum valor quæsitæ β, vel α, est positivus, ut nos posuimus; cum vero est negativus, erit punctum concursus ad easdem curvæ partes, ad quas est lucidum.

Habebit autem curva focum geometricum, quando y, & s, (ubi est variabilis) aberunt ab æquatione. Si enim omnes radii refringuntur in idem punctum D, erit VD constans; sed BG, & GC sunt variabiles, ergo magnitudo ipsius VD ab iis non pendet; sed magnitudo VG, determinatur a BG, atque ideo VG est variabilis; ac VD æquat VG, GC, CD simul sumptas; igitur ipsa VD nequit esse constans, nisi ab ejus expressione, aut valore, absint VG, GC, aut eam determinans BG, variabiles. Secus autem curva habebit focum physicum.

Curva focum physicum habens geometrico donabitur, sublatis ex æquatione s, & y; quod fieri nequit, nisi omnes termini, ubi sunt hæ quantitates, mutuo se destruant. Itaque, ut sciamus utrum curva focum geometricum habere possit, sumantur omnes termini homogenei, ubi reperitur s, aut y, & singula eorum aggregata ponantur æqualia nihilo.

Pauca, ut lucem generali huic doctrinæ dandam ex conicis afferemus.

Sit VB *ellipsis*, & radii paralleli ex aere incidant in vitrum convexum, & sit axis major $= 2a$, axis minor $= 2b$. Tunc VG $= u$, reliquus axis $= 2a - u$; & $\frac{2abbu - bbuu}{aa} = yy$, GC $= s = \frac{abb - bbu}{aa}$; $m = 3$, $n = 2$.

Quia hic radii paralleli convexitatem feriunt, pone α infinitam, & substituendo, formula generalis evadet $4\left(\beta\beta - 2\beta u + uu + \frac{2abbu - bbuu}{aa}\right)$ $= 9\left(\beta\beta - 2\beta u - \frac{2abb\beta + 2bb\beta u + 2abbu - 2bbuu}{aa} + uu + \frac{aab^4 - 2aub^4 + b^4uu}{a^4}\right)$, quæ per debitas reductiones, ac transpositiones fiet

$$\beta\beta = \beta\left(\frac{10a^4u - 18aabbu + 18a^3bb - 10a^4bu}{5a^4}\right) + \frac{18ab^4u - 5a^4uu + 14aabbuu}{5a^4} - \frac{9b^4uu - 9aab^4}{5a^4}.$$

Unde liquet, quod, extracta radice, semper u erit in valore ipsius $\beta\beta$ quare, cum u mutabitur etiam β, & ideo ellipsis focum geometricum non habet, quem tamen haberet, si a valore ipsius β abesset u. Ut ergo percipiam quando, & quibus legibus id accidat, facio $= 0$ omnes terminos homogeneos, in quibus occurrit u, qui sunt $10a^4u - 28aabbu = 0$.

PROB. XXXII.

Si Conus plano quolibet secetur, invenire figuram sectionis.

IV. Sit ABC conus circulari basi BC insistens; IEM ejus sectio quaesita;
I. 2. KILM alia quaelibet sectio parallela basi, & occurrens priori sectioni in HI; & ABC tertia sectio perpendiculariter bisecans priores duas in EH & KL, & conum in triangulo ABC. Et producto EH donec occurrat ipsi AK in D, actisque EF ac DG parallelis KL & occurrentibus AB & AC in F ac G, dic EF $= a$, DG $= b$, ED $= c$, EH $= x$, & HI $= y$; & propter similia triangula EHL, EDG, erit ED. DG : : EH. HL $= \frac{bx}{c}$. Dein propter similia triangula DEF, DHK, erit DE. EF : : DH. (c

$= 0$; & $-10a^3bu + 18ab^4u = 0$; tum $-5a^4uu + 14aabbuu - 9b^4uu = 0$. Prima aequatio, transponendo ac dividendo, per $2aau$, dat $5aa = 9bb$, quod etiam colligitur e secunda: tertiam divido per uu, quotum sic ordino $b^4 = \frac{14aabb - 5a^4}{9}$, cujus radicem extraho, ut in aequationibus biquadraticis, & invenio $bb = \frac{7aa}{9} \pm \sqrt{\frac{49a^4}{81} - \frac{5a^4}{9}}$ $= \frac{7aa}{9} \pm \sqrt{\frac{49a^4 - 45a^4}{81}} = \frac{7aa \pm 2aa}{9}$. Sed $\frac{7aa + 2aa}{9}$ dat $bb = aa$, quod rejicio, quia non congruit cum jam inventis; ast $\frac{7aa - 2aa}{9}$ dat $bb = \frac{5aa}{9}$, sive $5aa = 9bb$, ut supra. Aut in $b^4 = \frac{14aabb - 5a^4}{9}$ pono pro b^4, & bb, valores ex supra inventis erutos $\frac{25a^4}{81}$ & $\frac{5aa}{9}$, & invenio $\frac{25a^4}{81} = \frac{70a^4}{81} - \frac{5a^4}{9} = \frac{70a^4 - 45a^4}{81}$ $= \frac{25a^4}{81}$, quod optime ad rem facit. Igitur in radiorum incidentium parallelismo ellipsis habet focum geometricum, cum $aa . bb :: 9 . 5$, ut axis major ad parametrum. Sed distantia focorum est $2\sqrt{(aa - bb)} =$ (ob $bb = \frac{5aa}{9}$) $2\sqrt{(\frac{9aa - 5aa}{9})} = \frac{4a}{3}$; tunc autem est axis ad focorum distantiam, ut sinus incidentiae ad sinum refractionis. Quaeramus nunc distantiam verticis a foco isto geometrico. In aequatione priore deletis terminis ubi est u, restat

$\beta\beta = \frac{18a^3bb\beta - 9aab^4}{5a^4} = \frac{18bb\beta}{5a} - \frac{9b^4}{5aa}$, &

$\beta = \frac{9bb}{5a} + \sqrt{\frac{36b^4}{25aa}} = \frac{9bb + 6bb}{5a}$, &

$\beta = \frac{3bb}{a} =$ (ob $\frac{5aa}{9} = bb$) $\frac{5a}{3} =$ VD. Totus autem axis est $2a$, & distantia inter focos ellipseos est $\frac{4a}{3}$, quae dimidiata cum dimidiato axe dat pariter $\frac{5a}{3}$ pro distantia verticis à foco remotiore ellipseos; ergo focus geometricus in hac hypothesi est *remotior focus ellipseos.*

Si VB ponatur hyperbola, & radii axi paralleli ex vitro inciderent in concavam aeris superficiem, superiora premens vestigia invenies hyperbolam focum geometricum non habere, nisi cum axis primarius est ad parametrum, ut sinus incidentiae, ad sinum refractionis, & quod focus hic geometricus est focus oppositae hyperbolae. Facile quoque videbis, quod parabola nunquam focum dioptricum habere potest, ubi radii incidunt paralleli.

Si VB sit circulus, factis debitis substitutionibus incides in ipsissimam aequationem Auctoris.

($c - x$ in Fig. 1, & $c + x$ in Fig. 2.) $HK = \frac{ac \mp ax}{c}$. Denique cum sectio KIL sit parallela basi, adeoque circularis, erit HK . HL = HI q, hoc est [illegible] $\frac{ab}{c}$ $xx = yy$, æquatio quæ exprimit relationem inter EH (x) & [illegible] hoc est inter axem & ordinatim applicatam sectionis EIM, quæ æquatio cum sit ad ellipsim in Fig. 1, & ad hyperbolam in Fig. 2. patet sectionem illam perinde ellipticam vel hyperbolicam esse.

Quod si ED nullibi occurrat AK, ipsi parallela existens, tunc erit HK = EF (a), & inde $\frac{ab}{c} x$ (HK . HL) $= yy$, æquatio ad parabolam.

PROB. XXXIII.

Si recta XY circa axem AB, ad distantiam CD, in data inclinatione ad planum DCB convolvatur, & solidum PQRUTS ista convolutione generatum secetur plano quolibet INQLK; invenire figuram sectionis. (x) Tab. IV. Fig. 3.

Esto BHQ vel GHO inclinatio axis AB ad planum sectionis; & L quilibet concursus rectæ XY cum plano illo. Age DF parallelam AB, & ad AB, DF, & HO demitte perpendiculares LG, LF, LM, & junge FG

(x) Operæ pretium facturus videor, si solidi PQRVTS generationem illustrem. Jam rectæ AB, CD sunt in eodem plano (Eucl. 2. XI.). In eo ducatur DF ipsi BA parallela vel normalis ad CD, & ex quolibet ipsius DF puncto F agatur FG perpendicularis ad AB, quæ erit parallela DC, & ad rectos angulos ad DF. Item ex F excita indefinitam FL rectam ad planum CDFG; recta XY esse debet in plano [illegible], id est occurrere debet ipsi FL alicubi in L, (hoc enim indicant Auctoris verba, *ad distantiam* CD); & cum FD facere quemcumque angulum datum FDL.

Juncta GL erit in eodem plano ac FL, FG, cum quibus triangulum constituit; & planum GFL erit rectum ad planum GFDC (Eucl. 18. XI.). Rursus, quia DF, ex construct. est ad rectos angulos tum ipsi LF, tum FG, recta erit ad planum FGL (Eucl. 4 XI.), æque ac ei parallela CG (Eucl. 8. XI.). Est autem GFL triangulum rectangulum in F; quapropter hypothenusa GL major est latere GF, aut CD.

Concipiatur GF producta donec æquet GL; erunt GF sic producta, & GL radii ejusdem circuli, ad quem perpendicularis erit AB; cum autem idem probari possit de omnibus punctis rectæ AB, patet solidum PQRVTS constare circulis parallelis hinc inde a CD crescentibus, & quorum omnium centra sunt in recta AB, quæ vocatur *axis solidi.*

Si ergo solidum secetur plano SAPQRBVT per axem, in duas partes æquales sectum erit; est enim PA, communis sectio planorum SKPI & SAPQRBVT, normalis ad AB, ut omnes ipsi SA parallelæ; sunt igitur PS, & rectæ ei parallelæ, diametri circulorum, quibus componitur solidum: quare circuli omnes ab his rectis, & ideo solidum a plano bisecatur.

Si nunc solidum rursus secetur plano KLQNI ad axem AB inclinato, sed ad planum per axem recto, dico quod recta QO communis horum planorum sectio, bisecat rectam IOK communem sectionem plani KLQNI, & circuli SKPI, & omnes NML ei parallelas.

FG & MG. Dictisque CD $= a$, CH $= b$, HM $= x$, & ML $= y$; & propter datum angulum GHO, posito MH . HG :: $d . e$: (y) erit $\frac{ex}{d} =$ GH, & $b + \frac{ex}{d} =$ GC vel FD. Adhæc propter angulum datum LDF (nempe inclinationem rectæ XY ad planum GCDF) posito FD . FL :: $d . g$ (z) erit $\frac{bh}{g} + \frac{hex}{dg} =$ FL, cujus quadrato adde FGq, (DCq seu aa) & emerget GL$q = aa + \frac{hhbb}{gg} + \frac{2hhbex}{dgg} + \frac{hheexx}{ddgg}$. Hinc aufer MG$q$ (HMq — HGq seu $xx - \frac{ee}{dd}xx$) & restabit $\frac{aagg + hhbb}{gg} + \frac{2hhbe}{dgg}x + xx$ $\left(\frac{hhee - ddgg + eegg}{ddgg}\right)$ ($=$ MLq) $= yy$: æquatio quæ exprimit relationem inter x & y, hoc est inter HM, axem sectionis, & ML, ordinatim applicatam. Et proinde cum in hac æquatione x & y ad duas tantum dimensiones ascendant, patet figuram INQLK esse conicam sectionem. Utpote si angulus MHG major sit angulo LDF, ellipsis erit hæc figura (a); si minor, hyperbola (b); si æqualis vel parabola (c), vel (coincidentibus insuper punctis C & H) parallelogrammum (d). PROB.

Nam circulus PKSI est rectus ad planum per axem SAPQRBVT, ut & planum KLQNI: Igitur IK est ad planum per axem normalis (Eucl. 19. XI.), ergo etiam ad rectam PAS; sed IK est chorda circuli, cujus diameter est PAS, quare bisecta est in O; quæ demonstratio cum etiam ipsi LMN (quæ normalis est ad OHQ) possit aptari, patet omnes NML bisectas esse ab OQ.

Deinum erit pariter LM normalis ad GM, ut quæ ducta a centro circuli, cujus radius est GL & chorda LN, ipsam bisecet. Insuper, quia LN est parallela ipsi KI, est etiam MG parallela ad AO, ac normalis ad AB; quod facile probatur per 10. XI.

Tab. O. Fig. 2. (y) Assume quamlibet $\varkappa\kappa$, quam dices d, describe arcum $\kappa\lambda\beta$; fac angulum $\kappa\varkappa\beta$ parem ipsi MHG; ex β demitte perpendicularem $\beta\gamma$: erit triangulum $\beta\gamma\varkappa$ simile GMH, & datum specie ac magnitudine; erit igitur MH. HG :: $\beta\varkappa . \varkappa\gamma$ :: $d . e$, quare erit $\gamma\varkappa$ quam Auctor dixit e.

(z) Pariter fac angulum $\kappa\varkappa\lambda$ æqualem FDL, & ex λ age $\lambda\delta$ perpendicularem ad $\kappa\varkappa$. Erit triangulum $\lambda\delta\varkappa$ simile LFD, & $\delta\varkappa = g$, si dicas $\lambda\delta = h$.

(a) Si angulus MHG major est angulo LDF etiam angulus $\beta\varkappa\gamma$ major erit angulo $\lambda\varkappa\delta$; quare etiam arcus $\kappa\beta$ major quam $\kappa\lambda$, & $\beta\gamma$ quam $\lambda\delta$; sed quadrata ex $\lambda\delta$, $\delta\varkappa$ simul æquant (quadratum ex $\varkappa\lambda$, sive ex $\varkappa\beta$, aut) quadrata ex $\beta\gamma$, $\varkappa\gamma$ simul; igitur illinc demto minore quadrato ex $\lambda\delta$, hinc majore ex $\beta\gamma$, erit (quadratum ex $\delta\varkappa$ majus quadrato ex $\varkappa\gamma$, vel) $\delta\varkappa$ major $\varkappa\gamma$; quapropter $\beta\gamma$ abscindet ex $\lambda\varkappa$ minorem $\varkappa\mu$: est autem $\delta\varkappa$ (g) ad $\delta\lambda$ (h) ut $\varkappa\gamma$ (e) ad $\gamma\mu = \frac{he}{g}$; quapropter $\frac{hhee}{gg} + ee$ æquant quadratum ex $\mu\varkappa$, & minora sunt quam quadratum ex $\varkappa\lambda$ (dd), igitur $hhee + eegg$ minora sunt quam $ddgg$, quo circa terminus altissimus æquationis constat duobus factoribus inæqualibus & imaginariis.

(b) Superior demonstratio facile applicatur huic hypothesi; ex quo sequitur, factores termini altissimi esse inæquales & reales.

(c) Tunc $e = g$, & $\frac{hhee - ddgg + eegg}{ddgg} = hh - dd + ee = 0$; quam ob rem quadratum xx abesset ab æquatione, quæ fieret

$$\frac{aagg + bbhh}{gg} + \frac{2bhhx}{dg} = yy.$$

(d) Ubi puncta C, H coincidunt, fit $b = 0$; quare

quare aequatio ad parabolam evadit $aa = yy$, aut $a = y$.

a. O. 3. Caeterum hoc problema (quamvis generalius, quam supra propositum de cono & ejus [illegible]) adhuc generalius fieri potest, fingendo XY esse curvam quamlibet, ita positam ut ejus [illegible] non CD ad AB normalis, sed alia qu[illegible] ιD; cujus solidi generationem sic [illegible]re conabimur.

In pl[illegible]ur quaevis recta AB, & ab aliquo ej[illegible]C excitetur recta CD ad planum $\alpha\beta\gamma\delta$ normalis, ac in eodem plano ducatur recta μCc faciens cum AB in C angulum quemcumque datum μCB, & per μ, C, D transeat planum, in quo descripta intelligatur quaevis curva XDY, cujus axis sit Dc, & curva XDY servans semper idem intervallum ab AB, gyret circa axem AB, orietur solidum aliquod; concipiatur hoc sectum plano quovis; hujus sectionis natura quaerenda est. Huic investigationi praemitto sequentia.

Si per D agatur tangens ad curvam, haec esse debet normalis ad axem & obliqua ad CD; sed CD normalis est ad $cC\mu$ (Eucl. 4. XI.), ergo tangens & recta $cC\mu$ alicubi convenient: coeant in μ, hinc ducatur ad solidi axem CB normalis $\mu\sigma$. Dico triangulum $\mu C\sigma$ datum esse specie, & magnitudine.

Nam quia datur curvae XDY natura, ac positio, & insuper punctum D, positione datur tangens $D\mu$; sed DC datur magnitudine, & positione, datur ideo angulus μDC, & angulus ad C est rectus, quare datur angulus $D\mu C$, & totum triangulum magnitudine ac specie datur.

Quapropter magnitudine datur recta μC; sed ob duos angulos datos $\mu C\sigma$, $\mu\sigma C$, specie datur triangulum $\mu C\sigma$; datur etiam magnitudine: adeoque dantur magnitudine rectae $\mu\sigma$, σC.

Si nunc ex quovis curvae puncto ψ demittatur ad axem AB normalis $\psi\xi$, haec erit radius circuli gyratione descripti, & paralleli circulo, cujus radius est CD; cum enim CD & $\psi\xi$ situm quoad axem AB non mutent, circuli ab ipsis descripti erunt ad eundem axem recti. Igitur solidi bases erunt circulares, & concipere licet solidum ubivis finitum. Nunc indaganda est ratio habendi valorem cujusvis radii.

Ducatur $\xi\zeta$ ipsi $\mu\sigma$ parallela. Sunt igitur igitur plana μCD, $\psi\xi\zeta$ ad idem planum $\alpha\beta\gamma\delta$ recta (Eucl. 18. XI. & quia planum $\psi\xi\zeta$ est idem ac planum circuli recti ad axem AB, id est ad planum per axem); sed horum planorum communis sectio est $\psi\zeta$, ergo ea est normalis ad subjectum planum, & ad rectam $\zeta\xi$, est igitur quadratum ex $\psi\xi$ aequale quadratis ex $\xi\zeta$, $\zeta\psi$ simul; sed, ob triangula similia $C\zeta\xi$, $C\mu\sigma$, haberi potest valor $\xi\psi$, & ob datam curvae XψYD naturam, valor ipsius $\zeta\psi$, hinc itaque excudetur radii valor.

142. His praemissis, sit PQRVTS solidum ita genitum, KQI planum secans positione datum, communis autem sectio plani hujus, & SKPI (alicujus ex circulis rectis ad axem solidi) sit recta IK. Ex A hujus circuli centro demittatur in IK normalis AS eam bisecans in O; curva generans sit KDY, data recta axi normalis DC; communis sectio planorum $BA\zeta$ & KDC, recta μC, circulo SKPI occurrens in ζ, & curvam in D tangat $D\mu$ occurrens rectae $\zeta C\mu$ in μ, unde agatur in axem normalis $\mu\sigma$, cui parallela erit $A\zeta$. Ex Q demittatur QE ad axem normalis; & sint, $CD = a$, $CH = b$, $C\sigma = g$, $\sigma\mu = h$, $QH = d$, $HE = e$, $EQ = f$, $OH = x$, $OK = y$. Jam (premendo Newtoni vestigia) OH (x). HA :: QH (d). HE (e); quare $HA = \frac{ex}{d}$, & $CA = b + \frac{ex}{d}$; sed HO (x). OA :: HQ (d). QE (f); unde $OA = \frac{fx}{d}$. At quia axis AB, rectus ad circulum SKPI, est normalis ad rectam AP, est $C\sigma$ (g). $\sigma\mu$ (h) :: CA $(b + \frac{ex}{d})$. $A\zeta = \frac{bdh + ehx}{dg}$. Sit nunc $\zeta K = z$; erit AK^2 $(K\zeta^2 + \zeta A^2) = \frac{bbddhh + 2bdehhx + eehhxx}{ddgg} + zz$, & $KA^2 - AO^2 = zz + \frac{bbddhh + 2bdehhx + eehhxx - ffggxx}{ddgg} = OK^2 = yy$.

Tab. C Fig. 4

Superest, ut in hac aequatione ponatur valor ipsius z expressus per cognitas & x, ac ex curvae natura ductus; quod ita fieri potest. 143. Quia triangulum $CA\zeta$ rectangulum est in A, est ζC^2 $(CA^2 + A\zeta^2) = \frac{bbdd + 2bdex + eexx}{dd}$

$$+ \frac{bbddhh + 2bdehhx + eehhxx}{ddgg} =$$

$\frac{(bldd + 2bdex + eexx)(gg + hh)}{ddgg}$. Pone $gg + hh (C\sigma + \sigma\mu^2) = rr = \mu C^2$; & erit $\zeta C^2 = \frac{bbddrr + 2bderrx + eerrxx}{ddgg}$; &, extracta radice, $\zeta C = \frac{bdr + erx}{dg} = \frac{lx + dm}{d}$, faciendo brevitatis causa $g . r :: e . l = \frac{er}{g}$ :: $b . m = \frac{br}{g}$. Datur igitur valor ipsius ζC per x & cognitas, sed quia omnes circuli figuræ sunt inter se paralleli, communes sectiones omnium horum circulorum cum eodem plano $\mu\zeta$ KD, id est, rectæ ζK, sunt parallelæ; sed CD est una ex his, & est normalis ad $\zeta\omega$; quare omnes ζK sunt normales ad $\zeta\omega$; igitur tota res reducitur ad sequens problema.

TAB. P. Fig. 1. *Curvæ* KD *natura, positione, & axe* cD, *& recta* CD *magnitudine, & positione datis, exponere* ζK *ipsi* CD *parallelas, & finitas hinc curva inde recta* ζC *normali ad* CD, *per eandem incognitam* x *per quam exponitur* ζC.

Sint, CD $= a$, Cc $= c$, cD $= s$. Ex K ducatur KL parallela ζC, & KN axi cD ordinatim, & productæ CD occurrens in M, & $\zeta C =$ KL $= \frac{lx + dm}{d}$, ac DN $= u$. Triangula similia cDC, MDN, MKL, dant cD (s). DC (a) :: MD. DN (u), & DC (a). Cc (c) :: DN (u). NM. Item CD (a). Dc (s) :: LK ($\frac{lx + dm}{d}$). KM, & demum DC (a). Cc (c) :: LK ($\frac{lx + dm}{d}$) : LM; quare $\frac{su}{a} =$ MD, NM $= \frac{cu}{a}$, KM $= \frac{lsx + dms}{ad}$, & ML $= \frac{clx + cdm}{ad}$, ergo KN $= \frac{lsx + dms + cdu}{ad}$; sed, cum detur curvæ natura, datur relatio inter KN & ND, hinc igitur eruetur valor u per x & cognitas; at Kζ = CL = CD + DM + ML $= a + \frac{su}{a} + \frac{clx + cdm}{ad}$, ergo (pro u posito ejus valore) erit ζK expressa per x, & cognitas. Q. E. F.

Si ex. gr. curva KD parabola, cujus parameter $= p$. Erit KN^2 ($\frac{llssxx + 2dlmssx +}{aadd}$ $\frac{2cdlsux + ddmmss + 2cddmsu + ccddu u}{aadd}$) $= pu$, &, ordinando, $uu = \frac{aadlpu - 2cddmsu - [illegible]}{ccdd}$ $\frac{2cdlsux - 2dlmssx - llssxx - ddmmss}{ccdd}$; quare circa $u = \frac{aadlp - 2cddms - 2cdlsx [illegible]}{2ccdd}$ $\sqrt{\frac{a^4d^2pp - 4aacd^4mps - 4aacd^3lpsx [illegible]}{4c^4d^4}}$.

Hic valor ponatur in expressione ipsius ζK supra inventa, & fiat ejus quadratum (in quo semper erit radicalis $\sqrt{\frac{a^4d^2pp [illegible]}{4c^4d^4}}$ & c.) hujus quadrati valor ponatur pro zz in æquatione ad sectionem, æquatio hinc oriens liberetur a radicali & habebitur æquatio ad sectionem.

Si vero curvæ axis esset ipsa CD, patet quod cD coincideret cum CD, id est, quod $s = a$, & $c = o$, ergo $\zeta K = a + u$; deletis terminis, ubi est c, tunc etiam ordinata KL $= \zeta C = \frac{lx + dm}{d}$.

Sit, ex. gratia, curva KD parabola, erit KL^2 ($\frac{llxx + 2dlmx + ddmm}{dd}$) $= pu$, ac $u = \frac{llxx + 2dlmx + ddmm}{ddp}$, & $\zeta K = \frac{addp + llxx + 2dlmx + ddmm}{ddp}$, cujus quadrato posito pro zz in æquatione ad solidi sectionem, habebitur æquatio quatuor dimensionum exprimens naturam curvæ sectione genitæ.

144. Si præterea in solidi formatione recta $\zeta\mu$ caderet super AB axem solidi, tunc $\mu\sigma (h) = o$, & $\mu C (r) = C\sigma (g)$; igitur æquatio ad sectionem (No. 142. hujus), deletis terminis in quibus est h, fit $zz - \frac{ffxx}{dd} = yy$; sed ζC tunc evaderet Aζ $= b + \frac{ex}{d}$, quam ob rem $\frac{bb}{p} + 2\frac{bex}{dp} + \frac{eexx}{ddp} = u$, & $zz = (a + u)^2 - \frac{ffxx}{dd} = aa + 2\frac{abb}{p} + 4\frac{abex}{dp} + 2\frac{aeexx}{ddp} + \frac{b^4}{pp} + 4\frac{b^3ex}{dpp} + 6\frac{bbeexx}{ddpp} + 4\frac{be^3x^3}{d^3pp} + \frac{e^4x^4}{d^4pp} - \frac{ffxx}{dd} = yy$, æquatio quatuor dimensionum.

TAB. Fig.

In-

T. P. 2. Insuper, si parabola generans haberet eundem axem ac solidum, & ei occurret in C, tunc AC ($b + \frac{ex}{d}$) esset abscissa, & ζK (z) vel KA ordinata, quam ob rem KA² (zz) $= bp + \frac{epx}{d}$ & $zz - \frac{ffxx}{dd} = yy = bp + \frac{epx}{d} - \frac{ffxx}{dd}$ æquatio ad ellipsim. Si sectionis axis ωQ esset axi solidi AB parallelus, tunc fingi potest axem OQ gyrasse circa polum Q versus P, donec in Qω pervenerit: sed quia punctum Q manet, ejus QO valorem pro HO posuisse in superiore æquatione præstabit. Igitur, fiat QO $= u = x + d$, quapropter $u - d = x$, & $uu - 2ud + dd = xx$, & $yy = bp + \frac{epx}{d} - \frac{ffxx}{dd} = bp - ep + \frac{epu}{d} - ff + 2\frac{ffu}{d} - \frac{ffuu}{dd}$, in qua æquatione noto quod $bp - ep - ff = o$, nam si solidum secetur per axem plano PAC recto ad planum IOQ, sectio PQC esset parabola, nempe ipsa genitrix, quæ tunc locum illum occuparet, quapropter QE² ($ff = p$. CE $= p\,(b - e)$): Fieret igitur æquatio superior $yy = \frac{epu + 2ffu}{d} - \frac{ffuu}{dd} = \frac{bpu + ffu}{d} - \frac{ffuu}{dd}$ (ponendo pro ep valorem $bp - ff$).

Si nunc axis solidi parallelus esset axi sectionis, in infinitum excrescerent EH (e), & HQ (d), quibus collata QE (f) pro nihilo habenda est; igitur $yy = \frac{bpu}{d} + \frac{ffu}{d} - \frac{ffuu}{dd}$ vertitur in $yy = \frac{bpu}{d}$; sed & CH (b) est infinita atque ideo æquat d, est itaque $yy = pu$, & sectio est parabola eandem habens parametrum ac genitrix, quod etiam nullo calculo sic demonstratur.

Ob naturam curvæ SCQP, est rectangulum SωP æquale rectangulo ex ωQ in p: Sed ob circulum SkPkK, rectangulum SωP æquat quadratum ex ωk, ergo &c.

Eodem pacto res absolvi potest, quævis alia ponatur curva generans XDY. Nos ad casum ab Auctore propositum gradatim properantes fingimus, quod.

Tab. O. fig. 4. 145. Ea sit recta μDK ducta in plano μDC faciente cum plano BCD angulum datum μCσ, & in μ occurrens plano cui recta DC est normalis; tunc ζK (z) obtinebitur per analogiam hanc, μC (r). CD (a) :: μζ ($\frac{erx + bdr + dgr}{dg}$). $\zeta K = \frac{aex + abd + adg}{dg}$, quare

$$zz = \frac{aeexx + 2aabdex + 2aadegx}{ddgg} + \frac{aabbdd + 2aabddg + aaddgg}{ddgg}.$$

Hic autem valor positus in æquatione N. 142. dat æquationem ad sectiones conicas $yy =$

$$\frac{aabbxx + aaeexx - ffggxx + 2aabdex}{ddgg} + \frac{2aadegx + 2bdehhx + aabbdd + 2aabddg}{ddgg} + \frac{aaddgg + bbddhh}{ddgg}.$$

Sectio autem esset *parabola*, si, facta $\sigma\vartheta = \sqrt{aa + bb}$, juncta Cϑ esset parallela OQ axi sectionis; tunc enim Cσ (g). σϑ $\sqrt{(aa + bb)}$ :: HE (e). EQ ($f = \frac{e}{g}\sqrt{(aa + bb)}$), & quadrando $ff = \frac{aaee + eebb}{gg}$; aut $aaee + eebb - ffgg = o$, quocirca quadratum x abesset ab æquatione; sed si angulus QHE major esset quam ϑCσ, sectio esset *ellipsis*; si minor, *hyperbola*.

146. Quod si angulus μCσ evanesceret, aut si Cσ caderet super axem AB, tunc $\sigma\mu = h = o$, unde, terminis in quibus est h ex æquatione superiore deletis, $yy = \frac{aaeexx - ffggxx}{ddgg} + \frac{2aabdex + 2aadegx + aabbdd + 2aabddg}{ddgg} + \frac{aaddgg}{ddgg}$, tunc autem, ut statim apparet, solidum esset conus rectus; & hoc problema casus problematis superioris.

147. Si vero, angulo μCσ existente, $K\zeta = CD = a$, æquatio N. 142. evaderet $yy = \frac{eehhxx}{ddgg} - \frac{ffggxx}{ddgg} + \frac{2behhx}{dgg} + \frac{bbhh}{gg} + \frac{aagg}{gg}$; æquatio Auctoris, si animadvertas quod QH² (dd) = HE² + EQ² ($ee + ff$), quare $-ff = ee - dd$.

PROB. XXXIV.

Si ad AF erigatur perpendiculum AD datæ longitudinis, & normæ DEF crus unum ED continuo transeat per punctum D dum alterum crus EF æquale AD dilabatur super AF; invenire curvam HIC quam crus EF medio ejus puncto C describit.

TAB. IV. Fig. 4. Sit EC vel CF $= a$, perpendiculum CB $= y$, AB $= x$, & propter similia triangula FBC, FEG, (*e*) erit BF $(\sqrt{aa-yy})$. BC + CF $(y+a)$ :: EF $(2a)$. EG + GF (AG + GF) seu AF. (*f*) Quare $\frac{2ay+2aa}{\sqrt{(aa-yy)}}$ ($=$ AF $=$ AB + BF) $= x+\sqrt{(aa-yy)}$. Jam multiplicando per $\sqrt{(aa-yy)}$ fit $2ay+2aa = aa-yy+x\sqrt{(aa-yy)}$, seu $2ay+aa+yy = x\sqrt{(aa-yy)}$, & quadrando partes divisas per $\sqrt{(a+y)}$, (*g*) ac ordinando prodit

$$y^3 + 3ayy \begin{matrix} +3aa \\ +xx \end{matrix} y \begin{matrix} +a^3 \\ -axx \end{matrix} = 0.$$

Idem

148. Demum si in hac ultima hypothesi $\mu\sigma = h = o$ æquatio præcedens mutabitur in $yy = aa - \frac{ffxx}{dd}$, quæ semper est ad ellipsim; sed tunc liquet ex solidi genere quod solidum est cylindrus, ergo sectio obliqua cylindri est ellipsis.

Harum omnium hypothesium tanquam generale corollarium est inventio lineæ, qua solidum supra dictis modis genitum finitur; Hæc invenitur secto solido per axem, id est, posito quod QO axis sectionis cadat super AB axem solidi. Tunc autem EQ (*f*) $= o$, & QH (*d*) $=$ HE (*e*), quibus substitutionibus factis, æquatio Ni. 142 fit

$$zz + \frac{bbhhh + 2bhhx + hhxx}{gg} = yy;$$

Sic æquatio Ni. 144 fit

$$aa + \frac{2abb}{p} + \frac{4abx}{p} + \frac{2axx}{p} + \frac{b^4}{pp} + \frac{4b^3x + 6bbxx + 4bx^3 + x^4}{pp} = yy, \text{ Ni. } 145.$$

evadit

$$yy = \frac{hhxx + aaxx + 2aabx + 2hhbx + 2aagx + aabb + 2aabg + aagg + qqgg}{gg};$$

æquatio ad hyperbolam: ea Ni. 146, mutatur in

$$yy = \frac{aaxx + 2aabx + 2aagx + aabb + 2aabg + aagg}{gg}$$

&, extracta radice, $yy = \frac{ax + ab + ag}{g}$, æquatio ad triangulum; Ni. 147 in $yy = \frac{hhxx + 2bhhx + bbhh + aagg}{gg}$, æquatio rursus ad hyperbolam; & æquatio Ni. 148. fit $yy = aa$, & $y = a$, ad parallelogrammum.

149. (*e*) Rectangula nempe in E, & B, & habentia angulum EFG communem.

150. (*f*) Nam AG æquat GE, quia scilicet triangula DAG, FEG rectangula in A, & E habent angulos ad G verticales & pares, ac latus DA æquale ipsi EF ex hyp.

(*g*) Siquidem $aa + 2ay + yy$ ($= (a+y)(a+y) = (a+y)\sqrt{(a+y)}\sqrt{(a+y)}) = x\sqrt{(aa-yy)}$ ($= x\sqrt{(a+y)}\sqrt{(a-y)}$) idem est ac $(a+y)\sqrt{(a+y)} = x\sqrt{(a-y)}$, unde quadrando exsurgit $a^3 + 3aay + 3ayy + y^3 = axx - yxx$, &c.

(*h*)

Idem aliter.

In BC cape hinc inde BI, & CK æquales CF, & age KF, HI, HC, ac DF; quarum HC ac DF occurrant ipsis AF & IK in M & N, & in HC demitte normalem IL. (h) Eritque angulus K $= \frac{1}{2}$ BCF $= \frac{1}{2}$ EGF $=$ GFD $=$ AMH $=$ MHI $=$ CIL; adeoque triangula rectangula KBF, FBN, HLI & ILC similia. Dic ergo FC $= a$, HI $= x$, & IC $= y$; & erit BN ($2a - y$) BK (y) :: LC. LH :: CIq (yy) HIq (xx) adeoque $2axx - yxx = y^3$. (i) Ex qua æquatione facile colligitur hanc curvam eſſe ciſſoidem Veterum, ad circulum cujus centrum ſit A ac radius AH pertinentem. Tab. IV Fig. 5.

PROB.

(h) Tota ſequens angulorum collatio ſic explicari, & demonſtrari poteſt. Quia triangulum CKF eſt iſoſceles per conſtructionem, eſt angulus exterior BCF duplus interioris & oppoſiti CKF, aut KFC: ſed ob triangula ſimimilia BCF, EGF, (149. *hujus*), angulus BCF æquat EGF, & hic duplus eſt anguli interioris & oppoſiti GFD, aut GDF (ſunt enim æqualia triangula DAG, FEG (150. *hujus*,) & ideo triangulum DGF eſt iſoſceles), igitur pares ſunt anguli FDG, GFD, KFC, CKF. Atqui anguli BCF, CFB ſimul unum rectum conſtituunt, ergo angulus NFK eſt rectus & circulus centro C radio CK deſcriptus tranſire debet per F & N puncta; eſt igitur NC æqualis FC, aut DH; quo circa parallelæ ſunt rectæ HC, DF, & angulus GFD æquat oppoſitum ad easdem partes AMH, & hic alternum MHI, qui æqualis eſt CIL, quia triangula HIC, CLI rectangula in I, & L, & habentia angulum HCI communem, ſimilia ſunt.

(i) Examinemus hanc æquationem, & aliquas hujus curvæ proprietates inveſtigemus. Si hæc curva occurret rectæ XY, in occurſus puncto fieret $y = a$, ponamus hunc valorem in æquatione, ea fiet $a^3 = 2axx - axx$, quare $aa = xx$, & $a = \pm x$; igitur centro A, radio AH deſcribe circulum HPdp occurrentem rectæ XY in P, p, hæc erunt puncta, in quibus occurrit rectæ curva, quæ hinc inde extenditur, ſed nunquam tranſit rectam TS, quia tunc haberetur $-y$, & cubus $-y^3$ eſt $-y^3$ & $x = \frac{-y\sqrt{-y}}{2a+y}$, quod eſt abſurdum.

Age per d indefinitam VZ parallelam XY, & circuli tangentem; ſi curva occurreret ipſi VZ tunc fieret $y = 2a$, adeoque æquatione ad curvam fieret $8a^3 = 2axx - 2axx = 0$, quod eſt abſurdum, nam quantitas finita nunquam fit æqualis nihilo, curva ideo nunquam occurrit rectæ VZ.

Aſt y augetur dum x creſcit, nam ſi y minueretur x creſcente, quantitas $2a - y$ ſemper creſceret, quia ex eadem demeretur quantitas ſemper minor, ſed $y . 2a - y :: xx . yy$, igitur xx quantitas ſemper creſcens ad yy quantitatem ſemper decreſcentem haberet eandem rationem ac y quantitas ſemper decreſcens ad $2a - y$ quantitatem ſemper creſcentem. Id eſt abſurdum. Itaque curva ſemper propius accedit rectæ VZ, quæ ideo ejus *aſymtotus* eſt.

Ex æquatione ſuperiori deducitur analogia $x . y :: \frac{yy}{x} . 2a - y$; ſed $x . y :: y . \frac{yy}{x}$, ſunt igitur x, y, $\frac{yy}{x}$, $2a - y$ in proportione continua. At acta ordinata quavis CI; & ex C, CQ parallela ST, & circulo occurrente in O, eſt HQ (IC $= y$). QO :: QO.Qd ($2a - y$); ideoque eſt OQ media inter y & $2a - y$, & $= \frac{yy}{x}$; quod etiam ſic invenitur. Jam OQ² $= 2ay - yy$; ſed quia $y^3 = 2axx - yxx$, erit, ducendo cuncta in y, & dividendo per xx, $\frac{y^4}{xx} = 2ay - yy$, quare $\frac{y^4}{xx} =$ OQ²; & $\frac{yy}{x} =$ OQ. Sunt ergo dQ, QO, QH, QC in proportione continua.

Nunc ex puncto C, ubi recta QC occurrit curvæ, duc ad punctum H rectam HC ſecantem circulum in R, & rectam VZ in N. Junge HO, Od; & ex R age RK parallelam ipſi VZ.

VZ. Jam CQ est ad QH ut RK ad KH; sed CQ ad QH est ut HQ ad QO, & RK ad KH ut Kd ad KR, igitur HQ ad QO ut dK ad KR, similia sunt itaque triangula dKR, HQO; quare angulus QHO æqualis angulo KdR, & arcus Od arcui RH, ac recta HO æqualis dR, id est, dK æquat HQ, & RN æquat CH.

Quæ cum sit descriptio curvæ, quam veteres dixere *Cissoidem*, patet nostram curvam esse quoque Cissoidem.

Veteres hujus curvæ ope duas medias inter duas datas rectas invenerunt ut tradit *Pappus Collect. Math. Lib. III. Prop. V.*

. IV. 5. Sed hoc problema potest aliquanto reddi generalius. Quia normæ DEF crus unum DE semper transire debet per punctum D, & alterum EF semper labi super rectam AF, patet quod quando punctum F cadit in A, & tota FE super totam AD, punctum E commune ambobus normæ cruribus debet cadere super D, & punctum C super H; atque ideo AF, AD, AH, FC semper debent æquari. Potest igitur hypothesis mutari, ponendo EF divisam esse in C non bifariam, sed secundum quamvis rationem. Sit, ex. gr. DA $= EF = a$, & $CF = AH = BI = \frac{am}{n}$, erit $BC = y - \frac{am}{n}$, & $BF = \sqrt{(\frac{2amy}{n} - yy)}$. Verum BF $(\sqrt{(2\frac{amy}{n} - yy)})$. FC $(\frac{am}{n})$ :: EF (a). $FG = \frac{aam}{n\sqrt{(2\frac{amy}{n} - yy)}}$, & FB $(\sqrt{(2\frac{amy}{n} - yy)})$. BC $(y - \frac{am}{n})$ :: AD (a). $AG = \frac{any - aam}{n\sqrt{(2\frac{amy}{n} - yy)}}$, ergo $x + \sqrt{(2\frac{amy}{n} - yy)} = \frac{ay}{\sqrt{(2\frac{amy}{n} - yy)}}$, & $x\sqrt{(2\frac{amy}{n} - yy)} = ay + yy - 2\frac{amy}{n}$, & quadrando, $2\frac{amyxx}{n} - xxyy = y^4 + 2ay^3 - 4\frac{amy^3}{n} + aayy - 4\frac{aamyy}{n} + 4\frac{aammyy}{nn}$, in qua si ponas $\frac{m}{n} = \frac{1}{2}$, habebis $ayxx - xxyy = y^4$, aut $axx - xxy = y^3$.

151. Quin, etiamsi anguli DAF, DEF essent obliqui & inæquales, problema resolvi posset hoc modo. Ex dato puncto D duc DM facientem angulum DMF æqualem dato DEF, & DN ad rectos angulos ipsi AF. Ex C age CB facientem quoque angulum CBF æqualem DEF, & CL normalem. Dic $MD = a$, $DN = b$, $NM = c$, $EF = f$, $FC = g$, & variabiles $MB = x$, $BC = y$. Triangula similia MDN, BCL dant MD (a). DN (b) :: Ta Fig.
BC (y). $CL = \frac{by}{a}$, est ideo $LF = \sqrt{(gg - \frac{bbyy}{aa})}$. Item DM (a). MN (c) :: CB (y). $BL = \frac{cy}{a}$, quapropter $BF = \frac{cy}{a} + \sqrt{(gg - \frac{bbyy}{aa})}$. Sed triangula GFE, CFB habentia communem angulum ad F, & angulum GEF æqualem CBF, similia sunt, ut & triangula FEG, GDM, ergo BF $(\frac{cy}{a} + \sqrt{(gg - \frac{bbyy}{aa})})$. FC (g) :: EF (f). $FG = \frac{fg}{\frac{cy}{a} + \sqrt{(gg - \frac{bbyy}{aa})}}$, & FB $(\frac{cy}{a} + \sqrt{(gg -$ [illegible] BC (y) :: DM (a). $MG = \frac{ay}{\frac{cy}{a} + \sqrt{(gg - \frac{bbyy}{aa})}}$; unde MG + GF $= \frac{ay + fg}{\frac{cy}{a} + \sqrt{(gg - \frac{bbyy}{aa})}} = x + \frac{cy}{a} + \sqrt{(gg - \frac{bbyy}{aa})} =$ MB + BF; & sublata fractione $ay + fg = \frac{cxy}{a} + x\sqrt{(gg - \frac{bbyy}{aa})} + \frac{ccyy}{aa} + 2\frac{cy}{a}\sqrt{(gg - \frac{bbyy}{aa})} + gg - \frac{bbyy}{aa}$, & (cunctis ductis in aa, translatis terminis commensurabilibus, & asymmetris divisis per quantitates rationales, per quas multiplicati sunt) $\frac{bbyy - ccyy + a^3y - acxy + aafg - aagg}{aax + 2acy} = \sqrt{(gg - \frac{bbyy}{aa})}$ & quadrando,

$$\frac{b^4y^4 - 2bbccy^4 + c^4y^4 + 2a^3bby^3 - 2abbcxy^3 -}{a^4xx + 4a^3cxy + 4aaccyy}$$

$$\frac{2a^3ccy^3 + 2ac^3xy^3 + 2aabbfgyy -}{a^4xx + 4a^3cxy + 4aaccyy}$$

$$-\frac{2aabbggyy - 2aaccfgyy}{a^4xx + 4a^3cxy + 4aaccyy}$$

+

$$+\frac{2aaccggyy + a^6yy - 2a^4cxyy + aaccxxyy + 2a^5fgy - 2a^5ggy - 2a^3cfgxy + 2a^3cggxy}{a^4xx + 4a^3cxy + 4aaccyy}$$

$$+\frac{a^4ffgg - 2a^4fg^3 + a^4g^4}{a^4xx + 4a^3cxy + 4aaccyy} = \frac{aagg - bbyy}{aa},$$ ac (sublatis fractionibus, deletis delendis, & transponendo, ac dividendo altissimum terminum per datas)

$$\frac{y^4 \begin{matrix} + 2abbcx \\ + 2a^3bb \\ - 2a^3cc \\ + 2ac^3x \end{matrix} y^3 \begin{matrix} + 2aabbfg \\ - 2aabbgg \\ - 2aaccfg \\ - 2aaccgg \\ + a^6 \\ - 2a^4cx \\ + aaccxx \\ + aabbxx \end{matrix} yy \begin{matrix} + 2a^5fg \\ - 2a^5gg \\ - 2a^3cfgx \\ - 2a^3cggx \end{matrix} y \begin{matrix} + a^4ggff \\ - 2a^4g^3f \\ + a^4g^4 \\ - a^4ggxx \end{matrix}}{b^4 + 2bbcc + c^4} = 0,$$

& quia $NM^2 + ND^2$ $(cc + bb) = DM^2$ (aa), erit $c^4 + 2bbcc + b^4 = a^4$, & $2abbcx + 2ac^3x = 2a^3cx$; atque $2aabbgg + 2aaccgg = 2a^4gg$; & $aabbxx + aaccxx = a^4xx$, unde æquatio induet hanc formam simpliciorem

$$y^4 \begin{matrix} + 2\frac{bb}{a} \\ - 2\frac{cc}{a} \\ + 2\frac{cx}{a} \end{matrix} y^3 \begin{matrix} + 2\frac{bbgf}{aa} \\ - 2\frac{ccgf}{aa} \\ - 2gg \\ + aa \\ - 2cx \\ + xx \end{matrix} yy \begin{matrix} + 2agf \\ - 2agg \\ - 2\frac{cgfx}{a} \\ - 2\frac{cggx}{a} \end{matrix} y \begin{matrix} + ffgg \\ - 2fg^3 \\ + g^4 \\ - ggxx \end{matrix} = 0,$$

Occurret autem hæc curva rectæ MF in puncto P, facta MP = EC, quod apparet ex genesi, aut etiam ex æquatione, posita $y = 0$; restat enim $ffgg - 2g^3f + g^4 = ggxx$, aut $ff - 2gf + gg = xx$, & $f - g$ (EC) $= x$; at difficilius inveniretur ubi ea occurrat rectæ DM.

152. Si vero, ceteris stantibus, angulus DMF evaderet rectus, tunc $a = b$, & $c = 0$, & æquatio hæc fieret

$$y^4 + 2ay^3 \begin{matrix} + 2fg \\ - 2gg \\ + aa \\ + xx \end{matrix} yy \begin{matrix} + 2afg \\ - 2agg \end{matrix} y \begin{matrix} + ffgg \\ - 2fg^3 \\ + g^4 \\ - ggxx \end{matrix} = 0$$

Inveniretur ubi curva occurrit rectæ DM, ponendo $x = 0$; nam æquatio superior fit

$$y^4 + 2ay^3 \begin{matrix} + 2fg \\ - 2gg \\ + aa \end{matrix} yy \begin{matrix} + 2afg \\ - 2agg \end{matrix} y \begin{matrix} + ffgg \\ - 2fg^3 \\ + g^4 \end{matrix} = 0,$$

& extracta radice $yy + ay + fg - gg = 0$, unde $y = -\frac{a}{2} \pm \sqrt{(\frac{aa}{4} + gg - fg)}$.

153. Si vero in hypoth. Num. 151. & 152 fieret $a = f$, æquatio N°. 151. mutaretur in hanc;

$$y^4 \begin{matrix} + 2\frac{bb}{a} \\ - 2\frac{cc}{a} \\ + 2\frac{cx}{a} \end{matrix} y^3 \begin{matrix} + 2\frac{bbg}{a} \\ - 2\frac{ccg}{a} \\ - 2gg \\ + aa \\ - 2cx \\ + xx \end{matrix} yy \begin{matrix} + 2aag \\ - 2agg \\ - 2cgx \\ - 2\frac{cggx}{a} \end{matrix} y \begin{matrix} + aagg \\ - 2ag^3 \\ + g^4 \\ - ggxx \end{matrix} = 0,$$

& ex genesi patet, quod tunc curva occurreret rectæ DM in Q, ita ut QM = CF. Æquatio numeri 152 hanc indueret formam

$$y^4 + 2ay^3 \begin{matrix}+2ag\\-2gg\\+aa\\+xx\end{matrix}\; yy \begin{matrix}+2aag\\-2agg\end{matrix}\; y \begin{matrix}+aagg\\-2ag^3\\+g^4\\-ggxx\end{matrix} = 0$$

& (si curva occurrit rectæ DM) $y = -\frac{a}{2} \pm \sqrt{\left(\frac{aa-4ag+4gg}{4}\right)} = \frac{-a \pm a \mp 2g}{2}$, ubi ex genesi noscimus, quod sumere debemus $y = \frac{-a + a - 2g}{2} = -g$, ut supra.

Et si præterea in hypothesibus Ni. 154. esset $2g = a$, æquatio prima fieret

$$y^4 \begin{matrix}+\frac{bb}{g}\\-\frac{cc}{g}\\+\frac{cx}{g}\end{matrix}\; y^3 \begin{matrix}+bb\\-cc\\-2gg\\-2cx\\+xx\end{matrix}\; yy \begin{matrix}+4g^3\\-3cgx\end{matrix}\; \begin{matrix}+g^4\\-ggxx\end{matrix} = 0$$

& secunda, $y^4 + 4gy^3 \begin{matrix}+3ggyy\\+xxyy\end{matrix} + 4g^3y \begin{matrix}+g^4\\-ggxx\end{matrix} = 0$, quæ divisa per $y+g$ dat æquationem, quam *Newtonus* invenit in prima hujus problematis resolutione, memento tantum nos vocasse g lineam quam dixit a.

Tab. P. Fig. 5. Si vero anguli dati DEF crus unum EF caderet super alterum ED, tunc negligi posset pars CE, & recta CG semper foret magnitudine data. Æquatio hujus curvæ posset a superioribus deduci, sed præstat calculum instaurare. Igitur, facto angulo CBL æquale DAN, & ductis DN, CL normalibus; sint DA $= a$, AN $= c$, ND $= b$, AB $= x$, BC $= y$, CG $= f$; & quia AD (a). DN (b) BC (y). CL $= \frac{by}{a}$, & AD (a). AN (c) :: CB (y). BL $= \frac{cy}{a}$, erit GL $= \sqrt{\left(ff - \frac{bbyy}{aa}\right)}$, & GB $= \sqrt{\left(ff - \frac{bbyy}{aa}\right)} - \frac{cy}{a}$, ac NG $= x - c + \frac{cy}{a} - \sqrt{\left(ff - \frac{bbyy}{aa}\right)}$; sed DN (b). NG $\left(x - c + \frac{cy}{a} - \sqrt{\left(ff - \frac{bbyy}{aa}\right)}\right)$ :: CL $\left(\frac{by}{a}\right)$. LG $\left(\sqrt{\left(ff - \frac{bbyy}{aa}\right)}\right)$, igitur $\frac{xy - cy}{a} + \frac{cyy}{aa} - \frac{y}{a}\sqrt{\left(ff - \frac{bbyy}{aa}\right)} = \sqrt{\left(ff - \frac{bbyy}{aa}\right)}$ & (cunctis ductis in aa, asymmetrisque in unam partem conjectis) $axy - acy + cyy = (aa + ay)\sqrt{\left(ff - \frac{bbyy}{aa}\right)} = \left(\frac{aa + ay}{a}\right)\sqrt{(aaff - bbyy)} = (a + y)\sqrt{(aaff - bbyy)}$; igitur quadrando $aaxxyy - 2aacxyy + 2acxy^3 + aaccyy - 2accy^3 + ccy^4 = a^4ff - aabbyy + 2a^3ffy - 2abby^3 + aaffyy - bby^4$, & (conjiciendo terminos omnes ad eandem partem, ac dividendo per $bb + cc$, vel per æqualem aa)

$$y^4 \begin{matrix}+2\frac{cx}{a}\\-2\frac{cc}{a}\\+2\frac{bb}{a}\end{matrix}\; y^3 \begin{matrix}+xx\\-2cx\\+aa\\-ff\end{matrix}\; yy - 2affy - aaff = 0.$$

Si curva hæc alicubi occurreret rectæ AB, tunc $y = 0$, qui valor positus in æquatione superiore dat $-aaff = 0$, quod est absurdum: est ideo AB curvæ asymptotus; quod etiam patet ex genesi, nam quia omnes GC sunt magnitudine datæ, debet curva semper aliquantulum distare a recta AB; sed quo magis ea recedit a normali DN, eo acutior fit angulus DGN, vel par CGL, adeoque normalis CL semper decrescit, vel curva accedit ad rectam, quam tamen nunquam attingit, quæ duæ sunt proprietates characteristicæ asymptotorum. Ubi

PROB. XXXV.

Si datæ longitudinis recta ED angulum datum EAD subtendens ita moveatur, ut termini ejus D & E anguli istius latera AD & AE perpetim contingant; proponatur curvam FCG determinare quam punctum quodvis C in recta ista ED datum describit. Tab. IV. Fig. 6.

A dato puncto C age CB parallelam EA; & dic AB $= x$, BC $= y$, CE $= a$ & CD $= b$, & propter similia triangula DCB, DEA, erit EC.AB :: CD.BD; hoc est $a . x :: b . BD = \frac{bx}{a}$. Præterea demisso perpendiculo CH, propter datum angulum DAE vel DBC, adeoque datam rationem laterum trianguli rectanguli BCH, sit $a . e . :: BC . BH$, & erit $BH = \frac{ey}{a}$. Aufer hanc de BD & restabit $HD = \frac{bx - ey}{a}$. Jam in triangu-

Ubi DC cadit in VD, est VN par GC, ut patet ex genesi. Et hæc quidem si una ex coordinatis ponatur parallela ipsi BC; sed melius fiet NL $= x$, LC $= y$, quo casu punctum A, unde incipiunt omnes x, cadit in N, $e = 0$, $a = b$, quibus substitutis in æquatione, ea convertitur in hanc simpliciorem

$$y^4 + 2ay^3 \begin{matrix} + xx \\ + aa \\ - ff \end{matrix} yy - 2affy - aaff = 0$$

Si data GC sumpta fuisset infra rectam AB, y fieret negativa quantitas, & æquatio ad hanc curvam deduceretur ex superiore mutatis signis terminorum in quibus index ipsius y est impar; unde fieret

$$y^4 - 2ay^3 \begin{matrix} + xx \\ + aa \\ - ff \end{matrix} yy + 2affy - aaff = 0$$

Hic revoca quæ supra notavimus, quibus adde, quod cum GC est minor, aut æqualis DN, curva CV semel occurrit rectæ DN inter D & N si GC est minor quam DN; in ipso puncto D si æqualis: sed cum CG, aut ei par NV, major est quam ND, curva occurret rectæ ND in duobus punctis V, & D.

Nam finge rectam, quæ semper transiens per D describit curvam, esse NV: jam erit V punctum ad curvam. Centro D radio NV describe arcum secantem rectam NG in g, erit Dg æqualis NV, & rursus D ad curvam. Quamdiu vero rectæ extremitas altera versabitur inter N & g, puta in γ, erit γD minor quam Dg; quare altera hujus rectæ extremitas describit arcum DκV. Quum autem ea transgressa fuerit g, erit GD major quam gD, & punctum datum describet curvæ arcum DC. Eadem dicenda sunt cum recta ex N trahitur versus M.

Hæ curvæ dicuntur *Conchoides Nicomedea* a *Nicomede* inventore, & punctum D vocatur *polus*, recta NG *Regula* vel *directrix*, & NV *intervallum*.

Hinc facile dato angulo CbL, & extra eum puncto D, agitur per D recta quæ ita secet anguli crura, ut interjecta pars CG æquet rectam datam. Tab. P. Fig. 5.

Nam ex D in alterum anguli dati crus Lb (productum quatenus opus est) demitte normalem DN, ex qua producta abscinde NV datæ parem; ex polo D, regula NL, intervallo NV describe conchoidem. Et quia recta BC, quo magis producitur, eo magis recedit a NL cui semper conchois accedit, patet quod aliquando recta, & curva sibi occurrent. Occurrant in C, age CD, & erit CG cruribus anguli comprehensa æqualis datæ, ut liquet.

Hac curva Nicomedes duas invenit medias continue proportionales inter duas datas, & angulum trifariam divisit. Hujus usum videbimus in *appendice* de æquationum constructione lineari.

gulo BCH, propter angulum rectum BHC, est $BCq - BHq = CHq$, hoc est $yy - \frac{eeyy}{aa} = CHq$. Similiter in triangulo CDH propter angulum CHD rectum, est $CDq - CHq = HDq$, hoc est $bb - yy + \frac{eeyy}{aa}$ ($= HDq = \frac{bx - ey}{a}$ quadrato) $= \frac{bbxx - 2bexy + eeyy}{aa}$. Et per reductionem $yy = \frac{2be}{aa}xy + \frac{aabb - bbxx}{aa}$, Ubi cum incognitæ quantitates sint duarum tantum dimensionum, paret curvam esse conicam sectionem. Præterea extracta radice, fit $y = \frac{bex \pm b\sqrt{(eexx - aaxx + a^4)}}{aa}$. Ubi in termino radicali coefficiens ipsius xx est $ee - aa$. Atqui erat $a . e :: BC . HB$; & BC necessario major est linea quam BH, nempe hypothenusa trianguli rectanguli major latere; ergo a major quam e, & $ee - aa$ negativa est quantitas, atque adeo curva erit ellipsis. (k)

PROB.

TAB. Q. Fig. 2.

(k) Hujus ellipseos diametri sic inveniri possunt, sume $AL = \frac{aa}{b}$, per L age LM parallelam AE, & æqualem e. Duc indefinitam AM. Jam pone $\frac{b}{aa}\sqrt{(eexx - aaxx + a^4)} = 0$, erit $x = \pm \frac{aa}{\sqrt{(aa - ee)}}$. Sit $AQ = a$; Ex Q age in AD normalem QN: erit $AN = \sqrt{(aa - ee)}$. Quære tertiam post AN & AQ, quæ sit $AO = Ao$. Age OV, ou parallelas AE. Diameter vero secunda invenitur ponendo $x = 0$, nam A est centrum, ut apparet, tunc autem habetur $y = \pm b = AP = Ap$. Nam hoc centro, hisque diametris conjugatis describe ellipsim $VPup$; & ex quovis puncto C duc ordinatam CR occurrentem AD in B. Jam, quia AL ($\frac{aa}{b}$). LM (e) :: AB (x). $BR = \frac{bex}{aa}$, erit $CR = y - \frac{bex}{aa}$. Dic $AM = f$: & quia LA ($\frac{aa}{b}$). AM (f) :: BA (x). AR :: AO ($\frac{aa}{\sqrt{(aa - ee)}}$). AV; erunt, $AR = \frac{bfx}{aa}$, & $AV = \frac{bf}{\sqrt{(aa - ee)}} = Au$; igitur $VR = \frac{bf}{\sqrt{(aa - ee)}} - \frac{bfx}{aa}$, & $Ru = \frac{bf}{\sqrt{(aa - ee)}} + \frac{bfx}{aa}$; quare uRV rectangulum $= \frac{bbff}{aa - ee} - \frac{bbffxx}{a^4}$; sed uRV . RC^2 :: $AV^2 . AP^2$, ergo $\frac{bbff}{aa - ee} - \frac{bbffxx}{a^4} . yy - \frac{2bexy}{aa} + \frac{bbeexx}{a^4} :: \frac{bbff}{aa - ee} . bb$, & invicem ducendo extremas, & dividendo per mediarum alteram $yy - 2\frac{bexy}{aa} + \frac{bbeexx}{a^4} = bb - \frac{aabbxx + bbeexx}{a^4}$, id est, $yy = 2\frac{be}{aa}xy + \frac{aabb - bbxx}{aa}$, æquatio construenda.

Si angulus EAD esset rectus, $BH = \frac{ey}{a} = c$, adeoque æquatio fieret $yy = bb - \frac{bbxx}{aa}$, & $y = \pm \frac{b}{a}\sqrt{(aa - xx)}$. Si $\sqrt{(aa - xx)} = 0$, esset $x = \pm a$, quæ foret una ex semi-diametris, & (ponendo $x = 0$) $y = \pm b$, quæ esset altera.

PROB. XXXVI.

Si norma EBD ita moveatur ut ejus crus unum EB continuo subtendat angulum rectum EAB, dum terminus alterius cruris BD describat curvam aliquam lineam FDG; invenire lineam istam FDG quam punctum D describit. Tab. IV. Fig. 7.

A puncto D ad latus AC demitte perpendiculum DC; & dictis AC $= x$, & DC $= y$, atque EB $= a$ & BD $= b$; in triangulo BDC propter angulum rectum ad C, est $BCq = BDq - DCq = bb - yy$. Ergo $BC = \sqrt{(bb - yy)}$ & $AB = x - \sqrt{(bb - yy)}$. Præterea propter similia triangula BEA, DBC, est BD.DC :: EB.AB. hoc est $b.y :: a.x - \sqrt{(bb - yy)}$. Quare $bx - b\sqrt{(bb - yy)} = ay$, sive $bx - ay = b\sqrt{(bb - yy)}$. Et partibus quadratis ac debite reductis $yy = \frac{2abxy + b^4 - bbxx}{aa + bb}$. Et extracta radice $y = \frac{abx + bb\sqrt{(aa + bb - xx)}}{aa + bb}$. Unde patet iterum curvam esse ellipsim. (*l*)

Hæc ita se habent ubi anguli EBD & EAB recti sunt. Sed si anguli isti sunt alterius cujusvis magnitudinis, dummodo sint æquales, sic proce-

(*l*) Cape $AL = a + \frac{bb}{a}$. Per L age LM parallelam AP, & æqualem b. Duc indefinitam AM. Nunc ponendo, $\frac{bb}{aa + bb}\sqrt{(aa + bb - xx)} = 0$; est $x = \pm\sqrt{(aa + bb)} = AO = Ao$; per O, & o duc OV, ou parallelas AP. Erit uV altera diametrorum. Quia A est centrum, pone $x = 0$; unde $y = \frac{bb}{aa + bb}\sqrt{(aa + bb)} = \frac{bb}{\sqrt{(aa + bb)}}$, cui pares abscinde AP, Ap: erit Pp diameter conjugata.

Nam AL $(a + \frac{bb}{a})$. LM (b) :: AB (x). BR :: AO $(\sqrt{(aa + bb)})$. OV; quare $BR = \frac{abx}{aa + bb}$, & $OV = \frac{ab\sqrt{(aa + bb)}}{aa + bb} = \frac{ab}{\sqrt{(aa + bb)}}$. Dic $AM = f$: quia AL $(a + \frac{bb}{a})$. AM (f) :: AB (x). AR :: AO $(\sqrt{(aa + bb)})$. AV, est $AR = \frac{afx}{aa + bb}$, & $AV = \frac{af\sqrt{(aa + bb)}}{aa + bb} = \frac{af}{\sqrt{(aa + bb)}} = Au$; ergo $uR = \frac{af}{\sqrt{(aa + bb)}} + \frac{afx}{aa + bb}$, $RV = \frac{af}{\sqrt{(aa - bb)}} - \frac{afx}{aa + bb}$; & rectangulum $VRu = \frac{aaff}{aa + bb} - \frac{aaffxx}{(aa + bb)^2}$, $RC = y - \frac{abx}{aa + bb}$, & $RC^2 = yy - 2\frac{abxy}{a + bb} + \frac{aabbxx}{(aa + bb)^2}$; sed $uRV.RC^2 :: AV^2.AP^2$, aut $\frac{aaff}{aa + bb} - \frac{aaffxx}{(aa + bb)^2}$ ad $yy - 2\frac{abxy}{(aa + bb)} + \frac{aabbxx}{(aa + bb)^2}$ ut $\frac{aaff}{aa + bb}$ ad $\frac{b^4}{aa + bb}$; quare $yy - 2\frac{abxy}{aa + bb} + \frac{aabbxx}{(aa + bb)^2} = \frac{b^4}{aa + bb} - \frac{b^4xx}{(aa + bb)^2}$, vel $\frac{b^4}{aa + bb} = yy - 2\frac{abxy}{aa + bb} + \frac{aabbxx + b^4xx}{(aa + bb)^2} = yy - \frac{2abxy + bbxx}{aa + bb}$, æquatio proposita.

 (*m*)

TAB. IV. Fig. 8. cedendum erit. Demittatur DC perpendicularis ad AC ut ante, & agatur DH constituens angulum DHA æqualem angulo HAE, puta obtusum, dictisque EB $= a$, BD $= b$, AH $= x$, & HD $= y$, propter similia triangula EAB, BHD, erit BD . DH :: EB . AB . hoc est $b . y :: a$. AB $= \frac{ay}{b}$. Aufer hanc de AH, & restabit BH $= x - \frac{ay}{b}$. Præterea in triangulo DHC propter omnes angulos datos, adeoque datam rationem laterum, assume DH ad HC in ratione quavis data puta b ad e, & cum DH sit y, erit HC $= \frac{ey}{b}$, & BH . HC $= \frac{exy}{b} - \frac{aeyy}{bb}$. Denique per 12. II. Elem. in triangulo BHD est BDq = BHq + DHq + 2BH . HC, hoc est $bb = xx - \frac{2axy}{b} + \frac{aayy}{bb} + yy + \frac{2exy}{b} - \frac{2aeyy}{bb}$. Et extracta radice $x = \frac{ay - ey \pm \sqrt{(eeyy - bbyy + bbbb)}}{b}$. Ubi cum b sit major e, hoc est $ee - bb$ negativa quantitas, patet iterum curvam esse ellipsim. (*m*)

PROB. XXXVII.

TAB. IV. Fig. 9. *In dato angulo PAB actis utcumque rectis BD; PD in data ratione hac semper lege, ut BD sit parallela AP, & PD terminetur ad punctum P in recta AP datum; invenire locum puncti D.*

Age CD parallelam AB & DE perpendicularem AP; ac dic AP $= a$, CP $= x$, & CD $= y$, sitque BD ad PD in ratione d ad e, & erit AC

TAB. Q. Fig. 3. (*m*) Fac angulum LAP æqualem angulo EAp. Posito quod a sit minor quam e, cape AL $= b$. Duc LM parallelam AH, & æqualem $a - e$, quæ cadet versus p, ob $a - e$ negativam, age indefinitam MA. Sit nunc $\sqrt{(\frac{eeyy - bbyy + b^4}{b})} = 0$: erit $y = \pm \frac{bb}{\sqrt{(bb - ee)}}$ = AO = Ao. Duc OV, ov parallelas AH: erit Vv una ex diametris, pone nunc $y = 0$, quia A est centrum, & invenies $x = \pm b$ = AP = Ap. Circa has diametros describe ellipsim, & erit quæsita.

Nam ex quolibet ellipseos puncto D age DH ipsi AL parallelam, & DF parallelam PA. Erit HD = AR $= y$, & AH = RD $= x$: quia AL (b) . LM ($e - a$) :: AR (y) . RF $= \frac{ey - ay}{b}$, erit FD $= x + \frac{ey - ay}{b}$, & FD² $= xx + \frac{2exy - 2axy}{b} + \frac{eeyy - 2aeyy + aayy}{bb}$. Dic AM $= f$: quia AL (b) . AR (y) :: AM (f). AF :: AO ($\frac{bb}{\sqrt{(bb - ee)}}$). AV, erit AF $= \frac{fy}{b}$, & AV $= \frac{bf}{\sqrt{(bb - ee)}}$ = Av; quapropter vF $= \frac{bf}{\sqrt{(bb - ee)}} + \frac{fy}{b}$, & FV $= \frac{bf}{\sqrt{(bb - ee)}} - \frac{fy}{b}$, ac rectangulum vFV $= \frac{bbff}{bb - ee} - \frac{ffyy}{bb}$. Ast vFV . FD² :: AV² . AP², vel $\frac{bbff}{bb - ee} - \frac{ffyy}{bb} . xx + \frac{2exy - 2axy}{b} + \frac{eeyy - 2aeyyx + aayy}{bb} :: \frac{bbff}{bb - ee} . bb$, vel $xx + \frac{2exy - 2axy}{b} + \frac{eeyy - 2aeyy + aayy}{bb} = bb - yy + \frac{eeyy}{bb}$, quæ (deletis delendis) est æquatio superior.

AC vel BD $= a - x$, & PD $= \frac{ea - ex}{d}$. Sit insuper, propter datum angulum DCE, ratio CD ad CE, d ad f, & erit CE $= \frac{fy}{d}$, & EP $= x - \frac{fy}{d}$. Atqui, propter angulos ad E rectos, est CDq — CEq ($=$ EDq) $=$ PDq — EPq, hoc est $yy - \frac{ffyy}{dd} = \frac{eeaa - 2eeax + eexx}{dd} - xx + \frac{2fxy}{d} - \frac{ffyy}{dd}$. Ac deletis utrobique $-\frac{ffyy}{dd}$, terminisque rite dispositis, $yy = \frac{2fxy}{d} + \frac{eeaa - 2eeax + eexx - ddxx}{dd}$. Et extracta radice

$$y = \frac{fx}{d} \pm \frac{\sqrt{\left(eeaa - 2eeax \begin{matrix} + ee \\ - dd \\ + ff \end{matrix} xx\right)}}{d}.$$

Ubi cum x & y in æquatione penultima non nisi ad duas dimensiones ascendant, locus puncti D erit conica sectio, eaque hyperbola, parabola, vel ellipsis, prout $ee - dd + ff$, (coefficiens ipsius xx in æquatione posteriore,) sit majus, æquale, vel minus nihilo. (n)

PROB.

(n) Quia d est quantitas arbitraria pone eam æqualem a, erit ideo Tab. Q. Fig. 4.5.6.

$$y = \frac{fx}{a} \pm \frac{\sqrt{(aaee - 2aeex + eexx + ffxx - aaxx)}}{a}.$$

Fac AF $= f$, & age indefinitam PF. Est igitur AP ad AF ut CD ad CE: sed anguli PAF, DCE sunt æquales, ergo triangulum PAF simile est triangulo DCE, & angulus F æqualis recto E.

Tab. Q. Fig. 7. Nunc super $\alpha\beta$ ipsi AP parem, fac angulum $\beta\alpha\gamma$ æqualem angulo PAF, & descripto super diametrum $\alpha\beta$ semicirculo rectæ $\alpha\gamma$ occurrente in γ, perficiatur triangulum rectangulum $\alpha\gamma\beta$: erit, ut patet, hoc triangulum æquale & simile triangulo AFP (figg. 4. 5. 6) & $\alpha\gamma$ æqualis AF. Aut igitur $\alpha\beta$ ad $\beta\gamma$ eandem habet rationem, ac a ad e, aut minorem, aut majorem.

Si primum, erit $\beta\gamma =$ PF $= e$, & $aa = ee + ff$, quo circa $y = \frac{fx \pm \sqrt{(aaee - 2aeex)}}{a}$, æquatio ad parabolam. Pone $\frac{\sqrt{(aaee - aeex)}}{a} = 0$, & invenies $x = \frac{a}{2} =$ PO. Duc OV parallelam AF: erit V vertex curvæ, VP $= \frac{e}{2}$, & VH axis. In $\frac{\sqrt{(aaee - 2aeex)}}{a}$ fac $x = 0$; cadet ordinata in P, & æquabit e, est igitur P focus, & PQ semiparameter. Tab. O. Fig. 4.

Tab. Q. Fig. 7. Si secundum; erit $\beta\gamma$ major quam e. Finge $e = \gamma\delta$, cadet punctum δ inter α & β, quo circa aa majus erit quam $ff + ee$, & æquatio superior ad ellipsin spectabit. Pone $\frac{\sqrt{(aaee - 2aeex + eexx + ffxx - aaxx)}}{a} = 0$, &

$$\text{erit } xx = \frac{-2aeex + aaee}{aa - ff - ee}, \text{ vel}$$

$$x = \frac{-aee \pm \sqrt{(a^4ee - aaeeff)}}{aa - ff - ee}$$

$$= \frac{-aee \pm ae\sqrt{(aa - ff)}}{aa - ff - ee}.$$

Sume Pk $= \frac{aee}{aa - ff - ee}$, & hinc inde kO $=$ kO Tab. Q. Fig 5.

PROB. XXXVIII.

Rectis duabus VE & VC positione datis, & ab alia recta PE circa polum positione datum P vertente, sectis utcunque in C & E; si recta intercepta CE dividatur in partes CD, DE rationem datam habentes, proponatur invenire locum puncti D.

Age VP, eique parallelas DA, EB occurrentes VC in A & B. Dic VP $= a$, VA $= x$, & AD $= y$, & cum detur ratio CD ad DE, vel converse ratio CD ad CE, hoc est ratio DA ad EB, sit ista ratio d ad e, & erit EB $= \frac{ey}{d}$. Præterea, cum detur angulus EVB, adeoque ratio EB ad VB, sit ista ratio e ad f, & erit VB $= \frac{fy}{d}$. Denique propter similia triangula CEB, CDA, CPV, est EB . CB :: DA . CA :: VP . VC, & componendo EB + VP . CB + VC :: DA + VP . CA + VC. Hoc est

ko $= \frac{ae\sqrt{aa-ff}}{aa-ff-ee}$. Age kK, OV, ov parallelas AF: erunt puncta K centrum, V & v vertices. Rursus in radicali pone $x = 0$, & ordinata transiens per P $= e$.

Jam quia AP (a) . PF $(\sqrt{(aa-ff)})$ :: Pk $\frac{aee}{aa-ff-ee}$. PK $= \frac{ee\sqrt{(aa-ff)}}{aa-ff-ee}$: KV $= \frac{aae-eff}{aa-ff-ee}$, erit VP $= \frac{aae-eff-ee\sqrt{(aa-ff)}}{aa-ff-ee}$, & Pv $= \frac{aae-eff+ee\sqrt{(aa-ff)}}{aa-ff-ee}$, ac VP. Pv $= \frac{a^4ee-2aaeeff-aae^4+eef^4+e^4ff}{(aa-ff-ee)^2} = \frac{aaee-eeff}{aa-ff-ee}$; sed VP . Pv . PQ^2 :: 2KV . π; igitur $\pi = 2e$, atque adeo est P focus, & PQ semiparameter.

Si tertium, erit $\beta\gamma$ minor quam e; sit $\gamma\lambda = e$: cadet punctum λ extra $\alpha\beta$; quare aa minor erit $ff+ee$, & superior æquatio ad hyperbolam pertinebit. Pone

$$\frac{\sqrt{(aaee-2aeex+eexx+ffxx-aaxx)}}{a} = 0,$$

erit $xx = \frac{2aeex-aaee}{ee+ff-aa}$, & $x =$

$$\frac{aee \pm \sqrt{(a^4ee-aaeeff)}}{ee+ff-aa} = \frac{aee \pm ae\sqrt{(aa-ff)}}{ee+ff-aa}.$$

Cape Pk $= \frac{aae}{ee+ff-aa}$, & hinc inde kO $=$ ko $= \frac{ae\sqrt{(aa-ff)}}{ee+ff-aa}$, & age kK, OV, ov, parallelas AF, erunt, K centrum, V, v vertices. In radicali finge $x = 0$, & ordinata in P $= e$, & superioribus vestigiis insistens invenies $\pi = 2e$. Tab. Fig.

Nota quod in secunda hypothesi $\sqrt{(aa-ff)} = \gamma\lambda$ est major quam $e = \gamma\delta$; itaque $\frac{ae\sqrt{(aa-ff)}}{aa-ff-ee}$ superat $\frac{aee}{aa-ff-ee}$, vel KV major est quam KP; sed in hac tertia est $\sqrt{(aa-ff)} = \gamma\lambda$ minor quam $\gamma\lambda = e$, quo circa $\frac{ae\sqrt{(aa-ff)}}{ee+ff-aa}$ superatur ab $\frac{aee}{ee+ff-aa}$, vel KV minor est quam KP. Quod optime convenit cum curvarum natura.

$\frac{ey}{d}+a.\frac{fy}{d}::y+a.x$. Ductisque extremis & mediis in se, $eyx+dax=fyy+fay$. Ubi cum indefinitæ quantitates x & y non nisi ad duas dimensiones ascendant, sequitur curvam VD, in qua punctum D perpetim reperitur, esse conicam sectionem, eamque hyperbolam; quia una ex indefinitis quantitatibus, nempe x, est unius tantum dimensionis, & in termino exy multiplicatur per alteram indefinitam quantitatem y (o).

PROB.

TAB. Q. Fig. 8. (o) Cum d sit arbitrariæ magnitudinis, pone eam = VF = a; & quia DC. CE :: a. e, & DC minor ponitur quam CE, erit a minor quam e; sit VF = e. Duc FG parallelam VE. Erit VG = f, quia EB. BV :: FV. VG :: e. f. Æquatio autem fiet $exy+aax=fyy+afy$, aut, dividendo per $ey+aa$, $x=\frac{fyy+afy}{ey+aa}=$ (divisione reipsa facta)

$$\frac{efy+aef-aaf}{ee}+\frac{a^3f-a^2ef}{e^2y+aaee}.$$

Dic

$$u=\frac{efy+aef-aaf}{ee},$$

&

$\frac{a^3f-a^2ef}{e^2y+aaee}=z$. Sit $u=o$; erit $-y=\frac{ae-aa}{e}$: quæratur igitur quarta post FV, VP, PF; hæc erit = y. Hæc sit VH. Jam pone $y=o$, fiet $u=\frac{aef-aaf}{ee}$; fac igitur FV (e). VG (f) :: HV ($\frac{ae-aa}{e}$). VK = $\frac{aef-aaf}{ee}$, & per K, H age indefinitam MQ, ea erit una ex asymptotis [illegible].

Nunc, quia [illegible] $z=\frac{a^3f-a^2ef}{e^2y+aaee}$, erit $e^2yz+aaeez=a^3f-a^2ef$; pone z infinitam, erit $-y=\frac{aa}{e}$ = VL: per L duc LM parallelam VB & occurrentem QM in M; hæc erit altera asymptotus, & M centrum. Pone $y=o$, & restat $z=\frac{aaf-aef}{ee}$ æqualis VK si eam negative sumas, est enim $\frac{aaf-aef}{ee}$ quantitas negativa, ob a minorem quam e. Describe igitur inter asymptotos QMR hyperbolam transeuntem per V. Dico eam esse locum æquationis propositæ.

Duc enim quamlibet NA parallelam VF, & occurrentem curvæ in D, asymptoto in T, & rectæ VB in A; & per D age DQ parallelam asymptoto MR: dic AV = x, AD = y, FG = m. Jam GV (f). VF (e) :: AV (x). AN = $\frac{ex}{f}$ :: QD. DT; sed TD (= AD + TN — AN) = $y+\frac{ae-aa}{e}-\frac{ex}{f}$, ergo QD = $\frac{fy}{e}+\frac{aef-aaf}{ee}-x$. Item VG ($f$). GF ($m$) :: AV ($x$). VN = $\frac{mx}{f}$ = TH :: DQ ($\frac{fy}{e}+\frac{aef-aaf}{ee}-x$). QT = $\frac{my}{e}+\frac{aem-aam}{ee}-\frac{mx}{f}$ :: VK ($\frac{aef-aaf}{ee}$). KH = $\frac{aem-aam}{ee}$. Rursus HL = LV — VH = $\frac{2aa-ae}{e}$, & VF (e). FG (m) :: LH ($\frac{2aa-ae}{e}$). HM = $\frac{2aam-aem}{ee}$: est igitur MQ = MH + HT + TQ = $\frac{aam}{ee}+\frac{my}{e}$, & MK = MH + HK = $\frac{aam}{ee}$; sed MQ. QD = MK. KV, ergo (restitutis symbolis, deletis delendis, cunctisque divisis per m, & multiplicatis per ee) $fyy+afy=exy+aax$, quæ est æquatio nostra, & quæ donat æquationem Auctoris, reposita d pro a in aax.

Quod si a major esset quam e, id est, si omnes re-

PROB. XXXIX.

Si rectæ duæ AC, BC a duobus positione datis punctis A & B in data quavis ratione ad tertium quodvis punctum C ducantur; invenire locum puncti concursus C.

V. 2. Junge AB; & ad hanc demitte normalem CD: dictisque AB $= a$, AD $= x$, DC $= y$: Erit AC $= \sqrt{(xx + yy)}$. BD $= a - x$. & BC $(= \sqrt{BDq + DCq}) = \sqrt{(xx - 2ax + aa + yy)}$. Jam cum detur ratio AC ad BC, sit ista d ad e; &, extremis & mediis in se ductis, erit $e\sqrt{(xx + yy)} = d\sqrt{(xx - 2ax + aa + yy)}$. Et per reductionem $\sqrt{\left(\frac{ddaa - 2ddax}{ee - dd} - xx\right)} = y$. Ubi cum xx sit negativum, & sola unitate affectum, atque etiam angulus ADC rectus, patet curvam in qua punctum C locatur, esse circulum. Nempe in recta AB cape puncta E & F ita ut sint $d.e$ :: AE . BE :: AF . BF, & erit EF circuli hujus diameter. (p)

Et

R. 1. rectæ PE producendæ essent in D ut PE ad PD haberet datam rationem, tunc $\frac{ae - aa}{e}$ esset quantitas negativa; at $\frac{ae - aa}{e} = -y$, ergo, transferendo terminos omnes, $y = \frac{aa - ae}{e}$, igitur VH capi deberet in PV producta. Sed inveneramus $x = \frac{aef - aaf}{ee}$ quæ est quantitas negativa, sumere ergo debemus VK versus S, & per K, H agere indefinitam MQ; cetera vero ut supra: observa solum quod in prima hypothesi VL minor est quam VP, quia est e major ad a (VP) minorem ut a ad VL; nunc autem est VL major quam VP, quia e minor est quam a. Debet autem hæc hyperbola contineri angulo SVN, & ei ad verticem, & superior angulo NVA, & ei ad verticem, ut positio asymptotorum & puncti in hyperbola satis ostendunt.

Si vero in æquatione ad curvam ponamus $x = 0$, fit $y = -a$, at in priori hypothesi non potest hyperbola ingredi angulum SVN, nec ei ad verticem; igitur hyperbola opposita transibit per P. Sed in secunda hypothesi per P transit ipsa hyperbola quam descripsimus.

Si $a = e$, patet locum esse rectam VE; quod etiam ex æquatione deducitur; tunc enim est

$$x = \frac{fyy + afy}{ay + aa} = \frac{fy\,(y + a)}{a\,(y + a)} = \frac{fy}{a}.$$

Ceterum etiam sic solvi potuisset problema. Reliquis positis, ut in Auctore, a puncto [illegible] agatur ipsi BU parallela DA rectæ UE occurrens in A; & a puncto P eidem BU parallela ducatur PF rectæ EU productæ occurrens in F. Dicatur PF $= a$; FU $= b$; UA $= y$; AD $= x$, & sit CD ad DE ut PF (a) ad PG (d), & sit FG $= a + d = c$.

Et GD ad DE (ut a ad d), ut UA (y) ad AE [illegible] $\frac{cy}{a}$, [illegible] atque FE $= \frac{ab + cy}{a}$. Sed PF [illegible] ad FE $\left(\frac{ab + cy}{a}\right)$, ut DA (x) ad AE [illegible]: ergo facta [illegible] $= \frac{abx + [illegible]}{[illegible]}$, quod est factum ex [illegible] & [illegible] habetur æquatio ad hyperbolam facile [illegible]nda.

(p) Ponamus d, quantitatem arbitrariam, æqualem a, & [illegible] sit e major [illegible] quam a. Fac $y = 0 = \sqrt{\left(\frac{a^4 - 2a^3x}{ee - aa} - xx\right)}$, erit

$$xx = \frac{-2a^3x + a^4}{ee - aa}, \text{ ac } x = \frac{-a^3}{ee - aa} \pm \sqrt{\left(\frac{a^6}{(ee-aa)^2} + \frac{a^4}{ee - aa}\right)} = \frac{-a^3 \pm \sqrt{a^4 [illegible]}}{ee - aa}$$

=

Et hinc e converso patet hoc theorema, quod in circuli cujusvis diametro EF infinite producta datis utcunque duobus punctis A & B hac lege ut sit AE. [illegible] BF, & a punctis hisce actis duabus rectis AC, BC concurrentibus [illegible] circulum in puncto quovis C; erit AC ad BC in data ratione AE ad [illegible]. (q)

PROB.

$= \frac{-a^3 \pm aae}{ee - [illegible]}$ [illegible] $\frac{-a^3 + aae}{ee-aa}$) $\frac{aa}{e+a}$; aut (si [illegible] $\frac{-aae}{[illegible]}$) $= \frac{-aa}{e-a}$. Sed $e + a . a :: a . \frac{aa}{e+a}$, & est $e+a$ major quam a, igitur etiam a major quam $\frac{aa}{e+a} =$ AE. Abscinde nunc AF $= \frac{aa}{e-a}$ & diametro EF describe circulum.

Tab. R. Fig. 3. Patet quod in hac hypothesi, punctum A est inter E & F; est autem BE $=$ BA$-$AE $= a - \frac{aa}{e+a} = \frac{ae}{e+a}$, & BF $=$ BA $+$ AF $= a + \frac{aa}{e-a} = \frac{ae}{e-a}$, & AE $(\frac{aa}{e+a})$. EB $(\frac{ae}{e+a})$ :: $a . e$ (multiplicando terminos hos per $e+a$, & dividendo per a) :: AF $(\frac{aa}{e-a})$. FB $(\frac{ae}{e-a})$, multiplicando per $e-a$, & dividendo per a, quod analogiam non turbat.

Tab. R. Fig. 4. Si vero sit e minor quam a, erit $ee-aa$ quantitas negativa, ut $-a^3+aae$, igitur $\frac{-a^3+aae}{ee-aa}$ restabit positiva $= \frac{aa}{e+a}$, ut antea (dividendo scilicet per $e-a$). Ea sit AE. Item [illegible] positiva fiet $\frac{-a^3-aae}{ee-aa} = \frac{aa}{a-e}$ (divisa nempe per negativam $-a-e$); sed $a - e . a :: a . \frac{aa}{a-e}$, & est $a-e$ minor quam a, ergo a etiam minor quam $\frac{aa}{a-e}$, huic parem abscinde AF, & punctum F cadet inter A & B: rursus diametro EF describe circulum. Dico hunc esse locum æquationis inventæ.

Inflecte quamlibet ACB, & ex C demitte CD ad rectos angulos super AB. Erit AD $= \pm x$ in prima hypothesi, id est $+x$ ubi D cadit inter puncta A & B, & $-x$ ubi cadit inter A & F, ast in secunda hypothesi semper AD $= +x$, DC $= y$ in utraque hypothesi.

Item in prima hypothesi, DF æqualis FB$-$BA $+$ AD, cum D est inter A & B, aut FB$-$BA$-$AD, cum D est inter A & F, semper $= \frac{ae}{e-a} - a + x = \frac{aa}{e-a} + x$, & ED æqualis EA $-$ AD, aut EA $+$ AD, semper $= \frac{aa}{e+a} - x$. Sed ex proprietate circuli, rectangulum FDE æquat quadratum ex CD, ergo $\frac{a^4}{ee-aa} + \frac{aax}{e+a} - \frac{aax}{e-a} - xx = yy = \frac{a^4 - 2a^3x}{ee-aa} - xx$. Tab. R. Fig. 3.

At in secunda hypothesi, DF æqualis AD $+$ FB $-$ BA $= x - \frac{ae}{a-e} - a = x - \frac{aa}{a-e}$, & ED $=$ EA$-$AD $= \frac{aa}{a+e} - x$; unde, & ex natura circuli $- \frac{a^4}{aa-ee} + \frac{aax}{a+e} + \frac{aax}{a-e} - xx = \frac{-a^4 + 2a^3x}{aa-ee} - xx = yy$. Tab. R. Fig. 4.

(q) Cum sit AE ad EB ut AC ad CB, ut AF ad FB, patet quod junctæ CF, CE bisecant angulos ACG in prima hypothesi, BCG in secunda, & ACB in utraque. Tab. R. Fig. 3.

Igitur arcus CE æquat arcum EH, & est EF diameter, ergo CH ad rectos angulos est super EF.

Ceterum hoc theorema deducitur ex prop. 2. lib. 2. Locor. plan. Apollonii restitutorum a Roberto Simson, quam lege. Idem etiam sic demonstrari potest.

Sit circulus, cujus diameter EF, *& a quovis peripheriæ puncto* H *ad diametrum agatur perpendicularis* HD *rursus occurrens peripheriæ in* C, *& per* C *ducatur quævis recta occurrens diametro in* B *& rursus peripheriæ in* c, *ac juncta* cH *diametrum conveniat in* A: *dico, ut* AE *ad* Tab. R. Fig. 3.

 EB

PROB. XL.

Si punctum lucidum A radiis versus refringentem superficiem planam CD ejiciat; invenire radium AC, cujus refractus CB impinget in datum punctum B.

A puncto isto lucido ad refringens planum demitte perpendiculum AD, & cum eo utrinque producto concurrat refractus radius BC in E, & perpendiculum a puncto B demissum in F, & agatur BD; dictisque AD = a, BD = b, BF = c, DC = x, statue rationem sinuum incidentiæ & refractio-

EB *ita esse* AC *ad* CB, *&* AF *ad* FB, *& si* AE *sit ad* EB *ut* AF *ad* FB *erit* CH *vel* ch *perpendicularis diametro.*

Jungantur CE, CF, CAh & ch diametro occurrens in *d*. Quia CH ad angulos rectos insistit diametro, erit arcus CE æqualis arcui EH, & arcus CcF æqualis FhH, quare trianguli ACH angulus CAH bisecatur recta BF: sed æquales sunt anguli ad verticem CAH; *c*Ah, & CAD; *h*Ad, ut & HAD; *c*Ad; quare trianguli *c*Ah angulus *c*Ah bisectus est eadem recta BF; rectæ *c*A; Ah æque distant a centro; ideo sunt æquales, ut & anguli A*ch*; *ch*A. Ergo recti sunt anguli circa punctum *d*; recta *ch* parallela recta CH; & arcus *c*C æqualis arcui *h*H; atque arcus *c*CE arcui EH*h* & reliquus *c*F reliquo F*h*. Jam ergo æquales sunt anguli *c*CF; FC*h* insistentes æqualibus arcubus; id est trianguli ACB angulus exterior AC*c* bisectus est recta CF & est AF ad FB ut AC ad CB. Sed anguli *c*CA; ACB simul æquant duos rectos, id est bis angulum FCE, vel bis angulum FCA & bis angulum ACE; ergo demtis æqualibus angulis *c*CA & bis FCA, manet angulus ACB æqualis bis angulo ACE, & ejusdem trianguli ACB angulus interior ACB bisectus est recta CE; quare AC ad CB ut AE ad EB. Unde patet propositum. *Q. E. primum.*

Dico nunc quod si sit AE ad EB, ut AF ad FB, & per B agatur quævis chorda CB*h*, & juncta AC rursus occurrat peripheriæ in *c*, juncta *ch* secat diametrum ad rectos angulos. Non enim; sed si fieri potest, sit *c*M normalis diametro; duc CM diametro occurrens in L, erit FL major, aut minor quam FB. Sit major: ergo EL minor quam EB; sed AE ad EL ut AF ad FL, & *alternando* AE ad AF, ut EL ad LF, ut EB ad BF, & rursus *alternando* EL minor ad EB majorem ut FL major ad FB minorem, quod est absurdum. Eodem pacto devenies ab absurdum si FL minorem ponas quam ipsa FB. *Q. E. alterum.*

Si in circuli diametro EF indefinite producta sumantur duo quævis puncta A, B, *ita ut* AE *ad* EB *sit ut* AF *ad* FB, *& inflectatur quævis* ACB, *erit semper* AC *ad* CB *ut* AF *ad* FB.

Occurrant AC; BC productæ alterius peripheriæ in *c* & *h*, agatur *cdh* per data puncta *c*, *h*, erit recta *ch* normalis ad diametrum, ergo patet propositum.

Si a duobus datis punctis inflectantur AC, CB, ita ut quævis potestas ipsius AC sit ad æque altam potestatem CB in data ratione, locus erit circulus sic describendus.

Esse debeat $AC^m \cdot CB^m :: d \cdot e$, quære inter *d* & *e*, medias continue proportionales numero $m - 1$, quarum prima sit *c*, & erit $d^m \cdot c^m :: d, e$; quare debet esse AC . BC :: *d* . *c*: Seca itaque AB data puncta jungentem in F, ita ut AF . FB :: *d* . *c*, eamque produc, ut AE . EB :: AF . FB, & diametro FE describe circulum. Hic erit locus quæsitus, ut patet.

Datam autem rectam AB sectam in F, produces in E, ut AF ad FB sit ut AE ad EB, sumendo FN ipsi EB parem, & quærendo quartam BE post datas AN, NF, AB; nam quia AN ad NF est ut AB ad BE; etiam *componendo* AF ad (NF vel) FB ut AE ad EB. TAB. Fig. 4

Patet autem quod si imperata ratio esset æqualitatis, locus esset normalis bisecans rectam AB.

(r)

ctionis, hoc est sinuum angulorum CAD, CED (r) esse d ad e, & cum EC & AC (ut sinus eorum est) (s) sint in eadem ratione, & AC sit $\sqrt{(aa+xx)}$ erit EC $= \frac{d}{e}\sqrt{(aa+xx.)}$ Præterea est ED ($= \sqrt{(ECq - CDq)} = \sqrt{(\frac{ddaa+ddxx}{ee} - xx)}$, & DF $= \sqrt{(bb-cc,)}$ atque EF $= \sqrt{(bb-cc)} + \sqrt{(\frac{ddaa+ddxx}{ee} - xx)}$. Denique propter similia triangula ECD, EBF, est ED. DC :: EB. FB, &, ductis extremorum & mediorum valoribus in se, $a\sqrt{(\frac{ddaa+ddxx}{ee} - xx)} = x\sqrt{(bb-cc)} + x\sqrt{(\frac{ddaa+ddxx}{ee} - xx)}$, sive $(a - x)\sqrt{(\frac{ddaa+ddxx}{ee} - xx)} = x\sqrt{(bb-cc)}$. Et partibus æquationis quadratis & rite dispositis,

$$x^4 - 2cx^3 \frac{\begin{array}{l}+ddcc\\+ddaa\\-eebb\end{array} xx - 2ddaacx + ddaacc\,(t)}{dd-ee} = 0.$$

PROB. XLI.

Invenire locum verticis trianguli D, cujus basis AB datur, & anguli ad basem DAB, DBA datam habent differentiam. Tab. V. Fig. 4.

Ubi angulus ad verticem, sive (quod perinde est) ubi summa angulorum ad basem datur, docuit Euclides locum verticis esse circumfe- III. 29. Euclid.

(r) Nam, si per C agatur recta GH parallela rectæ EF, erit angulus GCA, angulus incidentiæ, est autem æqualis alterno CAD. Pariter angulus BCH est angulus refractionis &, est, æqualis opposito CED. Quare &c.

(s) Quia in triangulo ECA, latera EC, CA sunt ut sinus angulorum oppositorum CAE, vel CAD, & CEA.

(t) Pone quantitatem arbitrariam $d = b$, æquatio fiet

$$x^4 - 2cx^3 + \frac{bbccxx + aabbxx - eebbxx - 2aabbcx + aabbcc}{bb-ee} = 0$$

aut, ponendo $cc + aa = ff$, & $bb - ee = gg$

$$x^4 - 2cx^3 + \frac{bbffxx - eebbxx - 2aabbcx}{gg} \frac{+aabbcc}{gg} = 0$$

Fac $gy = xx$, quæ est æquatio ad parabolam, & ponendo $ggyy$ pro x^4; gxy pro x^3, & gy pro xx, in æquatione postrema, habebis, dividendo per gg,

$$yy - \frac{2cxy}{g} + \frac{bbffy - bbeey}{g^3} - \frac{2aabbcx + aabbcc}{g^4} = 0$$

æquationem ad hyperbolam, cum divisores termini altissimi $yy - \frac{2cxy}{g}$, sint y & $y - \frac{2cx}{g}$, inæquales & reales; quam facile describes e super his.

ferentiam circuli; proposuimus igitur inventionem loci ubi differentia angulorum ad basem datur. Sit angulus DBA major angulo DAB, sitque ABF eorum data differentia, recta BF occurrente AD in F. Insuper ad BF demittatur normalis DE, ut & ad AB normalis DC occurrens BF in G. Dictisque AB $= a$, AC $= x$, & CD $= y$, erit BC $= a - x$. Jam in triangulo BCG cum dentur omnes anguli, dabitur ratio laterum BC & GC; sit ista d ad a, & erit GC $= \frac{aa - ax}{d}$. Aufer hanc de DC sive y, & restabit DG $= \frac{dy - aa + ax}{d}$. Præterea, propter similia triangula BGC, DGE, est BG . BC :: DG . DE. Est autem in triangulo BGC, $a . d$ :: CG . BC; adeoque $aa . dd$ :: CGq . BCq, & componendo $aa + dd . dd$ :: BGq . BCq. Et extractis radicibus $\sqrt{(aa + dd)} . d$ (:: BG . BC) :: DG . DE. Ergo DE $= \frac{dy - aa + ax}{\sqrt{(aa + dd)}}$. Adhæc cum angulus ABF sit differentia angulorum BAD & ABD, adeoque anguli BAD & FBD æquentur, similia erunt triangula rectangula CAD & EBD, & proinde latera proportionalia DA . DC :: BD . DE. Sed est DC $= y$. DA ($= \sqrt{(ACq + DCq)}$) $= \sqrt{(xx + yy)}$. DB ($= \sqrt{(BCq + DCq)}$) $= \sqrt{(aa - 2ax + xx + yy)}$, & supra erat DE $= \frac{dy - aa + ax}{\sqrt{(aa + dd)}}$. Quare est $\sqrt{(xx + yy)} . y$ :: $\sqrt{(aa - 2ax + xx + yy)} . \frac{dy - aa + ax}{\sqrt{(aa + dd)}}$. Et extremorum & mediorum quadratis in se ductis $aayy - 2axyy + xxyy + y^4 = \frac{ddxxyy + ddy^4}{aa + dd}$

$$\frac{- 2aadxxy - 2aady^3 + 2adyx^3 + 2adxy^3 + a^4xx + a^4yy - 2a^3x^3}{aa + dd}$$

$$\frac{- 2a^3xyy + aax^4 + aaxxyy}{aa + dd}$$

Duc omnes terminos in $aa + dd$, & prodeuntes redige in debitum ordinem, & orietur $x^4 \begin{array}{l} - 2a \\ + \frac{2d}{a}y \end{array} x^3 \begin{array}{l} - 2dy \\ + aa \end{array} xx \begin{array}{l} + \frac{2d}{a}y^3 \\ + \frac{2dd}{a}yy \end{array} x \begin{array}{l} - ddyy \\ - 2dy^3 \\ - y^4 \end{array} = 0.$

Divide hanc æquationem per $xx - ax \begin{array}{l} + dy \\ + yy \end{array}$, & orietur $xx \begin{array}{l} - a \\ + \frac{2d}{a}y \end{array} x \begin{array}{l} - yy \\ - dy \end{array} = 0$. Duæ itaque prodierunt æquationes in solutione hu-

jus

jus problematis. Prior $xx - ax \begin{matrix}+dy\\+yy\end{matrix} = 0$ est ad circulum, locum nempe puncti D ubi angulus FBD sumitur ad alias partes rectæ BF quam in figura describitur, existente angulo ABF summa angulorum DAB, DBA ad basem, adeoque angulo ADB ad verticem dato. Posterior $xx \begin{matrix}-a\\+\frac{2d}{a}y\end{matrix} x \begin{matrix}-yy\\-dy\end{matrix} = 0$ est ad hyperbolam, locum puncti D ubi angulus FBD situm obtinet a recta BF quem in figura descripsimus, hoc est ita ut angulus ABF sit differentia angulorum DAB, DBA ad basem. Hyperbolæ autem hæc est determinatio. Biseca AB in P. Age PQ constituentem angulum BPQ æqualem dimidio anguli ABF. Huic erige normalem PR, & erunt PQ, PR assymptoti hujus hyperbolæ, & B punctum per quod hyperbola transibit. (u)

Et

(u) Si propositum fuisset problema. *Invenire locum verticis D trianguli, cujus basis AB datur, & anguli ad basem DAB, DBA datam conficiunt summam*, posses illud solvere ratiocinio prorsus eodem, nisi quod hic e GC demere deberes CD; sed nihilominus ad eandem æquationem devenies, ut facile videbis; debet igitur hæc æquatio ambabus hypothesibus inservire.

Posuimus autem angulum ABF, vel æqualem BDF, esse recto minorem, alioquin rectæ BF, CD coire nequirent in G, ut statuimus, est ergo angulus BDA obtusus, quapropter circuli centrum debet esse infra rectam BA.

Si nunc circulum, cujus segmentum terminatum recta BA, debet esse capax anguli BDA, describas *Euclidis* [illegible], erit BG hujus circuli tangens, BM diameter, [illegible] centrum, quod invenies bisecta [illegible] AM in H; & ex H educta normali in BA.

Junge AM, erit angulus ad A rectus, & AMB [illegible]; sunt igitur similia triangula rectangula [illegible], AMB; & est AM ad AB, ut BC ad CG :: $d.a$, sed AB $= a$, ergo AM $= d$: [illegible] aut CP $= \frac{d}{2}$; igitur DP $= y + \frac{d}{2}$. Pariter BL, vel LO, aut Lo $= \sqrt{(\frac{aa+dd}{4})}$ ($BH^2 + HL^2$), quo circa OP ($=$ LO $+$ LQ $+$ QP) $= \sqrt{(\frac{aa+dd}{4})} + \frac{a}{2} - x$, & Po ($=$ oL $-$ LQ $+$ QP) $= \sqrt{(\frac{aa+dd}{4})} - \frac{a}{2} + x$. Sed ex proprietate circuli OP . Po $= PD^2$, ergo $ax - xx = xx + dy$, aut $xx - ax \begin{matrix}+dy\\+yy\end{matrix} = 0$.

Atqui æquatio ab Auctore inventa debet etiam hanc continere, & quidem per multiplicationem, ergo dividendo restat

$$xx \begin{matrix}-a\\+\frac{2dy}{a}\end{matrix} x \begin{matrix}-yy\\-dd\end{matrix} = 0,$$

pro solutione problematis quod propositum fuerat.

Hyperbola facile determinatur & superioribus.

Et enim $y = \frac{dx}{a} - \frac{d}{2} \pm \sqrt{(\frac{(aa+dd)xx}{aa} - \frac{x(aa+dd)}{a} + \frac{dd}{4})}$; & factis $u = \frac{dx}{a} - \frac{d}{2}$, ac $z = \pm\sqrt{(\frac{(aa+dd)xx}{aa} - \frac{x(aa+dd)}{a} + \frac{dd}{4})}$; ubi $u = 0$, est $x = \frac{a}{2} =$ AP, & cum $x = 0$, $u = -\frac{d}{2} =$ AL. Proinde per P & L age indefinitam PL in ea erit vera diameter ordinatarum AL, cujus positio determinata est secundum Num. 130. TAB. R. Fig. 7.

Et hinc prodit tale theorema. Hyperbolæ rectangulæ diametro quavis AB ducta, & terminis ejus ad hyperbolæ puncta duo quævis D & H ductis rectis AD, DB, AH, BH; hæ rectæ angulos DAH, DBH ad terminos diametri constituent æquales.

Idem brevius.

Ad PROB. XXIV. *Regulam* de commoda terminorum ad ineundum calculum electione tradidi; ubi obvenit ambiguitas in electione. Hic differentia angulorum ad basem eodem modo se habet ad utrumque angulum; & in constructione schematis æque potuit addi ad angulum minorem DAB, ducendo ab A rectam ipsi BF parallelam, ac subtrahi ab angulo majori DBA ducendo rectam BF. Quamobrem nec addo nec subtraho, sed dimidium ejus uni angulorum addo, alteri subtraho. Deinde cum etiam ambiguum sit utrum AC vel BC pro termino indefinito cui ordinatim applicata DC insistit, adhibeatur, neutrum adhibeo; sed biseco AB in P, & ad

130. Sed est LA $(\frac{d}{2})$. AP $(\frac{a}{2})$ :: d . a :: BC . CG, & sunt anguli ad A & C æquales, igitur similia sunt triangula PAL, GCB, & angulus ALP æquat angulum CBG.

Pone nunc o $= z = \sqrt{(\frac{(aa+dd)xx}{aa} - \frac{x(aa+dd)}{a} + \frac{dd}{4})}$ erit $xx = ax - \frac{aadd}{4aa+4dd}$, & $x = \frac{a}{2} \pm \sqrt{\frac{a^4}{4aa+4dd}} = \frac{a}{2} \pm \frac{aa}{2\sqrt{(aa+dd)}}$, & jam AP $= \frac{a}{2}$, ut in N°. 104.; quære ergo tertiam post LP $\frac{(\sqrt{(aa+dd)})}{4}$, & PA $(\frac{a}{2})$; hæc sit PN = Pn, & age NO, no parallelas AL; erunt O, o vertices hyperbolarum oppositarum, ut ex N°. 135.

Atqui triangula similia LAP, ONP dant LP . PA :: OP . PN, & fecimus LP . PA :: PA . PN, ergo PA . PN :: PO . PN, quare est OP = PA $= \frac{a}{2}$, igitur OP, PA sunt diametri æquidistantes ab axe, nam hyperbola transit per B & per A, quia si in æquatione ponas $y = 0$, est $xx - ax = 0$, id est $x = 0$, vel $x = a$.

Sed LP² — PO² $(\frac{dd}{4})$. LA² $(\frac{dd}{4})$ :: OP². $[illegible]$, est igitur $[illegible] = \frac{a}{2}$, & hyperbola est æquilatera, quapropter asymptoti sunt [illegible] ad rectos angulos; [illegible] bisecat angulum asymptotorum, de[illegible] asymptoti facere cum diametris OP, [illegible] angulos æquales; verum anguli APL; PL[illegible] simul conficiunt unum [illegible] ctum, igitur fac angulum QPB æqualem dimidio dato CBG, & recta QB erit asymptotorum una, altera vero erit RP priori normalis.

Nam age quamlibet MC parallelam AL, & curvæ occurrentem in V: erit AC $= x$, CP $= x - \frac{a}{2}$, & CV $= y$; [illegible] quia AP $(\frac{a}{2})$. AL [illegible] :: [illegible] $(x - \frac{a}{2})$. CM $= \frac{dx}{a} - \frac{d}{2}$; est M[illegible] $\frac{d}{2} - y$, & cum AP $(\frac{a}{2})$. PL $(\frac{1}{2}\sqrt{(aa+dd)})$ :: CP [illegible] $\frac{a}{2})$. PM $= \frac{x}{a}\sqrt{(aa+dd)} - \frac{1}{2}\sqrt{(aa+dd)}$, [illegible] PM² $= xx + \frac{ddxx}{aa} - ax - \frac{ddx}{a} + \frac{aa+dd}{4}$; sed PM² — PO² = MV², ergo $xx - ax = ay + dy - 2\frac{dxy}{a}$, quæ est æquatio construenda.

adhibeo PC: vel potius acta MPQ constituente hinc inde angulos APQ, BPM æquales dimidio differentiæ angulorum ad basem, ita ut ea cum rectis AD, BD, constituat angulos DQP, DMP æquales; ad MQ demitto normales AR, BN, DO, & adhibeo DO pro ordinatim applicata ac PO pro indefinita linea cui insistit. Voco itaque PO $= x$, DO $= y$, AR, vel BN $= b$, & PR vel PN $= c$. Et propter similia triangula BNM, DOM, erit BN . DO :: MN . MO: & dividendo, DO — BN $(y - b)$. DO (y) :: MO — MN (ON, sive $c - x$) . MO. Quare MO $= \frac{cy - xy}{y - b}$. Similiter ex altera parte propter similia triangula ARQ, DOQ, erit AR. DO :: RQ . QO: & componendo DO + AR $(y + b)$. DO (y) :: QO + RQ (OR, sive $c + x$) . QO. Quare QO $= \frac{cy + xy}{y + b}$. Denique propter æquales angulos DMQ, DQM, æquantur MO & QO, hoc est $\frac{cy - xy}{y - b} = \frac{cy + xy}{y + b}$. Divide omnia per y, & multiplica per denominatores, & ortum erit $cy + bc - xy - bx = cy - bc + xy - bx$, sive $cb = xy$, notissima æquatio ad hyperbolam. (v) Tab. V. Fig. 5.

Quin etiam locus puncti D sine calculo algebraico prodire potuit. Est enim ex superioribus DO — BN . ON :: DO . MO (QO) :: DO + AR . OR. Hoc est DO — BN . DO + BN :: ON . OR, & mixtim (x) DO . BN :: $\frac{ON + OR}{2}$ (NP). $\frac{OR - ON}{2}$ (OP). Adeoque DO in OP = BN in NP.

PROB.

(v) Hujus hyperbolæ constructionem ut nimis facilem, omitto.

(x) Est enim DO — BN ad DO + BN ut ON ad OR; ergo DO — BN + DO + BN (2DO) ad DO + BN ut NO + OR ad OR; ergo etiam DO — BN ad DO + BN — DO + BN (2BN) ut ON ad OR — ON; quare ex æquo ordinata DO ad 2BN, ut RO + ON ad RO — ON; & dividendo per 2. &c.

Sed idem problema facilius solvit *Robertus Simson* in appendice ad suas sectiones conicas, editi 2a hoc anno.

Tab. R. Fig. 8. Esto triangulum ABC, cujus datur basis AB & excessus anguli ABC supra angulum BAC. Ipsi angulo BAC æqualis ponatur angulus BCD. Cum sit angulus ABC æqualis utrique BDC & DCB, vel BAC, simul; erit angulus BDC excessus anguli ABC supra angulum BAC; atque ideo dabitur angulus BDC per hypot.

Nunc triangula ADC; BDC, quæ habent communem angulum ad D & æquales angulos DAC; DCB, sunt æquiangula; ergo AD ad DC ut CD ad DB, & rectangulum sub AD; DB est æquale quadrato ex DC, & datus est angulus ADC; quare punctum C tangit hyperbolam æquilateram, quæ describetur bisecta AB in E, & ducta EF æquali ipsi AE vel EB, & constituente angulum AEF æqualem dato angulorum excessui. Erunt AE; EL, semidiametri conjugatæ, quarum transversa & integra erit AB.

PROB. XLII.

Locum verticis trianguli invenire cujus basis datur & angulorum ad basem unus dato angulo differt a duplo alterius.

In schemate novissimo superioris problematis sit ABD triangulum illud, AB basis bisecta in P, APQ vel BPM triens anguli dati, quo angulus DBA excedit duplum anguli DAB; & angulus DMQ erit duplus anguli DQM. (y) Ad MQ demitte perpendicula AR, BN, DO; & angulum DMQ biseca recta MS occurrente DO in S; & erunt triangula DOQ, SOM similia; adeoque OQ . OM :: OD . OS, & dividendo OQ — OM . OM :: SD . OS ::. (per 3. VI. Elem.) DM . OM Quare (per 9. V. Elem.) OQ — OM = DM. Dictis jam PO = x, OD = y, AR vel BN = b, & PR vel PN = c, erit, ut in superiore problemate, OM = $\frac{cy - xy}{y - b}$, & OQ = $\frac{cy + xy}{y + b}$, adeoque OQ — OM = $\frac{-2bcy + 2xyy}{yy - bb}$.

Pone jam DOq + OMq = DMq, hoc est $yy + \left(\frac{cc - 2cx + xx}{yy - 2by + bb}\right)yy = \left(\frac{4bbcc - 8bcxy + 4xxyy}{y^4 - 2bbyy + b^4}\right)yy$. Et per debitam reductionem (z) orietur tandem

$$y^4 * \begin{matrix} + cc \\ - 2bb \\ - 2cx \\ - 3xx \end{matrix} yy \begin{matrix} + 2bxx \\ + 4bcx \\ + 2bcc \end{matrix} y \begin{matrix} + b^4 \\ - 3bbcc \\ - 2bbcx \\ + bbxx \end{matrix} = 0.$$

Divide omnia per $y - b$, & evadet

$$y^3 + byy \begin{matrix} - bb \\ + cc \\ - 2cx \\ \ldots \end{matrix} y \begin{matrix} - b^3 \\ + 3bcc \\ + 2bcx \\ \ldots \end{matrix} = 0.$$

Quare punctum D est ad curvam trium dimensionum; quæ tamen evadit hyperbola ubi angulus BPM statuitur nullus, sive angulorum ad basem unus DBA duplus alterius DAB. Tunc enim BN, sive b evanescente, æquatio fiet $yy = 3xx + 2cx - cc$ (a).

Ex

(y) Cum angulus BPM sit triens anguli, quo angulus DBP superat duplum anguli DAP, & cum angulus DBP æquet angulos QMP, BPM simul; erit angulus DMP æqualis duplo angulorum DAP, APQ simul; at angulus DQM æquatur angulis DAP & APQ, ergo angulus DMP par est duplo angulo DQM.

(z) Reductio fiet ducendo yy in $y^4 - 2bbyy + b^4$, & $(cc - 2cx + xx)\,yy$ in $yy + 2by + bb$, (est enim $y^4 - 2bbyy + b^4 = (yy - 2by + bb)$ $(yy + 2by + bb)$) & delendis delendis, ac transponendo &c.

(a) Cum $y = \pm\sqrt{(3xx + 2cx - cc)}$ fit $= 0$, est $xx = \frac{-2cx + cc}{3}$, & $x = \frac{-c \pm \sqrt{4cc}}{3}$, quare $x = \frac{c}{3}$, aut $x = -c$. Abscinde PV $= \frac{c}{3}$, quo circa erunt V, & R vertices hy- TAB. Fig. 1

Ex hujus autem æquationis constructione tale elicitur theorema. Si centro C, asymptotis CS, CT, angulum SCT 120 graduum continentibus describatur [illegible] quævis DV, cujus semiaxes sint CV, CA: produc CV ad B, ut sit VB = VC, & ab A & B actis utcunque rectis AD, BD concurrentibus ad hyperbolam, erit angulus BAD dimidium anguli ABD, triens vero anguli ADE quem recta AD comprehendit cum BD producta. Hoc intelligendum est de hyperbola quæ transit per punctum V. Quod si ab iisdem [illegible] A & B actæ rectæ Ad, Bd conveniant ad conjugatam hyperbolam quæ transit per A: tunc externorum angulorum trianguli ad basem, ille ad B erit duplus alterius ad A. Tab. V. Fig. 6.

PROB.

hyperbolarum oppositarum, & tota diameter $VR = \frac{4c}{3}$, atque ideo dimidia $VC = \frac{2c}{3} = VN$. Erit igitur quævis abscissa $PQ = x$, & RQ $r + x$; sed $QV = x - \frac{c}{3}$, & $RQ \cdot QV = \frac{3xx + 2cx - cc}{3}$, quæ quantitas esse debet ad ordinatæ quadratum. ($yy = 3xx + 2cx - cc$) :: $VC^2 (\frac{4cc}{9}) \cdot rr = \frac{4cc}{3}$: sume hinc inde $CL = Cl, = \frac{2c}{\sqrt{3}}$ & circa has diametros describe hyperbolam, quæ, ut constat, erit locus æquationis.

Nunc dico quod angulus, quem faciunt asymptoti est 120. graduum.

Nam per V acta KV ad rectos angulos, & quæ asymptoto occurrat in K, & juncta NK, quia NV æquat VC, erit NK æqualis KC; sed quadratum ex KV, (CL) æquat ter quadratum ex CV, igitur quadratum ex CK æquat (quater quadratum ex CV vel) quadratum ex CN: est igitur æquilaterum triangulum NCK, quapropter angulus NCK est 60. grad. Q.E.D.

[illegible] facilior hyperbolæ determinatio. Triseca [illegible] RN; super duos ejus trientes NC describe triangulum æquilaterum NKC, age TC facientem cum NC angulum TCN æqualem NCK; erunt TC, CK asymptoti, & hyperbola transire debet per V.

[illegible] analysi geometrica.

Sit triangulum ABC habens angulum ACB duplum anguli BAC. Ex B demitte perpendicularem BD, & abscinde DE ipsi DC parem. Erit igitur juncta EB æqualis BC, & angulus BEC angulo BCE: sed angulus BEC angulo EBA una cum BAE æquatur, ergo (angulus BEC, aut bis angulus EAB æqualis est angulis EAB, ABE; atque ideo triangulum AEB est isosceles. Idem ostenditur in fig. 3. sumendo angulum BEF pro angulo BEC. Sed excessus quadrati ex BE super quadratum ex ED est quadratum ex DB, & (sumpta EF ipsi ED æquali) excessus quadrati ex AE super quadratum ex EF est rectangulum DAF; & æqualia sunt quadrata ex AE, EB, atque ex EF, DE, igitur rectangulum DAF æquat quadratum ex DB.

Sit CG triens datæ CA, & quia CD triens est ipsius CF, erit residuum (fig. 2.), aut summa (fig. 3.) AF triplex reliqui aut summæ GD, quare ter rectangulum ADG æquabit (rectangulum DAF vel) quadratum ex DB; est igitur rectangulum ex data AG una cum variabili GD in variabilem GD ad quadratum ex variabili DB ut unitas ad tres, quare punctum B est ad hyperbolam.

Componetur sic. Ex data AC abscinde trientem CG, ex axe AG; parametro tripla ipsius AG, describe hyperbolam, erit angulus ACB duplex anguli CAB.

Nam ducta normali BD, est rectangulum ADG ad quadratum ex DB ut unitas ad tres, quo circa ter rectangulum ADG æquale est quadrato ex DB, hoc est excessui quadrati ex CB super quadratum ex CD, aut (capta ED ipsi DC æquali) quadrati ex EB super quadratum ex ED. Pone nunc EF ipsi ED parem, & quia tota AC est ad trientem CG ut residuum vel summa antecedentium AF ad residuum vel summam consequentium GD: igitur AF est tripla ipsius GD, quare rectangulum DAF æquat ter rectangulum ADG, id est, excessum quadrati ex BE super quadratum ex ED; sed rectangulum DAF, est excessus quadrati ex AE super quadratum ex EF; igitur quadratum ex AE æquat quadratum ex

 EB,

PROB. XLIII.

Circulum per data duo puncta describere qui rectam positione datam continget (c).

TAB. V. Fig. 7. Sunto A & B puncta data, & EF recta positione data, & requiratur circulum ABE per ista puncta describere, qui contingat rectam istam FE. Junge AB, & eam bisseca in D. Ad D erige normalem DF occurrentem rectæ FE in F, & circuli centrum incidet in hanc novissime ductam DF, puta in C. Junge ergo CB; & ad FE demitte CE normalem; eritque E punctum contactus, ac CB, CE æquales inter se, utpote radii circuli quæsiti. Jam cum puncta A, B, D, & F dentur, esto DB $= a$, ac DF $= b$; & ad determinandum centrum circuli quæratur DC, quam ideo dic x. Jam in triangulo CDB propter angulum ad D rectum, est $\sqrt{(DBq + DCq)}$, hoc est $\sqrt{(aa + xx)} = $ CB. Est & DF — DC sive $b - x = $ CF. Et in triangulo rectangulo CFE cum dentur anguli, dabitur ratio laterum CF & CE; sit ista d ad e; & erit CE $= \frac{e}{d}$ in CF hoc est $= \frac{eb - ex}{d}$. Pone jam CB & CE, (radios nempe circuli quæsiti,) æquales inter se, & habebitur æquatio $\sqrt{(aa + xx)} = \frac{eb - ex}{d}$. Cujus partibus quadratis & multiplicatis per dd, oritur $aadd + ddxx = eebb - 2eebx + eexx$. Sive $xx = \frac{-2eebx - aadd + eebb}{dd - ee}$. Et extracta radice, $x = \frac{-eeb + d\sqrt{(eebb + eeaa - ddaa)}}{dd - ee}$. Inventa est ergo longitudo DC adeo-

EB, quare triangulum AEB est isosceles, & angulus (BEC, fig. 2. vel BEF, fig. 3. vel æqualis) BCA duplex anguli CAB. *Q. E. D.*

Si angulus ACB esset rectus, puncta C, D, E, F coinciderent, & analysis ac demonstratio eadem esset, sed aliquanto brevior.

TAB. S. Fig. 4. Hinc angulum datum MPQ trifariam cum Veteribus dividemus. Nam quemvis circulum ACB secabimus in duo segmenta, quorum unum ATC capax sit anguli dati, tum tripartita chorda AC, super AG dupla ipsius CG describemus hyperbolam, cujus parameter triplex sit ipsius AG, connexis punctis A, B, C, erit angulus HBC æqualis angulo dato, & triplex anguli BAC.

(c) *Apollonius* ille qui scripserat *conicorum* libros octo, (septem tantum nobis reliquit tempus edax), plura volumina de rebus geometricis (ut discimus ex Pappo in præf. ad septimum collectionum Mathem. librum) confecerat, & inter alia duo *tactionum* quæ perdidimus temporum injuria.

Horum problematum in his libris contentorum unum solutum prostat *Eucl. lib. IV.* 5. secundi casus, videlicet ubi tres rectæ datæ constituunt triangulum *ibid.* prop. 4.; septem autem solvit Newtonus hoc problemate & quatuor sequentibus, omnia soluta habeo, & me editurum spero propediem, cum Porismatis Euclidis restitutis.

adeoque centrum C, quo circulus per puncta A & B describendus est ut contingat rectam FE (d).

PROB. XLIV.

Circulum per datum punctum describere qui rectas duas positione datas continget.

Esto datum punctum A, & sint EF, FG rectæ duæ positione datæ, & AEG circulus quæsitus easdem contingens, ac transiens per punctum Tab. V. Fig. 8.

S. 5. (d) Æquatio superior dat $xx + \frac{2eebx}{dd-ee} = \frac{eebb - aadd}{dd-ee}$; sed producta DB donec ipsi FE occurrat in G & dicta FG $= d$, est GD $= e$, quia FC ad CE, ut FG ad GD; & $dd - ee$ (FG² − GD²) $=$ (DF²) $= bb$, ergo $xx + 2\frac{eex}{b} = ee - \frac{aadd}{bb}$. Per A duc AL facientem angulum DAL æqualem angulo DFG, & occurrentem FC productæ in L: erit DF (b). FG (d) :: AD (a). AL $= \frac{ad}{b}$, quam dic $= g$; ergo $xx + 2\frac{eex}{b} = ee - gg$. Per G age GM parallelam CE, & occurrentem FL in M; hinc FD (b). DG (e) :: DG (e). DM $= \frac{ee}{b}$. Restat igitur per Num 35. Sect. IV. faciendum GD + AL ($e+g$). x + 2DM :: x. DG − AL ($e-g$).

Determinatio.

Posuimus quod $ee - gg$ sit quantitas positiva, quod accidit cum $eebb$ major est quam $aadd$, aut eb major quam ad, vel cum e ad a majorem habet rationem quam d ad b; sed (ex D acta super FG ad rectos angulos DO) est FG (d) ad FD (b) ut GD (e) ad DO, tunc ergo DG (e) ad DB (a) majorem habebit rationem quam ad DO, igitur DG superat DB.

S. 6. Sed si $eb = ad$) tunc DO æquaret DB, & æquatio superior fieret $xx + 2\frac{eex}{b} = 0$, unde colligitur aut $x = 0$, & circuli centrum esset D, aut $x = -2\frac{ee}{b}$, & (sumpta CD æquali 2MD) esset C centrum circuli.

S. 7. Si demum esset eb minor quam ad, tunc etiam OD minor esset quam DB, & nostra æquatio hæc erit $-xx - 2\frac{eex}{b} = gg - ee$, & x sumi deberet ex D versus M, & CF exprimenda fuisset per $b + x$.

Duos habet valores æquatio nostra, & videndum est quando unum, quando nullum habeat circulum, quod concinnius fiet extracta æquationis radice, nam illa duos valores melius explicat: sumamus ergo $x = \frac{-eeb \pm \sqrt{eebb + aaee - aadd}}{dd-ee} =$ (si, ut solemus, determinetur d) $-\frac{ee}{b} \pm \frac{d}{b}\sqrt{(ee-aa)}$, statim apparet unum futurum valorem x, cum $e = a$, vel cum punctorum unum est in recta positione data; nullum ubi e minor est quam a, aut recta positione data est inter duo puncta.

Igitur, proposito problemate, si recta non separet data puncta, statim dispiciendum est utrum alterum punctorum B sit in ipsa recta, tunc junge data puncta AB, age indefinitam FD, quæ bisecet AB ad rectos angulos; ex B erige BM datæ rectæ perpendicularem & FD occurrentem in M, quo centro, radio MB describe circulum qui, ut liquet, problemati satisfaciet. Tab. S. Fig. 8.

Sed facilius ita. Juncta AB & acta BM normali fac angulum BAM æqualem ABM, erit M centrum circuli.

Si vero neutrum ex punctis sit in data recta junge AB quam biseca in D: ex D age DO ad rectos angulos datæ rectæ; si DO, DB sint æquales erit ipsum D centrum unius circuli, aliud invenies ut supra; si DB sit minor aut major DO construes æquationem ut supra, sed valor x qui est positivus cum DB minor est quam DO, fit negativus cum DB major est quam DO, & contra. Tab. S. Fig. 5. 6.

ctum istud A. Recta CF bisecetur angulus EFG & centrum circuli in ipsa reperietur. Sit istud C; & ad EF & FG demissis perpendiculis CE, CG, erunt E ac G puncta contactus. Jam in triangulis CEF, CGF, cum anguli ad E & G, sint recti, & anguli ad F semisses sint anguli EFG, dantur omnes anguli, adeoque ratio laterum CF & CE vel CG. Sit ista d ad e, & si ad determinandum centrum circuli quæsiti C, assumatur CF $= x$, erit CE vel CG $= \frac{ex}{d}$. Præterea ad FC demitte normalem AH (*e*), & cum punctum A detur, dabuntur etiam rectæ AH & FH. Dicantur istæ a & b, & ab FH, sive b, ablato FC, sive x, restabit CH $b - x$. Cujus quadrato, $bb - 2bx + xx$, adde quadratum ipsius AH, sive aa & summa $aa + bb - 2bx + xx$, erit ACq per 47. I. Elem.; siquidem angulus AHC ex hypothesi sit rectus. Pone jam radios circuli AC & CG inter se æquales; hoc est pone æqualitatem inter eorum valores, vel inter quadrata eorum, & habebitur æquatio $aa + bb - 2bx + xx = \frac{eexx}{dd}$. Aufer utrobique xx, & mutatis omnibus signis erit $-aa - bb + 2bx = xx - \frac{eexx}{dd}$. Duc omnia in dd, ac divide per $dd - ee$, & evadet $\frac{-aadd - bbdd + 2bddx}{dd - ee} = xx$ (*f*). Cujus æquationis extracta radix est $x = \frac{bdd - d\sqrt{(eebb + eeaa - ddaa)}}{dd - ee}$. Inventa est itaque longitudo FC, adeoque punctum C, quod centrum est circuli quæsiti.

Resolvitur ut *Prob.* 43. Nam dato puncto A, datur & aliud punctum B.

Si inventus valor x, sive FC, auferatur de b, sive HF, restabit HC $= \frac{-eeb + d\sqrt{(eebb + eeaa - ddaa)}}{dd - ee}$; eadem æquatio quæ in priori problemate prodiit, ad determinandum longitudinem DC.

PROB. XLV.

Circulum per data duo puncta describere, qui alium circulum positione datum continget (*g*).

Vide *Prop.* 21.

Sint A, B puncta data, EK circulus positione & magnitudine datus, F centrum ejus, ABE circulus quæsitus per puncta A & B transiens, ac tangens alterum circulum in E, & C centrum ejus. Ad AB productam

TAB. VI. Fig. 1.

(*e*) Eam produc donec rectæ FE occurrat in L, & dic FL $= d$, erit LH $= e$.

(*f*) Sed quia $dd - ee$ ($FL^2 - LH^2$) $= FH^2 = bb$, erit $2\frac{ddx}{b} - xx = dd + \frac{aadd}{bb}$, quam facile construes.

(*g*) Jam vidimus quod problema XXI. hujus idem est ac istud XLV.

Jam demitte perpendicula CD, & FG; & age CF, ſecantem circulos in puncto contactus E, & age etiam FH parallelam DG, & occurrentem CD in H. His conſtructis dic AD vel DB $= a$, DG vel HF $= b$, GF $= c$, & EF (radium nempe circuli dati) $= d$, atque DC $= x$: & erit CH ($=$ CD $-$ FG) $= x - c$, & CFq ($=$ CHq $+$ HFq) $= xx - 2cx + cc + bb$, atque CBq ($=$ CDq $+$ DBq) $= xx + aa$, adeoque CB vel CE $= \sqrt{(xx+aa)}$. Huic adde EF, & habebitur CF $= d + \sqrt{(xx+aa)}$, cujus quadratum $dd + aa + xx + 2d\sqrt{(xx+aa)}$, æquatur valori ejuſdem CFq prius invento, nempe $xx - 2cx + cc + bb$. Aufer utrobique xx, & reſtabit $dd + aa + 2d\sqrt{(xx+aa)} = cc + bb - 2cx$. Aufer inſuper $dd + aa$, & habebitur $2d\sqrt{(xx+aa)} = cc + bb - dd - aa - 2cx$. Jam, abbreviandi cauſa, pro $cc + bb - dd - aa$, (*h*) ſcribe $2gg$, & habebitur $2d\sqrt{(xx+aa)} = 2gg - 2cx$, ſive $d\sqrt{(xx+aa)} = gg - cx$. Et partibus æquationis quadratis, erit $ddxx + ddaa = g^4 - 2ggcx + ccxx$. Utrinque aufer $ddaa$ & $ccxx$, & reſtabit $ddxx - ccxx = g^4 - ddaa - 2ggcx$. Et partibus æquationis diviſis per $dd - cc$, habebitur $xx = \frac{g^4 - ddaa - 2ggcx}{dd - cc}$. Atque per extractionem radicis affectæ $x = \frac{-ggc + \sqrt{(g^4dd - d^4aa + ddaacc)}}{dd - cc}$. (*i*)

In-

(*h*) Junge FK, & KG $= \sqrt{(dd-cc)}$ quam dic $= h$; reſtat igitur $bb - hh - aa$: ſed LD $b + h$ & DK $= b - h$; quare LDK vel (ducta tangente DN) DN^2 $= bb - hh$, cui parem ſume DO, & quia AB ſecta eſt in æqualia in D, & ei addita BO, erit AOB cum quadrato ex BD æquale quadrato ex DO, vel AOB æquale $bb - hh - aa$: dic AOB $= 2gg$.

(*i*) Quia KG $= \sqrt{(dd - cc)} = h$, erit $x = \frac{-cgg \pm d\sqrt{(g^4 - aahh)}}{hh}$: fac $g.a :: h.$ ad quartam $= q$, & $gq = ah$, aut $ggqq = aahh$; quapropter $x = \frac{-cgg \pm dg\sqrt{(gg - qq)}}{hh}$: quære $o = gg - qq$, & fiet $x = \frac{-cgg \pm dgo}{hh}$: fac denique $hh. -cg \pm do :: g.$ ad quartam x.

Sed quia duo reperiuntur valores x, qui ad unum redigerentur ſi $\frac{gg}{h} = a$, & impoſſibiles fierent ſi $\frac{gg}{h}$ eſſet minor quam a; videndum eſt quando $\frac{gg}{h}$ major, æqualis, aut minor ſit quam a. Biſeca AO in P. Quia diximus AOB $= 2gg$, erit POB $= gg$: idcirco fac ut GK ad PO, ita OB ad quartam; ſi hæc æquat DB problema erit poſſibile & unam habebit ſolutionem, eritque $x = \frac{ac}{h}$; ſi major, duas, quas conſtrues ut ſupra, & centrum unius circuli cadet ſupra AB, alterius vero infra; ſi minor, problema eſt impoſſibile.

Si recta AB tangeret in G circulum KNL eſſet $c = d$, & æquatio $ddxx - ccxx = g^4 - aadd - 2ggcx$ fieret $x = \frac{gg}{2d} - \frac{aad}{2gg}$; ſed tum $2gg = bb - aa =$ AGB, & $gg =$ DGB; quare fac AGB ad quadratum ex DB ut FK ad quartam, & exceſſus hujus ſupra illam erit x.

Si AB neque tangeret, neque ſecaret circulum KNL, eſſet c major quam d & æquatio fieret $xx = \frac{2ggcx + aadd - g^4}{cc - dd}$.

Si punctum B caderet in peripheria circuli KNL, & punctum A extra, eſſet $b = a + c$, quare $2gg$, in prima & tertia hypotheſi, $= 2cc + 2ac - dd$; in ſecunda, $= cc + 2ac$. Facile perſequeris reliquos caſus, nempe, quando unum ex punctis eſt in peripheria, dum alterum intra circulum exiſtit; ambo intra circulum; circulus inter utrumque medius. Ambo autem puncta nequeunt eſſe in peripheria dati circuli.

Inventa igitur x, sive longitudine DC, biseca AB in D, & ad D erige perpendiculum $DC = \frac{-ggc + d\sqrt{(g^4 - aadd + aacc)}}{dd - cc}$. Dein centro C per punctum A vel B describe circulum ABE; nam hic continget alterum circulum EK, & transibit per utrumque punctum A, B. Q. E. F.

PROB. XLVI.

Circulum per datum punctum describere qui datum circulum, & rectam lineam positione datam continget.

Tab. VI. Fig. 2. Sit circulus iste describendus BD, ejus centrum C, punctum per quod describi debet B, recta quam continget AD, punctum contactus D, circulus quem continget GEM, ejus centrum F, & punctum contactus E. Junge CB, CD, CF; & CD erit perpendicularis ad AD, atque CF secabit circulos in puncto contactus E. Produc CD ad Q ut sit DQ = EF & per Q age QN parallelam AD. Denique a B & F ad AD & QN demitte perpendicula BA, FN, & a C ad AB & FN perpendicula CK, CL. Et cum sit BC = CD vel AK, erit BK (= AB — AK) = AB — BC, adeoque $BKq = ABq - 2AB \cdot BC + BCq$. Aufer hoc de BCq, & restabit $2AB \cdot BC - ABq$, pro quadrato de CK. Est itaque $AB(2BC - AB) = CKq$; & eodem argumento erit $FN(2CF - FN) = CLq$, atque adeo $\frac{CKq}{AB} + AB = 2BC$, & $\frac{CLq}{FN} + FN = 2CF$. Quamobrem, si pro AB, CK, FN, KL, & CL, scribas $a, y, b, c,$ & $c - y$, erit $\frac{yy}{2a} + \frac{1}{2}a = BC$, & $\frac{cc - 2cy + yy}{2b} + \frac{1}{2}b = FC$. De FC aufer BC, & restabit $BF = \frac{cc - 2cy + yy}{2b} + \frac{1}{2}b - \frac{yy}{2a} - \frac{1}{2}a$. Jam si puncta ubi FN producta secat rectam AD, & circulum GEM notentur literis H, G, & M & in HG producta capiatur HR = AB, cum sit HN (= DQ = EF) = GF; addendo FH utrinque, erit FN = GH, adeoque AB — FN (= HR — GH) = GR, & AB — FN + 2EF, hoc est $a - b + 2EF = RM$, & $\frac{1}{2}a - \frac{1}{2}b + EF = \frac{1}{2}RM$. Quare, cum supra fuerit $EF = \frac{cc - 2cy + yy}{2b} + \frac{1}{2}b - \frac{yy}{2a} - \frac{1}{2}a$, si hoc scribatur pro EF habebitur $\frac{1}{2}RM = \frac{cc - 2cy + yy}{2b} - \frac{yy}{2a}$. Dic ergo RM d, & erit $d = \frac{cc - 2cy + yy}{b} - \frac{yy}{a}$. Duc omnes terminos in a & b, & orietur $abd = acc - 2acy + ayy - byy$. Aufer utrinque

que $acc - 2acy$, & restabit $abd - acc + 2acy = ayy - byy$. Divide per $a - b$, & orietur $\frac{abd - acc + 2acy}{a - b} = yy$. Et extracta radice $y = \frac{ac}{a - b} \pm \sqrt{\left(\frac{aabd - abbd + abcc}{aa - 2ab + bb}\right)}$. Quæ conclusiones sic abbreviari possunt. Pone $c . b :: d . e$, dein $a - b . a :: c . f$; & erit $fe - fc + 2fy = yy$, sive $y = f \pm \sqrt{(ff + fe - fc)}$. Invento y, sive KC vel AD, cape $AD = f \pm \sqrt{(ff + fe - fc)}$, ad D erige perpendiculum DC (= BC) $= \frac{KCq}{2AB} + \frac{1}{2} AB$, & centro C, intervallo CB vel CD describe circulum BDE, nam hic transiens per datum punctum B, tanget rectam AD in D, & circulum GEM in E. Q. E. F.

Hinc circulus etiam describi potest qui duos datos circulos, & rectam positione datam continget. Sint enim circuli dati RT, SV, eorum centra B, F, & recta positione data PQ. Centro F, radio FS — BR describe circulum EM. A puncto B, ad rectam PQ demitte perpendiculum BP, & produc eo ad A ut sit PA = BR per A age AH parallelam PQ, & circulus describatur qui transeat per punctum B, tangatque rectam AH, & circulum EM. Sit ejus centrum C; junge BC secantem circulum RT in R, & eodem centro C, radio vero CR descriptus circulus RS tanget circulos RT, SV, & rectam PQ, ut ex constructione manifestum est. TAB. VI. Fig. 3.

PROB. XLVII.

Circulum describere qui per datum punctum transibit, & alios duos positione, & magnitudine datos circulos continget.

Esto punctum illud datum A; sintque circuli positione, & magnitudine dati TIV, HRS, eorum centra C & B, circulus describendus AIH centrum ejus D, & puncta contactus I & H. Junge AB, AC, AD, DB, secetque AB producta circulum RHS in punctis R & S, & AC, producta circulum TIV in T & V. Et a punctis D & C demissis perpendiculis DE ad AB, & DF ad AC occurrente AB in G, atque CK ad AB; in triangulo ADB erit ADq — DBq + ABq = 2AE . AB, per 13. II. Elem. Sed DB = AD + BR, adeoque DBq = ADq + 2AD . BR + BRq. Aufer hoc de ADq + ABq, & restabit ABq — 2AD . BR — BRq, pro 2AE . AB. Est autem ABq — BRq = (AB — BR) (AB + BR) = AR . AS. Quare AR . AS — 2AD . BR = 2AE . AB. Et $\frac{AR . AS - AB . AE}{BR} = 2AD$. TAB. VI. Fig. 4.

Et simili ratiocinio in triangulo ADC emerget iterum $2AD = \frac{TAV - 2CAF}{CT}$. Quare $\frac{RAS - 2BAE}{BR} = \frac{TAV - 2CAF}{CT}$. Et $\frac{TAV}{CT} -$

$\frac{RAS}{BR}+\frac{2BAE}{BR}=\frac{2CAF}{CT}$. Et $\left(\frac{TAV}{CT}-\frac{RAS}{BR}+\frac{2BAE}{BR}\right)\frac{CT}{2AC}=AF$. Unde cum sit AK . AC :: AF . AG, erit $AG=\left(\frac{TAV}{CT}-\frac{RAS}{BR}+\frac{2BAE}{BR}\right)\frac{CT}{2AK}$. Aufer hoc de AE sive $\frac{2KAE}{CT}$ in $\frac{CT}{2AK}$, & restabit $GE=\left(\frac{RAS}{BR}-\frac{TAV}{CT}-\frac{2BAE}{BR}+\frac{2KAE}{CT}\right)\frac{CT}{2AK}$. Unde cum sit KC . AK :: GE . DE; erit $DE=\left(\frac{RAS}{BR}-\frac{TAV}{CT}-\frac{2BAE}{BR}+\frac{2KAE}{CT}\right)\frac{CT}{2KC}$. In AB cape AP quæ sit ad AB ut CT ad BR, & erit $\frac{2PAE}{CT}=\frac{2BAE}{BR}$, adeoque $\frac{2PK.AE}{CT}=\frac{2BAE}{BR}-\frac{2KAE}{CT}$, adeoque $DE=\left(\frac{RAS}{BR}-\frac{TAV}{CT}-\frac{2PK.AE}{CT}\right)\frac{CT}{2KC}$. Ad AB erige ergo perpendiculum $AQ=\left(\frac{RAS}{BR}-\frac{TAV}{CT}\right)\frac{CT}{2CK}$, & in eo cape $QO=\frac{PK.AE}{KC}$, & erit AO = DE.

Junge DO, DQ, CP, & triangula DOQ, CKP erunt similia, quippe quorum anguli ad O & K sunt recti, & latera (KC . PK :: AE, vel DO . QO) proportionalia. Anguli ergo OQD, KPC æquales sunt, & proinde QD perpendicularis est ad CP. Quamobrem si agatur AN parallela CP, & occurrens QD in N, angulus ANQ erit rectus, & triangula AQN, PCK similia; adeoque PC . KC :: AQ . AN. Unde cum AQ sit $\left(\frac{RAS}{BR}-\frac{TAV}{CT}\right)\frac{CT}{2KC}$, AN erit $\left(\frac{RAS}{BR}-\frac{TAV}{CT}\right)\frac{CT}{2PC}$. Produc AN ad M ut sit NM = AN, & erit AD = DM, adeoque circulus quæsitus transibit per punctum M. Cum ergo punctum M datum sit, sine ulteriore analysi, talis emergit problematis resolutio.

In AB cape AP, quæ sit ad AB ut CT ad BR; junge CP eique parallelam age AM, quæ sit ad $\frac{RAS}{BR}-\frac{TAV}{CT}$ ut CT ad PC; & ope Prob. 45. per puncta A & M describe circulum AMD qui tangat alterutrum circulum TIV, RHS, & idem circulus tanget utrumque. Q. E. F.

Et hinc circulus etiam describi potest qui tres circulos positione & magnitudine datos continget. Sunto trium datorum circulorum radii A, B, C, & centra D, E, F, radiis $B \pm A$, $C \pm A$ describantur duo circuli, & tertius circulus qui hosce tangat, transeatque per punctum D. Sit hujus radius G, & centrum H, & eodem centro H radio $G \pm A$ descriptus circulus continget tres primos circulos, ut fieri oportuit.

PROB.

PROB. XLVIII.

Si ad extremitates fili DAE circa paxillum A labentis appendantur pondera duo D & E, quorum pondus E labitur per lineam obliquam BG: invenire locum ponderis E, ubi pondera haec in aequilibrio consistunt. Tab. VI Fig. 5.

Puta factum, & lineae AD age parallelam EF quae sit ad AE, ut pondus E ad pondus D. Et a punctis A & F ad lineam BG demitte perpendicula AB, FG. Jam cum pondera, ex hypothesi, sint ut lineae AE, EF, exponantur pondera per lineas istas, pondus D per lineam AE, & pondus E per lineam EF. Ergo corpus E proprii ponderis vi directa EF tendit versus F, & vi obliqua EG tendit versus G. Et idem corpus E, ponderis D vi directa AE, trahitur versus A, vi obliqua BE trahitur versus B. Cum itaque pondera se mutuo sustineant in aequilibrio, vis qua pondus E trahitur versus B aequalis esse debet vi contrariae qua tendit versus G, hoc est BE aequalis esse debet ipsi EG. Jam vero datur ratio AE ad EF, ex hypothesi, & propter datum angulum FEG datur etiam ratio FE ad EG cui BE aequalis est. Ergo datur ratio AE ad BE. Datur etiam AB longitudine. Et inde triangulum ABE, & punctum E facile dabitur. Nempe dic $AB = a$, $BE = x$, & erit $AE = \sqrt{(aa + xx)}$: sit insuper AE ad BE in data ratione d ad e, & erit $e\sqrt{(aa + xx)} = dx$. Et partibus aequationis quadratis & reductis, $eeaa = ddxx - eexx$, sive $\frac{ea}{\sqrt{(dd - ee)}} = x$. Inventa est igitur longitudo BE quae determinat locum ponderis E. Q. E. F.

Quod si pondus utrumque per lineam obliquam descendat, computum sic institui potest. Sint CD, BE obliquae lineae positione datae per quas pondera ista D & E descendunt. A paxillo A ad has lineas demitte perpendicula AC, AB, iisque productis occurrant in punctis G & H lineae EG, DH, a ponderibus perpendiculariter ad horizontem erectae, & vis qua pondus E conatur descendere juxta lineam perpendicularem, hoc est tota gravitas ipsius E, erit ad vim qua pondus idem conatur descendere juxta lineam obliquam BE, ut GE ad BE, atque vis qua conatur juxta lineam istam obliquam BE descendere erit ad vim qua conatur juxta lineam AE descendere, hoc est ad vim qua filum AE distenditur, ut BE ad AE. Adeoque gravitas ipsius E, erit ad tensionem fili AE ut GE ad AE. Et eadem ratione gravitas ipsius D erit ad tensionem fili AD ut HD ad AD. Sit itaque fili totius DA + AE longitudo c, sitque pars ejus $AE = x$, & erit altera pars $AD = c - x$. Et quoniam est $AEq - ABq = BEq$, & $ADq - ACq = CDq$, sit insuper $AB = a$, & $AC = b$, & erit $BE = \sqrt{(xx - aa)}$ & $CD = \sqrt{(xx - 2cx + cc - bb)}$. Adhaec cum triangula BEG, CDH, dentur specie, sit $BE . EG :: f . E$, & $CD . DH :: f . g$, & erit $EG =$ Tab. VI Fig. 6.

$\frac{E}{f}\sqrt{(xx-aa)}$, & DH $= \frac{g}{f}\sqrt{(xx-2cx+cc-bb)}$. Quamobrem cum sit GE ad AE ut pondus D ad tensionem AE; & HD ad AD ut pondus D ad tensionem AD, & tensiones istæ æquentur inter se, erit $\frac{Ex}{\frac{E}{f}\sqrt{(xx-aa)}}$ = tensioni AE = tensioni AD $= \frac{Dc-Dx}{\frac{g}{f}\sqrt{(xx-2cx+cc-bb)}}$. Cujus æquationis reductione provenit $\frac{gx\sqrt{(xx-2cx+cc-bb)}}{\sqrt{(xx-aa)}} = (Dc-Dx)$ sive

$$\left.\begin{matrix}gg\\-DD\end{matrix}\right. x^4 \left.\begin{matrix}-2ggc\\+2DDc\end{matrix}\right. x^3 \left.\begin{matrix}+ggcc\\-ggbb\\-DDcc\\+DDaa\end{matrix}\right. xx - 2DDaacx + DDccaa = 0.$$

Si casum desideras, quo hoc problema per regulam & circinum construi queat, pone pondus D ad pondus E ut ratio $\frac{BE}{EG}$ ad rationem $\frac{CD}{DH}$, & evadet $g = D$, (*k*) adeoque vice præcedentis æquationis habebitur hæc $-\frac{aa}{bb}xx - 2aacx + aacc = 0$; sive $x = \frac{ac}{a+b}$ (*l*).

PROB.

(*k*) Nam $\frac{BE}{EG} = \frac{f}{E}$, & $\frac{CD}{DH} = \frac{f}{g}$; cum ergo nunc sit $\frac{BE}{EG}(\frac{f}{E}) \cdot \frac{CD}{DH}(\frac{f}{g})$ :: D : E, erit, invicem ductis extremis & mediis, $\frac{Df}{g} = f$, & D = g.

(*l*) Aut enim *b* æquat *a*, aut minor est, aut major. Si primum, $aaxx - bbxx = 0$, & æquatio restat, $x = \frac{c}{2} = \frac{2ac}{2a} = \frac{ac}{a+b}$. Hoc autem accidit quando BA, AC sunt æquales.

Si secundum, æquatio fit $xx = \frac{2aacx - aacc}{aa-bb}$, & $x = \frac{aac \pm \sqrt{aabbcc}}{aa-bb} = \frac{aac \pm abc}{aa-bb} = \frac{ac(a \pm b)}{(a+b)(a-b)} = \frac{ac}{a \mp b}$; & tunc duo videntur esse puncta æquilibrium dantia. Sed si ponamus $x = \frac{ac}{a+b}$, erit tensio fili AE $\left(\frac{fx}{\sqrt{(xx-aa)}}\right) = \frac{acf}{(a+b)\sqrt{(\frac{aacc}{aa+2ab+bb}-aa)}} = \frac{cf}{\sqrt{(cc-aa-2ab-bb)}}$. Atqui tensio fili AD $\left(\frac{fc-fx}{\sqrt{(xx-2cx+cc-bb)}}\right) = \frac{[illegible]}{(a+b)[illegible]} = \frac{[illegible]}{[illegible]} = \frac{[illegible]}{\sqrt{cc-aa-2[illegible]}}$; quæ tensiones, sunt æquales, & [illegible] æquilibrio.

Si vero ponamus $x = \frac{ac}{a-b}$ fiet $= \frac{[illegible]}{\sqrt{(cc-aa+2ab-bb)}}$, & tensio AD $= \frac{-cf}{\sqrt{(cc-aa+2ab-bb)}}$, quæ quidem est quidem alteri æqualis, sed negativa, & debet esse positiva, quia tensiones ambæ tendunt ad easdem plagas; fieret tantem positiva si pro tensione ipsius AD haberetur non

fc

PROB. XLIX.

Si ad filum DACBF circa paxillos duos A, B, labile appendantur tria pondera D, E, F; D & F ad extremitates fili, & E ad medium ejus punctum C, inter paxillos positum: ex datis ponderibus & situ paxillorum invenire situm puncti C, ad quod medium pondus appenditur ubi pondera consistunt in æquilibrio.

Cum tensio fili AC æquetur tensioni fili AD, & tensio fili BC tensioni fili BF, erunt tensiones filorum AC, BC, EC ut pondera D, F, E. In eadem ponderum ratione cape partes filorum CG, CH, CI. Compleatur triangulum GHI. Produc IC donec ea occurrat GH in K, & erit $GK = KH$, & $CK = \frac{1}{2}CI$, adeoque C centrum gravitatis trianguli GHI. (*n*) Nam per C agatur ipsi CE perpendiculare PQ, & huic a punctis G, & H, perpendicularia GP, HQ. Et si vis qua filum AC vi ponderis D trahit punctum C versus A, exponatur per lineam GC, vis qua filum istud trahet idem punctum versus P exponetur per lineam CP, & vis qua trahit illud versus K exponetur per lineam GP. Et similiter vires quibus filum BC vi ponderis F, trahit idem punctum C versus B, Q & K, exponentur per lineas CH, CQ, HQ; & vis qua filum CE vi ponderis E, trahit punctum illud C versus E, exponetur per lineam CI. Jam cum punctum C viribus æquipollentibus sustineatur in æqui- Tab. Fig.

$\frac{fc - fx}{\sqrt{(xx - 2cx + cc - bb)}}$ sed $\frac{fx - fc}{\sqrt{xx - 2cx + cc - bb}}$: quod indicat hunc ignotæ valorem satisfacere problemati, si pro summa filorum DA, AE data fuisset eorum differentia.

Denique si b major est quam a, æquatio evadit $xx = $ [illegible] $\frac{+ aacc}{-aa}$; aut $x = \frac{-aac \pm \sqrt{abc}}{bb - aa}$; quarum altera $\left(\frac{-aac - \sqrt{abc}}{bb - aa}\right)$ est falsa, quam non quærimus, & quæ satisfaceret problemati si fuisset quærendum punctum æquilibrii pondere labente per CD, & illud retrahente potentia quadam æquale ponderi E juxta directionem IF ipsi BE parallelam filo circa A recurvato in F ita, ut FA, AE sint in directum. Altera vero ([illegible]) dat $\frac{ac}{a+b}$.

(*m*) Quoniam pondera D, E, F, sunt in æquilibrio, vis qua pondera D & F deorsum trahuntur, æquat vim qua pondus E deprimitur. Pondus autem E simul tendit fila AC, CB; ac tensioni filii AC contraria est tensio fili AD, tensioni vero fili CB contraria est tensio fili BF; ergo hæ tensiones contrariæ debent esse æquales; alioquin enim tensio major minorem vinceret, & pondera non essent in æquilibrio.

Tensio fili AD est effectus ponderis D perpendiculariter trahentis, & idcirco totam suam vim exserentis; ergo est ei proportionalis. Sed tensio fili AC æquat tensionem fili AD, igitur tensio fili AC est ut pondus D. Idem dicendum de tensione fili BC. Tensionem CE esse ut pondus E statim patet.

(*n*) Quod GH bisecetur in K, & quod KC sit dimidiata CI ab Auctore dilucide ostenditur, & notum est esse C centrum gravitatis trianguli GIK.

æquilibrio, summa virium quibus fila AC & BC, simul trahunt punctum C versus K, æqualis erit vi contrariæ qua filum EC, trahit punctum illud versus E, hoc est summa GP + HQ, æqualis erit ipsi CI; & vis qua filum AC trahit punctum C versus P, æqualis erit vi contrariæ qua filum BC trahit idem punctum C versus Q, hoc est linea PC æqualis lineæ CQ. Quare cum PG, CK, & QH parallelæ sint, erit etiam GK = KH, & CK $(= \frac{GP + HQ}{2}) = \frac{1}{2}$ CI. Quod erat ostendendum. Restat itaque triangulum GCH determinandum, cujus latera GC & HC, dantur, una cum linea CK, quæ a vertice C ad medium basis ducitur. Demittatur itaque a vertice C ad basem GH perpendiculum CL, & erit $\frac{GCq - CHq}{2GH} = KL = \frac{GCq - KCq - GKq}{2GK}$. Pro 2GK scribe GH, & rejecto communi divisore GH, & ordinatis terminis, erit GCq − 2KCq + CHq = 2GKq, sive $\sqrt{\frac{1}{2} GCq - KCq + \frac{1}{2} CHq}$ = GK. Invento GK vel KH, dantur simul anguli GCK, KCH, sive DAC, FBC. Quare a punctis A & B in datis istis angulis DAC, FBC duc lineas AC, BC concurrentes in puncto C, & istud C erit punctum quod quæritur.

Ceterum quæstiones omnes quæ sunt ejusdem generis non semper opus est per algebram sigillatim solvere, sed ex solutione unius plerumque consectatur solutio alterius. Ut si jam proponeretur hæc quæstio.

TAB. VI. Fig. 8. *Filo ACDB in datas partes AC, CD, DB diviso & extremitatibus ejus ad paxillos duos A, B positione datos ligatis, si ad puncta divisionum C ac D appendantur pondera duo E & F; ex dato pondere F, & situ punctorum C ac D, cognoscere pondus E.*

Ex præcedentis problematis solutione satis facile colligetur hæcce solutio hujus. Produc lineas AC, BD, donec occurrant lineis DF, CE in G & H; & erit pondus E ad pondus F ut DG ad CH.

Et hinc obiter patet ratio componendi stateram ex solis filis, qua pondus corporis cujusvis E, ex unico dato pondere F cognosci potest.

PROB. L.

Lapide in puteum decidente, ex sono lapidis fundum percutientis, altitudinem putei cognoscere.

Sit altitudo putei x, & si lapis motu uniformiter accelerato descendat per spatium quodlibet datum a in tempore dato b, & sonus motu uniformiterformi transeat per idem spatium datum a in tempore dato d, lapis descendet per spatium x, in tempore $b\sqrt{\frac{x}{a}}$, sonus autem qui fit a lapide in fundum putei impingente ascendet per idem spatium x, in tempore $\frac{dx}{a}$. Ut enim sunt spatia gravibus decidentibus descripta, ita sunt quadrata temporum descensus; vel ut radices spatiorum, hoc est ut $\sqrt{x}$ & $\sqrt{a}$, ita sunt ipsa tempora. Et ut spatia x & a, per quæ sonus transit, ita sunt tempora transitus. Ex horum temporum $b\sqrt{\frac{x}{a}}$ & $\frac{dx}{a}$ summa conflatur tempus a lapide demisso ad sonus reditum. Hoc tempus ex observatione cognosci potest. Sit ipsum t, & erit $b\sqrt{\frac{x}{a}}+\frac{dx}{a}=t$. Ac $b\sqrt{\frac{x}{a}}=t-\frac{dx}{a}$. Et partibus quadratis $\frac{bbx}{a}=tt-\frac{2tdx}{a}+\frac{ddxx}{aa}$. Et per reductionem $xx=\frac{2adt+abb}{dd}x-\frac{aatt}{dd}$. Et extracta radice $x=\frac{adt+\frac{1}{2}abb}{dd}-\frac{ab}{2dd}\sqrt{(bb+4dt)}$ (o).

PROB. LI.

Dato globo A, positione parietis DE, & centri globi B a pariete distantia BD; invenire molem globi B ea lege ut in spatiis liberis, & vi gravitatis destitutis, si globus A, cujus centrum in linea BD, quæ ad parietem perpendicularis est, ultra B producta consistit, uniformi cum motu versus D feratur donec is impingat in alterum quiescentem globum B; globus iste B postquam reflectitur a pariete, denuo occurrat globo A in dato puncto C. TAB. VI. Fig. 1.

Sit globi A celeritas ante reflexionem a & erit per PROB. XII. Quæst. Arit. celeritas globi A post reflexionem $=\frac{aA-aB}{A+B}$, & celeritas globi B post

(o) Hic sumitur minor æquationis radix, quia t (tempus quod labitur, dum lapis descendit & sonus ascendit) debet esse majus quam $\frac{dx}{a}$ (tempus, per quod sonus ascendit); ergo $\frac{at}{d}$ majus quam x, quod sic optime efficitur. Est enim $\sqrt{(bb+4dt)}$ major quam b, pone eam $=b+c$; ergo $x=\frac{adt+\frac{1}{2}abb}{dd}-\frac{\frac{1}{2}abb-\frac{1}{2}abc}{dd}=\frac{adt-\frac{1}{2}abc}{dd}$: est autem $\frac{adt-\frac{1}{2}abc}{dd}$ minor quam $\frac{adt}{dd}$; ergo x minor quam $\frac{adt}{dd}=\frac{at}{d}$.

post reflexionem $= \frac{2aA}{A+B}$. Ergo celeritas globi A ad celeritatem globi B est ut A — B ad 2A. In GD cape $gD =$ GH diametro nempe globi B, & celeritates istæ erunt ut GC ad $Gg + gC$. Nam ubi Globus A impegit in globum B, punctum G quod in superficie globi B existens movetur in linea AD, perget per spatium Gg antequam globus ille B impinget in parietem, & per spatium gC postquam a pariete reflectitur; hoc est per totum spatium $Gg + gC$, in eodem tempore quo globi A punctum F perget per spatium GC, eo ut globus utterque rursus conveniant & in se mutuo impingant in puncto dato G. Quamobrem cum dentur intervalla BC & CD, dic $BC = m$, $BD + CD = n$, & $BG = x$, & erit $GC = m + x$, & $Gg + gC = GD + DC - 2gD = GB + BD + DC - 2GH = x + n - 4x$, seu $= n - 3x$. Supra erat A — B ad 2A ut celeritas globi B ut GC ad $Gg + gC$, adeoque A — B ad 2A ut GC ad $Gg + gC$, ergo cum sit $GC = m + x$, & $Gg + gC = n - 3x$, erit A — B ad 2A sicut $m + x$ ad $n - 3x$. Porro globus A est ad globum B ut cubus radii ejus AF ad cubum radii alterius GB, hoc est si ponas radium AF esse s, ut s^3 ad x^3. Ergo $s^3 - x^3 . 2s^3$ (:: A — B . 2A) :: $m + x . n - 3x$. Et ductis extremis & mediis in se habebitur æquatio $s^3n - 3s^3x - nx^3 + 3x^4 = 2ms^3 + 2xs^3$. Et per reductionem

$$3x^4 - nx^3 - 5s^3x \begin{matrix} + s^3n \\ - 2s^3m \end{matrix} = 0.$$

Si datus esset globus B & quæreretur globus A ea lege ut globi duo post reflexionem convenirent in C, quæstio foret facilior. Nempe in inventa æquatione novissima supponendum esset x dari & s quæri. Qua ratione per debitam reductionem illius æquationis, translatis terminis $-5s^3x + s^3n - 2s^3m$ ad æquationis partem contrariam ac divisa utraque parte per $5x - n + m$, emergeret $\frac{3x^4 - nx^3}{5x - n + 2m} = s^3$. Ubi per solam extractionem radicis cubicæ obtinebitur s.

Quod si dato globo utroque quæreretur punctum C in quo post reflexionem ambo in se mutuo impingerent: cum supra fuerit A — B ad 2A ut GC ad $Gg + gC$ ergo invertendo & componendo 3A — B erit ad A — B ut $2Gg$ ad distantiam quæsitam GC.

PROB.

PROB. LII.

Si globi duo A & B tenui jungantur filo PQ, & pendente globo B a globo A, demittatur globus A, ita ut globus uterque simul sola gravitatis vi in eadem linea perpendiculari PQ cadere incipiat; dein globus inferior B, postquam a fundo seu plano horizontali FG sursum reflectitur, superiori decidenti globo A occurrat in puncto quodam D: ex data fili longitudine PQ, & puncti illius D a fundo distantia DF, invenire altitudinem PF, a qua globus superior A ad hunc effectum demitti debet. TAB. VI Fig. 2

Sit fili PQ longitudo a. In perpendiculo PQRF ab F sursum cape FE æqualem globi inferioris diametro QR, ita ut cum globi illius punctum infimum R incidit in fundum ad F, punctum ejus supremum Q occupet locum E; sitque ED distantia per quam globus ille, postquam a fundo reflectitur, ascendendo transit antequam globo superiori decidenti occurrat in puncto D. Igitur, ob datam puncti D a fundo distantiam DF globique inferioris diametrum EF, dabitur eorum differentia DE. Sit ea $= b$. Sitque altitudo quam globus ille inferior, antequam impingit in fundum, cadendo describit, RF vel QE $= x$, siquidem ea ignoretur. Et invento x si eidem addantur EF & PQ habebitur altitudo PF, a qua globus superior ad effectum desideratum demitti debet.

Cum igitur sit PQ $= a$, & QE $= x$, erit PE $= a + x$. Aufer DE seu b, & restabit PD $= a + x - b$. Est autem tempus descensus globi A ut radix spatii cadendo descripti seu $\sqrt{(a + x - b)}$, & tempus descensus globi alterius B ut radix spatii cadendo descripti, seu $\sqrt{x}$, & tempus ascensus ejusdem ut differentia radicis illius & radicis spatii quod cadendo tantum a Q ad D describeretur (p). Nam hæc differentia est ut tempus descensus a D ad E, quod æquale est tempori ascensus ab E ad D. Est autem differentia illa $\sqrt{x} - \sqrt{(x - b)}$. Unde tempus descensus & ascensus conjunctim erit ut $2\sqrt{x} - \sqrt{(x - b)}$. Quamobrem cum hoc tempus æquetur tempori descensus globi superioris erit $\sqrt{(a + x - b)} = 2\sqrt{x} - \sqrt{(x - b)}$ (q). Cujus æquationis partibus quadratis habebitur

$a + x$

(p) Hæc explicantur infra sub signo q.

(q) Cum vis gravitatis eadem sit in globo ascendente aut descendente, cumque ea deorsum tendat, illa uniformiter retardabit globum ascendentem, ut uniformiter cadentem acceleraverat. Ita ut si globus B in QR quiescens vi gravitatis cadere concipiatur in EF, & inde versus RQ repelli eadem prorsus velocitate quam acquisiverat, eodem tempore ascendet in primum locum RQ ac ex eo descenderat in EF, & ipso momento, quo venerit in RQ, nullum prorsus motum habebit; sed tempus descensus puncti Q ex Q in E est ut $\sqrt{x}$, ergo tempus ascensus ejusdem erit ut $\sqrt{x}$: quare hæc duo tempora simul sumpta ut $2\sqrt{x}$: sed cum punctum Q debeat solum venisse in D, quando globus A item est in D, ergo ex tempore ascensus globi B demendum est tempus ascensus ex D in Q, quod est ut $\sqrt{(x-b)}$;

est

$a + x - b = 5x - b - 4\sqrt{(xx - bx)}$, seu $a = 4x - 4\sqrt{(xx - bx)}$, & ordinata æquatione $4x - a = 4\sqrt{(xx - bx)}$. Cujus partes iterum quadrando oritur $16xx - 8ax + aa = 16xx - 16bx$, seu $aa = 8ax - 16bx$. Et divisis omnibus per $8a - 16b$, fiet $\frac{aa}{8a - 16b} = x$. Fac igitur ut $8a - 16b$ ad a ita a ad x, habebitur x seu QE. Q. E. I.

Quod si ex dato QE quæreretur fili longitudo PQ seu a; eadem æquatio $aa = 8ax - 16bx$ extrahendo affectam radicem quadraticam daret $a = 4x - \sqrt{(16xx - 16bx)}$ (r). Id est si sumas QY mediam proportionalem inter QD & QE, erit PQ $= 4$EY. Nam media illa proportionalis erit $\sqrt{(x.(x - b))}$, seu $\sqrt{(xx - bx)}$ quod subductum de x seu QE, relinquit EY, cujus quadruplum est $4x - 4\sqrt{(xx - bx)}$.

Sin vero ex datis tum QE, seu x, tum fili longitudine PQ, seu a, quæreretur punctum D in quo globus superior in inferiorem incidit; puncti illius a dato puncto E distantia DE seu b, e præcedente æquatione $aa = 8ax - 16bx$, eruetur transferendo aa & $16bx$ ad æquationis partes contrarias cum signis mutatis, & omnia dividendo per $16x$. Orietur enim $\frac{8ax - aa}{16x} = b$. Fac igitur ut $16x$, ad $8x - a$ ut a ad b, & habebitur b seu DE.

Hactenus supposui globos tenui filo connexos simul demitti. Quod si nullo connexi filo diversis temporibus demittantur, ita ut globus superior A verbi gratia prius demissus, descenderit per spatium PT antequam globus alter incipiat cadere, & ex datis distantiis PT, PQ ac DE quæratur altitudo PF a qua globus superior demitti debet ea lege ut inferiorem incidat ad punctum D; sit PQ $= a$, DE $= b$, PT $= c$, & QE $= x$, & erit PD $= a + x - b$, ut supra. Et tempora quibus globus superior cadendo describat spatia PT ac TD, & globus inferior prius cadendo dein reascendendo describat summam spatiorum QE + ED, erunt ut $\sqrt{}$PT, $\sqrt{}$PD $-$ $\sqrt{}$PT, & $2\sqrt{}$QE $-$ $\sqrt{}$QD hoc est ut $\sqrt{c}$, $\sqrt{(a + x - b)} - \sqrt{c}$, & $2\sqrt{x} - \sqrt{(x - b)}$. At ultima duo tempora, propterea quod spatia TD, & QE + ED simul describuntur, æqualia sunt. Ergo $\sqrt{(a + x - b)} - \sqrt{c}$

est igitur tempus descensus ex Q in E, & ascensus ex E in D, ut $2\sqrt{x} - \sqrt{(x - b)}$; sed globus B debet descendere & ascendere quo tempore globus A venit ex P in D, ergo $\sqrt{(x + a - b)} = 2\sqrt{x} - \sqrt{(x - b)}$.

(r) Hic quoque radix habetur ambigua, nam $a = 4x \mp \sqrt{(16xx - 16bx)}$; quæ ambo sunt positivæ: cur ergo minor eligenda? Responsum nascitur ex re ipsa. Siquidem esse debet $\sqrt{(a + x - b)} = 2\sqrt{x} - \sqrt{(x - b)} =$ (substitit) $\sqrt{(5x - b \mp \sqrt{(16xx - 16bx)})}$: extrahe hanc radicem, & fac A $= 5x - b$ (Sect. I. Cap. VIII. Art. VI.), B $= \sqrt{(16xx - 16bx)}$; erit $\frac{A + \sqrt{(A^2 - B^2)}}{2} = 4x$, quadratum majoris partis radicis, & $\frac{A - \sqrt{(A^2 - B^2)}}{2} = x - b$ quadratum minoris partis; ergo radices sunt $2\sqrt{x}$ & $\sqrt{(x - b)}$, hæ signis, quæ prius habebant, jungendæ sunt; ergo sumi debet $a = 4x - \sqrt{(16xx - 16bx)}$, alioquin haberetur $2\sqrt{x} - \sqrt{(x - b)} = 2\sqrt{x} + \sqrt{(x - b)}$, quod est absurdum, nisi cum $x = b$, id est, cum globus B debet ad pristinum situm ascendisse, cum illiditur globo A cadenti, tunc enim $\sqrt{x - b} = 0$, & $2\sqrt{x} - 0 = 2\sqrt{x} + 0$: sed tunc statim apparet $a = 4x = 4b$.

$\sqrt{e} = 2\sqrt{x} - \sqrt{(x-b)}$. Et partibus quadratis $a + c - 2\sqrt{(ca - cb + cx)} = 4x - 4\sqrt{(xx - bx)}$. Pone $a + c = e$, & $a - b = f$, & erit per debitam reductionem $4x - e + 2\sqrt{(cf + cx)} = 4\sqrt{(xx - bx)}$, & partibus quadratis $ee - 8ex + 16xx + 4cf + 4cx + (16x - 4e)\sqrt{(cf + cx)} = 16xx - 16bx$. Ac deletis utrobique $16xx$ & pro $ee + 4cf$ scripto m nec non pro $8e - 16b - 4c$ scripto n, habebitur per debitam reductionem $(16x - 4e)\sqrt{(cf + cx)} = nx - m$. Et partibus quadratis $256cfxx + 256cx^3 - 128cefx - 128cexx + 16ceef + 16ceex = nnxx - 2mnx + mm$. Et ordinata æquatione

$$256cx^3 \begin{array}{l} - 128cexx \\ - nn \end{array} \begin{array}{l} + 256cf \\ + 16ceex \\ + 2mn \end{array} \begin{array}{l} - 128cef \end{array} \begin{array}{l} + 16ceef \\ - mm \end{array} = 0.$$

Cujus æquationis constructione dabitur x seu QE, cui si addas datas distantias PQ, & EF habebitur altitudo PF quam oportuit invenire.

PROB. LIII.

Si globi duo quiescentes superior A, & inferior B diversis temporibus demittantur; & globus inferior eo temporis momento cadere incipiat ubi superior cadendo jam descripsit spatium PT; invenire loca α, β quæ globi illi cadentes occupabunt ubi eorum intervallum $\varpi\chi$ dato æquale est. TAB. VII. Fig. 3.

Cum dentur distantiæ PT, PQ, & $\varpi\chi$, dic primam a, secundam b, tertiam c, & pro $P\varpi$ seu spatio quod globus superior, antequam pervenit ad locum quæsitum α, cadendo describit, ponatur x. Jam tempora quibus globus superior describit spatia PT, $P\varpi$, $T\varpi$, & inferior spatium $Q\chi$, sunt ut $\sqrt{PT}$, $\sqrt{P\varpi}$, $\sqrt{P\varpi} - \sqrt{PT}$, & $\sqrt{Q\chi}$: quorum temporum posteriora duo, eo quod globi cadendo simul describant spatia $T\varpi$ & $Q\chi$, sunt æqualia. Unde & $\sqrt{P\varpi} - \sqrt{PT}$ æquale erit $\sqrt{Q\chi}$. Erat $P\varpi = x$, & $PT = a$, & ad $P\varpi$ addendo $\varpi\chi$ seu c & a summa auferendo PQ seu b habebitur $Q\chi = x + c - b$. Quamobrem his substitutis fiet $\sqrt{x} - \sqrt{a} = \sqrt{(x + c - b)}$. Et æquationis partibus quadratis, orietur $x + a - 2\sqrt{ax} = x + c - b$. Ac deleto utrobique x, & ordinata æquatione habebitur $a + b - c = 2\sqrt{ax}$. Et partibus quadratis erit quadratum de $a + b - c$ æquale $4ax$, & quadratum illud divisum per $4a$ æquale x, seu $4a$ ad $a + b - c$ sicut $a + b - c$ ad x. Ex invento autem x seu $P\varpi$ datur globi superioris decidentis locus quæsitus α. Et per locorum distantiam simul datur etiam locus inferioris β.

Et hinc si punctum quæratur ubi globus superior cadendo impinget in inferiorem; ponendo distantiam $\varpi\chi$ nullam esse seu delendo c, dic $4a$ ad $a + b$ ut $a + b$ ad x, seu $P\varpi$, & punctum ϖ erit quod quæris.

Et vicissim si detur punctum illud ϖ vel χ in quo globus superior incidit in inferiorem, & quæratur locus T, quem superioris globi decidentis punctum imum P tunc occupabat cum globus inferior incipiebat cadere; quoniam

niam est $4a$ ad $a+b$ ut $a+b$ ad x, seu ductis extremis & mediis in se $4ax = aa + 2ab + bb$, & per æquationis debitam ordinationem $aa = 4ax - 2ab - bb$; extrahe radicem quadraticam & proveniet $a = 2x - b - 2\sqrt{(xx - bx)}$ (s). Cape ergo $V\varpi$ mediam proportionalem inter $P\varpi$ & $Q\varpi$, & versus V cape $VT = VQ$, & erit T punctum quod quæris. Nam $V\varpi$ erit $= \sqrt{P\varpi \cdot Q\varpi}$ hoc est $= \sqrt{(x(x - b))}$ seu $= \sqrt{(xx - bx)}$, cujus duplum subductum de $2x - b$, seu de $2P\varpi - PQ$, hoc est de $PQ + 2Q\varpi$, relinquit $PQ - 2VQ$ seu $PV - VQ$, hoc est PT.

Si denique globorum, postquam superior incidit in inferiorem, & impetu in se invicem facto inferior acceleratur, superior retardatur, desiderantur loci ubi inter cadendum distantiam datæ rectæ æqualem acquirent: quærendus erit primo locus ubi superior impingit in inferiorem; dein ex cognitis tum magnitudinibus globorum tum eorum, ubi in se impingunt, celeritatibus, inveniendæ sunt celeritates quas proxime post reflexionem habebunt, idque per modum PROB. XII. Quæst. Arith. Postea quærenda sunt loca summa ad quæ globi celeritatibus hisce si sursum ferantur ascenderent, & inde cognoscentur spatia quæ globi datis temporibus post reflexionem cadendo describent, ut & differentia spatiorum: & vicissim ex assumpta illa differentia, per analysin regredietur ad ipsa spatia cadendo descripta.

TAB. VII. Fig. 4. Ut si globus superior incidit in inferiorem ad punctum ϖ, & post reflexionem celeritas superioris deorsum tanta sit, ut si sursum esset, ascendere faceret globum illum per spatium ϖN, & inferioris celeritas deorsum tanta esset, ut, si sursum esset, ascendere faceret globum illum inferiorem per spatium ϖM; tum tempora quibus globus superior vicissim descenderet per spatia $N\varpi$, NG, & inferior per spatia $M\varpi$, MH, forent ut $\sqrt{N\varpi}$, $\sqrt{NG}$, $\sqrt{M\varpi}$, $\sqrt{MH}$, adeoque tempora quibus globus superior conficeret spatium ϖG, & inferior spatium ϖH, forent ut $\sqrt{NG} - \sqrt{N\varpi}$, ad $\sqrt{MH} - \sqrt{M\varpi}$. Pone hæc tempora æqualia esse, & erit $\sqrt{NG} - \sqrt{N\varpi} = \sqrt{MH} - \sqrt{M\varpi}$. Et insuper cum detur distantia GH pone $\varpi G + GH = \varpi H$. Et harum duarum æquationum reductione solvetur problema. Ut si sit $M\varpi = a$, $N\varpi = b$, $GH = c$, $\varpi G = x$; erit juxta posteriorem æquationem $x + c = \varpi H$. Adde $M\varpi$ fiet $MH = a + c + x$. Ad ϖG adde $N\varpi$, & fiet $NG = b + x$. Quibus inventis, juxta priorem æquationem erit $\sqrt{(b + x)} - \sqrt{b} = \sqrt{(a + c + x)} - \sqrt{a}$. Scribatur e pro $a + c$, & $\sqrt{f}$ pro $\sqrt{a} - \sqrt{b}$: & æquatio fiet $\sqrt{(b + x)} = \sqrt{(e + x)} - \sqrt{f}$. Et partibus quadratis $b + x = e + x + f -$

2

(s) En rursus radicem ambiguam, in quo bivio Mercurius noster erit, (ut semper,) consideratio rei ipsius.

Quia hic $c = 0$, debet esse $\sqrt{x} - \sqrt{a} = \sqrt{(x - b)}$: sed $a = 2x - b \pm \sqrt{(4xx - 4bx)}$; ergo quæramus radicem ipsius $2x - b \pm \sqrt{(4xx - 4bx)}$, ut videamus quinam sit valor ipsius a. Sit igitur $2x - b = A$ (Sect. I. C. VIII. Art. VI.), $\sqrt{(4xx - 4bx)} = B$, tunc $\frac{A + \sqrt{(A^2 - B^2)}}{2} = x$, & $\frac{A - \sqrt{(A^2 - B^2)}}{2} = x - b$; ergo $\sqrt{a} = \sqrt{x} \pm \sqrt{(x - b)}$; sed $\sqrt{x} - \sqrt{a} = \sqrt{(x - b)} = \sqrt{x} \mp \sqrt{x} \mp \sqrt{(x - b)} = 0 \mp \sqrt{(x - b)} = + \sqrt{x - b)}$, ergo in excessu $\sqrt{x}$ supra $\sqrt{a}$ sumi debet $+ \sqrt{(x - b)}$; quare $\sqrt{a} = \sqrt{x} - \sqrt{(x - b)}$ & $a = 2x - b - 2\sqrt{(xx - bx)}$.

$2\sqrt{(ef+fx)}$, seu $e+f-b=2\sqrt{(ef+fx)}$. Pro $e+f-b$ scribe g, & fiet $g=2\sqrt{(ef+fx)}$, & partibus quadratis $gg=4ef+4fx$, & per reductionem $\frac{gg}{4f}-e=x$.

PROB. LIV.

Si duo sint globi A, B, quorum superior A ab altitudine G decidens, in alterum inferiorem B a fundo H versus superiora resilientem incidat, & hi globi ita per reflexionem ab invicem denuo recedant, ut globus A vi reflexionis illius ad altitudinem priorem G redeat, idque eodem tempore quo globus inferior B ad fundum H revertitur; dein globus A rursus decidat, & in globum B a fundo resilientem denuo incidat, idque in eodem loco AB ubi prius in ipsum incidebat; & sic perpetuo globi ab invicem resiliant rursusque ad eundem locum redeant: ex datis globorum magnitudinibus, positione fundi, & loco G a quo globus superior decidit, invenire locum ubi globi in se mutuo impingent. TAB. VI Fig. 5.

Sit e centrum globi A, & f centrum globi B, d centrum loci G in quo globus superior in maxima est altitudine, g centrum loci globi inferioris ubi in fundum impingit, a semidiameter globi A, b semidiameter globi B, c punctum contactus globorum in se mutuo impingentium, & H punctum contactus globi inferioris & fundi. Et celeritas globi A, ubi in globum B impingit, ea erit quæ generatur casu globi ab altitudine de, adeoque est ut $\sqrt{de}$ (*t*). Hac eadem celeritate reflecti debet globus A versus superiora, ut ad locum priorem G redeat: at globus B eadem celeritate deorsum reflecti debet qua ascenderat ut eodem tempore redeat ad fundum quo inde recesserat. Ut autem hæc duo eveniant, globorum motus inter reflectendum æquales esse debent. Motus autem ex globorum celeritatibus & magnitudinibus componuntur, adeoque quod fit ex globi unius mole & celeritate æquale erit ei quod fit ex globi alterius mole & celeritate (*v*). Unde si factum ex unius globi mole & celeritate divi-

(*t*) Nam celeritates acquisitæ, in motibus uniformiter acceleratis, sunt ut tempora; tempora autem in subduplicata spatiorum peractorum ratione.

(*v*) Etenim (Probl. Arithm. XII. Cas. II.) invenimus velocitatem Corporis A post reflexionem $=\frac{aA-aB-2bB}{A+B}$. Hæc debet esse negativa quidem, sed æqualis velocitati, quam A habebat ante reflectionem, nempe æqualis velocitati $-a$; ergo $aA-aB-2bB=-aA-aB$: & (deletis delendis, ac transponendo) $2aA=2bB$, vel $aA=bB$. Sunt autem $-aA$, bB motus corporum A & B; ergo &c. Idem invenissemus, si adhibuissemus velocitatem ipsius B post reflexionem.

dividatur per molem alterius globi, habebitur celeritas alterius globi proxime ante & post reflexionem, seu sub fine ascensus & initio descensus. Erit igitur hæc celeritas ut $\frac{A\sqrt{de}}{B}$, seu, cum globi sint ut cubi radiorum, ut $\frac{a^3\sqrt{de}}{b^3}$. Ut autem hujus celeritatis quadratum ad quadratum celeritatis globi A proxime ante reflexionem, ita altitudo ad quam globus B hac celeritate, si occursu globi A in eum decidentis non impediretur, ascenderet, ad altitudinem ed à qua globus A descendit. Hoc est ut $\frac{Aq}{Bq}de$ ad de seu ut Aq ad Bq vel a^6 ad b^6 ita altitudo illa prior ad x, si modo pro altitudine posteriore ed ponatur x. Ergo hæc altitudo, ad quam globus B, si non impediretur, ascenderet, est $\frac{a^6}{b^6}x$. Sit ea K. Ad K adde dg, seu $dH - de - ef - gH$, hoc est $p - x$, si modo pro dato $dH - ef - gH$ scribas p, & x pro incognito de & habebitur $Kg = \frac{a^6}{b^6}x + p - x$. Unde celeritas globi B ubi decidit a K ad fundum, hoc est ubi decidit per spatium Kg, quod centrum ejus inter decidendum describeret, erit ut $\sqrt{(\frac{a^6}{b^6}x + p - x)}$. At globus ille decidit a loco Bcf ad fundum eodem tempore quo globus superior A ascendit a loco Ace ad summam altitudinem d, aut vicissim descendit a d ad locum Ace, & proinde cum gravium cadentium celeritates æqualibus temporibus æqualiter augeantur, celeritas globi B descendendo ad fundum tantum augebitur quanta est celeritas tota quam globus A eodem tempore cadendo a d ad e acquirat vel ascendendo ab e ad d amittat. Ad celeritatem itaque quam globus B habet in loco Bcf, adde celeritatem quam globus A habet in loco Ace, & summa, quæ est ut $\sqrt{de} + \frac{a^3\sqrt{de}}{b^3}$, seu $\sqrt{x} + \frac{a^3}{b^3}\sqrt{x}$ æquabitur $\sqrt{(\frac{a^6}{b^6}x + p - x)}$. Pro $\frac{a^3 + b^3}{b^3}$ scribe $\frac{r}{s}$ & pro $\frac{a^6 - b^6}{b^6}$, $\frac{rt}{ss}$ & æquatio illa fiet $\frac{r}{s}\sqrt{x} = \sqrt{(\frac{rt}{ss}x + p)}$, & partibus quadratis $\frac{rr}{ss}x = \frac{rt}{ss}x + p$. Aufer utrobique $\frac{rt}{ss}x$, duc omnia in ss ac divide per $rr - rt$, & orietur $x = \frac{ssp}{rr - rt}$. Quæ quidem æquatio prodiisset simplicior si modo assumpsissem $\frac{p}{s}$ pro $\frac{a^3 + b^3}{b^3}$, prodiisset enim $\frac{ss}{p - t} = x$. Unde faciendo ut sit $p - t$ ad s ita s ad x habebitur x seu ed; cui si addas ec habebitur dc, & punctum c in quo globi in se mutuo impingent. Q. E. F.

PROB.

PROB. LV.

Erectis alicubi terrarum tribus baculis ad horizontale planum in punctis A, B, & C perpendicularibus, quorum is qui in A sit sex pedum, qui in B octodecim pedum, & qui in C octo pedum, existente linea AB triginta trium pedum; contingit quodam die extremitatem umbræ baculi A, transire per puncta B & C, baculi autem B per A & C, ac baculi C per punctum A. Quæritur declinatio solis & elevatio poli, sive dies locusque ubi hæc evenerint (x)? TAB. VII. Fig. 6.

Quoniam umbra baculi cujusque descripsit conicam sectionem, sectionem nempe coni radiosi cujus vertex est baculi summitas; fingam BCDEF, esse hujusmodi curvam (sive ea sit hyperbola, parabola vel ellipsis) quam umbra baculi A eo die descripsit, ponendo AD, AE, AF ejus umbras fuisse cum BC, BA, CA respective fuerunt umbræ baculorum B & C. Et præterea fingam PAQ esse lineam meridionalem sive axem hujus curvæ ad quem demissæ perpendiculares BM, CH, DK, EN, & FL, sunt ordinatim applicatæ. Has vero ordinatim applicatas indefinite designabo littera y, & axis partes interceptas AM, AH, AK, AN, & AL litera x. Fingam denique æquationem $aa \dotplus bx \dotplus cxx = yy$, ipsarum x, & y relationem (*i. e.* naturam curvæ) designare, assumendo aa, b & c tanquam cognitas ut ex analysi tandem inveniantur. Ubi incognitas quantitates x & y, duarum tantum dimensionum posui quia æquatio est ad conicam sectionem; & ipsius y dimensiones impares omisi quia ipsa est ordinatim applicata ad axem. Signa autem ipsorum b & c, quia indeterminata sunt, designavi notula $\dotplus$ quam indifferenter pro $+$ aut $-$ usurpo, & ejus oppositum $\mp$ pro signo contrario. At signum quadrati aa affirmativum posui, quia baculum A umbras in adversas plagas (C & F, B & E) projicientem concava pars curvæ necessario complectitur, & proinde si ad punctum A erigatur perpendiculum Aβ; hoc alicubi occurret curvæ puta in β, hoc est, ordinatim applicatum y, ubi x nullum est, erit reale. Nam inde sequitur quadratum ejus, quod in eo casu est aa, affirmativum esse.

Constat itaque quod æquatio hæc fictitia $aa \dotplus bx \dotplus cxx = yy$, sicut terminis superfluis non referta sic neque restrictor est quam ut ad omnes hujus problematis conditiones se extendat, hyperbolam, ellipsin vel parabolam

(x) Hoc problema totidem verbis propositum, & diversimode solutum legitur apud SCHOOTENIUM in additamento ad suos comtanos in CARTESII Geometriam, quem lege.

(y) Cum hoc problema, æque ac sequens majorem Astronomiæ cognitionem flagitet, quam quas Tirones plerumque præditi sint; nos autem Tironibus scribamus, nec fieri possit ut omnia scitu necessaria satis breviter & perspicue tradantur, consultius duximus illa non explicata relinquere.

lam quamlibet designatura prout ipsorum aa, b, c, valores determinabuntur, aut nulli forte reperientur. Quid autem valent, quibusque signis b & c debent affici, & inde quænam sit hæc curva ex sequenti analysi constabit.

Analyseos pars prior.

Cum umbræ sint ut altitudines baculorum erit BC . AD :: AB . AE (:: 18 . 6.) :: 3 . 1. Item CA . AF (:: 8 . 6.) :: 4 . 3. Quare nominatis $AM = r$, $MB = s$, $AH = t$, & $HC = \dot{-} v$. Ex similitudine triangulorum AMB, ANE, & AHC, ALF erunt $AN = -\frac{r}{3}$. $NE = -\frac{s}{3}$. $AL = -\frac{3t}{4}$. Et $LF = \dot{-}\frac{3v}{4}$: quarum signa signis ipsarum AM, MB, AH, HC contraria posui quia tendunt ad contrarias plagas respectu puncti A, a quo ducuntur, axisve PQ cui insistunt. His autem pro x & y in æquatione fictitia $aa \dot{-} bx \dot{-} cxx = yy$, respective scriptis,

$$r \ \& \ s \text{ dabunt } aa \dot{-} br \dot{-} crr = ss.$$
$$-r \ \& -\frac{s}{3} \text{ dabunt } aa \underset{\cdot}{-} \frac{br}{3} \dot{-} \frac{1}{9}crr = \frac{1}{9}ss.$$
$$t \ \& \dot{-} v \text{ dabunt } aa \dot{-} bt \dot{-} ctt = vv.$$
$$-\frac{3}{4}t \ \& \underset{\cdot}{-} \frac{3}{4}v \text{ dabunt } aa \underset{\cdot}{-} \frac{3}{4}bt \dot{-} \frac{9}{16}ctt = \frac{9}{16}vv.$$

Jam e prima & secunda harum exterminando ss ut obtineatur r, prodit $\frac{2aa}{\dot{-}b} = r$. Unde patet $\dot{-}b$ esse affirmativum. Item e tertia & quarta exterminando vv ut obtineatur t, prodit $\frac{aa}{3b} = t$. Et scriptis insuper $\frac{2aa}{b}$ pro r in prima, & $\frac{aa}{3b}$ pro t in tertia, oriuntur $3aa \dot{-} \frac{4a^4c}{bb} = ss$, & $\frac{4}{3}aa \dot{-} \frac{a^4c}{9bb} = vv$.

Porro demissa Bλ perpendiculari in CH, erit BC . AD (:: 3. 1.) :: Bλ . AK :: Cδ . DK. Quare cum sit Bλ ($= AM - AH = r - t$) $= \frac{5aa}{3b}$, erit $AK = \frac{5aa}{9b}$, vel potius $= -\frac{5aa}{9b}$. Item cum sit Cλ ($= CH \dot{-} BM = v \dot{-} s$) $= \sqrt{(\frac{4aa}{3} \dot{-} \frac{a^4c}{9bb})} \dot{-} \sqrt{(3aa \dot{-} \frac{4a^4c}{bb})}$, erit DK ($= \frac{1}{3}$ Cλ) $= \sqrt{(\frac{4aa}{27} \dot{-} \frac{a^4c}{81bb})} \dot{-} \sqrt{(\frac{1}{3}aa \dot{-} \frac{4a^4c}{9bb})}$. Quibus in æquatione

$aa + bx \dot{-} cxx = yy$, pro AK, ac DK, ſive x, & y, reſpective ſcriptis, prodit $\frac{4aa}{9} \dot{-} \frac{25a^4c}{81bb} = \frac{13}{27}aa \dot{-} \frac{37a^4c}{81bb} \dot{-} 2(\surd(\frac{4aa}{27} \dot{-} \frac{a^4c}{81bb})(\surd(\frac{aa}{3} \dot{-} \frac{4a^4c}{9bb}.))$ Et per reductionem $- bb \dot{-} 4aac = \dot{-} 2\surd(36b^4 \dot{-} 51aabbc + 4a^4cc)$, & partibus quadratis iterumque reductis, exit $0 = 143b^4 \dot{-} 196aabbc$, ſive $\frac{-143bb}{196aa} = \dot{-} c$. Unde conſtat $\dot{-} c$ negativam eſſe, adeoque æquationem fictitiam $aa \dot{-} bx \dot{-} ccxx = yy$, hujus eſſe formæ $aa + bx - cxx = yy$, & ideo curvam, quam deſignat, ellipſin eſſe. Ejus vero centrum & axes duo ſic eruuntur.

Ponendo $y = 0$, ſicut in figuræ verticibus P & Q contingit, habebitur $aa + bx = cxx$, & extracta radice, $x = \frac{b}{2c} \pm \surd(\frac{bb}{4cc} + \frac{aa}{c}) =$ AQ vel AP. Adeoque ſumpto AV $= \frac{b}{2c}$, erit V centrum ellipſis, & VQ vel VP $(\surd\frac{bb}{4cc} + \frac{aa}{c})$ ſemiaxis maximus. Si porro ipſius AV valor $\frac{b}{2c}$ pro x in æquatione $aa + bx - cxx = yy$ ſcribatur, fiet $aa + \frac{bb}{4c} = yy$. Quare eſt $aa + \frac{bb}{4c} = VZq$, hoc eſt quadrato ſemiaxis minimi. Denique in valoribus ipſarum AV, VQ, VZ jam inventis, ſcripto $\frac{143bb}{196aa}$ pro c, exeunt $\frac{98aa}{143b} =$ AV, $\frac{112aa\surd 3}{143b} =$ VQ, & $\frac{8a\surd 3}{\surd 143} =$ VZ.

Analyſeos pars altera.

Supponatur jam baculus puncto A inſiſtens eſſe AR, & erit RPQ pla- TAB. VII.
num meridionale, ac RPZQ conus radioſus cujus vertex eſt R. Sit inſu- Fig. 7.
per TXZ planum ſecans horizontem in VZ, ut & meridionale planum in TVX, quæ ſectio ſit ad axem mundi, coni-ve, perpendicularis, & ipſum planum TXZ erit ad eundem axem perpendiculare, & conum ſecabit in peripheria circuli TZX, quæ ab ejus vertice pari ubique intervallo RX, RZ, RT diſtabit. Quamobrem ſi PS ipſi TX parallela ducatur, fiet RS $=$ RP propter æquales RX, RT; nec non SX $=$ XQ propter æquales PV, VQ. Unde eſt RX vel RZ $(= \frac{RS + RQ}{2}) = \frac{RP + RQ}{2}$. Denique ducatur RV; & cum VZ perpendiculariter inſiſtat plano RPQ, (ſectio utique exiſtens planorum eidem perpendiculariter inſiſtentium fiet triangulum RVZ rectangulum ad V.

Dictis jam RA $= d$, AV $= e$, PV vel VQ $= f$, & VZ $= g$, erit AP $= f - e$, & RP $= \sqrt{(ff - 2ef + ee + dd)}$. Item AQ $= f + e$, & RQ $= \sqrt{(ff + 2ef + ee + dd)}$: adeoque RZ ($= \frac{RP + RQ}{2}$) $= \frac{\sqrt{(ff - 2ef + ee + dd)} + \sqrt{(ff + 2ef + ee + dd)}}{2}$. Cujus quadratum $\frac{dd + ee + ff}{2} + \frac{1}{2}\sqrt{(f^4 - 2eeff + e^4 + 2ddff + 2ddee + d^4)}$, est æquale (RV$q$ + VZq = RAq + AVq + VZq =) $dd + ee + gg$. Jam reductione facta est $\sqrt{(f^4 - 2eeff + e^4 + 2ddff + 2ddee + d^4)} = dd + ee - ff + 2gg$, & partibus quadratis ac in ordinem redactis, $ddff = ddgg + eegg - ffgg + g^4$, sive $\frac{ddff}{gg} = dd + ee - ff + gg$. Denique 6, $\frac{98aa}{143b}$, $\frac{112aa\sqrt{3}}{143b}$, & $\frac{8a\sqrt{3}}{\sqrt{143}}$ (valoribus ipsorum AR, AV, VQ, & VZ,) pro d, e, f, ac g restitutis, oritur $36 - \frac{196a^4}{143bb} + \frac{192aa}{143} = \frac{36 \cdot 14 \cdot 14aa}{143bb}$, & inde per reductionem $\frac{49a^4 + 36 \cdot 49aa}{48aa + 1287} = bb$.

In Fig. 6. est AMq + MBq = ABq, hoc est $rr + ss = 33 \cdot 33$. Erat autem $r = \frac{2aa}{b}$, & $ss = 3aa - \frac{4a^4c}{bb}$, unde $rr = \frac{4a^4}{bb}$, & (substituto $\frac{143bb}{196aa}$ pro c) $ss = \frac{4aa}{49}$. Quare $\frac{4a^4}{bb} + \frac{4aa}{49} = 33 \cdot 33$, & inde per reductionem iterum resultat $\frac{4 \cdot 49a^4}{53361 - 4aa} = bb$. Ponendo igitur æqualitatem inter duo bb, & dividendo utramque partem æquationis per 49, fit $\frac{a^4 + 36aa}{48aa + 1287} = \frac{4a^4}{53361 - 4aa}$. Cujus partibus in crucem multiplicatis, ordinatis, ac divisis per 49, exit $4a^4 = 981aa + 39204$ cujus radix aa est $\frac{981 + \sqrt{1589625}}{8} = 280,2254144$.

Supra inventum fuit $\frac{4 \cdot 49a^4}{53361 - 4aa} = bb$, sive $\frac{14aa}{\sqrt{(53361 - 4aa)}} = b$. Unde AV ($\frac{98aa}{143b}$) est $\frac{7\sqrt{(53361 - 4aa)}}{143}$, & VP vel VQ ($\frac{112aa\sqrt{3}}{143b}$) est $\frac{8}{143}\sqrt{(160083 - 12aa)}$. Hoc est substituendo 280,2254144 pro aa, ac terminos in decimales numeros reducendo, AV = 11,188297, & VP vel VQ = 22,147085. Adeoque AP (PV − AV) = 10,958788, & AQ (AV + VQ) 33,335382.

Deni-

Denique si $\frac{1}{6}$ AR sive 1 ponatur radius, erit $\frac{1}{6}$ AQ sive 51555897 tangens anguli ARQ 79 gr. 47'. 48", & $\frac{1}{6}$ AP sive 1,826465 tangens anguli ARP 61 gr. 17'. 57". Quorum angulorum semisumma 70 gr. 32'. 52", est complementum declinationis solis; & semidifferentia 9 gr. 14'. 56", complementum latitudinis loci. Proinde declinatio solis erat 19 gr. 27'. 8", & latitudo loci 80 gr. 45'. 4". Quæ erant invenienda.

PROB. LVI.

E cometæ motu uniformi rectilineo per cœlum trajicientis locis quatuor observatis, distantiam a terra, motusque determinationem, in hypothesi copernicæa colligere.

SI e centro cometæ in locis quatuor observatis, ad planum eclipticæ demittantur totidem perpendicula; sintque A, B, C, D, puncta in plano illo in quæ perpendicula incidunt; per puncta illa agatur recta AD, & hæc secabitur a perpendiculis in eadem ratione cum linea quam cometa motu suo describit, hoc est, ita ut sit AB ad AC ut tempus inter primam & secundam observationem ad tempus inter primam ac tertiam, & AB ad AD ut tempus illud inter primam & secundam observationem ad tempus inter primam & quartam. Ex observationibus itaque dantur rationes linearum AB, AC, AD, ad invicem. TAB. VI Fig. 8.

Insuper in eodem eclipticæ plano sit S sol, EH arcus lineæ eclipticæ in qua terra movetur, E, F, G, H loca quatuor terræ temporibus observationum, E locus primus, F secundus, G tertius, H quartus. Jungantur AE, BF, CG, DH, & producantur donec tres posteriores priorem secent in I, K, & L, BF in I, CG in K, DH in L. Et erunt anguli AIB, AKC, ALD differentiæ longitudinum observatarum cometæ; AIB differentia longitudinum loci primi cometæ & secundi; AKC differentia longitudinum loci primi ac tertii; & ALD differentia longitudinum loci primi & quarti Dantur itaque ex observationibus anguli AIB, AKC, ALD.

Junge SE, SF, EF; & ob data puncta S, E, F, datumque angulum ESF, dabitur angulus SEF. Datur etiam angulus SEA, utpote differentia longitudinis cometæ & solis tempore observationis primæ. Quare si complementum ejus ad duos rectos, nempe angulum SEI, addas angulo SEF, dabitur angulus IEF. Trianguli igitur IEF dantur anguli una cum latere EF, adeoque datur etiam latus IE. Et simili argumento dantur KE & LE. Dantur igitur positione lineæ quatuor AI, BI, CK, DL, adeoque problema huc redit, ut lineis quatuor positione datis, quintam inveniamus quæ ab his in data ratione secabitur.

Demissis ad AI perpendiculis BM, CN, DO, ob datum angulum AIB datur ratio BM ad MI. Est & BM ad CN in data ratione BA ad CA, & ob datum angulum CKN datur ratio CN ad KN. Quare datur etiam ratio BM ad KN; & inde ratio quoque BM ad $MI - KN$, hoc est ad $MN + IK$. Cape P ad IK ut est AB ad BC, & cum sit MA ad MN in eadem ratione, erit etiam $P + MA$ ad $IK + MN$ in eadem ratione; hoc est in ratione data. Quare datur ratio BM ad $P + MA$. Et simili argumento si capiatur Q ad IL in ratione AB ad BD, dabitur ratio BM ad $Q + MA$. Et proinde ratio BM ad ipsorum $P + MA$ & $Q + MA$ differentiam, quoque dabitur At differentia illa, nempe $P - Q$ vel $Q - P$, datur. Et proinde dabitur BM. Dato autem BM, simul dantur $P + MA$, & MI, & inde MA, ME, AE, & angulus EAB.

His inventis, erige ad A lineam plano eclipticæ perpendicularem, quæ sit ad lineam EA ut tangens latitudinis cometæ in observatione prima ad radium, & istius perpendicularis terminus erit locus centri cometæ in observatione prima. Unde datur distantia cometæ a terra tempore illius observationis. Et eodem modo si e puncto B erigatur perpendicularis quæ sit ad lineam BF ut tangens latitudinis cometæ in observatione secunda ad radium, habebitur locus centri cometæ in illa secunda. Et acta linea a loco ad primo ad secundum, ea est in qua cometa per cœlum trajicit.

PROB. LVII.

Si angulus datus CAD circa punctum angulare A, positione datum, & angulus datus CBD circa punctum angulare B, positione datum, ea lege circumvolvantur ut crura AD, BD ad rectam positione datam EF sese semper intersecent: invenire lineam illam curvam quam reliquorum crurum AC, BC intersectio C describit.

TAB. VIII. Fig. 1. Produc CA ad d ut sit $Ad = AD$, & CB ad δ ut sit $B\delta = BD$. Fac angulum Ade æqualem angulo ADE, & angulum $B\delta f$ æqualem angulo BDF, & produc AB utrinque donec ea occurrat de & δf in e & f. Produc etiam ed ad G. ut sit $dG = \delta f$, & a puncto C ad lineam AB ipsi ed parallelam age CH, & ipsi $f\delta$ parallelam CK. Et concipiendo lineas eG, $f\delta$ immobiles manere dum anguli CAD, CBD lege præscripta circa polos A & B volvuntur, semper erit Gd æqualis ipsi $f\delta$, & triangulum CHK dabitur specie (*a*). Dic itaque $Ae = a$, $eG = b$, $Bf = c$, $AB = m$, $BK = x$, &

(*a*) Ad pleniorem hujus problematis explicationem, anguli dati certum aliquem situm occupare fingantur, ita ut puncta ϵ, L æque dentur ac puncta A, B: tunc dabuntur ϵA; AL; LB; Bϵ, ut & anguli ALE, BLF.

Sumantur ergo lA = AL, ac λB = BL; & fiant anguli $Al\epsilon$ = ALE, & $B\lambda f$ = BLF; & ex ϵ ducantur ϵh, ϵk, ipsis ϵl, $f\lambda$, parallelæ; eæ dabuntur: sit ergo $k\epsilon = d$, $\epsilon h = e$, $hk = f$.

Jam vero anguli gyrent circa polos A & B, ceteris stantibus; & venerint quocumque ϵA in

& CK $= y$. Et erit BK ad CK ut Bf ad $f\delta$. Ergo $f\delta = \frac{cy}{x} =$ Gd. Aufer hoc de Ge, & restabit $ed = b - \frac{cy}{x}$. Cum detur specie triangulum CKH, pone CK ad CH ut d ad e; & CH ad HK ut e ad f, & erit CH $= \frac{ey}{d}$, & HK $= \frac{fy}{d}$.

Ade-

in AC, Al in [illegible] AL in AD, BL in BD, [illegible]:

Semper triangu[illegible] erit æquale ac simile triangulo [illegible] ut DBL triangulo $\delta B\lambda$.

Cum enim anguli [illegible] dati sint, & semper sibimet æquales, semper quoque sibimet æquales erunt anguli quibus si a duobus rectis deficiunt; ergo angulus dAD $=$ lAL; igitur, demto communi lAD, erit dAl $=$ DAL: sed angulus Ald factus est æqualis angulo ALD: ergo triangula dAl, DAL sunt æquiangula; atqui latus BA æquat homologum Al, ex constructione: igitur triangula dAl, DAL sunt etiam æqualia. Quare dl $=$ DL.

Sed eodem pacto demonstratur triangulum $\lambda B\delta$ æquale triangulo LBD. Proinde $\lambda\delta$ $=$ LD $=$ dl.

Si ergo sumatur lG $=$ $f\lambda$ datæ; semper erit δG vel ($dl + l$G) $=$ $f\delta$ vel ($f\lambda + \lambda\delta$).

Quod si ex C ducantur CH & CK ipsis ch, ck parallelæ; erunt triangula hck, HCK similia.

Hæc sufficiunt quidem ad Auctorem intelligendum: sed viam ad inferius dicenda straturus, denuo rem, nonnullis mutatis, aggredior.

T. 1. Aut anguli dati sunt æquales aut inæquales. Si primum, licet quemlibet assumere: si secundum, bene sumetur minimus, quem esse pono ad A.

Super AB fiat angulus BAL æqualis dato illi, qui circa A movetur; seu (quod idem est) ponatur alterum ex ejus cruribus cadere in AB; alterum crus anguli gyrantis circa B cadet in LB per hypothesim. Jam, bisecta AB in V, demittatur [illegible] ad rectos angulos TV secans EF in T: eadem EF occurret AL, aut extra punctum T, aut in ipso puncto T. Si primum, rursum aut versus E, aut versus F.

Jungantur AT, TB: erunt anguli TAB, TBA æquales. Nunc si punctum L est versus E, cadet recta BL intra angulum TBA: erit ergo angulus LBA minor angulo TBA vel TAB; sed hic minor est angulo BAL, per hypothesim, igitur illo minor est angulus LBA. Sed angulus gyrans circa B positus est non minor angulo LAB; quare alterum illius crus cadere debet supra lineam AC: cadat in BM.

Si vero punctum L est versus F, eodem pacto probabitur angulus LBA major angulo LAB; ideo fieri poterit ut alterum anguli circa B gyrantis crus cadat vel supra lineam AB, vel in ipsa, vel infra eam: si cadit supra, res in casum superiorem recidet, & eadem utemur figura: si in ipsa recta AB, quid accidat dispiciemus suo loco: si vero infra, utemur ejus productione BM eademque figura.

Si autem punctum L cadit in T, anguli mobiles aut æquales sunt, aut inæquales. Si primum, alterum crus anguli B cadet in ipsa BA, & de hoc casu postea loquemur. Si inæquales, crus illud cadere debet supra AB, per hypothesin.

Animadvertendum est, quod in his omnibus, nulla positionis rectæ EF ratio habita est; unde fit hæc stare in illius positione quacumque.

Jam super BA ultra A sumatur Ae æqualis datæ AL, & fiat angulus AeN æqualis dato ALE, ponaturque eA $=$ AL $=$ a.

Item super MB ultra B producta capiatur Bg æqualis datæ BL, & fiat angulus Bgf æqualis angulo dato BLF, & exponatur gf per b, ac fB per c; & sumatur eG $=$ gf $=$ b.

Gy-

Adeoque AH $= m - x - \frac{fy}{d}$. Est autem AH ad HC ut Ae ad ed, hoc est $m - x - \frac{f}{d}y . \frac{ey}{d} :: a . b - \frac{cy}{x}$. Ergo ducendo media & extrema in se, fiet $mb - \frac{mcy}{x} - bx + cy - \frac{bf}{d}y + \frac{cfyy}{dx} = \frac{aey}{d}$. Duc omnes terminos in dx, eosque in ordinem redige; & fiet $fcyy \begin{array}{l} +dc \\ -ae \\ -fb \end{array} xy - dcmy - bdxx + bdmx = 0$. Ubi cum incognitæ quantitates x & y, ad duas tantum dimensiones ascendant, patet curvam lineam quam punctum C describit, esse conicam Sectionem. Pone $\frac{ae + fb - dc}{c} = 2p$, & fiet $yy = \frac{2p}{f}xy + \frac{dm}{f}y + \frac{bd}{fc}xx - \frac{bdm}{fc}x$. Et extracta radice $y = \frac{p}{f}x + \frac{dm}{2f} \pm \sqrt{\left(\frac{pp}{ff}xx + \frac{bd}{fc}xx + \frac{pdm}{ff}x - \frac{bdm}{fc}x + \frac{ddmm}{4ff}\right)}$. Unde colligitur curvam hyperbolam esse, si sit $\frac{bd}{fc}$ affirmativum, vel negativum & minus quam $\frac{pp}{ff}$; parabolam, si sit $\frac{bd}{fc}$ negativum & æquale $\frac{pp}{ff}$; ellipsin vel circulum, si sit $\frac{bd}{fc}$ & negativum & majus quam $\frac{pp}{ff}$. Q. E. I. (b)

PROB.

Gyrent nunc anguli dati, & eorum latera se intersecent in recta EF alicubi in D ab L versus F; latus anguli LAB erit in AP, ita ut angulus DAP æquet angulum LAB; quocirca, demto communi DAB, erit LAD æqualis BAP vel eAd, si latus PA producatur donec occurrat Ne in d. Quod etiam patet, quia angulus LAe æquat DAd; &, communi LAd ablato, DAL æqualis est ipsi dAe. Sed anguli LAD, ADL simul sumti sunt æquales externo ALE, & hic, per constructionem, æquat angulum AeN, id est, angulos internos & oppositos eAd, Ade simul; ergo, sublatis æqualibus, DAL, dAe, restat angulus ADL æqualis angulo Ade; &, ob latus eA æquale lateri AL, est latus dA æquale lateri AD, ac ed æquale LD.

Haud aliter latus BM tunc erit in BQ, ita ut angulus LBM æquet angulum DBQ; &, demto communi LBQ, erit angulus LBD æqualis angulo MBQ vel $gB\delta$, producta recta QB: quare angulus BDF, qui æquat interiores oppositos DBL, BLD simul, æquabit ipsos δBg, $Bg\delta$, vel his parem $B\delta f$; æquales enim fecimus angulos BLF, Bgf.

Atqui triangula æquiangula BLD, $Bg\delta$ habent latera LB, Bg æqualia; sunt igitur æqualia, & DB æquat $B\delta$, ac DL ipsam δg: sed recta DL ostensa est æqualis rectæ ed, & facta fuerat eG æqualis fg: superest igitur dG æqualis ipsi $f\delta$.

Nunc ex R, ubi FE occurrit eG (productæ, quatenus opus est), duc Rk ipsi fg parallelam, & dic $kR = d$, $Re = e$, $ek = f$.
In ceteris Auctorem sequere.

(b) Si crura AP, BQ datorum angulorum fieri possunt parallela, tunc ordinata in infinitum crescit, id est curva in seipsam non redit; sed in infinitum extenditur; secus vero, si crura illa semper in aliquo puncto concurrant. TAB. Fig.

Si primum, curva erit hyperbola aut parabola; si secundum, ellipsis aut circulus.

Crura PA, QB parallela erunt, si anguli PAB;

PAB; ABQ simul æquales sint duobus angulis rectis: sed anguli BAD; ADB; DBA simul æquales sunt duobus rectis; ergo est ADB complementum angulorum datorum PAD; DBQ simul ad quatuor rectos.

Ut ergo appareat utrum PA, QB esse possint parallela, super AB describatur versus EF arcus capax hujus complementi.

Hic aut secabit rectam EF, aut eam tanget, aut intactam & integram infra se relinquet.

Si primum [illegible] erunt puncta in recta EF, nempe E; F, ubi eam secat circulus; quæ suppeditabunt latera parallela. Jam sint anguli in EAP, EBQ; latera vero AP, BQ parallela. Si tantisper moveatur intersectio E, & veniat in *e*, circulus alicubi secabit ipsam B*e* in G. Junge AG, angulus AGB æquabit angulum AEB; est autem exterior AGB major interiore & opposito A*e*G; ergo angulus A*e*G minor est angulo AEB: atque ideo anguli *e*AB, *e*BA simul sumti majores sunt angulis EAB, EBA simul. Sunt autem anguli *e*A*p*, *e*B*q*, simul, æquales angulis EAP, EBQ, simul; igitur, demtis hinc minoribus EAB, EBA, inde majoribus *e*AB, *e*BA, restant anguli *p*AB, AB*q*, simul, minores angulis PAB, ABQ; & hi æquales erant duobus rectis, ergo anguli *p*AB, AB*q* minores sunt duobus rectis, quapropter rectæ A*p*, B*q* alicubi convenient supra rectam AB: conveniant in *c*.

Jam quia angulus *e*AB major est angulo EAB, debet reliquus BA*p* minor esse reliquo BAP, & recta A*p* occurrere rectæ BQ, & ultra eam ferri versus R. Quoniam vero *e*BA minor est EBA, est reliquus AB*q* major reliquo ABQ, & recta BQ cadit ultra BQ versus R.

Eodem pacto probabitur quod si intersectio super recta fiat in *f*, concursus laterum reliquorum fiet ultra lineam AO versus S.

Rursus veniat eadem intersectio in *e* inter puncta E & F, & circulus occurret ipsi B*e*, productæ, alicubi in G; & juncta AG, demonstrabitur eodem pacto angulos BA*p*, AB*q* simul majores esse duobus rectis, & latera illa producta occurrere infra rectam AB ultra rectam PAL versus F, & ideo AL totam esse extra curvam.

Idem demonstratur de recta MN. Unde conficitur duas rectas sibi non parallelas huic curvæ non occurrere, nisi, singulas in singulis punctis. Notum autem est ex conicis id uni hyperbolæ contingere, & quidem quando rectæ illæ sunt asymptotis parallelæ. Tunc igitur curva est hyperbola.

Iisdem vestigiis insistens facile dispicies, quando arcus, ut supra, descriptus, tangit rectam EF, unum esse punctum præbens latera parallela: hæc duo latera curvæ non occurrere, nisi singula in singulis punctis, & rectas omnes alias bis curvam secare: constat ex conicis id uni parabolæ accidere, & quidem quando rectæ illæ sunt diametri. Tunc ergo curva est parabola.

Sed quando arcus rectæ EF non occurrit, nullum est punctum præbens latera parallela; neque curva in infinitum extenditur. Est ergo circulus aut ellipsis.

Ut nunc perspiciam num sectio sit circulus aut ellipsis, noto quod in circulo transeunte per A, B, angulus describens, C, *c*, debet semper esse idem; quare semper eadem est summa angulorum CAB, CBA, & *c*AB, *c*BA; ergo & PAB, ABQ, & *p*AB, AB*q*; quapropter etiam angulus concursus (si quis sit) est semper idem: sed locus tunc est circuli arcus. Ergo ut describatur circulus, aut PA, BQ debent esse parallelæ, aut percurrere circuli arcum; ergo in hypothesi nostra sectio semper est ellipsis. TAB. T. Fig. 5.

Hinc sequitur quod cum recta EF ipsam AB secat inter A & B, sectio semper est hyperbola.

Si, ceteris stantibus, anguli dati ita mutentur, ut eadem semper sit eorum summa, curvæ species non mutatur; nam semper idem erit angulus ADB: quare arcus illius capax sibi constabit, & si primo casu rectam EF tetigerit, semper eam tanget, &c.

Cum latus QB cadit super BA, intersectio curvam describens fit in A. TAB. T. Fig. 6.

Tunc autem AP sectionem tangit in A; Feratur enim punctum D in *d*, tunc certe recta PA (producta pro necessitate) cadere debet in *p*A inter PA & punctum B vel supra vel infra rectam AB, & recta BQ tunc lata in B*q* ei occurret inter PA & punctum B; quare curva totam rectam extra se relinquet versus Q.

Data quavis recta QB transeunte per alterutrum polorum B facile invenitur punctum ubi ea sectioni occurrit. Fiat angulus QBD æqualis dato gyranti in B. Jungatur DA & fiat TAB. U. Fig. 1.

PROB. LVIII.

Parabolam describere quæ per data quatuor puncta transibit.

Sint puncta illa data A, B, C, D. Junge AB & eam biseca in E. Et per E age rectam aliquam VE, quam concipe diametrum esse parabolæ, puncto V existente vertice ejus. Junge AC ipsique AB parallelam age DG occurrentem AC in G. Dic AB $= a$, AC $= b$, AG $= c$, GD $= d$. In AC cape AP cujusvis longitudinis & a P age PQ parallelam AB, & concipiendo Q punctum esse parabolæ; dic AP $= x$, PQ $= y$, & æquationem quamvis ad parabolam assume quæ relationem inter AP & PQ exprimat. Ut quod sit $y = e + fx \pm \sqrt{gg + hx}$.

Jam si ponatur AP sive $x = 0$, puncto P incidente in ipsum A, fiet PQ sive $y = 0$, ut & $= -$AB. Scribendo autem in æquatione assumta o pro x, fiet $y = e \pm \sqrt{gg}$, hoc est $= e \pm g$. Quorum valorum ipsius y major $e + g$ est $= 0$, minor $e - g = -$AB sive $-a$ (c). Ergo $e = -g$ & $e - g$, hoc est $-2g = -a$, sive $g = \frac{1}{2}a$. Atque adeo vice æquationis assumptæ habebitur hæc $y = -\frac{1}{2}a + fx \pm \sqrt{\frac{1}{4}aa + hx}$.

Adhæc

fiat angulus DAP æqualis alteri ex datis. Recta AP alicubi occurret rectæ BQ in P, quod erit punctum quæsitum.

Ex his facillime describuntur sectiones hoc problemate quæsitæ.

Sit enim AP sectionis tangens in A, cui parallela sit BQ. Inveniatur punctum Q, ubi hæc sectioni occurret. Recta BQ bisecetur in G. Erit AG diameter; id sufficit pro parabola.

Sed pro aliis sectionibus, quære in AG punctum H, ubi AG curvæ occurrit & describe sectionem.

Nota quod in ellipsi erit AH major quam AG; secus vero in hyperbola.

Cum recta EF transit per alterutrum polorum B, recta describitur.

Siquidem, quia datorum angulorum crura concurrere debent in recta EF, punctum aliquod ex crure anguli QBE semper esse debet in recta FE; sed alterum ex his punctis (nempe punctum B) est in eadem recta; ergo totum crus illius anguli cum recta FE coincidit: quare alterum BQ jacet immobile; igitur intersectio Q anguli mobilis EAQ semper fit in recta QB, quæ hoc motu describitur.

Veniamus tandem ad alteram hypothesim.

Nunc igitur ambo anguli simul cadere ponuntur in AB: sint ii BAL, LBA. TAB Fig.

Quia hic ambo crura super eandem rectam cadunt; sumatur eA $=$ AL $= a$, & fB $=$ BL $= c$, & fiant anguli NeA $=$ ALE, ac MfB $=$ BLF; & quia punctum g cadit in f, erit b (distantia horum punctorum) $= 0$.

Igitur ex superiore æquatione deleantur termini, ubi est b; & erit

$fcyy \pm \frac{dc}{ae} xy - dcmy = 0$, &, cunctis divisis per y, $fcy \pm \frac{dc}{ae} x - dcm = 0$, æquatio ad rectam,

(c) Quando $x = 0$, habet y ex æquatione duos valores $e + g$, $e - g$, & ex consideratione figuræ duos alios o & $-a$; hi duo valores debent esse æquales singuli singulis, igitur, pone, ut libet, vel $e + g = 0$ vel $e - g = 0$. Si primum, quid inde fiat vides apud Auctorem. Si secundum, erit ergo $e + g = -a$; sed quoniam

Adhæc si ponatur AP sive $x = $ AC ita ut punctum P incidat in C, fiet iterum PQ = o. Pro x igitur in æquatione novissima scribe AC sive b, & pro y, o, & fiet $o = -\frac{1}{2}a + fb + \sqrt{(\frac{1}{4}aa + bb)}$ (d), sive $\frac{1}{2}a - fb = \sqrt{(\frac{1}{4}aa + bb)}$; & partibus quadratis, $-afb + ffbb = bb$. Sive $ffb - fa = b$. Atque ita vice assumptæ æquationis habebitur isthæc $y = -\frac{1}{2}a + fx \pm \sqrt{(\frac{1}{4}aa + ffbx - fax)}$.

Insuper si ponatur AP sive $x = $ AG sive c, fiet PQ sive $y = -$ GD sive $-d$ (e). Quare pro x & y in æquatione novissima scribe c & $-d$, & fiet $-d = -\frac{1}{2}a + fc - \sqrt{(\frac{1}{4}aa + ffbc - fac)}$. Sive $\frac{1}{2}a - d - fc = \sqrt{(\frac{1}{4}aa + ffbc - fac)}$. Et partibus quadratis, $-ad - fac + dd + 2dcf + ccff = ffbc - fac$. Et æquatione ordinata & reducta, $ff = \frac{2d}{b-c}f + \frac{dd-ad}{bc-cc}$. Pro $b - c$ hoc est pro GC scribe k, & æquatio illa fiet $ff = \frac{2d}{k}f + \frac{dd-ad}{kc}$. Et extracta radice $f = \frac{d}{k} + \sqrt{(\frac{ddc + ddk - adk}{kkc})}$. (f) Invento

niam $e - g = o$, est $e = g$, ergo $2g = e + g = -a$, & $g = \frac{1}{2}a = e$, unde oritur eadem æquationis assumtæ mutatio.

(d) Ponit Newtonus signum positivum quantitati radicali, quia jam finxerat radicem majorem æqualem nihilo, & in eadem hypothesi semper est manendum. Siquis autem finxisset minorem radicem, in superiori collatione, æqualem nihilo, affigere nunc deberet quantitati radicali signum negativum & idem inveniret.

(e) Est quidem etiam $y = +$ Gq: sed quoniam hoc non conducit ad definiendum valorem ipsius f, ideo negligitur.

(f) Duc AF ipsi BD parallelam & æqualem, & CH parallelam FA; & habebis AG (c). GF (GD—DF = GD—BA = $d-a$) :: CG (k). GH = $\frac{dk - ak}{c}$, & proinde HD = $\frac{cd + dk - ak}{c}$; igitur si fiat GD (d). DK :: DK.DH, erit DK = $\sqrt{(\frac{cdd + ddk - adk}{c})}$: est autem $fk = d \pm \sqrt{(\frac{cdd + ddk - adk}{c})}$, atque ideo æquat aut GD + DK (id est, 2GD + GK) aut DG—DK (hoc est, —GK). Pone GK = n; & erit fk, vel æqualis $2d + n$, vel $-n$; unde æquatio ad parabolam evadet,

$$\text{vel } y = -\frac{a}{2} + \frac{2dx + nx}{k} \pm \sqrt{(\frac{aa}{4} + \frac{4bddx + 4bdnx + bnnx}{kk} - \frac{2adx - anx}{k})},$$

$$\text{vel } y = -\frac{a}{2} - \frac{nx}{k} \pm \sqrt{(\frac{aa}{4} + \frac{bnnx}{kk} + \frac{anx}{k})};$$

quæ cum diversæ sint, indicant parabolas duas problemati satisfacere.

Primam ut construas, pone MD æqualem DG. Ex K age KL parallelam & æqualem datæ CG. Junge ML, cui parallelam duc EI occurrentem MK productæ in I. Cetera, ut in Auctore. Secundæ autem constructionem dat Auctor ipse. TAB. V, Fig. 4.

vento autem f, æquatio ad parabolam, id eſt $y = -\frac{1}{2}a + fx \pm \sqrt{(\frac{1}{4}aa + ffbx - fax)}$, plene determinatur: cujus itaque conſtructione parabola etiam determinabitur. Conſtructio autem ejus hujusmodi eſt. Ipſi BD parallelam age CH occurrentem DG in H. Inter DG ac DH cape mediam proportionalem DK, & ipſi CK parallelam age EI biſecantem AB in E, & occurrentem DG in I. Dein produc IE ad V, ut ſit EV . EI :: EBq . DIq — EBq, & erit V vertex (g), VE diameter, & $\frac{BEq}{VE}$ latus rectum parabolæ quæſitæ. (b)

PROB.

(g) Eſt enim VI ad VE ut quadratum DI ad quadratum BE, & dividendo, &c.

Verticem autem ſic expedite invenies. Super DI diametro deſcribe ſemicirculum ILD, cui inſcribe chordam DN æqualem BE, junge IN, & ex N demitte NR ad rectos angulos ſupra DI. Junge RE, & age parallelam DV. Dico factum.

Eſt enim VI ad VE ut DI ad DR ut quadratum ID ad quadratum DN vel EB.

(b) Quia nempe rectangulum lateris recti in abſciſſam æquat quadratum ordinatæ.

Una autem erit parabola quæſito reſpondens, cum unus erit valor ipſius f; nempe cum aut nulla erit horum valorum differentia $2\sqrt{\frac{cdd + ddk - adk}{ckk}}$, aut cum f evaneſcit. Si primum; fiet $cd + dk = ak$, vel $c + k$ (AG + GC = b) . k (GC = $b - c$) :: a (AB) . d (GD), aut CA . AB :: CG . GD, quod, quoniam anguli CAB, CGD ſunt æquales) fieri nequit, niſi quando puncta B, D, C ſunt in eadem recta; tunc autem res erit ſemper impoſſibilis, quia parabola rectæ occurrere nequit in tribus punctis. Oportet ergo ut valor ipſius f ſit nullus, id eſt, ut $\frac{d}{k} = \pm \sqrt{\frac{cdd + ddk - adk}{ckk}}$, aut $\frac{dd}{kk} = \frac{cdd + ddk - adk}{ckk}$, & denique $a = d$, ſive rectæ AC, BD parallelæ.

Hæc eleganter quidem Newtonus: ſed facile poterat hoc per præcedens problema ſolvi.

Jungantur tria quævis puncta B, A, C; e quarto D fiant anguli DBM = CBA, & DAP = CAB. Super chorda AB deſcribatur arcus capax complementi datorum angulorum ad quatuor rectos, ad quem ex P ducantur tangentes EP, PF. Jam demonſtratum eſt angulos hos deſcripturos parabolam, quæ tranſibit per D, B, A tria ex datis punctis, ut & per quartum C, cum latera AB, BD venient ambo in ABK.

Eodem pacto invenietur ellipſis & hyperbola tranſiens per data quatuor puncta:

Ellipſis, quidem, ducta ex P aliqua Pe extra circulum.

Hyperbola vero, ducta aliqua Pe ſecante circulum. Et quia infinitæ Pe, Pe duci poſſunt, liquet quod infinitæ ellipſes aut hyperbolæ problemati ſatisfaciunt.

Idem Analyſi Geometrica.

Puta factum, & data quatuor puncta C, A, B, D. Sit parabola per illa tranſiens AOVD: ita junge bina puncta ut rectæ jungentes AD, CB alicubi ſe interſecent in G; & ſint VI diameter pertinens ad ordinatam AD & LM diameter pertinens ad ordinatam BC. Hæ duæ diametri ſunt parallelæ. Per L agatur recta LE parabolam tangens; hæc erit parallela ipſi BC, & occurret IV productæ alicubi in E. Ex L demitte LK parallelam ipſi AD. Pariter per V age VF tangentem parabolæ & occurrentem ML productæ in F; & per V duc VN parallelam BC. Hæ duæ tangentes alicubi, in H, ſe decuſſabunt. Quia ELNV, VFLK ſunt parallelogramma, æquales ſunt EV, LN, & VK, FL; ſed KV æquat KV, ergo etiam FL & LN; & FH æquat HV, ac EH, HL. Eſt autem quadratum LK vel VF æquale rectangulo ex VK in ejus latus rectum r, & quadratum VN vel EL rectangulo TAB. Fig.

gulo ex LN in ejus latus rectum ϖ; ergo hæc duo quadrata, vel quadrata VH, HE, sunt ut π & ϖ. Jam ex G age GO diametrum sive parallelam VI, & OP ordinatam; erit quadratum OP par rectangulo PV in π, & quadratum AI par rectangulo IV in ϖ, ac excessus hujus quadrati supra illud, nempe rectangulum AGD, æquale excessui rectangulorum, id est, rectangulo ex PI, seu OG, in π. Eadem ratione, acta per O parallela ipsi CB, demonstrabitur rectangulum BGC æquale rectangulo OG in ϖ. Igitur hæc duo rectangula sunt ut π & ϖ, seu, ut quadrata VH, HE; vel, acta AQ diametro, ut quadratum AG ad GQ quadratum. Dantur autem rectangula AGD, BGC; datur itaque eorum ratio (Dat. 1.) id est, quadratorum AG, GQ. At datur recta AG, ergo etiam GQ (Dat 2.), & datum est punctum G in recta BC positione data; datur ideo etiam punctum Q, & recta AQ datur positione ut omnes ei parallelæ: quapropter duc BR ipsi AQ parallelam & datam positione ac magnitudine: biseca datam AD in I; magnitudine quoque dabuntur AR, RD, AI. Est autem, ex demonstratis, rectangulum ARD ad quadratum AI ut BR ad VI; igitur datur VI magnitudine. Quære tertiam post VI, IA, quæ erit latus rectum ϖ. & per V verticem, latere recto π, diametro VI describe parabolam, quæ transibit per quatuor assignata puncta.

Demonstrationem facile invenies, analyseos vestigia retro legens.

Notandum quod punctum Q sumi potest versus B, & tunc fuissent duæ parabolæ proposito servientes.

Determinatio.

B. X. . 2. Sed si alterutrum ex punctis Q, puta Q', caderet in C, una esset parabola solvens problema; illa nempe, cujus diameter est AQ'; nam illa, cujus diameter est AQ'; evanescit, quia tunc diameter occurrere debet parabolæ in duobus punctis A, C, quod est absurdum. Tunc autem iterum parallelæ essent AC, BD. Igitur si & alterum punctum Q caderet in alterum ex datis punctis, problema esset impossibile.

Aliter.

B. X. . 3. 4. Factum sit, & jungantur data quatuor puncta C, A, B, D, duabus rectis alicubi convenientibus in G, aut extra, aut intra parabolam. Per A ducatur AH parallela ipsi BD, ac per puncta A, C, H, diametri AE, CF, HK.

Patet quod si daretur punctum F, problema esset solutum; tunc enim daretur positione & magnitudine recta CF; quare & diametri parabolæ darentur positione; & quia recta BD datur magnitudine, datur etiam punctum I eam bisecans, quapropter positione datur diameter IV, sed etiam magnitudine; quoniam rectangulum (quod tunc datum esset) DFB ad quadratum datum DI, ut data recta FC ad IV. Daretur ergo parabolæ vertex & diameter, sed & latus rectum; est enim tertia post duas datas VI, ID. Superest igitur investigandum punctum F.

Jam rectangulum BFD est ad rectangulum BED ut CF ad AE, vel ut FG ad GE. Sed rectangulum BFD una cum quadrato IF æquat quadratum ID, nempe rectangulum BKD una cum quadrato KI; & quadratum KI par est rectangulo EFK & quadrato IF simul; igitur, demto hinc inde communi, rectangulum BFD æquat rectangula EFK & BKD, vel BED (sunt enim æquales BI, ID, & EI, IK.) Igitur rectangula BED & EFK, simul, ad rectangulum BFD ut FG ad GE, & BED ac EFK simul ad EFK ut GF ad FE ut GFK ad EFK; sunt igitur æqualia rectangula BED ac EFK simul, seu BFD, & GFK; quare GF ad FB ut DF ad FK, atque FG ad GB ut FD ad DK vel BE: igitur (addendo antecedentes antecedentibus, & consequentes consequentibus) DG ad GE ut FG ad GB, & rectangulum DGB æquat rectangulum EGF. Datur autem rectangulum DGB; quo circa & rectangulum EGF datur magnitudine: sed EG ad GF eandem habet rationem ac data AG ad datam GC; ideoque rectangulum EGF specie datur, & latera EG, GF: dantur magnitudine (dat. 55.); quare, cum detur punctum G & recta GD positione, dantur puncta E & F. Quod inveniendum supererat.

Compositio fiet describendo rectangulum æquale dato BGD & simile dato AGC per 25. VI. Elem. & sumendo GE, GF æqualia lateribus rectanguli sic descripti.

Quia vero e G versus D & versus partes contrarias sumi possunt GE&GF; duæ sunt parabolæ proposito satisfacientes; nisi cum alterum punctum F cadit in D: quod si accideret, esset rectangulum DGB æquale rectangulo DGE, ergo GE = GB: factum autem est rectangulum FGE, id est, nunc DGB, simile rectangulo, CAG; igitur DG ad TAB. X. Fig. 5. TAB. X. Fig. 6. 7.

PROB. LIX.

Conicam ſectionem per data quinque puncta deſcribere.

TAB. VII Fig. 3. Sint puncta iſta A, B, C, D, E. Junge AC, BE ſe mutuo ſecantes in H. Age DI parallelam BE, & occurrentem AC in I. Item EK parallelam AC, & occurrentem DI productæ in K. Produc ID ad F, & EK ad G; ut ſit AHC ad BHE :: AIC ad FID :: EKG ad FKD, & erunt puncta F ac G in conica ſectione, ut notum eſt (*i*). Hoc tamen obſervare debebis, quod ſi punctum H cadit inter puncta omnia A, C & B, E, vel extra ea omnia, punctum I cadere debebit vel inter puncta omnia A, C & F, D, vel extra ea omnia; & punctum K inter omnia D, F & E, G, vel extra ea omnia. At ſi punctum H cadit inter duo puncta A, C, & extra alia duo B, E, vel inter illa duo B, E, & extra altera duo A, C, debebit punctum I cadere inter duo punctorum A, C & F, D, & extra alia duo eorum; & ſimiliter punctum K debebit cadere inter duo punctorum D, F & E, G, & extra alia duo eorum; id quod fiet capiendo IF, KG, ad hanc vel illam partem punctorum I, K, pro exigentia problematis. Inventis punctis F ac G, biſeca AC, EG in N & O; item BE, FD in L & M. Junge NO, LM ſe mutuo ſecantes in R; & erunt LM & NO diametri conicæ ſectionis, R centrum ejus, & BL, FM ordinatim applicatæ ad diametrum DM (*k*). Produc LM hinc inde ſi opus eſt ad P & Q ita ut ſit BL*q*. FM*q* :: PLQ. PMQ, & erunt P & Q vertices conicæ ſectionis & PQ latus tranſverſum. Fac PLQ. LB*q* :: PQ. T. Et erit T latus rectum. Quibus cognitis cognoſcitur figura.

Reſtat tantum ut doceamus quomodo LM hinc inde producenda ſit ad P & Q ita ut fiat BL*q*. FM*q* :: PLQ. PMQ. Nempe PLQ ſive PL. LQ eſt (PR — LR) (PR + LR), nam PL eſt PR — LR, & LQ eſt RQ + LR ſeu PR + LR. Porro (PR — LR) (PR + LR) multiplicando fit

PR*q*

ad IC ut EG ad GA; & CD, AB rurſus ſunt parallelæ, & parabola ſatisfaciens problemati ea eſſet, cujus diameter biſecaret ordinatas AB, CD, &c.

(*i*) Puncta F ac G ſic inveniri poſſunt.

TAB. X. Fig. 8. Per tria data puncta A, B, C, tranſeat circulus ABCR. Eſt AH.HC = BH.HR; quare AH.HC ad BH.HE :: RH ad HE, quod debet eſſe :: AI.IC ad DI.IF :: $\frac{AI.IC}{DI}$ ad IF; ergo inveni IS = $\frac{AI.IC}{DI}$ (junctis DC, & ducta AS ipſi DC parallela) & junge RI, RS, atque huic parallelam duc VF; & erit punctum F quæſitum, quia RH ad HE :: RI ad IV :: SI ad IF, reſtat faciendum :: KG ad $\frac{FK.KD}{EK}$; quod eodem pacto facile fiet.

Auctoris vero monitum pendet a propoſ. cui ſolutio innititur.

(*k*) Nam EB & FD ut & EG; AI; ſunt ordinatæ parallelæ, quæ a diametris biſecari debent. Omnes autem diametri aut ſunt parallelæ aut per centrum tranſeunt. Unde interſectio duarum diametrorum licet non conjugatarum exhibet centrum. Si ML, ON parallelæ ſint, ſectio erit parabola cujus vertex V, & parameter invenietur ut in Probl. ſuperiori.

Si hæ diametri ſe decuſſant, ſectio erit hyperbola aut ellipſis.

PRq — LRq. Et ad eundem modum PMQ est (PR + RM)(PR − RM), seu PRq — RMq. Ergo BLq . FMq :: PRq — LRq . PRq — RMq, & dividendo BLq — FMq . FMq :: RMq — LRq . PRq — RMq. Quamobrem cum dentur BLq — FMq, FMq, & RMq — LRq dabitur PRq — RMq. Adde datum RMq, & dabitur summa PRq, adeoque & latus ejus PR (*l*), cui QR æqualis est.

(*l*) Recta autem PR invenitur more solito per circulos & rectas.

Tab. Y. Fig. 1. Ex. gr. diametro BL describatur semicirculus BL*m*, sit chorda L*m* = FM. Erit B*m*² = BL² — FM²; fiat L*m* = *m*Q. Sit BT = RM; describatur alter semicirculus BTX; & fit chorda TX = LR; & erit XB² = RM² — LR². Jungatur *m*X; cui parallela ducatur QZ; & habebitur B*m* (√BL² — FM²) . *m*Q (FM) :: BX (√RM² — LR²). XZ, quæ proinde æquabit √PR² — RM². Sume XY = RM, & erit ZY = PR. Eodem pacto invenitur altera sectionis diameter.

Cum duæ diametri datæ sint magnitudine & positione, patet quod una tantum sectio problemati satisfaciet.

Poterant aliter inveniri puncta P & Q. Sed opus est his duobus lemmatibus.

Tab. Y. Fig. 2. *Si inter duas parallelas AB, CD incidat quomodocumque recta OF, a cujus punctis duobus quibusvis agantur aliæ rectæ EH, LI, parallelis occurrentes in P & K, erit rectangulum ENL ad rectangulum LME ut HNK rectangulum ad rectangulum PMI.*

Nam ratio rectanguli ENL ad rectangulum EML componitur ex ratione NE ad EM & & NL ad LM. Sed ratio NE ad EM eadem est ac ratio NH ad MP; ratio autem NL ad LM eadem est ac ratio NK ad MI; & ex rationibus NH ad NK, ac PM ad MI componitur ratio rectangulorum HNK, GMI &c.

Tab. Y. Fig. 3. *Si datum sit rectangulum utrumque ACB, ADB, & data puncta C, D, invenire puncta A, B.*

Rectangulo ACB æquale fiat rectangulum DCE; quod quoniam datum est magnitudine & datum est latus DC, dabitur latus CE & punctum E. Erit autem BC ad CD ut EC ad CA: sed BC major est CD, ex hypoth. ergo CE major est CA; quare *dividendo* CB ad BD ut CE ad EA.

Item rectangulo ADB fiat æquale CDF, & datum erit punctum F. Sed est CD ad DB ut AD ad DF; ergo etiam CB ad BD ut AF ad FD. Atqui demonstratum est, ut CB ad BD ita etiam CE ad EA: igitur AF ad FD ut CE ad EA, & rectangulum FAE æquat rectangulum ex FD in CE; sed hoc datur, & illud applicatum est rectæ datæ FE, ita ut deficiat quadrato; datur ergo recta EA & punctum A. Jam dabatur rectangulum ACB & datur latus unum AC, ergo & alterum CB.

Compositio manifesta est.

Nunc ex A duc AS parallelam diametro jam descriptæ PQ; & in ea determina punctum S ad sectionem. Junge FC occurrentem AS in T, & PQ in M, ac CS occurrentem PQ in K; & per data puncta F, K, age rectam FA occurrentem PQ in V. Et quoniam inter duas parallelas AS, PQ incidit recta FC, a qua ductæ duæ parallelis occurrentes FV, CS; erunt rectangula FMC, FTC ut rectangula KMV, STA. Sed quia puncta A, F, S, Q, C, P, sunt ad sectionem conicam, & AS, PQ parallelæ, rectangula eadem FMC, FTC sunt ut rectangula QMP, STA. Igitur æqualia sunt KMV, QMP; hoc autem datum est, ergo & illud magnitudine datur. Tab. Y. Fig. 4.

Eodem modo per A & E age rectam AE occurrentem PQ in *β*, & per B & S rectam BS occurrentem PQ in *γ*, & demonstrabis rectangulum QLP æquale *β*L*γ*, & hoc datum est, ergo & illud; dantur autem duo puncta M & L; ergo, per lemma II, dantur etiam puncta Q & P. *Quod E. I.*

Item poterat hoc problema solvi per Probl. LVII. Junctis enim tribus quibusvis punctis A, E, C ut & A, B, E, ac A, D, E; fac angulum BAF = DAG = dato CAE; item angulum BEF = DEH = dato CEA. Produc HE in G, donec ipsi AG occurrat: duc rectam GF occurrentem ipsi AE in M; anguli dati MAC, MEC gyrantes circa polos A, E & per rectam GM circumducti describunt conicam sectionem per data quinque puncta transeuntem, ut liquet. Tab. Y. Fig. 5.

 PROB.

PROB. LX.

Conicam sectionem describere quæ transibit per quatuor data puncta, & in uno istorum punctorum continget rectam positione datam.

TAB. VIII. Fig. 4. Sint puncta quatuor data A, B, C, D, & recta positione data AE, quam conica sectio contingat in puncto A. Junge duo quævis puncta D, C, & DC, producta si opus est, occurrat tangenti in E. Per quartum punctum B ipsi DC age parallelam BF, quæ occurrat eidem tangenti in F. Item tangenti parallelam age DI, quæ occurrat ipsi BF in I. In FB, DI, si opus est productis, cape FG, HI ejus longitudinis ut sit AE*q*. CED :: AF*q*. BFG :: DIH. BIG. Et erunt puncta G & H in conica sectione, ut notum est: si modo capias FG, IH ad legitimas partes punctorum F & I, juxta regulam in superiore problemate traditam. Biseca BG, DC, DH in K, L & M. Junge KL, AM se mutuo secantes in O, & erit O centrum, A vertex, & HM ordinatim applicata ad semidiametrum AO. Quibus cognitis cognoscitur figura (*m*).

PROB. LXI.

Conicam sectionem describere quæ transibit per tria data puncta, & in duobus istorum punctorum continget rectas positione datas.

TAB. VIII. Fig. 5. Sint puncta illa data A, B, C, tangentes AD, BD ad puncta A & B, D communis intersectio tangentium. Biseca AB in E. Age DE, & produc eam donec in F occurrat CF actæ parallelæ AB: & erit DF diameter, & AE, CF ordinatim applicatæ ad diametrum. Produc DF ad O, & in DO cape OV mediam proportionalem inter DO & EO ea lege ut sit etiam AE*q*. CF*q* :: VE (VO + OE). VF (VO + OF); & erit V vertex, & O centrum figuræ. Quibus cognitis figura simul cognoscitur. Est autem VE = VO — OE, adeoque VE (VO + OE) = (VO — OE) (VO + OE) = VO*q* — OE*q*. Præterea, quia VO media proportionalis est inter DO & EO, erit VO*q* = DOE, adeoque VO*q* — OE*q* = DOE — OF*q* = DEO. Et simili argumento erit VF (VO + OF) = VO*q* — OF*q* = DOE — OF*q*. Ergo AE*q*. CF*q* :: DEO. DOE — OF*q*. Est OF*q* = EO*q* — 2FEO + FE*q* (*n*). Adeoque DOE — OF*q* = DOE

TAB. V. Fig. 6. (*m*) Nulla hic est difficultas; sed interim per Probl. LVII. hoc solvam. Junge DC, CB, donec rectæ DC, CB occurrant datis FA, AG in F & G: per quæ puncta duc rectam indefinitam FG, quacum perpetuo concurrant recta GB & crus anguli GAB; sic describetur sectio conica transiens per puncta B, A, D, C & rectam AE tangens in A.

(*n*) Est enim EO divisa in F; ergo EO quadratum æquale quadratis EF, FO una cum bis rectangulo EFO; igitur OF quadratum æquat excessum quadrati EO supra quadratum EF cum bis rectangulo EFO; sed bis rectangulum EFO una cum bis quadrato EF æquat bis rectangulum OEF; igitur quadratum OF æquat excessum quadratorum OE, EF supra bis rectangulum OEF, aut OF*q* = OE*q* + EF*q* — 2OEF.

$DOE - OEq + 2FEO - FEq = DEO + 2FEO - FEq$. Et $AEq . CFq :: DEO . DEO + 2FEO - FEq :: DE . DE + 2FE - \frac{FEq}{EO}$.
Datur ergo $DE + 2FE - \frac{FEq}{EO}$. Aufer hoc de dato $DE + 2FE$, & restabit $\frac{FEq}{EO}$ datum. Sit illud N; & erit $\frac{FEq}{N} = EO$; adeoque dabitur EO. Dato autem EO simul datur VO medium proportionale inter DO & EO.

Hoc modo per theoremata quædam Apollonii (o) satis expedite resolvuntur hæc problemata: quæ tamen sine illis theorematibus per Algebram solam resolvi possent. Ut si proponatur primum trium novissimorum problematum; sint puncta quinque data A, B, C, D, E, per quæ conica sectio transire debet. Junge duo quævis AC, & alia duo BE rectis se secantibus in H. Ipsi BE parallelam age DI occurrentem AC in I; ut & aliam quamvis rectam KL occurrentem AC in K, & conicæ sectioni in L. Et finge conicam sectionem datam esse, ita ut cognito puncto K simul cognoscatur punctum L. Et posito $AC = x$, & $KL = y$, ad exprimendam relationem inter x & y, assume quamvis æquationem quæ conicas TAB. VIII. Fig. 6.

(o) Quoniam Apollonii theorematibus uti vult Auctor, multo facilius poterat centrum inveniri. Per datum punctum C duc ipsi AD parallelam CG, quæ occurrat DB in G, & sectioni in I; erit igitur per demonstrata in conicis, rectangulum CGI ad quadratum GB ut quadratum AD ad quadratum DB; dantur autem tria hæc quadrata, & insuper recta CG; datur ergo recta GI, & punctum I. Quapropter ordinata est IC; eam biseca, & per puncta contactus & bisectionis age rectam, quæ aut suo cum DF concursu dabit centrum; aut ei parallela erit.

Si primum, sectio erit ellipsis, si centrum cadit intra angulum ADB, hyperbola vero, si cadit extra; & tunc semper, dato EO, ut ait Newtonus, simul datur VO medium proportionale inter DO & EO.

Si secundum, sectio erit parabola, & bisecta ED dat V verticem. Hoc enim problema diversimode proponi potest. Siquidem fieri potest, ut sciamus AD, DB esse tangentes nunc parabolæ, nunc hyperbolæ, nunc ellipseos per C transeuntis, & describenda sit certa curva; & fieri potest ut, datis tangentibus & punctis, proponatur invenire quænam sectio problemati satisfaciat, & eam describere. Nos solvimus problema secundo modo propositum, quia difficilius est, & solutum exhibet solutionem alterius.

Ceterum punctum I facile determinatur. Occurrat enim recta CG rectæ AB in K; & erit AD ad DB ut KG ad GB; seu quadrata AD, DB ut quadrata KG, GB; ostensum autem est in conicis ut quadrata AD, DB ita esse rectangulum CGI ad quadratum GB; ergo quadratum datum KG æquat rectangulum CGI; igitur CG ad GK ut KG ad GI: dantur autem CG; GK; quare datur etiam GI.

Poterat etiam per C agi ki parallela alteri tangenti, & sic definiri punctum quintum ad sectionem, quæ descripta circa hæc quinque puncta, tanget rectas AD, DB.

Sed & hoc per Probl. LVII. solvi potest.

Jungantur puncta B; A; C; fiat angulus CAG æqualis KAB; & per CB agatur recta CB ipsi AG occurrens in G, fiat nunc angulus BAF æqualis BAK; producatur FA, donec ipsi DB occurrat in L per data puncta G, L agatur recta indefinita GL; recta GB; & angulus GAC circa puncta A; G; gyrantes, concursu suo peragrantes rectam GL describent sectionem conicam requisitam. TAB. V. Fig. 7.

nicas sectiones generaliter exprimit, puta hanc $a + bx + cxx + dy + exy + yy = 0$, ubi a, b, c, d, e denotant quantitates determinatas cum signis suis, x vero & y quantitates indeterminatas. Si jam quantitates determinatas a, b, c, d, e invenire possumus, habebimus conicam sectionem. Fingamus ergo punctum L successive incidere in puncta A, C, B, E, D, & videamus qui inde sequetur. Si ergo punctum L incidit in punctum A, erit in eo casu AK & KL, hoc est x & y, nihil. Proinde æquationis omnes termini præter a evanescent, & restabit $a = 0$. Quare delendum est a in æquatione illa, & ceteri termini

$$bx + cxx + dy + exy + yy \text{ erunt } = 0.$$

Porro si L incidit in C, erit AK seu $x =$ AC, & LK seu $y = 0$. Pone ergo AC $= f$, & substituendo f pro x, & 0 pro y; æquatio ad curvam

$$bx + cxx + dy + exy + yy = 0,$$

evadet

$$bf + cff = 0, \text{ seu } b = -cf.$$

Et in æquatione illa scripto $-cf$ pro b evadet

$$-cfx + cxx + dy + exy + yy = 0.$$

Adhæc si punctum L incidit in punctum B, erit AK seu $x =$ AH, & CL seu $y =$ BH. Pone ergo AH $= g$ & BH $= h$, & perinde scribe g pro x & h pro y, & æquatio

$$-cfx + cxx, \text{ \&c.}$$

evadet

$$-cfg + cgg + dh + egh + hh = 0.$$

Quod si punctum L incidit in E, erit AK $=$ AH seu $x = g$, & KL seu $y =$ HE. Pro HE. ergo scribe $-k$ cum signo negativo quia HE jacet ad contrarias partes lineæ AC, & substituendo g pro x & $-k$ pro y, æquatio

$$-cfx + cxx, \text{ \&c.}$$

evadet

$$-cfg + cgg - dk - egk + kk = 0.$$

Aufer hoc de superiori æquatione

$$-cfg + cgg + dh + egh + hh,$$

&

& restabit

$$dh + egh + hh + dk + egk - kk = 0.$$

Divide hoc per $h + k$, & fiet $d + eg + h - k = 0$.

Hoc ductum in h aufer de

$$-cfg + cgg + dh + egh + hh = 0,$$

& restabit

$$-cfg + cgg + hk = 0, \text{ seu } \frac{hk}{gg + fg} = c.$$

Denique si punctum L incidit in punctum D, erit AK seu x = AI, & KL seu y = ID. Quare pro AI scribe m & pro ID n, & perinde pro x & y substitue m & n, & æquatio

$$-cfx + cxx, \text{ \&c.}$$

evadet

$$-cfm + cmm + dn + emn + nn = 0.$$

Hoc divide per n & fiet

$$\frac{-cfm + cmm}{n} + d + em + n = 0.$$

Aufer $d + eg + h - k = 0$,

& restabit

$$\frac{-cfm + cmm}{n} + em - eg + n - h + k = 0.$$

Sive

$$\frac{cmm - cfm}{n} + n - h + k = eg - em.$$

Jam vero ob data puncta A, B, C, D, E dantur AC, AH, AI, BH, EH, DI, hoc est f, g, m, h, k, n. Atque adeo per æquationem $\frac{hk}{fg - gg} = c$ datur c. Dato autem c, per æquationem

$$\frac{cmm - cfm}{n} + n - h + k = eg - em$$

datur $eg - em$. Divide hoc datum per datum $g - m$, & emerget datum e. Quibus inventis, æquatio $d + eg + h - k = 0$, seu $d = k - h - eg$ dabit d. Et his cognitis, simul determinatur æquatio ad quæsitam conicam sectionem

$$cfx = cxx + dy + exy + yy.$$

Et ex ea æquatione per methodum Cartesii determinabitur conica sectio.

Quod si quatuor puncta A, B, C, E, & positio rectæ AF quæ tangit conicam sectionem ad unum istorum punctorum A, daretur, posset conica sectio sic facilius determinari. Inventis ut supra æquationibus

$$cfx = cxx + dy + exy + yy,$$

$$d = k - h - eg,$$

&

$$e = \frac{hk}{fg - gg},$$

concipe tangentem AF occurrere rectæ EH in F, dein punctum L moveri per perimetrum figuræ CDE donec incidat in punctum A: & ultima ratio ipsius LK ad AK erit ratio FH ad AH, ut contemplanti figuram constare potest (p). Dic vero FH $= p$, & in hoc casu ubi LK est ad AK in ultima ratione, erit $p \,.\, g :: y, x$, sive $\frac{gy}{p} = x$. Quare pro x in æquatione

$$cfx = cxx + dy + exy + yy,$$

scribe $\frac{gy}{p}$, & orietur

$$\frac{cfgy}{p} = \frac{cggyy}{pp} + dy + \frac{egyy}{p} + yy.$$

Divide omnia per y, & emerget

cfg

(p) Ubicunque cadat recta LK, si producatur in l, similia semper erunt triangula lAK, FAH, unde semper lK . KA :: FH . HA; quæ ratio, cum semper eadem sit, manebit etiam, ubi lK fam prope AL erit, ut fere cum ea coincidat, sive, ut, triangulum lKA evanescat; tunc vero coincident puncta K, L, A, quæ ratio dicitur ultima.

$$\frac{cfz}{p} = \frac{cggy}{pp} + d + \frac{egy}{p} + y.$$

Jam, quia supponitur punctum L incidere in punctum A, adeoque KL, seu y, infinite parvum vel nihil esse, dele terminos qui per y multiplicantur, & restabit $\frac{cfg}{p} = d$. Quare fac $\frac{hk}{fg - gg} = c$ dein $\frac{cfg}{p} = d$, denique $\frac{k - h - d}{g} = e$, & inventis c, d & e, æquatio

$$cfx = cxx + dy + exy + yy$$

determinabit conicam sectionem.

Si denique tria tantum puncta A, B, B dentur, una cum positione duarum rectarum AT, CT, quæ tangunt conicam sectionem in duobus istorum punctorum A & C, obtinebitur ut supra ad conicam sectionem æquatio hæc Tab. VI Fig. 7.

$$cfx = cxx + dy + exy + yy.$$

Deinde si supponatur ordinatam KL parallelam esse tangenti AT, & concipiatur eam produci donec rursus occurrat conicæ sectioni in M, & lineam illam LM accedere ad tangentem AT donec cum ea conveniat ad A; ultima ratio linearum KL & KM ad invicem erit ratio æqualitatis, ut contemplanti figuram constare potest. Quamobrem in illo casu existentibus KL & KM, sibi invicem æqualibus, hoc est duobus valoribus ipsius y (affirmativo scilicet KL, & negativo KM) æqualibus, debent æquationis

$$cfx = cxx + dy + exy + yy$$

termini illi in quibus y est imparis dimensionis, hoc est termini $+ dy + exy$ respectu termini yy in quo y est paris dimensionis, evanescere (q). Aliter enim duo valores ipsius y, affimativus & negativus, æquales esse non possunt. Et in illo quidem casu AK infinite minor erit quam LK, hoc est x quam y, proinde terminus exy quam terminus yy. Atque adeo infinite mi-

(q) Ex æquationum natura patebit in omni æquatione secundum terminum evanescere, ubi aggregatum en radicibus affirmativis æquat aggregatum ex radicibus negativis. Nobis autem sufficit id demonstrare in æquationibus quadraticis; in quibus duæ sunt omnino radices, & ideo debent esse æquales, ut aggregatum ex positivis æquet aggregatum ex negativis. Sit igitur $x = a$, & $x = -a$; aut $x - a = 0$ & $x + a = 0$, Factum ex duabus hisce quantitatibus est $xx - aa$, ubi secundus terminus ax non apparet; & quoniam hæc æquatio exponit omnes quadraticas habentes duas radices æquales, sed alteram negativam, alteram positivam, patet propositum.

minor existens, pro nihilo habendus erit. At terminus dy respectu termini yy, non evanescet ut oportet, sed eo major erit nisi d supponatur esse nihil (r). Delendus est itaque terminus dy, & sic restabit

$$efx = exx + exy + yy,$$

æquatio ad conicam sectionem. Concipiantur jam tangentes AT, CT sibi mutuo occurrere in T, & punctum L accedere ad punctum C donec in illud incidat. Et ultima ratio ipsius KL ad KC erit AT ad AC. KL erat y; AK, x; & AC, f; atque adeo KC, $f - x$. Dic AT $= g$, & ultima ratio y ad $f - x$, erit ea quæ est g ad f. Æquatio

$$efx = exx + exy + yy,$$

subducto utrobique exx, fit

$$efx - exx = exy + yy,$$

hoc est, $f - x$ in $ex = y$ in $ex + y$. Ergo est $y . f - x :: ex . ex + y$, adeoque $g . f :: ex . ex + y$. At puncto L incidente in C, fit y nihil (s). Er-

(r) Mens Auctoris non bene explicari posse videtur nisi e Fluxionum natura, quæ consideratio loci hujus non est. Sed, opinor, res ipsa potest aliter explanari. Secundus terminus $dy + exy$ debet evanescere. Igitur $d + ex = o$: sed quia ex hypothesi $x = o$, erit $d + o = o$ aut $d = o$.

(s) Licet hæc satis perspicua videantur, tamen sic quodammodo explicari possunt. Quia $f - x$ & y in nihilum evanescunt, eis præfigatur o, ut simul pateat illas quantitates in nihilum redactas esse, & nosci possit, unde quivis terminus ortus sit; tunc ergo y evadet oy, & $f - x$ fiet $of - ox$; (non enim x evanescit, quinimo evadit quam maximus potest, sed tota quantitas complexa $f - x$) est autem $oy . of - ox :: g . f$, igitur $oy = og - \frac{gox}{f}$,

quapropter

$$efx - exx = (f - x)\, ex$$

fit

$$(of - ox)\, ex,$$

&

$$exy = ex . y = ex . oy = ex\left(og - \frac{gox}{f}\right);$$

ac

$$yy = oyoy = oogg - \frac{2oggox}{f} + \frac{ggooxx}{ff}:$$

unde habetur

$$(of - ox)\, ex = ex\left(og - \frac{gox}{f}\right)$$

$$+ oogg - \frac{2oggox}{f} + \frac{ggooxx}{ff}$$

& cunctis divisis per o,

$$(f - x)\, ex = ex\left(g - \frac{gx}{f}\right) + ogg - \frac{2oggx}{f}$$

$$+ \frac{ggoxx}{ff};$$

atqui ultimi tres termini ducti in nihilum evanescant, dum alteri manent finiti, ergo

$$(f - x)\, ex = ex\left(g - \frac{gx}{f}\right);$$

&

Ergo $g \cdot f :: ex \cdot ex$. Divide posteriorem rationem per x, & evadet $g \cdot f :: e \cdot e$, & $\frac{cf}{g} = e$. Quare si in æquatione

$$cfx = exx + exy + yy,$$

scribas $\frac{cf}{g}$ pro e, fiet

$$cfx = exx + \frac{cf}{g} xy + yy,$$

æquatio ad conicam sectionem. Denique ipsi KL seu AT a dato puncto B, per quod conica sectio transire debet, age parallelam BH occurrentem AC in H, & concipiendo LK accedere ad BH donec cum ea coincidat, in eo casu erit AH $= x$, & BH $= y$. Dic ergo datam AH $= m$, & datam BH $= n$, & perinde pro x & y in æquatione

$$cfx = exx + \frac{cf}{g} xy + yy,$$

scribe m & n, orietur

$$cfm = emm + \frac{cf}{g} mn + nn.$$

Aufer utrobique $emm + \frac{cf}{g} mn$, & fiet

$$cfm - emm - \frac{cf}{g} mn = nn.$$

Pone $f - m - \frac{fn}{g} = s$, & erit $csm = nn$. Divide utramque partem æquationis per sm, & orietur $c = \frac{nn}{sm}$. Invento autem c, determinata habetur æquatio ad conicam sectionem

$$cfx = exx + \frac{cf}{g} xy + yy.$$

Et

& cunctis divisis per x, multiplicatisque per f, $(f - x)\ cf = e\ (gf - gx) = e \cdot g\ (f - x)$; quare $cf = ge$, & $\frac{cf}{g} = e$.

Et inde per methodum Cartesii conica sectio datur & describi potest.

Atque hactenus varia evolvi problemata. In scientiis enim addiscendis prosunt exempla magis quam præcepta. Qua de causa in his fusius expatiatus sum. Sed & aliqua quæ inter scribendum occurrebant, immiscui sine Algebra soluta, ut insinuarem in problematibus, quæ prima fronte difficilia videntur, non semper ad Algebram recurrendum esse. Sed tempus est jam æquationum resolutionem docere. Nam postquam problema ad æquationem deductum est, radices illius æquationis, quæ quantitates sunt problemati satisfacientes, extrahere oportebit.

FINIS TOMI I.

ERRATA. TOMI I.	CORRIGE
Pag. 4. not. 11. lin. positivæ & affirmativæ	positivæ & negativæ
pag. 14. not. 55. lig. 3. col. 2. $11 - 4 = 8$	$12 - 4 = 8$
pag. 38. Ex. (f) (275	(2,75
pag. 52. lin. 7. a fine 2536	15360
pag. 55. $(aa + 3ab - 2bb'$	$(aa + 3ab - 2bb$
pag. 62. not. lin. pen. $(m+1)(n+1)(m+1)$	$(m+1)\, n+1\, (m+1)$
pag. 110. not. 29. $x . y :: y . x$	$x . y :: y . z$.
pag. 112. not. 43. *cum cognita*	*cum incognita.*
pag. 125. $pA + qB = rC$	$pA + qB + rC$
pag. 160. not. lig. 13. a fin. col. 2. CB	DB.
pag. 163. not. lig. 13. col. 2. $AG = H - a$	$AG = AH - a$.

TAB. A.

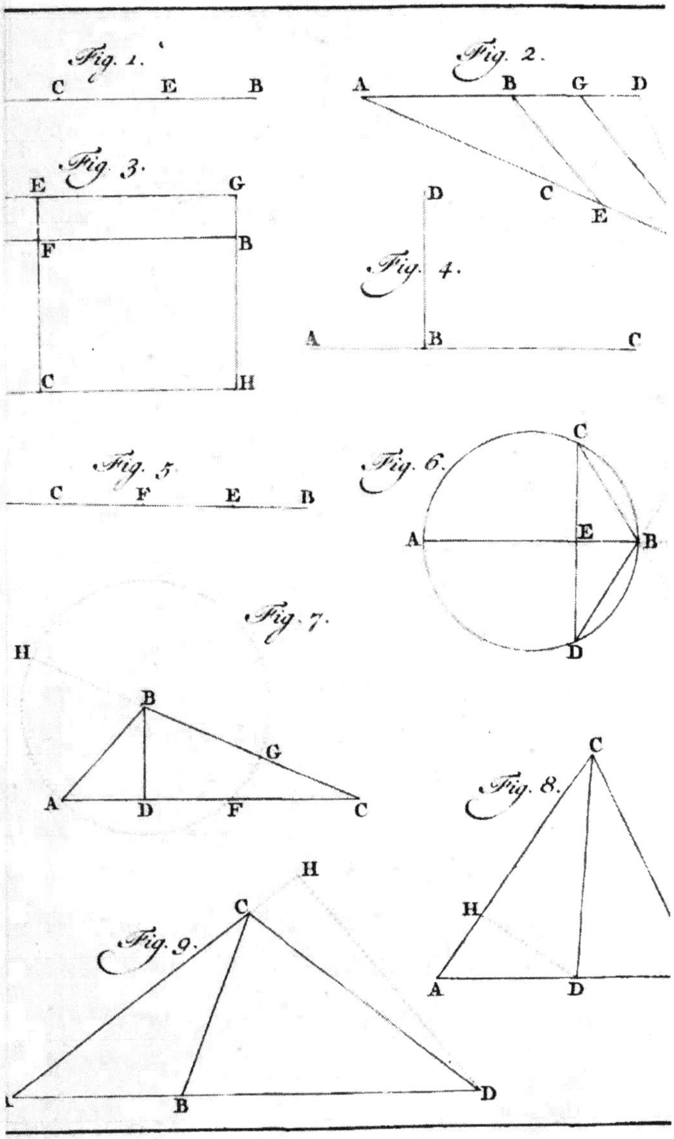
Fig. 1.
C E B
Fig. 2.
A B G D
C E
Fig. 3.
E G
F B
C H
Fig. 4.
D
A B C
Fig. 5
C F E B
Fig. 6.
C
A E B
D
Fig. 7.
H
B
G
A D F C
Fig. 8.
C
H
A D
Fig. 9.
H
C
B D

TAB. B.

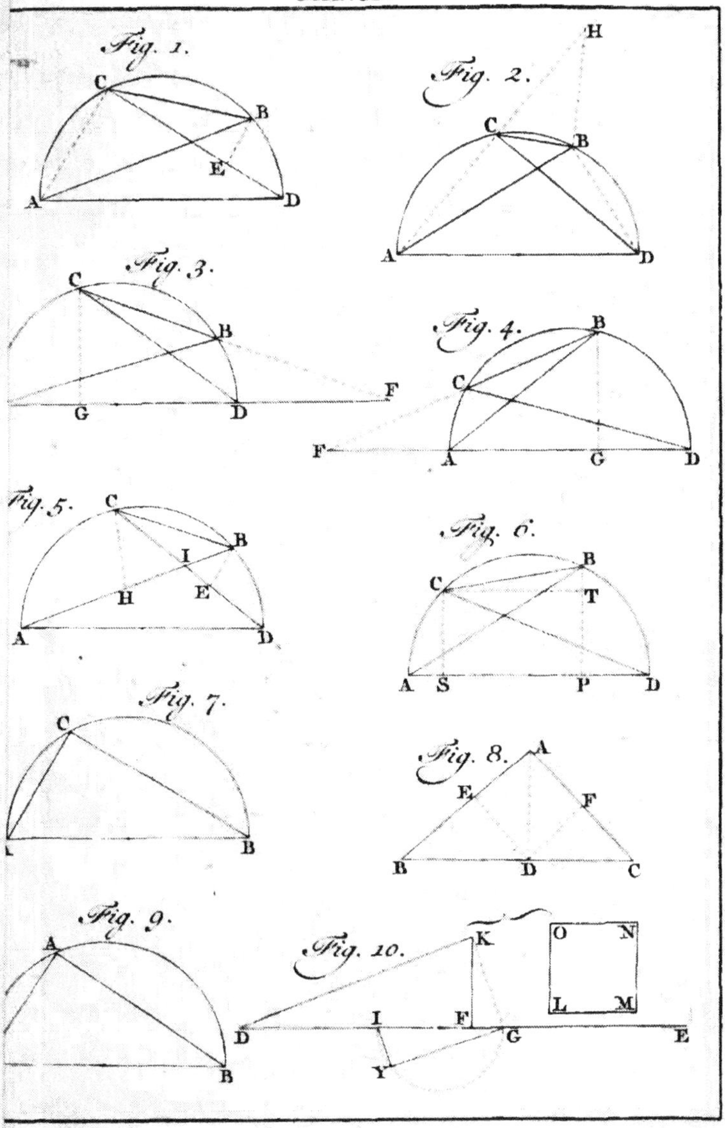

Fig. 1.
C
B
E
A
D
Fig. 2.
H
C
B
A
D
Fig. 3.
C
B
F
G
D
Fig. 4.
B
C
F
A
G
D
Fig. 5.
C
B
I
H
E
A
D
Fig. 6.
B
C
T
A
S
P
D
Fig. 7.
C
B
Fig. 8.
A
E
F
B
D
C
Fig. 9.
A
B
Fig. 10.
K
O
N
L
M
D
I
F
G
E
Y

Tab. C.

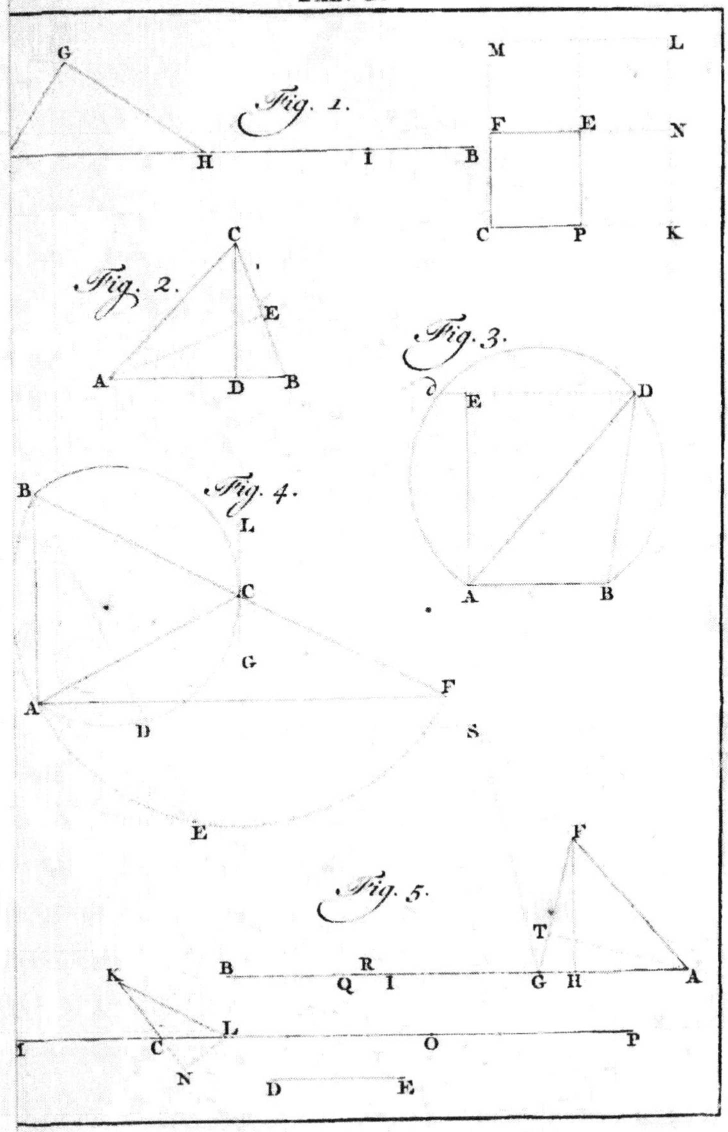

Fig. 1.
G
H
I
B
M
L
F
E
N
C
P
K
Fig. 2.
C
E
A
D
B
Fig. 3.
d
E
D
A
B
Fig. 4.
B
L
C
G
F
A
D
S
E
Fig. 5.
F
T
B
R
Q
I
G
H
A
K
L
I
C
O
P
N
D
E

Tab. D.

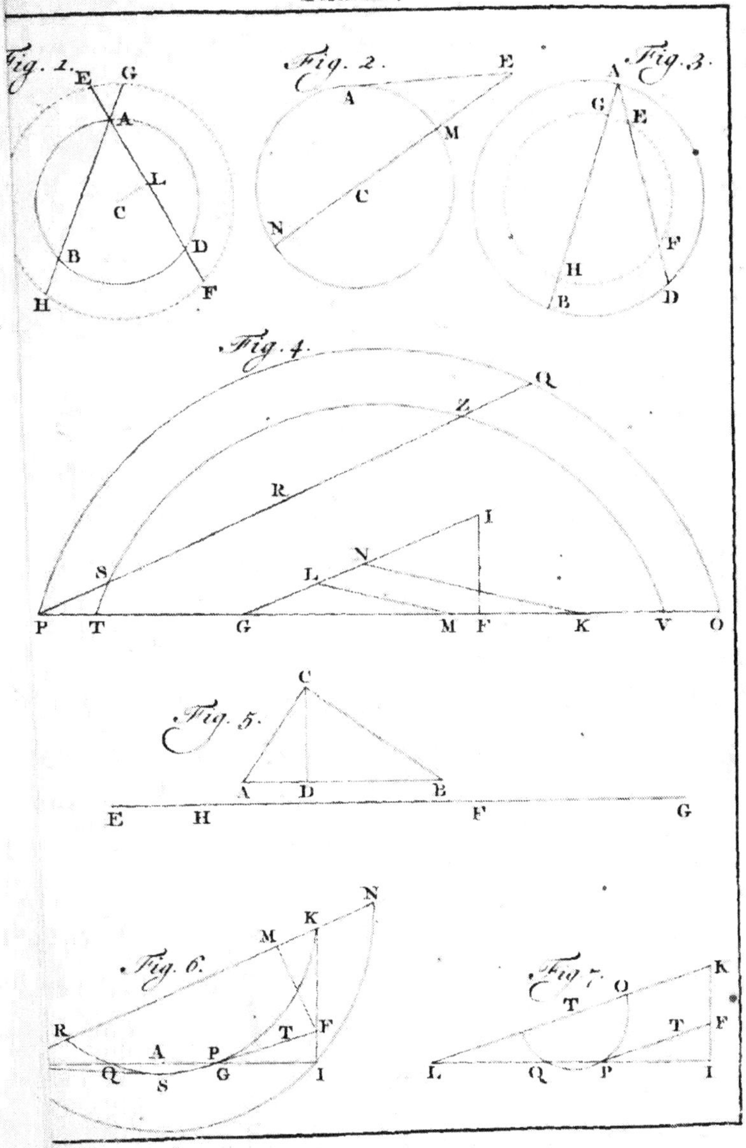

Fig. 1.
E G A L C B D H F
Fig. 2.
E A M C N
Fig. 3.
A G E F H B D
Fig. 4.
Q Z R I N S L P T G M F K V O
Fig. 5.
C A D B E H F G
Fig. 6.
N K M F T R A P Q S G I
Fig. 7.
K O T T F L Q P I

Tab. E.

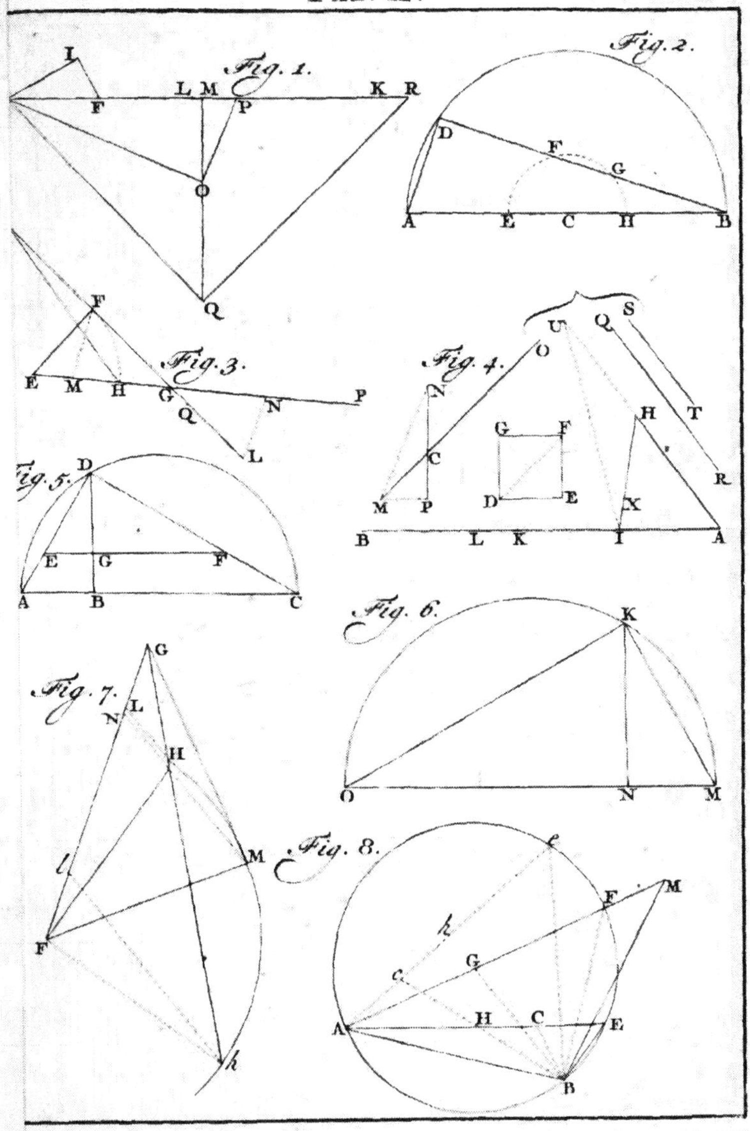
Fig. 1.
I F L M P K R O Q
Fig. 2.
D F G A E C H B
Fig. 3.
F E M H G Q N P L
Fig. 4.
U Q S O N C M P G F D E H T R X B L K I A
Fig. 5.
D E G F A B C
Fig. 6.
K O N M
Fig. 7.
G N L H M l F h
Fig. 8.
e M F k G c A H C E B

TAB. F.

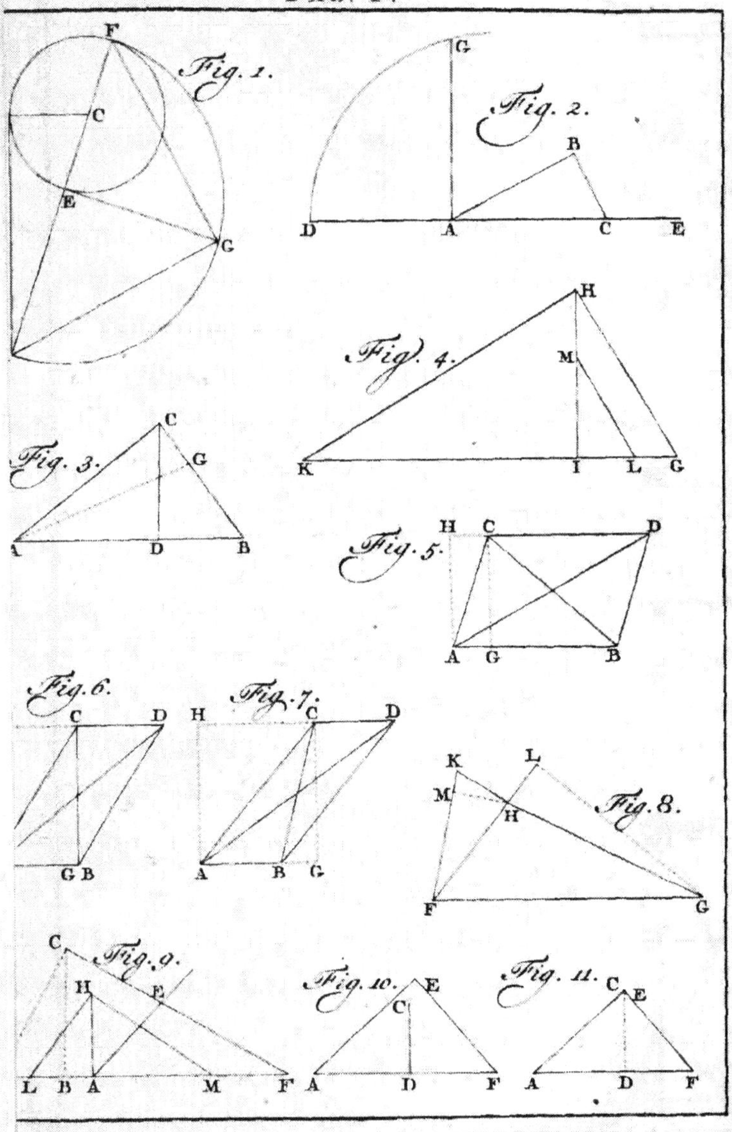

Fig. 1.
F
C
E
G
Fig. 2.
G
B
D
A
C
E
Fig. 4.
H
M
K
I
L
G
Fig. 3.
C
G
A
D
B
Fig. 5.
H
C
D
A
G
B
Fig. 6.
C
D
G B
Fig. 7.
H
C
D
A
B
G
Fig. 8.
K
L
M
H
F
G
Fig. 9.
C
H
E
L
B
A
M
F
Fig. 10.
E
C
A
D
F
Fig. 11.
C
E
A
D
F

TAB. G.

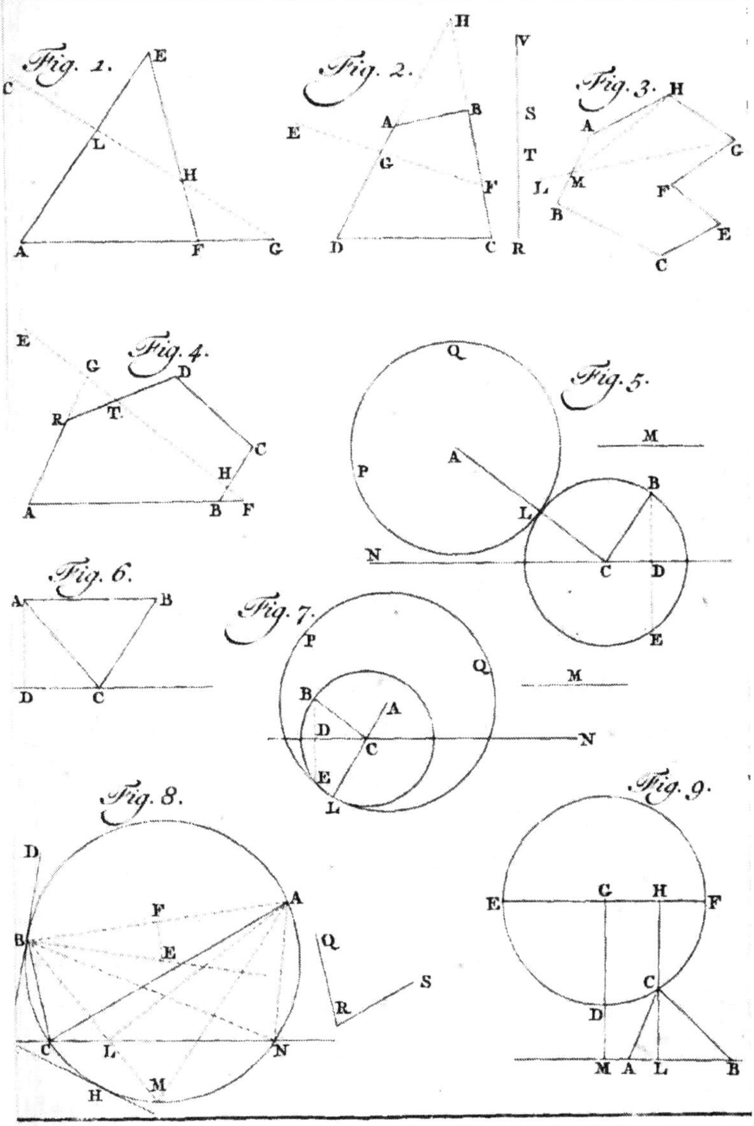
Fig. 1.
C E L H A F G
Fig. 2.
H V E A B S G T F D C R
Fig. 3.
H A G L M F B E C
Fig. 4.
E G D R T C H A B F
Fig. 5.
Q M A P B L N C D E
Fig. 6.
A B D C
Fig. 7.
P Q M B A D C N E L
Fig. 8.
D A F B Q E S R C L N H M
Fig. 9.
E G H F C D M A L B

Tab. I.

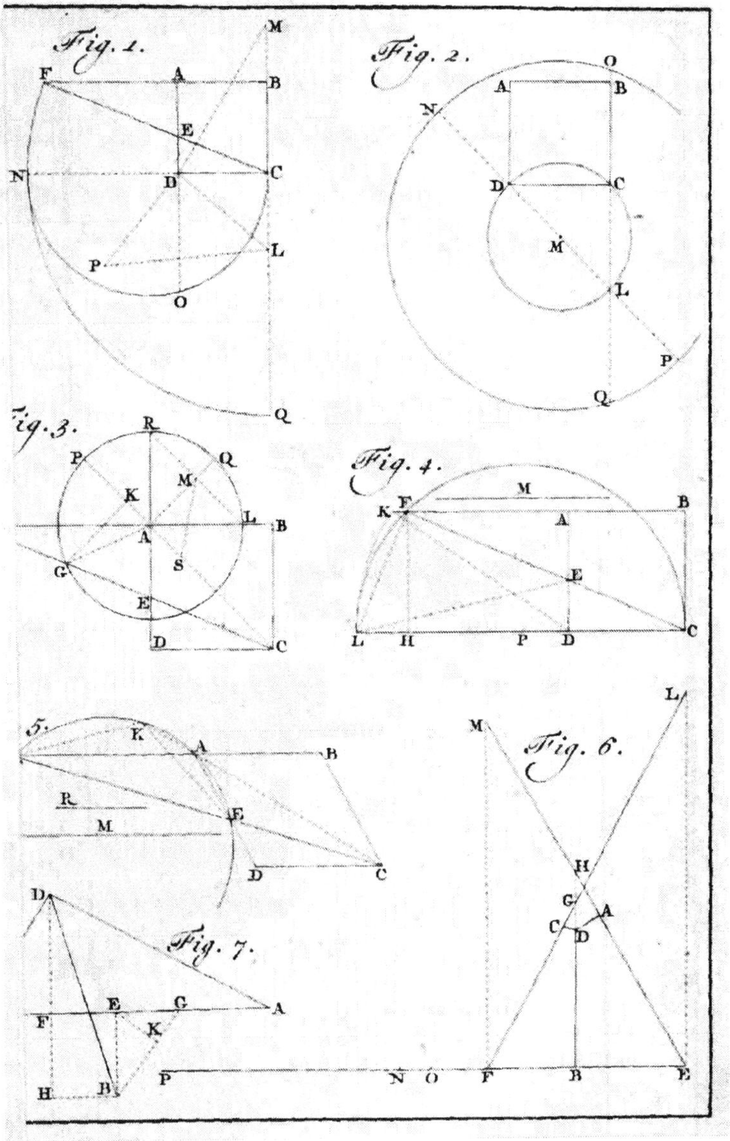

Fig. 1.
M
F
A
B
E
N
D
C
L
P
O
Q
Fig. 2.
O
A
B
N
D
C
M
L
P
Q
Fig. 3.
R
P
Q
K
M
L
B
A
S
G
E
D
C
Fig. 4.
M
K
F
B
A
E
L
H
P
D
C
5.
K
A
B
R
E
M
D
C
L
M
Fig. 6.
H
G
A
C
D
D
Fig. 7.
E
G
A
F
K
H
B
P
N
O
F
B
E

TAB. K.

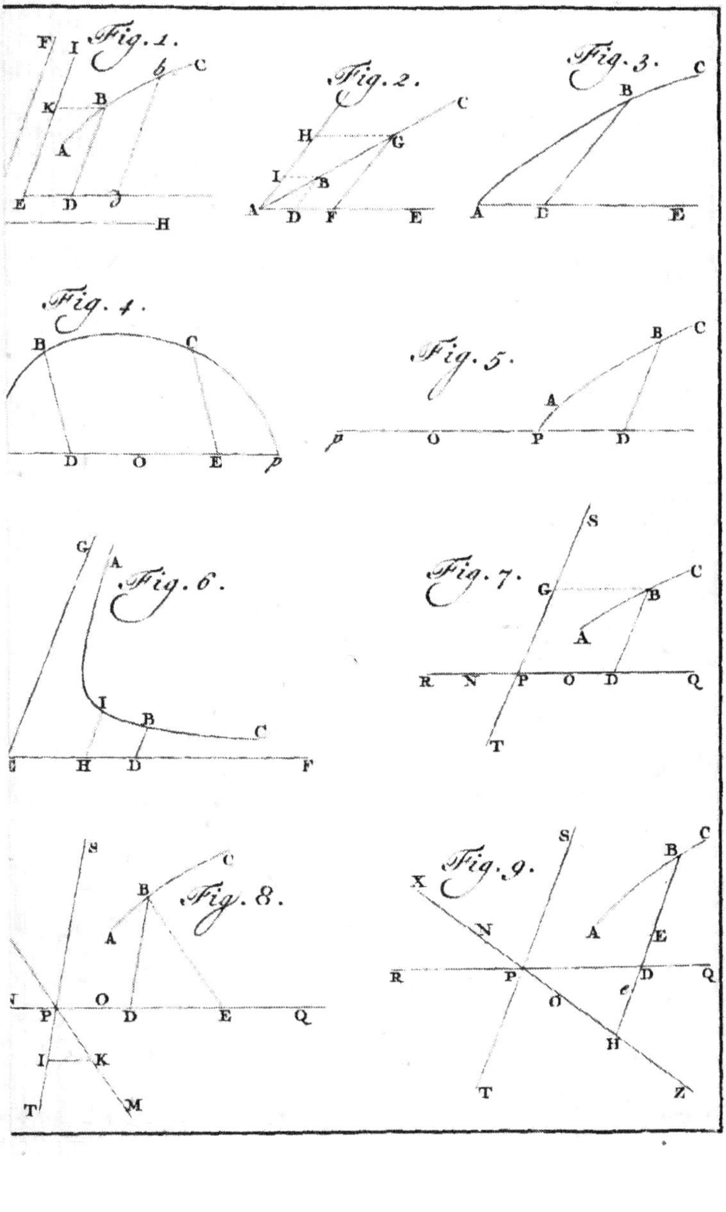
Fig. 1.
F I b C K B A E D ∂ H
Fig. 2.
C H G I B A D F E
Fig. 3.
B C A D E
Fig. 4.
B C D O E p
Fig. 5.
B C A p O P D
Fig. 6.
G A I B C H D F
Fig. 7.
S G C B A R N P O D Q T
Fig. 8.
S C B A P O D E Q I K T M
Fig. 9.
S C B X N A E R P D Q e O H T Z

TAB. L.

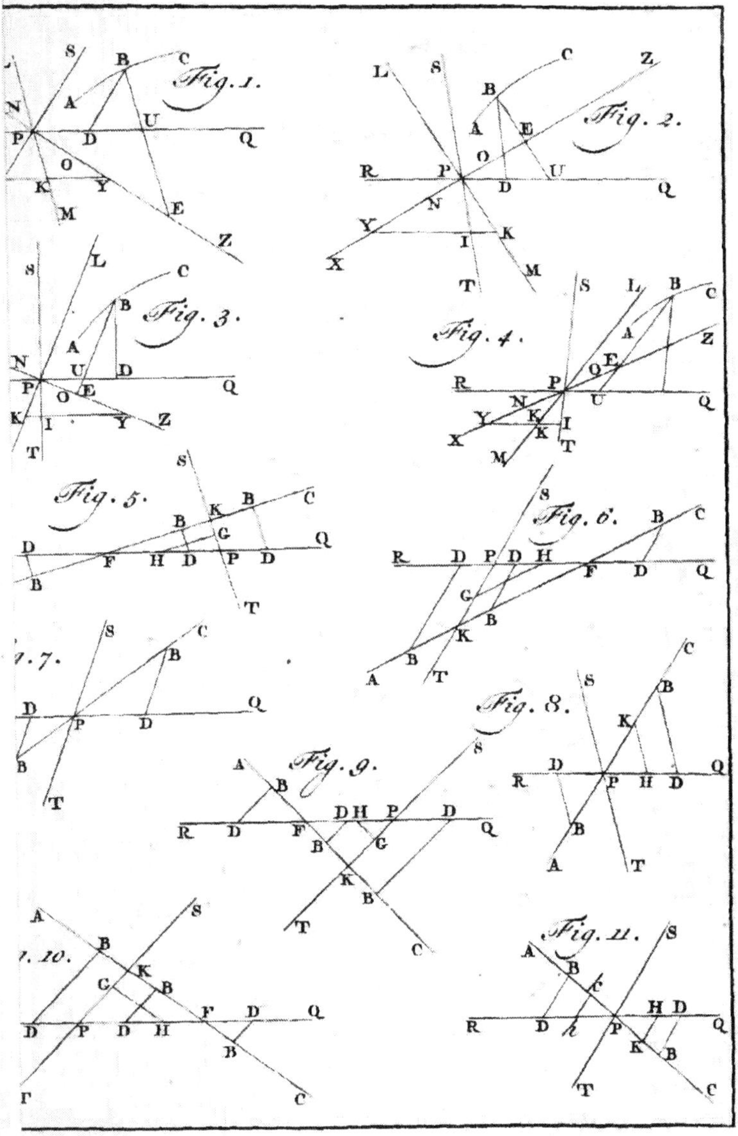

TAB. M.

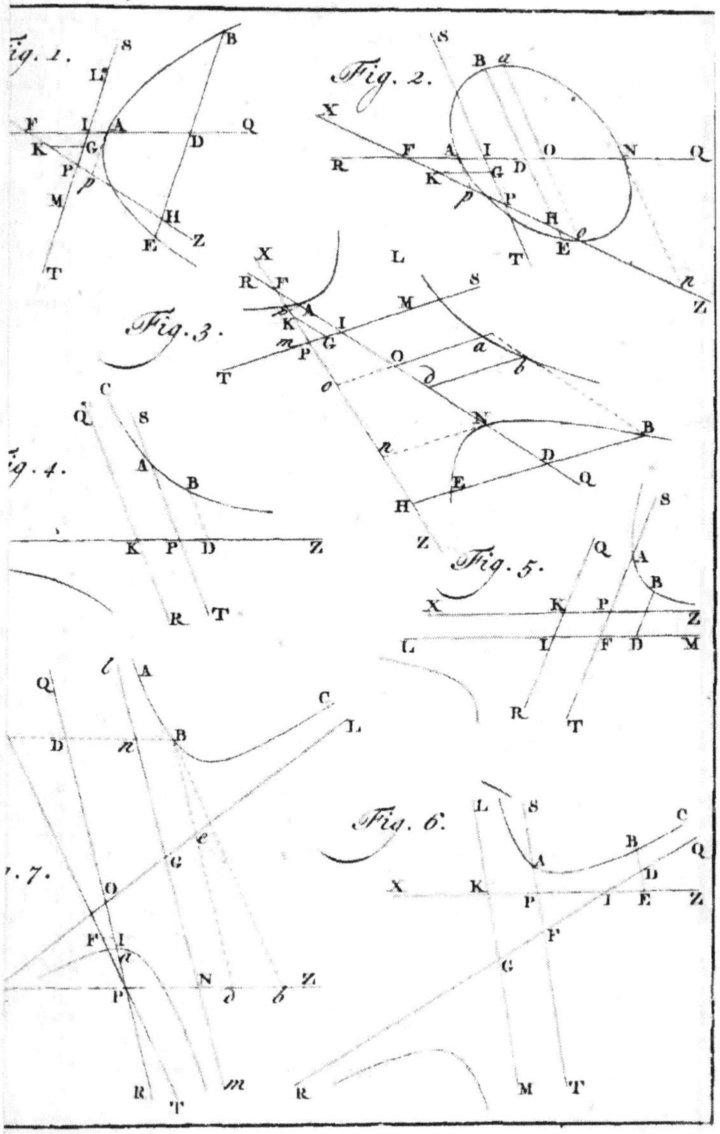

TAB. N.

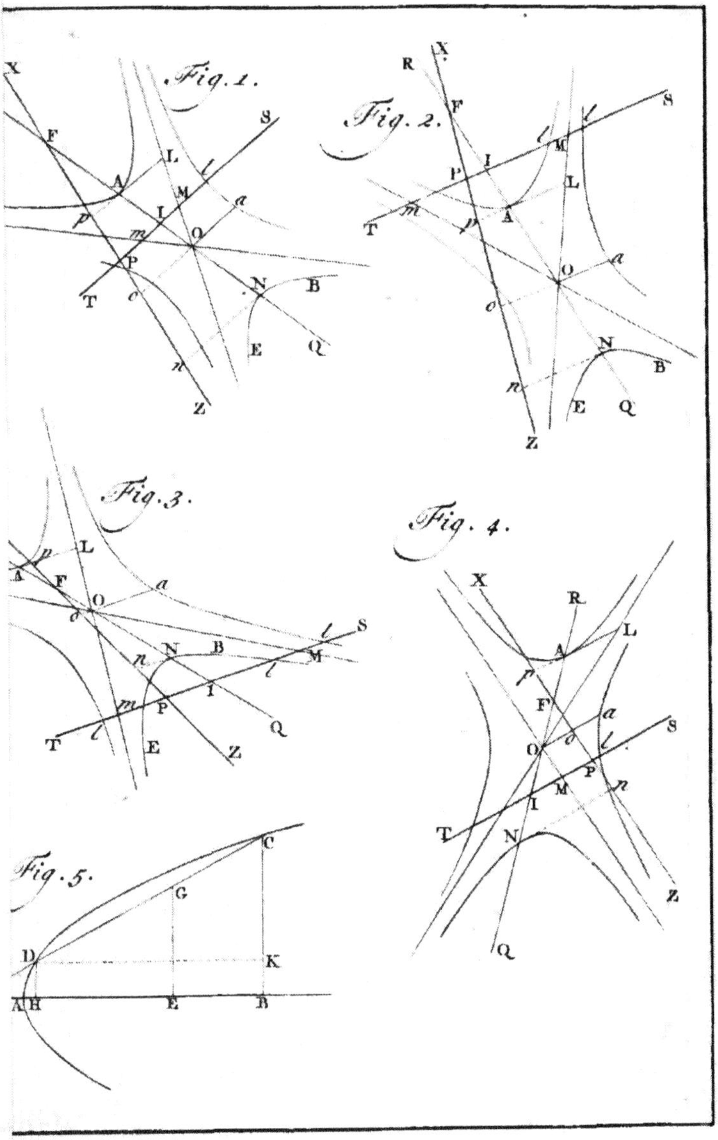

TAB. O.

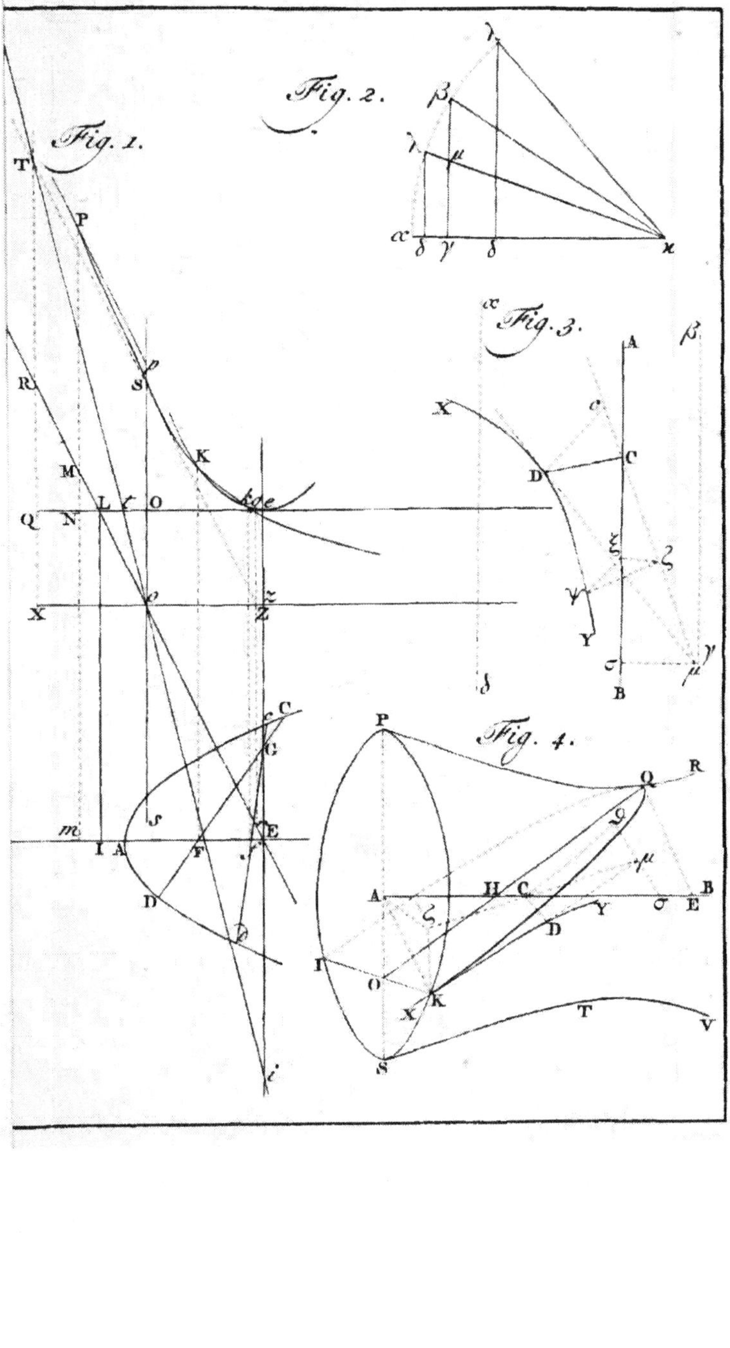

TAB. P.

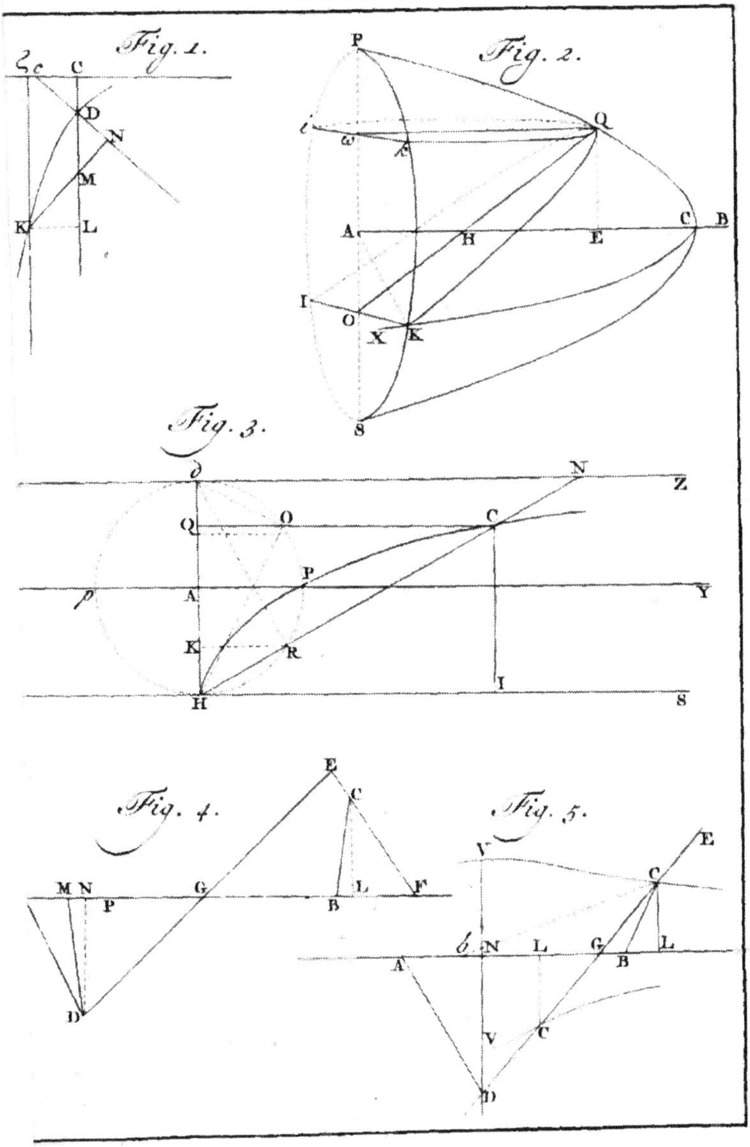

TAB. Q.

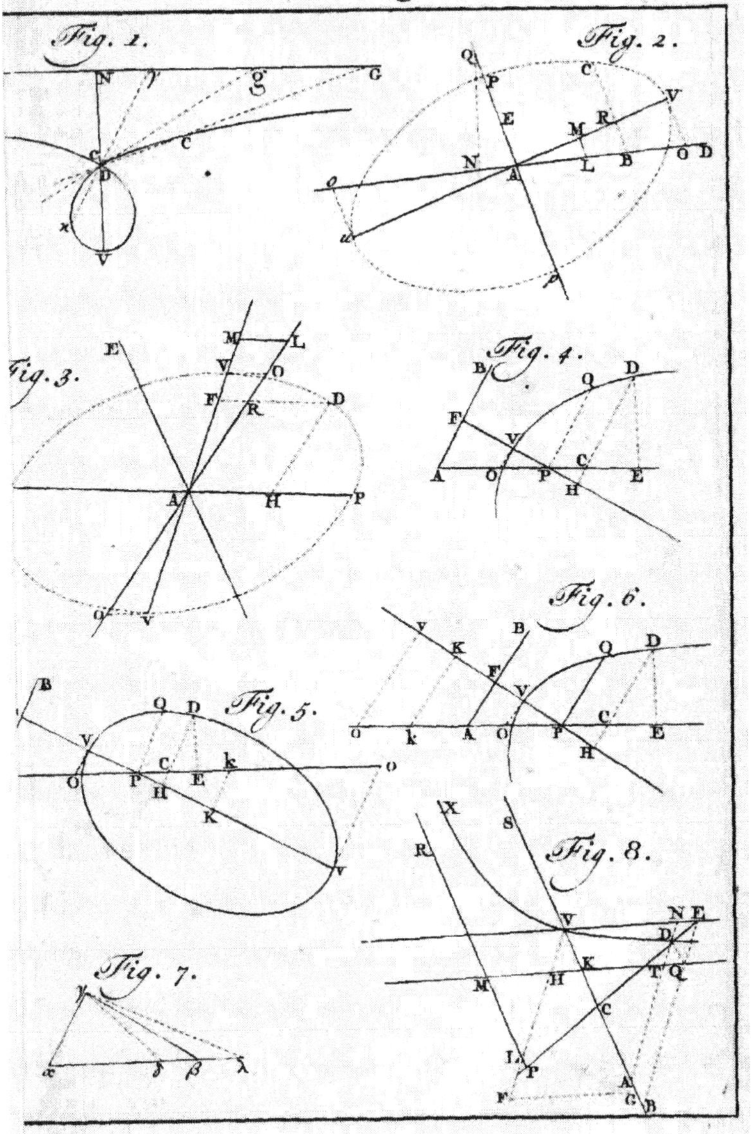

TAB. R.

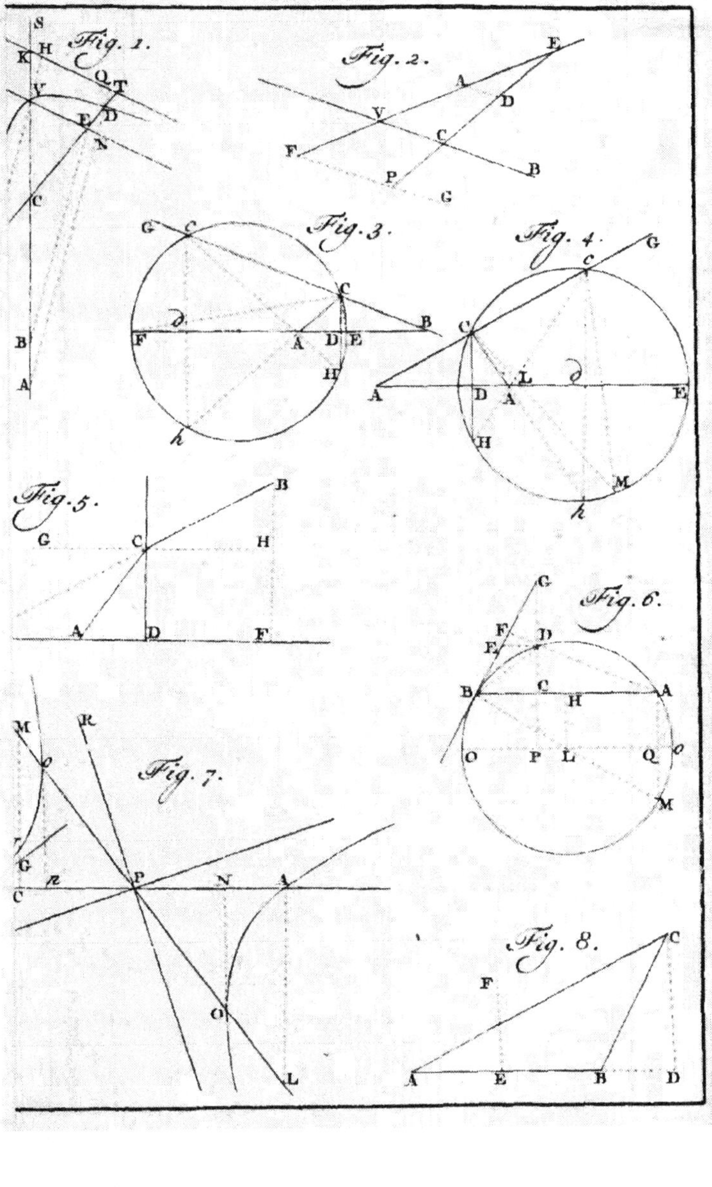
Fig. 1.
S H K Q T V D E N C B A
Fig. 2.
E A D V C F B P G
Fig. 3.
G c C B F A D E H h ∂
Fig. 4.
c G C L A D A ∂ E H M h
Fig. 5.
B G C H A D F
Fig. 6.
G F E D B C H A O P L Q o M
Fig. 7.
M R o G C n P N A O L
Fig. 8.
C F A E B D

TAB. 8.

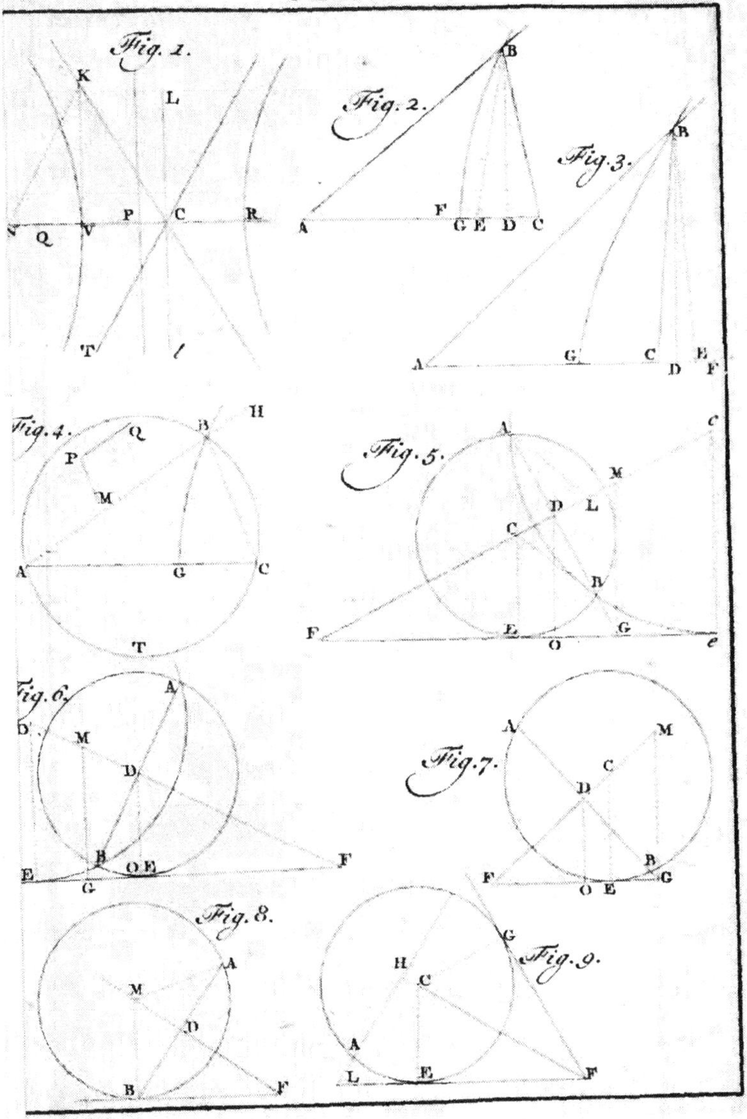
Fig. 1.
K
L
N
Q
V
P
C
R
T
l
Fig. 2.
B
A
F
G
E
D
C
Fig. 3.
B
A
G
C
E
D
F
Fig. 4.
H
Q
B
P
M
A
G
C
T
Fig. 5.
A
c
M
D
L
C
B
F
E
G
O
e
Fig. 6.
A
D
M
D
B
F
E
O E
G
Fig. 7.
A
M
C
D
B
F
O
E
G
Fig. 8.
A
M
D
B
F
Fig. 9.
G
H
C
A
L
E
F

TAB. T.

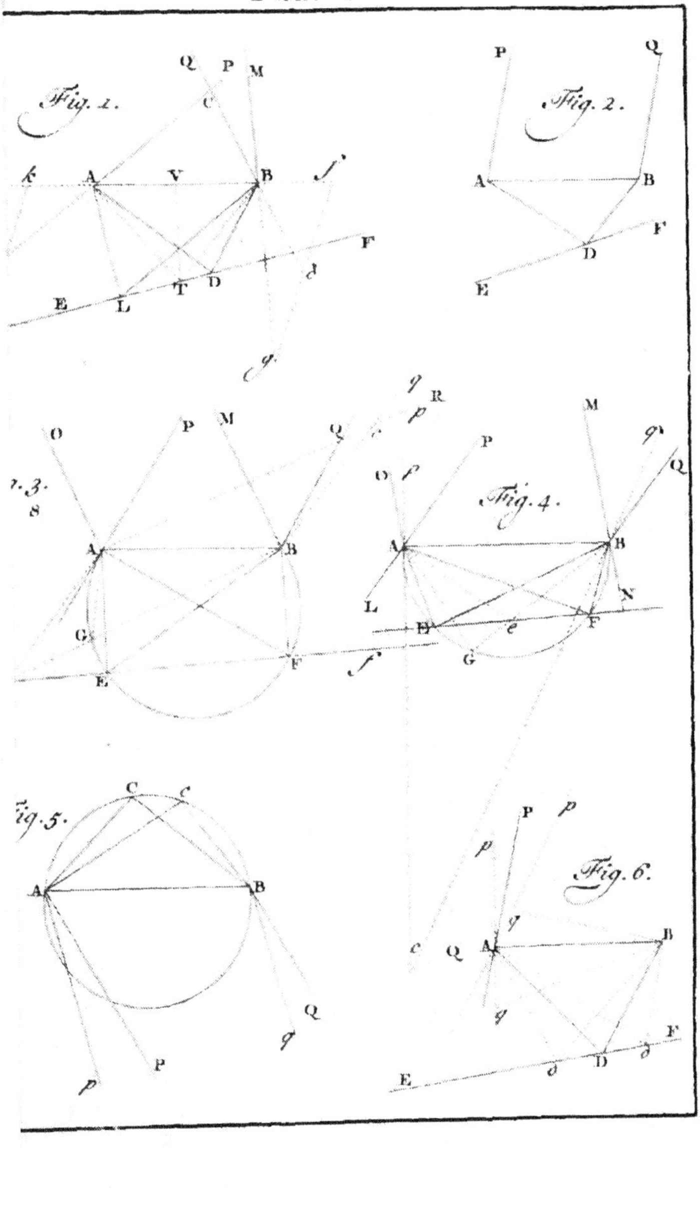

TAB. U.

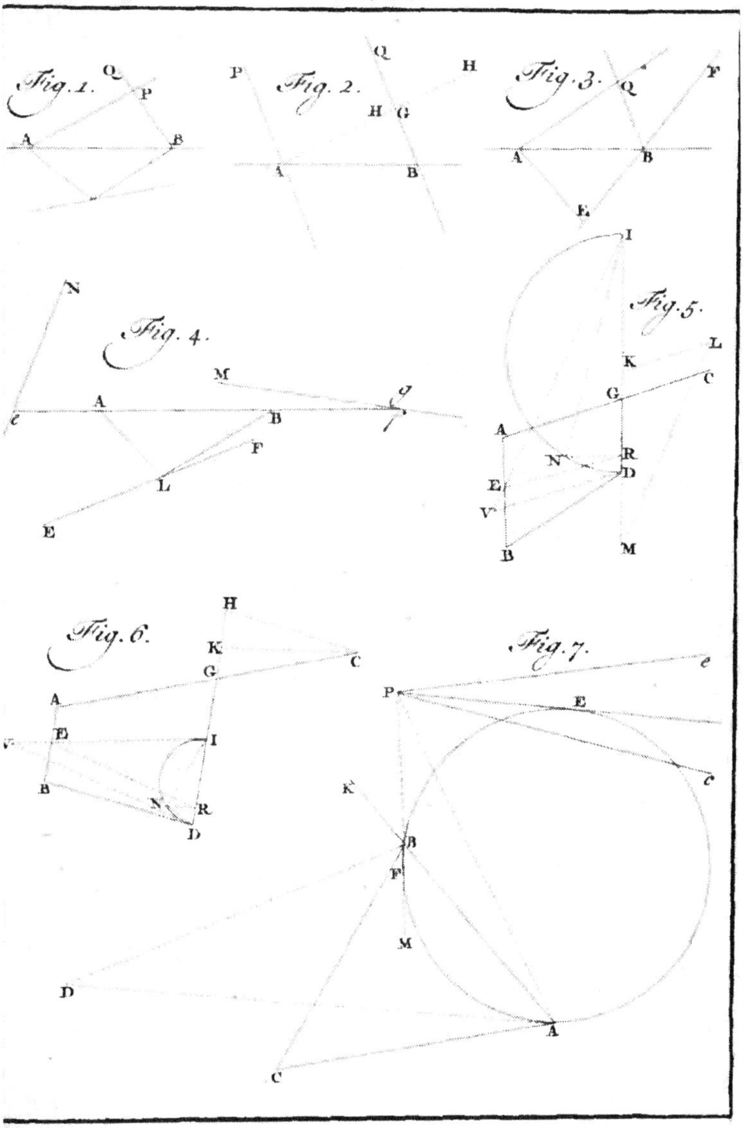

Tab. X.

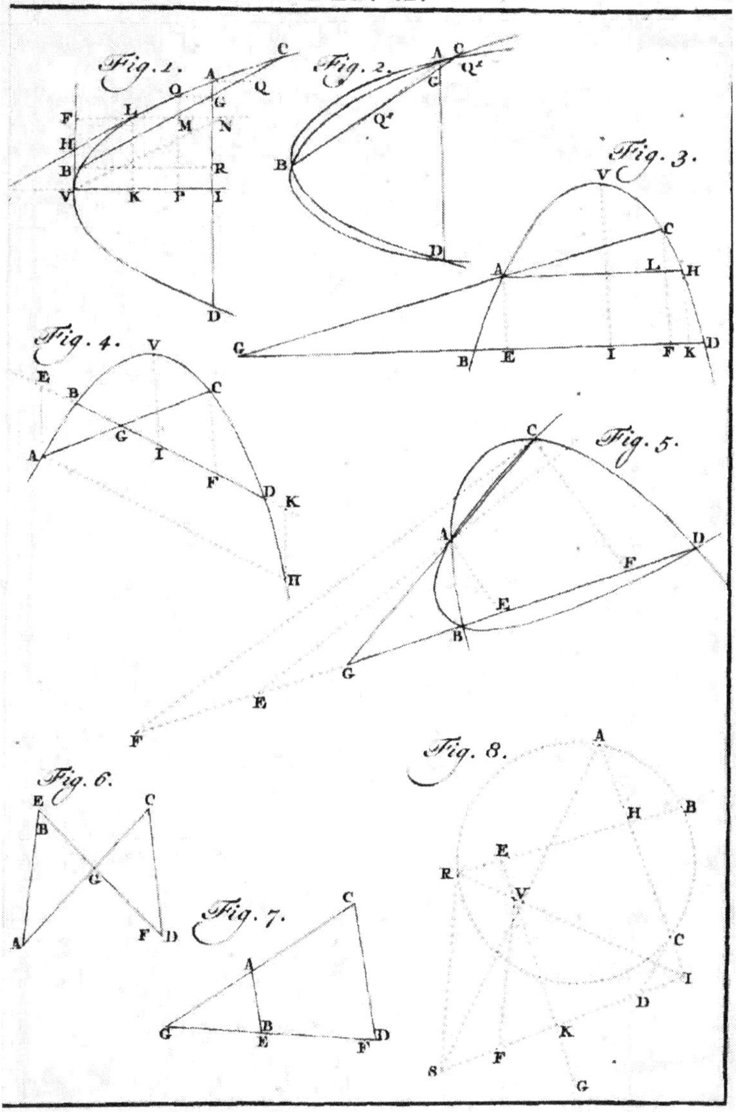

Tab. Y.

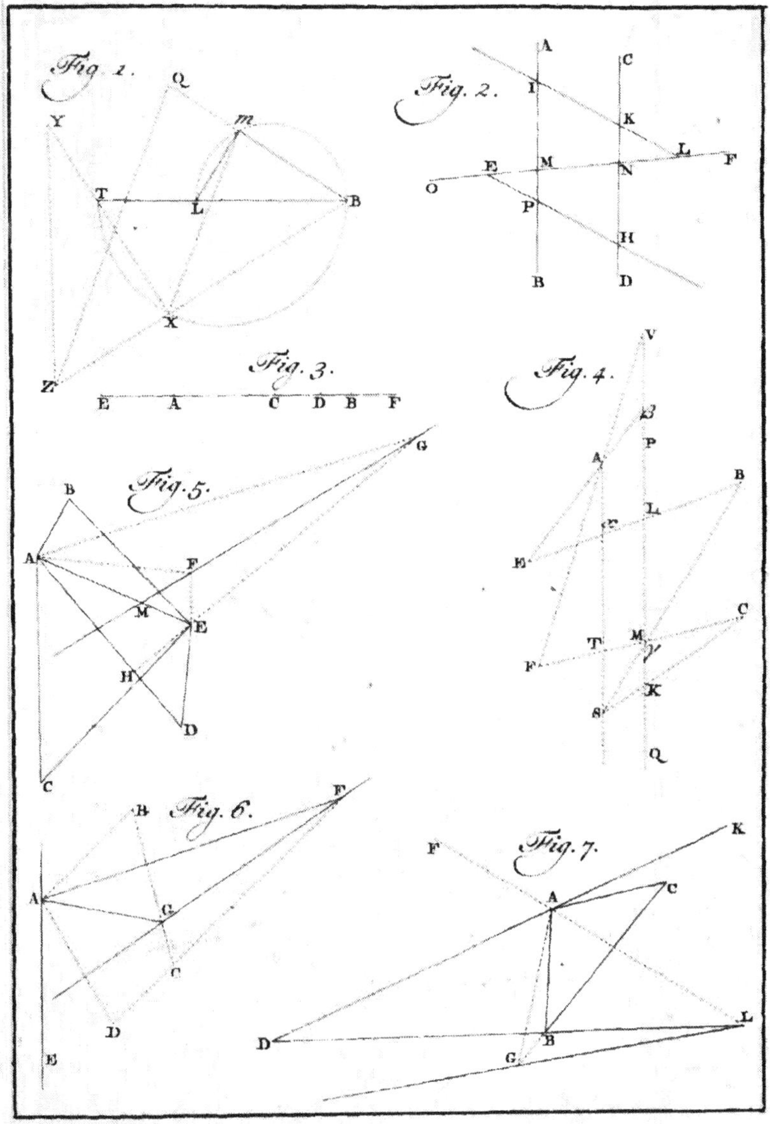
Fig. 1.
Q
m
Y
T
L
B
X
Z
Fig. 2.
A
C
I
K
L
F
E
M
N
O
P
H
B
D
Fig. 3.
E
A
C
D
B
F
Fig. 4.
V
P
A
B
L
E
C
T
M
F
K
S
Q
Fig. 5.
G
B
A
F
M
E
H
D
C
Fig. 6.
F
B
A
G
C
D
E
Fig. 7.
K
F
A
C
L
D
B
G

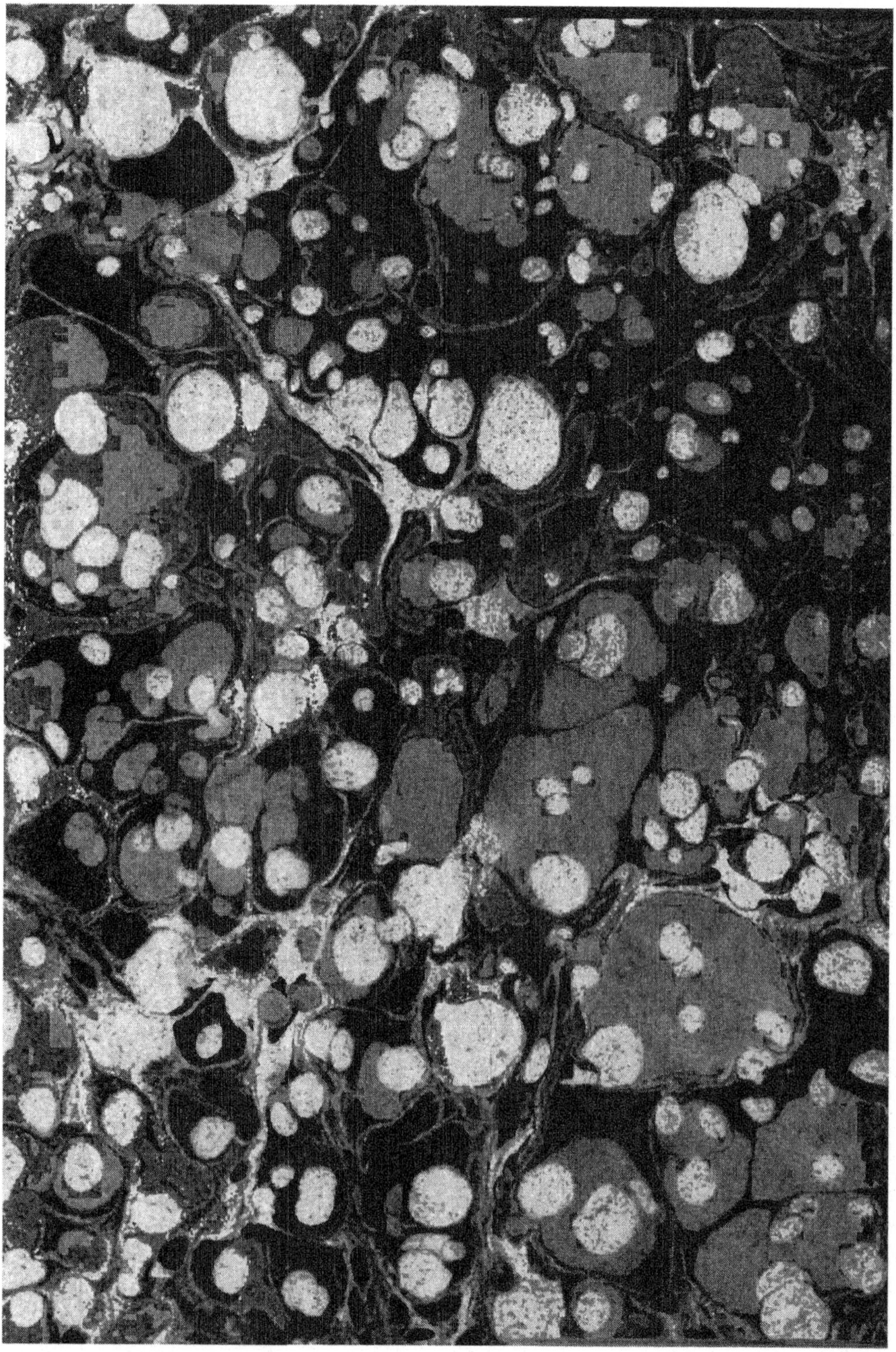

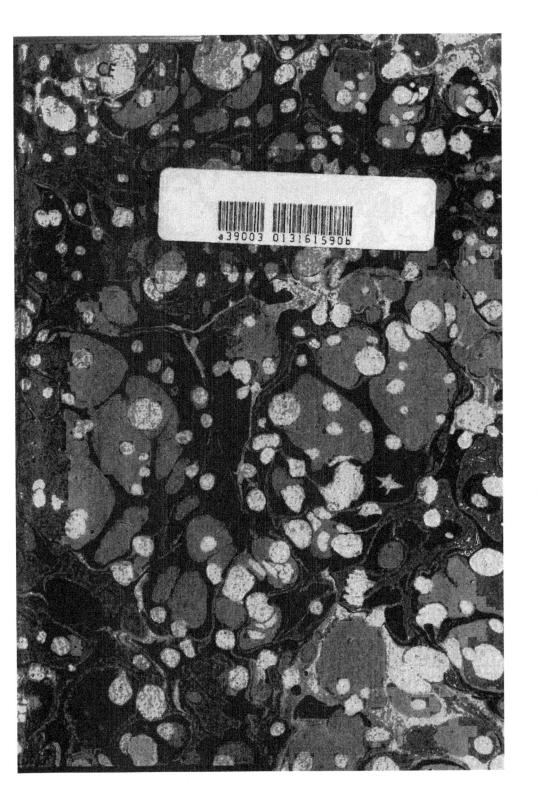

GretagMacbeth™ ColorChecker Color Rendition Chart

CPSIA information can be obtained
at www.ICGtesting.com
Printed in the USA
BVOW06*1117261216
471825BV00010B/118/P

9 781298 734976